Richard J. Evans

Das Dritte Reich

Richard J. Evans

Das Dritte Reich

Geschichte und Erinnerung im 21. Jahrhundert

Aus dem Englischen
von Thomas Bertram

Philipp von Zabern

Für die englische Ausgabe
Die Originalausgabe erschien unter dem Titel
The Third Reich in History and Memory copyright © 2015, Richard Evans

Für die deutschsprachige Ausgabe

Die Deutsche Nationalbibliothek verzeichnet diese Publikation
in der Deutschen Nationalbibliografie; detaillierte bibliografische Daten
sind im Internet über http://dnb.d-nb.de abrufbar.

Der Philipp von Zabern Verlag ist ein Imprint der WBG.

Die Herausgabe des Werkes wurde durch die
Vereinsmitglieder der WBG ermöglicht.
Übersetzung: Thomas Bertram
Lektorat: Melanie Heusel, Freiburg
Einbandabbildung: Dorling Kindersley / UIG / Bridgeman Images
Einbandgestaltung: Vogelsang Design, Aachen
Satz: SatzWeise GmbH, Trier
Gedruckt auf säurefreiem und alterungsbeständigem Papier
Printed in Germany

Besuchen Sie uns im Internet: www.wbg-wissenverbindet.de

ISBN 978-3-8053-5035-8

Elektronisch sind folgende Ausgaben erhältlich:
eBook (PDF): 978-3-8053-5060-0
eBook (epub): 978-3-8053-5061-7

Inhalt

Teil V: Sieg und Niederlage

Teil VI: Die Politik des Völkermords

Teil VII: Nachspiel

Vorwort

Seit dem Ende des 20. Jahrhunderts hat sich unser Verständnis des nationalsozialistischen Deutschlands auf vielfache Weise gewandelt. Diese Aufsatzsammlung bietet sowohl einen Überblick über diesen Wandlungsprozess als auch einen kritischen Kommentar dazu. Es hat im Laufe der letzten 15 Jahre mehrere bedeutende Perspektivwechsel gegeben, die Forschung und Literatur angeregt haben. Den ersten Perspektivwechsel in der Geschichtswissenschaft brachten die Globalisierungsprozesse in Gesellschaft, Kultur und Wirtschaft seit dem ausgehenden 20. Jahrhundert mit sich, die auch eine veränderte Wahrnehmung des Nationalstaats zur Folge hatten. So wird das „Dritte Reich", das oftmals vor dem Hintergrund der jüngeren deutschen Geschichte seit Bismarck und der nationalstaatlichen Einigung im 19. Jahrhundert gesehen wird, heute zunehmend in einem weiter gefassten internationalen, ja sogar globalen Kontext als Teil des imperialistischen Zeitalters betrachtet und sein Drang nach Errichtung von Vorherrschaft in eine umfassendere Tradition des deutschen Weltmachtstrebens eingeordnet. So kann beispielsweise die vernachlässigte Rolle von Lebensmittelversorgung und Lebensmittelknappheit im Zweiten Weltkrieg nur auf globaler Ebene verstanden werden, stützte sich doch die NS-Politik in Osteuropa in hohem Maße auf Hitlers Vorstellung von der amerikanischen Besiedlung der *great plains*. Und Firmen wie Krupp und Volkswagen waren nie ausschließlich deutsche Unternehmen, sondern sie operierten weltweit. Auch der Nationalsozialismus insgesamt erscheint in jüngeren Forschungsarbeiten als eine Ideologie, die sich aus internationalen Quellen speiste, von russischen bis französischen, von italienischen bis zu türkischen, und nicht mehr als Kulminationspunkt ausschließlich deutscher intellektueller Traditionen.

Immer häufiger sehen Historiker sogar in der Vernichtung der Juden durch die Nationalsozialisten inzwischen kein einmaliges historisches Ereignis mehr, sondern einen Völkermord mit Parallelen und Ähnlichkeiten in anderen Ländern und zu anderen Zeiten. Auch hier hat dieser Perspektivwechsel zu Erkenntnisgewinnen geführt, aber er verursacht auch zunehmend Interpretationsprobleme, die einige der Aufsätze in diesem Buch zu identifizieren suchen. Dies gilt noch stärker für ein weiteres Feld der jüngeren Forschung, nämlich die Arbeiten, die sich mit der NS-Gesellschaft befassen. Im Laufe der vergangenen anderthalb Jahrzehnte hat sich bei einer wachsenden Zahl von Historikern der Eindruck verfestigt, dass es sich beim nationalsozialistischen Deutschland um ein politisches System handelte, das nicht auf Polizeiterror und Zwang beruhte, sondern auf Billigung und Zustimmung in breiten Schichten der Bevölkerung. Mehrere der Aufsätze in diesem Buch ziehen ein kritisches Fazit aus diesen Arbeiten und halten dagegen, dass bei allen Erkenntnisfortschritten, die sie gebracht haben, die Zeit gekommen ist, sich daran zu erinnern, dass das nationalsozialistische Deutschland eine Diktatur war, in der Bürgerrechte und Freiheiten unterdrückt und Gegner des Regimes nicht geduldet wurden. Die Repression richtete sich nicht nur gegen gesellschaftliche Außenseiter, sondern auch gegen weite Teile der Arbeiterschaft und ihre politischen Vertreter. Auch prominente Juden in der Weimarer Republik, insbesondere Walther Rathenau, waren keine verachteten Randfiguren, sondern erfreuten sich enormer Unterstützung und Bewunderung der breiten Massen, die in der landesweiten Welle der Trauer über seinen Tod zum Ausdruck kamen. Man darf nicht vergessen, dass der Nationalsozialismus bis zum Ende der 1920er-Jahre eine Randerscheinung war. Doch sobald das Regime 1933 an die Macht gekommen war, unternahm es gewaltige Anstrengungen, um die Unterstützung breiter Bevölkerungsschichten zu gewinnen, und Gewalt spielte dabei eine ebenso große Rolle wie Propaganda. Auch Hitler und die Verbreitung seines Bildes beim deutschen Volk waren dabei zentral, und die neuere Forschung hat unser Wissen über den Mann hinter dem Bild und unser Verständnis vom „Dritten Reich" erheblich vorangebracht.

Doch der vielleicht bemerkenswerteste Wandel in historischen Arbeiten über das nationalsozialistische Deutschland seit dem ausgehenden 20. Jahrhundert ist die zunehmende Verflechtung von Geschichte und Erinnerung. Es ist heute fast unmöglich, über das „Dritte Reich" in den Jahren von 1933 bis 1945 zu schreiben, ohne zugleich darüber nachzudenken, wie die Erinnerung daran in den Nachkriegsjahren oftmals auf komplexe und erstaunliche Weise überdauert hat. Die Aufsätze in diesem Buch gehen der Frage nach, wie prominente Industrieunternehmen und einzelne Geschäftsleute, die, manchmal sehr stark, in die Verbrechen des Nationalsozialismus verwickelt waren, nach dem Krieg versuchten, jede Erinnerung an ihre Beteiligung zu unterdrücken. Die Umformung der Erinnerung nahm oft merkwürdige Formen an, wie beim Aufstieg des VW Käfers – des ursprünglichen „Kraft durch Freude"-Wagens der Nationalsozialisten – zur nationalen Ikone in Mexiko

Ende des 20. Jahrhunderts. Manchmal allerdings hat das wachsende Bedürfnis, den Untaten des Nationalsozialismus ins Auge zu sehen und die Täter und Schuldigen zu enthüllen, zu plumper und pauschaler Verurteilung geführt, wo Historiker sorgfältige Unterschiede machen sollten. Die Entdeckung, dass ein wohlhabender Geschäftsmann seine Aktivitäten im „Dritten Reich" verheimlicht hatte, führte zu massiven Übertreibungen hinsichtlich seiner angeblichen Verwicklung in die schlimmsten Verbrechen des Regimes. Nachdem etwa die Rolle, die Berufsdiplomaten bei der Ausgestaltung der NS-Außenpolitik spielten, jahrzehntelang sorgfältig verschleiert worden war, führte ihre Aufdeckung zu haltlosen Anschuldigungen, sie hätten die Vernichtung der Juden angestoßen und nicht bloß erleichtert (was an sich schon schlimm genug ist, aber nicht dasselbe, und obendrein eine Behauptung, welche die wirklichen schuldigen Gruppen aus der Verantwortung entlässt).

Das nationalsozialistische Deutschland fand seinen Höhepunkt und seine Erfüllung und erlebte letztendlich auch seinen Untergang im Zweiten Weltkrieg, und hier hat es seit dem ausgehenden 20. Jahrhundert ebenfalls einen Perspektivwechsel gegeben. Das globale Ausmaß und die globalen Verbindungen des Krieges sind inzwischen bekannt. So gab es keine zwei getrennten Kriege in Ost und West, sondern vielmehr einen einzigen Krieg mit mannigfachen Verbindungen zwischen den verschiedenen Schauplätzen. Militärgeschichte an sich kann, wie dieser Band zeigt, erhellend sein, muss aber auch in einem größeren ökonomischen und kulturellen Kontext gesehen werden. Worauf auch immer wir unser Augenmerk richten, ob auf die Entscheidungsprozesse an der Spitze oder auf den Einfallsreichtum und den Unternehmungsgeist zweitrangiger Figuren, stets ist ihr weiteres Umfeld zu beachten.

In den letzten Jahren hat sich die Forschung schließlich zunehmend auf Nachkriegsdeutschland konzentriert, wo die unterschwelligen Kontinuitäten der NS-Zeit immer offensichtlicher wurden. Die „ethnische Säuberung" von Millionen unerwünschter Bürger endete nicht mit den Nationalsozialisten, sondern setzte sich bis weit in die Jahre nach dem Untergang des „Dritten Reiches" fort, wenngleich diesmal Deutsche die Opfer und nicht die Täter waren. Stadtplaner entwickelten Utopien, die bereits in der Idee der Nationalsozialisten von der enturbanisierten Stadt Ausdruck gefunden hatten, deren Grundannahmen aber auch vielfach in Stadt-Utopien aus anderen Teilen der Welt zu finden sind. Und die immer energischer betriebene Kampagne zur Rückgabe von Kunstwerken, die von den Nationalsozialisten geraubt oder ihren ursprünglichen, oftmals jüdischen Besitzern gestohlen worden waren, thematisiert eine Problematik, die nicht mit dem „Dritten Reich" begann und nicht mit seinem Untergang endete. Einmal mehr hilft uns hier die Langzeitperspektive, das vorhandene Problem zu verstehen, das zugleich ein Problem von globalen Ausmaßen ist. Die Ausweitung der historischen Forschung auf die Nachkriegszeit hat die engen wechselseitigen Beziehungen zwischen Geschichte und Erinnerung weiter gestärkt. Die hier versammelten Aufsätze zeigen unter anderem, dass jede Erinnerung, soll sie standhalten, der genauen Prüfung durch die Historiografie unterzogen werden muss, während die Bedeutung der Geschichte für das kollektive kulturelle Gedächtnis des Nationalsozialismus in der Gegenwart ebenso präzise wie leidenschaftlich verdeutlicht werden muss.

Alle folgenden Kapitel sind in den letzten 15 Jahren geschrieben worden und spiegeln diese bedeutenden Veränderungen in der Wahrnehmung des nationalsozialistischen Deutschlands wider, weshalb ich sie in einem einzigen Buch zusammenführe, das sich hoffentlich auf mehr beläuft als auf die Summe seiner Teile. Die meisten Kapitel nehmen Rezension zu neueren Studien über den einen oder anderen Aspekt des „Dritten Reiches" als Ausgangspunkt für weitergehende Betrachtungen, und aus diesem Grund ist ein gewisses Maß an Überschneidung und Wiederholung unvermeidlich. Ich habe versucht, beides auf ein Minimum zu reduzieren. Mit Quellenverweisen in Anmerkungen habe ich nur Stellen versehen, wo originäre Forschung ins Spiel kommt, wie in den Kapiteln 6 und 7, oder wo der Artikel ursprünglich in einer wissenschaftlichen Zeitschrift erschienen ist, wie in Kapitel 17; drei der Kapitel – 14, 17 und 24 – habe ich um ein kurzes Nachwort ergänzt, wo ich auf Argumente eingehe, die von Kritikern bei der Erstveröffentlichung vorgebracht wurden, oder den Leser auf weiterführende Literatur hinweise. Für die Erlaubnis zum Wiederabdruck danke ich den Herausgebern der Hefte und Zeitschriften, in denen diese Aufsätze zuerst erschienen sind. Besonderen Dank schulde ich Victoria Harris für ihre Zusammenstellung der Kapitel aus sehr zerstreuten Quellen.

Richard J. Evans, Cambridge im März 2014

Teil I:
Republik und Reich

1. Entwurf für den Völkermord?

Auf der ganzen Welt verstreute Dinge gemahnen noch heute an die Tatsache, dass auch Deutschland neben anderen europäischen Mächten zwischen den 1880er-Jahren und dem Ersten Weltkrieg ein überseeisches Kolonialreich besaß. Wer nach Windhoek in Namibia reist, kann noch immer eine Ausgabe der dortigen *Allgemeinen Zeitung* erstehen, einer Tageszeitung, die sich an die verbliebenen deutschsprachigen Bewohner der Stadt richtet. Wer Lust auf einen Abstecher an die namibische Küste hat, der kann in die Hafenstadt Lüderitz reisen, vorbei an zerstörten Bahnhöfen, deren Namen noch in Fraktur geschrieben sind, und Zeit am Agate Beach verbringen, die Brandung genießen und nach Pinguinen Ausschau halten. In Tansania liegt am Ostufer des Malawisees eine Stadt namens Wiedhafen, und wer Geschäftsmann ist und Palmöl *en gros* in Kamerun kaufen möchte, für den sind die Woermann-Plantagen nach wie vor die erste Adresse. In Ost-Ghana werden wiederum Häuser in deutschem Stil, die früher zur Kolonie Togo gehörten, als Touristenattraktion angepriesen.

Ebenso ist es möglich, im Pazifik durch den Bismarck-Archipel zu kreuzen und die Ritter-Insel zu besuchen (von der allerdings nicht mehr viel übrig ist, seit sie ein Vulkanausbruch im Jahr 1888 größtenteils in Schutt und Asche legte). Weiter östlich sind in Samoa beim Besuch einer Buchhandlung die Werke des führenden lokalen Dichters namens Momoe von Reiche zu erwerben. Und fast überall auf der Welt servieren Chinarestaurants ein nach deutscher Art gebrautes Bier, Tsingtao, das erstmals 1903 von der Germania-Brauerei in Tsingtau (heute als Qingdao transkribiert), der Hauptstadt des deutschen Pachtgebiets Kiautschau, hergestellt wurde. In der chinesischen Stadt selbst ist die imposante Kathedrale St. Michael im Stil der rheinischen Romanik zu bewundern, die aussieht, als sei sie an einem Ort irgendwo in Norddeutschland vor etwa einem Jahrhundert erbaut worden. Und in gewissem Sinne wurde sie das ja auch.

Alles in allem ist das nicht viel, verglichen mit den umfangreichen materiellen, kulturellen und politischen Hinterlassenschaften der größeren und langlebigeren europäischen Übersee-Imperien, die zusammen zeitweise den größten Teil der Landfläche unseres Planeten bedeckten. Das deutsche Imperium hatte bloß drei Jahrzehnte Bestand;

nach seiner Auflösung am Ende des Ersten Weltkriegs wurden seine Bestandteile unter Großbritannien, Frankreich, Belgien, Australien und Südafrika neu verteilt. Obwohl nur von kurzer Lebensdauer und von kleiner Fläche, verglichen mit dem britischen Empire, erregten die ehemaligen überseeischen Herrschaftsgebiete dennoch in den Zwischenkriegsjahren erneut Aufmerksamkeit, als Kolonialpropagandisten für ihre Rückgewinnung warben. Doch nicht einmal die Nationalsozialisten interessierten sich ernsthaft dafür und bevorzugten es stattdessen, vorerst in Europa zu expandieren.

Über viele Jahre konzentrierte sich die einschlägige historische Literatur zum Thema – das Werk des anglodeutschen Wirtschaftshistorikers William Otto Henderson war ein herausragendes Beispiel – meist darauf, die Behauptungen über Gewalttätigkeit und Brutalität zu widerlegen, die zur Zerschlagung und Neuverteilung des deutschen Kolonialbesitzes auf der Pariser Friedenskonferenz 1919 geführt hatten. Doch die Situation änderte sich durch das Werk von Helmut Bley, der in *Kolonialherrschaft und Sozialstruktur in Deutsch-Südwestafrika 1894–1914* (Hamburg 1968) die entsetzliche Geschichte des deutschen Krieges gegen die Stämme der Herero und Nama in den Jahren von 1904 bis 1907 rekonstruierte.

Die von Bley erzählte Geschichte ist nicht kompliziert: Das wachsende Tempo der Landnahme durch die Kolonialregierung im ersten Jahrzehnt des 20. Jahrhunderts führte zu Angriffen auf deutsche Bauern, die den Tod von etwa 150 Siedlern und die Entsendung von 14 000 Soldaten aus Berlin unter Befehl von General Lothar von Trotha, einem kompromisslosen preußischen Armeeoffizier mit Kolonialerfahrung, zur Folge hatten. Er wisse, so Trotha in einem Schreiben an den Generalstab vom 4. Oktober 1904, „dass sich der Neger keinem Vertrag, sondern nur der rohen Gewalt“ beuge. In einem Brief schrieb er: „Gewalt mit krassem Terrorismus und selbst mit Grausamkeit auszuüben, war und ist meine Politik.“ Nachdem er eine Herero-Streitmacht am Waterberg besiegt hatte, verkündete er in einem „Aufruf an das Volk der Herero“: „Innerhalb der Deutschen Grenze wird jeder Herero mit oder ohne Gewehr, mit oder ohne Vieh erschossen.“ Während des Feldzugs gefangene Viehhirten der Herero wurden auf der Stelle getötet. Frauen und Kinder wurden in die Wüste getrieben und dem Hungertod preisgegeben. Der Chef des Generalstabs in Berlin, Alfred von Schlieffen, wie alle preußischen Offiziere ganz im Banne der Clausewitz zugeschriebenen Doktrin, dass das Ziel eines jeden Krieges die vollständige Vernichtung der feindlichen Kräfte sein müsse, lobte Trothas Feldzug als „brillant", vor allem seinen Einsatz der Wüste, um zu erreichen, was der Generalstab in einer offiziellen Publikation mit dem Titel *Der Kampf* als die „Vernichtung der Herero-Nation" billigte.

Aber es wurden auch kritische Stimmen laut; Reichskanzler Bernhard von Bülow bezeichnete das Vorgehen missbilligend als unchristlich und warnte, es schädige den Ruf Deutschlands im Ausland. Politiker der Sozialdemokratischen Partei und der katholischen Zentrumspartei fanden deutlich verurteilende Worte. Der zivile Gouverneur Theodor Leutwein, vom Militär aufgrund seiner kompromissbereiten Politik gegenüber den Herero an den Rand gedrängt, protestierte bei Bülow und erklärte die Vernichtung zu einem „schweren Fehler". Zum Dank wurde er zwar abgesetzt, aber seine Ansicht, es sei besser, die Herero als Arbeiter zu verpflichten, fand genügend Anhänger, um die Überlebenden des Stammes, größtenteils Frauen und Kinder, zusammen mit Angehörigen der Nama festzunehmen und in „Konzentrationslagern" – der Begriff wurde hier zum ersten Mal offiziell verwendet – zu internieren.

Dort allerdings erwartete sie kein besseres Los. Im schlimmsten der Lager, auf dem felsigen Gelände von Shark Island vor der namibischen Küste, wurden die Gefangenen als Zwangsarbeiter eingesetzt, mit kleinsten Rationen abgespeist, ohne entsprechende Kleidung schneidenden Winden ausgesetzt und mit Lederpeitschen geschlagen, wenn sie nicht hart genug zu arbeiten vermochten. Jeden Tag wurden Leichen an den Strand gebracht, wo es den Gezeiten überlassen blieb, sie hinaus in die haiverseuchten Gewässer zu befördern. Selbst die südafrikanische Presse beanstandete die vorherrschende „schreckliche Grausamkeit".

Die Lager wurden auch zu Stätten „wissenschaftlicher" Forschung, als der Anthropologe Eugen Fischer, später im „Dritten Reich" ein führender „Rassehygieniker", in der Stadt Rehoboth einfiel, um deren „gemischtrassige" Einwohner zu studieren, die sich selbst als „Baster" (Afrikaans für Bastard) bezeichneten (Fischer nannte sie die „Rehobother Bastards"). Er und seine Kollegen verschafften sich Schädel für kraniometrische Untersuchungen verschiedener „Rassen"; bis zu 300 dieser Schädel fanden letztendlich ihren Weg nach Deutschland.

Fischer kam zu dem Schluss, dass gemischtrassige Nachkommen von Buren oder Deutschen und Schwarzafrikanern Ersteren unterlegen, aber Letzteren überlegen seien, und bestimmte, sie seien als Hilfskräfte zum Einsatz bei der Polizei, im Postwesen und in anderen Bereichen des Staatswesens geeignet. Als nützliche, wenngleich minderwertige Rasse sollten sie im Gegensatz zu den Herero und den Nama einen gewissen Schutz genießen. Die Gesetzgebung entsprach jedoch eher Trothas Auffassung, dass alle Afrikaner Untermenschen seien, und spiegelte dieselbe beinahe pathologische Furcht, durch Rassenmischung könnten sich Krankheiten verbreiten. Im Jahr 1905 wurde die Mischehe gesetzlich verboten, und zwei Jahre später wurden alle bestehenden Ehen zwischen Deutschen und Afrikanern annulliert. Mit diesen Maßnahmen wurde der Begriff der „Rassenschande" in die deutsche juristische Terminologie eingeführt, der dreißig Jahre später in den Nürnberger Gesetzen wieder auftauchen sollte. Der offizielle Status der deutschen Siedler war dem der übrigen Bevölkerung derart überlegen, dass es legitim erschien, Herero-Männer zur Zwangsarbeit heranzuziehen und sie zu nötigen, Erkennungsmarken zu tragen – eine weitere später von den Nationalsozialisten angewandte Maßnahme.

Die Herero-Bevölkerung, die vor dem Krieg schätzungsweise 80 000 Menschen umfasste, wurde bis zum Ende auf 15 000 dezimiert, während von den Nama bis zu 10 000 von insgesamt 20 000 vernichtet wurden. Von etwa 17 000 in den Konzentrationslagern inhaftierten Afrikanern überlebte nur die Hälfte. Angesichts der rassischen Überzeugungen Trothas kann kein Zweifel daran bestehen, dass es sich hier um das handelte, was später als Völkermord bezeichnet werden würde. Bley warf mit der Offenlegung des Völkermords die drängende Frage nach einer Kontinuität zwischen dem Deutschen Kaiserreich und dem Nationalsozialismus auf. Andere Kolonialregimes waren zwar auch brutal, vor allem die belgische Herrschaft im Kongo, und zögerten nicht, sich des Massenmords zu bedienen, um Aufstände zu unterdrücken oder ihre Herrschaft zu errichten, von den Franzosen in Algerien in den 1870er-Jahren bis zu den Italienern in Äthiopien in den 1930er-Jahren. Rassendiskriminierung, Enteignung und Zwangsarbeit waren alles andere als ausschließlich deutsche Phänomene.

Aber nur die Deutschen führten die bereits so bezeichneten Konzentrationslager ein, in denen alles eindeutig und brutal auf Zwangsarbeit und Vernichtung ausgerichtet war. Es sollte zwar den Nationalsozialisten überlassen bleiben, den schrecklichen Ausdruck „Vernichtung durch Arbeit" zu prägen, aber der Effekt war schon damals derselbe.

Und nur die Deutschen unternahmen ausdrücklich den Versuch, ein ganzes kolonisiertes Volk aus rassischen Gründen zu vernichten.

Nur die Deutschen erließen ein gesetzliches Verbot der rassischen Mischehe in ihren Kolonien, und zwar nicht nur in Deutsch-Südwestafrika, sondern auch in Deutsch-Ostafrika (1906) und Samoa (1912). Nur die Deutschen starteten später einen rassischen Vernichtungsfeldzug, der nicht nur die Juden Europas, sondern potenziell die jüdische Weltbevölkerung umfasste. Besteht also ein Zusammenhang zwischen beiden Ereignissen?

Diese Frage wurde, vielleicht überraschend, nach dem Erscheinen von Bleys Buch über Jahrzehnte nicht thematisiert. Kritische Historiker der 1970er- und 1980er-Jahre, die sich den Kontinuitäten zwischen dem Deutschen Kaiserreich und dem „Dritten Reich" zuwandten, konzentrierten sich auf die innerdeutschen Wurzeln des Nationalsozialismus, auf Hitlers Herrschaft in Deutschland und auf den Holocaust. Der Antiimperialismus der Linken, der vielleicht auch Bley zu seinem Werk motiviert hatte, war durch den Vietnamkrieg befeuert worden und flaute ab, als die amerikanischen Truppen von dort abzogen und auch Europas verbliebene Kolonien ihre Unabhängigkeit erhielten. In Westdeutschland begann das Erbe des Kolonialismus im Alltagsleben mit der zunehmenden wirtschaftlichen Moderne zu verschwinden. Auch die „Kolonialwaren-Geschäfte", die Kaffee, Tee, Gewürze, Reis und ähnliche Kurzwaren aus Übersee verkauften und die in deutschen Städten noch in den 1970er-Jahren zu sehen waren, wurden jetzt größtenteils umbenannt. Nur wenige, die heute ihren Kaffee beispielsweise in einem Edeka-Laden kaufen, wissen, dass der Name für „Einkaufsgenossenschaft der Kolonialwarenhändler" (ursprünglich E.d.K.) steht. Nach den 1970er-Jahren schienen Deutschlands ehemalige Kolonien bedeutungslos geworden zu sein und gerieten größtenteils in Vergessenheit.

Erst mit dem Aufkommen postkolonialer Studien in den 1990er-Jahren erwachte das Interesse allmählich wieder. Da Historiker nun vor allem Rassismus und Rassenideologie statt Totalitarismus und Klassenausbeutung als Erklärungen für den Nationalsozialismus heranzogen, gewann die Geschichte der deutschen Kolonisierungserfahrung erneut an Bedeutung. Ein Zeichen für das neuerliche Interesse war die Veröffentlichung einer überarbeiteten englischsprachigen Ausgabe von Bleys inzwischen klassischem Werk unter dem Titel *Namibia under German Rule* im Jahr 1996. Nach und nach erschienen Monografien und Aufsätze zum kolonialistischen Diskurs in Deutschland, zu den kolonialen Ursprüngen der Rassenkunde und zur Darstellung kolonialer Themen in der Literatur. Das wachsende Interesse an kultureller

Erinnerung führte zu Studien über postkoloniale Erinnerungen und Gedenken in Deutschland. Sebastian Conrads *Deutsche Kolonialgeschichte* (2011) fasst diese neue Literatur zusammen und ordnet sie in den Kontext der Globalisierung ein, die zu einer Wiederbelebung des Interesses am deutschen Kolonialreich geführt habe. Mit ihren vielen ausgezeichneten Abbildungen und Karten, ihrer kommentierten kritischen Bibliografie und ihrem ausgeprägten Bewusstsein für historiografische Trends bietet sie eine einzigartige und unerlässliche Einführung in das Thema und kluge Hinweise für die weitere Forschungsarbeit.

Der deutsche Kolonialismus sei, wie Conrad feststellt, teils in der deutschen Kleinstaaterei begründet, da Kolonien schon zu einer Zeit als Projektionsfläche für den Traum von einem deutschen Nationalstaat dienten, da dieser noch lange nicht erreicht war. Wie der Komponist Richard Wagner 1848 erklärte: „Nun wollen wir in Schiffen über das Meer fahren, da und dort ein junges Deutschland gründen. Wir wollen es besser machen als die Spanier, denen die neue Welt ein pfäffisches Schlächterhaus, anders als die Engländer, denen sie ein Krämerkasten wurde. Wir wollen es deutsch und herrlich machen."

Weit wichtiger jedoch war die globale Ausrichtung des deutschen Kapitalismus, der sich auf autonome Stadtstaaten wie Hamburg konzentrierte. Von führenden Hamburger Kaufleuten hieß es in den 1870er-Jahren, dass sie zwar „jede Stadt am Mississippi aus direkter Anschauung kannten, zwanzig Male in London, aber niemals in Berlin gewesen waren". Auf das schnelle Wachstum der deutschen Industrie und Wirtschaftsmacht setzend, trieben Hamburgs Kaufleute in vielen Küstengebieten Afrikas und in anderen nicht kolonisierten Teilen der Erde Handel und unterhielten 279 Konsulate in Städten überall auf der Welt.

Deutsche Wissenschaftler, Forschungsreisende und Missionare, wie etwa Gerhard Rohlfs, der Afrika als erster Europäer von Nord nach Süd durchquerte, gewannen in der fernen Heimat eine breite Anhängerschaft für ihre Heldentaten. Bismarck hingegen war wenig begeistert („Solange ich Reichskanzler bin", sagte er 1881, „treiben wir keine Kolonialpolitik"), löste aber 1884 trotzdem den „Wettlauf um Afrika" aus, indem er eine Reihe von Gebieten, in denen deutsche Wirtschaftsinteressen betroffen waren, „unter deutschen Schutz" stellte. Sein Ziel war es dabei, die Franzosen zu ähnlichen Schritten zu provozieren, damit sie von einer Revanche für den Verlust Elsass-Lothringens im Deutsch-Französischen Krieg abließen. Vielleicht wollte er auch einflussreichen Nationalliberalen und deren Handelsinteressen entgegenkommen, weil er ihre Unterstützung bei den bevorstehenden Reichstagswahlen brauchte. Der Wettlauf um Territorium war in jedem Fall unvermeidlich geworden, nachdem die anglo-französische Rivalität in Nordafrika in den Jahren 1881/82 einen kritischen Punkt erreicht hatte. Und als dieser Wettlauf sich von Afrika über die ganze Erde ausdehnte, raffte Deutschland schließlich hinter Großbritannien, Frankreich und Holland das viertgrößte Imperium zusammen.

Zu den verstreuten Territorien, die von den Deutschen beansprucht wurden, gehörten zum einen das dünn besiedelte Trockengebiet des heutigen Namibia, wo sich schnell deutsche Viehzüchter niederließen und wo der Abbau von Kupfer und Diamanten Privatunternehmen von 1907 an einigen Profit bescherte; zum anderen die malariaverseuchten Küstenregionen Kameruns, wo die Handelsinteressen der Familie Woermann aus Hamburg vorherrschten (von Deutschen geführte Plantagen im Landesinnern produzierten Kautschuk und Palmöl); des weiteren Togo, wo der Handel, wiederum mit Palmöl, größtenteils von ortsansässigen afro-brasilianischen Eliten an der Küste kontrolliert wurde; darüber hinaus die bevölkerungsreiche Kolonie Deutsch-Ostafrika (das heutige Tansania minus Sansibar, aber einschließlich Ruanda und Burundi), wo deutsche Siedler Baumwoll- und Sisal-Plantagen errichteten; und schließlich Neuguinea und Samoa samt dazugehöriger Pazifikinseln, wo nur wenige deutsche Siedler lebten und Handelsinteressen vorherrschten, sowie der chinesische Vertragshafen Jiaozhou. Dieser war 1897 für 99 Jahre gepachtet und vom Reichsmarineamt geleitet worden, das eine energische Modernisierungs- und Verbesserungspolitik betrieb, welche die Stadt Qingdao mit elektrischer Straßenbeleuchtung und einer Universität ausstattete, an der chinesischen Studenten deutsche Wissenschaft und Gelehrsamkeit geboten wurden.

Bismarcks Vision von Schutzgebieten, die privatwirtschaftlich, ohne staatliche Unterstützung verwaltet wurden und sich in Grundzügen an der Britischen Ostindien-Kompanie auf dem Subkontinent orientierten, währte nicht lange. Gewaltsame Konflikte mit afrikanischen Gesellschaften, die sich der zunehmenden Ausbeutung durch deutsche Kaufleute und Siedler widersetzen, führten bald zur Errichtung einer formalen Herrschaft durch deutsche Bürokraten mit militärischer Rückendeckung. Dass der Staat anfing, zum Schutz von Plantagenbesitzern und Siedlern, die mit einheimischen Bauern und Händlern aneinandergeraten waren, Gewalt einzusetzen, rief nur breiteren Widerstand hervor und machte alles nur noch schlimmer.

Der daraus folgende Krieg und der Völkermord in Südwestafrika mögen Exzesse gewesen sein, aber die Gewalt war auch darüber hinaus eine Konstante der deutschen Kolonialherrschaft. In Ostafrika beispielsweise veranlassten andauernde militärische Zusammenstöße, vielfach ausgelöst durch den skrupellosen kolonialen Abenteurer Carl Peters, die kaiserliche Regierung in Berlin 1891 dazu, die Verwaltung der Kolonie zu übernehmen. Aber der bewaffnete Konflikt ging weiter, und in den folgenden sechs Jahren fanden 61 große „Strafexpeditionen" in Ostafrika statt. 1905 eskalierte der Konflikt wegen Landnahmen, Steuererhöhungen und Zwangsarbeit im Maji-Maji-Aufstand, bei dem etwa 80 000 Afrikaner durch die Hand des Militärs starben. Im Gegensatz zur Situation in Südwestafrika sahen die Deutschen darin keinen Rassenkrieg, und in der Tat gingen viele der Opfer auf das Konto afrikanischer Soldaten in deutschen Uniformen, aber die Zahl der Toten war gewaltig: Mehr als 200 000 Afrikaner gingen allein an der Hungersnot zugrunde, welche die systematische Zerstörung der Felder und Dörfer von Aufständischen zur Folge hatte.

Gewalt, wie die öffentliche körperliche Züchtigungen von Afrikanern, war in den deutschen Kolonien an der Tagesordnung: Die offiziell dokumentierte – und gewiss zu niedrig geschätzte – Zahl der Züchtigungen in Kamerun stieg von 1900 bis 1913 von 315 auf 8 400 jährlich. Afrikanische Stammesführer brachten ihren Fall vor den Reichstag, aber die anschließende Abberufung des Gouverneurs hatte mehr mit den Einwänden von Händlern und Missionaren gegen seine Politik der großzügigen Vergabe von Landkonzessionen an Plantagenbesitzer zu tun als mit seiner unzweifelhaften Brutalität. Die Situation spitzte sich gegen Ende der deutschen Herrschaft zu, als ein ehemaliger oberster Stammesführer öffentlich hingerichtet wurde, weil er Maßnahmen zur Rassentrennung in der Hauptstadt Douala missbilligt hatte. Wie labil die deutsche Herrschaft stets gewesen war, wurde dabei offenkundig. Angesichts ihrer geringen Zahl – weniger als 2 000 Siedler und Amtsträger in Kamerun – konnten die Deutschen lediglich hoffen, in ihren Kolonien „Inseln der Herrschaft" zu errichten. Denn nirgendwo akzeptierten Afrikaner die deutsche Souveränität je ganz und gar. Mit deren Ausschluss aus den politischen und öffentlichen Lebensbereichen der Kolonien verurteilte sich die deutsche Herrschaft selbst dazu, immer ein Fremdkörper zu bleiben.

Häufig veranlasste sie sogar selbst die Afrikaner dazu, sich im Widerstand zusammenzutun; nach dem Maji-Maji-Aufstand räumte der

Gouverneur von Ostafrika ein, dass sich, was als lokal begrenzter Aufruhr einiger weniger „halbwilder Stämme" begonnen habe, schließlich in eine Art „nationalen Kampf" gegen „Fremdherrschaft" verwandelt habe. Manchmal schuf die deutsche Politik neue Identitäten wie in Ruanda, wo mit ethnografischen Handbüchern ausgestattete Kolonialbeamte die lockeren sozialen Unterschiede zwischen Hutu und Tutsi zu klar abgegrenzten rassischen Identitäten stilisierten, mit denen sie eine unterschiedliche rechtliche Behandlung rechtfertigten. Diese Ethnogenese, wie sie einige Historiker bezeichnet haben, war das Fundament für die völkermörderischen Massaker im Jahr 1994.

Auch war es möglich, in den Kolonien wissenschaftliche Experimente durchzuführen, die sich in Deutschland verboten hätten. Der Bakteriologe und Nobelpreisträger Robert Koch hatte keine Skrupel, 1 000 Afrikanern, die an der Schlafkrankheit litten, auf der Suche nach einem Heilmittel jeden Tag gefährlich hohe Dosen Arsen zu injizieren und dabei hohe Sterblichkeitsziffern unter den Versuchspersonen einzukalkulieren. Vorstellungen von Rassenunterschieden und erblicher „Minderwertigkeit" erhielten durch eugenische Untersuchungen, die von Wissenschaftlern wie Eugen Fischer durchgeführt wurden, sogar gewaltigen Auftrieb und halfen, jene rassischen Vorstellungen zu erzeugen und populär zu machen, die später von den Nationalsozialisten in die Tat umgesetzt wurden. Darbietungen wie die Berliner Kolonialausstellung von 1896 oder die Präsentation eines afrikanischen Dorfes im Hamburger Tierpark Hagenbeck trugen ihren Teil zum Aufbau eines weitverbreiteten Gefühls rassischer Überlegenheit unter den Deutschen bei.

Manche sahen in den Kolonien Versuchslabore der Moderne, wo ohne Rücksicht auf die Rechte indigener Landbesitzer neue Städte und Großstädte erbaut werden konnten, wo eine Rassenkunde angewendet werden konnte, um eine neue soziale Ordnung anstelle überholter europäischer Standeshierarchien zu schaffen, und wo neue Mustergemeinschaften gegründet werden konnten, die auf den traditionellen patriarchalen Prinzipien fußten, die damals durch eine zunehmend lautstarke feministische Bewegung in der Heimat untergraben wurden. Das Vokabular und die Ziele kolonialer Missionstätigkeit wurden nach Deutschland zurückimportiert. So beabsichtigte etwa eine protestantische „Innere Mission", die Mittellosen und „Arbeitsscheuen" in den Slums der großen deutschen Städte aus einem „dunklen Kontinent" der Armut und Unwissenheit zu erretten. Im Jahr 1913 griff ein neues

Gesetz, das die deutsche Staatsangehörigkeit auf der Grundlage ethnischer Abstammung und nicht des Geburtsortes verlieh (wie im übrigen Europa üblich) und das direkt auf Rassenlehren zurückging, die in den Kolonien ausgearbeitet worden waren. Nationalgesinnte Deutsche fingen an, sich Polen und „Slawen" als rassisch minderwertig vorzustellen, und gaben es auf, von Deutschlands „zivilisierender Mission" in Osteuropa zu reden. Die Auffassung, dass Polen in nützliche Deutsche verwandelt werden könnten, wich allmählich der Überzeugung, sie wären, wie die Afrikaner, aufgrund ihrer rassischen Beschaffenheit nicht mehr zu retten.

Bedeutet all dies, dass ein direkter Weg vom deutschen Kolonialreich zum Holocaust führte? Bei allen offenkundigen Ähnlichkeiten zwischen dem Völkermord an Herero und Nama und der Vernichtung der Juden Europas weniger als 40 Jahre später gab es doch bedeutsame Unterschiede. Obwohl es in Südwestafrika zweifellos Konzentrationslager gab, waren sie nicht wie Treblinka einzig dafür bestimmt, Angehörige ethnischer, religiöser oder devianter Minderheiten zu töten. Juden erschienen den Nationalsozialisten als globale Bedrohung; Afrikaner waren, wie Slawen, ein lokales Hindernis, das es zu unterwerfen oder zu beseitigen galt, um Platz zu machen für deutsche Siedler. Die koloniale Erfahrung, vor allem auf dem Gebiet der Rasse, durchtränkte die Ideologie des Nationalsozialismus, aber es gab nur wenige personelle Kontinuitäten, trotz der Beispiele von Hermann Görings Vater, dem ersten Gouverneur von Südwestafrika, oder Franz Ritter von Epp, der mit Trotha im Herero-Krieg diente und später, im April 1933, nationalsozialistischer Reichsstatthalter in Bayern wurde, oder Viktor Böttcher, stellvertretender Gouverneur von Kamerun und später, von 1940 bis 1945, Regierungspräsident des Regierungsbezirks Posen im Reichsgau Wartheland.

Trothas völkermörderischer Krieg war eine Ausnahme in der deutschen Kolonialgeschichte, und er verdankte sich mehr den Militär- und Rassedoktrinen seines Urhebers als dem deutschen Kolonialismus allgemein. Die selbst ernannte Mission der Modernisierung und Zivilisierung, wie sie in der Bildungs-, Wirtschafts- und Religionspolitik verankert war, die in der Endphase der deutschen Kolonialherrschaft verfolgt wurde, hatte in Osteuropa zwischen 1939 und 1945 keine Entsprechung. Es brauchte den verrohenden Einfluss des Ersten Weltkriegs – der selbst zu den Auswirkungen des Kolonialismus auf Europa gehörte –, um politische Gewalt zu einem Grundzug des Lebens in Deutschland in den 1920er- und 1930er-Jahren zu machen und Männer wie Böttcher in Nationalsozialisten zu verwandeln. Der deutsche Kolonialismus scheint systematischer einen rassistischen Ansatz verfolgt zu haben und in der Durchführung von schonungsloserer Brutalität gewesen zu sein als der Kolonialismus anderer europäischer Nationen, aber das heißt nicht, dass er zwangsläufig zum Holocaust führte.

Nichtsdestotrotz ist der Herero-Krieg weit stärker als jeder andere Aspekt des Kolonialismus als bedeutsame Parallele und als Vorläufer des Holocaust in die öffentliche Erinnerung des heutigen Deutschlands eingegangen. Er hat zu leidenschaftlichen Debatten darüber geführt, wie seiner am besten zu gedenken sei. Nirgendwo wurden solche Diskussionen engagierter geführt als in der Hansestadt Bremen, wo im kleinen Deetjen-Park hinter dem Hauptbahnhof ein zehn Meter hoher Elefant aus Backstein steht; Pendler und Touristen gehen jeden Tag daran vorbei. Aufgestellt gegen Ende der Weimarer Republik, war das stilisierte Denkmal konzipiert als Mahnmal für und Erinnerung an die Geschichte des deutschen Kolonialismus. In den Sockel wurden Terrakottatafeln eingelassen, jede mit dem Namen einer ehemaligen Kolonie versehen. Bei der Einweihung des Denkmals am 6. Juli 1932 feierten Redner vor gewaltigen Menschenmassen die Errungenschaften des Kolonialismus und forderten die Wiederherstellung der verlorenen Kolonien.

Kaum zu glauben, dass der Elefant den Zweiten Weltkrieg unversehrt überstand, obwohl die verschiedenen Inschriften rings um den Sockel nach 1945 rasch entfernt wurden. Bis zum 50. Jahrestag seiner Errichtung im Jahr 1982 war er zu einer Peinlichkeit geworden, vor allem in Anbetracht der andauernden Herrschaft des südafrikanischen Apartheidsregimes über Namibia. Im Jahr 1988 stellte die örtliche IG-Metall-Jugend neben dem Sockel eine Gedenktafel auf: „Für Menschenrechte gegen Apartheid". Zwei Jahre später wurde der Elefant offiziell zum „Antikolonialdenkmal" erklärt, seinem ursprünglichen Zweck zum Trotz, so offensichtlich der auch war. Als Namibia 1990 seine Unabhängigkeit erlangte, veranstaltete die bremische Bürgerschaft eine offizielle Feier rings um den Elefanten, und im Jahr 1996 enthüllte Sam Nujoma, der namibische Staatspräsident, während eines Staatsbesuchs in Deutschland eine neue Tafel mit der Inschrift: „Zum Gedenken an die Opfer der deutschen Kolonialherrschaft in Namibia, 1884–1914". Heute kümmert sich ein gemeinnütziger Verein „für Vielfalt, Toleranz und Kreativität, Der Elefant!" um das Denkmal. Eine Bronzetafel erinnert Besucher an die Vergangenheit des Monuments, und als eine Art „Anti-Denkmal“ wurde in der Nähe ein kleines Mahnmal für die Herero und Nama errichtet.

2. Imperiale Träume

Noch vor einigen Jahrzehnten befassten sich Historiker, die nach den tieferen Wurzeln von Theorie und Praxis des Nationalsozialismus suchten, mit den Brüchen und Diskontinuitäten in der deutschen Geschichte: der gescheiterten Revolution von 1848; der Blockierung demokratischer Politik nach der Einigung 1871; der fortgesetzten Dominanz aristokratischer Eliten über einen gesellschaftlich und politisch trägen Mittelstand; der etablierten Macht des traditionell autoritären und kriegerischen preußischen Soldatentums – kurz, mit allem, was, wie sie behaupteten, Deutschland schließlich bei Ausbruch des Ersten Weltkriegs von anderen europäischen Großmächten unterschied und es auf einen „Sonderweg" in die Moderne führte, der nicht in der Schaffung eines demokratischen politischen Systems und einer offenen Gesellschaft endete, wie sie zu einer industriellen Wirtschaft gehören, sondern im Aufstieg und Triumph des „Dritten Reiches".

Solche Behauptungen waren spätestens in den 1990er-Jahren diskreditiert, als klar wurde, dass das Bürgertum des kaiserlichen Deutschland alles andere als träge gewesen war, seine politische Kultur lebhaft und engagiert, und die aristokratischen Eliten bis zum Ausbruch des Ersten Weltkriegs ihre Macht größtenteils bereits verloren hatten. Es zeigte sich, dass die Revolution von 1848 die deutsche politische Kultur durchaus von Grund auf verändert und nicht bloß die alte Ordnung wiederhergestellt hatte. Vergleiche mit anderen Ländern offenbarten beispielsweise in Großbritannien ähnliche Defizite bei der sozialen Mobilität und Offenheit, in Frankreich Tendenzen zum Autoritarismus und in Österreich einen dominanten Militarismus. Wenn es aber keinen deutschen „Sonderweg" von der Entstehung des Nationalstaats zum Aufstieg des „Dritten Reiches" gegeben hat, worauf sollten Historiker stattdessen ihr Augenmerk richten?

Im Laufe der letzten Jahre ist zunehmend klar geworden, dass eine Antwort nur finden kann, wer den Blick ausweitet und die deutsche Geschichte nicht in einem innerdeutschen oder auch europäischen Kontext betrachtet, sondern im Kontext globaler und vor allem kolonialer Entwicklungen im Viktorianischen Zeitalter und danach. Diese Sicht auf die deutsche Geschichte ist vielleicht erst heute möglich, da wir uns der Globalisierung als eines zeitgenössischen Phänomens sehr bewusst geworden sind, und sie hat viele wichtige neue Deutungen und eine wachsende Anzahl bedeutender Forschungsarbeiten hervorgebracht, die Deutschlands Verhältnis zur Welt im 19. Jahrhundert mit dem nationalsozialistischen Versuch, sie zu beherrschen, in Verbindung bringen. Die Ergebnisse dieser Forschungen hat nun Shelley Baranowski in einer beeindruckenden und überzeugenden neuen Synthese mit dem Titel *Nazi Empire* (2011) zusammengeführt. Die Autorin war zuvor für stärker spezialisierte Studien bekannt, insbesondere für ein ausgezeichnetes Buch über die NS-Organisation „Kraft durch Freude".

Baranowskis Erzählung setzt Mitte der 1880er-Jahre ein, als Bismarck widerstrebend der Errichtung kolonialer Schutzgebiete zustimmte, um die Unterstützung der Nationalliberalen und Freikonservativen im Reichstag zu gewinnen. Bismarck hatte Bedenken ob der finanziellen und politischen Verpflichtung, die eine wirkliche Kolonisierung bedeutete, aber er wurde bald von imperialistischen Enthusiasten, Kaufleuten und Abenteurern überflügelt, und als er 1890 aus dem Amt gedrängt wurde, besaß Deutschland ein ausgewachsenes Überseereich. Bei Lichte besehen hatte sich das Deutsche Kaiserreich allerdings mit dem zu begnügen, was ihm Briten und Franzosen nach dem „Wettlauf um Afrika" übrig gelassen hatten: Namibia, Kamerun, Tanganjika, Togo; anderswo auf der Welt Neuguinea und verschiedene Pazifikinseln, wie Nauru und der Bismarck-Archipel. Eine jüngere Generation von Nationalisten, die Bismarcks Gespür für die Unsicherheit des neu geschaffenen Reiches nicht teilten, klagten, das Imperium könne allenfalls mit dem derzeitigen spanischen oder dem portugiesischen mithalten und sei damit einer europäischen Großmacht kaum würdig.

Überdies erwiesen sich jene Kolonien, die Deutschland letztlich besaß, in mehr als einem Fall als besonders schwer zu führen. Das Kolonialregime reagierte mit einer Politik extremer Härte. Gemäß der preußischen Militärdoktrin war die vollständige Vernichtung der feindlichen Streitkräfte das Hauptziel eines Krieges, aber in den Kolonien vermengte sich diese Ansicht mit Rassismus und einer Furcht vor Guerilla-Angriffen zu einer völkermörderischen Mentalität, die auf Unruhen und Aufstände mit einer Politik der totalen Auslöschung reagierte. Zu den dabei angewendeten Methoden gehörte das bewusste Aushungern durch die Zerstörung von Ernten und Dörfern, was in der deutschen Kolonie Tanganjika während des Maji-Maji-Aufstands zu mehr als 200 000 Todesfällen führte. Noch berüchtigter war, was in Namibia geschah, wo Herero und Nama ohne Vorräte in die Wüste getrieben wurden, man ihre Wasserlöcher vergiftete und ihr Vieh beschlagnahmte; sie starben an Krankheiten und Unterernährung. Auf die Unterwerfung folgte ein Apartheidsregime mit Gesetzen und Verordnungen, welche die Vermischung der Ethnien untersagten und Afrikaner zu schlecht bezahlten Tagelöhnern degradierten.

Darüber hinaus hatte die deutsche Politik bereits angefangen, sich nach neuen Kolonien umzusehen. Doch wo sollten diese zu finden sein? Unter dem „persönlichen Regiment" Kaiser Wilhelms II. begann Deutschland im Jahr 1898 mit dem Bau einer großen Kriegsflotte. Das Hauptaugenmerk lag auf schweren Schlachtschiffen und nicht auf leichten, beweglichen Kreuzern, und Großadmiral Alfred von Tirpitz, der Schöpfer der Flotte, verfolgte dabei die hochriskante Strategie, auf eine Konfrontation à la Trafalgar in der Nordsee hinzuarbeiten oder zumindest mit einem solchen Szenario zu drohen. Ziel war es, den Briten eine Niederlage beizubringen oder sie handlungsunfähig zu machen, weil ihre Seeherrschaft als Haupthindernis für den deutschen imperialen Ruhm galt. Dadurch sollten sie bewogen werden, einer Expansion des deutschen Übersee-Imperiums zuzustimmen. Deutschland verfolgte nun insgesamt eine aggressive „Weltpolitik", die darauf abzielte, seine Stellung zu verbessern und einen „Platz an der Sonne" zu erlangen, der mit dem anderer europäischer Mächte vergleichbar war. Bald schon kochten im Gemisch der verschiedenen politischen Interessen unkontrollierbare imperialistische Leidenschaften hoch, die sich auf Gebiete in Übersee ebenso richteten wie auf Europa.

Ein großes Stück von Polen war bereits im 18. Jahrhundert annektiert worden und gehörte seither zu Deutschland, doch nun ermunterte die Regierung sogenannte „Volksdeutsche", sich in Gebieten mit überwiegend polnischsprachiger Bevölkerung niederzulassen. Aber obwohl während des Kaiserreichs 130 000 dorthin zogen, waren das längst nicht genug, um die 940 000 „Volksdeutschen" zu ersetzen, die zwischen 1886 und 1905 auf der Suche nach einem besseren Leben in den Westen des Reiches abwanderten. Unzufrieden mit dieser Situation, fingen radikale Nationalisten an, einen Krieg im Osten zu fordern, der die Slawen unterwerfen und Millionen dort lebende und „gefährdete" Deutschsprachige vor der „Russifizierung" oder „Magyarisierung" retten würde, indem er sie in einem stark erweiterten Reich zusammenschlösse. Der mächtige Alldeutsche Verband ging noch weiter und drängte die Regierung, die Annexion Hollands, Flanderns, der Schweiz, Luxemburgs, Rumäniens und des Habsburgerreiches in Erwägung zu ziehen, die man allesamt für „deutsche" Länder hielt, und im selben Zuge Deutschlands jüdischer Minderheit die Bürgerrechte zu entziehen. Sobald die deutsche Vorherrschaft über Europa verwirklicht wäre, würde die Expansion des Übersee-Imperiums zwangsläufig folgen.

Unter solchen Einflüssen griff ein Sozialdarwinismus in Regierungskreisen zunehmend um sich, demnach die internationalen Beziehungen durch einen Kampf zwischen Rassen – der germanischen, slawischen, lateinischen – ums Überleben und letztendlich um die Vorherrschaft bestimmt seien und Deutschland offenkundig ein großes Kolonialreich gebühre. Trotzdem widersetzten sich die beiden größten politischen Parteien, die marxistisch orientierten Sozialdemokraten und das katholische Zentrum, weiterhin der Kolonialideologie und verurteilten die deutschen Gräueltaten in den Kolonien um 1905/06 heftig. Im Jahr 1912 gelang es diesen Parteien zusammen mit Teilen der Freisinnigen Volkspartei Gesetzesinitiativen in Deutschland gegen Mischehen und gegen die Universalität der Menschenrechte zu vereiteln. Das später verabschiedete Reichs- und Staatsangehörigkeitsgesetz vom 22. Juli 1913, das Staatsangehörigkeit nicht abhängig vom Geburtsort, sondern von der „Gemeinsamkeit der Abstammung" definierte – beispiellos unter den europäischen Nationen – wurde hingegen nicht verhindert.

Der Druck vonseiten der Alldeutschen erleichterte der Regierung 1914 den Kriegseintritt, und auch die sozialdarwinistischen Überzeugungen einiger der Hauptakteure hatte jede Motivation, nach einem friedlichen Ausweg aus der Krise zu suchen, geschwächt. Schon bald nach Kriegsausbruch, noch im September 1914, formulierte die Regierung ein geheimes Programm, das sowohl auf größere territoriale Erwerbungen und wirtschaftliche wie militärische Unterwerfung des größten Teils Europas als auch auf Aneignung der französischen und portugiesischen Besitzungen im Afrika südlich der Sahara abzielte. Diese Ziele gingen weit über die der Briten und Franzosen hinaus, doch getrieben von der militärischen Pattsituation im Westen, der alliierten Kontrolle der Meere und der wachsenden Lebensmittelknappheit zu Hause, verlangten Hardliner in der politischen Führung noch weiter reichende Annexionen.

Unterdessen wurde einerseits die deutsche Herrschaft in den besetzten europäischen Gebieten noch brutaler, andererseits brachte das Militär Deutschland selbst stärker unter seine Kontrolle. Nach der Oktoberrevolution 1917 und der tatsächlichen Kapitulation der Russen in

Brest-Litowsk im März 1918 gingen mehr als zweieinhalb Millionen Quadratkilometer und 50 Millionen Menschen, zusammen mit dem größten Teil der Kohle-, Eisenerz- und Öl-Lagerstätten Russlands sowie der Hälfte seiner Industrie, an Deutschland und die mit ihm verbündete Türkei verloren. Eine Million deutsche Soldaten halfen bei der Durchsetzung einer erbarmungslosen Militärdiktatur in den besetzten Gebieten, die sich von Estland im Norden über weite Teile Weißrusslands und der Ukraine bis zur Schwarzmeerküste im Süden erstreckten. Die wirtschaftliche Ausbeutung und die brutale Unterdrückung nationaler Bewegungen gingen einher mit der Auferlegung einer neuen rassischen Ordnung. In ihr wurden die Bewohner dieser Gebiete ausdrücklich als Bürger zweiter Klasse behandelt. Diese Politik deutete bereits auf das Regime voraus, welches die Nationalsozialisten ein Vierteljahrhundert später etablieren würden.

Mit der Friedensregelung im Versailler Vertrag, die auf die Niederlage von 1918 folgte, verlor Deutschland sämtliche Kolonien in Übersee, 13 Prozent seines Territoriums in Europa, darunter Elsass-Lothringen im Westen, das an Frankreich fiel, sowie die Industriegebiete im Osten, die dem neuen, „wiedergeborenen" polnischen Staat zugeschlagen wurden, und fast sein gesamtes Kriegsgerät. Seine Streitkräfte wurden auf 100 000 Mann begrenzt, und die Regierung musste gewaltigen Reparationszahlungen für die im Krieg verursachten wirtschaftlichen Schäden zustimmen. Diese Bedingungen sorgten zunächst für allgemeine Fassungslosigkeit und dann für Empörung; schließlich sei der Krieg zu Ende gegangen, als deutsche Truppen noch auf fremdem Boden standen, und die militärische Niederlage sei alles andere als total gewesen. Überdies besetzten britische und französische Truppen für den größten Teil der 1920er-Jahre das Rheinland und lieferten damit eine ständige Erinnerung an Deutschlands Unterwerfung – eine Tatsache, die von Historikern oft übersehen wird. Als die Deutschen 1923 mit den Reparationszahlungen in Rückstand gerieten, wurde ein belgisch-französisches Expeditionskorps ins Ruhrgebiet, das industrielle Zentrum des Reiches, entsandt, um wichtige Rohstoffe zu beschlagnahmen, was für weiteren Unmut sorgte. Doch lief dies wirklich, wie Baranowski behauptet, auf eine „Kolonisierung" Deutschlands durch die Alliierten hinaus? Deutsche Propaganda-Attacken gegen die Ruhrbesetzung konzentrierten sich stark auf die „Rassenschande", für die symbolhaft Frankreichs Einsatz von Soldaten aus seinen afrikanischen Kolonien stand.

Bis Mitte der 1920er-Jahre waren die gewalttätigen Zusammenstöße zwischen revolutionären und konterrevolutionären Kräften abgeklungen, die unmittelbar nach dem Krieg dazu geführt hatten, dass Maschinengewehre und Panzer auf den Straßen deutscher Großstädte präsent blieben. Hinzu kam, dass sich die Wirtschaft stabilisiert hatte. Das Verhandlungsgeschick Gustav Stresemanns, des langgedienten Außenministers, brachte schließlich die Wiederaufnahme in die internationale Gemeinschaft, die Neuverhandlung der Reparationen und den Abzug der Besatzungstruppen. Es gibt kaum Anhaltspunkte dafür, dass die Deutschen allgemein der Ansicht gewesen seien, das Land sei „kolonisiert" worden; nur unter extremen Antisemiten herrschte die Überzeugung, dass die Weimarer Republik durch eine internationale jüdische Verschwörung kontrolliert würde, aber selbst hier stößt man nur selten auf die Terminologie der Kolonisierung. Man darf zudem nicht vergessen, dass die NSDAP bei den Reichstagswahlen 1928 mit weniger als drei Prozent der Stimmen derart schlecht abschnitt, dass sie sich bei den nachfolgenden Wahlen mit ihrem heftigen Antisemitismus zurückhielt. Auch die antijüdischen Unruhen der Nachkriegsjahre waren weniger weit verbreitet und weniger repräsentativ für die öffentliche Meinung, als Baranowski unterstellt.

Erst nachdem die große Wirtschaftskrise der frühen 1930er-Jahre Banken und Unternehmen zugrunde gerichtet und mehr als ein Drittel der Erwerbsbevölkerung arbeitslos gemacht hatte, gewannen die Nationalsozialisten massive Unterstützung; und erst als sie an die Macht kamen, als Koalitionspartner konservativer Eliten, denen es darum ging, ihre Pläne zur Zerstörung der Weimarer Demokratie zu legitimieren, offenbarten die Nationalsozialisten abermals ihren tief sitzenden Antisemitismus und setzten ihn mit einer Reihe von Verordnungen und Gesetzen nach und nach in die Tat um, unterstützt durch SA-Gewalt vor allem gegen ihre Gegner auf der Linken. Im Zentrum der Idee eines deutschen Imperiums standen mittlerweile nicht mehr überseeische Kolonien, für die sich während der Weimarer Jahre nur kleine und machtlose Lobbygruppen in der Minderheit interessiert hatten, sondern die Vision eines europäischen Imperiums, eines Imperiums, das auf die Erfahrungen des Ersten Weltkriegs baute, aber weit darüber hinaus ging.

Dennoch blieb die Erinnerung an Deutschlands Übersee-Imperium haften und wurde von den Nationalsozialisten sogar wiederbelebt. Wie sehr beeinflusste die koloniale Erfahrung die Vernichtungspolitik unter

Hitler? Baranowski behandelt diese zentrale Frage auf subtile und ausgewogene Weise, wobei sie einige Übertreibungen der vehementesten Vertreter der Kontinuitätsthese vermeidet, aber trotzdem einige ihrer zentralen Elemente beibehält. In der ersten Hälfte des Jahres 1933 richteten die Nationalsozialisten Hunderte von Konzentrationslagern ein, in die sie mehr als 100 000 ihrer politischen Gegner trieben; sie setzten sie zur Zwangsarbeit ein und behandelten sie so brutal, dass unzählige starben. Aber diese Lager hatten wenig Ähnlichkeit mit jenen, in denen man die Herero in Namibia hatte hungers sterben lassen, und ohnehin war die Idee, Zivilbevölkerungen in Gefangenenlagern zu konzentrieren, keinesfalls eine deutsche Erfindung. Sie ging mindestens so weit zurück wie die US-Feldzüge gegen die Indianer in den 1830er-Jahren.

Die Nationalsozialisten verstanden ihre Lager in der Tat als eine Art Instrument zur Aufstandsbekämpfung, aber ihr Hauptzweck war es, Gegner des Regimes einzuschüchtern und „umzuerziehen". Diese wurden so lange brutal behandelt, bis sie einwilligten, keinen weiteren Widerstand mehr zu organisieren. Bis 1934 waren fast alle Insassen freigelassen worden; zu diesem Zeitpunkt war die Aufgabe der Repression der regulären Polizei, den Gerichten und dem staatlichen Gefängnissystem übergeben worden. Wenn es also, wie Baranowski anmerkt, einen kolonialen Vorläufer gab, so war er vollkommen verändert worden und weit stärker der politischen Polarisierung Europas nach der Oktoberrevolution zuzuschreiben – etwa zur selben Zeit tauchten ähnliche Einrichtungen in der Sowjetunion auf, die keineswegs auf koloniale Vorläufer zurückzuführen sind.

Zu der von den Nationalsozialisten verfolgten Rassenpolitik gab es allerdings keine Parallele in der Sowjetunion. In welchem Maße aber waren hingegen die Einführung der „Rassenhygiene", die Gesetze gegen Mischehen und sexuelle Beziehungen zwischen Juden und Nichtjuden sowie die Zwangssterilisation von bis zu 400 000 „erblich minderwertigen" Deutschen auf Deutschlands Kolonialerfahrung zurückzuführen? Wie Baranowski überzeugend ausführt, waren die vor 1914 in Deutsch-Südwestafrika verabschiedeten Gesetze gegen die „Rassenmischung", die segregationistischen Antworten auf Aufruhr in den Kolonien und die von den Alldeutschen während der Debatten über das Reichs- und Staatsbürgergesetz von 1912 befürworteten extremen Maßnahmen tatsächlich verblüffende Vorläufer der nationalsozialistischen Politik. „Der Imperialismus", merkt sie an, „verknüpfte die beiden bürgerlichen Phobien gegen Sozialismus und Rassenmischung, bei denen die Vorstellung vom Arbeiter ganz der vom ‚Eingeborenen' entsprach." Die Dekolonisierung Deutschlands im Jahr 1919 beseitigte die frühere Unterscheidung zwischen kolonialem und einheimischem Recht und verstärkte Ängste, dass „fremde Rassen" wie Juden und „Zigeuner", die deutsche Rasse daheim verunreinigen würden. Die Vorstellungen waren die gleichen, nur die Praxis wurde radikalisiert.

Auf vielen unterschiedlichen Feldern, darunter die Medizin, die Eugenik und die Rassenanthropologie, gab es auch personelle Kontinuitäten. So nutzte der Anthropologe Eugen Fischer seine Forschungen über „gemischtrassige" Gruppen in Deutsch-Südwestafrika vor dem Ersten Weltkrieg, um sich gegen die „Rassenmischung" im „Dritten Reich" auszusprechen. Nach 1933 spielten medizinische Forscher, die an Fischers Institut ausgebildet worden waren, etwa der Auschwitz-Arzt Josef Mengele, eine bedeutende Rolle bei der Realisierung eugenischer Maßnahmen. Doch am Ende überwiegen laut Baranowski die Brüche gegenüber solchen Kontinuitäten. Während sie überzeugende Gründe gegen den Trend eines Großteils der jüngeren historischen Meinung vorbringt, besteht sie wiederholt auf der zentralen Bedeutung von Terror und Gewalt für die Machtergreifung und -ausübung der Nationalsozialisten, die einen entscheidenden Bruch mit der Wohlfahrtsverwaltung und der Polizeiarbeit Weimars markierten. Die Zerschlagung der Arbeiterbewegung, die Verhaftung oder Exilierung jüdischer und liberaler Gesundheits- und Wohlfahrtsbeamter und, so hätte sie hinzufügen können, die Zerstörung von freier Presse und Nachrichtenmedien beseitigten die größten Hürden etwa für die Durchführung eugenischer Maßnahmen durch den Staat. Zugleich trieb das rasche Wachstum der SS unter Himmler mit ihrer fixen Idee der Rasse die Durchführung politischer Maßnahmen wie der Massensterilisierung von angeblich „Geisteskranken" und Behinderten in weltweit ungekanntem Maße voran. Einzigartig ist auch, dass diese Politik in Verbindung mit der Ausschließung von Juden aus dem wirtschaftlichen und gesellschaftlichen Leben den Weg ebnen sollte für einen imperialistischen Expansionskrieg im Osten. Während des Krieges selbst wurde aus dieser Politik dann ein Massenmord, bei dem 200 000 als körperlich oder geistig behindert eingestufte Deutsche von nationalsozialistischen Ärzten ermordet wurden.

Der enge Zusammenhang von Rassenpolitik und Krieg wurde von 1939 an noch deutlicher. Gestützt auf jüngere Forschungen, zeigt Baranowski im Detail, dass der Einmarsch in Polen von Anfang an darauf abzielte, die polnische Nation zu zerstören. Es folgten Massenhinrichtungen, denen Polen und Juden zum Opfer fielen. Sie wurden aus ihren Häusern und Wohnungen vertrieben, ihr Besitz wurde enteignet, oder sie wurden – wie im Falle der Polen – als Zwangsarbeiter nach Deutschland verschleppt. Die Deutschen machten beinahe keinen Unterschied zwischen Kombattanten und Zivilisten, und gaben sich im Osten keinerlei Mühe Kriegsrecht oder -konventionen zu befolgen, an die sie sich – mit seltenen Ausnahmen – im Westen durchaus hielten. Soldaten von SS und Wehrmacht gleichermaßen betrachteten die Polen insgesamt als „Eingeborene" und Juden darüber hinaus als eine minderwertige Spezies. All dies wiederholte sich in größerem Ausmaß nach dem Einmarsch in die Sowjetunion im Juni 1941 und spiegelte nicht nur die vor 1914 selbst in der Arbeiterschaft weit verbreiteten Vorurteile gegen Slawen und „Ostjuden" wider, sondern auch die unter europäischen Eroberern kolonialer Territorien seit der spanischen Invasion Amerikas im 16. Jahrhundert üblichen Praktiken.

Allerdings weist Baranowski darauf hin, dass „die massenhafte Vertreibung oder Ermordung einheimischer Bevölkerungen" im kolonialen Rahmen des 19. Jahrhunderts „oft auf Grenzkonflikte vor Ort zwischen europäischen Siedlern und indigenen Völkern um Land und Ressourcen folgte". Die Verwaltungen in den imperialen Mutterländern versuchten oft durchaus, Siedler, die ungezügelt auf Land und Arbeitskräfte aus waren, zurückzuhalten, obwohl sie deren Habgier am Ende meist tolerierten und irgendwann billigten. Selbst die völkermörderische Entscheidung im namibischen Krieg wurde auf lokaler Ebene getroffen, von einem Militärbefehlshaber, der die Vorbehalte des Kolonialgouverneurs und seiner Vorgesetzten in Berlin ignorierte. Daheim aber entfachten koloniale Gräueltaten häufig heftige Kritik.

Im Gegensatz dazu starteten die Nationalsozialisten ihren rassischen Unterwerfungs- und Vernichtungskrieg im Osten ohne die geringste Provokation und ohne jegliche Zweifel oder kritische Stimmen, außer aufseiten einer Handvoll konservativer Wehrmachtsoffiziere. Überdies koordinierten und leiteten sie den ganzen Krieg hindurch Operationen vom Zentrum aus und handelten nach Weisungen von Hitler persönlich. Damit soll nicht bestritten werden, dass es innerhalb der NS-Elite Auseinandersetzungen über die Durchführung der ethnischen Säuberung und Vernichtung gab. Aber die Grundrichtung der Politik war klar und gipfelte 1942 im „Generalplan Ost", in der Vernichtung von mindestens 30 Millionen und möglicherweise bis zu 45 Millionen Slawen durch Hunger und Krankheit sowie in der Neubesiedlung des größten Teils von Osteuropa durch deutsche Kolonisten. Hier lag er also, wie Baranowski es ausdrückt, der „Platz der Nazis an der Sonne“.

Deutsche Pläne für Afrika, die in den 1930er-Jahren wiederbelebt wurden, als Hitler aufs Neue die Forderung nach Rückgabe ehemaliger Kolonien aufgriff, sahen keine solche Politik des Völkermords vor; vielmehr unterschieden sie sich im Kern kaum von herkömmlichen europäischen Paradigmen kolonialer Entwicklung. Zwar sollten die „Eingeborenen“ von der europäischen Siedlergesellschaft abgesondert werden, aber deutsche Verwaltungsbeamte sollten die indigenen Afrikaner erziehen, ernähren, ihre Gesundheit verbessern und damit die kolonialen Wirtschaften entwickeln, um die Lieferung von Rohstoffen und Nahrungsmitteln für das Mutterland zu gewährleisten. Dies lag zum Teil daran, dass die Nationalsozialisten afrikanische Länder nicht als Hauptziel deutscher Besiedlung ansahen, aber auch daran, dass sie in deren Bewohnern keine Bedrohung ihrer Art sahen, wie sie Slawen und vor allem Juden in der Vorstellungswelt der Nationalsozialisten verkörperten. Diente die Vernichtung der Slawen und Juden in der NS-Politik der Reinhaltung der deutschen Rasse selbst, so spielte dieser Gedanke in der kolonialen Situation keine Rolle. Osteuropa aber durchstreiften SS-Einheiten sogar auf der Suche nach „rassisch wertvollen“ blonden, blauäugigen Kindern, entführten Zehntausende von ihnen und arrangierten ihre Adoption durch deutsche Eltern unter neuer Identität. Schlussendlich war die NS-Politik aber auch in Osteuropa zumindest teilweise von der unmittelbaren Notwendigkeit getrieben, eine ausreichende Lebensmittelversorgung für Deutschland sicherzustellen, dessen Landwirtschaft in keiner Weise in der Lage war, das Reich und seine Armeen zu ernähren. Deshalb radikalisierten die Nationalsozialisten einmal mehr imperialistische Praktiken oder wichen in wesentlicher Hinsicht von ihnen ab, statt sie einfach fortzuführen.

Wie fügt sich die Judenvernichtung in das koloniale Paradigma ein? Natürlich banden radikale Vorkriegsnationalisten den Antisemitismus in ihre Vorstellung von internationalen Beziehungen als einem Darwin'schen Kampf zwischen Rassen ums Überleben und um die Vorherrschaft ein. Die Maßnahmen zur Absonderung, Deportation und Enteignung, denen deutsche und später europäische Juden zum Opfer fielen, hatten sämtlich ihre Vorläufer in den Kolonien. Aber das bewusste Durchkämmen eines ganzen Kontinents und möglicherweise – wie im Protokoll der Wannsee-Konferenz zur „Endlösung der Judenfrage in Europa“ vorgeschlagen – der gesamten Erdoberfläche nach Juden, um sie zur fabrikmäßigen Vernichtung in Gaskammern oder Exekutionsgruben abzutransportieren, war ohne Beispiel.

Klugerweise zieht Baranowski die Behauptungen einiger Historiker in Zweifel, die vor 1914 von deutschen Kolonialbeamten und Militärbefehlshabern begangenen Massenmorde seien nicht nur mit dem späteren NS-Völkermord vergleichbar, sondern hätten gar eine völkermörderische Mentalität geschaffen, die unweigerlich zur „Endlösung“ geführt habe. Sie weist darauf hin, dass andere europäische Mächte eine ähnliche Politik betrieben, die ebenso wie die der Deutschen in erster Linie darauf abzielte, die wirtschaftliche Unabhängigkeit unterworfener Bevölkerungen zu zerstören, sie in fügsame Arbeitskräfte zu verwandeln oder sie zu vertreiben, um Platz für die Besiedlung zu schaffen.

Etwas Ähnliches hatten die Nationalsozialisten in Osteuropa vor, und dabei bedienten sich NS-Verwaltungsbeamte gelegentlich durchaus auch jüdischer Arbeitskräfte für die Kriegswirtschaft, aber langfristig handelte es sich mit ihren Worten dort vor allem um eine langsamere Form der „Vernichtung durch Arbeit“. Obwohl der „Generalplan Ost“ also zweifellos die völkermörderische Vernichtung mehrerer Millionen Slawen vorsah, war er getrieben von ideologischen Imperativen, die sich grundlegend von jenen der „Endlösung“ unterschieden. In Letzteren fungierten die Juden als der „Weltfeind“ – nicht als regionales Hindernis, wie es „Wilde“ darstellen, sondern als Weltverschwörung, die von einem gerissenen und ruchlosen Feind mit dem Ziel der vollständigen Vernichtung des deutschen Volkes initiiert wurde.

Obwohl Baranowski ursprünglich ein Lehrbuch schreiben wollte, hat sie etwas viel Wichtigeres vorgelegt: eine gekonnte und sorgsam differenzierte Synthese einiger der ergiebigsten Ideen, die in der Debatte über die Ursprünge des Nationalsozialismus und seiner Auswüchse in den letzten Jahren aufgekommen sind. Gegenwärtige Besorgnisse widerspiegelnd, konzentrieren sich diese Diskussionen nicht so sehr darauf, wie oder warum die Nationalsozialisten an die Macht kamen, als darauf, was sie taten, sobald sie diese erlangt hatten, vor allem während des Krieges. Aus diesem Blickwinkel beschäftigen sie sich mit recht anders gearteten Fragen als jene, welche die alte These vom „Sonderweg“ aufwarf. Baranowskis Buch macht diese verschiedenen Blickwinkel zweifellos bekannt, die Autorin erörtert mit Scharfsinn und Raffinesse ihr Für und Wider, und ihr Werk sollte von jedem gelesen werden, der sich für den verhängnisvollen und letztendlich exterminatorischen Weg interessiert, den die deutsche Geschichte im 20. Jahrhundert einschlug.

3. Die Niederlage von 1918

Im November 1918, nach mehr als vier Jahren in den Schützengräben, lag Adolf Hitler in einem Lazarett weit von der Front entfernt, durch einen Gasangriff vorübergehend erblindet. Noch rekonvaleszent, erfuhr er von Deutschlands Kapitulation und dem Sturz des Kaisers. „Während es mir um die Augen wieder schwarz ward“, schrieb er später, „tastete und taumelte ich zum Schlafsaal zurück, warf mich auf mein Lager und grub den brennenden Kopf in Decke und Kissen.“ Er fuhr fort:

> Es war also alles umsonst gewesen. Umsonst all die Opfer und Entbehrungen, umsonst der Hunger und Durst von manchmal endlosen Monaten, vergeblich die Stunden, in denen wir, von Todesangst umkrallt, dennoch unsere Pflicht taten, und vergeblich der Tod von zwei Millionen […]. Sanken dafür diese Knaben von siebzehn Jahren in die flandrische Erde? War dies der Sinn des Opfers, das die deutsche Mutter dem Vaterlande darbrachte, als sie mit wehem Herzen die liebsten Jungen damals ziehen ließ, um sie niemals wiederzusehen? (Adolf Hitler, *Mein Kampf*, S. 223 f.)

Wie viele andere in Deutschland, hatte Hitler Mühe, eine Erklärung für Deutschlands scheinbar plötzlichen Zusammenbruch zu finden. Wie hatte alles so schnell und so gründlich fehlschlagen können?

Die Niederlage war umso rätselhafter, als erst wenige Monate zuvor, im Frühjahr 1918, der Sieg für den Kaiser zum Greifen nahe gewesen zu sein schien. Nach einem jahrelangen Patt hatte der Krieg damals eine plötzliche Wende zugunsten Deutschlands genommen. Anfang 1917 hatten die Deutschen beschlossen, einen uneingeschränkten U-Boot-Krieg zu führen – was Angriffe auf zivile Schiffe einschloss –, und deutsche U-Boote versenkten monatlich im Schnitt mehr als eine halbe Million Tonnen Schiffsraum mit Nachschub für Großbritannien. Die Amerikaner waren daraufhin im April 1917 in den Krieg eingetreten, aber die Mobilmachung verlief schleppend. Die alliierten Truppen waren kriegsmüde, und weitverbreitete Meutereien im französischen Heer, an denen sich bis zu 40 000 Mann beteiligten, zeigten nur allzu deutlich, wie brüchig die Moral war.

Im Oktober 1917 ermöglichten deutsche Verstärkungen der österreichisch-ungarischen Armee bei Caporetto einen großen Sieg: In der Zwölften Isonzoschlacht (auch Schlacht von Karfreit) kapitulierten 265 000 Italiener und 400 000 flohen ungeordnet, während die nachsetzenden Streitkräfte in gerade mal zwei Tagen 80 Kilometer vorrückten.

Am wichtigsten war, dass die Oktoberrevolution und die Auflösung der zaristischen Armee Russland aus dem Krieg nahmen. Dies ermöglichte den Deutschen, gewaltige Truppenkontingente zu verlegen – ihre Streitkräfte an der Westfront wuchsen von 3,25 Millionen bis April 1918 auf mehr als vier Millionen an. Paul von Hindenburg, ein unerschütterlicher General, der als Symbolfigur der deutschen Kriegsanstrengungen den Kaiser wirkungsvoll vertrat und der, nachdem er aus dem Ruhestand zurückgeholt worden war, in den ersten Kriegsmonaten spektakuläre Siege an der Ostfront errungen hatte, und Erich Ludendorff, Erster Generalquartiermeister und tatsächlich die treibende Kraft hinter diesen Siegen, beschlossen gemeinsam, Kapital aus Deutschlands starker Position zu schlagen und einen letzten, überwältigenden Angriff auf die alliierten Armeen im Westen zu starten.

Beim Unternehmen Michael, wie die Operation genannt wurde, kamen neue und höchst wirkungsvolle Artillerie-Taktiken zum Einsatz: zunächst wurden feindliche Geschütze und Befehlsstände anvisiert, bevor dann eine „Feuerwalze" den Gegner zwang, in Deckung zu bleiben, bis die unmittelbar hinter den Geschützeinschlägen vorrückende Infanterie der Deutschen die feindlichen Stellungen beinahe erreicht hatte. Mit einer Überlegenheit an Männern und Geschützen von mehr als zwei zu eins starteten die Deutschen ihren Angriff am 21. März 1918 und feuerten am ersten Tag mehr als drei Millionen Schuss ab. Zusammen mit Geschützstellungen wurden bei diesem größten Artilleriebeschuss des Krieges alliierte Befehlsstände noch etwa 50 Kilometer hinter der Front schwer getroffen. Als die deutsche Infanterie dann die alliierten Gräben stürmte, wobei ihr Vormarsch stellenweise durch dichten Nebel verborgen geblieben war, wurden Briten und Franzosen entlang eines 80 Kilometer breiten Frontabschnitts zurückgedrängt. Zu so hohen Verlusten, wie beide Seiten zu verzeichnen hatten, war es an keinem Tag zuvor im Ersten Weltkrieg gekommen.

Am 9. April war ein zweiter großer deutscher Angriff weiter nördlich ebenso erfolgreich, dem sich ein Vorstoß auf Paris anschloss, was Panik in der Stadt auslöste. In einem relativ kurzen Zeitraum war damit die lange währende Pattsituation an der Westfront aufgehoben. Die militärische Führung der Alliierten war traumatisiert, und bis Ende Juni feierten Hindenburg und Ludendorff noch eine Reihe weiterer überwältigender Siege. Wie hatte es also dazu kommen können, dass nun, kaum mehr als drei Monate später, die deutschen Führer plötzlich um Frieden ersuchten?

Eine erste Erklärung hat mit dem militärischen Geheimdienst zu tun. Beide Seiten bedienten sich in den Jahren von 1914 bis 1918 traditioneller Methoden: Man erhielt Informationen von Kriegsgefangenen sowie aus erbeuteten Dokumenten und Ausrüstungsstücken, behielt die feindliche Frontlinie sorgfältig im Auge und entsandte Spione, die Nachrichten hinter den feindlichen Linien sammeln sollten. Die Luftaufklärung spielte ebenso eine Rolle wie das Abhören von Telefonen und zunehmend auch das Abfangen von Funksprüchen, die gegebenenfalls entschlüsselt wurden. Obwohl sie die Frühjahrsoffensive nicht vorausgesehen hatten, waren die Alliierten auf den abschließenden deutschen Angriff am 15. Juli daher gut vorbereitet. Die Deutschen hingegen richteten nie ein wirkungsvolles Spionagenetz hinter den alliierten Linien ein, konnten alliierte Nachrichten nicht entschlüsseln und wurden leicht Opfer von Täuschungen und Finten.

Zweitens beherrschten die Alliierten inzwischen den Luftraum, und das bis weit hinter die Frontlinien. Im Jahr 1916 hatte Flakfeuer die Deutschen zwar zunächst dazu veranlasst, die Angriffe auf London einzustellen, aber sie hatten daraufhin große Bomber entwickelt wie die Gothas und den Zeppelin-Staaken R.VI, einen viermotorigen Doppeldecker und mit 42,2 Metern Flügelspannweite ein wahres Monster, das so solide gebaut war, das keine einzige Maschine jemals abgeschossen wurde. Diese Riesenflugzeuge hatten 1917 beträchtlichen Schaden angerichtet und bis zu eine Viertelmillion Londoner gezwungen, jede Nacht in der U-Bahn Schutz zu suchen. Noch im Mai 1918 hatten 43 deutsche Bomber London angegriffen, aber dies sollte ihr letzter großer Angriff gewesen sein: Die Rohstoffknappheit in Deutschland war so gravierend geworden, dass neue Flugzeuge nicht in ausreichender Stückzahl gebaut werden konnten, und jene, die gebaut wurden, waren schlampig konstruiert und versagten oft. Auch von den kostspieligen Zeppelin-Staaken R.VI wurden insgesamt nur 18 Stück gebaut, und so produzierten die Alliierten spätestens im Sommer 1918 viel mehr Flugzeuge als die Deutschen. Die von Briten und Franzosen unterdessen begonnenen Bombenangriffe gegen das Rheinland blieben dennoch recht erfolglos, waren nicht wirklich effektiv oder wurden von den Deutschen abgewehrt. Im letzten Kriegsjahr warfen die Briten 665 Tonnen Bomben ab, von denen ein großer Teil sein Ziel verfehlte. Die wirkliche Bedeutung des Luftkrieges lag daher an der Front, in Italien ebenso wie in Frankreich und Belgien. Spätestens Mitte 1918 hinderte die dortige Luftüberlegenheit der Alliierten deutsche Aufklärungsflugzeuge daran, viel über gegnerische Angriffsvorbereitungen herauszufinden, während die Alliierten selbst sich präzise Informationen über feindliche Stellungen verschafften.

Dazu verschob sich das Kräftegleichgewicht im Gaskrieg. Nur wenige Statistiken, die David Stevenson in seinem Buch über die Kriegführung im Jahr 1918 mit dem Titel *With Our Backs to the Wall* (London 2011) anführt, sind so eindrucksvoll wie jene, die das Giftgas betreffen. Die Deutschen setzten an der Westfront 52 000 Tonnen Gas frei, doppelt so viel wie die Franzosen und dreieinhalbmal so viel wie die Briten. Dabei töteten oder verwundeten sie 300 000 Soldaten, während sie selbst „nur" 70 000 Mann durch gegnerische Gasangriffe verloren. Die Deutschen produzierten 1918 fast 20 Millionen Gasgranaten; die Hälfte oder mehr der beim Unternehmen Michael abgefeuerten Granaten enthielten chemische Kampfstoffe. Bis zum Ende des Frühjahrs hatten die Briten allerdings nicht nur eine wirkungsvolle Gasmaske entwickelt, vielmehr verbreitete ihr eigener neuer und schneller „Livens projector" – eine mörserartige Waffe, die große, mit Chemikalien gefüllte Gasflaschen verschoss – Angst und Schrecken unter deutschen Soldaten, deren Masken sich als nutzlos erwiesen, zumal sie ohnehin aufgrund der Gummiknappheit nicht in ausreichender Stückzahl hergestellt wurden. Auch die Alliierten produzierten massenweise Gas, und das Wissen darum war ein weiterer Faktor, der die Deutschen zum Frieden bewegte.

Bis zum Sommer 1918 hatten die Alliierten außerdem ihre Angriffstaktiken geändert. Sie setzten nun die Artillerie nicht mehr ein, um lokalisierte feindliche Stellungen zu vernichten, sondern um sie zu neutralisieren, schossen die Stacheldrahtverhaue in Fetzen, legten einen Feuervorhang hinter die feindlichen Stellungen, um Verstärkung zu verhindern, und setzten dann mobile Einheiten ein, um sie zu umgehen und zu überraschen. Inzwischen kamen auch Panzer in großer Zahl zum Einsatz, obwohl sie sich nur in Schrittgeschwindigkeit fortbewegten und ihnen schon nach 25 Kilometern der Treibstoff ausging. Auch wenn Panzer oft versagten und durch Artilleriefeuer leicht zu zerstören waren, lösten sie unter deutschen Soldaten Panik aus, und im Jahr 1919 nannte Ludendorff die Aussicht, mit Tausenden von ihnen rechnen zu müssen, als Hauptgrund für sein Waffenstillstandsgesuch, hatten die Deutschen auf diesem Gebiet doch allzu weit hinten gelegen.

Auch wirtschaftlich erwiesen sich die Alliierten letzten Endes als stärker als die vereinte Produktionsmacht von Deutschland und Österreich-Ungarn sowie der Verbündeten Türkei und Bulgarien. Die Franzosen produzierten gewaltige Mengen an Rüstungsgütern und belieferten die American Expeditionary Force, das US-Expeditionskorps in Europa, mit beinahe allem Erforderlichen, während die Briten sowohl auf Ressourcen des Empire als auch auf Produktionsstandorte auf den Britischen Inseln zurückgreifen konnten. Doch es waren die Amerikaner, die über die bei Weitem leistungsstärkte Wirtschaft verfügten, und der US-Nachschub an Lebensmitteln, Stahl, Waffen, Munition und Ausrüstung war für die Alliierten in der Schlussphase des Krieges entscheidend.

Die beste Chance für die Deutschen lag darin, amerikanischen Schiffsraum im Atlantik zu versenken und damit zu verhindern, dass Männer und Nachschub Großbritannien erreichten. Die Briten probierten viele Methoden aus, um Schiffe vor U-Booten zu schützen. So bewaffneten sie Handelsschiffe oder camouflierten deren Umrisse mit einem geometrisch gemusterten „Tarnanstrich". Aber mit Abstand am wirksamsten war das Konvoi-System: Schiffe, die in Verbänden fuhren und von Aufklärungsballons und mit Wasserbomben bewaffneten Zerstörern begleitet wurden, waren nur unter beträchtlichen Risiken zu versenken. Zumal U-Boote zu der Zeit noch keine echten Unterseeboote waren – sie hatten keinen Luftvorrat, konnten nur für recht kurze Zeitspannen unter Wasser bleiben und waren daher relativ leicht zu entdecken und zu versenken. Am Ende waren sie einfach nicht zahlreich genug, als dass sie einen entscheidenden Sieg hätten erringen können. Zu viele versagten oder wurden beschädigt und mussten sich zur Reparatur zurück in den Hafen retten. Zudem gab es auch nicht genug ausgebildete Besatzungen, um sie zu bemannen. Pläne für eine enorme Steigerung des U-Boot-Baus kamen zu spät, um etwas zu bewirken.

Dabei stellte die deutsche Regierung schon so viele Ressourcen wie möglich für die Rüstung und verwandte Industrien ab, sodass sie Landwirtschaft und Lebensmittelversorgung vernachlässigte. Die alliierte Blockade stoppte zudem die dringend notwendigen Agrarimporte, weshalb 1918 etwa die Sterblichkeit unter Frauen in Deutschland fast um ein Viertel höher lag als vor dem Krieg. Die durch Mangelernährung geschwächten Frauen erlagen Lungenentzündungen und der Tuberkulose. Die Rationen lagen unter dem lebensnotwendigen Minimum, es entstand ein riesiger Schwarzmarkt, und im Winter 1915/16 erschütterten von Frauen und Kindern angeführte Lebensmittelkrawalle die Großstädte. Der nächste Winter, in Deutschland wegen des Ausfalls der Kartoffelernte allgemein als „Steckrübenwinter“ bekannt, war noch schlimmer. Schätzungsweise mehr als eine halbe Million deutscher Zivilisten starb an Unterernährung und damit zusammenhängenden Krankheiten. Diese Mangelsituation führte auch zu einer sinkenden Produktivität in kriegswichtigen Industrien.

Noch schlimmer waren die Zustände in Österreich-Ungarn, wo Soldaten nicht nur durch Hunger geschwächt waren, als die Italiener 1918 ihren abschließenden, erfolgreichen Angriff starteten, sondern auch mit kaum etwas am Leibe an der Front eintrafen und sich selbst mit den Uniformen der vor ihren Augen Gefallenen ausstatten mussten. Am schlimmsten war die Lage in Bulgarien, wo nur amerikanische Getreidelieferungen nach dem Waffenstillstand einen massenhaften Hungertod abwenden konnten. Nicht zuletzt diese Ereignisse sollten Hitler später dazu veranlassen, die Eroberung der Ukraine als Europas „Brotkorb“ zum zentralen Kriegsziel der Nationalsozialisten zu erklären. Und tatsächlich hungerten die Deutschen im Zweiten Weltkrieg nicht wie im Ersten – stattdessen ließen sie Millionen Osteuropäer hungers sterben.

In der Endphase des Ersten Weltkriegs aber beeinträchtigten Unterernährung und Krankheit den Zustand der neuen deutschen Rekruten erheblich. Hitler erinnerte sich: „Der aus der Heimat kommende Nachschub wurde [im August und September 1918] rapid schlechter und schlechter, so daß sein Kommen keine Verstärkung, sondern eine Schwächung der Kampfkraft bedeutete. Besonders der junge Nachschub war zum großen Teil wertlos. Es war oft nur schwer zu glauben, daß dies Söhne desselben Volkes sein sollten, das einst seine Jugend zum Kampf um Ypern ausgeschickt hatte“ (*Mein Kampf*, S. 219).

Die deutsche Frühjahrsoffensive hatte zu viele Menschenleben gekostet. Allein im April 1918 wurden 54 000 Soldaten als gefallen oder vermisst gemeldet, und 445 000 mussten verwundet oder krank vom Dienst freigestellt werden. Im Juli war die Zahl der Männer im Feld um 883 000 niedriger als im März, und die meisten Einheiten kamen nicht mehr auf ihre volle Truppenstärke.

Eine genaue Untersuchung der Sanitätsdienste und ihrer Einsätze steht nach wie vor aus. Schützengrabenfieber, Typhus, Gasbrand und viele andere, oft tödliche Infektionen traten mit zunehmender Dauer des Krieges häufiger auf und dürften Kampfkraft und -moral zusätzlich geschwächt haben. Es wäre interessant, eine Einschätzung darüber zu bekommen, welche Seite besser damit fertigwurde.

Im Anfangsstadium des Krieges machten 18- bis 20-Jährige zehn Prozent der deutschen Todesopfer aus; 1918 lag die Zahl bei fast 25 Prozent. Unerfahren und schlecht ausgebildet, waren sie vom Scheitern der Frühjahrsoffensive demoralisiert. Alles wurde noch schlimmer durch die dürftigen Rationen, die Erich Maria Remarque in seinem Roman *Im Westen nichts Neues* anschaulich schildert. Von Mai an begann die Disziplin zusammenzubrechen, und von Juli an stiegen die Zahlen derjenigen, die desertierten oder sich gefangen nehmen ließen – insgesamt 34000, beinahe so viele, wie im selben Zeitraum durch Feindeinwirkung oder Krankheit umkamen. Ihre Stimmung wurde nicht zuletzt durch Millionen von Propaganda-Flugblättern gedämpft, die aus alliierten Ballons oder Flugzeugen über den deutschen Linien abgeworfen wurden und jedem, der sich ergab, gute Verpflegung und behagliche Quartiere versprach.

Ganz anders erging es den alliierten Streitkräften. Als sie den deutschen Vorstoß zunächst abrupt stoppten und ihn dann zurückschlugen, fassten sie zum ersten Mal frischen Mut, der im Laufe des Sommers durch das Eintreffen großer amerikanischer Truppenkontingente noch verstärkt wurde. Spätestens im November waren die Mittelmächte den Alliierten an der Westfront im Verhältnis von beinahe eins zu zwei unterlegen.

Neben dem möglichen Einsatz einer gewaltigen Panzerarmee war es dieses wachsende zahlenmäßige Missverhältnis, das Ludendorff am meisten Kopfzerbrechen bereitete und ihn veranlasste, die Frühjahrsoffensive zu starten. Stevenson hält diese Entscheidung wie auch die Erklärung des uneingeschränkten U-Boot-Krieges gut ein Jahr zuvor für einen Kardinalfehler: Im Ersten Weltkrieg war Angriff selten die beste Verteidigung. Bei mutigerer und klügerer Führung hätte das Reich die Amerikaner möglicherweise davon abhalten können, in den Konflikt einzutreten. Aber Kaiser Wilhelm II. war dafür zu unberechenbar, und in der militärischen Krise hatten die Generäle ohnehin die politische Führung beiseitegeschoben und übten über die stellvertretenden Generalkommandos selbst die vollziehende Gewalt aus. Stevenson vermutet, dass Deutschland sogar nach dem Kriegseintritt der USA einen Separatfrieden noch hätte schließen können, hätte es Wilsons Vierzehn-Punkte-Programm akzeptiert, und dass es die Alliierten hätte zwingen können, sich zu arrangieren, indem es mit den aus dem siegreichen Osten verlegten Truppen an der Westfront ausharrte. Alternativ dazu hätten die Deutschen, wenn sie denn schon zum Angriff entschlossen waren, besser daran getan, ihre Feuerkraft gegen britische Nachschublinien in Nordwestfrankreich zu richten, statt einen ausgewachsenen Frontalangriff im Zentrum zu starten. Aber Ludendorff jagte selbst 1918 noch der Illusion des totalen Sieges nach.

Die Schuld an diesen Versäumnissen gibt Stevenson der Neigung Deutschlands, „von Hybris erfüllten schrecklichen Technokraten, übermäßigen Einfluss" zuzugestehen, „die unzureichend von Politikern gebremst wurden, deren Urteile, wenn auch fehlerhaft, im Allgemeinen besser waren, die sich aber auf den Kaiser nicht verlassen konnten". Aber Ludendorff war nicht bloß ein Technokrat: Er war ein höchst politischer General. Er verabscheute die Demokratie und hielt die Sozialisten – die größte politische Gruppierung in Deutschland, auch wenn sie inzwischen gespalten waren – für Verräter. Sein Chef der Abteilung II im Generalstab, der Artillerieexperte Max Bauer, verbrachte allerdings seine freie Zeit mit der Abfassung eines weitschweifigen Traktats, in dem er sich für Polygamie aussprach und den Krieg als den höchsten Ausdruck des männlichen Drangs, die Welt durch „Detumeszenz", wie er es nannte, zu beherrschen. Ludendorff war ein moderner General, folgte aber auch einer modernen Form der Politik, die zu Recht als proto-faschistisch bezeichnet werden könnte.

Im August 1918, während eines alliierten Überraschungsangriffs bei Amiens, „ergaben sich" deutsche Soldaten, alliierten Beobachtern zufolge, „freiwillig und in großer Zahl ohne ernsthaften Kampf". Wie Stevenson feststellt, fürchtete Ludendorff allmählich, dass, wenn das so weiterginge, „bei der Unterdrückung im Innern auf die Armee kein Verlass mehr wäre". Ihn „reizte der Plan, die Regierung zu erweitern und damit die Schuld jenen in die Schuhe zu schieben, die so lange gegen die Kriegsanstrengungen agitiert hatten". Natürlich wäre dies nur ein vorübergehender Notbehelf: Sobald der Friede unterzeichnet wäre, würde das alte Regime an die Macht zurückkehren. Im Oktober wurde eine quasi-demokratische Regierung eingesetzt, an deren Spitze der liberale Prinz Max von Baden stand und die von den Mehrheitsparteien im Reichstag gestützt wurde. Ludendorff erklärte, er wolle den U-Boot-Krieg unbedingt fortsetzen, aber die neue Regierung erzwang seine Entlassung, indem sie selbst mit Rücktritt drohte – eine genaue Umkehrung jener Taktik, durch die der ehemalige Generalquartiermeister von früheren Regierungen bekommen hatte, was er wollte. Prompt begannen die Waffenstillstandsverhandlungen.

Als bekannt wurde, dass Deutschland um Frieden ersuchte, zeigte das kaiserliche Heer Auflösungserscheinungen, und die Soldaten traten einfach den Heimweg an. In Kiel befahl die Seekriegsleitung der Hochseeflotte auszulaufen, um mit einem letzten Angriff auf die Royal Navy ihre Ehre zu retten, die arg kompromittiert war, weil die Flotte während des Krieges die meiste Zeit im Hafen gelegen hatte. Wie zu erwarten, erhoben sich die Matrosen, verhafteten ihre Offiziere und fingen an, Arbeiter- und Matrosenräte zu bilden: Die deutsche Revolution hatte begonnen. Sie führte binnen Kurzem zur Abdankung des Kaisers und zur Bildung eines revolutionären „Rates der Volksbeauftragten", der nach ein paar Monaten der demokratischen Weimarer Republik den Weg ebnete. Die neue Regierung sah sich, wie Ludendorff gehofft hatte, gezwungen, den Versailler Vertrag zu unterschreiben, der weithin als nationale Demütigung empfunden wurde. Kurz danach, im März 1920, versuchte das alte Regime ein Comeback, mit schwer bewaffneten Soldaten, reaktionären Politikern und Bürokraten, die in Berlin vorübergehend die Macht übernahmen, nur um schmachvoll durch einen Generalstreik besiegt zu werden. Ludendorff beteiligte sich 1923 an dem von Adolf Hitler und seiner noch in den Anfängen steckenden NSDAP geführten und gleichfalls erfolglosen Putsch im Bürgerbräukeller.

In den alliierten Ländern herrschte allgemeiner Jubel über den Sieg. Dies, so glaubte man, war der Krieg gewesen, der alle weiteren Kriege verhindern würde, doch die Eingeweihten waren sich da nicht so sicher. Am Tag, als der Waffenstillstand unterzeichnet wurde, sagte die Tochter des französischen Staatschefs Georges Clemenceau zu ihrem Vater: „Sag mir, Papa, dass du glücklich bist." – „Ich kann es nicht sagen", erwiderte Clemenceau, „weil ich es nicht bin. *Es wird alles zwecklos sein.*" Und genau so war es.

David Stevensons Darstellung dieser Ereignisse ist, obwohl sie nur wenige Zitate und nur merkwürdig blutleere biografische Skizzen liefert, maßgeblich und fesselnd, weil sie einen Eindruck davon vermittelt, wie Menschen den Krieg erlebt haben. Als Hitler in seinem Lazarettbett lag und sich bemühte, eine Erklärung für die Niederlage Deutschlands zu finden, gelangte er – nach seiner Darstellung in *Mein Kampf* – offenbar blitzartig zu der Überzeugung, Deutschland sei eigentlich gar nicht besiegt worden. Stattdessen seien jüdische Revolutionäre an der Heimatfront seinen siegreichen Armeen in den Rücken gefallen. Von Verrätern geschürte Streiks und Demonstrationen hätten die Kriegsanstrengungen untergraben und schließlich zunichtegemacht. „Mit dem Juden gibt es kein Paktieren, sondern nur das harte Entweder-Oder", folgerte er daraus. „Ich aber beschloß, Politiker zu werden" (*Mein Kampf*, S. 225).

Wie vieles andere in *Mein Kampf* simplifizierte diese Aussage eine komplexere Situation, und es sollten noch viele Drehungen und Wendungen folgen, bevor Hitler im darauffolgenden Jahr als rechter Politiker in Erscheinung trat. Aber schon lange bevor er an die Macht kam, hatte Hitler es zu seiner Mission gemacht, den Ersten Weltkrieg noch einmal auszufechten, diesmal mit einem anderen Ende. Der „Geist von 1914", die mythische nationale Gemeinschaft aller Deutschen zur Unterstützung des Vaterlandes, würde im „Dritten Reich" wiedererschaffen und die Feinde Deutschlands, die Juden, würden vernichtet werden. Und beim nächsten Mal würde Deutschland kämpfen bis zum bitteren Ende.

4. Walther Rathenau

Am Morgen des 24. Juni 1922 machte sich Außenminister Walther Rathenau von seiner Villa in Berlin-Grunewald auf den Weg zur Arbeit, wie er es gewöhnlich tat, wenn er sich in der Hauptstadt aufhielt. Weil das Wetter schön war, wies er seinen Chauffeur an, die schwarze Limousine mit offenem Verdeck zu nehmen. Der Minister saß allein im Fond.

Er hatte keinerlei Sicherheitsvorkehrungen getroffen, fuhr jeden Tag dieselbe Strecke und hatte den Polizeischutz abgelehnt, der ihm angeboten worden war. Als sein Wagen abbremste, um kurz vor der Einmündung in die Hauptstraße eine Kurve zu nehmen, kam ein anderes, größeres Fahrzeug, auch ein Cabriolet, aus einer Seitenstraße und überholte ihn. Im Fond saßen zwei Männer, die etwas merkwürdig gekleidet waren. Sie trugen lange Ledermäntel und Lederhelme, die nur ihre Gesichter ungeschützt ließen.

Auf gleicher Höhe angekommen, drosselte das überholende Fahrzeug die Geschwindigkeit und drängte Rathenaus Wagen quer über die Straße. Als der Minister beunruhigt aufblickte, beugte einer der Insassen des anderen Wagens sich vor, hob eine langläufige Maschinenpistole auf, klemmte sie sich in die Achselhöhle und eröffnete das Feuer. Eine schnelle Serie von Schüssen gellte. Rathenaus Chauffeur brachte den Wagen zum Stehen und rief um Hilfe. Im selben Moment detonierte eine Handgranate, die der andere in Leder gekleidete Attentäter in den Fond der sich nun aufbäumenden Limousine geworfen hatte. Der Chauffeur konnte den Wagen wieder starten, doch für den sterbenden Außenminister kam jede Hilfe zu spät. Auch eine hinzueilende Krankenschwester vermochte nichts auszurichten.

Die Attentäter, Erwin Kern, Hermann Fischer und ihr Fahrer, hielten anschließend in einer Seitenstraße, zogen ihr Lederzeug aus, beseitigten die Maschinenpistole und schlenderten in aller Ruhe davon, während Polizeiwagen auf dem Weg zum Schauplatz des Verbrechens an ihnen vorbeirasten. Kurz darauf startete die Polizei die größte Menschenjagd, die Deutschland je erlebt hatte. „Gesucht"-Plakate tauchten im ganzen Land auf, und sämtliche Polizeikräfte wurden mit Augenzeugen-Beschreibungen der Männer versehen. Zwei der Attentäter versteckten sich auf Burg Saaleck in Sachsen-Anhalt, wo ein Aufseher mit ihnen sympathisierte, aber die Polizei spürte sie auf, und bei einer

Schießerei wurde Kern getötet, während Fischer Selbstmord beging. Sie waren beide Mitte 20, der Fahrer, Ernst Techow, war erst 21. Ihn zeigten seine Eltern an; vor Gericht behauptete er, unter Zwang gehandelt zu haben, und erhielt eine relativ milde Gefängnisstrafe. Rathenaus Mutter hatte Techow in der Zwischenzeit in einem emotionalen Brief an seine Mutter vergeben, was starke Schuldgefühle in dem jungen Mann auslöste. Bei seiner Entlassung im Jahr 1927 schloss er sich der französischen Fremdenlegion an, und während des Zweiten Weltkriegs sühnte er sein Verbrechen angeblich, indem er Juden in Marseille vor der Deportation nach Auschwitz rettete.

Die polizeilichen Ermittlungen ergaben bald, dass die Attentäter zu einer sehr viel umfassenderen Verschwörung aus zum Teil noch jüngeren Männern gehörten. Einige darunter waren erst 16 Jahre alt, und alle stammten sie aus gutem Hause. Unter den Verschwörern waren die Söhne eines Generals, eines höheren Polizeibeamten und eines verstorbenen Mitglieds des Berliner Stadtrats. Alle gehörten sie extrem rechten nationalistischen Organisationen an, und mehrere hatten in der berüchtigten, 6000 Mann starken Freikorps-Brigade gedient, die von dem ehemaligen Korvettenkapitän Hermann Ehrhardt geführt wurde und sowohl an der blutigen Niederschlagung der Münchner Räterepublik 1919 als auch im Jahr darauf am rechten Kapp-Putsch beteiligt gewesen war, bei dem in einem stümperhaften Versuch, die Republik zu stürzen, kurzzeitig Berlin besetzt worden war.

Im Anschluss an die Zwangsauflösung der „Brigade Ehrhardt“ waren mehrere ihrer Mitglieder in den Untergrund gegangen, hatten dort eine geheime Widerstandsgruppe namens „Organisation Consul“ gegründet und eine Reihe Morde verübt, darunter den an Matthias Erzberger, einem prominenten Unterzeichner des Versailler Vertrages. Einer der Männer, die mit der logistischen Unterstützung des Rathenau-Attentats zu tun gehabt hatten, der 19-jährige Bankangestellte Ernst von Salomon, schrieb nach seiner Entlassung aus dem Gefängnis im Jahr 1927 einen Erfolgsroman, der die Freikorps und die Organisation Consul rechtfertigte. Unter dem Titel *Die Geächteten* lieferte das Buch eine unverfrorene Verherrlichung des gewalttätigen und extremen Nationalismus, dem diese Männer anhingen.

Die Ermordung Rathenaus erschütterte die noch junge Weimarer Republik. In der nachfolgenden Reichstagsdebatte verursachte Reichskanzler Wirth einen wahren Tumult, als er die rechte Presse beschuldigte, zu dem Mord aufgehetzt zu haben, und auf die nationalistischen

Bänke deutend erklärte: „Da steht der Feind, der sein Gift in die Wunden eines Volkes träufelt. – Da steht der Feind – und darüber ist kein Zweifel: Dieser Feind steht rechts!“ Auf Anweisung der Regierung wurde an offiziellen Gebäuden auf Halbmast geflaggt, während die Gewerkschaften aus Protest gegen den Mord Massendemonstrationen veranstalteten und Reichspräsident Ebert zwei Tage nach dem Attentat, am 26. Juni 1922, eine Verordnung zum Schutz der Republik erließ, die in modifizierter Form durch ein am 21. Juli durch den Reichstag gebrachtes Gesetz bestätigt wurde. Dies war ein Schlüsselmoment in der Geschichte der Weimarer Republik. Er beendete eine lange Serie ähnlicher Attentatsversuche, darunter ein Säureanschlag auf den Sozialdemokraten Philipp Scheidemann, dessen Proklamation von einem Balkon des Reichstags am 9. November 1918 die Geburtsstunde der Republik gewesen war (die Säure war verdünnt gewesen, und ohnehin traf der größte Teil seinen Bart), und ein Angriff mit einer Eisenstange auf den populären Enthüllungsjournalisten Maximilian Harden, einen Freund von Rathenau (der ebenfalls überlebte, aber nur knapp). In diesem Schlüsselmoment fand auch die kurze Existenz der Organisation Consul ein Ende.

Der Mord an Rathenau war ein zentrales Ereignis in der turbulenten Geschichte der Republik. Warum hatte der Außenminister solchen Hass erweckt, dass diese Leute ihn tot sehen wollten? Der unmittelbare Anlass war der von ihm ausgehandelte Vertrag von Rapallo, der am 16. April 1922 unterschrieben wurde. Darin sicherten sich die Sowjetunion und die Weimarer Republik, zwei jüngst gegründete, instabile und international geächtete Staaten, gegenseitigen die Normalisierung ihrer diplomatischen Beziehungen, den Verzicht auf territoriale Ansprüche und eine wirtschaftliche Zusammenarbeit zu. Die Sowjets versprachen, keine Reparationszahlungen für Kriegsschäden zu verlangen. Der Friedensvertrag von Brest-Litowsk, in dem die kaiserliche Reichsregierung die im Entstehen begriffene Sowjetregierung Anfang 1918 gezwungen hatte, riesige Gebiete an Deutschland abzutreten, wurde offiziell aufgehoben.

Auf paradoxe und für Weimar typische Weise hatte auch Reichskanzler Wirth die Vereinbarung von Rapallo nicht zuletzt deshalb unterstützt, weil die Vereinbarung versprach, die neuen Verbindungen zwischen der Roten Armee und der deutschen Reichswehr zu stärken, und somit die vom Versailler Vertrag auferlegten Beschränkungen bezüglich Waffen und Ausrüstung umging. So war beispielsweise der Bau von deutschen Kampfflugzeugen in einem in Fili bei Moskau ansässigen Junkerswerk durch den Rapallo-Vertrag gedeckt. Auch dass Polen das Opfer dieser deutsch-sowjetischen Annäherung sein sollte, dürfte Kanzler Wirth gefallen haben. „Polen muss erledigt werden. Auf dieses Ziel ist meine Politik eingestellt", ließ er vertraulich vernehmen.

Dieser Hintergrund des Vertrages jedoch wurde vor den Ultrarechten der Organisation Consul verborgen, die in Rapallo einen Kompromiss mit dem Bolschewismus und einen feigen Verzicht auf Deutschlands Ziele im Ersten Weltkrieg sahen. Noch am Tag vor dem Mord an Rathenau hatte der rechte Nationalist Karl Helfferich Rapallo im Reichstag wutentbrannt angeprangert. Er machte den Außenminister persönlich für die Entspannungspolitik haftbar und warf ihm wegen seiner Weigerung, den Versailler Vertrag für null und nichtig zu erklären, mangelnden Patriotismus vor. Tatsächlich hatten die jungen Verschwörer ihre Pläne schon lange vorher geschmiedet, aber diese vehemente Verurteilung von Rapallo durch rechte Presse und rechte Politiker beeinflusste mit ziemlicher Sicherheit ihre Entscheidung, den deutschen Haupturheber ins Visier zu nehmen.

In ihren Zeugenaussagen und in der Darstellung des Mordkomplotts durch Ernst von Salomon erschien die Ideologie der jungen Verschwörer vage, unausgegoren und wirr. Über Rathenau sagt Kern beispielsweise in den *Geächteten:* „Möge er das treiben, was die Schwätzer Erfüllungspolitik nennen. Was geht das uns an, die wir um höhere Dinge fechten. Wir fechten nicht, damit das Volk glücklich werde. Wir fechten, um es in seine Schicksalslinie zu zwingen."

Salomon behauptete bis ans Ende seiner Tage, dass Rathenau ermordet worden sei, weil er eine Politik der Verhandlung statt der Konfrontation mit der Sowjetunion verfolgt habe. Aber im Prozess hatten die Angeklagten vor allem den „Ausschluß von Juden" von öffentlichen Ämtern durch „einen inneren Krieg [...] auf gewaltsamem Wege" gefordert. Antisemiten wie diese jungen Männer glaubten, dass Juden grundsätzlich Verräter an Deutschland seien – eine Ansicht, die unter anderem auch von der im Entstehen begriffenen NSDAP und ihrem Führer Adolf Hitler vertreten wurde. Zu dessen seit 1920 bestehendem parteieigenen Ordnungsdienst, der 1921 in „Sturmabteilungen" (SA) umbenannt wurde, gehörten viele ehemalige Mitglieder der Brigade Ehrhardt. Solche Männer nahmen heftig Anstoß daran, dass der deutsche Außenminister Jude war, und sahen darin die Ursache für das, was sie als Verrat an der nationalen Sache betrachteten.

Rathenau selbst war stolz auf seine jüdische Identität, obwohl er sich schon mit relativ jungen Jahren offiziell aus der jüdischen Gemeinde in Berlin zurückzog. Er glaubte, dass Juden zwar nicht in einem törichten Streben nach Assimilation an die christliche Mehrheitsgesellschaft ihre Identität aufgeben, sich aber nichtsdestotrotz nach besten Kräften bemühen sollten, an der deutschen Kultur und an deutschen Institutionen teilzuhaben. Was er wollte, war keineswegs das vollständige Verschwinden einer jüdischen Identität in Deutschland, sondern das Verinnerlichen deutscher Kultur durch Deutschlands Juden, die ihren christlichen Mitbürgern auf Augenhöhe begegneten und dennoch durch und durch jüdisch blieben. Doch auch dies war unrealistisch. Im Deutschen Kaiserreich nahm Antisemitismus eher zu als ab und radikalisierte sich mehr und mehr zu einer Rassenideologie. Extreme Parteien entstanden, zwar zunächst noch an den Rändern der Gesellschaft, aber, wie die Weimarer Republik zeigen sollte, mit dem Potenzial, sich so weit zur gesellschaftlichen Mitte zu bewegen, bis auch diese schließlich der Meinung war, die 1871 gewährte staatsbürgerliche Gleichheit solle Juden wieder aberkannt werden.

Rathenaus Selbstverständnis als Jude, wie eigen es auch gewesen sein mag, war ein Grund unter vielen, warum er die Feindschaft der Antisemiten auf sich zog. Shulamit Volkov, Historikerin und bedeutendste israelische Forscherin zum deutschen Antisemitismus, befasst sich in seiner Studie *Walther Rathenau: Weimar's Fallen Statesman* (dt. *Walther Rathenau. Ein jüdisches Leben in Deutschland 1867–1922*, München 2012) eingehend mit Rathenaus jüdischer Identität. Volkov hat dafür unveröffentlichte Briefe und Schriften aus Rathenaus privaten Unterlagen nutzen können, die nach dem Zusammenbruch der Sowjetunion im Spezialarchiv des KGB in Moskau entdeckt wurden. Daher ist seine Studie eine der bislang besten und differenziertesten Darstellungen von Rathenaus Leben.

Bei der Einschätzung von Rathenaus Judentum misst Volkov allerdings dem sozialen Zusammenhalt und der Isolation der jüdischen Gemeinschaft Deutschlands in dieser Zeit zu große Bedeutung bei. In Wirklichkeit ging die jüdische Gemeinschaft bis zum Ende des 19. Jahrhunderts allmählich in der umfassenderen Kultur Deutschlands auf. Der Prozess der Assimilierung beschleunigte sich weiter, und schon bei Ausbruch des Ersten Weltkriegs kamen in Berlin auf jeweils 100 rein jüdische Eheschließungen 35 jüdisch-christliche Heiraten im Vergleich zu nur neun um 1880; in Hamburg waren es nicht weniger als 73 jüdisch-christliche Eheschließungen pro 100 rein jüdische. Zwischen 1880 und 1920 ließen sich 20000 deutsche Juden taufen. In einer Gemeinde, die aus kaum mehr als einer halben Million Mitglieder bestand, waren diese Zahlen beträchtlich. Rathenaus 1897 niedergeschriebene ambivalente Gedanken über jüdische Identität waren daher ebenso eine Reaktion auf diese Veränderungen wie auf den Aufstieg des rassischen Antisemitismus.

Seine komplexe jüdische Identität war nur eine von mehreren Facetten der Persönlichkeit Rathenaus, die Zeitgenossen faszinierte und seitdem nicht aufgehört hat, Historiker zu beschäftigen. Viel wurde darüber spekuliert, warum er niemals heiratete. In einer ebenso einfühlsamen wie scharfsinnigen Analyse kommt Volkov zu dem Schluss, dass Rathenau, wenngleich er mit ziemlicher Sicherheit heterosexuell war und sich im Laufe seines Lebens in mindestens drei Frauen verliebte, emotional verklemmt und im Umgang linkisch und hölzern war und dass es ihm schwerfiel, Vertraulichkeit herzustellen. Außerdem war er ein ziemlicher Schwerarbeiter und das auf mehr als einem Felde.

Zu einiger Bekanntheit brachte es Rathenau zuerst als Autor. Die Aufmerksamkeit zeitgenössischer Intellektueller erregte er nicht zuletzt, weil Maximilian Harden, dessen Zeitschrift *Die Zukunft* seine frühen Essays veröffentlichte, ihn ins intellektuelle und künstlerische Milieu Berlins einführte, wo er literarische Salons besuchte und Männer wie Hugo von Hofmannsthal, Frank Wedekind und Stefan Zweig kennenlernte. Geboren im Jahr 1867, war Rathenau bis zum Ersten Weltkrieg ein namhafter Autor geworden, der bereits zwei Bände mit Essays zu Themen veröffentlicht hatte, die von der Nationalökonomie bis zur Ethik reichten. In Artikeln über moderne Kunst lehnte er ab, was er für eine inakzeptable Moderne der französischen Impressionisten hielt, und plädierte für die Wiederbelebung einer Kunst, in welcher die grundlegenden Charakteristika der deutschen Seele zum Ausdruck kämen. Solche Ansichten, die er verschiedentlich in pseudo-nietzscheanischen Aphorismen ausdrückte, was auf den heutigen Leser lediglich prätentiös wirkt, bescherten ihm eine breite Leserschaft unter der damaligen deutschen Intelligenz, wenngleich sie auch den Zorn Hofmannsthals erregten, der ihre „Mischung von Pedanterie, Prätension, Snobism und […] abgestandener und wiederaufgekochter ‚Deutschheit'" verurteilte, die, wie er sagte, so oft von Juden „reproduciert" werde.

Was viele Menschen jedoch an Rathenau faszinierte, war die Tatsache, dass er nicht nur ein Autor und Ästhet war, sondern, im Gegenteil, den größten Teil seiner Zeit als erfolgreicher Geschäftsmann verbrachte. Sein Vater war Emil Rathenau, der Gründer der Allgemeinen Elektricitäts-Gesellschaft (AEG), eines der größten Unternehmen Deutschlands und ein wichtiger Stromlieferant. Walther Rathenau stieg in das väterliche Unternehmen ein, wo er den Weg für technische Innovationen bereitete und in der AEG-Hierarchie rasch aufstieg. Seit 1904 im Aufsichtsrat, steuerte er die Firma durch eine Reihe von Fusionen und Übernahmen, überstand aufreibende Rivalitäten mit anderen Industriellen, wie etwa Hugo Stinnes, und übernahm im Vorfeld des Ersten Weltkriegs als Aufsichtsratsvorsitzender eine führende Rolle in der Firma.

Rathenaus Wohlstand hatte ihm mittlerweile ermöglicht, in Freienwalde ein kleines preußisches Königsschloss aus dem 18. Jahrhundert zu erwerben und in Berlin eine neoklassizistische Villa nach eigenen Entwürfen bauen zu lassen. Graf Harry Kessler, ein enger Bekannter, fand die Villa geschmacklos und snobistisch, eine „Fassade an toter ‚Bildung', an kleinlicher Sentimentalität und an verkümmerter Erotik". Im Gegensatz dazu merkte der Romancier Joseph Roth über Rathenau an: „Er hat wunderbar gelebt, unter edlen Büchern und seltenen Gegenständen, zwischen schönen Farben und Bildern." In Verruf geriet Rathenau hingegen wegen seiner kargen Abendessen, bei denen man, wie der österreichische Schriftsteller und Literaturkritiker Franz Blei sich beschwerte, nicht mehr erwarten konnte als „Flunder, Hammelkotelett und zitternde[n] Eistich", ein „Spitzglas Champagner, das der Diener nicht mehr nachfüllte" und „unerschöpfliche Kannen schwarzer Kaffee, die Gäste wachzuhalten bis in den frühen Morgen für die Gespräche". Währenddessen monopolisierte Rathenau die Konversation, indem er Reden hielt „wie ein Pastor oder Rabbiner, nie unter einer Viertelstunde", klagte wiederum Kessler. Die Leute fanden ihn aufgeblasen und rechthaberisch. Er sei, spotteten Kritiker später, ein „Prophet im Smoking", ein „Jesus im Frack", ein „Jehova am Kaffeetisch" gewesen. Er zerstritt sich mit einem Freund nach dem anderen, brach mit Harden wegen dessen wütender öffentlicher Verurteilung des Kaisers samt Entourage und wegen seines eigenen, wahrscheinlich niemals vollzogenen Verhältnisses mit der verheirateten Lily Deutsch. Er befremdete Kessler mit für dessen Empfinden wichtigtuerischen Monologen und überzogenen gesellschaftlichen Ambitionen.

In die Politik brachte ihn der liberale jüdische Bankier Bernhard Dernburg, selbst nach dem Skandal um den deutschen Völkermord an den Herero in Deutsch-Südwestafrika zum Staatssekretär im Reichskolonialamt ernannt, indem er Rathenau zu einer Informationsreise durch Deutschlands afrikanische Kolonien einlud. Dieser verurteilte den Völkermord freiheraus als „die größte Atrozität, die jemals durch deutsche Waffenpolitik hervorgerufen wurde". Diese Äußerung brachte ihm den Respekt von Reichskanzler Bülow ein, der selbst das Verhalten der deutschen Armee in Südwestafrika heftig kritisiert hatte. Rathenau widmete sich in seinen Aufsätzen von nun an politischen Themen, wobei er eine gemäßigt liberale Haltung einnahm, etwa in der Frage der Reform des preußischen Dreiklassenwahlrechts. Er attackierte die Beherrschung der preußischen Politik durch den Land- und Amtsadel, den er für den Ausschluss der Juden von Spitzenpositionen in Armee und Staat verantwortlich machte. Er verfocht hingegen den sozialen Aufstieg der industriellen und finanziellen Mittelschicht, wo Vorurteile gegen Juden, wie er glaubte, keine Rolle spielten. Erst dann könne Deutschland vollkommen modern werden. Im Jahr 1912 unter dem Titel *Zur Kritik der Zeit* veröffentlicht, erlebten diese Essays im ersten Jahr sieben Auflagen und machten Rathenau ebenso zu einer politischen wie zu einer literarischen Sensation.

Doch den Sprung in das wirklich politische Geschäft wagte er zunächst nicht. Er zog es vor, sich weiter seinem Unternehmen zu widmen und sich als Autor zu betätigen. Zu seinen weiteren Schriften gehörten eine nebulöse und wenig gelesene philosophische Abhandlung *Zur Mechanik des Geistes,* eine Reihe patriotischer Gedichte, ein weiterer Angriff auf die Rückständigkeit des preußischen Staates und ein Plädoyer für die wirtschaftliche Einheit Europas. Erst der Kriegsausbruch 1914 bescherte ihm eine aktive politische Rolle: Nachdem die alliierte Blockade Deutschland von seinen ausländischen Bezugsquellen abgeschnitten hatte, übertrug man Rathenau die Leitung der neu geschaffenen Kriegsrohstoffabteilung im preußischen Kriegsministerium. Rathenau stürzte sich in diese Aufgabe und war erstaunlich erfolgreich, wenngleich er privat dem preußischen Staat, der von „Abenteurer[n], Narren und Pedanten" geleitet werde, weiterhin kritisch gegenüberstand und hinsichtlich der Vorteile, die der Krieg Deutschland bringen könnte, skeptisch blieb: „Nie wird der Augenblick kommen, wo der Kaiser, als Sieger der Welt, mit seinen Paladinen auf weißen Rossen durchs Brandenburger Tor zieht. An diesem Tag hätte die Weltgeschichte ihren Sinn verloren", schrieb er. Im Jahr 1919 veröffentlicht, wurde der Aphorismus von Rathenaus Feinden weithin als Beleg für seinen Defätismus herangezogen.

Doch gleichzeitig kurbelte Rathenau die Flugzeug- und Munitionsproduktion der AEG, wo sein Einfluss nach dem Tod seines Vaters 1915 noch weiter gestiegen war, so weit an, bis sie 45 Prozent des Gesamtumsatzes der Firma ausmachte.

Aus der Kriegsrohstoffabteilung war Rathenau jedoch mittlerweile ausgeschieden, weil er auf eine höhere politische Position hoffte. Diese aber sollte ihm versagt bleiben, zumindest vorläufig. Seine Erfahrungen im Kriegsbeschaffungsamt hatten ihn zu der Überzeugung geführt, dass die Wirtschaft zentral gelenkt werden müsse. Aus diesem Grund unterstützte er das Hindenburg-Programm, mit dem – erfolglos – versucht wurde, dieses Ziel zu erreichen. Rathenau glaubte, dass der Sieg über Großbritannien für Deutschland höchste Priorität habe, und unterstützte die Zwangsrekrutierung belgischer Arbeiter und ihre Verbringung nach Deutschland als Aushilfen in der Kriegsproduktion, ein Vorgehen, das völlig unvereinbar war mit internationalem Recht. Den uneingeschränkten U-Boot-Krieg lehnte er allerdings ab, und er wollte einen Frieden ohne Annexionen. Folglich sah er sich zunehmend an den Rand gedrängt, als die politische Situation in Deutschland sich polarisierte.

Die unter deutschen Konservativen zunehmend fanatische antisemitische Stimmung veranlasste Rathenau, sich sehr viel eindeutiger als bisher mit der jüdischen Mehrheitsmeinung in Deutschland zu identifizieren und Antisemiten zu verurteilen, weil ihnen der wahre christliche Geist fehle. „Ich sehe den Beginn schwerster innerer Kämpfe, in dem Augenblick, wo die äußeren sich beenden“, schrieb er 1917 prophetisch. In Ermangelung politischer Verpflichtungen widmete er sich wieder dem Schreiben. In seinem Erfolgsbuch *Von kommenden Dingen* (1917) plädierte er für einen wirtschaftlich zentralisierten, aber auf geistigen Werten beruhenden modernen Staat in der kommenden Nachkriegszeit. Vielen stieß der Kontrast zwischen seinem eigenen großen persönlichen Reichtum und seiner Verurteilung des Materialismus unangenehm auf. Sein Beharren auf der Notwendigkeit strenger staatlicher Kontrollen über die Industrie, eine Forderung, die er in einem weiteren Erfolgsbuch, *Die neue Wirtschaft* (1918), wiederholte, verstimmte seine Unternehmerkollegen, wie etwa den einflussreichen Stinnes. Und sein Eintreten für eine begrenzte und vorsichtige parlamentarische Reform wurde von den Ereignissen überholt, als der Krieg verloren war, der Kaiser gezwungen war abzudanken und die Sozialisten an die Macht kamen.

Rathenau war einer der vielen Deutschen, die über die Bedingungen des Waffenstillstands von 1918 und des Versailler Vertrages empört waren. Als Deutschlands militärischer Führer Erich Ludendorff eine Feuerpause verlangte, drängte Rathenau die Menschen anfangs sogar, sich zu erheben und weiterzukämpfen, bis bessere Friedensbedingungen erreicht wären. Inzwischen hatte er sich Feinde auf allen Seiten gemacht: Die Linke, die Rechte, Geschäftsleute, die Arbeiterschaft, Juden, Antisemiten, alle waren sie gegen ihn. Als er 1919 die schmale Abhandlung *Der Kaiser* veröffentlichte, brachte er nicht nur auch noch Anhänger des abgesetzten Monarchen gegen sich auf, sondern ebenso die politischen Wortführer des Adels und des Bürgertums, denen er die Schuld an den Katastrophen während der Herrschaft des Kaisers gab. Es dauerte noch einige Zeit, bis er sich Hardens Ansicht zu eigen machte, dass zuerst die Friedensbedingungen erfüllt sein müssten, um Deutschland das internationale Vertrauen zu bescheren, das für eine einmütige Revision erforderlich sei.

Obwohl ihn die Leitung der AEG im inflationären wirtschaftlichen Klima der Nachkriegszeit stark beanspruchte, veröffentlichte Rathenau weiterhin eine Flut politischer Schriften, in denen er auf eine neue, verantwortungsbewusstere politische Kultur drängte anstelle der heftig polarisierenden Extrempositionen der Linken und Rechten, welche die Gründungsphase der Weimarer Republik kennzeichneten. Dies rückte ihn in die Nähe der gemäßigten Liberalen in der Deutschen Demokratischen Partei (DDP), und er fand allmählich ein neues Betätigungsfeld als „leidenschaftlich[er], ja charismatisch[er]“ politischer Redner, wie Volkov feststellt. So geschah es, dass Rathenau schließlich nach dem Scheitern des Kapp-Putsches (13. bis 16. März 1920) in die Zweite Sozialisierungskommission berufen wurde und anschließend als Berater der deutschen Delegation an den Reparationsverhandlungen mit den Alliierten in Spa teilnahm. Hier geriet er abermals mit Stinnes aneinander, der entschlossen war, Forderungen nach staatlicher Kontrolle der Industrie zurückzuweisen und die Kohlelieferungen an die Franzosen auf ein Minimum zu reduzieren.

Rathenaus Einsicht, dass es vielmehr notwendig sei, das Vertrauen der Franzosen zu gewinnen, brachte ihn Joseph Wirth näher, dem damaligen Finanzminister, der sich bald darauf verließ, dass Rathenau ihm helfen werde, Deutschland durch das wirtschaftliche Minenfeld der Reparationsverhandlungen zu steuern. Als Wirth im Mai 1921 Reichskanzler wurde, berief er ihn sofort als Wiederaufbauminister in sein Kabinett. Als Rathenau am 2. Juni 1921 im Reichstag sprach, verkündete er offiziell, die Regierung habe sich zu einer Politik der „Erfüllung" des Versailler Vertrages verpflichtet, einschließlich der Reparationszahlungen in Geld wie auch in Naturalien. Seine Gespräche mit Briten und Franzosen führten zu einer Reihe vernünftiger Kompromisse und zu merklich verbesserten Beziehungen. Selbstsicher, gut vorbereitet, geschickt, redegewandt und zunehmend einflussreich in Politik und Diplomatie, war Rathenau, wie Volkov feststellt, „in bester Form".

Am 21. Januar 1922 berief Wirth, bis dahin sein eigener Außenminister, daher Rathenau auf diesen Posten. Doch dieser war mittlerweile zunehmend enttäuscht von der „Erfüllungspolitik" und begann nach einer anderen Lösung zu suchen. Das Ergebnis dieser Suche war Rapallo. Seine Ziele bei der Aushandlung des Vertrags waren im Grunde sehr begrenzt: Beunruhigt durch Anzeichen einer Annäherung zwischen den Westalliierten und den Sowjets, drängte er auf eine Vereinbarung mit Moskau, nicht zuletzt, um jede Möglichkeit auszuschließen, dass Lenins Regierung sich den anglo-französischen Reparationsansprüchen mit eigenen Forderungen anschlösse. Aber der durch den Vertrag vermittelte Eindruck steigerte nur die Verbitterung seiner Feinde. Als die Angriffe auf ihn schärfer wurden, fürchtete er zusehends die Möglichkeit eines Mordanschlags. „Wenn mein toter Körper", bemerkte er, „einen Stein in der Brücke zur Verständigung mit Frankreich bildet, war mein Leben nicht umsonst gelebt." Es sollte anders kommen.

Auch wenn die Ermordung Rathenaus die Verteidiger der Republik für kurze Zeit vereinte, so nötigte sie – entgegen Volkovs Behauptung – den Republikfeinden keine gemäßigtere Vorgehensweise auf. Tatsächlich waren die Folgen des Attentats sehr viel ambivalenter. Zwei Tage nach dem Anschlag, am 26. Juni 1922, schufen zunächst die von Ebert verkündete „Verordnung zum Schutz der Republik" und später das „Gesetz zum Schutze der Republik" gefährliche Präzedenzfälle, die später von den Nationalsozialisten ausgenutzt wurden. Das Gesetz sah die Todesstrafe für jeden vor, der verurteilt wurde, sich zur Tötung eines Mitglieds der Regierung verschworen zu haben, und bestimmte die Errichtung eines speziellen „Strafgerichtshofes" zur Verhandlung solcher Fälle, besetzt mit regierungsfreundlichen Richtern, die vom Reichspräsidenten persönlich ernannt wurden. All dies sollte später seinen Niederschlag im berüchtigten Volksgerichtshof der NS-Zeit finden.

Nach Eberts Tod und der Wahl des konservativen Paul von Hindenburg zum Reichspräsidenten übernahmen reaktionäre, deutschnationale Richter den Staatsgerichtshof und dominierten fortan die Rechtsprechung der Republik. Sie behandelten politische Verbrechen, die im Namen Deutschlands begangen wurden, zunehmend mit Nachsicht und untergruben damit öffentlich die Legitimität der Republik. Auf kürzere Sicht löste die Ermordung des Außenministers einen Ansturm auf die Mark aus und beschleunigte den Währungsverfall, der Deutschland bereits in den Würgegriff nahm. Er führte im folgenden Jahr zur Hyperinflation, zum Zusammenbruch der Wirtschaft, zum französischen Einmarsch ins Ruhrgebiet und zu Hitlers Putschversuch in Bayern. Der Putsch wurde niedergeschlagen, aber die paramilitärische Gewalt verschwand nicht mehr, sondern erreichte binnen weniger Jahre ein Ausmaß, das zu kontrollieren die Republik gänzlich außerstande war. Rathenaus „Erfüllungspolitik" führte Gustav Stresemann zwar fort, durchaus erfolgreicher als ihr Urheber, aber auch nur vorrübergehend. Binnen acht Jahren nach Rathenaus Tod war die Weimarer Demokratie zunächst durch eine autoritäre Herrschaft, bis 1933 dann durch die NS-Diktatur ersetzt worden, in der viele, die Rathenaus Ermordung befürwortet hatten, ihre eigene Art von Erfüllung fanden.

5. Berlin in den 1920ern

Für deutsche Liberale und Linke hatte Berlin immer die dunkle Seite Deutschlands verkörpert, als Hauptstadt des preußischen Militärstaats wurde es zum pompösen Zentrum und Symbol des von Bismarck 1871 gegründeten Reiches: spießig, konservativ, langweilig, rückständig und dominiert von Staatsbeamten wie von Soldaten. Kein Wunder also, dass die siegreichen Liberalen und Sozialdemokraten sich symbolisch von der Reichshauptstadt zu distanzieren suchten, als sie nach Deutschlands Niederlage im Ersten Weltkrieg und nach dem Sturz des Kaisers eine demokratische Republik errichteten. Sie ließen die Nationalversammlung nicht in Berlin, sondern in der Provinzstadt Weimar zusammentreten, die für immer mit den Namen von Deutschlands bedeutendsten Dichtern und Schriftstellern, Goethe und Schiller, verbunden sein wird. Natürlich war Weimar vor allem weit entfernt von revolutionären Turbulenzen und Straßenkämpfen, wie sie etwa in den ersten Monaten des Jahres 1919 in der Hauptstadt wüteten, aber es war auch weit davon entfernt, mit einer Vergangenheit assoziiert zu werden, welche die Revolutionäre hinter sich lassen wollten.

Bis Berlin diese Assoziationen loswurde, dauerte es noch eine ganze Weile. Vor dem Ersten Weltkrieg hatte die modernistische Kultur anderswo in Blüte gestanden, vor allem München. Hier bereiteten Künstler wie Wassily Kandinsky, Alexej von Jawlensky, Franz Marc und August Macke, Mitglieder in der Gruppe, die sie *Der Blaue Reiter* nannten, der abstrakten und halbabstrakten Malerei den Weg. In Schwabing, damals das Boheme-Viertel der Stadt und Münchens Pendant zur Pariser Rive Gauche, dem linken Seine-Ufer, hatten Klubs und Varietés, kleine sozialistische oder anarchistische Zeitschriften und linke Schriftsteller und Dramatiker großen Erfolg. Schwabings Linksradikale brachten es zu kurzzeitiger politischer Bekanntheit mit dem Zusammenbruch der bayerischen Monarchie bei Kriegsende, als der Journalist Kurt Eisner Regierungschef wurde. Mit seinem langen Rauschebart und dem breitkrempigen Schlapphut entsprach er haargenau dem Klischee des Bohemiens. Als Eisner von einem rechten Fanatiker ermordet wurde, bildete eine Gruppe von Personen aus dem ultralinken kulturellen Spektrum, darunter Ernst Toller, Erich Mühsam, Gustav Landauer und B. Traven (der spätere Autor von *Der Schatz der Sierra Madre*), kurzzeitig einen

Revolutionären Arbeiterrat, der am 7. April 1919 zusammen mit dem Zentralrat der Bayerischen Republik die Räterepublik ausrief, in der bald kompromisslose Kommunisten dominierten.

Doch auch deren Regime währte nicht lange: Im Frühjahr 1919 zog die rechtmäßige sozialdemokratische Regierung, die München den Revolutionären überlassen hatte, schwer bewaffnete Freikorps-Verbände in großer Zahl zusammen, die auf die bayerische Hauptstadt marschierten und das kommunistische Regime in einem Blutbad niederwarfen. Ein Jahr später, am 13. März 1920, kam es zu einem ähnlichen Gegenschlag in Berlin, als die lokalen Freikorps sowie eine Gruppe rechter ehemaliger Militärs und Staatsbeamter des Kaisers im Kapp-Putsch (so genannt nach seinem Anführer, dem Generallandschaftsdirektor Wolfgang Kapp) versuchten, die nationale Regierung abzusetzen und eine Militärdiktatur zu errichten. Aber das Ergebnis unterschied sich dramatisch von dem der Gegenrevolution in München. Arbeiter und Gewerkschafter legten Berlin mit einem Generalstreik lahm, die Putschisten verloren die Nerven, und die demokratische Herrschaft wurde wiederhergestellt. In München, wo die Stimmung weit konservativer war, wurde die sozialdemokratische Regierung unter Androhung militärischer Gewalt aus dem Amt gedrängt und machte einem rechten Kabinett Platz, an dessen Spitze Gustav Ritter von Kahr stand. Kahr wurde von der Münchner Polizei und der Armee unterstützt und genoss den stillschweigenden Rückhalt der Bayerischen Volkspartei, Hauptvertreterin des konservativen katholischen Milieus. Kahr verwandelte München in eine „Ordnungszelle", die zum fruchtbaren Boden für rechte Gruppen wurde. Eine von ihnen war die Nationalsozialistische Deutsche Arbeiterpartei, geführt von Adolf Hitler, der Kahr diese Gefälligkeit damit dankte, dass er ihn in der „Nacht der langen Messer" 1934 ermorden ließ.

Der durch das harte gegenrevolutionäre Durchgreifen aus München vertriebene kulturelle Radikalismus siedelte um nach Berlin. Während der gesamten 1920er-Jahre wurde die deutsche Hauptstadt zum Inbegriff für künstlerische Experimente, für Antiautoritarismus, Radikalismus und Hedonismus jeglicher Couleur. Sie wurde ein Magnet für Ausländer, die das urbane Abenteuer suchten, wurde gefeiert von Christopher Isherwood in seinen Romanen *M[iste]r Norris steigt um* und *Leb wohl, Berlin*, die literarischen Vorlagen für das später auch verfilmte Broadway-Musical *Cabaret*. Verbrechen, Mord und Gangstertum wurden in der Populärkultur gefeiert und in den Gemälden von George

Grosz, dem Roman *Berlin Alexanderplatz* von Alfred Döblin und den Songs von Kurt Weill und Bertolt Brecht in der *Dreigroschenoper* zur Kunst. Die Cafékultur, Kabaretts und Varietés erlebten eine Blütezeit wie einst in Münchens Boheme-Viertel Schwabing vor dem Krieg. Jetzt war es Berlin, wo die satirischen Zeitschriften und pazifistischen Journale florierten, mit Autoren wie Erich Kästner, Kurt Tucholsky und Carl von Ossietzky, die für die Berliner *Weltbühne* schrieben. Junge Frauen zelebrierten die Girlkultur, während Nacktrevuen und Prostitution auch als beliebte Sujets für (männliche) Künstler zeigten, wie sehr sexuelle Befreiung mit sexueller Ausbeutung einhergehen konnte. Von Bayerns „Ordnungszelle" im nachrevolutionären München aus betrachtet, erschien Berlin nun als Gegenentwurf zum militärischen, konservativen, traditionellen Deutschland, nach dem die Nationalisten und Autoritätsliebhaber strebten.

Über diese umfassendere Kulturgeschichte der beiden Städte erfährt man nur wenig im letzten Buch des verstorbenen Stadthistorikers Thomas Friedrich, das sich auf Hitlers Beziehung zu Berlin bis zur NS-Machtergreifung 1933 konzentriert. Der Autor richtet in seinem Werk mit dem Titel *Die missbrauchte Hauptstadt. Hitler und Berlin* sein Augenmerk stattdessen auf Hitlers persönliche Perspektive, die jedoch nur in einem größeren historischen Kontext wirklich zu verstehen ist.

Wie Friedrich anmerkt, hatte die Pracht der deutschen Hauptstadt Hitler bei seinem ersten Besuch, auf Fronturlaub im Ersten Weltkrieg, schier überwältigt. In einem Brief an einen Kameraden seiner Einheit, an Ernst Schmidt, schrieb er: „Die Stadt ist großartig. So richtig eine Weltstadt." Im Jahr 1920 hoffte Hitler noch, sie könnte der Ausgangspunkt für den Sturz der Weimarer Demokratie und die Errichtung einer nationalistischen Diktatur sein. Er war Anfang 1920 mit den Initiatoren des Kapp-Putsches in Kontakt gewesen und nach Berlin geflogen, als es losging. Aber schon bei der Ankunft empfingen ihn streikende Arbeiter, die den Flugplatz besetzt hielten. Indem er sich hinter einem falschen Bart versteckte und sich, kaum zu glauben, als Buchhalter ausgab, gelang es Hitler, den Kontrollpunkt zu passieren, aber die offenkundige Vereitelung des Putsches noch vor seiner Ankunft bestärkte Hitler sicherlich in seiner Verachtung für die Hauptstadt. Enttäuscht wetterte er, „das friderizianische Berlin [sei] durch die Juden zum Saustall geworden". München hingegen sei rein und „deutsch", eine Stadt, in der solche Einflüsse gründlich ausgemerzt worden seien.

Im Jahr 1923 stürzte Deutschland ins Chaos, als die hochschnellende Geldinflation außer Kontrolle geriet, bis die taumelnde Wirtschaft am Rande des völligen Zusammenbruchs stand. Für die verbitterten nationalistischen Gegner der Weimarer Republik schien dies der rechte Moment zu sein, einen weiteren Putsch zu inszenieren. Diesmal wäre er bestimmt erfolgreich. Aber wegen des gescheiterten Versuchs von Wolfgang Kapp drei Jahre zuvor war Hitler zur Überzeugung gelangt, es sei falsch, in Berlin zu putschen, wo Kommunisten und Sozialdemokraten, die Parteien der Arbeiterschaft, die Szene beherrschten. Thomas Friedrich behauptet, nationalsozialistische Hitzköpfe hätten sich in Berlin zur Vorbereitung auf einen Putschversuch eingefunden, doch die Bedingungen dort waren ungünstig und die Beweise dafür, dass Hitler einen Staatsstreich in beiden Städten gleichzeitig im Sinne hatte, sind dürftig, spekulativ und nicht überzeugend.

Für Hitler war Berlin mittlerweile eine kranke, degenerierte Großstadt, die einer nationalistischen Revolution keinerlei Hoffnung bot. Ausgangspunkt für die Erneuerung Deutschlands sollte München sein. Sobald er dort die Macht ergriffen hätte, wollte er, ausgehend von der „Ordnungszelle" in Bayern, die Weimarer Republik stürzen. Mussolinis vielfach angekündigter „Marsch auf Rom" im voraufgegangenen Jahr mit der bloßen Drohung, seine paramilitärischen Milizen aus den von den Faschisten kontrollierten Städten des Nordens nach Süden zu verlegen und die italienische Hauptstadt gewaltsam zu übernehmen, war dabei ein Vorbild; ein anderes war die türkisch-nationalistische Revolution von Mustafa Kemal, der Konstantinopel aufgegeben hatte und eine neue, unbefleckte Hauptstadt im fernen Ankara gründete. „Sie sehen das an der Türkei", erklärte Hitler bei seinem Hochverratsprozess nach dem Scheitern des Putsches im Bürgerbräukeller: „Nicht von der verfaulten Zentrale, von Konstantinopel aus konnte die Erlösung kommen. Diese Stadt war genau wie bei uns ohne Patriotismus, verseucht von demokratisch-pazifistischen, internationalisierten Menschen [...]", womit natürlich die Juden gemeint waren.

Friedrich sagt viel zu wenig über diese äußerst negative Phase in Hitlers Beziehung zu Berlin und zieht es vor, den gescheiterten Münchner Putsch rasch zu überspringen und sich dem Zeitraum von 1924 bis 1929 zuzuwenden, als Hitler anfing, die nationalsozialistische Bewegung wieder aufzubauen. Berlin erwies sich nach wie vor als unergiebiges Rekrutierungsfeld für Hitler und seine Anhänger, und Friedrich stellt fest: „Anderthalb Jahre nach Neugründung der Partei stand Hitler also, was die Berliner Ortsgruppe der NSDAP anging, vor einem Scherbenhaufen." Seine Lösung bestand darin, Joseph Goebbels, damals noch ein regionaler, ziemlich „linker" NS-Führer im Rheinland, dafür zu bestimmen, die Partei in der Hauptstadt zu erneuern. Wie andere Nationalsozialisten empfand auch Goebbels Berlin als „Sündenbabel" und „Asphaltwüste". Aber obwohl Friedrich es zu leugnen versucht, ist klar, dass Goebbels' Haltung prinzipiell viel positiver war als die Hitlers. „Berlin", schrieb er, „ist doch die Zentrale. Auch für uns. Weltstadt."

Goebbels gab sich recht schnell als talentierter Propagandist zu erkennen, der Märsche und Massenkundgebungen organisierte, bewaffnete SA-Braunhemden losschickte, um Veranstaltungen der Kommunistischen Partei zu sprengen, und eine Gewaltkampagne lostrat, die in einer offenen Schlacht mit kommunistischen Paramilitärs auf dem Bahnhof Berlin-Lichterfelde gipfelte. Auf dem Kurfürstendamm verprügelten Goebbels' Schlägertypen jüdische Passanten. Hitler stellte unterdessen die salonfähige Seite der Nationalsozialisten zur Schau und hielt es nun für sicher genug, nach Berlin zurückzukehren und dort am Maifeiertag 1927 eine sorgfältig formulierte Rede zu halten. Nichts davon konnte die sozialdemokratischen Polizeibehörden in der Stadt täuschen, welche die Partei und ihre Ableger ein paar Tage später auflösten, „weil die Zwecke dieser Organisationen den Strafgesetzen zuwiderlaufen".

Typisch für die Weimarer Republik, wurde dieses Verbot zuerst durch die Weigerung der ultrakonservativen nationalistischen Richterschaft durchkreuzt, weitreichende Urteile gegen SA-Männer zu fällen, die wegen Gewalttaten verhaftet worden waren, dann durch die polizeiliche Aufhebung des Verbots am 31. März 1928, um den Nationalsozialisten zu ermöglichen, sich am Wahlkampf für die Reichstagswahl zu beteiligen.

Aller propagandistischen Begabung von Goebbels zum Trotz schnitten die Nationalsozialisten bei dieser Wahl nicht gut ab und blieben reichsweit unter drei Prozent der Stimmen. Selbst in Berlin beschränkte sich ihre Anziehungskraft hauptsächlich auf Angehörige der unteren Mittelschicht, wie der führende Organisator der NSDAP, Gregor Strasser, einräumte. Der Wahlkampf in Berlin wurde überdies durch die erbitterte Rivalität zwischen Goebbels und Strasser sowie ein ständiges unzufriedenes Rumoren aus den Reihen der Sturmabteilungen unterlaufen. Dennoch gingen die Nationalsozialisten gestärkt aus der Wahl hervor, hatten sie doch rivalisierende extrem rechte Gruppen in den Hintergrund gedrängt. Und Goebbels' im voraufgegangenen Sommer gegründete wöchentliche Lokalzeitung *Der Angriff* startete eine geschickte und demagogische Werbekampagne, welche die Partei entschieden öffentlich positionierte.

Weiteren Auftrieb brachte die Kampagne gegen den Youngplan, der die Modalitäten für Deutschlands Reparationszahlungen an die früheren Westalliierten aus dem Ersten Weltkrieg änderte, die Zahlungen aber nicht abschaffte. Bei dieser Kampagne konnten Hitler und Goebbels sich mit der sehr viel bekannteren Deutschnationalen Volkspartei (DNVP) zusammentun und deren Organe nutzen, um sich neue Bekanntheit zu verschaffen und sich um die Anhänger dieser Partei zu bemühen, die schließlich fast alle zur nationalsozialistischen Seite überliefen. Was letztendlich jedoch das Geschick der NSDAP in Berlin und anderswo entscheidend änderte, war die Weltwirtschaftskrise, die Deutschland kurz nach dem New Yorker Börsenkrach 1929 erreichte. Als Banken- und Firmenpleiten und eine stark steigende Arbeitslosigkeit die massive Unzufriedenheit mit der Weimarer Republik und ihren Institutionen befeuerten, begannen die Menschen sich der NSDAP vor allem deshalb zuzuwenden, weil sie als jung und vital galt und einfache Wege aus der Krise versprach.

Am 17. November 1929 erhöhte sich bei den Berliner Stadt- und Bezirksverordnetenwahlen der Stimmenanteil der Partei um mehr als das Dreifache, wobei sie vor allem in den wohlhabenden Bezirken Zulauf fand. Kurz danach, Mitte Januar 1930, machten die Kommunisten Goebbels ein Propagandageschenk, indem sie mit Horst Wessel einen SA-Sturmführer niederschossen. Nachdem er ein paar Wochen später seinen Verletzungen erlegen war, verwandelte der NS-Propagandist die Beisetzung in eine gewaltige Feier der Bereitschaft junger Deutscher, sich zum Märtyrer zu machen, um ihr Land vor dem Kommunismus zu retten. Das Horst-Wessel-Lied wurde zur offiziellen Hymne der nationalsozialistischen Bewegung.

Es ist schade, dass Friedrich diesem überaus berühmten Ereignis, in das die NSDAP in der Hauptstadt noch vor der Machtergreifung verwickelt war, nicht mehr Aufmerksamkeit widmet, denn Wessels Ermordung sorgte auch dafür, dass Hitler Berlin mehrere Monate mied. Der NS-Führer fürchtete sich, diese Hochburg der kommunistischen Gegner zu betreten. Währenddessen löste er die internen Händel der dortigen NSDAP, indem er Gregor Strassers Bruder Otto vergraulte, weil der das „sozialistisch“ in „nationalsozialistisch“ mehr betonte als das „national“ und nicht, wie Gregor Strasser, der Parteilinie folgte.

Während des Reichstagswahlkampfs 1930 erzielte Hitler mit einer großen öffentlichen Rede im Sportpalast einen beachtlichen Erfolg. Derweil wurde die Eröffnung des neu gewählten Reichstags, in dem die NSDAP mehr als 100 Sitze (107) gewonnen hatte, von Straßendemonstrationen begleitet, die von den Nationalsozialisten organisiert wurden und bei denen die Schaufenster zahlreicher jüdischer Geschäfte zu Bruch gingen. Bestrebt, potenzielle Wähler nicht zu verprellen, schoben die Nationalsozialisten solche Vorkommnisse kommunistischen Provokateuren in die Schuhe oder erklärten rundheraus, sie seien an den Gewalttätigkeiten überhaupt nicht beteiligt gewesen.

Unterdessen verfolgte die SA, die Mitglieder gewann und zunehmend selbstbewusster wurde, eine Zermürbungstaktik gegen die Kommunisten vor Ort. SA-Trupps, die sich in von ihnen selbst so genannten „Sturmlokalen" trafen, attackierten kommunistische Versammlungen und trieben deren Teilnehmer mit Gewalt aus ihren Gastwirtschaften und Kneipen. Es wäre interessant, mehr über diesen Prozess zu erfahren, aber Friedrich wendet sich schnell anderen Themen zu. Trotz des Durchbruchs bei der Reichstagswahl vom September 1930, so schreibt er, habe Hitler weiterhin Schwierigkeiten gehabt, in der Hauptstadt Fortschritte zu machen. Besorgt vertraute Goebbels seinem Tagebuch an, dass der NS-Führer „sich für Berlin zu wenig Zeit" nehme, und meinte, dass „er mehr als bisher sein persönliches Schwergewicht nach hier oben legen" müsse. Doch der Propagandachef war gezwungen zuzugeben, dass Hitler „nicht recht heran will. Er haßt Berlin und liebt München. Das ist ein Kreuz. Er beruft sich auf Potsdam, Washington und Angora (Ankara). Aber warum gerade München?" Als Rheinländer verstand Goebbels die Begeisterung seines Chefs für die bayerische Stadt nicht. Aber offenbar überlegte Hitler noch immer, die Hauptstadt in ein kleineres, reineres, weniger degeneriertes Zentrum als Berlin zu verlegen, nach München, eine Stadt, von der er möglicherweise meinte, dass sie der Hauptstadt der USA, Washington, oder Ankara in der Türkei oder der Residenz Friedrichs des Großen, Potsdam, ähnelte.

Also blieb die Parteizentrale der NSDAP, wo sie war, im „Braunen Haus" in München, wo Hitler eine Wohnung hatte, obwohl all die anderen nationalen politischen Parteien ihre Zentralen in Berlin hatten. Wenn Hitler sich in der deutschen Hauptstadt aufhielt, stieg er in einem Hotel ab und schimpfte über die Zustände dort. Einem italienischen Diplomaten erzählte er 1931, dass es eine Stadt ohne Traditionen sei, halb amerikanisiert, halb kulturlos und nicht in der Lage, ihm den Frieden und die Ruhe zu bieten, die er zum Arbeiten brauche. Schon in *Mein Kampf* und in einigen seiner frühen Reden hatte er sich über die „verrohte" Mentalität der Großstadt, ihren Kommerz, kurz, über das, was er für das Jüdische an ihr hielt, ausgelassen; am 12. September 1931 brach sich diese Feindseligkeit brutal Bahn in einer Reihe gezielter körperlicher Angriffe von etwa eintausend SA-Männern auf Gottesdienstbesucher beim Verlassen einer Synagoge in der Nähe des Kurfürstendamms. Es kam zu einigen Anklagen, aber die konservativen Richter fällten äußerst milde Urteile gegen die Täter.

Die SA-Bewegung wurde unterdessen rasch stärker, und gegen Ende des Jahres 1931 verdreifachte sie sich zahlenmäßig binnen weniger Monate. Die Gewalt auf den Straßen und auf politischen Versammlungen wurde heftiger, und am 13. April 1932 verbot Reichspräsident Hindenburg auf Drängen von Reichskanzler Brüning und Reichswehrminister Groener, der seit Oktober 1931 auch Innenminister war, per Notverordnung die SA. Ihre Räumlichkeiten wurden durchsucht und ihre Ausrüstung beschlagnahmt. Aber Hitler war vorgewarnt worden, und die Sturmabteilungen machten, getarnt als Sportvereine, weiter. Nationalsozialistische Sympathisanten bei der Polizei sorgten dafür, dass das Verbot nicht streng durchgesetzt wurde. Brüning wurde in der Zwischenzeit von einem anderen, radikaleren Konservativen, Franz von Papen, beiseitegestoßen, der Chef einer Regierung wurde, die von Reichspräsident Hindenburg den Auftrag erhielt, die Nationalsozialisten auf ihre Seite zu ziehen, um sich des Rückhalts der Massen für seine reaktionären Pläne zur Abänderung der Weimarer Verfassung in eine autoritäre Richtung und zur Erweiterung der Streitkräfte unter Missachtung des Versailler Vertrags sicher sein zu können.

Papen hob das SA-Verbot auf, und die Gewalt auf den Straßen erreichte einen neuerlichen Siedepunkt. Im Laufe der Jahre 1931 und 1932 wurden Hunderte getötet. Die nationalsozialistische Gewalt richtete sich nicht nur gegen die Kommunisten, sondern auch gegen die Sozialdemokraten, welche die demokratischen Institutionen der Weimarer Republik von Anfang an am verlässlichsten gestützt hatten. Am 25. Juni 1932 etwa griff ein SA-Trupp die Büros der Partei im Bezirk Kreuzberg an, was zu einem Feuergefecht führte, bei dem drei Männer schwer verletzt wurden. „Auf den Straßen knallen Schüsse. Täglich werden Verletzte als Opfer der Unruhestifter in die Spitale gebracht, sind Tote zu beklagen", schrieb die renommierte *Vossische Zeitung*. Die Situation werde unerträglich.

Doch obwohl Gewalt und Gewaltandrohung stets seinen Umgang mit dem politischen Gegner bestimmten, hatte Hitler nach dem Scheitern des Putsches im Bürgerbräukeller 1923 beschlossen, parallel dazu den Weg an die Macht über Wahlen zu beschreiten. Und 1932 boten sich jede Menge Gelegenheiten, angefangen mit einer Reichspräsidentenwahl, bei der er Zweiter hinter Hindenburg wurde. In dieser massiven Propagandaschlacht brachten es die Nationalsozialisten auf einen Schlag zu nationaler Bekanntheit. Im Juli gewannen sie bei der Reichstagswahl 37,4 Prozent der Stimmen und wurden zur stärksten Partei im Lande. Wie Friedrich betont, widersetzte sich die Stadt Berlin bis zu einem gewissen Grad diesem Trend. Der kommunistische Kandidat Ernst Thälmann erhielt dort in der ersten Runde der Präsidentschaftswahl 23,6 Prozent der Stimmen im Vergleich zu lediglich 13,2 Prozent landesweit, und in der zweiten Runde 20,7 Prozent, verglichen mit 10,2 Prozent in ganz Deutschland. Bei der Reichstagswahl im Juli stieg der Stimmenanteil der Nationalsozialisten in Berlin zwar dramatisch, trotzdem kamen sie nur auf 28,7 Prozent. Die vereinte Unterstützung für Kommunisten und Sozialdemokraten in der Hauptstadt war fast doppelt so hoch wie die für die Nationalsozialisten. Damit unterstrich Berlin seinen Ruf als Hochburg der Linken. Einmal mehr bietet Friedrich viel zu wenige Details zur sozialen Geografie dieser Wahlen, sodass die Kräfte, welche die Nationalsozialisten bei den Abstimmungen in Berlin unterstützten, unklar bleiben.

Als sich die Verhandlungen über die Einbindung der Nationalsozialisten in eine neue Regierung in die Länge zogen, behindert durch Hitlers Beharren darauf, dass dies nur geschehen könne, wenn er zum Regierungschef ernannt würde, gingen den Nationalsozialisten allmählich das Geld und die Luft aus. Bei der Reichstagswahl im November 1932 verlor die Partei zwei Millionen Stimmen, und in Berlin schrumpfte ihre Unterstützung auf 721 000 Stimmen, während die Kommunisten ihren Rückhalt auf 861 000 steigerten und die Sozialdemokraten mit 647 000 Stimmen zur starken dritten Kraft wurden. Der Kreis um den Reichspräsidenten ergriff die Gelegenheit, die sich durch die vermeintliche Schwäche der Nationalsozialisten bot, und trat erneut in Verhandlungen mit ihnen ein. Angesichts der durch die randalierenden Sturmabteilungen heraufbeschworenen Gefahr eines Bürgerkriegs gelang es Hitler, am 30. Januar 1933 zum Chef einer Koalitionsregierung ernannt zu werden, in welcher die Konservativen, darunter Papen, in der Mehrheit waren und hofften, Hitler kontrollieren zu können.

Weniger als einen Monat später, am 28. Februar, lieferte das Niederbrennen des Reichstagsgebäudes, für das sie einen einzelnen, verwirrten holländischen Anarchisten verantwortlich machte, der Regierung den Vorwand, Kommunisten zu beschuldigen, bürgerliche Freiheiten außer Kraft zu setzen und mit der massenhaften Verhaftung ihrer Gegner zu beginnen. Doch die im März 1933 abgehaltene Reichstagswahl lieferte den Nationalsozialisten noch immer keine absolute Mehrheit; um die 50-Prozent-Hürde zu nehmen, waren sie auf die Stimmen ihrer konservativen Partner angewiesen.

In Berlin schafften es die Kommunisten trotz des von den Nationalsozialisten entfesselten Massenterrors, ein Viertel der Stimmen zu erringen. Doch nun begann der nationalsozialistische Angriff auf die Metropole erst richtig. Binnen Kurzem waren in der Hauptstadt etwa zweihundert provisorische „wilde Konzentrationslager" eingerichtet, viele davon kaum mehr als Keller oder Lagerhäuser, in denen Hunderte von Kommunisten und Sozialdemokraten gefoltert und ermordet wurden. Massengewalt untermauerte die NS-Machtergreifung auf jeder Ebene, und bis zum Sommer 1933 waren die anderen politischen Parteien aufgelöst, die Konservativen beiseitegeschoben und alle wichtigen Institutionen unter nationalsozialistische Kontrolle gebracht.

Jetzt konnte Hitler Berlin nach seiner eigenen Vorstellung von einer großartigen Welthauptstadt umgestalten. Neben einem Angriff auf „entartete Kunst", satirisches Kabarett, Jazz und all die anderen Dinge, die ihn in den 1920er-Jahren so abgestoßen hatten, entwickelte er nun, wie sein Sekretär Rudolf Heß berichtete, Pläne zum „Ausbau Berlins zur großen Metropole des neuen deutschen Reiches", angefangen mit dem Bau eines riesigen neuen Sportkomplexes, verfügbar für die Olympischen Spiele 1936. Dann plante er neue Prachtstraßen, welche die Stadt von Nord nach Süd und von Ost nach West durchzogen. Eine davon existiert noch heute, allerdings umbenannt in „Straße des 17. Juni", nach dem Volksaufstand gegen die kommunistische Herrschaft in der DDR. Ein gewaltiger Triumphbogen sollte gebaut werden, zusammen mit einer riesigen Großen Halle und dem Ausbau des Flughafens Tempelhof. Massive Abriss- und Räumungsmaßnahmen schufen nach und nach Platz für diese Projekte. Nur wenige wurden fertiggestellt, und vieles von dem, was fertig wurde, wie das Gebäude der Neuen Reichskanzlei, wurde durch die Bomben des Zweiten Weltkriegs zerstört.

Hitlers fortdauernde Abneigung gegen Berlin zeigte sich noch in seinem größenwahnsinnigen Vorhaben, es zur neuen Welthauptstadt zu machen. Denn diese umgestaltete Stadt sollte dann nicht mehr „Berlin", sondern „Germania" heißen. Sämtliche Spuren dessen, was der NS-Führer an ihr in den 1920er-Jahren so verachtet hatte, sollten beseitigt werden. Friedrich erwähnt diese Absichten, verkennt aber ihre Bedeutung für Hitlers Verhältnis zu Berlin. Leider erfahren wir von ihm auch nur sehr wenig über die dortige soziale und politische Geografie. Es ist bezeichnend, dass *Die missbrauchte Hauptstadt* nicht einen einzigen Stadtplan enthält. Dies ist weniger ein Buch über Hitler und Berlin als eine Erzählung vom Aufstieg des Nationalsozialismus, wie er sich in der deutschen Hauptstadt vollzog. Dabei stützt sich der Autor nicht auf lokale Quellen, sondern auf altbekannte Dokumente wie Goebbels' Tagebücher und Hitlers Reden. Friedrich war Museumskurator in der Stadt, kein professioneller Historiker, und obwohl er einer breiteren Leserschaft erfolgreich allseits bekannte Fakten präsentierte, zeigt dieses Buch, bedauerlicherweise, dass ihm das Handwerkszeug für originäre oder innovative Forschung fehlte. Die Geschichte der deutschen Hauptstadt während der Weimarer Republik und Hitlers Verhältnis zu ihr bleibt daher noch zu erzählen.

6. Gesellschaftliche Außenseiter

I

Heute existiert eine umfangreiche Literatur zu gesellschaftlichen Außenseitern im „Dritten Reich". Dies ist vor allem eine Folge der Erkenntnis, dass der Nationalsozialismus viele „vergessene Opfer" hatte, deren Schicksal lange Zeit von Historikern kaum erforscht worden ist. Obwohl sich ohne Zweifel die Hasspolitik der Nationalsozialisten und ihre Programme zur Vernichtung menschlichen Lebens auf Juden konzentrierten, litten auch zahlreiche andere Gruppen. Zu ihnen gehörten Sinti und Roma, Homosexuelle, geistig und körperlich Behinderte, „Gewohnheitsverbrecher", „Asoziale", „Arbeitsscheue", Wohnungslose und Vagabunden sowie Slawen und Angehörige anderer unterworfener Völker im Kerngebiet des Deutschen Reiches, wohin sie als Zwangsarbeiter verschleppt wurden, wie auch in den besetzten Gebieten. Vertreter all dieser Gruppen litten in unterschiedlichem Ausmaß, wurden verhaftet, einsperrt, in Konzentrationslagern brutal misshandelt, sterilisiert und ermordet.[1]

Das spezifische Erkenntnisinteresse und die Motivation hinter der neueren historischen Forschung zu verschiedenen Opfergruppen hatten unweigerlich eine fasst ausschließliche Beschäftigung mit den Jahren von 1933 bis 1945 zur Folge. Natürlich haben viele Autoren einige der Wurzeln der NS-Vernichtungspolitik zurückverfolgt bis zum sozialen Denken und zur sozialen Praxis der Weimarer Republik oder zu rassischen und eugenischen Theorien, wie sie in den 1890er-Jahren aufkamen. Aber in deutlichem Gegensatz zur unübersehbaren Literatur über den deutschen Antisemitismus, welche die sozialen, wirtschaftlichen, ideologischen, kulturellen und politischen Ursprünge der Judenverfolgung vom Mittelalter an erschöpfend behandelt, gibt es so gut wie nichts zum langfristigen historischen Hintergrund der Verfolgung anderer Minderheiten in der deutschen Gesellschaft durch die Nationalsozialisten. Gut dokumentiert sind deutsche Einstellungen gegenüber Slawen sowie die Geschichte ausländischer Arbeitskräfte im Deutschland des 19. Jahrhunderts.[2] Erhielt die historische Forschung zu diesen Themen doch durch zwei große Probleme der westdeutschen Politik in den 1970er- und 1980er-Jahren Auftrieb, nämlich durch die Situation von Millionen entrechteter Gastarbeiter in der Bundesrepublik und durch die allgegenwärtige Herausforderung einer friedlichen Koexistenz mit der Sowjetunion und dem Warschauer Pakt. Mit der langfristigen Geschichte anderer Minderheiten im heutigen Deutschland hat die Forschung sich hingegen kaum auseinandergesetzt.

Dabei ist es auf den ersten Blick überraschend, dass Historiker bislang in diesem Forschungsfeld nicht dieselbe Art von Fragen gestellt haben wie in Bezug auf die Geschichte der deutschen Juden und des Antisemitismus: Spielten gesellschaftliche Außenseiter vom Mittelalter an eine besonders wichtige Rolle in der deutschen Gesellschaft? Standen die Deutschen ihnen besonders feindselig gegenüber? Verbesserte oder verschlechterte sich ihre Situation im Laufe der Zeit? Haben wir Belege dafür, dass sie in Krisenzeiten zu Sündenböcken gemacht wurden? Wurden sie im Laufe der Industrialisierung stärker oder weniger stark in die deutsche Gesellschaft integriert? Engagierten sich deutsche Liberale während der politischen Kämpfe des 19. Jahrhunderts für ihre Emanzipation? Welchen Unterschied machte das Aufkommen der Weimarer Demokratie für ihren Status und ihre Stellung? Alle diese und viele ähnliche Überlegungen, die einem in den Sinn kommen, kulminieren in der einen Frage danach, ob die deutsche Gesellschaft, wie einige Kultur- und Ideenhistoriker vermutet haben, besonders konformistisch, reglementiert und außenseiterfeindlich war. Mit anderen Worten, traf die nationalsozialistische Verfolgung gesellschaftlicher Außenseiter auf Zustimmung weiter Teile der deutschen Bevölkerung, weil Letztere sich gesellschaftlichen Außenseitern gegenüber schon immer in einem Ausmaß feindselig verhalten hatte, das für andere Länder vielleicht ungewöhnlich gewesen wäre?

II

Fangen wir am besten damit an, einen Blick auf die umfangreiche Literatur zu werfen, die heute zu gesellschaftlichen Außenseitern in der Frühen Neuzeit – das heißt etwa vom Zeitalter der Reformation an bis zur Französischen Revolution und zu den Napoleonischen Kriegen – existiert. Die deutsche Gesellschaft jener Zeit war ständisch gegliedert, und Gesetz und Gewohnheit verschafften den Rechten und Pflichten der Stände Geltung. Alle Elemente der sozialen Ordnung waren getragen von der Vorstellung, dass sie – in unterschiedlichem Maße und auf unterschiedliche Weise – soziale Ehre besaßen.

Außerhalb dieses komplizierten Gefüges der „ehrlichen" Gesellschaft jedoch stand die heterogene Gruppe der „unehrlichen Leute", deren Außenseiterstatus im Wesentlichen fünf Ursachen hatte: Er konnte ererbt sein, er konnte mit einem Beruf verbunden sein, er konnte die Folge abweichenden, insbesondere (und vor allem bei Frauen) sexuell abweichenden Verhaltens sein, er konnte aus der Zugehörigkeit zu einer religiösen oder ethnischen Minderheit resultieren, oder er konnte aus einer strafrechtlichen Verurteilung folgen. Für die Unterscheidungen zwischen ehrlichen und unehrlichen Gruppen trug teils der Staat Sorge, aber es waren vor allem die Zünfte, die darauf bestanden, eine Vielzahl sozialer Gruppen von der Mitgliedschaft auszuschließen, indem sie diese als „infam" bezeichneten.[3]

Zu den unehrlichen Leuten im frühneuzeitlichen Deutschland gehörten somit all jene, die einem Gewerbe nachgingen, das sie mit schmutzigen oder verunreinigenden Substanzen in Berührung brachte: Müller, Schäfer, Gerber, Gassenkehrer und, die unehrlichsten von allen, Abdecker oder Schinder, Maulwurffänger und Scharfrichter. Eine zweite, größere und amorphere Gruppe bestand aus fahrendem Volk, Leuten ohne festen Wohnsitz: Hausierern, „Zigeunern", reisenden Schaustellern (Bärenhütern, Zauberkünstlern und dergleichen), Marktschreiern, Scherenschleifern, Kesselflickern und so weiter. Drittens waren Frauen betroffen, die durch sexuelles Fehlverhalten ihre Ehre verloren hatten, insbesondere Prostituierte und unverheiratete Mütter. Viertens haftete „Infamie" auch allen Nichtchristen an, wovon im deutschen Kontext vor allem Juden betroffen waren, sowie unterworfenen sprachlich-kulturellen Gruppen wie den Wenden. Und schließlich galt, ungeachtet seines vorherigen sozialen Standes, jeder, der strafrechtlich verurteilt worden war und unter den verunreinigenden Händen des Henkers am „Schandpfahl" gelitten hatte, ebenfalls als unehrlich.[4]

Die Stigmatisierung als unehrlich machte es unmöglich, in eine Zunft einzutreten, die Bürgerrechte zu erwerben, die meisten Arten von Landbesitz zu kaufen und im Allgemeinen ein anständiges Leben oberhalb der Armutsgrenze zu führen. Zunftgenossen war derart daran gelegen, sich von unehrlichen Leuten zu distanzieren, dass der geringste zufällige Körperkontakt schwere Krawalle auslösen konnte, wie etwa in Berlin im Jahr 1800. Dort hatte der Helfer eines Scharfrichters während einer öffentlichen Hinrichtung einen Handwerksgesellen unter den

Schaulustigen „gepackt und vom Gerüst gestoßen ‚und einige Handwerksgesellen mit den von der Execution noch blutigen Stricken geschlagen'", was zu tumultartigen Szenen führte, die erst abklangen, als ein höherer und folglich äußerst ehrlicher städtischer Beamter den ehrlichen Status des Handwerksgesellen formell wiederherstellte, indem er ihm die Hand schüttelte (während er gleichzeitig die Truppen rief, nur zur Sicherheit).[5] Der Beruf des Scharfrichters war in der Tat eines der wenigen unehrlichen Gewerbe, die ein anständiges Auskommen und die Anstellung eines Gehilfen ermöglichten, der die unehrlichsten Arbeiten verrichtete. Doch selbst Scharfrichter mussten im örtlichen Wirtshaus aus besonderen Krügen trinken, die niemand sonst berühren durfte. Jeder Zunftgenosse, der die Tochter eines Scharfrichters heiratete, konnte sich leicht kurzerhand aus seiner Zunft verbannt und seines Lebensunterhalts beraubt sehen.[6]

Die Zünfte und andere „ehrliche" Gruppen in der städtischen und ländlichen Gesellschaft schlossen die „unehrlichen" trotz wachsenden Widerstands vonseiten des Territorialstaates aus. Diese erachteten solche restriktiven Praktiken als schädlich für die Interessen der Mehrheit und als ursächlich für Armut und Unruhe unter den Betroffenen. Es war nicht zuletzt der Wunsch, die Macht der Zünfte zu beschneiden, der die absolutistischen Staaten des 18. Jahrhunderts antrieb, mit wiederholten öffentlichen Bekanntmachungen zu versuchen, viele der „Unehrlichen" in die Gesellschaft zu integrieren. Der Staat der Frühen Neuzeit kümmerte sich in erster Linie deshalb um gesellschaftliche Außenseiter, um Unruhe zu unterdrücken und den Gewerbefleiß zu fördern. Andererseits bediente er sich einer Reihe repressiver Strategien gegen jene, die er für Unruhestifter oder Faulpelze hielt, wie etwa Räuber, Bettler, Bauernfänger und manches fahrende Volk, wie reisende Spielleute, „Zigeuner", Marktschreier und Bärenhüter, aber er konnte nicht einsehen, warum hart arbeitende Gewerbe, die zum Volksvermögen beitrugen, als unehrlich gelten sollten.

Im Jahr 1731 erklärte die Reichshandwerksordnung des Heiligen Römischen Reiches sämtliche Gewerbe, ausgenommen die des Schinders oder Abdeckers und des Henkers (beide Gruppen wurden gewöhnlich in einem Atemzug genannt, häufig war der Henker auch als Abdecker tätig), offiziell für ehrlich, und 1772 wurde diese Bestimmung auch auf die letztgenannten Gruppen ausgeweitet. Im Jahr 1775 revidierte König Friedrich II. von Preußen, 1783 gefolgt von Joseph II. von Österreich, auch die bisherige Politik der versuchten Vertreibung oder

Vernichtung der „Zigeuner" grundlegend und versuchte stattdessen, ihre Integration in die Gesellschaft zu fördern. Darüber hinaus reduzierten zahlreiche gesetzliche Reformen die Zahl der mit dem Tod bestraften Vergehen drastisch, darunter fiel auch die „Sodomie" (für die noch 1730 in Preußen ein junger Mann auf dem Scheiterhaufen verbrannt worden war), und entkriminalisierte faktisch eine Vielzahl von Vergehen, wie etwa Hexerei und Blasphemie. Die Ablösung christlicher Verhaltensmaßregeln durch den Rationalismus der Aufklärung führte zu den Gesetzbüchern des späten 18. und frühen 19. Jahrhunderts, die Sanktionen gegen viele einvernehmliche Sexualakte einschließlich der Homosexualität faktisch abschafften.[7]

Diese Gesetze hatten, wie so viele Proklamationen aufgeklärter Monarchen, allerdings nur sehr begrenzten Einfluss auf soziale Einstellungen und Verhaltensweisen. Folglich wurden Schinder oder Abdecker und Scharfrichter auch weiterhin von der ehrbaren Gesellschaft gemieden und bildeten bis weit ins 19. Jahrhundert hinein eigene Dynastien, in denen Inzucht herrschte.[8] Zünfte widersetzten sich weiterhin der Obrigkeit, indem sie eine strenge Interpretation der Ehrvorstellungen durchsetzten. Überdies liefen die Erlasse des späten 18. Jahrhunderts, welche die Integration der „Zigeuner" in die deutsche Gesellschaft verfügten, in gewisser Hinsicht lediglich auf neue Formen der Verfolgung hinaus. Sinti und Roma wurde befohlen, sich einen festen Wohnsitz zu suchen, man verbot ihnen, untereinander zu heiraten, wies sie an, ihre Kinder deutschen Bauern zur Aufzucht zu geben, und der Gebrauch ihrer eigenen Sprache war ihnen untersagt. Auch diese Maßnahmen durchzusetzen, erwies sich als unmöglich.[9]

Die Grenzen von Ehre und Ehrlosigkeit waren in der Frühen Neuzeit oft veränderlich und nicht klar umrissen. Gewerbe, die in manchen Gegenden als infam galten, wurden in anderen weithin als zunftfähig anerkannt. Manche Verhaltensweisen wurden mit der Zeit ehrlicher, andere unehrlicher. Ein besonders wichtiges Beispiel für Letzteres ist die Prostitution, die im Laufe des 16. und 17. Jahrhunderts unter zunehmender Diskriminierung und staatlicher Regulierung litt. In fast allen Fällen wurde die soziale Ächtung der unehrlichen Leute jedoch durch die Tatsache gemildert, dass sie die eine oder andere nützliche gesellschaftliche Funktion erfüllten. In einer Epoche, wo Kommunikationswege schlecht, Straßen in miserablem Zustand oder nicht vorhanden waren, Ressourcen begrenzt und Produktionsstätten oft Tages- oder Wochenreisen entfernt lagen von all den Dörfern, kleinen Städten und

Gehöften, wo die überwiegende Mehrzahl der Menschen lebte, waren fahrende Leute wie Scherenschleifer, Hausierer und dergleichen ein unverzichtbarer Zweig der ländlichen Wirtschaft. Auch Abdecker oder Schinder, Müller und Schäfer kamen zwangsläufig häufig in Kontakt mit der Bevölkerung und waren allgemein als wichtig für sie anerkannt. Reisende Schausteller, Spielleute und Schauspieler, Marktschreier Quacksalber und Zahnbrecher sorgten zu Jahrmarktzeiten für Spektakel und Ablenkung.

Des Weiteren war geistige oder körperliche Behinderung alles in allem kein Grund für Ehrlosigkeit. Für „Dorftrottel" oder „Stadtdeppen" war das Leben zwar weder angenehm noch lang, aber im Großen und Ganzen blieben sie unbehelligt in der Obhut ihrer Familien und waren keine gesellschaftlichen Außenseiter. Heftige und störende psychische Krankheit führte wahrscheinlich zum Gewahrsam in einem Stadtgefängnis, wo auch die kleine Anzahl von Straftätern gefangen gehalten wurde, die eingesperrt und nicht ausgepeitscht, gebrandmarkt oder hingerichtet wurden. Doch selbst in schweren Fällen bemühten sich ehrliche Familien meist nach Kräften zurechtzukommen, statt zu einer so drastischen Maßnahme zu greifen. Wilhelm der Jüngere, Herzog zu Braunschweig-Lüneburg, etwa machte es sich zur Gewohnheit, halb nackt durch die Straßen von Celle zu laufen, den Leuten Geschenke zu machen und wild zu gestikulieren, aber erst als er seine Frau mit einer Schneiderschere angriff, willigte der herzogliche Rat ein, ihn einzuweisen. Er regierte, zu regelmäßigen Wahnsinnsanfällen neigend, noch sieben Jahre weiter bis zu seinem Tod im Jahr 1589.[10]

So wie Wahnsinn nur zum völligen Ausschluss führte, wenn er gefährlich wurde, so erregten fahrende Leute auch nur die erbitterte Feindschaft der Bevölkerung, wenn ihre Armut in Not umschlug und sie sich auf Betteln, Diebstahl und Räuberei verlegten. Wandergewerbe boten eine noch unsicherere Existenz als die Berufe sesshafter Leute. So war es nicht überraschend, dass die großen Räuberbanden, die während der Frühen Neuzeit vor allem bei Krieg und Aufruhr viele Gegenden Deutschlands durchstreiften, sich meist aus den Reihen gesellschaftlicher Außenseiter rekrutierten, zu denen nicht nur Vagabunden, Hausierer, Bettler und „Zigeuner" gehörten, sondern auch arme, aber sesshafte Minderheiten wie Juden. Wenn der frühneuzeitliche Staat ländliche Gegenden nach verdächtigen Elementen, Räubern und Kriminellen absuchte, richtete er sein besonderes Augenmerk – allen gesetzlichen Neuerungen zum Trotz – auf die Wandergewerbe, wodurch er sie erneut stigmatisierte und zu ihrer Marginalisierung beitrug.[11]

III

Im 18. Jahrhundert erlebten gesellschaftliche Randgruppen und Außenseiter daher weniger eine allgemeine Verbesserung ihrer Stellung, sondern eher die Anfänge einer Neudefinition dessen, wer ein Außenseiter war, wer es bleiben und wer – wenigstens dem Gesetz nach – in die Gesellschaft integriert werden sollte. Diese Prozesse wurden durch die Auflösung der traditionellen sozialen Ordnung im Zuge des Bevölkerungswachstums, des ökonomischen Wandels und der Auswirkungen der britischen Industrialisierung auf dem Kontinent beschleunigt. Die französischen Revolutionskriege und die Napoleonischen Kriege befeuerten den Reformeifer aufgeklärter Monarchen und Bürokraten, die sich bemühten, ihre Herrschaft angesichts der Gefahr aus Frankreich zu modernisieren und effektiver zu gestalten. Allmählich entstand eine neue bürgerliche Öffentlichkeit, deren gebildete Mitglieder an Gleichheit vor dem Gesetz und die Verbreitung staatsbürgerlicher Freiheiten und Verantwortlichkeiten in einem freien Markt und einer liberalen politischen Ordnung glaubten. Am wichtigsten für den Integrationsprozess aber war die drastische Einschränkung der Macht der Zünfte in den ersten Jahrzehnten des 19. Jahrhunderts, die einerseits durch die Industrialisierung ausgehöhlt und andererseits von staatlichen Reformen angegriffen wurde. Der Übergang von einer „Ständegesellschaft" zur „Klassengesellschaft im 19. Jahrhundert stellte gesellschaftliche Außenseiter vor eine neue Situation.

Viele Gruppen, die per Gewohnheit und Gesetz aus der Gesellschaft ausgeschlossen worden waren, wurden im Zuge der liberalen Reformen ab der Jahrhundertmitte allmählich, wenn auch in manchen Fällen unvollkommen, integriert. Die veränderte Situation der Juden war das augenfälligste Beispiel. Sie erlangten 1871 die staatsbürgerliche Gleichstellung und gaben in den Jahren bis zum Ausbruch des Ersten Weltkriegs in wachsender Zahl ihre gesellschaftliche Isolation und religiöse Identität auf. Natürlich waren sie auch weiterhin von den höchsten Machtpositionen in Armee, öffentlichem Dienst und Politik ausgeschlossen. Aber obwohl sie weiter unter Diskriminierung litten, machte sie das nicht zu gesellschaftlichen Außenseitern. Juden waren vor dem Ersten

Weltkrieg auf mannigfache Weise in die deutsche Gesellschaft integriert. Selbst Kaiser Wilhelm II. hatte, trotz seiner gelegentlichen antisemitischen Ausfälle, eine Reihe enger persönlicher Freunde, die Juden waren.

Auch andere Gruppen blieben von Spitzenpositionen in Regierung und Gesellschaft des Bismarck'schen und Wilhelminischen Reiches ausgeschlossen. Die zahlenmäßig stärkste dieser Gruppen bildeten die Frauen, die nicht einmal wählen durften und nur langsam ein Mindestmaß an grundlegenden Bürgerrechten erlangten. Frauenrechtlerinnen, die ihr Los zu verbessern suchten, waren häufig anhaltenden Schikanen durch die Polizei ausgesetzt. Noch mehr ins Auge fiel, dass die beiden größten politischen Bewegungen der damaligen Zeit, die Sozialdemokraten und der politische Katholizismus, auf politischer wie administrativer Ebene vom Staat ausgegrenzt und weitreichender gesetzlicher Diskriminierung und politischer Schikane ausgesetzt waren. Doch am Ende waren diese Gruppen zwar gesellschaftlich benachteiligt, keineswegs aber gänzlich ausgeschlossen, denn zusammengenommen bildeten sie die überwiegende Mehrzahl der damals in Deutschland lebenden Menschen.

Allerdings ist ihre missliche Lage nicht ohne Bedeutung für die spätere Geschichte der staatlichen Politik gegenüber gesellschaftlichen Außenseitern. Insbesondere Bismarcks Taktik, Sozialdemokraten und Katholiken als „Reichsfeinde" abzustempeln und sie auf mannigfache Weise zu verfolgen, von Inhaftierung aufgrund kleinlicher oder erfundener Beschuldigungen bis zum generellen Verbot vieler ihrer Aktivitäten, schuf für die Zukunft einen unheilvollen Präzedenzfall. Die konservative Rhetorik hatte im 19. Jahrhundert verschiedentlich Verbrechen und Revolution in einen Topf geworfen und dafür plädiert, politische Radikale wie gewöhnliche Kriminelle zu behandeln. In dieser Tradition nutzten Bismarck und seine Nachfolger das Strafrecht, um Gefährdungen der sozialen und politischen Ordnung des Reiches zu bekämpfen. In den Köpfen vieler Richter und Vollzugsbeamten, die den Zusammenbruch des kaiserlichen Deutschland 1918 überstanden hatten und die ganze Weimarer Republik hindurch auf ihren Posten verblieben waren, war dieses Vorgehen weiterhin sehr präsent.[12] Auch in anderen Ländern waren politische Bewegungen – vor allem der Anarchismus, der im ausgehenden 19. Jahrhundert für eine Welle politischer Morde in Europa und Amerika verantwortlich zeichnete – polizeilicher und gesetzlicher Unterdrückung ausgesetzt, aber nur in wenigen Ländern westlich des zaristischen Russland ging das so weit wie hier.

Die politische Unterdrückung verwob sich schon zu jener Zeit mit dem Strafrecht und der Aufrechterhaltung von Recht und Ordnung, da der Staat in Deutschland seine Haltung zur sozialen Ausschließung rationalisierte. Als die Macht der Zünfte schwand, wurden viele Gewerbe, vom Müller bis zum Leineweber, geachteter. Andere, etwa die Schäferei, sanken zu marginaler Bedeutung herab. Die Ehre verlor ihren Stellenwert bei der Aufrechterhaltung der sozialen Ordnung, und zugleich verlor die Entehrung ihren Stellenwert als Mittel der Bestrafung durch Gesetz und Staat. Eine geregelte Arbeit und ein fester Wohnsitz, denen schon von den aufgeklärten Verwaltungen des 18. Jahrhunderts größte Bedeutung beigemessen worden war, avancierten im 19. Jahrhundert zu ausschließlicheren Kriterien sozialer Zugehörigkeit. Ohnehin brachten Industrialisierung und Verstädterung mit ihren kürzeren Kommunikationswegen, mit Massenproduktion und -vertrieb dem Wandergewerbe größtenteils den Niedergang. Die verbliebenen Wander- und Saisonarbeiter, etwa die Handwerksgesellen, hatten zunehmend Schwierigkeiten, ihren Lebensunterhalt zu bestreiten, und mussten sich in wachsendem Maße aufs Betteln verlegen. Zugleich zog das Wirtschaftswachstum bis zum ausgehenden 19. Jahrhundert eine starke Nachfrage nach Arbeitskräften in den Städten und Großstädten nach sich. Viele Arbeiter reisten auf der Suche nach Arbeit durchs Land und waren den raschen Schwankungen der industriellen Produktion schutzlos ausgesetzt. Schließlich ersetzten auch die Großgrundbesitzer des Nordens und Ostens sesshafte Arbeitskräfte zunehmend durch Saisonarbeiter, was wiederum große Gruppen fahrender Landarbeiter (oft aus Polen) anlockte, die zu verschiedenen Zeiten des Jahres Arbeit suchten.

All dies trug zu dem bei, was zeitgenössische Beobachter im späten 19. Jahrhundert als wachsendes Vagabundenproblem bezeichneten. Lösungsversuche reichten von neu errichteten Arbeiterkolonien bis zur erstmaligen Bereitstellung billiger Herbergen für Wohnungslose, gegründet von karitativen, oftmals religiös inspirierten Stiftungen. Vagabunden und Wanderarbeiter blieben jedoch stets der Schikane und Belästigung durch Polizei und Gerichte ausgesetzt, die Bettelei ebenso ahndeten wie das Nichtmitführen von Papieren und Landstreicherei, was mit der wiederholten kurzzeitigen Inhaftierung in einem Arbeitshaus oder Gefängnis bestraft wurde.[13] Aus der Armenfürsorge, bis dahin eine Sache allgemeiner Barmherzigkeit, wurde in dieser Zeit unter dem

Einfluss des sogenannten Elberfelder Systems eine genaue Beaufsichtigung der Mittellosen, die zugleich unter Androhung des Verlusts ihres Unterstützungsanspruchs gezwungen wurden, sich Arbeit in einem Arbeitshaus oder in einer schlecht bezahlten Stellung zu suchen. Eine ähnliche Strategie verfolgte man gegenüber den Sinti und Roma, die von der Polizei mit der Ausweispflicht, dem Steuerrecht, dem Gesetz gegen das Konkubinat und der Meldepflicht ständig schikaniert wurden.

Nachdem die Vollbeschäftigung weitgehend erreicht war und eine staatliche und freiwillige Arbeiterfürsorge existierte, galten Vagabundentum, Bettelei und Landstreicherei nicht mehr als Reaktionen auf Arbeitslosigkeit, sondern als persönliche Entscheidungen seitens der „Arbeitsscheuen" und all jener, deren Verhalten von der Norm abwich. Allerdings hatten solche Strategien ihre Grenzen. Das Fehlen einer nationalen Polizei und die Zuständigkeit lokaler Beamter bedeuteten, dass die Behörden sich häufig damit begnügten, „Zigeuner" und Landstreicher einfach aus ihrem Verwaltungsbezirk zu verbannen und die Verantwortung anderen zu überlassen. Tatsächlich versahen lokale Behörden sie oft genug mit Ausweispapieren, die bescheinigten, dass sie redliche Wandergesellen seien, bloß um sie loszuwerden.[14]

Dieselbe Art von Strategie wurde auf die Prostitution angewandt, die Kommentatoren gewöhnlich nicht als das ansahen, was sie sehr oft war, nämlich ein vorübergehendes Auskommen junger Frauen als Reaktion auf Arbeitslosigkeit oder uneheliche Mutterschaft, sondern als freiwillige Devianz. Folglich waren Prostituierte weiterhin polizeilicher Schikane ausgesetzt, wenn sie sich weigerten, sich der kleinen Minderheit anzuschließen, die in staatlich reglementierte „öffentliche Häuser" oder Bordelle gesperrt wurde. Die meisten jedoch konnten sich der polizeilichen Aufmerksamkeit entziehen.[15]

Zur selben Zeit beharrte der Staat zunehmend auf der Notwendigkeit, sich in eigens geschaffenen Einrichtungen um geistig und körperlich Behinderte zu kümmern. Das 19. Jahrhundert war das Zeitalter der großen Nervenkliniken und „Irrenanstalten", als Medizin und Recht eine Reihe medizinischer Definitionen für abweichendes Verhalten ausarbeiteten. Angesichts der zunehmenden Verstädterung aufgrund von Landflucht wurde es für die Mehrzahl der Familien schwieriger, ihre geistig und körperlich behinderten Angehörigen zu versorgen. Zumal auch die Ärzteschaft zunehmend eingriff, um die Einweisung der geistig Behinderten in Einrichtungen zu erzwingen, selbst wenn die Familie der betroffenen Person sich sträubte.[16]

Es wäre falsch, solch ärztliches Eingreifen in ausschließlich negativem Licht zu sehen. Zweifellos gab es einige Arten geistiger Verwirrung, die ärztlich behandelt werden konnten; und die Situation der geistig und körperlich Behinderten in den Elendsquartieren deutscher Großstädte im ausgehenden 19. und frühen 20. Jahrhundert war sicher nicht beneidenswert. Ärztliches Eingreifen und die Einweisung einer Person in eine Einrichtung mögen das Leben manches Betreffenden durchaus verlängert haben; in einigen Fällen retteten sie sogar Leben, wenn die Gerichte überzeugt werden konnten, wegen der Geisteskrankheit eines Mörders auf die Verhängung der Todesstrafe zu verzichten.[17] Dennoch trug zweifellos die stärkere Intervention der Ärzteschaft, die zunehmend auch den Staat dafür gewann, geistige oder körperliche Unzurechnungsfähigkeit zu bescheinigen, im Laufe des 19. Jahrhunderts zu einer zunehmenden Stigmatisierung bestimmter Arten geistiger und körperlicher Behinderung bei.

All dies läuft darauf hinaus, dass soziale und sexuelle Devianz im 19. Jahrhundert nicht in erster Linie durch Maßnahmen und Initiativen auf Regierungsebene angegangen wurde, sondern in den alltäglichen Aufgabenbereich von Instanzen fiel, die man als niedere Überwachungs- und Verwaltungsebene bezeichnen könnte. Mal unter Anwendung des Strafrechts, mal mit dem Hinweis auf lediglich lokale Verordnungen oder Verfügungen, schikanierte und bedrängte die Polizei Nichtsesshafte, Bettler, Vagabunden, Sinti und Roma und Prostituierte mehr oder weniger genauso wie aufsässige katholische Priester während des Kulturkampfs oder sozialdemokratische Aktivisten unter dem Sozialistengesetz und noch lange danach. Auch Paragraf 175 des Reichsstrafgesetzbuchs von 1871, der gleichgeschlechtliche Beziehungen zwischen Männern (nicht zwischen Frauen) verbot, war ein solches Instrument in den Händen der Polizei, die Homosexuelle in Großstädten wie Berlin drangsalierte.[18]

Die Folgen waren beinahe vorhersehbar. Das Fehlen nationaler Richtlinien und die unzureichenden polizeilichen Ressourcen sorgten dafür, dass gesellschaftliche Außenseiter als deviant stigmatisiert und identifiziert wurden, durch zahlreiche Verurteilungen für die Behörden leicht fassbar waren und sich häufige und willkürliche Einmischungen in ihre Lebensweise gefallen lassen mussten. Dass die polizeiliche Intervention die Zahl der gesellschaftlichen Außenseiter reduziert oder ihre Integration in die Gesellschaft befördert hätte, ist illusorisch. Im Gegenteil, polizeiliche Schikane stärkte die Außenseiteridentität noch, indem sie den Groll gegen die Gesellschaft schürte und das Entstehen schützender Subkulturen beförderte. Folglich entwickelte sich in Berlin eine homosexuelle und im Süden und Westen eine katholische Subkultur. Auch die organsierte deutsche Sozialdemokratie entwickelte eine Art Gauner-Szene, mit eigenem Jargon, eigenen Treffpunkten und eigenen Kreidezinken an Häusern und Straßenecken.[19] Die Kultur der Sinti und Roma, obschon kaum Gegenstand etablierter historischer Forschung, wurde höchstwahrscheinlich in ähnlicher Weise durch diese unstatthafte, aber unausweichliche Verfolgung gefestigt.[20]

Dasselbe kann man von der kriminellen Subkultur im Deutschland des 19. Jahrhunderts behaupten. Als Inhaftierungen die öffentliche Körperstrafe als wichtigste strafrechtliche Sanktion ersetzten, fiel Kommentatoren auf, dass die Mehrzahl der Gefängnisinsassen Wiederholungstäter waren. Das Gefängnis schien kriminelle Identitäten also zu festigen und nicht zu ihrer Läuterung beizutragen. Ein Vorstrafenregister versperrte Menschen den Weg zu regulärer Beschäftigung, sofern sie eine solche wünschten, während die Gesellschaft anderer Häftlinge ihr kriminelles Identitätsgefühl bestärkte. Alle Versuche, diese Situation zu bessern, scheiterten. Einzelhaft, die Schweigeregel, religiöse Unterweisung und Gefängniserziehung, wie von Reformern befürwortet, wurden zu sporadisch in die Tat umgesetzt, um irgendeine allgemeine Wirkung zu entfalten. Auch Freiwilligenvereine zur Betreuung entlassener Häftlinge gab es zu wenige, als dass sie mehr als marginalen Einfluss hätten ausüben können, und karitative „Magdalenenheime" zur Besserung von Prostituierten, philanthropische Arbeiterkolonien und karitative Herbergen für Vagabunden streiften kaum das Problem, das sie in Angriff zu nehmen versuchten.

Tatsächlich trug die Stigmatisierung dieser gesellschaftlichen Außenseiter weiterhin dazu bei, die soziale Bedrohung zu perpetuieren, welche sie in den furchtsamen Augen der achtbaren Gesellschaft darstellten. Sie erinnerte das Bürgertum und die achtbare Arbeiterschaft gleichermaßen an das Schicksal, das jene erwartete, die gravierend von den sozialen, sexuellen oder gesetzlichen Normen abwichen. Zu einer etwas anderen Kategorie gehörten die ethnischen Minderheiten Preußens und später des kaiserlichen Deutschland, hauptsächlich Elsässer und Lothringer, Dänen und vor allem Polen. Doch auch hier gab es einen überwältigenden Trend zur Assimilation. Lokale deutsche Behörden versuchten den Gebrauch des Polnischen, Französischen, Dänischen und der elsässischen Mundart in offiziellen Kontexten einschließlich staatlicher Schulen zu unterdrücken, begünstigten deutschsprachige Siedler und wendeten das Gesetz zum Nachteil der ansässigen nicht deutschsprachigen Bevölkerung an. Das Ergebnis war so vorhersehbar wie in anderen Kontexten: Nationalistische Bewegungen erstarkten, und es entstand eine starke regionale oder nationalistische Subkultur, welche in den Deutschen kaum mehr sah als eine Besatzungsmacht.[21] Inwieweit auch körperlich und geistig Behinderte in der Lage waren, innerhalb der Einrichtungen, in die man sie sperrte, eigene Subkulturen auszubilden, ist schwer einzuschätzen; von ihrer Familie und Gemeinschaft getrennt und von der Welt jenseits der Anstaltsmauern weitgehend abgeschnitten, waren sie unter allen gesellschaftlichen Außenseitern im Deutschland des 19. Jahrhunderts wohl die schutzlosesten.

IV

Trotz der oben skizzierten unterschiedlichen und wechselnden Diskriminierung legt die Geschichte der gesellschaftlich Ausgegrenzten im Deutschland des 18. und 19. Jahrhunderts insgesamt nicht den Schluss nahe, dass die deutsche Gesellschaft besonders hermetisch war oder dass sie größere Gruppen von Menschen ausschloss als andere Gesellschaften oder dass der deutsche Staat Menschen mit abweichendem Verhalten und Ausgestoßene rücksichtsloser behandelte als andere Staaten. Im Allgemeinen und mit einigen Einschränkungen fand die Neudefinition, Überprüfung, Abgrenzung und Stigmatisierung gesellschaftlicher Außenseiter in Deutschland auf dieselben Weisen statt, wie sie der französische Philosoph und Historiker Michel Foucault für England und Frankreich beschreibt.[22] Erst im späten 19. Jahrhundert traten allmählich signifikante Unterschiede zutage. Eugenik, „Rassenhygiene“ sowie die Theorie und Rhetorik der „Degeneration“ waren auch in Italien, Frankreich, den Vereinigten Staaten und anderen Ländern zunehmend einflussreich, unter deutschen Intellektuellen aber scheinen sie von den 1890er-Jahren an besonders viele Anhänger gefunden zu haben. Sie betrachteten und beschrieben gesellschaftlich Ausgegrenzte am Vorabend des Ersten Weltkriegs zunehmend im Lichte solcher Theorien.[23]

Was sich darin vor allem widerspiegelte, war der wachsende Einfluss der Ärzteschaft in der deutschen Gesellschaft. Zu einer Zeit, als die medizinische Forschung bis zu den Ursachen von Tuberkulose, Cholera, Diphtherie vordrang und auch über andere große Heimsuchungen des 19. Jahrhunderts triumphierte, erlangte sie gewaltiges Ansehen und auch darüber hinaus weitreichenden Einfluss durch die Schaffung und rasche Ausweitung der Kranken- und Sozialversicherungssysteme. Als Pioniere in diesem Bereich entwickelten deutsche Ärzte nun den Ehrgeiz, ihre Zuständigkeit noch auf weitere gesellschaftliche Gebiete auszuweiten,[24] weshalb sie sich dem Verbrechen und der sozialen Devianz zuwandten. Die von Männern wie Franz von Liszt begründete und von Spezialisten wie Gustav Aschaffenburg weiterentwickelte deutsche Schule der Kriminologie nahm das Studium von Verbrechen und Devianz nach und nach Anwälten und Moralisten aus den Händen und übertrug es Psychiatern und Eugenikern. Sie hingen den Vorstellungen des italienischen Kriminologen Cesare Lombroso, selbst ebenfalls Mediziner, an und vertraten zu Beginn des 20. Jahrhunderts den Standpunkt, notorisch rückfällige Verbrecher seien in erster Linie das Produkt einer erblichen Degeneration, die unter besonderen sozialen und ökonomischen Umständen aktiviert werde. Andere Menschen mit abweichendem Verhalten, wie Alkoholiker, Prostituierte, Vagabunden und Landstreicher, wurden in dieselbe Kategorie der erblich Degenerierten und eugenisch Minderwertigen eingeordnet.[25]

Dahinter stand die weiterreichende Überzeugung, dass sich mit dem allgemeinen Rückgang der deutschen Geburtenrate, der etwa um die Jahrhundertwende einsetzte und in der Ober- und Mittelschicht am ausgeprägtesten war, „minderwertige" Mitglieder der Gesellschaft schneller fortpflanzten als „vollwertige". Die Begriffe „Minderwertigkeit" und „Vollwertigkeit" wurden allgemein gebräuchlich unter Medizinern und anderen Akademikern, die sich am Vorabend des Ersten Weltkriegs an Diskussionen über das „soziale Problem" beteiligten. Wie neutral und „wissenschaftlich" sie auch wirken mochte, beinhaltete diese Begrifflichkeit doch zwangsläufig das moralische und politische Urteil, einige Menschen seien weniger Mensch als andere. Genau diese Terminologie öffnete der Abschaffung altehrwürdiger liberaler Prinzipen, wie der Gleichheit vor dem Gesetz und der Freiheit des Individuums, Tür und Tor. Natürlich konnte sich die Eugenik positiv auswirken, stand sie doch unter anderem hinter den ärztlichen Bemühungen, die Standards bei Hygiene, Ernährung, Säuglingspflege und allgemeiner Volksgesundheit zu verbessern. Aber je mehr sich das institutionelle Geflecht der Gesundheitsvorsorge in der Bevölkerung verbreitete, desto offensichtlicher erschien es vielen Beteiligten, dass eine Minderheit, welche die Vorzüge eines geregelten, nüchternen, arbeitsamen, gesetzestreuen Lebens weiterhin verschmähte, dies zweifellos wegen irgendeines angeborenen Erbfehlers tat, vergleichbar mit einer Behinderung. Mithin erschien die Verringerung oder Beseitigung „minderwertiger" Bevölkerungsteile als beinahe logische Konsequenz des Ansinnens, die geistige und körperliche Verfassung der Bevölkerung insgesamt zu verbessern.

Am Vorabend des Ersten Weltkriegs wurde die Sprache der Eugenik und Rassenhygiene weithin einerseits von Strafrechtlern, Staatsanwälten, Vollzugsbeamten und Journalisten, die sich zu sozialen Fragen äußerten, verwendet, andererseits auch von jenen, die als Verwaltungsbeamte in Deutschlands rasch wachsender Wohlfahrtspflege arbeiteten. Lange vor Ausbruch des Ersten Weltkriegs sprachen sich Strafrechtsreformer für die unbefristete Haft, Kastration oder gar Hinrichtung von Widerholungstätern aus, deren Verhalten über die Jahre hinweg ihrer Ansicht nach eine erbliche Degeneration sowie die Unfähigkeit bewiesen habe, in menschlicher Gesellschaft zu leben, und die ihre Charakterfehler an die nächste Generation weiterzugeben drohten.[26] Auch in anderen Ländern, etwa den Vereinigten Staaten, äußerten Eugeniker ähnliche Ansichten, aber in Deutschland war die Bewegung weit stärker von Medizinern und Psychiatern dominiert, die das Konzept der Degeneration als Diagnoseinstrument auf eine wachsende Vielzahl gesellschaftlicher Außenseiter anwendeten, darunter auch Alkoholiker, Homosexuelle und Prostituierte.[27] Solche Deutsche und Österreicher dominierten auch internationale Organisationen, die sich für die Anwendung medizinischer Ideen auf die Kriminal- und Strafrechtspolitik engagierten.

Schon vor dem Ersten Weltkrieg hatten diese neuen Ideen einen erkennbaren Einfluss auf Einstellungen gegenüber Schwer- und Gewaltverbrechern und wurden in vereinfachter Form von Juristen, Journalisten und Politikern zur Rechtfertigung der Todesstrafe herangezogen. Aber erst in der Weimarer Republik vermengten sie sich mit zwei anderen Ideen auf neue und verhängnisvolle Weise. Erstens übernahmen nach Deutschlands Niederlage im Krieg immer mehr und vor allem jüngere „Rassenhygieniker" die Vorstellungen von einer nordischen Überlegenheit und im Umkehrschluss von einer Unterlegenheit von Juden, Slawen und anderen Rassen. Jene Eugeniker, die Antisemitismus und Rassismus ablehnten, gerieten ins Hintertreffen. Zweitens fing man an, das medizinische Modell nicht nur auf kriminelle, sondern auch auf politische Devianz anzuwenden. Noch Mitte des 19. Jahrhunderts hatten viele Kommentatoren revolutionäre Aktivität und revolutionäre Überzeugung für Formen von Kriminalität gehalten. Seit dem Ersten Weltkrieg aber setzte sich allmählich die Vorstellung durch, sie seien das Produkt eines kranken, degenerierten Geistes. Tatsächlich wurden schon in den Jahren 1916 bis 1918 Zeugen Jehovas, die den Militärdienst aus ethischen Gründen verweigerten, in Irrenhäuser gesteckt, nachdem festgestellt worden war, sie litten unter „religiösem Wahn". Während der Weimarer Republik galten sie bei der politischen Rechten weithin als von Juden manipulierte, verblendete Revolutionäre, mit denen sie, so nahm man an, eine Reihe religiöser Überzeugungen teilten.[28] Die Revolution von 1918 selbst wurde von einem führenden Kriminologen als das Produkt einer durch einen kosmischen und klimatischen Wandel ausgelösten psychischen Störung gehalten, der einen Rückfall der Massen in einen atavistischen Zustand primitiver Bestialität bewirkt habe. Ähnliches hatte der italienische Theoretiker Lombroso bei Kriminellen diagnostiziert.[29]

Die Rassenhygiene avancierte in der Weimarer Republik zu einem anerkannten wissenschaftlichen Fach. Auf die Gründung des ersten Lehrstuhls an der Münchner Universität 1923 folgten in den nächsten neun Jahren deutschlandweit nicht weniger als 40 Seminare zu dem Gegenstand. Eine Vielzahl von Forschungsinstituten öffnete, sogenannte Kriminalbiologische Sammelstellen wurden eingerichtet, um Daten über die Persönlichkeit und die Familien von Tätern zu sammeln, und erste Publikationen erschienen, die sich dafür aussprachen, eugenisch defekte Menschen zu töten, weil sie als „Ballastexistenzen" der Gesellschaft zu einer Zeit eine finanzielle Last aufbürdeten, da die Wirtschaftskrise schon jenen das Leben erschwere, die maßgeblich zur nationalen Produktion beitrügen. Tatsächlich hatten schon während des Ersten Weltkriegs bewusst vorenthaltene Lieferungen an „Irrenanstalten" zu einem drastischen Anstieg der Todesrate unter den Insassen geführt. So ist es kaum übertrieben zu behaupten, dass Zehntausende psychisch kranker Patienten vorzeitig den Tod durch Beamte fanden, die recht genau wussten, was sie taten, und wenig Skrupel ob ihres Tuns hatten.[30]

Der Ausbau der öffentlichen Wohlfahrt und der Aufschwung des Fürsorgeberufs in der Weimarer Republik beförderten dies eher, als dass sie es verhinderten. Worüber sie auch sonst uneins gewesen sein mögen, so waren sich Sozialfürsorger doch zunehmend einig darin, dass der Gesetzgeber veraltete Überwachungsmaßnahmen und überholte Einrichtungen wie das Arbeitshaus oder die Arbeitsanstalt durch moderne Unterbringungsmöglichkeiten ersetzen müsse, in denen Landstreicher, Wohnungslose, Prostituierte und andere „Asoziale", wie sie nun meist genannt wurden, so lange interniert werden könnten, bis man sie für resozialisierbar hielt. Sämtliche Parteien rechts von den Kommunisten waren sich einig über die Einbringung eines letztlich niemals verabschiedeten „Bewahrungsgesetzes", das Vergehen wie Landstreicherei und Prostitution entkriminalisierte und stattdessen Maßnahmen vorsah, die für die unbefristete Zwangsunterbringung von „Asozialen" in unterschiedlichen, vom Wohlfahrtssystem betriebenen „Bewahranstalten" sorgen sollten.[31] Eine parallele Debatte fand zu Gewohnheitsverbrechern und „unverbesserlichen" Tätern statt, die gegen das Strafrecht verstießen und die, so argumentierten viele Juristen, Kriminologen und Psychiater, ebenfalls zeitlich unbefristet in „Sicherungsverwahrung" genommen werden sollten.[32] Auf diese Weise würden sie daran gehindert, sich fortzupflanzen und die künftige Gesundheit der „deutschen Rasse" zu gefährden.

Die Ausbreitung von Vorstellungen, die der Eugenik und Rassenhygiene entlehnt waren, betraf auch andere Minderheiten in der Weimarer Republik. Beispielsweise stellten „Zigeuner" für das Wohlfahrtssystem eine ähnliche Herausforderung dar wie sogenannte „Asoziale". Sie waren nicht sesshaft, sie umgingen die Gesetze über die Erziehung ihrer Kinder, wurden gemeinhin für kleinkriminell gehalten und hatten einen völlig anderen ethnischen Hintergrund als die Deutschen. Wie bei Wiederholungstätern und „Asozialen" erschöpfte sich die Strategie in der Weimarer Republik noch immer größtenteils in der Überwachung, aber auch die Expansion des Wohlfahrtssystems hatte insoweit Auswirkungen, als sie den Ausschluss der Sinti und Roma aus der Gesellschaft festigte und Wohlfahrtsämter veranlasste, sich vehementer denn je für ihre Integration auszusprechen. Der Kriminalbiologie fiel es leicht, sie als „primitive" und niedere Menschen zu beschreiben, die den Deutschen rassisch unterlegen seien. Der Wunsch, sie in die Gesellschaft zu integrieren, machte daher in den Köpfen einer erheblichen Anzahl politischer Entscheidungsträger schließlich dem Gedanken Platz, sie gänzlich von ihr fernzuhalten, um Mischehen zu verhindern, die in der Tat in dieser Zeit häufiger wurden. Ein bayerisches Gesetz von 1926 „zur Bekämpfung von Zigeunern, Landfahrern und Arbeitsscheuen" wollte ihre Bewegungsfreiheit auf bestimmte Orte begrenzen, versuchte zu verhindern, dass sie „Banden" bildeten, und drohte damit, sie „aus Gründen der öffentlichen Sicherheit bis zur Dauer von zwei Jahren in einer Arbeitsanstalt" unterzubringen, sollten sie „den Nachweis einer geregelten Arbeit nicht [...] erbringen" können. Beamte begannen ein umfassendes Register zusammenzustellen, in der Absicht, „Zigeuner" in den Kriminal- und Wohlfahrtsakten als gesonderte Gruppe im Auge zu behalten.[33]

Der Einfluss des medizinischen und rassebiologischen Denkens machte sich in der Weimarer Republik auch in Diskussionen über Homosexualität bemerkbar. Schon Sexualforscher der Jahrhundertwende hatten Homosexualität als psychische Störung klassifiziert. Die sinkende Geburtenrate schürte unter Eugenikern zunehmend Besorgnis über eine mögliche Ausbreitung der Homosexualität. Da die „Störung" aus naheliegenden Gründen nicht in erster Linie erblich war, könnte laut Kommentaren aus dem medizinischen Umfeld ärztliches Eingreifen, zumindest theoretisch, eine „Heilung" bewirken, und auch von der Wirksamkeit politischer Maßnahmen war man überzeugt. Auf der äußersten politischen Rechten räumte man daher der Beschränkung und, wenn möglich, Beseitigung der blühenden homosexuellen Subkultur in Großstädten wie Berlin Priorität ein, um zu verhindern, dass junge Männer, die – so glaubte man – ansonsten zur Reproduktion der Rasse beitrügen, verdorben und verführt würden. Auch galten Homosexuelle unter Kriminologen als latent kriminell, ein logischer Zirkelschluss, war doch männliche Homosexualität nach dem Strafgesetzbuch verboten. Schließlich waren auf der politischen Rechten Sorgen wegen der „Verweichlichung" männlicher Homosexueller und deren Auswirkungen auf die Maskulinität deutscher Männer insgesamt, auf ihre Bereitschaft, in einem künftigen Krieg zu kämpfen, und auf ihre Virilität, die sie an künftige Generationen weitervererben sollten, weit verbreitet. Der Sexualforscher Magnus Hirschfeld, ein bahnbrechender Vorkämpfer für die rechtliche Gleichstellung von Homosexuellen, befeuerte solche irrationalen Ängste womöglich noch, indem er homosexuelle Männer als weder maskulin noch feminin, sondern als „drittes Geschlecht" irgendwo dazwischen darstellte.[34]

In der Weimarer Republik wurde die Frage der sozialen Ausgrenzung in hohem Maße politisiert. Auf der einen Seite fassten Gegenrevolutionäre und die politische Rechte alle möglichen sozialen, politischen und religiösen Abweichler zunehmend in einer einzigen Kategorie, den

„Subversiven", zusammen, von denen man annahm, dass sie die „deutsche Rasse" schwächten. Unterstützt wurden sie darin von zumindest einigen Eugenikern und „Rassenhygienikern", obwohl andere sich der politischen Instrumentalisierung der Frage durch die rassistischen und antisemitischen Kräfte des extremen Nationalismus widersetzten. Auf der anderen Seite betrat der expandierende Wohlfahrtsapparat der Weimarer Zeit selbst die politische Arena, indem er gesetzgeberische Maßnahmen verlangte, um die unterschiedlichsten Minderheiten – vom psychisch Kranken bis zum Wiederholungstäter, vom Vagabunden und Landstreicher bis zum Alkoholiker und Drogenabhängigen – aus den Systemen der Strafjustiz und des Strafvollzugs herauszulösen und in den Bereich der Zwangseinweisung unter ärztlicher Aufsicht für einen unbestimmten Zeitraum zu überführen.

Auch einige Gruppen von gesellschaftlichen Außenseitern wurden politisiert. Die Zeugen Jehovas erhielten während der 1920er-Jahre in Deutschland gewaltigen neuen Zulauf. 1926 hatte die Religionsgemeinschaft in Dresden mehr Mitglieder als in New York, und diese wurden noch gründlicher und kompromissloser pazifistisch, als sie es während des Ersten Weltkriegs gewesen waren, als noch ein Großteil von ihnen eingewilligt hatte, in den deutschen Streitkräften zu dienen. Ihre unverblümte Opposition gegen die wachsende Gefahr des Antisemitismus brachte die extreme Rechte in Harnisch und festigte die Überzeugung der Ultranationalisten, dass die Zeugen Jehovas Handlanger der Juden seien, versessen darauf, den Wiederaufstieg der „deutschen Rasse" nach der Katastrophe von 1918 zu verhindern.[35] Auch Homosexuelle machten sich energischer und sehr viel öffentlicher als im Wilhelminischen Reich für die Abschaffung des Paragrafen 175 des Strafgesetzbuches und die Legalisierung der Homosexualität stark.[36] Anarchisten wie Erich Mühsam und Gregor Gog versuchten, Vagabunden zu politisieren, obwohl Gogs „Vagabundenkongress" in Stuttgart 1929 nur begrenzten Erfolg hatte, und die Idee, Landstreicher in einer Gewerkschaft zu organisieren, erwies sich erwartungsgemäß als Fehlschlag.[37]

Gesellschaftliche Außenseiter hatten in der Weimarer Republik am Ende auch eine stark symbolische politische Funktion, als extreme Nationalisten forderten, alle vernünftigen Deutschen sollten den Versailler Vertrag bekämpfen und gegen jene subversiven Kräfte vorgehen, die den nationalen Wiederaufstieg behinderten. Für keine Gruppe galt dies mehr als für die sogenannten „Rheinlandbastarde". Während der 1920er-Jahre war das linke Rheinufer unter alliierter militärischer Besatzung gewesen, und in der dortigen französischen Zone waren Soldaten aus Senegal, Madagaskar und anderen Teilen des französischen Überseereichs stationiert. Praktisch alle deutschen politischen Parteien einschließlich der Sozialdemokraten protestierten gegen den Einsatz von, wie sie unverhohlen erklärten, „rassisch minderwertigen Soldaten" als Besatzungstruppen. Insbesondere während des französischen Einmarschs ins Ruhrgebiet 1923 erreichte rassistische Propaganda dieser Art beinahe hysterische Ausmaße, als die schwarzen Soldaten der wiederholten Vergewaltigung deutscher Frauen bezichtigt wurden. In *Mein Kampf* vermutete Hitler hinter dieser Politik gar eine bewusste jüdische Verschwörung mit dem Ziel, die „deutsche Rasse" zu demütigen und zu verderben. In Wirklichkeit scheinen sich die Kolonialtruppen höflich und rücksichtsvoll verhalten zu haben, und die „Rheinlandbastarde" waren das Ergebnis vollkommen einvernehmlicher Beziehungen mit deutschen Frauen. Mit demselben Begriff wurden auch schon vor dem Ersten Weltkrieg geborene Kinder völlig legitimer Beziehungen zwischen deutschen Siedlern in Amerika und afro-amerikanischen Männern oder Frauen belegt ebenso wie die gemeinsamen Nachkommen von weißen Deutschen und Schwarzafrikanern. Doch die Raserei über die französische Besetzung ließ für Differenzierungen keinen Raum, und alle „gemischtrassigen" Deutschen wurden als „Rheinlandbastarde" kategorisiert und derart zum Inbegriff der Demütigung, dass Beamte im Bayerischen Ministerium des Innern die Reichsregierung schon 1927 ersuchten, sie zu sterilisieren.[38]

V

Trotz all dieser unheilvollen Entwicklungen wäre es falsch, die Behandlung gesellschaftlicher Außenseiter in der Weimarer Republik ausschließlich unter dem Aspekt wachsender staatlicher Diskriminierung und Verfolgung zu betrachten. Die 1920er-Jahre erlebten auch umfassende soziale Reformen im staatlichen Wohlfahrts-, Strafvollzugs- und Überwachungsapparat. Selbst jene, die bei der einen oder anderen Art von sozialer Devianz an ein starkes erbliches Element glaubten, nahmen an, dass die Mehrzahl der Personen mit abweichendem Verhalten wieder in die Gesellschaft integriert werden könne. Auch liberale und sozialistische Ideen hatten einen gewissen Einfluss, und Vorschläge, Menschen mit abweichendem Verhalten zu sterilisieren oder sie zu Opfern einer Politik der unfreiwilligen „Euthanasie“ zu machen, stießen allenthalben auf überwältigende Ablehnung.

Doch diese Situation war nicht von Dauer. Die Wirtschaftskrise der Jahre 1929 bis 1933 verschärfte die Probleme gesellschaftlicher Minoritäten in vielerlei Hinsicht. Eine Massenarbeitslosigkeit bislang unbekannten Ausmaßes ließ die Zahl der Wohnungslosen und Landstreicher erheblich ansteigen. Unterstützungsleistungen wurden gekürzt und Langzeitarbeitslosen ganz entzogen, von denen fast eineinviertel Millionen Anfang 1933 keinerlei Unterstützung erhielten. Die Zahl der Menschen, die in Deutschland draußen schliefen und auf der Straße lebten, lag in den frühen 1930er-Jahren Schätzungen zufolge zwischen 200 000 und 500 000. Kürzungen bei den staatlichen Ausgaben während der Krise waren Wasser auf die Mühlen derjenigen, die geistig und körperlich Behinderte für „sozialen Ballast“ hielten. Die Prostitution wurde, da reguläre Arbeit schwer zu bekommen war, für junge, größtenteils aus der Arbeiterschaft stammende Frauen einmal mehr zu einem weitverbreiteten Mittel, sich ihren Lebensunterhalt zu verdienen. Und obwohl die Verbrechensraten nicht so stark stiegen wie während der Hyperinflation von 1922/23, waren Jugendbanden oder „Cliquen“ während der Weltwirtschaftskrise besonders auffällig und wurden von vielen Menschen aus den bürgerlichen Schichten als ernsthafte Bedrohung empfunden.[39]

In dieser Situation wurden die Grenzen zwischen der achtbaren Gesellschaft und ihren Außenseitern undeutlicher und fließender denn je. Selbst in normalen Zeiten war etwa die Prostitution meist eine vorübergehende Notlösung für Frauen, die anschließend wenig Schwierigkeiten hatten, sich wieder in die Arbeiterschaft zu integrieren. Landstreicherei war weniger eine dauerhafte Lebensform als ein unvermeidlicher Notbehelf für Hunderttausende meist junger Männer, die sich in den frühen 1930er-Jahren kein Dach über dem Kopf leisten konnten, und häufig kaum mehr als ein Lebensabschnitt. Diebstahl, Unterschlagung und Kleinkriminalität stellten in einer Zeit von Massenarbeitslosigkeit und Pleiten für viele eine Versuchung dar. Und auf längere Sicht gelang es sogar der ethnischen Minderheit der „Rheinlandbastarde“, eine Rolle in der Gesellschaft zu finden, vor allem beim Zirkus und in der Unterhaltungsbranche. Während einige Formen geistiger oder körperlicher Behinderung unstreitig extrem waren und es denen, die darunter litten, unmöglich machten, ein in die Gesamtgesellschaft integriertes, normales Leben zu führen, waren andere nicht klar umrissen und abhängig von den Launen diagnostischer Verfahren, die ebenso ungenau wie willkürlich waren.[40]

In normalen Zeiten verfestigten, wie wir gesehen haben, Politik und Überwachungsmethoden diese Grenzen oft und verwandelten vorübergehende Rollen außerhalb der Gesellschaft in einen mehr oder weniger dauerhaften Zustand. So hatten die Medikalisierung der Strafrechtspolitik und der Aufschwung der Sozialfürsorge Mechanismen der sozialen Ausgrenzung auf immer mehr Menschen ausgeweitet, die dem Netz zuvor entkommen waren, während sie die Auswirkungen alltäglicher Überwachung auf die Identifizierung und Perpetuierung der Welt des „Asozialen“, des Kleinkriminellen und des Wiederholungstäters in keiner Weise milderte. Die Zusammenstellung von Statistiken über „Zigeuner“, das umfangreiche Katalogisieren gesellschaftlicher Außenseiter, die als erblich geschädigt und daher als Bedrohung kommender Generationen galten, die „Kriminalbiologischen Sammelstellen“ und die Informationssammelwut des Wohlfahrtssystems insgesamt – all dies schuf lange vor dem Aufkommen des „Dritten Reiches“ die Basis für die neuerliche Abschottung der Grenzen zwischen der Gesellschaft und ihren Ausgestoßenen, welche die Weltwirtschaftskrise zunächst in vielerlei Hinsicht zu verwischen schien.[41]

Das NS-Regime suchte diese Grenzen in extremer Form wiederherzustellen. Dabei verschmolz es all die unterschiedlichen Elemente, die zuvor im behördlichen, medizinisch-psychiatrischen, administrativen und kriminologischen Denken über gesellschaftliche Außenseiter zu finden gewesen waren. Indem sie ihre Welt in „Volksgenossen“ und „Gemeinschaftsfremde“ aufteilten, in jene, die dazugehörten, und jene, die nicht dazugehörten, definierten die Nationalsozialisten beinahe jede Form der Weigerung, zu ihren Zielen beizutragen, als abweichend, krank, rassisch motiviert oder degeneriert.

Dennoch gilt es noch einmal zu betonen, dass, historisch betrachtet, die deutsche Gesellschaft Außenseitern wahrscheinlich nicht feindseliger gegenüberstand als andere europäische Gesellschaften. Selbst in der traditionellen Ständegesellschaft waren die Grenzen zwischen „ehrlichen“ und „unehrlichen“ Leuten veränderlich und fließend gewesen und bis Mitte des 19. Jahrhunderts größtenteils verschwunden. Die Industriegesellschaft hatte neue Kategorien gesellschaftlicher Außenseiter hervorgebracht, vor allem unter den körperlich und geistig Behinderten, während sie andere Kategorien, etwa Wanderarbeiter und Landstreicher, teils aufrechterhielt, teils veränderte. Die gesellschaftlichen und bis zu einem gewissen Grad auch die behördlichen Einstellungen gegenüber sozial abweichenden Handlungen wie „Sodomie“ und Prostitution und gegenüber Außenseitergruppen wie „Zigeunern“ wurden im Laufe des 18. und 19. Jahrhunderts toleranter. Dennoch war polizeiliche Schikane für solche Außenseiter bis etwa zur Wende des 19. Jahrhunderts an der Tagesordnung, was ihre deviante Identität verfestigt haben mag, aber sie durchtrennte ihre Verbindungen mit der achtbaren Gesellschaft nicht vollständig.

Drei Faktoren änderten diese Situation im Zeitraum von etwa 1890 bis etwa 1930. Der erste war die Medikalisierung der Strafrechts- und Wohlfahrtspolitik im Verein mit einer gewaltigen Expansion des staatlichen Wohlfahrtssystems. Vor allem vom Ersten Weltkrieg an wurde ein erheblicher Anteil gesellschaftlicher Außenseiter zunehmend als erblich belastet, degeneriert und als Gefahr für die Zukunft der „deutschen Rasse“ eingestuft. Der zweite, damit zusammenhängende Faktor war der Aufschwung der „Rassenhygiene“, die Tendenz, die deutsche Gesellschaft und ihre Beziehungen zu anderen Gesellschaften in Europa und jenseits davon in rassischen Kategorien zu betrachten. Dies führte zu einer allmählichen Verknüpfung des Diskurses über gesellschaftliche Außenseiter mit den Diskursen über Antisemitismus und über die Tauglichkeit der „deutschen Rasse“ im Konkurrenzkampf mit anderen „Rassen“, wie etwa den Latinern und Slawen. Der dritte Faktor war die zunehmende Politisierung des Diskurses über gesellschaftliche Außenseiter, ja die zunehmende Politisierung der deutschen Gesellschaft insgesamt, vor allem während der Weimarer Republik, als vielen auf der extremen Rechten drastische Mittel geboten schienen, um die traumatische Niederlage im Ersten Weltkrieg zu überwinden und die deutsche Nation als kraftvolles, dynamisches, engagiertes und geeintes Gebilde zu erneuern, bereit, auf der Weltbühne jenen Status als Weltmacht wiederzuerlangen, den zu erringen ihr in den Jahren 1914 bis 1918 nicht gelungen war.

Auf Letzteres griffen die Nationalsozialisten von 1933 an im Umgang mit gesellschaftlichen Außenseitern zurück. Dabei setzten sie sich oftmals ebenso rücksichtslos über die von Experten getroffenen sorgfältigen Unterscheidungen hinweg, wie sie sich deren Ideen und Datensammlungen zunutze machten. Mit der Radikalisierung des Nationalsozialismus, insbesondere während des Krieges, radikalisierte sich auch die Politik gegenüber den gesellschaftlich Ausgeschlossenen. In dieser Situation verschwanden die Unterscheidungen zwischen politischer,

„rassischer" und sozialer Devianz fast vollständig. Spätestens 1944 war die Definition des „Gemeinschaftsfremden" zu einem vollkommen willkürlichen Instrument in den Händen der SS und des Polizeiapparats geworden. Laut dem NS-Kriminologen Edmund Mezger waren alle Menschen „gemeinschaftsfremd", „die nach ihrer Persönlichkeit und Lebensführung, insbesondere infolge von außergewöhnlichen Defekten des Intellekts oder des Charakters, erkennen [ließen], daß sie nicht imstande [waren], aus eigener Kraft den Mindestanforderungen der Volksgemeinschaft zu genügen".[42] Damit bekamen weit mehr Menschen die Unterdrückungs- und Vernichtungspolitik der Nationalsozialisten zu spüren als bisher. Mezgers Definition stellte den Vollzugsbehörden praktisch einen Freibrief aus, fast jeden zu verhaften, einzusperren und zu ermorden, den sie wollten. Der übliche Gebrauch des Ausdrucks „Volksschädling" in NS-Gesetzen gegen Vergehen wie Plünderung zeigt dabei an, wie weit das nationalsozialistische Denken vom Biologismus durchdrungen war. Führende NS-Juristen wie Roland Freisler und Otto-Georg Thierack erklärten ausdrücklich, die Justiz sei ein Instrument zur eugenischen Säuberung.

Damit war eine lange Entwicklung an ihr Ende gekommen. Sie hatte ihren Ursprung weniger in vormodernen, von der frühneuzeitlichen Ständegesellschaft ererbten Formen sozialer Ausschließung, sondern in der dauerhaften Autonomie und den weitreichenden Vollmachten, welche die Polizei in der Mehrzahl der deutschen Staaten vom Zeitalter des Absolutismus geerbt hatte, Vollmachten, die sie benutzte, um die unterschiedlichsten Menschen mit abweichendem Verhalten zu drangsalieren und deren soziale Ausschließung zu perpetuieren. Auch das Scheitern der Strafrechtsreform im 19. Jahrhundert, obwohl Deutschland damit keineswegs allein stand, hatte seinen Teil dazu beigetragen. Aber es waren der Einbruch rassistischer, sozialdarwinistischer und eugenischer Denkweisen in die Justiz-, Strafvollzugs- und Sozialbehörden um die Jahrhundertwende, die Medikalisierung dieser theoretischen und praktischen Felder sowie ihre Politisierung während der Weimarer Republik, die Deutschland auf den verhängnisvollen Weg zur unbefristeten Inhaftierung, zur Sterilisation und schließlich zur Massenvernichtung devianter Gruppen führten. Von diesen Schritten wäre wahrscheinlich nur der radikalste, der Massenmord, unterblieben, wären die Nationalsozialisten 1933 nicht an die Macht gekommen. Denn Unterdrückungsprogramme bis hin zur Zwangssterilisation, die sich gegen die unterschiedlichsten gesellschaftlich Ausgegrenzten richteten, wurden in den Zwischenkriegsjahren auch in anderen Ländern durchgeführt, von Schweden bis zu den Vereinigten Staaten, wenngleich in sehr viel kleinerem Umfang als in Deutschland. Erst in Deutschland wurde der Massenmord staatliche Politik, und er fing nicht mit den Juden an, sondern 1939 mit den geistig und körperlich Behinderten.

Aus einer historischen Langzeitperspektive betrachtet, waren die Zwangsunterbringung, die Sterilisation und die Vernichtung gesellschaftlicher Außenseiter in Deutschland also die Folgen von Moderne, politischer Mobilisierung und vermeintlich wissenschaftlichem Fortschritt in der Zeit von etwa 1890 bis 1940.[43] Der Prozess war kein Rückfall in die Barbarei. Ihn als solchen zu bezeichnen, heißt, den Begriff Barbarei in einem moralischen und nicht in einem historischen Sinne zu verwenden und sich damit den Weg zu einem sachkundigen, historischen Verständnis der Wesensart des nationalsozialistischen Exterminismus zu verbauen. Barbarei als zentrales begriffliches Instrument zum Verständnis des „Dritten Reiches“ einzusetzen, heißt, moralische Verurteilung mit Überlegung zu verwechseln. Die nationalsozialistische Vernichtungspolitik stattdessen als einen Aspekt des janusköpfigen Phänomens der Moderne aufzufassen, bedeutet das Eingeständnis, dass die Modernisierung eine Schattenseite hatte, dass sie – wie Marx und Engels vor langer Zeit erkannten – sowohl ihre Opfer als auch ihre Nutznießer hatte. Dabei geht es nicht darum, das Konzept der Modernisierung so lange umzuschreiben, bis es zur Gänze aller positiven Konnotationen entleert ist.[44] Es gilt vielmehr anzuerkennen, dass Wissenschaft an bestimmten Orten und zu bestimmten Zeiten und am deutlichsten vielleicht in Deutschland zwischen 1890 und 1940 sowohl eine destruktive als auch eine konstruktive Kraft war und dass, was manche als sozialen Fortschritt verstanden, andere als Diskriminierung, Unterdrückung, Leid und Tod erlebten.

Teil II: Das nationalsozialistische Deutschland von innen

7. Zwang und Zustimmung

In den ersten Jahrzehnten nach dem Zweiten Weltkrieg herrschte allgemeiner Konsens darüber, dass das nationalsozialistische Deutschland ein Polizeistaat gewesen sei und sein allumfassender Überwachungs- und Kontrollapparat dem einzelnen Bürger wenig Denk- oder Handlungsfreiheit gelassen habe. Die Ansicht, „die deutsche Diktatur" (so der Titel des politologischen Standardwerks von Karl Dietrich Bracher) sei im Prinzip durch eine vollkommene Zerstörung der bürgerlichen Freiheiten und der Rechtsstaatlichkeit gekennzeichnet gewesen, ging einher mit dem später sogenannten „intentionalistischen" Ansatz zur Erforschung der NS-Politik. Dessen Vertreter betonten den hierarchischen Charakter der von oben nach unten verlaufenden Entscheidungsprozesse im NS-Regime, an dessen Spitze sie Hitler sahen, auf den letztlich alle politischen Entscheidungen zurückgegangen seien.[1] Doch von den späten 1960er-Jahren an trat diese Interpretation nach und nach in den Hintergrund, als eine neue Generation von Historikern anfing, die inneren Widersprüche und Bruchstellen des nationalsozialistischen Herrschaftssystems zu erforschen. Lokal- und Regionalgeschichten enthüllten eine Vielzahl wechselnder Einstellungen der Bevölkerung gegenüber dem Regime und seiner Politik. Diese Forschungsarbeiten betonten implizit die relative Freiheit gewöhnlicher Deutscher, zu entscheiden, ob sie Widerstand leisteten oder nicht, und erblickten daher im Verhältnis des Einzelnen zum NS-Regime wieder ein Moment der Freiwilligkeit.[2]

Zugleich erschien der Polizeiapparat mit einem Mal sehr viel weniger totalitär, als dies noch in den 1950er-Jahren der Fall gewesen war. Eine Vielzahl von Studien zeigte, dass die früher als omnipräsente Überwachungs- und Kontroll-Institution dargestellte Gestapo im Vergleich etwa zum späteren Staatssicherheitsdienst der DDR eine relativ kleine Organisation war.[3] Und deutsche Zeitzeugen gaben in einer vom amerikanischen Historiker Eric Johnson und dem deutschen Soziologen Karl-Heinz Reuband durchgeführten groß angelegten und methodisch ausgeklügelten Meinungsumfrage mehrheitlich zu, dem Nationalsozialismus während des Regimes irgendwann „positiv" oder „überwiegend positiv" gegenübergestanden zu haben. Nur eine kleine Minderheit fürchtete jemals, von der Gestapo verhaftet zu werden.

„Hitler und der Nationalsozialismus", so die These von Johnson und Reuband, „waren so ungeheuer populär bei den meisten Deutschen, dass Einschüchterung und Terror kaum nötig waren, um für Loyalität zu sorgen." Die Popularität des Regimes habe sich auch ganz deutlich in den Ergebnissen verschiedener Wahlen und Volksentscheide in den 1930er-Jahren gezeigt. Robert Gellately war als Historiker der Meinung, die 99-prozentige Unterstützung des Wahlvolks für Hitler und seine Politik habe den „bemerkenswerten" Beweis für den „öffentlichen Rückhalt" des Regimes geliefert, eine Ansicht, der auch Hans-Ulrich Wehler, bis zu seinem Tod 2014 einer der führenden deutschen Historiker, beipflichtete. Wehler kam zu dem Schluss, dass von den Nationalsozialisten bei diesen Anlässen „eine systematische Manipulationsstrategie nicht verfolgt wurde".[4] Die in dieser Hinsicht radikalsten Thesen stammen von dem linken Historiker Götz Aly, der das Regime als „jederzeit mehrheitsfähige Zustimmungsdiktatur" charakterisiert hat. Das Regime sei schon früh von der Begeisterung der überwiegenden Mehrheit für seine Leistungen hinsichtlich des materiellen Wohlstands und sozialer Gleichheit getragen worden. Die „vertikale Entscheidungsbildung" sei „zugunsten der moderneren horizontalen" eingeschränkt worden, wodurch sich die maximale Möglichkeit der Teilhabe an der Formulierung und Durchführung der NS-Politik ergeben habe.[5] Diese Thesen sind nicht zuletzt durch einen starken moralischen Imperativ befördert worden, der neuen Auftrieb erhielt, als nach dem Zusammenbruch der Sowjetunion weitere NS-Kriegsverbrechen ans Licht kamen und an zahlreichen Fronten, von der NS-Raubkunst bis zur Zwangsarbeit, Entschädigungs- und Rückerstattungsklagen erhoben wurden.

Jede Einschränkung des freien Willens historischer Akteure erschwert den Nachweis ihrer Schuld, doch indem jeder, der zwischen 1933 und 1945 in Deutschland oder Europa lebte, als „Täter", „Mitläufer" oder, weniger oft, als „Opfer" kategorisiert wurde, hat letztlich die Sprache des Gerichtssaals auch Eingang in die Geschichtsschreibung gefunden. Dementsprechend vertrat auch Hans-Ulrich Wehler den Standpunkt, es sei „verfehlt, den Führerstaat primär als ein Terrorregime zu charakterisieren, in dem eine Bande von Desperados unter der Leitung eines österreichischen Asozialen eine Art von Fremdherrschaft über Deutschland ausgeübt habe, der sich die anständige, aber wehrlose Mehrheit habe beugen müssen". Eine solche Sichtweise, im Westdeutschland der unmittelbaren Nachkriegszeit häufig anzutreffen, habe der Mehrheit ein Alibi geliefert, so Wehler, während sie praktischerweise die Tatsache ignorierte, dass es von Anfang an eine „breite Konsensbasis" bei der Unterstützung des Regimes gab. Diese Konsensbasis, behauptete er, sei vor allem durch die charismatische Wirkung Hitlers und durch eine Mischung aus „Brot und Spielen" für die Massen aufrechterhalten worden. Demnach herrschte im nationalsozialistischen Deutschland eine „vorbehaltlose[ ] Übereinstimmung" zwischen „Führerherrschaft und Volksmeinung".[6] Gestand man eine solche Konsensbasis zu, so wurde damit aus Wehlers Sicht das Postulat der Kollektivschuld untermauert, die zum wichtigsten integrierenden Faktor in der nationalen Identität Deutschlands nach der Wiedervereinigung wurde. Diese Identität war niemals unumstritten, und es hat wiederholte Versuche gegeben, eine Alternative anzubieten oder die Prämissen der Kollektivschuld-These zu schwächen, indem auch für die Deutschen in Anbetracht von Krieg und Unterwerfung allgemein ein Opferstatus beansprucht wurde. Dennoch hat diese Identität sich durchgesetzt. Sie beruht auf einem gemeinsamen Gefühl der Verantwortung für die Verbrechen des Nationalsozialismus, das heute beinahe überall in Deutschland festzustellen ist und dem auch das Denkmal für die ermordeten Juden Europas mitten in Berlin Ausdruck verleiht.[7]

Dass der Nationalsozialismus in den 1930er- und frühen 1940er-Jahren einen nationalen Konsens erreichte, wird dabei keineswegs nur von solchen Deutschen betont, die versuchen, linksliberale Vorstellungen historisch zu legitimieren. Vielmehr sind heute viele NS-Historiker jeglicher politischer Couleur dieser Meinung, ganz gleich, in welchem Land sie leben und arbeiten. „Bei ihrem erfolgreichen Bemühen um die Volksmeinung", schrieb Robert Gellately, „mussten die Nationalsozialisten nicht zu Terror auf breiter Front gegen die Bevölkerung greifen, um das Regime einzurichten." – „Die nationalsozialistische Revolution", so seine These, „begann nicht mit einem umfassenden Angriff auf die deutsche Gesellschaft, sondern schritt im Einklang mit dem voran, was die große Mehrzahl der Menschen wollte oder tolerieren würde." Der Terror, sagt er, richtete sich vor allem gegen kleine Gruppen gesellschaftlicher Außenseiter und bedrohte nicht das Leben der deutschen Mehrheitsgesellschaft. Zwar wussten die meisten Deutschen um die Existenz der Konzentrationslager und des Terrorapparats, aber sie reagierten darauf nicht mit Furcht, sondern mit Zustimmung. Wenn Terror tatsächlich eine Rolle bei der Konsolidierung des Regimes spielte, dann war es jener Terror der Gestapo und der Kriminalpolizei, der sich gegen gesellschaftliche Außenseiter richtete. Die deutsche Mehrheitsgesellschaft war davon überzeugt, dass nach dem Chaos und der Unordnung der Weimarer Republik so wenigstens wieder Gesetz und Ordnung hergestellt würden. „Die schweigende und die nicht ganz so schweigende Mehrheit", schreibt Gellately, „unterstützte das Regime." Mit dieser Ansicht steht er nicht allein. Es scheint sich sogar ein neuer Konsens herausgebildet zu haben, wonach das „Dritte Reich" folglich – um einen sowohl von deutschen als auch von internationalen Historikern verwendeten Ausdruck aufzugreifen – eine „Zustimmungsdiktatur" war.[8]

Ich werde im Folgenden einen kritischen Blick auf drei Thesen oder Thesenkomplexe werfen, auf die sich dieser neue Konsens stützt:

(1) Die Nationalsozialisten ergriffen die Macht nicht, sondern erlangten sie auf legalem Wege und durch Zustimmung. Zwang wendeten sie nur bei kleinen Minderheiten gesellschaftlicher Außenseiter an, und dabei hatten sie die Zustimmung der überwältigen Mehrheit der Bevölkerung.

(2) Der durch die Gestapo und die Konzentrationslager ausgeübte nationalsozialistische Terror hatte keine großen Ausmaße und betraf die Mehrheit der Bevölkerung nicht.

(3) Die überwältigende Popularität des Regimes zeigte sich zum einen von Anfang an in den ungeheuer erfolgreichen Ergebnissen bei Reichstagswahlen und Volksentscheiden; zum anderen noch später in Meinungsumfragen über die Erinnerungen der Menschen an das Regime; darüber hinaus in der Bereitschaft gewöhnlicher Leute, jeden bei den Behörden zu denunzieren, der aus der Reihe tanzte; und besonders in der Tatsache, dass die Existenz der Konzentrationslager vom Regime keinesfalls verheimlicht wurde, sie also in der deutschen Öffentlichkeit offenbar allgemein als nützliche Einrichtungen akzeptiert waren.

I

Das erste und in vielerlei Hinsicht offenkundigste Problem mit der These, dass das nationalsozialistische Deutschland von Anfang an eine „Zustimmungsdiktatur" gewesen sei, liegt in der Natur der nationalsozialistischen Machtergreifung. Es ist weitgehend üblich geworden, diesen Begriff zu kritisieren und darauf hinzuweisen, dass Hitler die Macht nicht ergriffen habe, sondern dass sie ihm vielmehr von Vertretern der konservativen Eliten und des militärischen Establishments, die seine

Ernennung zum Reichskanzler am 30. Januar 1933 erwirkten, auf dem Silbertablett serviert worden sei. Wehler gibt seiner Schilderung von Hitlers Ernennung sogar die Überschrift „Die Machtübergabe".[9] Was folgte, sei, behauptet Robert Gellately, eine „legale Revolution" gewesen, deren Maßnahmen durch Erlasse und Gesetze legitimiert worden seien, die von gewählten gesetzgebenden Versammlungen bis hinauf und einschließlich des Reichstags verabschiedet worden seien und der Masse der Bevölkerung mithin das beruhigende Gefühl vermittelt hätten, alles sei in Ordnung.[10] Aber in Wirklichkeit wurde den Nationalsozialisten am 30. Januar 1933 natürlich *nicht* „die Macht übergeben". Stattdessen herrschte, wie Bracher vor langer Zeit hervorgehoben hat, in Deutschland ein Machtvakuum, in dem keine Regierung und keine politische Kraft, nicht einmal die Armee, sich durchsetzen oder allgemeine Legitimität für ihre Maßnahmen erhalten konnte. Außerdem gab es, obwohl Hitler in der Tat am 30. Januar Chef der Reichsregierung wurde, nur zwei weitere Nationalsozialisten im Kabinett, das von Konservativen unter Führung von Vizekanzler Franz von Papen dominiert wurde. Ziel dieser Konservativen war es, Hitler auszutricksen und seine Massenunterstützung zu nutzen, um ihrerseits ein gegenrevolutionäres autoritäres Regime zu errichten und zu legitimieren.

Die nationalsozialistische Machtergreifung endete zudem nicht am 30. Januar, tatsächlich begann sie da erst, und sie war auch nicht legal, worauf Bracher hingewiesen hat, von dem der Ausdruck „legale Revolution" ursprünglich stammt. Hermann Görings entscheidenden Maßnahmen als Ministerpräsident Preußens beispielsweise fehlte jede gesetzliche Grundlage, weil seine Ernennung durch eine Klage der sozialdemokratischen Regierung Preußens, gegen die sich Papens „Preußenschlag" gerichtet hatte, rechtlich hinfällig geworden war. Das Ermächtigungsgesetz, aus dem Hitler vor allem seine Gesetzgebungsvollmachten ableitete, wurde gesetzwidrig verabschiedet, weil Göring als Präsident des Reichstages das Gesetz brach, indem er sich weigerte, die abwesenden, aber legal gewählten kommunistischen Abgeordneten dem Quorum zuzurechnen, dessen Zweidrittelmehrheit erforderlich war. Die Tatsache, dass das Ermächtigungsgesetz auch ohne diese illegale Handlungsweise verabschiedet worden wäre, machte das Gesetz nicht legal. Auch dass Göring Hunderttausende SA-Männer zu preußischen Hilfspolizisten ernannte, war angesichts der Unrechtmäßigkeit seiner eigenen Position von zweifelhafter Legalität. Und selbst wenn diese Maßnahme rechtmäßig gewesen wäre, so hätte sie in keiner Weise die zahlreichen körperlichen Angriffe, die Morde, Plünderungen und anderen Taten legalisiert, die diese nationalsozialistischen „Hilfspolizeieinheiten" in der ersten Hälfte des Jahres 1933 begingen. Die vielen Tausend von den Staatsanwaltschaften im Laufe des Jahres 1933 angestrengten Strafverfahren gegen sie – die auf Befehl Hitlers in der Folge allesamt eingestellt wurden – bezeugten diese deutlich.[11]

Gegen wen richtete sich die nationalsozialistische Gewalt? Insbesondere Gellately behauptet, sie habe von Anfang an nur kleine Minderheiten heimgesucht. Sowohl während des Jahres 1933 als auch danach, so seine These, seien die Konzentrationslager überwiegend als sogenannte Umerziehungszentren für gesellschaftliche Außenseiter genutzt worden, darunter nicht nur Kommunisten, sondern auch Gewohnheitsverbrecher, Arbeitsscheue, Vagabunden, Nichtsesshafte, Homosexuelle, Alkoholiker und dergleichen. In Wirklichkeit jedoch bildeten 1933 die Kommunisten mit einigem Abstand die größte Häftlingskategorie in den Lagern, und erst später wurden gesellschaftliche Außenseiter zu einer Mehrheit. Die damaligen Kommunisten sind ihrerseits schwerlich als gesellschaftliche Außenseiter zu bezeichnen, da sie in allen Industrieregionen Deutschlands fest in die Arbeitergemeinden integriert waren. Gesellschaftliche Außenseiter waren sie nur aus der Perspektive des bürgerlichen Mittelstands, einer Perspektive, die Gellately allzu oft unbewusst übernimmt. Und die Kommunisten waren auch keine winzige oder marginale Minderheit: Bei den Reichstagswahlen im November 1932 errangen sie 100 Sitze, die Nationalsozialisten nur knapp doppelt so viele (196).[12]

Viel wichtiger allerdings ist die Tatsache, dass die nationalsozialistische Gewalt sich 1933 und auch schon lange davor nicht ausschließlich gegen Kommunisten richtete, sondern auch auf Sozialdemokraten abzielte, deren Vertreter überall in Deutschland in Stadträten und Länderparlamenten saßen und die zu unterschiedlichen Zeiten vor der NS-Machtergreifung nicht nur die preußische, sondern auch die Reichsregierung geführt hatten. Gellately tut die nationalsozialistische Gewalt gegen Sozialdemokraten als unbedeutend ab,[13] aber selbst ein kursorischer Blick auf das Beweismaterial enthüllt ihre schockierende Intensität und ihr entsetzliches Ausmaß in den ersten sechs Monaten des Jahres 1933, als die Nationalsozialisten sich daranmachten, das zu zerschlagen, was sie „Marxismus" nannten, womit sie nicht den Kommunismus meinten (den sie als „Bolschewismus" bezeichneten), sondern die Sozialdemokratie. Unmittelbar nachdem die Partei am 21. Juni

1933 verboten worden war, wurden 3 000 führende Parteimitglieder verhaftet, zusammengeschlagen, gefoltert und in vielen Fällen ermordet. Ein bewaffneter Widerstandsversuch im Berliner Ortsteil Köpenick führte zur sofortigen Verhaftung von 500 Sozialdemokraten durch SA-Männer, die sie im Laufe der sogenannten „Köpenicker Blutwoche" so schwer misshandelten und folterten, dass 91 von ihnen starben. Hochrangige Politiker, weit davon entfernt, geschützt zu sein, waren besonders im Visier: Der sozialdemokratische Ministerpräsident von Mecklenburg-Schwerin, Johannes Stelling, wurde zu Tode gefoltert, sein Leichnam in einen Sack eingenäht und in einen Fluss geworfen, aus dem er wenig später zusammen mit den Leichen von zwölf weiteren SPD-Funktionären, die in derselben Nacht ermordet worden waren, herausgeholt wurde. Der sozialdemokratische Bürgermeister von Stassfurt wurde schon am 5. Februar 1933 von Nationalsozialisten erschossen. Der ehemalige Bürgermeister von Breslau, der frühere Herausgeber der Tageszeitung der Stadt und der kurz zuvor entlassene Oberpräsident in Breslau, allesamt Sozialdemokraten, wurden festgenommen und in einem in Dürrgoy, am Südrand von Breslau, neu eingerichteten provisorischen Konzentrationslager unter dem Kommando des SA-Führers Edmund Heines inhaftiert. Einen von ihnen ließ Heines in einem Harlekinkostüm durch die Straßen Breslaus zum Lager treiben. Heines entführte auch den ehemaligen Reichstagspräsidenten Paul Löbe, einen weiteren Sozialdemokraten, aus dem Gefängnis und steckte ihn ebenfalls in das Lager.[14]

Ein typischer Vorfall ereignete sich am 13. März 1933 in Braunschweig, als SA-Männer in eine Sitzung des Stadtrats stürmten, den sozialdemokratischen Bürgermeister verschleppten und zum Rücktritt zwangen; um der Sache Nachdruck zu verleihen, zog eine Horde SS-Männer ihn anschließend aus, prügelte ihn bewusstlos und übergoss ihn mit einem Eimer Wasser, danach zogen sie ihn wieder an und führten ihn durch die Straßen zum Stadtgefängnis. Sozialdemokratischen Stadträten und Kommunalbeamten wurde mit ähnlicher Gewalt gedroht, sollten sie nicht von ihren Posten zurücktreten; einer von ihnen wurde totgeschlagen, als er sich weigerte. Der führende Funktionär der SPD in Köln, Wilhelm Sollmann, wurde im Hauptquartier der NSDAP gefoltert und gezwungen, ein Gemisch aus Rizinusöl und Urin zu trinken, während der Verlagsleiter der sozialdemokratischen *Chemnitzer Stimme* erschossen wurde, als er sich weigerte, einer Horde SA-Leute zu verraten, wo sich die Parteikasse befand. Vorfälle dieser Art wiederholten sich im Frühjahr 1933 in unterschiedlicher Form überall in Deutschland, als die Nationalsozialisten sich daranmachten, Stadträte und Stadtverwaltungen zu übernehmen. Bis Ende Mai 1933 waren 500 städtische Verwaltungsleiter und 70 Bürgermeister gewaltsam aus ihren Ämtern entfernt worden; natürlich waren nicht alle von ihnen Sozialdemokraten, aber viele schon.

Diese Leute waren schwerlich Angehörige einer verachteten Minderheit gesellschaftlicher Außenseiter. In der Tat hatten Sozialdemokraten und Kommunisten zusammen bei der Reichstagswahl vom November 1932 13,1 Millionen Stimmen gewonnen, eine ganze Menge mehr als die Nationalsozialisten, die nur auf 11,7 Millionen Stimmen kamen. Beim Verhältniswahlrecht der Weimarer Republik führten diese Zahlen unmittelbar zu Parlamentssitzen, wodurch die Arbeiterparteien vereint auf 221 Mandate kamen, gegenüber 196 Mandaten der Nationalsozialisten. Natürlich waren die beiden Arbeiterparteien untereinander tief zerstritten, und die vielen Vorschläge für gemeinsames Handeln, um die Nationalsozialisten zu stoppen, hatten nie eine ernsthafte Erfolgsaussicht. Diese Parteien, vor allem die Sozialdemokraten, waren eng mit Deutschlands mächtiger Gewerkschaftsbewegung verbunden, die allerdings durch die Massenarbeitslosigkeit weitgehend wirkungslos gemacht wurde. Am 2. Mai 1933 wurden ihre Räumlichkeiten im ganzen Lande von SA-Trupps überfallen, Inventar und Einrichtung geplündert, Vermögenswerte beschlagnahmt und ihre Funktionäre verhaftet und in Konzentrationsleger geworfen, wo man sie brutal misshandelte. In der Industriestadt Duisburg etwa wurden vier Gewerkschaftsfunktionäre im Keller des Gewerkschaftshauses zu Tode geprügelt.[15]

Unverhohlener Zwang traf also im Jahr 1933 nicht in erster Linie verachtete Minderheiten gesellschaftlicher Außenseiter, sondern die Arbeiterschaft und ihre Organisationen. Viele neuere Autoren habe diese entscheidende Tatsache verkannt und einfach zwischen „gesellschaftlichen Außenseitern“ und dem Rest unterschieden, wobei sie Letztere als mehr oder weniger uniforme Mehrheit der „Bevölkerung“, als „die Massen“ oder „die Deutschen“ bezeichneten, wie es beispielsweise Wehler häufig tut. Sowohl Gellately als auch Johnson und Reuband unterscheiden nicht zwischen sozialen Klassen und verkennen dabei, dass das Haupthindernis für das Regime bei der Erzeugung von Rückhalt für seine Politik und seine Maßnahmen sowohl im Jahr 1933 als auch danach in der großen Treue von Millionen von Arbeitern gegenüber den Idealen und Prinzipien der Sozialdemokratie und des Kommunismus bestand, einer Treue, die nur durch Terror unterbunden werden konnte. Wie zu erwarten, tauchten fast unmittelbar nach dem Zusammenbruch des Regimes im Jahr 1945 und auf bemerkenswert breiter Basis wieder Gewerkschaften, sozialdemokratische und kommunistische Parteiorganisationen, Streiks und andere Ausdrucksformen dieser Treue auf und zeugten damit von der Unfähigkeit der Nationalsozialisten, die Unterstützung der großen Mehrheit der deutschen Arbeiterschaft zu gewinnen.[16]

Die Mittelschicht und die Bauern fürchteten den Kommunismus, wünschten sich, wenn auch unterschiedlich stark, eine autoritäre Lösung der politischen, sozialen und ökonomischen Krise Deutschlands und waren daher empfänglicher für die nationalsozialistische Botschaft. Folglich mussten sie sehr viel weniger mit Gewalt bedroht und eingeschüchtert werden, bis sie vor dem neuen Regime kapitulierten und der Auflösung ihrer Interessenvertretungen zustimmten. Trotzdem war die Bedrohung auch für sie durchaus real.

Die einzige Partei mit breitem Rückhalt neben Nationalsozialisten, Sozialdemokraten und Kommunisten war das katholische Zentrum. Seine Reichstagsabgeordneten wurden zuerst überredet, für das Ermächtigungsgesetz zu stimmen, und dann unter sanftem Druck vonseiten des Papsttums mit der verlockenden Aussicht auf ein Konkordat zwischen dem Vatikan und dem „Dritten Reich“ dazu bewegt, die Partei aufzulösen. Allerdings wollte die Zentrumspartei ein solches Konkordat nicht zuletzt wegen der massiven Einschüchterung, der sie seit Ende Februar 1933 ausgesetzt gewesen war. Dazu gehörten überfallartige Angriffe auf ihre Parteiversammlungen während des Wahlkampfs für die Reichstagswahl vom 5. März 1933; bei einem dieser Angriffe war am 22. Februar der Gewerkschafter, Zentrumspolitiker und ehemalige Reichsarbeitsminister (1932–33) Adam Stegerwald von SA-Männern schwer misshandelt worden. Im Frühjahr und Frühsommer 1933 wurden katholische Laienorganisationen eine nach der anderen zwangsweise geschlossen oder mit ihren nationalsozialistischen Pendants verschmolzen. Katholische Journalisten und Zeitungsredakteure wurden verhaftet, vor allem wenn sie die von den Nationalsozialisten geführte Koalitionsregierung in der Presse angegriffen hatten, und führende Katholiken wurden von der SA brutal misshandelt. So wurde auch der württembergische Staatspräsident Eugen Bolz, ein führender Zentrumspolitiker, am 19. Juni 1933 verhaftet und zusammengeschlagen – doch er war nur der prominenteste von vielen. In Bayern befahl der neue Chef der Politischen Polizei, Heinrich Himmler, am 26. Juni 1933, alle Reichstags- und Landtagsabgeordneten der Bayerischen Volkspartei, des eigenständigen bayerischen Gegenstücks zum katholischen Zentrum im übrigen Deutschland, in „Schutzhaft" zu nehmen. Tatsächlich ging er sogar noch weiter und befahl die Verhaftung aller Personen, „die sich in parteipolitischer Hinsicht besonders hervorgetan" hatten, ganz gleich, welcher Partei sie angehörten. Die katholischen Gewerkschaften erlitten dasselbe Schicksal wie ihre sozialistischen Pendants, und, was entscheidend war, katholischen Staatsdienern wurde offen mit Entlassung gedroht, sollten sie nicht aus der Zentrumspartei austreten. Wie zu erwarten, war die Angst vor der vollständigen Zerschlagung ihrer Laienorganisationen und vor der Rücknahme all der Fortschritte, welche katholische Laien im Laufe der vergangenen Jahrzehnte hin zur Erlangung einer gleichberechtigten Stellung mit Protestanten im Staatsdienst und in den gehobenen Berufen gemacht hatten, die Hauptmotivation hinter der Zustimmung des Zentrums zur Selbstauflösung als Gegenleistung für ein Konkordat. In diesem Vertrag würde das neue Regime sich verpflichten – wie wenig aufrichtig, würde bald offenkundig werden –, die Unversehrtheit der katholischen Gemeinschaft und ihrer Institutionen zu bewahren.[17]

Zusammen repräsentierten die Arbeiterparteien und das katholische Zentrum eine Mehrheit der Wählerschaft. Bei der letzten freien Reichstagswahl der Weimarer Republik im November 1932 hatten sie gemeinsam 291 Sitze errungen, gegenüber 196 Mandaten der Nationalsozialisten. Die anderen Parteien hatten seit 1930 praktisch ihre gesamte Wählerschaft verloren und waren somit ein weniger ernsthaftes Hindernis. Doch selbst hier spielten Gewalt und ihre Androhung eine Rolle. Wie die katholische Zentrumspartei stimmte auch die liberale Deutsche Staatspartei (die ehemalige Deutsche Demokratische Partei) für das Ermächtigungsgesetz nicht zuletzt wegen Hitlers grauenerregender Ankündigung, dass ihre Entscheidung für oder gegen das Gesetz eine Entscheidung „über Frieden oder Krieg" sei, was mit anderen Worten bedeutete: Sollte das Gesetz abgelehnt werden, würde er 2,5 Millionen SA-Leute auf jeden loslassen, der dagegengestimmt hatte. Trotzdem wurden anschließend viele Politiker der Staatspartei auf jeder Ebene, vom Gemeinderat aufwärts, verhaftet und die Partei Ende Juni 1933 gezwungen, sich aufzulösen.

Die fortwährende Entlassung ihrer Mitglieder aus dem Staatsdienst scheint der Hauptimpuls gewesen zu sein hinter der Entscheidung der

Deutschen Volkspartei, sich aufzulösen, wenngleich dieses Opfer in vielen Fällen kaum jemanden vor der Entlassung schützte. Hitlers Koalitionspartner, die Deutschnationale Volkspartei, die inzwischen, wie die Zentrumspartei, keine echte Bindung an die Weimarer Republik oder auch nur an die Demokratie hatte, war uneingeschränkt für die Unterdrückung der Arbeiterbewegung und der Parteien der Linken. Womit sie jedoch nicht rechnete, war, dass es ihr genauso ergehen würde: Ende März 1933 wurden sowohl die privaten Räume also auch das Büro ihres Vorsitzenden der Reichstagsfraktion, Ernst Oberfohren, durchsucht, und ein paar Wochen später wurde er unter ungeklärten Umständen tot aufgefunden. Die Warnung war ziemlich deutlich, und explizite Drohungen verliehen ihr Nachdruck. Als eine Gruppe deutschnationaler Reichstagsabgeordneter am 30. Mai 1933 bei Hitler vorsprach, um sich über die Gewalt und Einschüchterung zu beschweren, der Repräsentanten ihrer Partei ausgesetzt seien, kamen sie in den Genuss eines „hysterischen Wutanfall[s]", wie es einer von ihnen nannte, bei dem der Reichskanzler ankündigte, er werde die SA auf die Deutschnationalen und ihre paramilitärischen Verbände „schießen und drei Tage lang ein Blutbad anrichten" lassen, wenn sie sich weigerten, ihre Partei aufzulösen. Um das Gesagte zu unterstreichen, ließ er einen ihrer führenden Funktionäre, Herbert von Bismarck, verhaften. Binnen weniger Wochen existierten sowohl die Deutschnationale Front (wie die DNVP sich inzwischen nannte) als auch ihre paramilitärischen Einheiten als eigenständige Organisationen nicht mehr.[18]

Diese Ereignisse bezwangen Hitlers konservative Koalitionspartner nicht vollständig, die sich zunehmend wegen der Gewalttätigkeiten der Sturmabteilungen sorgten. Zusammen mit der zwangsweise eingegliederten Veteranenorganisation „Stahlhelm" und anderen in der SA aufgegangenen Wehrverbänden hatten diese 1934 eine Stärke von viereinhalb Millionen Mann erreicht. Doch nicht nur die Truppenstärke, sondern auch die immer offener erklärte Absicht des SA-Führers Ernst Röhm, die Armee zu ersetzen, beunruhigte die Konservativen, die sich selbst politisch zunehmend an den Rand gedrängt sahen. Im Frühsommer 1934 weckte die Aussicht auf den unmittelbar bevorstehenden Tod von Reichspräsident Hindenburg in Vizekanzler Papen den Ehrgeiz, wieder an die Macht zu gelangen, indem er dessen Platz einnahm. Entsprechende Andeutungen machte er in Reden, in denen er die revolutionären Phrasen der SA anprangerte. Hitler zügelte die nervöse Unruhe der SA Ende Juni 1934, indem er eine Reihe ihrer Führungsfiguren verhaften und sie durch die SS erschießen ließ. Aber man darf nicht vergessen, dass Hitler im sogenannten „Röhm-Putsch", auch „Nacht der langen Messer", der konservativen Rechten ebenfalls einen Schlag versetzte. Zu den Ermordeten gehörten nicht nur Röhm und seine Genossen, sondern auch Papens Sekretär Herbert von Bose, sein Redenschreiber Edgar Jung, der ehemalige Leiter der Polizeiabteilung im preußischen Innenministerium und Führer der Laienbewegung „Katholische Aktion", Erich Klausener, der frühere Reichskanzler Kurt von Schleicher und andere, die auf einer von Jung zusammengestellten Liste möglicher Mitglieder einer Post-Hitler-Regierung standen. Papen wurde unter Hausarrest gestellt, und sein Vorgänger als Kanzler, der katholische Zentrumspolitiker Heinrich Brüning, kam nur mit dem Leben davon, weil er sich zur Tatzeit nicht in Deutschland aufhielt. Die Warnung an konservative und katholische Politiker, sich ruhig zu verhalten, war unmissverständlich. Selten trat die Repression über nahezu das gesamte politische Spektrum hinweg offener in Erscheinung als in der „Nacht der langen Messer".[19]

II

Nationalsozialistische Gewalt, reale wie angedrohte, wurde in den Monaten der Machtergreifung von Februar bis Juni 1933 unterschiedlich angewendet. Körperlicher Zwang richtete sich unterschiedslos und mit massiver Brutalität gegen Kommunisten, Sozialdemokraten und Gewerkschafter und gezielter, mit eher symbolischem oder exemplarischem Nachdruck, gegen Liberale, Katholiken, Deutschnationale, Konservative und andere Gruppen, die der Politik des entstehenden „Dritten Reiches" nicht vollkommen ablehnend gegenüberstanden. Dennoch wirkte die Gewalt flächendeckend. Wie Richard Bessel angemerkt hat, wurde sie

> während der ersten Monate des Jahres 1933 bewusst und offen eingesetzt, um von Opposition und potenzieller Opposition abzuschrecken. Sie wurde eingesetzt, um eine von Gewalt durchdrungene Öffentlichkeit zu schaffen, und sie sorgte für eine Erinnerung daran, was *jeden* erwarten könnte, der aus der Reihe tanzte, der es versäumte, Loyalität gegenüber der neuen Ordnung zu zeigen.[20]

Wieso haben einige Historiker dann abweichend behauptet, die nationalsozialistische Gewalt habe sich nur gegen kleine Minderheiten und gesellschaftliche Randgruppen gerichtet? Dies führt mich zum zweiten Thesenkomplex, den ich behandeln möchte, nämlich, dass die nationalsozialistische Unterdrückung mithilfe der Gestapo und in Konzentrationslagern nur geringen Umfang gehabt und die Mehrheit der Bevölkerung nicht betroffen habe.

Wehler erwähnt den Unterdrückungsapparat des NS-Staats kaum, höchstens beiläufig und nur indem er die „Instrumente des Terrors: Gestapo, Schutzhaft, Ausbürgerung, KZ" aufzählt.[21] Gellately erwähnt in der jüngsten Darlegung seiner Ansichten außer der Verhaftung durch die Gestapo und der Inhaftierung in einem Konzentrationslager keine weiteren Sanktionen.[22] Aly stützt seine Behauptung, „die allermeisten [Deutschen] bedurften keiner Überwachung", mit folgendem Hinweis: „Die Gestapo zählte 1937 einschließlich der Sekretärinnen und Verwaltungskräfte knapp 7000 Mitarbeiter, der SD deutlich weniger. Sie reichten, um 60 Millionen im Auge zu behalten." Und fügt hinzu: „Das bestätigt auch der Blick auf die Konzentrationslager. Nach dem Anfangsterror waren dort am Jahresende 1936, also nach knapp vier Jahren des Konsolidierens, nur noch 4761 Häftlinge eingesperrt – einschließlich der Alkoholkranken und Kriminellen."[23] Ähnliche Annahmen finden sich in der Darstellung von Johnson und Reuband, die einen Trend in der Geschichtsschreibung aufgreifen:

> Im Lichte der großen Zahl von Personen, die von der Gestapo verhaftet und vorübergehend in Konzentrationslagern festgehalten wurden, und der Grausamkeit der Gestapo-Methoden – vor allem, wo es um die Erzwingung von Geständnissen ging – haben viele Autoren angenommen, dass jeden im Dritten Reich ständig die Angst plagte, der Gestapo in die Hände zu fallen, und daraus geschlossen, dass Angst und Terror die ausschlaggebenden Faktoren bei der Prägung des alltäglichen Verhaltens der deutschen Bevölkerung waren. Die Befunde unserer Erhebung stützen diese Annahme und Schlussfolgerung jedoch nicht.[24]

Diese Behauptungen enthalten einen Zirkelschluss, da die Annahme, die Gestapo und die Konzentrationslager seien die einzigen Kontroll- und Unterdrückungsinstrumente im „Dritten Reich" gewesen, als Grundlage von Interview-Fragen zwangsläufig entsprechende Antworten hervorruft. Die Befragten werden bestätigen, dass Kontrolle und

Unterdrückung keine große Rolle gespielt hätten, und so die radikale Schlussfolgerung nahelegen, dass diese im Leben der großen Mehrzahl der Deutschen überhaupt nicht vorgekommen seien.

Auf zwei Punkte gilt es hier aufmerksam zu machen. Der erste ist, dass das wichtigste Terrorinstrument im nationalsozialistischen Deutschland nicht das Konzentrationslager, sondern das Gesetz war, nicht – um die Terminologie von Ernst Fraenkel zu gebrauchen – der Maßnahmenstaat, sondern der Normenstaat, mit anderen Worten, nicht der von Hitler geschaffene Zwangsapparat, wie etwa die SS, sondern der bereits bestehende Staatsapparat, der Jahrzehnte oder gar Jahrhunderte zurückreichte.[25] Damit soll die Rolle der Lager im Jahr 1933 natürlich nicht verharmlost werden. Im Laufe dieses Jahres befanden sich ungefähr 100 000 Deutsche landesweit ohne Gerichtsverhandlung in sogenannter „Schutzhaft", die meisten, aber keineswegs alle von ihnen waren Mitglieder der Kommunistischen und der Sozialdemokratischen Partei. Die Zahl der Todesfälle in Haft während dieser Zeit ist auf etwa 600 geschätzt worden, lag aber mit ziemlicher Sicherheit höher. Bis 1935 jedoch war die überwiegende Mehrzahl dieser Häftlinge „wegen guter Führung" wieder auf freiem Fuß, und es waren noch weniger als 500 von ihnen übrig. Fast alle frühen Lager waren bereits bis Ende 1935 geschlossen.[26] Ein Hauptgrund für diesen Rückgang lag in der Tatsache, dass die politische Unterdrückung nun von regulären Gerichten sowie staatlichen Zuchthäusern und Gefängnissen übernommen wurde. Ein ganzes Bündel neuer, 1933 verabschiedeter Gesetze und Verordnungen weitete den Geltungsbereich der Hochverratsgesetze und der Todesstrafe aus. Ein Gesetz vom 24. April 1933 beispielsweise bestimmte, dass jeder, welcher der Planung einer Verfassungsänderung, der Abtrennung eines Gebiets vom Deutschen Reich „mit Gewalt oder durch Drohung mit Gewalt" oder der Beteiligung an einer Verschwörung mit diesen Zielen für schuldig befunden wurde, enthauptet würde. Der Begriff „Planung" umfasste schriftliche und gedruckte Äußerungen sowie das Verteilen von Flugblättern, als Verfassungskritik galt das Eintreten für eine Rückkehr zur Demokratie oder das Drängen auf die Beseitigung Hitlers als Führer, als Verschwörer wurde jeder angesehen, der mit in diesem Sinne Schuldigen Umgang hatte. Das „Gesetz gegen heimtückische Angriffe auf Staat und Partei und zum Schutz der Parteiuniformen" vom 20. Dezember 1934 („Heimtücke-Gesetz") ging noch weiter und sah für „gehässige, hetzerische oder von niedriger Gesinnung zeugende Äußerungen über leitende Persönlichkeiten des Staates oder der NSDAP“ in besonders schweren Fällen die Todesstrafe vor. Dasselbe Gesetz stellte „nichtöffentliche böswillige Äußerungen“, darunter das Verbreiten von Gerüchten über das Regime oder abfällige Bemerkungen über seine führenden Repräsentanten, unter Strafe. Um diese und andere, ähnliche Gesetze durchzusetzen, wurde ein ganzes System regionaler „Sondergerichte“ geschaffen, an dessen Spitze der „Volksgerichtshof“ stand.[27]

Es ist wichtig, sich zu erinnern, in welch extremem Ausmaß staatsbürgerliche Freiheiten im Zuge der nationalsozialistischen Machtergreifung zerstört wurden. Im „Dritten Reich“ war es gesetzlich verboten, irgendeiner politischen Gruppierung außer der NSDAP oder überhaupt irgendeiner nicht nationalsozialistischen Organisation gleich welcher Art anzugehören, die Kirchen (und ihre untergeordneten Laienorganisationen) und die Armee ausgenommen; es war gesetzlich verboten, Witze über Hitler zu erzählen; es war gesetzlich verboten, Gerüchte über die Regierung zu streuen; es war gesetzlich verboten, über Alternativen zum politischen Status quo zu sprechen. Die Reichstagsbrandverordnung vom 28. Februar 1933 gab der Polizei die gesetzliche Vollmacht, Briefe zu öffnen und Telefone anzuzapfen sowie Menschen für unbegrenzte Zeit und ohne gerichtliche Anordnung in sogenannte „Schutzhaft“ zu nehmen. Dieselbe Verordnung schaffte jene Paragrafen der Weimarer Verfassung ab, die Pressefreiheit, Versammlungsfreiheit, Vereinigungsfreiheit und Meinungsfreiheit garantiert hatten. Das Ermächtigungsgesetz erlaubte dem Reichskanzler und seinem Kabinett, Gesetze zu verkünden, die gegen die Weimarer Verfassung verstießen, ohne dafür die Billigung der Legislative oder des gewählten Reichspräsidenten zu benötigen. Das Recht auf gerichtliche Berufung wurde für Vergehen, die vor den Sondergerichten und dem Volksgerichtshof verhandelt wurden, faktisch abgeschafft. All dies sorgte für eine gewaltige Zunahme der Inhaftierungen: Im Jahr 1937 fällten die Gerichte nicht weniger als 5 255 Urteile wegen Hochverrats. Diese Leute wurden, falls sie der Todesstrafe entgingen, in staatliche Gefängnisse gesteckt, oft für längere Zeit. Von 1932 bis 1937 stieg die Gesamtzahl der Häftlinge in Strafvollzugsanstalten von 69 000 auf 122 000. Im Jahr 1935 wurden 23 000 Insassen staatlicher Gefängnisse und Zuchthäuser als politische Täter eingestuft. Die Zerschlagung des kommunistischen und sozialdemokratischen Widerstands sorgte zwar dafür, dass diese Zahlen bis Anfang 1939 um mehr als 50 Prozent zurückgegangen waren; trotzdem waren sie noch weit höher als die Zahlen politischer Täter in Lagern nach 1937, als die Konzentrationslager abermals expandierten; diesmal fungierten die Lager wirklich in erster Linie als Haftorte für sozial und nicht für politisch deviante Personen.[28]

Der zweite Punkt, auf den hingewiesen werden muss, ist, dass die gesetzliche Verurteilung wegen Verrats, „böswilliger Äußerungen“ und ähnlicher Vergehen sowie die halb legale „Sicherungsverwahrung“ in Konzentrationslagern nur die härtesten einer Vielzahl von Sanktionen des Regimes waren, die tief in die deutsche Gesellschaft hineinreichten, um Opposition und Widerspruch zu unterdrücken. Lokale Studien vermitteln ein gutes Bild von der Bandbreite der Zwangsmaßnahmen, die das Regime und seine Diener hierfür ergriffen. In der kleinen niedersächsischen Stadt Northeim beispielsweise, Gegenstand von William Sheridan Allens einschlägiger, erstmals 1965 erschienener Studie *Das haben wir nicht gewollt. Die nationalsozialistische Machtergreifung in einer Kleinstadt 1930–1935*, wurden die Kommunisten in den ersten Monaten des Jahres 1933 verhaftet, zusammen mit einigen führenden Sozialdemokraten der Stadt; die sozialdemokratischen Stadtverordneten wurden nach dem Besuch einer Ratssitzung, bei der die Wände von Braunhemden gesäumt waren, die auf sie spuckten, zum Rücktritt gezwungen. 54 städtische Angestellte wurden entlassen, die meisten von ihnen Sozialdemokraten, die in so unterschiedlichen Einrichtungen wie den städtischen Gaswerken, dem örtlichen Schwimmbad und der gemeindeeigenen Brauerei gearbeitet hatten. In einer Zeit fortdauernder Massenarbeitslosigkeit werden sie kaum eine neue Stelle gefunden haben. Die örtlichen Nationalsozialisten setzten Hausbesitzer unter Druck, damit sie Sozialdemokraten aus ihren Wohnungen warfen, und sorgten dafür, dass die Polizei auf der Jagd nach subversiver Literatur häufig Haussuchungen durchführte.[29]

So übte das Regime, um seiner Politik den Anschein öffentlicher Unterstützung zu sichern, auch jenseits von Festnahmen und Inhaftierungen Druck aus. Mitglieder der katholischen, liberalen und konservativen politischen Parteien wurden im Frühjahr 1933 und vor allem nach dem Gesetz zur Wiederherstellung des Berufsbeamtentums vom 7. April mit Entlassung aus dem Staatsdienst bedroht, was nicht nur Regierungs- und Kommunalbeamte, sondern auch Lehrer, Universitätspersonal, Staatsanwälte, Polizisten, Mitarbeiter der Sozialbehörden, Beamte bei Post und öffentlichen Verkehrsbetrieben und viele andere umfasste. Der Kündigung entging bloß, wer sich den Nationalsozialisten anschloss. Als das Regime einige Jahre später beabsichtigte, kirchliche

Schulen zu schließen und Eltern zu zwingen, ihre Kinder in staatlichen Erziehungseinrichtungen anzumelden, um sie noch umfassender im nationalsozialistischen Sinne indoktrinieren zu können, führte es vorab darüber lokale Volksabstimmungen durch und drohte Eltern, die dagegenstimmten, mit dem Entzug von Sozialleistungen einschließlich der sogenannten „Kinderbeihilfe". Eine massive Propagandakampagne gegen Mönche und Priester, die in Schulen der katholischen Kirche unterrichteten, wurde losgetreten. Man bezichtigte die Geistlichen der Pädophilie, und eine große Anzahl von ihnen wurde in öffentlichkeitswirksam aufgebauschten Prozessen vor Gericht gebracht. Eltern und sogar Schulkinder wurden anschließend unter Druck gesetzt, vorbereitete Erklärungen dagegen zu unterschreiben, dass solche vermeintlich „Abartigen" Kinder unterrichteten. Mit den Katholiken, zu denen fast 40 Prozent aller Deutschen gehörten, wurden also keineswegs bloß Menschen mit abweichendem Verhalten oder gesellschaftliche Außenseiter, sondern ein Großteil der Bevölkerung anhaltender Nötigung und Schikane unterworfen, als er der Politik des Regimes im Wege stand.[30]

Es gab folglich im nationalsozialistischen Deutschland viele Arten von Zwang. Besonders augenfällig war er im Bereich von Wohlfahrt und Fürsorge, wo SA-Männer an die Türen der Leute klopften oder sie auf der Straße ansprachen und Beiträge für das Winterhilfswerk verlangten. In allen Schulen konnte es durchaus sein, dass Schülern, die nicht der Hitler-Jugend beitraten, nach ihrem Abschluss ihr Schulabgangszeugnis verweigert wurde, was ihre Aussichten auf eine Lehrstelle oder einen Arbeitsplatz zunichtemachte. Weil das NS-Regime Arbeiter dorthin dirigieren konnte, wo sie seiner Ansicht nach gebraucht wurden, drohte es Unruhestiftern wirkungsvoll mit der Einteilung zu schmutziger oder schwerer Arbeit. Bis 1939 waren mehr als eine Million deutsche Arbeiter Betrieben der Munitions- und Rüstungsindustrie zugewiesen worden, wobei sie oft gezwungen waren, weit entfernt von ihren Familien zu leben und manchmal eskortiert von Gefängniswärtern zu ihren Bestimmungsorten transportiert wurden. Als durch das Wiederaufrüstungsprogramm allmählich Arbeitskräftemangel und Engpässe entstanden, wurden Facharbeiter in Schlüsselindustrien zunehmend mit solchen kleineren Sanktionen bestraft und nicht etwa mit Inhaftierung, was den Staat ihrer Arbeitskraft beraubt hätte. Zur zermürbenden körperlichen Arbeit in Zwölf-Stunden-Schichten an den Befestigungen des Westwalls (der sogenannten „Siegfriedlinie") zu verschicken wurde zum bevorzugten Druckmittel der Arbeitgeber, die von der Vierjahresplan-Behörde genötigt wurden, mehr zu produzieren und die Kosten niedrig zu halten, und die mit Arbeitern konfrontiert waren, die mehr Lohn oder kürzere Arbeitszeiten verlangten. Auch abfällige Bemerkungen über Vorgesetzte oder über das Regime wurden auf diese Weise geahndet.[31]

Das sehr breite Spektrum der Zwangsmaßnahmen des Regimes auf allen Ebenen wurde durch ein ebenso breites Spektrum von Zwangsmitteln durchgesetzt. Es ist ein Fehler, sich ausschließlich auf die Gestapo zu konzentrieren, in der Annahme, dass sie das einzige oder gar das wichtigste Kontrollinstrument im nationalsozialistischen Deutschland gewesen sei. Detlef Schmiechen-Ackermann beispielsweise hat die Aufmerksamkeit auf den „Blockwart" gelenkt, wie der Volksmund die Parteifunktionäre der untersten Ebene, parteiamtlich „Blockleiter", nannte, die jeweils für einen Wohn- oder Häuserblock verantwortlich waren, wo sie dafür zu sorgen hatten, dass die Leute die richtigen Luftschutzmaßnahmen ergriffen, zu Hitlers Geburtstag und ähnlichen Anlässen Flaggen raushängten und es unterließen, sich an illegalen oder subversiven Aktivitäten zu beteiligen. Die Blockwarte hatten ein wachsames Auge auf ehemalige Kommunisten und Sozialdemokraten, horchten auf Bekundungen von Unzufriedenheit mit dem Regime und konnten politisch oder sozial abweichendes Verhalten mit einer Vielzahl von Maßnahmen bestrafen, die vom Entzug der Sozialleistungen des oder der Schuldigen bis zur Meldung ihrer Namen an die NSDAP-Bezirksleitung zwecks Weiterleitung an die Gestapo reichten.[32] Am Arbeitsplatz erfüllten Funktionäre der Deutschen Arbeitsfront (DAF) eine ähnliche Funktion und konnten aufsässigen Arbeitern unangenehme Stellen zuweisen, ihre Arbeitszeit erhöhen oder ihnen die Beförderung verweigern. Überwachung, Kontrolle und politische Erziehung wurden auch von Führern der Hitler-Jugend ausgeübt, die normalerweise erheblich älter waren als ihre Schützlinge. 1939 wurde die Mitgliedschaft zwingend, und von insgesamt 8,9 Millionen Deutschen im Alter von 10 bis 18 Jahren gehörten etwa 8,7 Millionen dieser einflussreichen Organisation an

Zusammengenommen ergaben all diese Werkzeuge des Zwangs etwas, das ein Historiker kürzlich als ein polymorphes, unkoordiniertes, aber lückenloses Kontrollsystem bezeichnet hat; die Gestapo war nur ein kleiner, wenn auch wichtiger Teil dieses Systems. Natürlich richtete sich auch hier ihre Feindseligkeit am entschiedensten gegen ehemalige Kommunisten und Sozialdemokraten in Kreisen der Arbeiterschaft, aber auch im Mittelstand war sie als latente Bedrohung präsent.[33] Es ist daher nicht überraschend, dass die meisten der von Johnson und Reuband Befragten sich erinnern, dass sie aufpassen mussten, was sie sagten, wenn sie mit Fremden sprachen oder mit Leuten, von denen sie wussten, dass sie Nazis waren, „wie etwa der allgegenwärtige NSDAP-Blockleiter". Eine befragte Person erinnert sich: „Im Laufe der Zeit wurden alle Leute vorsichtig. Sie redeten einfach nicht mehr mit Leuten." Normale Deutsche „wussten genau", wie Johnson und Reuband richtig schlussfolgern, „dass unbedachte, politisch inakzeptable Bemerkungen und entsprechendes Verhalten zu ernsthafter Bestrafung führen und möglicherweise ihr Leben gefährden konnten".[34] Als Konsequenz zogen sie sich mehr und mehr in die Privatsphäre zurück. Johnson und Reuband folgern daraus nicht, dass die Menschen in einem Klima der Angst lebten, aber ihr Beweismaterial scheint diesen Schluss durchaus nahezulegen. Letztendlich war, wie die von ihnen befragten Personen durchblicken ließen, die Angst, die sie in ihrem Alltagsleben ständig begleitete, allerdings keine Angst vor der Gestapo, noch weniger vor normalen Bürgern, Freunden oder Verwandten, sondern eine Angst vor den überzeugten Nazis, vor untergeordneten Parteifunktionären und engagierten Anhängern des Regimes: Wer mit einem Fremden ins Gespräch kam, konnte möglicherweise an kleinen Zeichen wie dem Hitler-Gruß erkennen, ob er zu einer dieser Kategorien gehörte, aber zweifelsfrei war das nicht möglich, also war es am besten, auf der Hut zu sein, und wenn ein Gegenüber gar als überzeugter Nazi bekannt war, dann war Vorsicht auf jeden Fall geboten.

III

Warum aber war ein derart umfassender Zwangs- und Kontrollapparat notwendig, wenn das NS-Regime, wie Wehler, Gellately, Johnson und Reuband und andere Historiker behaupten, bei der Masse der deutschen Bevölkerung derart beliebt war? Dies führt mich zum dritten Thesenkomplex, den ich untersuchen möchte: dass die überwältigende Popularität des Regimes von Anfang an durch die außerordentlich erfolgreichen Ergebnisse bei Reichstagswahlen, durch spätere Zeitzeugenbefragungen, durch die Bereitschaft gewöhnlicher Deutscher, jeden bei den Behörden zu denunzieren, der aus der Reihe tanzte, und durch den öffentlichen Rückhalt für die Konzentrationslager, der sich auch in der NS-Presse äußerte, bewiesen worden sei.

Natürlich gewann das Regime regelmäßig mehr als 90 Prozent der Stimmen bei Volksentscheiden und Wahlen, die es während des „Dritten Reiches" immer wieder abhielt, um seine Politik dem Volk zur Billigung vorzulegen. Aber sind diese Ergebnisse wirklich derart eindrucksvolle Indikatoren für die Beliebtheit des Regimes? Ein breites Spektrum zeitgenössischer Berichte lässt den eindeutigen Schluss zu, dass dem nicht so war. Bei der Volksabstimmung über Hitlers Ernennung zum Staatsoberhaupt nach dem Tod Hindenburgs 1934 beispielsweise und bei der Volksabstimmung vom April 1938 über den Anschluss Österreichs und bei anderen Anlässen holten SA-Trupps Wähler aus ihren Wohnungen und führten sie zu den Wahllokalen. Hier waren die Wähler in der Regel gezwungen, ihre Stimme öffentlich abzugeben, weil man die Wahlkabinen vielerorts entfernt oder mit Plakaten versehen hatte, auf denen stand: „Hier hinein gehen nur Landesverräter". Das war mehr als nur Phrasendrescherei, denn im Jahr 1938 war das Plebiszit mit einem Vertrauensvotum für Hitler verbunden, weshalb jeder, der mit „Nein" stimmte, laut Reichstagsbrandverordnung Hochverrat beging – worauf NS-Funktionäre und -Propagandisten nicht versäumten hinzuweisen.[35]

Bei all diesen Wahlen waren die Wahllokale von SA-Leuten umstellt, deren bedrohliche Haltung klarmachte, was jedem blühte, der sich nicht fügte. Mutmaßlichen Regimegegnern wurden besonders markierte Stimmzettel ausgehändigt, und vielerorts wurden im Vorfeld Gerüchte gestreut, dass sämtliche Wahlzettel heimlich nummeriert würden, sodass Leute, die mit „Nein" stimmten oder ihren Stimmzettel ungültig machten, identifiziert und bestraft werden könnten; und tatsächlich wurden Leute, die diesen Weg einschlugen oder sich weigerten zu wählen, von den Braunhemden zusammengeschlagen oder mit Plakaten um den Hals, die sie als „Volksverräter" brandmarkten, durch die Straßen geschleift oder gar in psychiatrische Anstalten eingewiesen. Um ein überwältigendes „Ja"-Votum sicherzustellen, wurden viele ehemalige Kommunisten, Sozialdemokraten und andere Kritiker des Regimes im Vorfeld der Wahl vorübergehend verhaftet, und in vielen Wahlbezirken wurden die Stimmzettel bereits mit einem Kreuz im „Ja"-Kästchen markiert, bevor die Wähler in den Wahllokalen eintrafen; in einigen Wahlbezirken, so wurde berichtet, seien so viele „Nein"-Stimmen und ungültige Stimmzettel durch einen oder mehrere gefälschte „Ja"-Stimmzettel ersetzt worden, dass die Anzahl der „Ja"-Stimmen die Anzahl der Stimmberechtigten sogar überstieg. Natürlich bedeutete nichts davon, dass die Regierung in einer Volksabstimmung zu einer Frage wie dem Anschluss Österreichs anderenfalls keine Mehrheit für ihre Maßnahmen bekommen hätte. Aber es lässt sich mit Sicherheit sagen, dass sie bei einer freien Wahl nicht die 99 Prozent „Ja"-Stimmen bekommen hätte, die sie durch die skizzierte Taktik der Manipulation und Einschüchterung erhielt; bei dem Plebiszit von 1934 hätte sie sogar eine Mehrheit verfehlen können.[36]

Wenden wir uns nun den Belegen für die angeblich überwältigende Popularität des NS-Regimes zu, die spätere Umfragedaten lieferten. Johnson und Reuband behaupten, ihre Interviews mit älteren Deutschen während der 1990er-Jahre zeigten, dass „Hitler und der Nationalsozialismus bei den meisten Deutschen [so] ungeheuer populär waren".[37] Doch ihre Auswahl besteht zum überwiegenden Teil aus Menschen, die zwischen 1910 und 1928 geboren wurden, Menschen, die deshalb zu Beginn des „Dritten Reiches" zwischen fünf und 23 und an dessen Ende zwischen 17 und 35 Jahren alt gewesen sein müssen, wobei naturgemäß die Mehrzahl von ihnen den späteren Geburtsjahren zuzurechnen ist. Doch alles, was wir über das nationalsozialistische Deutschland wissen, von den Sopade-Berichten bis zu den Tagebüchern von Leuten wie dem jüdischen Professor Victor Klemperer, unterstreicht die Tatsache, dass die NS-Propaganda am erfolgreichsten bei den jüngeren Generationen in Deutschland war, die kaum Chancen gehabt hatten, in einer Zeit vor dem Regime ihre eigenen festen Werte und Überzeugungen zu entwickeln und die einer äußerst intensiven und unaufhörlichen Indoktrinierung durch Schule, Hitler-Jugend und die von Goebbels gelenkten Massenmedien ausgesetzt waren. So waren es überwiegend junge Leute, die sich an den antisemitischen Gewalttätigkeiten der „Reichskristallnacht" beteiligten und Victor Klemperer auf der Straße Beleidigungen zubrüllten.[38] Und Johnson und Reuband selbst merken an, dass „jüngere Leute [...] überproportional empfänglich für den Nationalsozialismus waren".[39] Ihre Umfrage zeigt, dass 62 Prozent ihrer zwischen 1923 und 1928 in Berlin geborenen Befragten zugaben, vom Nationalsozialismus „überzeugt oder überwiegend überzeugt" gewesen zu sein, im Vergleich zu nur 35 Prozent der zwischen 1911 und 1916 Geborenen; in Dresden betrugen die vergleichbaren Zahlen 65 und 39 Prozent, in Köln 45 und 21. Es wäre nicht übertrieben zu vermuten, dass die Zahlen für Menschen, die, sagen wir, vor 1890 oder 1880 geboren wurden, noch niedriger gewesen wären. Die Schlussfolgerungen von Johnson und Reuband sind daher durch die Tatsache verzerrt, dass die meisten der von ihnen befragten Personen in den 1920er-Jahren geboren wurden.[40]

Überdies antwortete nur eine Minderheit (18 Prozent) auf die drei Fragen, ob sie an den Nationalsozialismus geglaubt, ob sie Adolf Hitler bewundert und ob sie nationalsozialistische Ideale geteilt hätten, durchgängig mit Ja, während 31 Prozent zwei Fragen mit Ja beantworteten. Folglich antworteten nur 49 Prozent der Befragten auf mehr als eine dieser drei Fragen mit einem klaren Ja. Eine mehrheitliche Befürwortung ergibt sich nur, wenn ambivalente oder neutrale Antworten hinzugezählt werden. Johnsons und Reubands sorgfältige und beispielhaft gründliche Analyse ihrer Umfragedaten zeigt, dass die Einstellungen der von ihnen befragten Personen mehrheitlich gemischt waren: Einige sahen einige Aspekte des Nationalsozialismus positiv, aber andere Aspekte nicht, während die Einstellungen vieler Menschen sich im Laufe der Zeit recht deutlich änderten, eine Tatsache, die sich deutlicher aus einigen der ausführlichen Interviews herauskristallisiert als aus den statistischen Daten. All diese Abweichungen und Einschränkungen werden von Johnson und Reuband im Detail überzeugend dargelegt; es ist schade, dass sie bei der Zusammenfassung der Ergebnisse vollkommen unter den Tisch fallen.[41]

Der dritte wichtige Beweiskette, die nach Ansicht einiger Historiker für die Popularität des Regimes spricht, ist die Praxis, Gesetzesbrecher bei den Behörden zu denunzieren. Doch wie viel verrät die Praxis der Denunziation tatsächlich über die Einstellungen von Leuten zum Regime? Zunächst einmal verrät sie nicht, dass das nationalsozialistische Deutschland, wie Gellately behauptet hat, eine „selbstüberwachende Gesellschaft“ gewesen sei, weil die Leute Straftäter nicht bei ihresgleichen denunzierten. Sie denunzierten sie bei Behörden einschließlich der Gestapo, und wären die Gestapo und andere Werkzeuge staatlicher und parteilicher Kontrolle nicht zur Stelle gewesen, um legal oder außerhalb des Gesetzes gegen die Objekte der Denunziation vorzugehen, dann wäre die Denunziation bedeutungslos gewesen. In der Praxis gaben nicht primär Denunziationen aus der allgemeinen Bevölkerung den Anstoß für Ermittlungen: So kam es etwa in Lippe, einem Landkreis mit 176 000 Einwohnern, während des „Dritten Reiches“ nur zwischen drei und 51 Denunziationen pro Jahr. Außerdem war ein relativ hoher Anteil der Denunzianten Mitglied der NSDAP – in Augsburg beispielsweise 42 Prozent. In Düsseldorf wurden etwa 26 Prozent der Gestapo-Ermittlungen durch Denunziationen aus der Allgemeinbevölkerung ausgelöst; die anderen drei Viertel wurden von Gestapo-Beamten oder -Informanten, NSDAP-Organisationen, der Kriminalpolizei und der SS sowie der einen oder anderen staatlichen Behörde angestoßen. Darüber hinaus hat eine Untersuchung von Gestapo-Akten für die Koblenzer und Trierer Region ergeben, dass die Gestapo sich häufig bezahlter Informanten bediente und außerdem eine Namensliste unbezahlter Informanten führte, die wiederholt einzusetzen sie keine Skrupel hatte. Ungefähr ein Drittel dieser Personen waren Mitglieder der NSDAP oder ihrer angegliederten Organisationen.[42]

Bei Verstößen gegen die Nürnberger Rassengesetze war der Anteil der Fälle, die aus Denunziationen erwuchsen, sehr viel höher, was aber nicht zuletzt daran lag, dass solche Vergehen größtenteils nicht in der Öffentlichkeit begangen wurden und abgesehen von Nachbarn, Bekannten und direkten Angehörigen wahrscheinlich nur wenige davon wussten. Jedenfalls überlegten sich die Leute, wie ich bereits angemerkt habe, im Allgemeinen sehr genau, was sie zu Fremden sagten, sodass die relative Bedeutung von Familienmitgliedern, Verwandten und Nachbarn für die Denunziation von Leuten bei der Gestapo unter anderem die Tatsache widerspiegeln könnte, dass Leute oft unachtsam wurden, wenn sie mit ihnen redeten.

Fälle von „böswilligen Äußerungen“ gingen meistens auf Denunziationen zurück, vor allem – zumindest in den Anfangsjahren des Regimes – auf Anzeigen durch Kneipenwirte und Gäste in Lokalen, wo der Alkohol die Zunge löste. Als die Folgen lockerer Reden allmählich klarer wurden, sank der Anteil der Fälle von „böswilligen Äußerungen“ am Augsburger Gericht (auf das sich eine besonders aufschlussreiche Studie zu Denunziationen in Kneipen und Gasthäusern konzentrierte) von drei Vierteln im Jahr 1933 auf ein Zehntel bei Kriegsausbruch. Wie Gellately betont, erfolgten zudem viele Denunziationen durch normale Bürger aus persönlichen Beweggründen und sagen nichts aus über deren generelle Einstellung zum Regime, zu seinen Ideologien oder seiner Politik.[43]

Natürlich führte die Denunziation in vielen Fällen zu Strafverfolgung, Erscheinen vor einem Sondergericht und Inhaftierung – nicht in einem Konzentrationslager, sondern in einem staatlichen Gefängnis. Trotzdem legten die Nationalsozialisten, vor allem in den ersten beiden Jahren ihrer Herrschaft, als sich die repressiven Maßnahmen von Staat und Partei in erster Linie gegen politischen Widerstand und Widerspruch richteten, großen Wert darauf, die Existenz der Konzentrationslager und ihre Funktion publik zu machen. Aber bedeutete dies wirklich, wie Gellately behauptet, dass alle die Lager guthießen, weil sie aus Zeitungsberichten von ihnen wussten und keine Einwände dagegen erhoben? Zahlreiche Belege sprechen für das Gegenteil. Wie Gellately zu behaupten, die Lagerhäftlinge seien in den Jahren 1933/34 ausschließlich „gesellschaftliche Außenseiter der einen oder anderen Art" gewesen, ist schlicht falsch, wie wir gesehen haben. Zum einen waren die vielen kommunistischen Insassen als Arbeiter keine gesellschaftlichen Außenseiter, zum anderen waren die Lager auch für Sozialdemokraten bestimmt. Und zu den „braven Bürgern" Deutschlands im Jahr 1933, von denen Gellately meint, sie hätten sich über das „scharfe Durchgreifen" gefreut, gehörten zahlreiche sozialdemokratische Bürgermeister, Ratsmitglieder, Abgeordnete, Amtsträger, Beamte und andere Angehörige des Mittelstands. Weit davon entfernt, sich zu freuen, konnten sie selbst leicht in die Lager verschleppt werden.[44]

Als beispielsweise 1933 das Lager Dachau eröffnet wurde, erschienen in Lokalzeitungen ausführliche und sogar bebilderte Artikel, welche laut ausposaunten, dass dort nicht nur Kommunisten, sondern auch Sozialdemokraten oder „Marxisten" und politische Gegner jeglicher Couleur „umerzogen" würden. Einmal mehr sind lokale Belege in diesem Punkt aufschlussreich. In Northeim etwa brachten die Lokal- und Regionalzeitungen 1933 nicht nur Artikel über Dachau, sondern auch über das nahe gelegene Lager in Moringen bei Göttingen und berichteten regelmäßig über die Verhaftung von Bürgern wegen abfälliger Bemerkungen über das Regime und seine Führer. Die Wachen in Moringen wurden aus der ortsansässigen Bevölkerung rekrutiert, und die Gefangenen wurden meist nach nur wenigen Wochen Haft wieder freigelassen, sodass die Kenntnis von dem Lager in Northeim und Umgebung weit verbreitet gewesen sein muss.[45]

Natürlich gab es hier und auch anderswo mannigfaltige Kontakte anderer Art mit der ortsansässigen Bevölkerung, die am Bau und der Versorgung des Lagers ebenso beteiligt war wie an der Durchführung von Wartungs- und Instandsetzungsarbeiten. Aber diese Kontakte mit dem Lager waren nicht zwangsläufig ein Indiz dafür, dass dessen Existenz befürwortet wurde: Ein Klempner konnte undichte Wasserleitungen im Verwaltungsgebäude des Lagers reparieren und trotzdem Angst davor haben, was passieren könnte, wenn er aus der Reihe tanzte oder eine unvorsichtige Bemerkung fallen ließ. Gelegentlich drohte das Regime Leuten, die Ärger machten, unverhohlen mit Lagerhaft: „Konzentrationslager", verkündeten Deutschlands Zeitungen auf ihren Titelseiten unmittelbar nach der „Nacht der langen Messer", „wird angedroht für Gerüchtemacherei und verleumderische Beleidigung der Bewegung selbst und ihres Führers." Meist war die Drohung zwar indirekt, richtete sich jedoch gegen jeden, nicht nur gegen gesellschaftliche Außenseiter.[46] Erst nach der anfänglichen Welle der Repression in den Jahren 1933/34 wurden die Lager, nachdem sie ihre Funktion der politischen „Umerziehung" an die Sondergerichte und die staatlichen Gefängnisse abgetreten hatten, zu Verwahrungsorten für gesellschaftliche Außenseiter.

IV

Die jüngere Geschichtsschreibung hat zu Recht ältere Studien kritisiert, denen zufolge die Volksmeinung im „Dritten Reich" nichts weiter als ein Ergebnis von Zwang und Propaganda gewesen sei. Aber zugunsten eines ganz und gar voluntaristischen Ansatzes den Zwang herunterzuspielen und die Propaganda zu ignorieren, ist für die Erklärung der Funktionsweise des „Dritten Reiches" nicht besonders hilfreich. Propaganda war einflussreich, traf aber nicht auf Menschen, die zuvor keinerlei Ansichten hatten. Die NS-Propaganda war dort am wirkungsvollsten, wo sie sich bereits bestehende Überzeugungen zunutzemachte, wie Ian Kershaw vor einigen Jahren in seiner einschlägigen Untersuchung der Volksmeinung in Bayern während des „Dritten Reiches" gezeigt hat.[47] Wo Menschen, besonders Sozialdemokraten, Kommunisten und Katholiken, schon lange vor dem Beginn des „Dritten Reiches" ihre Wertvorstellungen entwickelt und ihre politische Haltung gefunden hatten, war sie keineswegs auf ganzer Linie erfolgreich. Außerdem zeigte die Propaganda dort Wirkung, wo sie zumindest einen gewissen Bezug zur Realität hatte: So ernteten die Nationalsozialisten beispielsweise weithin, wenn auch manchmal widerwillige Zustimmung durch den Abbau der Arbeitslosigkeit sowie durch die Wiederherstellung der Ordnung, des internationalen Ansehens und der Handlungsfreiheit Deutschlands. Goebbels' Verkündung des unmittelbar bevorstehenden Sieges noch gegen Kriegsende glaubten hingegen nur wenige.

Doch je stärker die Leute an anderen Werten als denen des Nationalsozialismus festhielten, desto wichtiger war der Terror als Mittel, sie zum Gehorsam zu zwingen. Die Nationalsozialisten selbst waren die

Ersten, die das zugaben. Am 15. März 1933 erklärte Goebbels unter Bezug auf die halbfreien Wahlen, die zehn Tage zuvor stattgefunden und der NSDAP und ihrem deutschnationalen Koalitionspartner eine knappe absolute Mehrheit beschert hatten, die Regierung werde „auf die Dauer nicht damit zufrieden sein können, 52 Prozent hinter sich zu wissen, um damit die übrigbleibenden 48 Prozent zu terrorisieren, sondern sie wird ihre nächste Aufgabe darin sehen, die übrigbleibenden 48 Prozent für sich zu gewinnen". Goebbels' Rede war bemerkenswert, weil sie die Rolle von Terror bei der Schaffung des „Dritten Reiches" und die Wichtigkeit der ideologischen Unterstützung durch das gesamte deutsche Volk freimütig eingestand. Doch Goebbels' Ziel, die Mehrheit der Bevölkerung zur uneingeschränkten Begeisterung für den Nationalsozialismus zu bekehren, wurde nur teilweise erreicht. Spätestens 1939 wusste die NS-Führung, dass die meisten Deutschen zu ihren am lautesten und nachdrücklichsten verkündeten Idealen kaum mehr als Lippenbekenntnisse ablegten: Sie fügten sich nach außen, während sie ihre wahren Überzeugungen größtenteils für sich behielten. Dem Nationalsozialismus war es zwar gelungen, die Einstellungen und Anschauungen der meisten Deutschen, besonders in der jüngeren Generation, ein Stück weit in die gewünschte Richtung zu ändern, aber eine rückhaltlose ideologische Unterstützung in der Gesamtbevölkerung hatte er nicht erreicht. Diese vor allem in lokalen Studien wie Allens *Das haben wir nicht gewollt* nachgewiesene Situation spiegelte wiederum die Tatsache wider, dass Zwang das Verhalten der überwiegenden Mehrzahl der Menschen, die im nationalsozialistischen Deutschland lebten, letztlich mindestens ebenso stark beeinflusste wie Propaganda.[48]

Wer also betrieb das Zwangssystem? Wie viele Menschen hatten mit seiner Umsetzung zu tun? Die Tatsache, dass sehr viele Instanzen beteiligt waren, bedeutet, dass es nicht nur von der relativ kleinen Gestapo, sondern von einem weit größeren Kreis von Personen verwirklicht wurde. Die SA war Anfang 1934 fast drei Millionen Mann stark, viereinhalb Millionen inklusive der angegliederten paramilitärischen und Veteranenverbände wie des „Stahlhelms". 1935 gab es etwa 200 000 Blockwarte und bei Kriegsbeginn nicht weniger als 2 000 000 einschließlich ihrer Helfer und Stellvertreter. Hunderttausende Deutsche bekleideten offizielle Posten in der einen oder anderen Organisation der NSDAP, wie etwa der Hitler-Jugend, der Reichskulturkammer, dem Nationalsozialistischen Deutschen Lehrerbund, dem Nationalsozialistischen Deutschen Studentenbund, der Deutschen Arbeitsfont (DAF) und so weiter. Besonders wichtig in diesem Kontext waren die Anwalt- und Richterschaft unter Einbeziehung der regulären Polizei und der Gestapo, deren Beamte größtenteils schon während der Weimarer Republik als Polizisten Dienst getan hatten. In Preußen wurden 1933 von den Nationalsozialisten nur 300 von etwa 45 000 Richtern, Staatsanwälten und Justizbeamten aus politischen Gründen entlassen oder in ein anderes Ressort versetzt. Der Rest blieb auf seinem Posten und verschaffte mit nur minimalen und sporadischen Einwänden den vom Regime erlassenen neuen Gesetzen Geltung. Wenn wir all die vielen anderen Deutschen mit berücksichtigen, die verantwortliche Positionen im Staat bekleideten, dürfte sich die Anzahl der Personen, die im einen oder anderen Maße bereit waren, eine Funktion im Zwangsapparat des Regimes wahrzunehmen, auf mehrere Millionen belaufen haben. Doch selbst dann bildeten sie in einem Land mit einer Bevölkerung von 80 Millionen eine Minderheit. Dabei gilt es zu beachten, dass auch sie wie alle anderen wussten, dass sie mit dem Regime in Konflikt geraten würden, wenn sie aus der Reihe tanzten: Immerhin waren 22 Prozent der Personen, die Mitte der 1930er-Jahre in Augsburg wegen „böswilliger Äußerungen" vor Gericht standen, selbst Mitglieder der NSDAP. Dennoch war die Ausübung verschiedener Arten von Zwang und Gewalt, real oder angedroht, die in einer demokratischen Gesellschaft nicht toleriert würden, bei Ausbruch des Krieges für Millionen Deutsche zu einer alltäglichen Gewohnheit geworden.[49]

Nur indem wir erkennen, dass Deutsche in sehr großer Zahl bereitwillig Zwang und Repression ausübten und dass Millionen junger Deutscher stark vom ideologischen Drill der Nationalsozialisten geprägt worden waren, können wir das außerordentlich brutale Verhalten der Streitkräfte erklären, die 1939 in Polen einmarschierten. Der Überfall auf Polen fand unter günstigen Bedingungen statt, bei gutem Wetter, gegen einen Feind, der nahezu beiläufig hinweggefegt wurde. Die einmarschierenden Truppen mussten nicht durch politische Indoktrination davon überzeugt werden, dass der Feind eine gewaltige Bedrohung für Deutschlands Zukunft darstellte, was für Polen selbstverständlich keineswegs zutraf. Der wesentliche Gruppenzusammenhalt in den unteren Rängen der Wehrmacht blieb zunächst intakt und wurde nicht durch ein strenges und pervertiertes Disziplinarsystem ersetzt, das die Stelle traditioneller militärischer Werte eine extremistische Rassenideologie setzte.[50] Fast alles, was beim Überfall auf die Sowjetunion von Juni 1941 an geschehen sollte, war bereits vom Überfall auf Polen bekannt.

Von Beginn an drangen SS-Einheiten in das Land ein, trieben politisch Unerwünschte, Akademiker und die Intelligenz zusammen und erschossen sie oder steckten sie in Konzentrationslager, massakrierten Juden, verhafteten einheimische Männer und schickten sie als Zwangsarbeiter nach Deutschland, betrieben eine systematische Politik der ethnischen Säuberung und führten schonungslos Umsiedlungen durch. Gleich von Beginn an machten auch Funktionäre der NSDAP, SA-Männer, Zivilbeamte und vor allem rangniedrigere Offiziere und einfache Soldaten mit, zu gegebener Zeit gefolgt von deutschen Siedlern, die nach Polen zogen. Verhaftungen, Misshandlungen und Morde an Polen und vor allem an Juden wurden alltäglich. Ebenso auffallend war die Annahme all der einmarschierenden und ankommenden Deutschen, dass die Besitztümer der Polen als Beutegut frei verfügbar seien. Beinahe überall kam es zum Diebstahl und Raub insbesondere jüdischen Eigentums durch deutsche Soldaten.[51]

Zähigkeit, Härte, Brutalität und die Anwendung von Gewalt waren einer ganzen Generation junger Deutscher von 1933 an eingeimpft worden. Unter älteren Soldaten und Funktionären setzte die Propaganda außerdem auf das ältere rassistische Vorurteil, dass Slawen und Ostjuden Untermenschen seien. Die Gewalt gegenüber Polen und insbesondere Juden von Anfang September 1939 an bedeutete eine Fortsetzung und Intensivierung von Maßnahmen und Verfahren, die vom „Dritten Reich" bereits eingeführt worden waren. Dasselbe gilt für die Plünderungen und Enteignungen, denen bereits 1933 in Deutschland kommunistische, sozialdemokratische, gewerkschaftliche und jüdische Vermögenswerte zum Opfer gefallen waren. Als SS-Einheiten im September und Oktober 1939 in einigen polnischen Städten Synagogen niederbrannten, geschah auch dies in direkter Nachahmung des Pogroms vom November 1938 in Deutschland. Und die Politik des Regimes gegenüber den polnischen Juden, die rasch auf eine Gettoisierung hinauslief, lässt sich nur im Lichte seiner früheren Politik gegenüber Juden in Deutschland verstehen, die während der vorangegangenen Jahre aus ihren Berufen gedrängt, enteignet, ihrer Staatsbürgerschaft und ihrer Rechte beraubt und denen per Gesetz fast sämtliche Möglichkeiten verwehrt worden waren, sich mit dem Rest der Bevölkerung zu vermischen.

Die beträchtliche Minderheit der Deutschen, die eine solche Politik des Zwangs, Terrors und Massenmords in die Tat umsetzte, hatte sich aufgrund der Erfahrung der vergangenen sechs Jahre in Deutschland selbst an solche Dinge gewöhnt. Doch gab die Mehrheit der Bevölkerung all dem ihre Zustimmung? Dick Geary hat darauf hingewiesen, dass es sinnlos ist, von „Zustimmung“ zu sprechen, wenn diese nicht aus freien Stücken gegeben wird: „Zustimmung“, schreibt er, „kann nur in Situationen gemessen werden, in denen Individuen zwischen echten Alternativen wählen können.“[52] Es lohnt sich außerdem, sich die rechtliche Definition von „Zustimmung“ (zum Beispiel in Vergewaltigungsfällen) in Erinnerung zu rufen, die besagt, dass eine Person zustimmt, wenn sie freiwillig einwilligt sowie die Freiheit und Fähigkeit besitzt, diese Wahl zu treffen. Vor dem Gesetz gilt, dass sich Gewaltandrohung und Zustimmung ausschließen. Kategorien wie „stillschweigende Zustimmung“ oder „passive Zustimmung“ sind in diesem Kontext kaum mehr als Vehikel eines negativen moralischen Urteils, basierend auf einem extremen und unrealistischen Leitbild aktiver Staatsbürgerschaft, das unterstellt, dass man einer Regierungspolitik seine Zustimmung gibt, wenn man nicht offen gegen sie protestiert.

Differenzierter hat sich in jüngster Zeit Peter Longerich der Frage nach der Zustimmung im nationalsozialistischen Deutschland genähert. Er zieht als Beispiel die antijüdische Politik des Regimes heran. Je radikaler die antisemitische Politik des Regimes wurde, so seine These, desto weniger Bereitschaft zeigte die Masse der Deutschen, ihr zuzustimmen. Bevor Kontakte zwischen jüdischen und nicht jüdischen Deutschen mit den Nürnberger Gesetzen von 1935 in vielerlei Hinsicht illegal wurden, hatte es sich als äußerst schwierig erwiesen, die Masse der Deutschen dazu zu bringen, die jüdische Minderheit auszugrenzen. Sowohl bei dem Pogrom vom November 1938 als auch später, während des Krieges, verhielten sich die Menschen in ihrer Mehrzahl keineswegs gleichgültig, sondern missbilligten Gewalt und Mordtaten an Juden. Aber sie fühlten sich außerstande, irgendetwas Konkretes zu unternehmen, aus Angst, diese Gewalt würde vom Regime und seinen Erfüllungsgehilfen gegen sie selbst gewendet, aus Angst vor Verhaftung und Strafverfolgung oder Sanktionen anderer Art. Diese Angst steigerte sich in den letzten zwei Kriegsjahren ins Extrem, als das Regime, unterstützt von Justiz und Vollstreckungsbehörden, sogenannte „Gerüchtemacherei“ über die nationalsozialistische Vernichtung der Juden Europas unbarmherzig unterdrückte. Gleichzeitig begann die Mehrheit der deutschen Bevölkerung, die wusste, was in Auschwitz und Treblinka geschah, ihr Wissen angesichts der drohenden Niederlage zu verdrängen, als die Aussicht auf alliierte Rache oder Vergeltung für den Massenmord allmählich gewisser wurde. Was wie Indifferenz wirkte, war somit in Wirklichkeit etwas weit Aktiveres, nämlich eine zunehmend verzweifelte Suche nach einer Möglichkeit, die Verantwortung für Handlungen, die beinahe jeder als Verbrechen begriff, zurückzuweisen. Auch hier spielte daher Angst eine Schlüsselrolle bei der Prägung des Verhaltens der Menschen, wie sie es in der Tat während des gesamten „Dritten Reiches" auch in anderen Bereichen getan hatte.[53]

Welche Folgen hat diese Erkenntnis letztendlich für die Aufgabe, so wir sie denn weiterverfolgen wollen, zu einem moralischen Urteil über das Verhalten dieser Menschen zwischen 1933 und 1945 zu kommen? Wie Neil Gregor kürzlich in einer Kritik der von ihm sogenannten „voluntaristischen Wende" in der historischen Forschung über das „Dritten Reich" betont hat, ist es für das Fällen eines moralischen Urteil nicht erforderlich, dass alle, die unter dem NS-Regime lebten, „vor vollkommen freien Entscheidungen standen, deren Ergebnisse nur durch ihre eigenen persönlichen Überzeugungen, Moralvorstellungen oder ihren Blutdurst bestimmt wurden".[54] „Menschliches Handeln", darauf hat Timothy Mason hingewiesen, „wird durch das Bemühen, die ungewählten Bedingungen[, unter denen es stattfindet,] zu identifizieren, definiert oder lokalisiert, nicht abgeschafft oder entlastet."[55] Was wir in diesem Kontext erkennen müssen, mag es auch schwerfallen, ist die absolut zentrale Bedeutung von Gewalt, Zwang und Terror für Theorie und Praxis des deutschen Nationalsozialismus von Anbeginn an. Wie Richard Bessel angemerkt hat: „Die NS-Ideologie drehte sich in ihrem Kern um Gewalt. […] Die vom „Dritten Reich" entfesselten Schrecknisse waren eine Widerspiegelung der Tatsache, dass die Nationalsozialisten ihre Ideologie wahrmachten."[56] Es ist unmöglich, den Terror zu verstehen, mit dem die Nationalsozialisten die Menschen in den von ihnen eroberten Gebieten, vor allem in Ost- und Südosteuropa und die Juden in sämtlichen besetzten Gebieten des Kontinents überzogen, wenn wir nicht die Tatsache begreifen, dass sie vor 1939 bereits weite Teile ihres eigenen Volkes damit überzogen hatten, und zwar nicht nur verachtete und winzige Minderheiten gesellschaftlicher Außenseiter, sondern Millionen ihrer Mitbürger – auf der einen oder anderen Ebene, im einen oder anderen Maße sogar die große Mehrzahl von ihnen.

8. Die „Volksgemeinschaft"

Warum unterstützten die Deutschen Hitler und die Nationalsozialisten weiter bis zum Ende des Krieges? Warum erhoben sie sich nicht gegen ein Regime, das Massenmorde und Gräueltaten unvorstellbaren Ausmaßes verübte? Warum führte das alliierte Flächenbombardement deutscher Großstädte nicht zu einem Volksaufstand gegen Hitler? Seit das NS-Regime 1945 in Trümmer fiel, haben viele Historiker im Laufe der Jahre versucht, diese Fragen zu beantworten. Ältere Erklärungen suchten in Stereotypen des deutschen Nationalcharakters nach einer Antwort – im Militarismus, der Lust an Gewalt, in der Autoritätsgläubigkeit, im Wunsch nach starker Führung, in der staatsbürgerlichen Passivität und ähnlichen Klischees von zweifelhafter Gültigkeit. In jüngerer Zeit haben einige Historiker die These vertreten, dass Propaganda eine zentrale Rolle dabei spielte, dass die Deutschen sich hinter der Flagge der Nationalsozialisten scharten; andere haben den wachsenden Terror hervorgehoben, dem die NSDAP die deutsche Bevölkerung vor allem in den späteren Phasen des Krieges unterwarf. Der amerikanische Politikwissenschaftler Daniel Jonah Goldhagen behauptete Ende der 1990er-Jahre, dass die Deutschen in ihrer überwältigenden Mehrzahl von Anfang an fanatische Anhänger des nationalsozialistischen Antisemitismus gewesen seien. Andere haben in der stumpfsinnigen Begeisterung der Deutschen für die charismatische Führerschaft Adolf Hitlers nach einer Erklärung gesucht.

Keiner dieser Erklärungsversuche hat sich, für sich betrachtet, als sehr überzeugend erwiesen. Grob vereinfachende Vorstellungen von einem deutschen Nationalcharakter, etwa Goldhagens pauschale Verallgemeinerungen, sind an dem Einwand gescheitert, dass eine Mehrheit der Deutschen in der Sozialdemokratischen und Kommunistischen Partei, in der katholischen Bevölkerungsgruppe und in vielen anderen Teilen der Gesellschaft sich weigerte, die Nationalsozialisten bei irgendeiner der Wahlen der Weimarer Republik, in denen die NSDAP nie viel mehr als ein Drittel der Stimmen gewann, zu unterstützen. Es gibt eine Vielzahl von Anhaltspunkten dafür, dass die NS-Propaganda, wenngleich nicht gänzlich ineffektiv, in ihrer Wirkung begrenzt war, insbesondere unter diesen vormals resistenten Bevölkerungsgruppen und vor allem in der zweiten Kriegshälfte, als Deutschland nachweislich auf die Niederlage zusteuerte. Hitler war sicherlich immun gegen Kritik aus der Bevölkerung, jedenfalls bis 1943, doch er wurde ebenso für das bewundert, was er tat, wie für das Bild, das er vermittelte. Und der Terror, obschon eine sehr reale und in den Jahren 1944/45 rasch eskalierende Größe, reichte für sich genommen sicher nicht aus, eine Bevölkerung von 80 Millionen zu knechten.

Auf der Suche nach einer möglichen Erklärung haben sich Historiker der nationalsozialistischen Idee vom Aufbau einer „Volksgemeinschaft" zugewendet. Nach den heftigen Differenzen der Weimarer Jahre, so wird heute häufig behauptet, habe das Versprechen, alle Deutschen in Gemeinschaft und Harmonie zu vereinen, eine beträchtliche allgemeine Anziehungskraft entwickelt. Die Argumente dafür, dass die „Volksgemeinschaft" nicht bloß ein Propagandatrick war, sondern breiten Rückhalt unter den Deutschen fand und deren Einstellungen zum NS-Regime nachhaltig beeinflusste, werden im Folgenden einer eingehenderen Prüfung unterzogen.

I

Kaum waren die Nationalsozialisten in Deutschland an die Macht gekommen, machten sie den Gruß „Heil Hitler" zu einem obligatorischen Bestandteil des Lebens im ganzen Land. Staatsbeamte waren gesetzlich verpflichtet, Dokumente mit der Schlussformel „Mit deutschem Gruß Heil Hitler" oder nur mit „Heil Hitler" zu versehen, und jeder, der einen Brief an eine Behörde schrieb, war gut beraten, dasselbe zu tun. Lehrer hatten ihre Klassen mit einem „Heil Hitler" zu begrüßen und dabei den rechten Arm steif zum „Deutschen Gruß" zu heben, die Schulkinder antworteten entsprechend. Zugschaffner hatten den Gruß zu verwenden, wenn sie ein Abteil betraten, um die Fahrkarten der Reisenden zu kontrollieren. Auf der Straße sollten die Deutschen ihn anstelle eines „Guten Morgen", Guten Tag" oder „Guten Abend" benutzen, und Postboten sollten Briefempfängern ein „Heil Hitler" entgegenbrüllen, bevor sie ihnen die Morgenpost aushändigten.

Der jüdische Literaturwissenschaftler und obsessive Tagebuchschreiber Victor Klemperer berichtete im Sommer 1933, dass nun auch an seiner Universität der „Zwang zum ‚Hitlergruß'" herrsche: „Bisher grüßten mich kleine Beamte und Kollegen mit Kopfnicken wie sonst, und ich erwiderte ebenso. Auf Kanzleien aber sah ich die Angestellten untereinander immerfort die Hand heben." Den Gruß zu entbieten, statt einfach nur „Guten Tag" oder „Hallo" zu sagen, wurde schnell zu einem äußeren, öffentlichen Zeichen der Unterstützung für das Regime, das überall in Deutschland zu beobachten war, während die Nationalsozialisten ihre Herrschaft etablierten. Zugleich war es eine unverhohlene, beinahe drohende Geste: Der Gruß ermahnte dazu, sich anzupassen, und forderte die entsprechende Erwiderung. Auf einen ausländischen Besucher, der im Jahr 1933 durch die Straßen deutscher Ortschaften und Städte schlenderte, wirkte der Gruß, als stünde die Bevölkerung geschlossen hinter dem neuen Regime.

Fans von Stanley Kubricks Film *Dr. Seltsam oder: Wie ich lernte, die Bombe zu lieben* werden sich lebhaft an den geistesgestörten NS-Wissenschaftler erinnern, gespielt von Peter Sellers, der sich in Momenten der Erregung vergeblich bemüht, seinen rechten Arm zurückzuhalten, wenn er unfreiwillig zum Hitler-Gruß in die Höhe schießt. Wie sich dieser Arm im 45-Grad-Winkel streckt, erinnert er uns in einem einzigen Bild nicht nur daran, dass einige Militärwissenschaftler im Nachkriegsamerika ihre Karrieren im nationalsozialistischen Deutschland begonnen hatten, sondern auch daran, dass das Entbieten des Hitler-Grußes jenen Leuten, die Hitler und sein Regime unterstützten, zur zweiten Natur geworden war. Mitte der 1930er-Jahre schienen Deutsche aller Klassen, Schichten und Gruppen die im nationalsozialistischen Gruß artikulierte Treue internalisiert zu haben.

Aber was genau bedeutete er? „Heil!" bedeutete nicht einfach bloß „Heil"; mit dem Wort assoziierte man darüber hinaus Heilen, Gesundheit und gute Wünsche. Wer mit „Heil Hitler" grüßte, wünschte dem NS-Führer damit indirekt gute Gesundheit und beschwor außerdem Hitler als eine Art höchstes Wesen, das dem Empfänger des Grußes gute Gesundheit gewähren konnte. In beiden Fällen wurde Hitler als allgegenwärtiger Dritter vorgestellt, wann immer zwei Deutsche zufällig aufeinandertrafen. Die Leute wussten um diese zusätzlichen Bedeutungen, und zumindest einige machten sich lustig darüber. Wer „Heil" als Befehl und nicht als Wunsch betrachtete, der konnte den Gruß mit den Worten „Heil du ihn!" erwidern und damit andeuten, dass der NS-Führer körperlich oder geistig krank war; oder man konnte unschuldig tun, wenn jemand „Heil Hitler" zu einem sagte, indem man fragte: „Wieso kommen Se gerade auf den?", und auf diese Weise andeuten, dass die Begrüßung unnötig und unangebracht war.

Den rechten Arm schnell und steif im verlangten Winkel in die

Höhe zu recken erforderte, vom Objekt des Grußes zurückzutreten, um ein Malheur zu vermeiden. Es heißt, dass der nationalsozialistische Botschafter in London, Joachim von Ribbentrop, als er bei Hofe vorgestellt wurde, den schüchternen, stotternden König George VI. mit seinem herausgebrüllten „Heil Hitler" völlig verschreckte und nur knapp die Nase des Monarchen verfehlte, als er seinen rechten Arm zu einem flotten nationalsozialistischen Gruß hochriss. Kein Wunder, dass der Botschafter rasch als „Von Brickendrop", „Der ins Fettnäpfchen tritt", bekannt wurde.

Die Distanz, die der Gruß schuf, trat an die Stelle des vertraulichen Händedrucks, entfremdete die Menschen einander und vereinte sie fortan ausschließlich in ihrer Treue zu Hitler. Da der Hitler-Gruß üblicherweise auch als „Deutscher Gruß" bezeichnet wurde, war seine Verwendung zudem ein Ausweis nationaler Identität. Juden war es von 1937 an ausdrücklich verboten, ihn zu benutzen, sodass er zu einem Kennzeichen angeblicher rassischer Überlegenheit und Zusammengehörigkeit wurde. Im katholischen Süddeutschland, wo die Leute einander traditionell mit „Grüß Gott!" ansprachen, verschaffte er dem NS-Führer geradezu göttlichen Status. Der Gruß ersetzte mithin regionale Unterschiede bei den Begrüßungsformeln – die vom „Servus" im Süden bis zum „Moin-Moin" an den Küsten im Norden reichten – durch eine landesweite Geste, welche die kollektive Identität der Menschen vor allem als Deutsche bestätigte – eine einzige Rasse, geeint im Namen einer einzigen Sache, der nationalsozialistischen.

Wie der Soziologe Tilman Allert in *Der deutsche Gruß. Geschichte einer unheilvollen Geste* (Stuttgart 2010) zeigt, verankerte der „Deutsche Gruß" das Regime in jedem Aspekt des Alltagslebens. Angesichts seiner Verbreitung fühlten sich jene, die anfangs vielleicht unwillig waren, rasch hoffnungslos unterlegen. Am Ende glaubten auch sie, dass es keine Alternative dazu gab. Die Folgen waren weitreichend: In der Öffentlichkeit ausgesprochen, militarisierte der „Deutsche Gruß" menschliche Begegnungen; er stempelte Individuen zu Mitgliedern einer Gesellschaft, die unter nationalsozialistischer Führung für den Krieg mobilisiert wurde; er schwächte das Gespür der Menschen für ihre eigene Individualität und untergrub ihre Fähigkeit, moralische Verantwortung für ihre Handlungen zu übernehmen, indem er die Verantwortung stattdessen in Hitlers Hände legte.

In Wahrheit jedoch vollführten die Leute die Geste oftmals unter Zwang. Vor allem in den ersten Monaten der NS-Herrschaft, als Andersdenkende und Gegner des Regimes leicht Gefahr liefen, von SA-Männern misshandelt oder in ein Konzentrationslager verschleppt zu werden, passten sich viele Menschen einfach aus Angst an. Die „auf den öffentlichen Plätzen der Städte, am Strommast und am Laternenpfahl" angebrachten Emailleschilder mit der Aufschrift „Der Deutsche grüßt: Heil Hitler!" unterstellten, dass jeder, der den Gruß nicht verwendete, nicht zur „nationalen Gemeinschaft" der Deutschen zählte, dass er ein Außenseiter war, ein Ausgestoßener, gar ein Feind. Der Journalistin Charlotte Beradt erzählte ein ehemals sozialistischer Bekannter damals, er habe geträumt, der nationalsozialistische Propagandaminister Joseph Goebbels habe ihn an seinem Arbeitsplatz besucht, ihm aber sei es extrem schwergefallen, vor dem Minister den rechten Arm zum nationalsozialistischen Gruß zu heben. Nachdem er es eine halbe Stunde versucht habe, sei es ihm schließlich gelungen, nur um von Goebbels kühl beschieden zu werden: „Ihren Gruß will ich nicht." Hier bündelte eine einzelne Anekdote Ängste, Sorgen und Zweifel, die zu Beginn des „Dritten Reiches" unter andersdenkenden Deutschen herrschten.

Doch schon damals und im Laufe der Zeit immer häufiger bedienten sich die Leute wie früher einer herkömmlichen Grußformel, indem sie dem Hitler-Gruß ein „Guten Tag" und einen Handschlag folgen ließen. Am Ende betrachteten die Leute das „Heil Hitler" als eine mehr oder weniger lästige Pflichtübung, die man hinter sich bringen musste, bevor man sich angemessen begrüßte und wieder in zwischenmenschlichen Kontakt mit seinem Freund, Verwandten, Kollegen oder Bekannten trat und die gewohnten Bande der Geselligkeit wiederherstellte, welche durch die formale Geste des nationalsozialistischen Grußes kurzzeitig und ärgerlicherweise zerstört worden waren.

Jedenfalls hörten die Leute ziemlich schnell auf, den Hitler-Gruß zu verwenden, sobald die anfängliche Phase der Gewalt und Einschüchterung vorüber war. Berlin-Besuchern fiel schon Mitte der 1930er-Jahre auf, dass der Gruß weniger üblich geworden war als früher. Eine schmale Straße in München an der Rückseite der Feldherrnhalle ist noch heute als „Drückebergergasse" bekannt, weil die Leute durch sie auswichen, um nicht das Ehrenmal zur Erinnerung an die Opfer des Hitlerputsches 1923 an der Ostseite der Feldherrnhalle grüßen zu müssen. Im Oktober 1940, als klar war, dass Deutschland die Briten nicht durch Bombardements zur Kapitulation zwingen würde, fiel dem US-amerikanischen CBS-Korrespondenten William L. Shirer auf, die Menschen in München hätten „gänzlich aufgehört, ‚Heil Hitler' zu sagen". Nach der deutschen Niederlage in der Schlacht von Stalingrad berichtete der Sicherheitsdienst (SD) der SS, dass die Leute den „Deutschen Gruß" nicht mehr benutzten, und tatsächlich war er schon lange vor Kriegsende außer unter NSDAP-Fanatikern praktisch verschwunden. Auch Victor Klemperer bemerkte im September 1941 einen abnehmenden Gebrauch des „Deutschen Grußes": „Man zählt, wie viele Leute in den Geschäften ‚Heil Hitler', wie viele ‚Guten Tag' sagen. Das ‚Guten Tag' soll zunehmen. ‚Beim Bäcker Zscheischler sagten fünf Frauen ‚Guten Tag', zwei ‚Heil Hitler'.' Hoch. – Beim Ölsner sagten alle ‚Heil Hitler'. Tief." – „Wen sehe, wen höre ich?", fragte er sich im März 1940.

Selbst wo sie ihn verwenden mussten, verwandelten die Menschen den Hitler-Gruß gelegentlich in eine Geste des Trotzes gegen das Regime. Im Jahr 1934 wurden nach Berichten, dass fahrende Schausteller dressierte Affen darauf abgerichtet hätten, den Gruß zu entbieten, alle Kreis- und Polizeiämter in einem Rundschreiben der Ministerialabteilung IA (Polizei) des Hessischen Staatsministeriums aufgefordert, „in dieser Richtung unauffällig zu kontrollieren und bei festgestellten Verstößen die Abschlachtung der Tiere zu veranlassen". Und von Bergleuten im bayerischen Penzberg existiert ein Foto, auf dem sie sich zu einer zeremoniellen Parade versammelt haben und auf alle möglichen Arten mit den Armen wedeln, ohne auf die hinter ihnen stehende Abordnung der Hitler-Jugend zu achten, die es ihnen korrekt vormachte.

Dass Leute opportunistisch, defensiv oder gar versteckt subversiv grüßten und dass Deutsche sich immer öfter dem Gruß verweigerten oder ihm eine konventionelle Begrüßung folgen ließen, straft Allerts Behauptung Lügen, der Gruß habe bei den Deutschen zu einem „gebrochene[n] Verhältnis zu sich selbst" geführt, weil sie versucht hätten, „die Anstrengung des Sozialen hinter sich zu lassen, dem Geschenk des Anderen die Aufmerksamkeit zu verweigern". Was wiederum bedeute, „ein Zerfallspotential sozialer Ordnung zuzulassen und in die zivilisatorische Regression, in den Verzicht auf die Anerkennung der Offenheit und Ambivalenz sozialer Austauschbeziehungen zu versinken". So einfach ist das Leben nicht, auch wenn Soziologen das manchmal meinen.

II

Seit dem Zusammenbruch des „Dritten Reiches" im Mai 1945 kreist die Debatte unter Historikern um folgende Fragen: Wie weit unterstützten ganz normale Deutsche Hitlers Regime? Wenn sie nicht hinter dem Regime standen, warum erhoben sie sich dann nicht dagegen? Warum kämpften sie weiter bis zum bitteren Ende? Wie war im Allgemeinen die Beziehung zwischen „Deutschen“ und „Nazis“? Waren beide spätestens 1945 identisch? In welchem Maße veränderte die Verfolgung und Vernichtung der Juden die Einstellung der Deutschen gegenüber dem Regime? Falls sie davon wussten, wie weit ging ihre Billigung? Kämpften sie weiter bis zum Ende, obwohl oder gerade weil sie von den Verbrechen des Nationalsozialismus wussten?

Nur wenige Historiker würden heute die von der überwältigenden Mehrheit der Deutschen in den späten 1940er- und in den 1950er-Jahren aufgestellte Behauptung glauben, dass sie von den in ihrem Namen unter dem NS-Regime begangenen Verbrechen bis zum Schluss nichts gewusst hätten. Der Sicherheitsdienst der SS berichtete schon im März 1942, dass aus Polen heimkehrende Soldaten offen darüber sprächen, dass die Juden dort in großer Zahl ermordet würden. Die Parteikanzlei klagte am 9. Oktober 1942, dass Gerüchte über „sehr scharfe Maßnahmen“ gegen Juden „von Urlaubern der verschiedenen im Osten eingesetzten Verbände weitergegeben werden, die selbst Gelegenheit hatten, solche Maßnahmen zu beobachten“. Angesichts der Tatsache, dass zwei Drittel oder mehr der 13 Millionen deutschen Männer unter Waffen an der Ostfront standen, verbreiteten sich Berichte schnell, und noch vor Jahresfrist wussten die meisten Deutschen ganz genau, was dort vor sich ging.

Heftig umstritten ist jedoch nach wie vor das Ausmaß, in dem normale Deutsche dem Völkermord ihre Zustimmung gaben. In den letzten Jahren haben Historiker dabei weniger den ideologischen als den praktischen Faktoren Bedeutung beigemessen. Eine ganze Reihe von Studien hat nachgewiesen, dass Bürger sich aus Gründen am nationalsozialistischen Projekt beteiligten, die wenig oder gar nichts mit Ideologie zu tun hatten: weil sie Arbeit und Wohnungen wollten, weil sie ein besseres Leben wollten, später, weil sie einfach überleben wollten. Es wurde darauf hingewiesen, dass nur wenige Menschen jemals Grund gehabt hätten, einen Besuch der Gestapo oder die Inhaftierung in einem Konzentrationslager zu fürchten, sodass Angst die meiste Zeit keine allzu große Rolle gespielt habe. All das hatte wenig mit Ideologie zu tun, aber die praktische Unterstützung, die Deutsche dem Regime angedeihen ließen, habe, so ist behauptet worden, eine implizite Billigung der Politik des Regimes dargestellt.

Thesen wie diese stehen für die sogenannte „voluntaristische Wende" in der historischen Beurteilung des Nationalsozialismus. Die Entscheidungen, welche die Deutschen trafen, so wird allgemein angenommen, seien frei und unbehindert gewesen; wie hätten sie auch sonst später dafür verantwortlich gemacht werden können? In *Life and Death in the Third Reich* (2008) verkündet etwa der amerikanische Historiker Peter Fritzsche seine Absicht, „die Anstrengung, die Deutsche unternahmen, um Nationalsozialisten zu werden", und „das Ausmaß, in dem Deutsche im „Dritten Reich" wohl überlegte, bewusste und gut fundierte politische Entscheidungen trafen", im Geiste der „voluntaristischen Wende" zu analysieren. Fritzsche schreibt mit seinem bekannten Talent und Schwung und packt unglaublich viel in einen relativ schmalen Band. Besonders gut ist er bei der detaillierten Analyse kleiner, aber aufschlussreicher kultureller Phänomene, wie etwa des oben behandelten Hitler-Grußes oder des „Abstammungsnachweises", den alle Deutschen mitführen mussten, um ihre „Rassereinheit" nachzuweisen. Sein ungeheuer gut lesbares und kluges Buch macht hervorragenden Gebrauch von Briefen und Tagebüchern, um die Erfahrung normaler Leute unter dem Nationalsozialismus auf eine Weise zu vermitteln, zu der wenige andere Historiker bislang imstande waren.

Fritzsche ist jedoch ein zu kenntnisreicher und scharfsinniger Historiker, um voll und ganz der „voluntaristischen Wende" zu folgen. Er untersucht überzeugend sowohl die Grenzen der Nazifizierung als auch ihre Erfolge. Und er hat sicher recht, wenn er behauptet, dass, obwohl Nazis und Deutsche niemals identisch waren, die Beziehung zwischen beiden niemals statisch war. Er weist ungeheuer detailreich nach, wie aus dem „Bekehrungsprozess", der aus Deutschen Nationalsozialisten machte, im Laufe der Zeit ein „fortlaufender Prozess voller Zweifel" wurde. Noch 1942 liebten die Deutschen zwar das „Dritte Reich", das ihnen nach dem Chaos der Weimarer Jahre Ordnung, Sicherheit und wirtschaftliche Stabilität beschert hatte, aber mittlerweile verachteten sie die Nationalsozialisten, die all dies nun durch ihre Weigerung, die militärische Niederlage einzugestehen, zerstörten. „Dadurch war die Vorstellung von Deutschland insgeheim sowohl nazifiziert als auch arisiert worden. Die Mehrheit der Deutschen wollte lieber den Krieg gewinnen und die Nationalsozialisten behalten, als sowohl den Krieg als auch die Nationalsozialisten verlieren. Nur sehr wenige hofften auf Deutschlands Niederlage." Zwei Momente beherrschten, wie Fritzsche zutreffend bemerkt, beinahe alles, was die Nationalsozialisten taten: der

Mythos der nationalen Einheit bei Ausbruch des Ersten Weltkriegs 1914, den sie in der viel gepriesenen „nationalen Gemeinschaft“ aller Deutschen wieder zu erschaffen suchten; und die „Dolchstoßlegende“, der zufolge jüdische Umstürzler 1918 daheim den Zusammenhalt und den Kampfgeist der Armee an der Front zuerst untergraben und dann zerstört hätten. 1945 sollte es keinen „Dolchstoß“ geben.

Fritzsche weiß sehr gut, dass das nationalsozialistische Projekt der Schaffung eines neuen National- und Rassebewusstseins bei den Deutschen seine Ziele verfehlte. Das Regime verwendete gewaltige Anstrengungen darauf, in den Deutschen einen Glauben an die Tugend und Wünschbarkeit des Krieges einzuflößen, doch die überwiegende Mehrheit der Deutschen blieb immun, zeigte weitverbreitete Sorge, als während der Münchener Krise 1938 ein bewaffneter Konflikt drohte und im September 1939 tatsächlich eintrat, und war entsprechend euphorisch, als Erstere ohne Blutvergießen gelöst wurde und Letzterer, wie sie gehofft hatten, binnen weniger Monate mit einer Reihe leichter und schneller Siege beendet schien. Als dann am 22. Juni 1941 der Einmarsch in die Sowjetunion erfolgte, herrschte erneut eine gedrückte und ängstliche Stimmung unter der normalen Bevölkerung.

Trotzdem behauptet Fritzsche, dass „die Deutschen bemüht waren, sich auf die neuen Ziele des Nationalsozialismus einzustellen“, nachdem sie vom Einmarsch in die Sowjetunion erfahren hatten, so wie sie es in früheren Krisen getan hätten. Bald schon habe ein allgemeines Gefühl des Stolzes auf den Krieg im Osten und Optimismus hinsichtlich seines Ausgangs vorgeherrscht. Leider liefert Fritzsche an keiner einzigen Stelle irgendwelche konkreten Belege, um nachzuweisen, dass die Deutschen sich aktiv bemühten, den Zielen des Regimes zu dienen. Nicht einmal die Briefe und Tagebücher, aus denen er zitiert, lassen einen solchen Anpassungsprozess erkennen, in dessen Verlauf ihre Verfasser aus eigenem Antrieb bestrebt gewesen wären, nationalsozialistisch zu werden. Alles, was er zu bieten hat, sind Behauptungen, was mit einer erheblichen Unterschätzung der Zwangs- und terroristischen Aspekte des „Dritten Reiches“ einhergeht. Natürlich ist Fritzsche, im Gegensatz zu einigen der extremeren Vertreter der „voluntaristischen Wende“, das gewaltige Ausmaß bewusst, in dem die Nationalsozialisten während der „Machtergreifung“ in den ersten sechs Monaten des Jahres 1933 echte und potenzielle Gegner einschüchterten und mit brutaler Gewalt gegen sie vorgingen. Aber wie sie, behauptet auch er, dass es in den folgenden Jahren kaum unverhohlene Gewalt oder offenen Zwang gegeben habe.

Doch selbst sein eigenes Beweismaterial belegt, dass Menschen genötigt wurden, Geld für das Winterhilfswerk zu spenden, dass sie fast während der gesamten 1930er-Jahre durch ständige antisemitische Gewalt auf der Straße eingeschüchtert und in einer ganzen Reihe unterschiedlicher Lager diszipliniert und gemaßregelt wurden. Aber es gab noch andere Aspekte von Zwang, Nötigung und Einschüchterung, die er ebenfalls nicht erwähnt.

So weist Fritzsche beispielsweise, wie viele Vertreter der „voluntaristischen Wende", auf die Tatsache hin, dass Mitte der 1930er-Jahre nur noch etwa 4000 politische Häftlinge in den Konzentrationslagern verblieben waren. Aber wie sie verkennt auch er, dass ein Hauptgrund für diese niedrige Zahl die Tatsache war, dass die Aufgabe der Repression mittlerweile von regulären Gerichten und vom Justizsystem übernommen worden war, die bis zu diesem Zeitpunkt mehr als 23000 politische Häftlinge in Deutschlands staatlichen Gefängnissen und Zuchthäusern hinter Gitter gebracht hatten. Seine Behauptung, dass die Polizei nach 1933 frühere Kommunisten und Sozialdemokraten in Ruhe gelassen habe, lässt sich durch zahllose lokale Beispiele widerlegen: Viele wurden während der manipulierten Volksabstimmungen und Wahlen, welche die Nationalsozialisten von Zeit zu Zeit organisierten, aus ihren Wohnungen geholt und inhaftiert, sie standen unter ständiger Überwachung und konnten, sobald der Krieg ausgebrochen war, als potenzielle „Umstürzler" jederzeit in ein Konzentrationslager verschleppt werden. Er bemerkt nicht die gewaltige Zunahme von Zwangsgesetzen während des Kriegs, die dazu führte, dass die Zahl der Insassen von Strafanstalten sich praktisch verdoppelte und die Zahl der Hinrichtungen in der Heimat auf 4000 bis 5000 pro Jahr anstieg. Und ein wesentlicher Grund, warum die Soldaten weiterkämpften, lag in der Tatsache, dass der Zwang in den Streitkräften ähnliche Ausmaße erreichte. So wurden im Laufe des Kriegs etwa 30000 Soldaten vor Erschießungskommandos gestellt (verglichen mit gerade mal 18 während des Ersten Weltkriegs!).

Vor allem aber ignoriert Fritzsche die enorme Bandbreite kleinerer Sanktionen, die drohten und die vom Regime oft eingesetzt wurden, um zumindest einen Anschein von Konformität zu erzwingen. Sie reichten vom Entzug von Sozialleistungen bis zur Übertragung schwieriger und gefährlicher Arbeiten an Nörgler und Abweichler weit weg von ihren Familien. In Tagebüchern und Briefen mag von der Angst vor Repressalien oder Bestrafung nicht die Rede sein, wie Fritzsche betont, aber möglicherweise hüteten sich ihre Verfasser davor, irgendetwas zu sagen, das sie in Schwierigkeiten bringen konnte, falls ihre Tagebücher entdeckt oder ihre Briefe von der Polizei oder den Militärzensoren geöffnet würden. Die Angst durchdrang alle Lebensbereiche im „Dritten Reich". Ein offenkundiges Beispiel ließe sich in den Vorsichtsmaßnahmen finden, welche die Leute während des Krieges trafen, um nicht beim Hören eines ausländischen Rundfunksenders erwischt zu werden, ein Vergehen, das mit Haft oder sogar mit dem Tod bestraft wurde. Am Ende spielte es keine Rolle, dass es nur relativ wenige Anklagen gab. Die Möglichkeit, entdeckt oder denunziert zu werden, veranlasste die Leute, sich selbst und ihr Radio beim Hören unter Decken zu verstecken oder Aufpasser an den Wohnungstüren zu postieren oder sich mit ihrem Rundfunkgerät im Bad einzuschließen. Die überall an die große Glocke gehängten Fälle von Hörern, die angeklagt und zu einer Gefängnisstrafe verurteilt wurden, reichten nicht, um die Leute davon abzuhalten – nach Schätzungen der BBC hörten 1944 bis zu 15 Millionen Deutsche pro Tag ihre Sendungen –, aber sie jagten ihnen durchaus Angst ein.

Sofern man nicht das ganze Ausmaß des vom Regime ausgeübten Terrors, der mit der Dauer des Krieges massiv zunahm und gegen Kriegsende einen außerordentlichen Höhepunkt erreichte, in Rechnung stellt, ist es schwierig, wenn nicht unmöglich, die Reaktion normaler Deutscher auf die Deportation und Ermordung von Juden zu verstehen. In einem faszinierenden Kapitel zu diesem äußerst wichtigen Thema geht Fritzsche das Beweismaterial sorgfältig durch und kommt zu dem Schluss, dass die Deutschen, während sie über die von der SS im Osten durchgeführten Massenerschießungen von Juden beinahe vom ersten Moment an im Bilde waren, von den Gaskammern in Auschwitz, Treblinka und anderen Vernichtungslagern nichts wussten. Aber obwohl die Quellen, die er benutzt – die Berichte des Sicherheitsdienstes der SS, private Korrespondenz und so weiter – seine Behauptung in der Tat stützen, ignoriert er die Tatsache, dass die Gaskammern in BBC-Sendungen für Deutschland von Ende 1944 an häufig erwähnt wurden. Ihre 15 Millionen deutschen Hörer wurden bezüglich dessen, was dort vorging, nicht im Unklaren gelassen. Fritzsche neigt hier wie an anderer Stelle zu sehr dazu, Deutschland unter den Nationalsozialisten als völlig abgeschnitten vom Rest der Welt darzustellen.

Nicht zuletzt aus diesem Grund waren normale Deutsche spätestens 1942 nicht mehr geneigt, den Versicherungen von Propagandaminister Joseph Goebbels Glauben zu schenken, dass der Krieg gewonnen würde. Sie kämpften weiter, nicht weil sie an den Sieg glaubten, sondern weil sie keine Alternative sahen. Obwohl Fritzsche behauptet, dass es auf Goebbels' Aufruf an das deutsche Volk nach der katastrophalen Niederlage der 6. Armee in Stalingrad Anfang Februar 1943, alle Kräfte für den „totalen Krieg" zu mobilisieren, eine positive Reaktion gegeben habe, deuten die Aussagen selbst der Berichte des SS-Sicherheitsdienstes über die allgemeine Moral in eine andere Richtung. Und je klarer wurde, dass Deutschland den Krieg verlieren würde, desto mehr fürchteten normale Deutsche die alliierte Vergeltung – und hier scheint Goebbels' Propaganda tatsächlich gewisse Früchte getragen zu haben –, den Rachedurst der Juden.

Fritzsche behauptet, dass „die meisten Deutschen sich für die unschuldigen Opfer der alliierten Bombenangriffe hielten", aber wie er selbst an anderer Stelle ausführlich nachweist, war die weitverbreitete Reaktion eine ganz andere: Schuldgefühle, weil sie zugelassen hatten, was Juden angetan worden war. „Haben wir nicht die Juden zu Tausenden hingeschlachtet?", fragten, laut Sicherheitsdienst der SS, 1944 in Stuttgart zahlreiche Menschen aus allen Schichten der Bevölkerung. – „Erzählen nicht immer wieder Soldaten, Juden haben in Polen ihre eigenen Gräber schaufeln müssen? Und wie haben wir es denn mit den Juden gemacht, die im Elsass im KZ waren? Die Juden sind auch doch Menschen. Damit haben wir den Feinden vorgemacht, was sie im Falle ihres Sieges mit uns machen dürfen." Folglich begannen die Deutschen über die Juden zu schweigen und schickten sich an, jegliches Wissen darüber, was mit den Juden geschehen war, zu leugnen, als die Alliierten schließlich kamen, um ihre Vergeltung einzufordern. Die Angst vor dem Feind – und nicht nur vor der Roten Armee, obwohl diese tatsächlich in hohem Maße gerechtfertigt war – war mithin ein weiterer Faktor, der die Deutschen bis zum Ende weitermachen ließ.

Fritzsche erkennt häufig nicht die List und Berechnung hinter vielen scheinbar spontanen allgemeinen Beifallsbekundungen für das Regime, von den Demonstrationen anlässlich von Hitlers Ernennung zum Reichskanzler am 30. Januar 1933 bis zu den Massenkundgebungen, die abgehalten wurden, um Hitlers Überleben zu feiern, nachdem Oberst Stauffenberg am 20. Juli 1944 versucht hatte, ihn in die Luft zu jagen. Beide Veranstaltungen wurden von Goebbels organisiert, dem stets daran gelegen war, Bilder allgemeiner Begeisterung für das „Dritte Reich" zu erschaffen.

III

Wenn es der Propaganda nicht vollends gelang, das deutsche Volk hinter Hitler und sein NS-Regime zu scharen, dann spielten möglicherweise materielle Beweggründe eine Rolle. In einem erstaunlichen und fesselnden Buch, *Hitlers Volksstaat. Raub, Rassenkrieg und nationaler Sozialismus,* das bei seinem Erscheinen in Deutschland 2005 für beträchtlichen Wirbel sorgte, wartet der linke Historiker Götz Aly mit einer neuen Erklärung auf. Es seien, sagt er, materielle Faktoren gewesen, welche die große Masse der Deutschen bewogen hätten, Hitler und die Nationalsozialisten fast bis zum Ende zu unterstützen. Der NS-Führung, behauptet er, sei es gelungen, die Deutschen „zu Nutznießern und Nutznießerchen zu machen. Nicht wenige steigerten sich in eine Goldgräberstimmung [...]. Wie sich der Staat im Großen in eine gewaltige Raubmaschinerie transformierte, wandelten sich gewöhnliche Leute in Vorteilsnehmer und passiv Bestochene." Schon in den späten 1930er-Jahren, so Alys These, hätten selbst ehemalige Sozialdemokraten sich mit dem Regime abgefunden, weil es die Massenarbeitslosigkeit und das wirtschaftliche Elend der Großen Depression durch Vollbeschäftigung, Wohlstand und Verbraucherzufriedenheit ersetzt habe. Während des Kriegs, fährt er fort, bestimmte „das materiell üppige Sein, der indirekte, nicht persönlich verantwortete, doch gern genommene Vorteil aus den Großverbrechen [...] das Bewusstsein der meisten Deutschen von der Fürsorglichkeit ihres Regimes".

Aly hat diese Art von materialistischer Erklärung schon früher bei der Beschäftigung mit dem nationalsozialistischen Völkermord angeboten, den er in seinem Buch *„Endlösung". Völkerverschiebung und der Mord an den europäischen Juden* (Frankfurt am Main 1996) als das Ergebnis rationaler, oder vielleicht sollte man sagen pseudo-rationaler, Prozesse staatlicher Planung und ethnischer Neuordnung darstellte, die in der NS- und SS-Verwaltung und nicht von ideologischem Hass und ideologischer Verblendung entwickelt worden seien. In der in Zusammenarbeit mit Susanne Heim verfassten Studie *Vordenker der Vernichtung. Auschwitz und die deutschen Pläne für eine neue europäische Ordnung* (Hamburg 1990) wandte Aly seine Aufmerksamkeit den Planern, Demografen, Beamten und Wissenschaftlern zu, die diese Pläne ersannen und die im Drang, das Verhältnis zwischen produktiven und unproduktiven Bevölkerungsgruppen in Europa zu korrigieren, für Völkermord plädierten: „Darüber hinaus aber existierten im Hintergrund

Denkmodelle, Konzepte für ‚Endlösungen', die die staatlich gesteuerte Massenvernichtung von Menschen – zwar selten ausdrücklich, aber umso häufiger mit sterilen wissenschaftlichen Begriffen – als funktional im Sinne einer langfristigen Erneuerung der gesellschaftlichen Strukturen empfahlen."

Dieser Ansatz entspringt einem besonderen Verständnis des Nationalsozialismus, wie es bei der extremen Linken in Deutschland anzutreffen ist. Seine Vertreter suchen den Nationalsozialismus unter allen Umständen mit Modernisierungsprozessen zusammenzudenken, die in die Bundesrepublik der Gegenwart mündeten. In *Hitlers Volksstaat* beispielsweise versäumt Götz Aly keine Gelegenheit, prominente Persönlichkeiten im Nachkriegsdeutschland zu erwähnen, die sich als junge Männer für das „Dritte Reich" begeisterten. Vor nicht allzu langer Zeit entfachte er einen Proteststurm, als er viel bewunderte deutsche Universitätshistoriker der 1950er-Jahre für das anklagte, was er für ihre Rolle während des „Dritten Reiches" bei der Planung oder Rechtfertigung des nationalsozialistischen Völkermords hielt. Was Aly zu solch einer unbequemen Figur für Deutsche macht, ist die Tatsache, dass seine Thesen stets durch gewissenhafte, akribische und sehr umfangreiche Archivforschungen untermauert werden. Seine Stimme mag die eines Außenseiters sein, aber man muss ihr zuhören. Bei seinem ersten Erscheinen in Deutschland sorgte *Hitlers Volksstaat* mit der These für noch größere Aufregung als seine früheren Bücher, dass nicht nur die Unterstützung der Eliten auf rationalen, nicht ideologischen Gründen beruhte, sondern auch die der großen Masse des Volkes. Inwiefern halten seine neuen Behauptungen einer kritischen Prüfung stand?

Hitlers Volksstaat, das muss man sagen, fängt nicht gut an. Die einleitenden Seiten über Deutschland in den Jahren vor Ausbruch des Zweiten Weltkriegs 1939 enthalten viele pauschale Behauptungen, die von der seriösen Forschung längst widerlegt worden sind: So verarmte der deutsche Mittelstand nicht, wie Aly sagt, durch die Hyperinflation der Jahre 1922/23, die für Schuldner, Hypothekennehmer und dergleichen vorteilhaft war; relativ wenige Kommunisten liefen in den frühen 1930er-Jahren zu den Nationalsozialisten über; der Volksentscheid, der das Saarland (das seit 1918 unter Völkerbundsmandat stand) wieder an Deutschland anschloss, war keine freie Wahl; und die NS-Führung machte Automobile nicht erschwinglich für jedermann. Der Nationalsozialismus predigte Gleichheit, aber wie bei so vielen Aspekten nationalsozialistischer Rhetorik war die Realität eine ganz andere, und wie

Aly wiederholt vom „Sozialismus" der Nationalsozialisten zu sprechen, heißt ihren unbestrittenen Populismus falsch zu etikettieren. Realsozialistische Regime waren in ihrer elementaren politischen Stoßrichtung ganz anders, und vielleicht am wenigsten überzeugend in diesem Buch ist der Versuch, das „Dritte Reich" als ein echtes Umverteilungsregime darzustellen, das die Reichen beraubte, um die Armen zu bezahlen.

Weil er unbedingt nachweisen möchte, dass die Deutschen in ihrer überwältigenden Mehrheit den Nationalsozialismus von Anfang an begeistert unterstützten, präsentiert Aly eine äußerst selektive Liste mit Beispielen junger Leute, darunter auch eigene Verwandte, die in Begeisterung gerieten über die Möglichkeiten, die das Regime ihnen bot. Bezeichnenderweise zitiert er Hanns Martin Schleyer, der im Nachkriegsdeutschland Präsident der Bundesvereinigung der Deutschen Arbeitgeberverbände wurde und 1942 von den Chancen schwärmte, die der Nationalsozialismus den Jungen eröffnete: „Die uns in jungen Jahren in der Kampfzeit anerzogene Bereitschaft, Aufgaben zu suchen und nicht auf sie zu warten, der ständige Einsatz für die Bewegung auch nach der Machtübernahme haben uns früher als üblich in die Verantwortung gestellt." Aly vergisst zu erwähnen, dass Schleyer 1977 von ultralinken deutschen Terroristen der von Andreas Baader und Ulrike Meinhof gegründeten „Rote Armee Fraktion" entführt und ermordet wurde. Er zitiert auch zwei Einträge von männlichen Verwandten im Gästebuch der Aly-Hütte im Südschwarzwald während des Krieges mit Sprüchen wie: „Denn uns gehört das große Morgen" und „[s]o wird dieses Land einer glücklichen, großen Zukunft entgegengehen". Aber man könnte natürlich ebenso viele Aussagen von Deutschen zitieren, die durch das Treiben des NS-Regimes schon in den 1930er-Jahren beunruhigt und in Schrecken versetzt wurden. Aly tut es nicht.

Auch lenkte die Führung nicht, „oft im Gegensatz zu ihren rüstungswirtschaftlichen Prioritäten", Ressourcen zur Befriedigung von Konsumbedürfnissen um – ganz im Gegenteil. Zwar brachten NS-Wohlfahrtseinrichtungen wie das Winterhilfswerk, das Arbeitslose und ihre Familien zu einer Zeit, als Stellen knapp waren, unterstützen sollte, oder die NS-Volkswohlfahrt, eine größere, formalere Institution, die ganzjährig mehr oder weniger dasselbe Ziel verfolgte, sehr viel Geld für weniger Begüterte auf, aber ein sehr hoher Anteil dieser Mittel wurde durch Zwangsbeiträge einschließlich obligatorischer Lohnabzüge von der Bevölkerung eingetrieben. Die Gewinne aus der „Arisierung" jüdischen Vermögens waren bedeutsam für jene, die davon profitierten, aber Juden machten weniger als ein Prozent der Bevölkerung Deutschlands aus, und keineswegs alle waren reich oder auch nur wohlhabend, sodass der Unterschied, den dies für den Lebensstandard der Nation insgesamt machte, äußerst gering war. Aly behauptet jedoch, dass Juden nicht zuletzt deshalb enteignet und am Ende sogar vernichtet wurden, damit der deutsche Staat sich ihres Vermögens bemächtigen und es verwenden konnte, um den Lebensstandard der Bevölkerung zu heben.

Ad absurdum geführt wird all dies, wenn Aly behauptet, das „Dritte Reich" sei eine „jederzeit mehrheitsfähige Zustimmungsdiktatur" gewesen und nicht durch Gewalt aufrechterhalten worden. Als Belege hierfür führt er die geringe Größe der Gestapo an und die Tatsache, dass 1936 nur noch etwa 4 000 Häftlinge in den Konzentrationslagern eingesperrt waren. Aber inzwischen führten die Polizei, die Staatsanwaltschaften, die Gerichte und die staatlichen Gefängnisse den Großteil der Zwangsmaßnahmen des Regimes durch. Die vom Regime aus Gründen des Machterhalts angewendete Gewalt war überall sichtbar, in der einschüchternden Präsenz von SA-Männern auf der Straße, in täglichen Zeitungsberichten über Prozesse und Verurteilungen von Unangepassten, in geflüsterten Gesprächen hinter verschlossenen Türen über das Leid, das ehemaligen Kommunisten und Sozialdemokraten von Gefängniswärtern und Polizisten zugefügt wurde. Noch bizarrer ist Alys Behauptung, das „Dritte Reich" habe „die vertikale Entscheidungsbildung zugunsten der horizontalen" eingeschränkt und „die Starre herkömmlicher Hierarchien" aufgelöst. Die Millionen Menschen im nationalsozialistischen Deutschland, die in einem undemokratischen, totalitären System gefangen waren, das vom alles durchdringenden „Führerprinzip" beherrscht wurde, bei dem auch die beiläufigsten Bemerkungen Hitlers sofort in offizielle Politik umgesetzt wurden – oft mit verheerenden Konsequenzen –, wären darüber sicher überrascht gewesen.

Aly kommt zu derart groben und pauschalen Verallgemeinerungen, weil er nicht vertraut zu sein scheint mit der englischsprachigen Literatur über das nationalsozialistische Deutschland, die zu umfangreich, breit gefächert und differenziert ist, um ungestraft ignoriert zu werden. Man hat hier wie auch an anderer Stelle das Gefühl, dass er die Publikationen anderer Historiker nicht sehr gut kennt, beruht sein Werk doch größtenteils auf dokumentarischer Forschung. Und hier hat er, sobald er über die grob vereinfachende Darstellung des nationalsozialistischen Deutschlands vor Ausbruch des Krieges hinauskommt, einige interessante Entdeckungen zu präsentieren.

Der britische Historiker Timothy W. Mason hat schon vor langer Zeit darauf hingewiesen, dass der monomanische Wiederaufrüstungsdrang der Nationalsozialisten in Vorbereitung auf einen allgemeinen europäischen Krieg die deutsche Wirtschaft bis 1939 zunehmend in Schwierigkeiten brachte, da wachsender Material- und Arbeitskräftemangel die Produktion immer mehr beschränkte. Arbeiter wurden häufiger zu längeren Arbeitszeiten genötigt, worauf ihre Abwesenheitsquoten emporschnellten und das Regime Gestapo-Vertreter in die Fabriken abkommandierte, die dafür sorgen sollten, dass die Arbeiter sich ranhielten. In dieser Situation schien die wirtschaftliche Rettung in Eroberung und Raub zu liegen. Aly weist nach, dass das Regime sich gewaltige Mengen an Rohstoffen aus Ost- und Westeuropa aneignete und schließlich mehr als sieben Millionen Arbeiter aus eroberten und besetzten Ländern zwang, für wenig oder gar keinen Lohn in Deutschland selbst zu arbeiten, auch um die deutsche Bevölkerung in der Heimat von der tatsächlichen finanziellen Last des Krieges freizuhalten. Der Grund für diese Politik war, worauf Mason schon vor Jahren hingewiesen hat, dass Hitler und die führenden Nationalsozialisten eine beinahe paranoide Angst vor einem „erneuten Dolchstoß" hatten, weil sie unsinnigerweise glaubten, dass schon 1918 eine katastrophale Verschlechterung der Lebensbedingungen an der Heimatfront zu einer großen Revolution geführt hätte, geschürt von jüdischen Umstürzlern, die Deutschlands ansonsten siegreiche Armee von hinten erdolcht und Deutschlands Niederlage im Ersten Weltkrieg herbeigeführt hätten. Weil die Nationalsozialisten diesem tödlichen Hirngespinst weiter anhingen, wurde mehr als die Hälfte der Juden Deutschlands bis 1939 aus dem Land getrieben, und die anderen wurden enteignet, an den Rand gedrängt und ab 1941 deportiert und ermordet. Damit war aus Sicht der NS-Führung aber noch nicht das Problem gelöst, wie in der Heimat ein ordentlicher Lebensstandard aufrechterhalten werden konnte.

An diesem Punkt der Argumentation wird Alys Darstellung angesichts einer Fülle von Akteuren und unzähligen Berechnungen von Abgabenlasten und Wechselkursen ziemlich fachspezifisch und sehr schwer lesbar, aber ihre groben Umrisse sind recht klar. In jedem Land, das sie besetzten, führten die Nationalsozialisten entweder eine neue Währung oder feste Wechselkurse ein, sodass deutsche Soldaten, Verwaltungsbeamte und andere eine starke Reichsmark nutzen konnten, um Waren billig aufzukaufen und sie nach Hause zu ihren Familien zu schicken. Außerdem half der Kauf von Waren im Ausland, die Inflation daheim zu kontrollieren. Spezielle Kreditvereinbarungen wurden getroffen, um dieses Verfahren zu fördern, und deutschen Soldaten in anderen Ländern wurde ausdrücklich erlaubt, Geld von ihren Familien daheim zu empfangen, um es für Waren auszugeben, die sie in Deutschland nicht bekommen konnten. Aly zitiert eindrucksvoll aus den Briefen einer Reihe deutscher Soldaten, die begeistert schildern, was sie aufkauften und zurück zu ihren Familien schickten. Unter ihnen war auch der junge Heinrich Böll, der viele Jahre später für seine Romane und Erzählungen den Literaturnobelpreis bekam. „Ich habe ein halbes Schweinchen für euch", kündigte er seiner Familie an, kurz bevor er 1940 auf Heimaturlaub aus Frankreich kam. Nachdem das Regime die Beschränkungen hinsichtlich der Menge, die auf diese Weise nach Hause geschickt werden durfte, aufgehoben hatte, stieg die Zahl der aus Frankreich per Feldpost nach Deutschland verschickten Pakete auf mehr als drei Millionen pro Monat. Der Sold der Soldaten wurde gegen Ende des Jahres 1940 ausdrücklich erhöht, um ihnen den Kauf der ausländischen Waren zu erleichtern, die ihre Familien dringend benötigten.

In der Heimat wurde die Besteuerung der Bevölkerung möglichst gering gehalten, um Unzufriedenheit zu vermeiden, während Unternehmen stärker besteuert wurden, nicht zuletzt mit der Begründung, dass dies nicht den Zorn der allgemeinen Bevölkerung erregen würde. Aufwändige Wohlfahrtsprogramme und Unterstützungsleistungen wurden eingeführt, um sicherzustellen, dass Familien nicht litten, solange ihr Haupternährer beim Militär war. Wichtiger war, dass das besetzte Osteuropa einer rücksichtslosen Ausbeutungs- und Enteignungspolitik unterworfen wurde, bei der in riesigen Mengen Nahrungsmittel aus den Getreidespeichern der Ukraine beschlagnahmt wurden, um die Bevölkerung daheim zu ernähren, während man dreieinhalb Millionen sowjetische Kriegsgefangene vorsätzlich an Krankheit und Hunger zugrunde gehen ließ und deutsche Kriegspläne vorsahen, dass bis zu dreißig oder in manchen Varianten fünfzig Millionen slawische Zivilisten auf dieselbe Weise umkamen. Eine ähnliche Politik wurde realisiert, sobald die Wehrmacht Griechenland besetzte. Gewaltige Mengen Lebensmittel wurde nach Hause verfrachtet, während Athen einer Hungersnot von schrecklichen Ausmaßen erlag. Ein zentrales Dokument, das die wichtigsten politischen Leitlinien für die deutsche Besetzung der Sowjetunion 1941 festlegte, drängte „auf die Einbeziehung der Ernährungswirtschaft Russlands in den europäischen Rahmen", was zum

„Absterben […] eines großen Teils der Menschen" führen werde: „Viele 10 Millionen Menschen werden in diesen [russischen] Gebieten überflüssig und werden sterben oder nach Sibirien auswandern müssen." Aly führt viele ähnliche Dokumente an. Vor allem der deutsche Historiker Christian Gerlach hat die These vertreten, dass die Vernichtung der Juden der Region durch den Wunsch deutscher Verwaltungsbeamter beschleunigt wurde, in einer Situation, da die deutschen Streitkräfte sich vom Land ernähren und die Lebensmittelvorräte in der Heimat ständig aus dem Ausland aufgestockt werden mussten, die Zahl der „unnützen Esser" zu verringern. Für Aly war die Notwendigkeit, in ihren Wohnungen Deutsche unterzubringen, die durch alliierte Bombenangriffe obdachlos geworden waren, sogar ein Hauptgrund für Hitlers Entschluss, die noch in Berlin verbliebenen Juden im Sommer 1941 in den Osten zu deportieren.

Hier zeigt sich allerdings eine grundlegende Schwäche von Alys Ansatz: In all seinen Arbeiten einschließlich seiner früheren Studie „*Endlösung*" wendet er eine Art ökonomischen Reduktionismus an, der andere Faktoren – vor allem Ideologie und Überzeugung – zu sehr außer Betracht lässt. Seine Thesen sind stets anregend und verdienen die gründlichste Erwägung, aber sie erzählen keinesfalls die ganze Geschichte, und sie überschätzen erheblich den Einfluss materieller Faktoren auf die nationalsozialistische Entscheidungsfindung, die in ihrem Kern im Grunde irrational war. In einer komplizierten Berechnung kommt Aly zu dem Ergebnis, dass nicht weniger als 70 Prozent der Kriegseinnahmen des Deutschen Reiches aus besetzten Ländern, aus Zwangsarbeit und aus der Ermordung von fast sechs Millionen Juden Europas stammten, deren Vermögenswerte und Besitztümer, sobald sie getötet wurden, ans Reich fielen. Man könnte gewiss argumentieren, dass Aly die Menge der Beute, die aus den besetzten Ländern herausgeholt wurde, unterschätzt, da er sich überwiegend auf offizielle Dokumente stützt und den gewaltigen Umfang der inoffiziellen Plünderungen durch deutsche Soldaten bei ihrem Vormarsch unterschätzt. Heinrich Böll hat mit Missfallen beschrieben, wie seine Kameraden auf ihrem Weg ins Innere Frankreichs in verlassene Häuser einbrachen und alles mitnahmen, was sie wollten. Und im Osten, etwa in Polen, stahlen die Truppen aus den Landhäusern und Klöstern, auf die sie bei ihrem siegreichen Marsch nach Warschau trafen, Lebensmittel, Schmuck, Silber und Gold, Kunstwerke aller Art und noch vieles andere. Der Beitrag, den all diese Dinge zum Lebensstandard der Soldatenfamilien in der

Heimat leisteten, darf nicht unterschätzt werden, selbst wenn er unmöglich zu errechnen ist.

Aber insgesamt ist Alys Zahl sicher alles andere als eine zu niedrige Schätzung. Andere Berechnungen, vor allem von Adam Tooze in seiner 2006 zuerst auf Englisch erschienenen Studie *Ökonomie der Zerstörung. Die Geschichte der Wirtschaft im Nationalsozialismus* (München 2008), setzen den Wert plausibler bei ungefähr 25 Prozent an – eine immer noch beträchtliche Zahl, aber weit davon entfernt, fast allein das gesamte deutsche Volk in Schwung zu halten. Qualitativ hat Aly relativ wenig über den Lebensstandard der Deutschen an der Heimatfront zu sagen, und diesbezüglich auf die sozialpolitische Maßnahmen der Regierung zu verweisen, reicht nicht aus. Es kann kaum Zweifel daran bestehen, dass ab 1941 eine Verschlechterung des allgemeinen Lebensstandards einsetzte, da die Rationen stetig gekürzt wurden, die Leute anfingen, Zuflucht zum Schwarzmarkt zu nehmen, wo die Preise rasch überhöht wurden, und die Luftangriffe allmählich Wirkung zeigten. Außerdem liegt im Kern von Alys Buch ein fundamentaler Widerspruch. Denn wenn die überwältigende Masse der Deutschen so sehr vom „Dritten Reich" überzeugt gewesen wäre, wie sie es seiner Ansicht nach schon vor 1939 waren, indem sie eine „totalitäre Demokratie" von unten stützten und sich uneingeschränkt an einem „flachen" Entscheidungsfindungsprozess beteiligten, warum sollte das Regime es dann für notwendig gehalten haben, derart gewaltige Ressourcen umzulenken, um Unzufriedenheit an der Heimatfont während des Krieges zu vermeiden? Überdies standen am Anfang der von Aly beschriebenen Entscheidungsprozesse – von der Steuerreform und sozialen Maßnahmen bis zu Vorschriften über Lebensmittelpakete und zur Erhöhung des Solds der Soldaten – ironischerweise zentralen Figuren und Institutionen des Regimes, nicht zuletzt Hitler und Göring höchstpersönlich, und die Entscheidungen wurden durch das Finanzministerium von oben nach unten durchgesetzt. Wenn die NS-Führer hätten beschließen wollen, die Ausplünderung besetzter Länder nicht zu dulden und die Soldaten davon abzuhalten, sich persönlich und ihre Familien zu bereichern, dann hätten sie das tun können, und die Dinge hätten sich bestimmt anders entwickelt.

Ein zentrales Merkmal der NS-Ideologie und -Rhetorik, das von vielen Historikern untersucht, von Aly aber aus naheliegenden Gründen außer Acht gelassen wurde, war der Kult um die Selbstaufopferung für Nation und Rasse. Vieles davon war verbunden mit Versprechungen, dass alles besser würde, sobald der Krieg vorbei wäre, aber es enthielt auch eine eindeutige Botschaft für die Gegenwart. Deutschland war alles, der Einzelne nichts. Die Grenzen eines solchen Appells waren klar: Am Ende mussten die Menschen ernährt, gekleidet und untergebracht werden, und es wurden gewaltige soziale Hilfeleistungen erbracht, dies zu gewährleisten. Gleichzeitig jedoch gibt es sehr viele Belege dafür, dass die tief sitzende Identifikation einer Mehrheit der Deutschen mit der Nation – mit einem Wort, ihr Nationalismus – für ihre anhaltenden Kriegsanstrengungen wichtiger war als alles andere. In den Jahren 1939, 1940 und in den ersten sieben Monaten des Jahres 1941 erzeugte dies eine beinahe hysterische Euphorie, als deutsche Truppen mit verblüffender Schnelligkeit und Leichtigkeit Territorien überrannten, deren Eroberung ihnen in den Jahren 1914 bis 1918 größtenteils unmöglich gewesen war. Diese Euphorie sorgte im Verbund mit der wachsenden und in vielerlei Hinsicht vollkommen gerechtfertigten Angst vor der Roten Armee von 1941 an bis fast zum Kriegsende für eine grimmige Entschlossenheit, die Nation angesichts ihrer vorrückenden Feinde zu bewahren. Gleichzeitig griff die Enttäuschung über das NS-Regime so weit um sich, bis 1944 selbst Hitler von der breiten Masse der Bevölkerung zunehmend kritisiert wurde und die vom Sicherheitsdienst der SS regelmäßig verfassten Stimmungsberichte eingestellt wurden, weil ihre Lektüre zu bedrückend war.

Als die Rote Armee schließlich Berlin überrannte und Hitler in seinem Bunker Selbstmord beging, verflüchtigte sich bei der überwältigenden Mehrheit der ganz normalen Deutschen jegliche noch verbliebene Treue zu seinem Regime schlagartig. Es kann kaum ein Zweifel daran bestehen, dass ihre materiellen Lebensumstände sich in den Jahren 1945 bis 1947 drastisch verschlechterten, jetzt, wo das Einkommen und die Erzeugnisse der besetzten Länder nicht mehr verfügbar waren, die riesige Rüstungs- und Munitionsindustrie zu existieren aufgehört hatte, die Streitkräfte demobilisiert waren und die Soldaten nach Hause zurückkehrten, um sich auf die schwierige Suche nach Arbeit zu machen, Millionen von Flüchtlingen und Vertriebenen aus Osteuropa ins Land strömten und der boomende Schwarzmarkt die Inflation anheizte, bis sie gefährliche Höhen erreichte. Doch trotz dieser entsetzlich schwierigen materiellen Bedingungen gab es keinen Widerstand gegen die alliierte Besatzung und keinen ernsthaften Versuch, den Nationalsozialismus nach seiner Niederlage wiederzubeleben. Wenn materielle Faktoren eine so große Rolle für die Loyalität der Deutschen gegenüber dem „Dritten Reich“ gespielt hatten, dann wäre nach seinem Zusammenbruch mit Unzufriedenheit von weit schwerwiegenderen Ausmaßen zu rechnen gewesen. Ohnehin hatte der Tod Hitlers, der zentralen Integrationsfigur des Nationalsozialismus, die Loyalitätsbande der Menschen zu seiner Bewegung zerschnitten. Und ein Regime, das unentwegt beharrlich behauptet hatte, dass Macht Recht sei und die Beute dem Starken zufalle, war sich nun eindeutig selbst in die Falle gegangen. Es war daher, ökonomisch gesprochen, nicht ausschließlich das Ende der fetten Jahre, das dafür sorgte, dass die Leute sich Knall auf Fall von den Prinzipien und Praktiken des Nationalsozialismus verabschiedeten. Wie immer war die Ideologie genauso wichtig, wenn nicht noch wichtiger. Götz Aly hat unserem Verständnis des nationalsozialistischen Deutschland einmal mehr einen Dienst erwiesen, indem er unsere Aufmerksamkeit auf materielle Faktoren lenkte, aber wie in einem Großteil seiner früheren Arbeiten hat er ihre Bedeutung übertrieben, denn wer sich allein auf sie konzentriert, zeigt nur das halbe Bild.

IV

Dasselbe gilt letztendlich auch für andere Versuche, die viel gepriesene „Volksgemeinschaft“ als eine gesellschaftliche Realität und eben nicht als einen Propagandamythos darzustellen. Bereits Mitte der 1960er-Jahre vertrat der Sozialhistoriker David Schoenbaum in seinem Buch *Die braune Revolution. Eine Sozialgeschichte des Dritten Reiches* (München 1968) die These, dass es den Nationalsozialisten gelungen sei, bestehende soziale Barrieren niederzureißen und eine tatsächlich auf Gleichheit beruhende Gesellschaft zu errichten. Allerdings schwächten andere diese Position rasch, indem sie zeigten, dass unterhalb der oberflächlichen Gleichheitsrhetorik alte soziale Hierarchien und Klassenschranken fortbestanden. Doch die Verlagerung des Forschungsinteresses von der Sozial- zur Kulturgeschichte hat im Verein mit der „linguistischen Wende“ in der Historiografie die Aufmerksamkeit abermals auf die Ebene von Diskurs, Überzeugung, kollektiver Psyche und andere Faktoren gelenkt, die der Klassenspaltung widersprechen. Zudem hat sich die Erforschung Hitlerdeutschlands seit den 1990er-Jahren zunehmend auf die Vernichtung der Juden und auf die Einstellung des deutschen Volks zur antisemitischen Politik des Regimes konzentriert. Die Rasse hat der Klasse als zentralem Organisationsbegriff bei der Erforschung des

„Dritten Reiches" den Rang abgelaufen. Der Zusammenbruch des Kommunismus und der Niedergang des Marxismus als intellektuelle Kraft haben die Rolle sozialer Unterschiede und Gegensätze bei der Erforschung des nationalsozialistischen Deutschlands weiter geschwächt, wie sie es auch in anderen historischen Forschungsfeldern getan haben.

Die „Volksgemeinschaft", so wird oft behauptet, habe echte Auswirkungen auf die Lebenschancen der jüngeren Generation deutscher Arbeiter gehabt, die im „Dritten Reich" ihre gesellschaftliche Stellung durch Organisationen wie „Kraft durch Freude" verbessern konnte. In diesem Zusammenhang wird weithin die Ansicht vertreten, dass die gesellschaftlich nivellierenden Effekte des „Dritten Reiches" die Grundlagen für die „Nivellierte Mittelstandsgesellschaft" Westdeutschlands in den 1950er- und 1960er-Jahren legten. Demnach wurde die „Volksgemeinschaft", die bereits in der Erklärung Kaiser Wilhelms II. bei Ausbruch des Ersten Weltkriegs, er kenne keine Parteien mehr, nur noch Deutsche, angeklungen war, in den 1930er-Jahren zu einer Realität, die langfristige Auswirkungen auf die Struktur der deutschen Nachkriegsgesellschaft hatte. Diese Sichtweise passt zu der aktuellen und höchst überzeugenden Tendenz von Historikern, den Nationalsozialismus als eine im Kern modernisierende Kraft zu begreifen und nicht als die atavistische, rückwärtsgewandte Bewegung, als die ihn die Historiker der 1950er- und 1960er-Jahre dargestellt haben. Allerdings ist die Behauptung sehr viel einleuchtender, dass die wahre treibende Kraft bei der Schleifung der Klassenbarrieren im Nachkriegsdeutschland das „Wirtschaftswunder" war, der lange Boom, der Menschen auf jeder Stufe der Gesellschaft Wohlstand bescherte, begleitet vom langsamen Niedergang der traditionellen Arbeiterklasse mit ihren Wurzeln in der dahinsiechenden Eisen- und Stahl-, Bergbau- und Maschinenbauindustrie, auf den klassischen Feldern der Hochindustrialisierung im späten 19. Jahrhundert. Auf jeden Fall sind die politischen Folgen des Nationalsozialismus, der jüngere Arbeiter von den institutionellen Grundlagen des Klassenbewusstseins – den Gewerkschaften, der Sozialdemokratischen Partei, den kulturellen Organisationen der Arbeiterschaft – abschnitt, nicht zu leugnen. „Kraft durch Freude" war populär, aber diese Popularität hielt Arbeiter weder davon ab, sich über die Tatsache zu ärgern, dass die großartigsten KdF-Vergünstigungen – etwa Kreuzfahrten nach Madeira – den Bonzen der NSDAP vorbehalten waren, noch von der Einsicht, dass ihre Spareinlagen bei „Volkswagen" ihnen niemals einen eigenen Wagen bescheren würden.

Vielen Gruppen in der NS-Gesellschaft lieferte die Idee der „Volksgemeinschaft" eine Rechtfertigung für die Verwirklichung ihrer eigenen tief verwurzelten Ziele und Hoffnungen. Medizinische Forscher durchbrachen traditionelle ethische Schranken und experimentierten an Menschen statt an Tieren; Ingenieure richteten ihre Bemühungen auf neue Technologien wie die Atombombe oder den Düsenantrieb; Ökonomen und Soziologen entwarfen Pläne für die vollständige rassische Neuordnung Osteuropas; Stadtplaner entwickelten Programme für neue, durch Breitspurbahnen verbundene Städte und Großstädte; und jeder, einschließlich der Arbeiter, konnte sich als Teil einer neuerdings dominierenden arischen Rasse fühlen, dabei die „Minderwertigen" oder vermeintlich Gefährlichen an den Rand drängen und sich an der gemeinsamen Anstrengung beteiligen, Deutschland zur großartigsten Nation auf Erden zu machen. Wenn wir der von Robert Gellately und anderen propagierten Sichtweise zustimmen, dass das nationalsozialistische Deutschland eine „Zustimmungsdiktatur" war, dann kann uns der Erfolg der nationalsozialistischen Idee der „Volksgemeinschaft" schwerlich überraschen. Doch, fragt Ian Kershaw in einem Aufsatz, erschienen in *Visions of Community in Nazi Germany* (hrsg. von Martina Steber und Bernhard Gotto, 2014), „wie können wir das Faktum der Zustimmung in einer terroristischen Diktatur nachweisen? Das ist schon in einer pluralistischen liberalen Demokratie schwer genug. Ist es sinnvoll, von Zustimmung zu sprechen, wenn jeder, der mit der Art, wie die Dinge laufen, nicht einverstanden ist, eingesperrt oder gewaltsam zum Schweigen gebracht wird?"

Natürlich waren einige Aspekte der NS-Politik bei einigen Gruppen der Bevölkerung populär – beispielsweise die Revision des Versailler Vertrags. Aber in vielen Bereichen lassen zeitgenössische Berichte weitverbreitete Unzufriedenheit erkennen, vom Angriff auf die katholische Kirche bis zu den Problemen der Wirtschaft Mitte der 1930er-Jahre. Die durch das Ersticken jeder Art von unabhängiger politischer Initiative verursachte Atomisierung der Gesellschaft warf die Menschen zurück auf ihre eigenen Ressourcen. Abgesehen von einer (sehr bedeutenden) Minderheit politisch engagierter Nationalsozialisten begnügten die meisten Deutschen sich letztendlich damit, Lippenbekenntnisse zum Regime abzulegen. Während des Kriegs und insbesondere ab 1943, als die alliierten Bombenangriffe häufiger und zerstörerischer wurden, begannen die Menschen sich um ihre eigene Zukunft zu kümmern, statt sich um die von der NSDAP so intensiv propagierte nationale Gemeinschaft zu scheren. Schon im Januar 1941 kam ein offizieller Bericht aus Oberfranken, eigentlich eine Hochburg der Nationalsozialisten, zu dem Schluss: „Von einer Volksgemeinschaft kann man nicht sprechen. Jeder denkt nur an seinen eigenen Vorteil." Der Zerfall des sozialen Zusammenhalts wurde mit der Dauer des Kriegs zwar immer extremer, aber die „Volksgemeinschaft" war immer schon mehr Propagandamythos denn gesellschaftliche Realität gewesen.

9. War Hitler krank?

Nachdem in den deutschen Medien erste Berichte über den unerwarteten Flug von Hitler-Stellvertreter Rudolf Heß nach England im Mai 1941 aufgetaucht waren (Heß jagte der Illusion nach, er könnte die Briten überreden, mit dem nationalsozialistischen Deutschland Frieden zu schließen), machte in den Kneipen und Bars von Berlin ein beliebter Witz die Runde: „Also Sie sind der Verrückte", sagt Churchill zu Heß, als der ihm vorgestellt wird. „Nein", erwidert Heß, „nur sein Stellvertreter!" Die Vorstellung, dass Hitler geistesgestört sei, war etwas, woran viele Deutsche schließlich in den späteren Phasen des Krieges und noch einige Zeit danach glaubten, nicht zuletzt weil es eine Möglichkeit war, sich aus der Verantwortung für seine Handlungen zu stehlen. So behaupteten viele, dass sie, hätten sie 1932 dieselben Kenntnisse gehabt wie jetzt, zehn Jahre später, mit Sicherheit anders gewählt hätten. Auch sei es sei nicht ihre Schuld, dass sechs Millionen Juden ermordet, unzählige sowjetische und andere Soldaten getötet, deutsche Städte verwüstet und das Deutschland, das sie es gekannt hatten, für alle Zeiten zerstört worden waren. All das sei einzig und allein die Schuld des Führers.

Die Vorstellung von einer Geisteskrankheit war nur eine von zahlreichen Spekulationen, mit denen sich Menschen damals und später die Handlungen Hitlers zu erklären versuchten. Er sei Antisemit, weil er jüdische Vorfahren habe, wurde beispielsweise unter Nichtbeachtung sämtlicher gegenteiligen genealogischen Belege behauptet; oder weil ein jüdischer Arzt Hitlers Mutter absichtlich Sterbehilfe geleistet und der Familie für seine Dienste zu viel berechnet habe (in Wirklichkeit waren seine Therapien nach den Maßstäben der Zeit konventionell, und er berechnete der Familie so gut wie gar nichts); oder weil er sich in seiner Jugend von einer jüdischen Prostituierten die Syphilis geholt habe (ärztliche Berichte über seinen Gesundheitszustand enthüllten hingegen seltsamerweise keinerlei Symptome der Krankheit). Nach Ansicht des Psychoanalytikers Walter C. Langer, der während des Krieges dem amerikanischen Geheimdienst über „den Verstand Adolf Hitlers" Bericht erstattete, war Hitler ein Sadomasochist, der seine sexuellen Perversionen auf die Weltbühne projizierte. Einem Psychohistoriker zufolge rührte Hitlers Ausrottungswahn von der Tatsache her, dass seine

Mutter ihn als Baby gesäugt habe, statt ihn zu einer Amme zu geben, ein Fall von „Brust-Mund-Inzest", der ihn „unfähig zu irgendeiner normalen erotischen Beziehung" gemacht habe. Merkwürdigerweise scheint das aber auf Milliarden anderer Säuglinge mit derselben Erfahrung im Verlauf der Menschheitsgeschichte nicht diese Wirkung gehabt zu haben.

Hitler habe unter „schizophrenem Wahn" gelitten, so ein späterer deutscher Versuch, seine Persönlichkeit zu analysieren; oder er sei – in einem noch weniger plausiblen Szenario – niemals aus einer Hypnose erwacht, in die ihn angeblich eine vorübergehende, vermutlich hysterische Amaurose versetzt habe, die er gegen Ende des Ersten Weltkriegs an der Westfront erlitt. Beide Theorien entbehren jeder Beweisgrundlage. Das Problem bei vielen derartigen spekulativen Befunden ist, dass sie sich nicht auf Beweise, sondern auf Gerüchte stützen, die in den Lokalen Europas und der USA während des Kriegs die Runde machten. Diese wurden von Kneipenhockern wie Putzi Hanfstaengl, auf deren Anekdoten Langers psychoanalytische Deutung größtenteils beruhte, kolportiert und zweifellos ausgeschmückt.

Und natürlich war da noch das kleine Problem mit Hitlers Genitalien. „Hitler has only got one ball" – „Hitler hat nur ein Ei", sangen britische Soldaten gern auf die Melodie von „Colonel Bogey", und in den Aufzeichnungen des sowjetischen Gerichtsmediziners, der nach dem Krieg die Überreste des Führers untersuchte, hieß es wie im Nachklang zu diesem populären Liedchen: „Das linke Testikel konnte nicht gefunden werden." Dasselbe wäre allerdings vom Großteil seiner Leiche zu behaupten, die nach seinem Selbstmord im Berliner Bunker von seinen Ordonnanzen vollständig verbrannt worden war. Ohnehin hatten seine Ärzte, als sie ihn zu Lebzeiten untersuchten, festgestellt, dass alles in bester Ordnung sei, womit sie auch den durch mehrere Mittelsmänner weitergegebenen und später von dem Dramatiker Rolf Hochhuth übernommenen Bericht eines Arztes Lügen straften, der Hitler angeblich während des Ersten Weltkriegs behandelt hatte, wonach Hitlers Penis in der Kindheit von einem Ziegenbock abgebissen worden sei. („Der schnappende Ziegenbock müsste also sehr zielgenau agiert und Hitler keine reflexartige Reaktion gezeigt haben", erklären Henrik Eberle und Hans-Joachim Neumann in *War Hitler krank? Ein abschließender Befund,* Köln 2011). Wie wenig Gerüchte und Spottverse mit der Realität zu tun haben müssen, zeigt ein weiterer Vers, der auf „Colonel Bogey" gesungen wurde. Dort heißt es: „Poor old Goe-balls had no-balls at all“ („Der arme alte Goebbels hatte überhaupt keine Eier“), wo Goebbels doch sechs Kinder zeugte, die er und seine Frau bei Kriegsende ermordeten, bevor beide Selbstmord begingen.

Andere, darunter der deutsche Historiker Lothar Machtan, haben behauptet, Hitler sei homosexuell gewesen, was angeblich die auf sein Geheiß erfolgte „Nacht der langen Messer“ 1934 und die Ermordung bekannter Homosexueller wie Erich Röhm erkläre und vermutlich jedes anderen, der entweder von Hitlers sexuellen Neigungen gewusst oder gar tatsächlich Sex mit ihm gehabt habe (Machtans Liste möglicher Sexualpartner enthält Hitlers Chauffeure Julius Schreck und Emil Maurice, seinen Freund Putzi Hanfstaengl und sogar Joseph Goebbels und Rudolf Heß, obwohl seltsamerweise keine dieser Personen bei den Blutbädern vom 30. Juni bis 1. Juli 1934 ins Visier genommen wurde). Wie allerdings gelebte oder geleugnete Homosexualität die Handlungen eines Massenmörders erklären könnte, mochte Machtan nicht sagen, und sein Kronzeuge, einer von Hitlers Frontkameraden, wurde später der Urkundenfälschung und der sexuellen Nötigung von Frauen für schuldig befunden und verurteilt und änderte seine Geschichte über Hitler mehrmals.

In Wirklichkeit weiß man von Hitler, obwohl ihm sehr daran gelegen war, nach außen ein Bild der Aufopferung und völligen Hingabe an das deutsche Volk zu vermitteln und daher seine privaten Beziehungen geheim zu halten, dass er sexuelle Beziehungen mit einer Reihe von Frauen hatte und in seinen letzten Lebensjahren in einer konventionellen Partnerschaft mit Eva Braun lebte, die erheblich jünger war als er. Gesund, sportlich und vital, stellte sie eine Herausforderung für seine sexuelle Leistungsfähigkeit dar, die er mithilfe seines Leibarztes Theo Morell zu meistern suchte. Morell verabreichte ihm Testosteronspritzen und andere Hormonpräparate wie Prostakrin, bevor Hitler die Nacht mit ihr verbrachte (heutzutage hätte er zweifellos zu Viagra gegriffen). Die Verfasser von *War Hitler krank?*, ein Historiker und ein Arzt, führen in einem Kapitel mit der Überschrift „Ein Blick in Hitlers Apotheke – Die Medikamente und ihre Auswirkungen“ nicht weniger als 82 verschiedene Präparate auf, die injiziert oder oral eingenommen wurden, unter vielem anderen Beruhigungs-, Schmerz-, Aufputsch- und Abführmittel, die Hitler aber natürlich nicht alle gleichzeitig, über einen längeren Zeitraum oder in hohen Dosen einnahm.

Hitler griff zu diesen Mitteln wegen verschiedener, meist gewöhnlicher Wehwehchen, an denen er an verschiedenen Punkten seines

Lebens litt. Schwerwiegender war eine Verletzung durch einen Granatsplitter im linken Oberschenkel, die er während seines Militärdienstes im Ersten Weltkrieg erlitt und die ihm später einigen Ärger bereitete, sowie eine zeitweilige und unvollständige akute Erblindung am 14. Oktober 1918 als Folge eines Senfgasangriffs. Auch stellten seine ständigen Volksreden, vor allem während der Wahlkämpfe, bevor er an die Macht kam, eine außerordentliche Belastung seiner Stimmbänder dar und verursachten Heiserkeit, die im April 1932 auf ärztlichen Rat durch Stimmtraining bei dem gefeierten Tenor Paul Devrient kuriert wurde. So haben kurioserweise die Oberhäupter zweier großer Kontrahenten während des Zweiten Weltkriegs, Hitler und George VI., von der Behandlung eines Sprachtherapeuten profitiert, wenn auch aus entgegengesetzten Gründen: Der Führer sprach zu viel, der stotternde König zu selten.

Hitlers Heiserkeit kehrte 1935 zurück und ließ ihn fürchten, er habe Kehlkopfkrebs. Zudem nährte sie die Sorge um seine eigene Sterblichkeit, was ihn veranlasste, das Tempo seiner ausländischen Aggression im Laufe der nächste vier Jahre zu forcieren. Entsprechende Berichte erreichten Stalin über Martha Dodd, die nicht nur die Tochter des US-Botschafters in Deutschland und deshalb in den Klatsch der Berliner Gesellschaft eingeweiht war, sondern auch als sowjetische Spionin regelmäßig Berichte nach Moskau schickte. In Wirklichkeit jedoch war die Ursache ein Polyp, der von einem Spezialisten operativ entfernt wurde und sich unter dem Mikroskop als gutartig erwies; die Stielgeschwulst kehrte im November 1944 zurück – vielleicht hatte Hitler in diesem letzten, verzweifelten Stadium des Kriegs zu viel geschrien – und wurde abermals entfernt, ohne schlimme Folgen.

Im August 1941 litt Hitler unter Ruhr, Übelkeit und Erbrechen. Die Erkrankung setzte ihn vierzehn Tage außer Gefecht und machte ihn entscheidungsunfähig. Der Lauf des Krieges wurde dadurch allerdings nicht beeinflusst, da er gegen Ende des Monats den Oberbefehl über die Wehrmacht wieder übernahm und den verhängnisvollen Befehl gab, für den Einmarsch in die Ukraine einen beträchtlichen Teil der Streitkräfte vom Angriff auf Moskau abzuziehen. Allgemein jedoch litt er seit langen Jahren am Reizdarmsyndrom. Manche haben seine vegetarische Ernährungsweise dafür verantwortlich gemacht, an der er seit den 1930er-Jahren strikt festhielt: Henrik Eberle und Hans-Joachim Neumann drucken die Speisekarte von Hitlers Weihnachtsessen am 25. Dezember 1944 ab, eine kümmerliche Angelegenheit, bestehend aus Müsli,

Vitamultin-Tee, Nudelsuppe, paniertem Blumenkohl, Blätterteiggebäck und Stampfkartoffeln; aber so eintönig diese Ernährung auch war, ist es unwahrscheinlich, dass sie ernsthafte Verdauungsprobleme verursachte. Reizdarmsyndrom wird normalerweise durch Stress verursacht, und das wird wahrscheinlich auch bei Hitler der Fall gewesen sein, vor allem während des Krieges.

Die Autoren erörtern darüber hinaus die Möglichkeit, dass Hitler an Bluthochdruck und Koronarsklerose litt, und drucken die Ergebnisse einer Reihe von EKG-Tests ab. Stress scheint auch hier ein Hauptfaktor gewesen zu sein, und die Autoren kommen zu dem Schluss, dass etliche Biografen die Ernsthaftigkeit seines Zustands, der nicht lebensbedrohlich war, übertrieben haben. Bedenklicher sei das Zittern gewesen, das die Leute an Hitlers linker Hand und seinem linken Bein zu bemerken begannen, zusammen mit einer Neigung, zu schlurfen statt normal zu gehen. Aber obwohl diese Symptome zu der diagnostizierten Parkinson-Krankheit passen, scheinen sie Hitler bis zum allerletzten Stadium des Krieges nicht sonderlich beeinträchtigt zu haben, da sich bis dahin weder seine Sprechweise noch seine Denkprozesse verlangsamten. Der gravierendste Makel an Hitlers Körper waren seine Zähne, die stark kariös waren und 1933 schlecht saniert worden waren, sodass er wohl starken Mundgeruch gehabt haben muss. Sein Zahnarzt, Hugo Blaschke, behandelte sie unentwegt und zog ihm noch im Herbst 1944 zwei Zähne. Hitlers Mund war mittlerweile voller Kronen und Brücken, und es ist gut möglich, dass einige davon mit Gold aus den Mündern jüdischer KZ-Opfer gefertigt wurden – Blaschke hatte 50 Kilogramm davon in seinem privaten Labor möglicherweise nicht nur zu zahnärztlichen Zwecken.

Zweifellos litt Hitlers Gesundheit an den Folgen des tragischerweise erfolglosen Bombenattentats vom 20. Juli 1944. Die Explosion zerschmetterte seine Trommelfelle, jagte ihm Holzsplitter in den Körper, versengte seine Haare und verursachte Verbrennungen auf seiner Haut, aber das hielt ihn nicht davon ab, unmittelbar danach schnell und mit brutaler Gewalt gegen die Verschwörer, ihre Unterstützer und Angehörigen zurückzuschlagen. Paradoxerweise verschwand vorübergehend sein Zittern durch das Attentat, wie er elf Tage später gegenüber Generaloberst Jodl bemerkte: „Bei mir ist das Wunder eingetreten, daß durch diesen Schlag mein Nervenleiden fast verschwunden ist. Das ist auf einmal durch diesen Schlag fast völlig verschwunden, wobei ich nicht sagen mochte, daß ich das für die richtige Kur halte!“ Später kehrte das Zittern in seiner linken Hand allerdings zurück, und sein allgemeiner Gesundheitszustand besserte sich nie mehr vollends. Sein Rüstungsminister Albert Speer berichtete später, welchen Eindruck Hitler Anfang 1945 auf ihn gemacht habe: „Seine Glieder zitterten, er ging gebeugt, mit schleppendem Schritt; auch seine Stimme war unsicher geworden und hatte die ehemalige Entschiedenheit verloren, ihre Kraft war einer stockend vorgebrachten, tonlosen Redeweise gewichen."

Lag das daran, dass sein Leibarzt Dr. Theo Morell ihn mit ungeeigneten Medikamenten vollpumpte? Sicher war Morell als begeisterter Verschreiber von Tabletten (Hitler schluckte in den letzten Monaten des Krieges 28 täglich) und Injektionen bekannt (Hermann Göring titulierte Morell als „Reichsspritzenmeister"). Hugh Trevor-Roper, der nach dem Krieg die überlebenden Mitglieder von Hitlers Entourage interviewte, hegte keine Zweifel hinsichtlich des schädlichen Einflusses von Morell: „Er war ein Quacksalber [...] ein Scharlatan [...] ohne jegliches Interesse an Wissenschaft oder Wahrheit." Morells Einfluss auf Hitler, den er von 1936 an behandelt hatte, resultierte nicht zuletzt aus seiner beruhigenden Art, mit Kranken umzugehen. Seine wachsende Macht über den Führer führte zu großen Eifersüchteleien in seiner Entourage und weckte vor allem die Eifersucht von Hitlers chirurgischem Begleitarzt Karl Brandt. Die Beurteilungen, die sie Trevor-Roper ausstellten, waren somit voller persönlicher Animosität und nicht vertrauenswürdig.

Tatsächlich war Morell ein anerkannter Arzt, und seine Heilmittel entsprachen den medizinischen und pharmazeutischen Standards der Zeit. Dies galt auch für sein Lieblingsmittel Vitamultin, ein Aufputschmittel, das möglicherweise Methamphetamin („Speed") enthielt. Auf jeden Fall deuten Berichte über Hitlers Verhalten während eines Gipfels mit Mussolini im Juli 1943, als er „so euphorisch [war], dass er Mussolini geradezu mit einem Redeschwall überfiel und ihn kaum zu Wort kommen ließ", stark darauf hin, dass die Vitamultin-Täfelchen, die Morell dem Führer kurz vorher gegeben hatte, auf dieser Substanz basierten. Doch die meisten Täfelchen und Tees enthielten kein Amphetamine, sondern offenbar Koffein, und es gibt keinen Hinweis darauf, dass Hitler jemals abhängig geworden wäre. Letzten Endes versuchte Morell, eine allmähliche Verschlechterung von Hitlers körperlichem Zustand während des Krieges in den Griff zu bekommen, und es gibt kaum überzeugende Belege, die Trevor-Ropers Behauptung stützen, dass Morell den Allgemeinzustand seines Patienten verschlimmert habe.

Hitler war nie besonders gesund gewesen. Er trieb kaum Sport, und wenn er tatsächlich einmal von seinem Haus auf dem Obersalzberg aus einen Spaziergang in den Bayerischen Alpen machte, ging er stets bergab und sorgte dafür, dass im Tal ein Auto bereitstand, um ihn wieder hinaufzubringen. Der Kontrast zur Obsession seines Regimes, Arbeiter, Soldaten und sogar Schulkinder zu täglichen Leibesübungen zu zwingen, um eine Rasse gesunder Arier zu züchten und zu erziehen, war verblüffend. Die nationalsozialistische Elite kümmerte sich nie groß darum, dem Aussehen oder Verhalten zu entsprechen, das sie von anderen Deutschen verlangte. „Der wahre Arier", so ging ein populärer Witz, „ist so blond wie Hitler, so flink wie Goebbels und so schlank wie Göring." Allerdings war Hitler – im Gegensatz zu Göring, der zweifellos drogenabhängig war, oder Goebbels, der an einem Klumpfuß litt – nicht ungesünder als viele Deutsche mittleren Alters zu jener Zeit, tatsächlich sogar eine ganze Ecke gesünder, trotz seiner Abneigung gegen körperliche Betätigung, da er weder Alkohol trank noch rauchte.

Eberle und Neumann gelingt es sehr gut, mit all den überflüssigen jahrzehntelangen Spekulationen über Hitlers Gesundheitszustand aufzuräumen. Ihre Antwort auf die Frage im Buchtitel – „War Hitler krank?" – ist ein deutliches „Nein". Das heißt, er war nicht kränker, als die meisten anderen Leute es in ihrem Leben irgendwann einmal sind. Ganz sicher war er nicht geisteskrank, wenigstens nicht in irgendeinem der Medizin oder Psychiatrie bekannten Sinne. Ob seine Handlungen und Überzeugungen rational waren, steht zwar auf einem ganz anderen Blatt, aber Irrationalität ist nicht dasselbe wie Verrücktheit, und für verschiedene scheinbar irrationale Entscheidungen, die Hitler während des Krieges traf, weisen die Autoren mühelos nach, dass sie unbeeinflusst waren von irgendwelchen medizinischen Problemen, die Hitler zu dem Zeitpunkt möglicherweise hatte. Hitlers Überzeugungen und Ziele teilten Millionen Deutsche, und das Bild einer Nation von gutgläubigen Betrogenen, verführt von einem rasenden Irren, das so viele von ihnen nach dem Krieg zeichneten, war nie sehr überzeugend.

Die rückblickenden Diagnosen von Eberle und Neumann sind kurz und bündig, klar, verbindlich und überzeugend, aber besonders überraschend oder originell sind sie nicht. Denn all dies wurde schon zuvor geleistet, und zwar von dem verstorbenen Fritz Redlich, einem österreichischen Psychiater, der 1938 in die USA emigrierte und später Dekan der Medizinischen Fakultät an der Universität von Yale wurde. Im Jahr 1998 veröffentlichte Redlich *Hitler. Diagnosis of a Destructive Prophet,* (dt. *Hitler. Diagnose des destruktiven Propheten*, Gießen 2016), in dem er mehr oder weniger dasselbe Beweismaterial durchging, von Morells Tagebüchern bis zu Hitlers Elektrokardiogrammen, die zu unterschiedlichen Zeiten in den 1930er- und frühen 1940er-Jahren aufgenommen worden waren. Und er kam zu genau denselben Ergebnissen. Redlich wurde von dem deutschen Historiker Norbert Frei und anderen führenden Spezialisten für die Geschichte des „Dritten Reiches" beraten, und das Verdienst, viele Mythen über Hitlers Krankheiten beerdigt zu haben, gebührt in erster Linie ihm. Eberle und Neumann tun sein Werk kleinlich mit dem Hinweis ab, es beruhe auf unzuverlässigen Quellen, aber obwohl sie einige Punkte ergänzen und präzisieren, stellen sie Redlichs detaillierte medizinische Ausführungen nicht ernsthaft infrage. Beide Bücher kommen zu dem zwangsläufigen Schluss, dass Hitler weder geisteskrank noch verwirrt war, weder unter medikamentenbedingten Wahnvorstellungen litt noch unter den Folgen irgendeiner chronischen Krankheit wie Syphilis oder in ungeklärter hypnotischer Trance handelte. Im Gegenteil, er war nach allen vernünftigen Definitionen des Begriffs gesund und voll verantwortlich für seine Handlungen.

10. Adolf und Eva

In den frühen Morgenstunden des 29. April 1945, als zu hören war, wie die Geschütze und Panzer der Roten Armee das Zentrum Berlins beschossen, fand in Hitlers Bunker tief unter dem Garten der Alten Reichskanzlei eine kurioses Ereignis statt. Mit Propagandaminister Joseph Goebbels und dem Leiter der Parteikanzlei Martin Bormann als Trauzeugen traute „der eilig herbeigeholte Standesbeamte Walter Wagner" den deutschen Diktator Adolf Hitler und eine etwa 23 Jahre jüngeren Frau, die 33-jährige Eva Braun aus Bayern. Nach der Zeremonie stießen in Hitlers Wohnraum seine Sekretärinnen, seine Diätköchin Constanze Manziarly und einige Adjutanten, darunter der Reichsjugendführer Arthur Axmann, zu der Gruppe, um bei einem Glas Sekt, wie einer der Anwesenden später schrieb, „fröhlich an alte Zeiten zu denken".

Es war eine Eheschließung, die im Schatten des Todes vollzogen wurde. Kurz zuvor hatte Hitler im Bunker einer seiner Sekretärinnen sein „politisches Testament" diktiert. Darin erklärte er, dass er sich, da sein Leben nun fast vorüber sei, entschlossen habe, „jenes Mädchen zur Frau zu nehmen, das nach langen Jahren treuer Freundschaft aus freiem Willen in die schon fast belagerte Stadt hereinkam, um ihr Schicksal mit dem [s]einen zu teilen". Sie gehe auf eigenen Wunsch als seine Gattin mit ihm in den Tod. Am Nachmittag des 30. April zog sich das Paar in Hitlers private Räumlichkeiten zurück, wo Eva Hitler, wie sie nun hieß, sich auf ein Sofa setzte, eine Zyanidkapsel zerbiss und augenblicklich starb. Hitler, der sich seines eigenen Todes doppelt sicher sein wollte, tat dasselbe, während er sich gleichzeitig eine Kugel durch die rechte Schläfe schoss. Auf das Geräusch hin betraten einige der noch im Bunker Anwesenden den Raum und sorgten dafür, dass die Leichen in den Garten geschafft wurden, wo sie sie Hitlers Anweisungen entsprechend mit Benzin übergossen und bis zur Unkenntlichkeit verbrannten. Die noch funktionierende Propagandamaschine der Nationalsozialisten veröffentlichte eine Erklärung, in der behauptet wurde, Hitler sei bis zum Ende kämpfend gestorben. Seine neue Ehefrau wurde nicht erwähnt. Sie starb, wie sie gelebt hatte, unsichtbar für alle bis auf eine Handvoll Vertrauter des Führers.

Wer war Eva Braun? Warum verband sie ihr Schicksal so untrennbar mit dem des deutschen Diktators? Warum wurde ihre Existenz so lange geheim gehalten? War sie nur eine einfache, apolitische junge Frau, von Hitlers Charisma bezaubert? War ihre Beziehung mit dem Diktator bloß platonisch? In *Eva Braun. Leben mit Hitler* (München 2011), der ersten seriösen wissenschaftlichen Biografie dieser Deutschen, die nach ihrem Tod eine der bekanntesten Frauen der Welt wurde, geht die Historikerin Heike Görtemaker das verfügbare Quellenmaterial gründlich und behutsam durch und versucht eine Antwort auf diese verwirrenden menschlichen Fragen zu finden und präzise aufzuzeigen, welcher Art ihre Beziehung mit dem deutschen Diktator genau war.

Historiker wissen seit Langem, dass Hitler, wenn es darum ging, Dinge für ihn zu erledigen, auf eine kleine Gruppe enger Freunde und Bekannter baute. Weit davon entfernt, professionell geführt zu werden, wurde das „Dritte Reich" von Amateuren und früheren Außenseitern regiert. Die Rolle seines persönlichen Fotografen Heinrich Hoffmann in diesem kleinen Zirkel ist allerdings, wie Görtemaker zeigt, bislang ungenügend beachtet worden. Hoffmann war fast vom allersten Augenblick an Nationalsozialist. Hitler lernte er vor dem Putsch im Bürgerbräukeller 1923 kennen, und er zerstreute die Besorgnis des NS-Führers, in unvorteilhaften Situationen fotografiert zu werden, indem er sein Bildnis auf möglichst attraktive Weise einfing. Hoffmanns Arbeit sorgte dafür, dass Hitlers Bild spätestens Ende der 1920er-Jahre überall in den Medien war. Seine Fotografien waren immer die besten, und er begleitete den NS-Führer praktisch überall hin. Hoffmanns Zuhause bot Hitler die Möglichkeit, sich zu einer Art Ersatzfamilie zurückzuziehen. Diese Dienste trugen ihm Hitlers Vertrauen ein und bescherten ihm später ein hohes Einkommen und gehörigen Einfluss in der kulturellen Welt. 1937 wurde Hoffmann von Hitler mit der Auswahl der Gemälde für die Große Deutsche Kunstausstellung, dem Schaufenster für nationalsozialistische Kunst, beauftragt. Als es ihm auf diese Weise möglich war, schon relativ früh in seiner Karriere sein Unternehmen zu vergrößern und neues Personal einzustellen, war die junge Eva Braun eine der neuen Angestellten.

Geboren am 6. Februar 1912, war Eva die zweite von drei Töchtern eines kleinbürgerlichen Ehepaars Friedrich und Franziska Braun. Die Ehe ihrer Eltern war weder glücklich noch stabil. Im Jahr 1921 ließen sie sich sogar scheiden, nur um gut 18 Monate später erneut zu heiraten, als die galoppierende Inflation die Einkünfte so vieler Menschen zu vernichten anfing: Drei Kinder waren in einem einzigen Haushalt leichter zu ernähren als in zweien. Nachdem die Wirtschaft sich Mitte der 1920er-Jahre stabilisiert hatte, erholte sich die Familie nicht zuletzt mithilfe einer Erbschaft derart, dass sie in ein großes Haus ziehen, ein Dienstmädchen einstellen und ein Auto kaufen konnte. Aber die Situation daheim blieb so angespannt, dass Eva die meiste Zeit bei der Familie einer Freundin wohnte, deren Eltern sie schließlich Mutter und Vater nannte. Nach einer Zeit im Internat antwortete sie auf eine Anzeige, die Heinrich Hoffmann in einer Lokalzeitung aufgegeben hatte, und im September 1929 stieß sie zu seiner rasch wachsenden Belegschaft.

Mittlerweile warb Hoffmann für sein Studio als NS-Betrieb, und da Friedrich Braun ein begeisterter Anhänger der Partei war, ermutigte er seine Tochter zweifellos, sich um die Stelle zu bewerben. Die 17-jährige Eva arbeitete als Verkäuferin und kannte sich mit grundlegenden fotografischen Techniken aus. Die meisten Aufträge erhielt das Studio von der NSDAP, und vor allem angesichts der engen Beziehung Hoffmanns zu Hitler war es nicht verwunderlich, dass einer der ersten Kunden, mit denen Eva in Kontakt kam, der Führer der NSDAP war, für den sie eines Tages aus einem Laden in der Nähe etwas zu essen und zu trinken holen sollte. Während sie alle herumsaßen und aßen, war Hitler offensichtlich angetan von der neuen Assistentin seines Fotografen; nach einem Buch von einem Journalisten, der nach dem Krieg Brauns überlebende Verwandte interviewte, bot er ihr sogar an, sie nach Hause zu fahren (sie wohnte damals wieder bei ihren Eltern). Schon bald überhäufte er sie bei seinen häufigen Besuchen im Studio mit Komplimenten und machte ihr kleine Geschenke. So sehr war er von ihr angetan, dass er heimlich ihre Abstammung prüfen ließ, um festzustellen, ob sie „arisch" sei, was im seine Ermittler bestätigten.

Solche Aufmerksamkeit nicht gewohnt, begann Eva Braun sich zu revanchieren. Bald konnte kein Zweifel mehr bestehen über die wahre Natur ihre Gefühle. Auf noch größere Beliebtheit beim NS-Führer spekulierend, begann Hoffmann die Beziehung nach Kräften zu fördern (seine späteren Dementis sind, wie Görtemaker, nachweist, nicht glaubhaft). Binnen relativ kurzer Zeit nach ihrer ersten Begegnung gingen die beiden eine sexuelle Beziehung ein, die höchstwahrscheinlich in einer Wohnung vollzogen wurde, die Hitler im vornehmen Münchner Viertel Bogenhausen anmietete. Görtemaker enthält sich jeglicher Psychologisierung und Spekulation in diesem streng wissenschaftlichen Buch, aber die Annahme scheint durchaus berechtigt, dass Eva in dem sehr viel älteren Hitler einen Ersatz für ihren unzulänglichen Vater fand. Darüber hinaus kamen beide aus ähnlichen sozialen Verhältnissen, hatten einen vergleichbaren (etwas rudimentären) Bildungsstand und standen beide dem gesellschaftlichen Establishment der Zeit gleich fern. Wie ihren Bekannten auffiel, hatten beide einen Reinlichkeitsfimmel, achteten auf eine adrette Erscheinung und hatten dennoch einen Großteil ihres Lebens in unkonventionellen Milieus verbracht, er in der Welt der Münchner und Wiener Boheme der Vorkriegszeit, sie in der Künstlerszene des Fotoateliers.

Es kann kaum ein Zweifel daran bestehen, dass die Beziehung Ausdruck normaler Heterosexualität auf beiden Seiten war. Görtemaker erwähnt gar nicht erst die wilden Spekulationen, in denen sich amerikanische Psychologen ergingen, wie etwa Walter C. Langer in seiner 1943 verfassten Analyse *The Mind of Adolf Hitler* (*Das Adolf-Hitler-Psychogramm. Eine Analyse seiner Person und seines Verhaltens*, Wien/München/Zürich 1973). Ebenso wenig geht sie auf das Stammtischgeschwätz ein, das der Salonlöwe Ernst „Putzi“ Hanfstaengl, in den 1920er-Jahren ein Vertrauter Hitlers, in einem Bericht für US-Präsident Franklin D. Roosevelt verbreitete (der ihn seine „Bettlektüre“ nannte), wonach Hitler sich in den unterschiedlichsten sexuellen Perversionen erging. So schwer es auch zu akzeptieren sein mag, aber wie es aussieht, hatte Hitler höchstwahrscheinlich ein Sexualleben, das in jeder Hinsicht konventionell war, außer dass er es geheim hielt. Nicht alles an diesem bösesten aller Menschen war zwangsläufig verdorben und abartig.

Seine Liaison mit Eva Braun bereitete dem NS-Führer bald Probleme, die nur noch größer wurden, als ihre Beziehung sich vertiefte. Schon bevor er an die Macht kam, fing Hitler aus mehreren Gründen an, offene Zurschaustellungen von Zuneigung zu vermeiden. Eine Zeit lang hatte er eine Affäre mit seiner Nichte Angela Raubal, genannt Geli, der er ein Zimmer an Münchens prachtvoller Prinzregentenstraße untervermietete. Am 18. September 1931 erschoss Geli sich, vielleicht, weil sie sich schuldig fühlte wegen ihrer inzestuösen Beziehung mit ihrem Halbonkel, vielleicht aus Eifersucht, vielleicht, weil sie Hitlers beherrschenden und einschränkenden Einfluss auf ihr Leben nicht ertrug. Sie hinterließ keine Mitteilung, ein Umstand, der manche daran hat zweifeln lassen, ob es überhaupt Selbstmord war. Andere deuteten recht wenig überzeugend an, dass Geli ermordet worden sei, um peinliche Enthüllungen über den NSDAP-Führer zu vermeiden.

Wie immer die Wahrheit über die Affäre aussah, Hitler kam nun zu der Überzeugung, er könne nicht riskieren, dass Privatangelegenheiten sein Bild in der Öffentlichkeit beeinträchtigten, nun da die NSDAP immer populärer wurde. Selbst gegenüber Vertrauten wie Goebbels erklärte er, dass er sich ausschließlich um die Partei kümmern und niemals heiraten werde. Das private Glück sei dem öffentlichen Wohl zu opfern. Von jetzt an war er, wie er sagte, „verheiratet mit dem deutschen Volk, mit seinem Schicksal“. Als für Hitler im Frühjahr 1932 eine Phase fieberhafter Wahlkampftätigkeit begann, die von der inzwischen von München nach Berlin umgezogenen Reichspropagandaleitung organisiert wurde, blieb ohnehin kaum Zeit, seine neue Beziehung mit Eva Braun zu pflegen. Verzweifelt nahm sie, entweder im August oder November 1932, da gehen die Darstellungen auseinander, die Pistole ihres Vaters, lud sie, richtete sie auf ihr Herz und drückte ab.

Aber Eva Braun zielte schlecht. Ob durch Zufall oder Absicht, jedenfalls verfehlte die Kugel alle lebenswichtigen Organe und wurde im Krankenhaus problemlos entfernt, wo ein beunruhigter Hitler sie kurz darauf besuchte. Hitler sagte Hoffmann, dass er sich „von jetzt an um sie kümmern“ werde, denn ein zweiter Selbstmord-Skandal könne ihn ruinieren. Ihm sei nun klar geworden, „daß das Mädchen in wirklich liebe“. Seine eigenen Gefühle erwähnte Hitler nicht. Aber von diesem Moment an wurde seine Beziehung mit Eva ein fester und bedeutender Teil seines Lebens. Sollte ihr Selbstmordversuch ein Hilfeschrei gewesen sein, dann wurde er erhört. Aber sie kannte die Regeln, nach denen die Affäre zu laufen hatte: Sie musste unter Verschluss gehalten werden. Nicht einmal bei privaten Anlässen waren irgendwelche Gesten der Zuneigung zwischen den beiden gestattet, und Heirat war ausgeschlossen. Es blieb den fanatischen Nationalsozialistin Magda Goebbels, Gattin des Reichspropagandaministers, der Schauspielerin Emmy Göring, zweite Frau des „zweiten Mannes“ im Reich, Hermann Göring, und Ilse Heß, einer engagierten Nationalsozialistin der ersten Stunde und verheiratet mit dem Stellvertreter des Führers, Rudolf Heß, überlassen, um die öffentliche Rolle der „First Lady“ des „Dritten Reiches“ zu kämpfen.

Brauns private Korrespondenz mit Hitler wurde auf seinen Befehl hin kurz vor Kriegsende vernichtet, doch ein fragmentarisches – aber zweifellos echtes – Tagebuch aus dem Jahr 1935 ist erhalten. Darin schrieb Eva von ihrer Bestürzung, als Hitler „plötzlich“ und „ohne Abschied“ nach Berlin abreiste, nachdem er am Tag zuvor „bis 12 Uhr ein paar wundervoll schöne Stunden“ mit ihr verbracht habe. „Liebe scheint momentan aus seinem Programm gestrichen“, schrieb sie, als

Hitler während der folgenden Wochen mit wichtigen politischen Angelegenheiten beschäftigt war, von der Saarabstimmung bis zur Wiedereinführung der allgemeinen Wehrpflicht. Bei einem Empfang in einem Münchner Hotel wurde ihr Warten auf ein „liebes Wort" oder „einen Gruß" enttäuscht, und als er aufbrach, gab er ihr lediglich, „wie schon einmal, einen Umschlag mit Geld". Noch schlimmer war, dass Hitler nun bei gesellschaftlichen Ereignissen in Berlin in Begleitung einer jungen und schönen Adligen, Sigrid von Laffert, gesehen wurde.

Angesichts solch scheinbarer Gleichgültigkeit ihr gegenüber griff Eva zum zweiten Mal zum Mittel des Selbstmordversuchs, diesmal mit einer Überdosis Schlaftabletten, die „wirklich eine ‚totsichere' Angelegenheit werden" sollte, wie sie in dem Tagebuch notierte. Tatsächlich überlebte sie auch diese, und die Taktik war erneut erfolgreich. Sie zog aus dem Haus ihrer Eltern aus und bezog zusammen mit ihrer Schwester und einer Hausangestellten eine Wohnung, die fünf Minuten entfernt von Hitlers eigener Bleibe in München lag. Die Miete zahlte Hitler, wozu er Hoffmann als Mittelsmann benutzte. Ein paar Wochen später durfte sie auf dem Parteitag der NSDAP in Nürnberg erscheinen und saß auf dem Podium, sehr zur Empörung der führenden Damen in der Parteihierarchie, die bis zu diesem Augenblick nichts von ihrer Existenz gewusst hatten. Kurz danach verließ Hitlers Halbschwester, nachdem sie ihm sieben Jahre den Haushalt geführt hatte, sein ländliches Refugium, den Berghof am Obersalzberg in den Bayerischen Alpen – nicht ohne zuvor ihre Abneigung gegen ihre junge Rivalin, Eva Braun, kundgetan zu haben. Augenscheinlich duldete Hitler jedoch keine Kritik an jener Frau, die inzwischen seine dauerhafte Gefährtin geworden war.

Wenn Eva mit Hitler in der Öffentlichkeit gesehen wurde, bei Besuchen in der Oper oder bei sportlichen oder gesellschaftlichen Anlässen, dann musste sie sich im Hintergrund halten. Aber sie reiste jetzt oft an Hitlers Seite, begleitete ihn sogar in der Rolle einer „Privatsekretärin" oder als eine von Hoffmanns Angestellten auf Auslandsreisen. Irgendwann erhielt sie eine Wohnung in der Alten Reichskanzlei in Berlin, sodass sie bei Hitler sein konnte, wenn er in der Hauptstadt war. Und auch hinter den Kulissen behauptete sie sich allmählich, vor allem auf dem Berghof, wo sie nun die meiste Zeit lebte. Hierher kam Hitler, um sich zu entspannen und den bohemehaften Lebensstil wiederaufzunehmen, den er in den 1920er-Jahren genossen hatte. Obwohl das Haus von Hitlers unauffällig effizientem Faktotum Martin Bormann geführt wurde, war es Eva Braun, die in den nächsten Jahren zur Gastgeberin avancierte, die gesellschaftliche Ereignisse auf dem Berghof organisierte und schließlich, bereitwillig oder nicht, von Hitlers engstem Kreis als Herrin des Haushalts anerkannt wurde. Bormann achtet darauf, sich gut mit ihr zu stellen, sorgte dafür, dass sie alles hatte, was sie brauchte, einschließlich Geld, und traf sorgfältig Vorkehrungen, um ihre Existenz vor der Allgemeinheit zu verbergen.

Da die Tatsache, dass Hitler eine langjährige Partnerin hatte, den hochrangigen Figuren im Regime bekannt war, konnten natürlich auch aufmerksame Journalisten dahinterkommen – wenn ihnen daran gelegen war. Deutsche Reporter hätten sich nicht an das Thema herangewagt, aber der Aufmerksamkeit einiger scharfsichtiger ausländischer Reporter blieb Eva Brauns Rolle nicht verborgen. So brachte beispielsweise das *Time Magazine* im Stil zeitgenössischer Klatschkolumnen am 15. Mai 1939 eine Story unter der Überschrift „Spring in the Axis", zu Deutsch etwa „Frühlingsgefühle bei den Achsenmächten". In dem Artikel hieß es, eine junge, blonde Frau namens Eva Braun sei von ihrem alten Freund in Berlin, der sie stets besucht, wenn er in der Stadt ist, mit einer Wohnung versorgt worden. Ihren Bekannten, so berichtete der Artikel fälschlicherweise, habe Eva Braun anvertraut, dass ihr Freund sie binnen Jahresfrist heiraten wolle. Amerikas *Saturday Evening Post* brachte am 6. November 1939 sogar einen Artikel mit der Überschrift: „Is Hitler Married?" Die deutsche Journalistin Bella Fromm, die 1938 aus ihrer Heimat in die Vereinigten Staaten geflohen war, scheint ebenfalls Gerede aufgeschnappt zu haben, das sie bewog, Braun als Hitlers Freundin zu identifizieren. Fromm nahm die Gerüchte in ihre Tagebuch-Veröffentlichung *Blood and Banquets* auf, die 1942 in New York und London erschien (*Als Hitler mir die Hand küsste,* Berlin 1993). Dort vermerkte sie, dass Hoffmanns frühere Assistentin „Eva Helene Braun" das Herz des Führers erobert zu haben schien. Darauf, dass solche Berichte niemals das deutsche Lesepublikum erreichten, achteten die nationalsozialistischen Zensoren allerdings genauestens.

Während es vielleicht noch einleuchtete, dass Hitler, bevor er 1933 an die Macht kam, mit der Beziehung hinter dem Berg hielt, hätte er nach Errichtung seiner Diktatur faktisch tun können, was er wollte. Warum heiratete das Paar dann nicht und bekam Kinder? In der Öffentlichkeit strengte Hitler sich besonders an, sowohl seine Kinderfreundlichkeit als auch seine Tierliebe zu demonstrieren, und der Nachwuchs von Vertrauten, etwa die Sprösslinge seines Architekten und Rüstungs-Oberbosses Albert Speer, war stets gern auf dem Berghof gesehen. Außerdem betonte die NS-Ideologie, wie wichtig es sei, dass „arische“ Frauen wie Eva Braun heirateten und Kinder für das Reich bekamen. Führende Nationalsozialisten, etwa Goebbels mit seinen sechs Kindern oder Bormann mit eindrucksvollen zehn, kamen dem auch nach. Eva Braun ließ Fotos von sich und Hitler machen, wie sie zusammen mit den kleinen Kindern ihrer Freundin Herta Schneider auf einem Sofa saßen, und bewahrte sie in einem besonderen Album auf. Die Fotos spiegelten ihren Traum wider, nach dem Krieg mit ihm Kinder zu bekommen, eine Parallelfantasie zu jener, die Hitler heraufbeschwor, wenn er sich Modelle der monströsen Stadtlandschaften ansah, die er für Berlin oder Linz plante, sobald der Frieden käme. Hitler seinerseits erlaubte ihr, ihn mit Kindern zu fotografieren, nicht nur, weil sie die Fotos für Propagandazwecke an Hoffmann verkaufte, sondern auch, behauptet Görtemaker, weil er wusste, dass diese Bilder ihr erlaubten, von einem Familienleben zu träumen, das sie mit ihm nicht haben konnte.

Hitler vermied es sogar bewusst, sich auf ein Familienleben festzulegen, weil er sich als vorgeblich einsame Persönlichkeit zur Geltung bringen wollte, der sich alle anderen zu fügen hatten, als ein Mensch, der über den sozialen Normen des „Dritten Reiches“ stand. Sein Vorbild war hier Karl Lueger, der populäre antisemitische Bürgermeister von Wien, wo Hitler vor dem Ersten Weltkrieg gelebt hatte. Lueger hatte sich geweigert, seine Partnerin zu heiraten, weil er, wie er sagte, „die Weiber“ brauche, um politisch „etwas erreichen“ zu können. „Viele Frauen“, erklärte Hitler später, „hängen an mir, weil ich unverheiratet bin.“

Das „Dritte Reich“ war eine Staatsform, die als „plebiszitäre Diktatur“ bezeichnet worden ist. Nicht zuletzt der internationalen Meinung wegen musste Hitler immer wieder aufs Neue die massenhafte Unterstützung zur Schau stellen, derer sich sein Regime und dessen Politik erfreuten; daher die Mühe, die er sich gab, um bei Wahlen und Volksabstimmungen Mehrheiten von 99 Prozent zu fabrizieren. Weibliche Wähler – angesichts des Massengemetzels an deutschen Männern im Ersten Weltkrieg und ihrer höheren Lebenserwartung in der Mehrheit – waren für Hitler sowohl vor als auch nach der Machtergreifung eine wichtige Quelle der Unterstützung bei Wahlen. Außerdem waren Frauen seiner Ansicht nach unerlässlich als Unterstützerinnen der Kriegsanstrengung, sahen sie doch zu, dass ihre Männer sich weiter für die Sache engagierten, und gewährleisteten, dass Soldaten keinen Grund hatten, sich um ihre Familien an der Heimatfront zu sorgen. Heiraten, so sagte er 1942 vertraulich, „schafft Rechtsansprüche! Da ist es schon viel richtiger, eine Geliebte zu haben. Die Last fällt weg, und alles bleibt ein Geschenk.“ Weil sie um diese Ansichten wusste, hütete Eva sich, ihre Stellung dafür zu nutzen, Hitler in persönlichen oder politischen Angelegenheiten zu beeinflussen. Hitler reagierte allergisch auf alle Versuche von anderen, ihn über Eva Braun zu beeinflussen. Als Hermann Göring nach Kriegsbeginn Macht einbüßte, versuchte er sie wiederzuerlangen, indem er seiner Frau zuredete, sich persönlich mit Eva anzufreunden. Hitler machte dem Manöver in schroffem Ton ein Ende.

Die NS-Ideologie stellte Frauen prinzipiell als passive, bescheidene, schlichte und anspruchslose Geschöpfe dar, deren Rolle es sei, ihre Männer zu vergöttern. Braun war keine solche Frau. Wie ihre gescheiterten Selbstmordversuche zeigten, war sie bereit, einiges zu riskieren, um zu bekommen, was sie wollte. Ihre Stellung auf dem Berghof, in der sie ihre Dominanz über die viel älteren Möchtegern-First-Ladys des „Dritten Reiches“ behauptete, zeugte von einer starken Persönlichkeit. Während des Krieges stellten Besucher fest, wie sie allmählich selbstbewusster wurde. Beispielsweise signalisierte sie Hitler, den Mund zu halten, wenn er nach Tisch zu einem seiner endlosen Monologe ansetzte, oder fragte laut, wie spät es sei, wenn er keinerlei Anstalten machte, sich zur Nacht zurückzuziehen. Obwohl noch keine 30, hatte sie sich zu einer Persönlichkeit entwickelt, mit der in Hitlers innerem Kreis zu rechnen war.

Eva entsprach auch in anderer Hinsicht nicht dem nationalsozialistischen Weiblichkeitsideal. Ein Besucher, dem sie als die „Hauswirtschafterin“ auf dem Berghof vorgestellt wurde, berichtete missbilligend, dass Braun mehrmals am Tag ihr Kleid wechsle. Sie entspreche nicht, vermerkte der Besucher streng, dem „Ideal eines deutschen Mädchens“, denn „Natürlichkeit und Bodenständigkeit“ seien „ihre Sache nicht“. Sie blondierte sich die Haare und trug immer Make-up, am liebsten von Elizabeth Arden. Zudem änderte sich ihr ganzes Gebaren, sobald Hitler sein bayerisches Refugium verließ – sie rauchte Zigaretten (was sich Hitler als überzeugter Nichtraucher verbat), dachte sich Amüsements für ihre Freunde aus, sah sich ausländische Filme an, gab Partys, machte im Badeanzug Gymnastik, sonnte sich nackt und ging überhaupt aus sich heraus.

Frauen wurden im nationalsozialistischen Deutschland davon abgehalten, einer Erwerbsarbeit nachzugehen, aber Hitler respektierte Evas

Anspruch, eine professionelle Fotografin zu sein, indem er sie sein „Rolleiflex-Mädchen“ nannte. Sie machte nicht nur zahlreiche, oft sehr gute Fotos, sondern entwickelte sie auch und fertigte selbst Abzüge an. Leider verzichtet Görtemaker in dieser ansonsten umfassenden Studie darauf, sich mit der Vielzahl von Amateurfilmen auseinanderzusetzen, die Braun auf dem Berghof drehte, die doch eine wichtige Quelle für unser Wissen über die Führer des „Dritten Reiches“ und ihre Beziehungen untereinander sind. Brauns Farbfilm von Hitler und seiner Entourage ist von seltener Unmittelbarkeit, für das Auge des 21. Jahrhunderts irgendwie sehr viel realer als in Schwarz-Weiß gedrehte Filme. Ein Teil davon wurde mit automatisierter Lippenlesetechnik bearbeitet, und in einem besonders unheimlichen Moment beginnt Hitler, während er von Braun gefilmt wird, mit der Frau hinter der Kamera zu flirten, wodurch jene, die sich den Film ansehen, das unbehagliche Gefühl beschleicht, Hitler flirte mit ihnen.

Doch bei all ihrem Durchsetzungsvermögen schilderten die meisten Männer in Hitlers Entourage Eva Braun als ein bescheidenes kleines Ding, das keinen Schimmer von der großen, weiten Welt dort draußen hatte. Vieles, was man über sie weiß, stammt aus Nachkriegserinnerungen, vor allem jenen, die Albert Speer veröffentlichte. Görtemaker zeigt aufs Neue, wie unzuverlässig Speers eigennützige Rückbesinnungen waren, was auch für die Erinnerungen vieler anderer gilt, die Hitlers spätere Gattin kannten. Schließlich lag es in ihrem Interesse, zu unterstellen, dass Eva naiv und unpolitisch war, dass das Leben an dem Ort, an dem sie den größten Teil ihrer Zeit verbrachte, in Hitlers Gebirgsresidenz auf dem bayerischen Obersalzberg, idyllisch und entrückt war von den Belastungen politischer und militärischer Angelegenheiten, dass weder sie noch Eva Braun über die Verfolgung und Ermordung der Juden Europas oder die Ausrottung anderer Gruppen, von sowjetischen Kriegsgefangenen bis zu Deutschlands geistig Behinderten, sprachen oder davon wussten.

Doch Hitlers innerer Kreis, Eva Braun inbegriffen, lebte nicht ausschließlich auf dem Berghof, abgeschnitten von den Ereignissen, die in den großen Städten wie München und Berlin stattfanden, wo sie ebenfalls einen Gutteil ihrer Zeit verbrachten. Seine Angehörigen waren Zeugen des reichsweiten Pogroms vom 9./10. November 1938, als Tausende jüdischer Geschäfte von SA-Horden demoliert, Hunderte Synagogen in Brand gesetzt und 30 000 jüdische Männer aus ihren Häusern geholt, in aller Öffentlichkeit beschimpft, misshandelt und anschließend in Konzentrationslager verschleppt wurden. Sie sahen die Schilder, die an den Straßen aufgestellt waren, die zu Dörfern in der Nähe des Obersalzbergs führten und verkündeten, dass Juden in der betreffenden Ortschaft „unerwünscht" seien. Sie sahen die Anschläge innerorts, die Juden von lokalen Einrichtungen wie Stadtbüchereien und öffentlichen Schwimmbädern ausschlossen, und sie lasen Zeitung.

Obwohl Eva nur wenige konkrete Hinweise auf ihre politischen Ansichten hinterlassen hat, finden sich einige in ihrem Fotoalbum, das Schnappschüsse von Hitler und seiner Entourage während der angespannten Phase unmittelbar vor Ausbruch des Krieges enthielt. Die unter den Fotos „befestigten, maschinengeschriebenen Bemerkungen" verkünden etwa: „... aber trotzdem, Polen will nicht verhandeln" oder „... und der Führer hört den Bericht am Radio". Wenn Hitler Rundfunkberichte hörte, dann hörte auch sie zu. Es kann kaum ein Zweifel daran bestehen, dass Eva Braun die Großereignisse des Krieges sehr genau verfolgte und dass sie glaubte, ihr Schicksal sei von Anfang an untrennbar mit dem ihres Gefährten verbunden. „Wenn ihm etwas zustößt, sterbe ich auch", sagte sie, als sie auf der Pressetribüne weinend Hitlers Erklärung im Reichstag bei Kriegsausbruch mitanhörte, dass er die Uniform des Soldaten, die er jetzt trage, nur ausziehen würde „nach dem Siege – oder [er] werde dieses Ende nicht erleben",

Der Krieg veränderte die Beziehung: Hitler verbrachte immer mehr Zeit in Berlin oder, nach dem Einmarsch in die Sowjetunion im Juni 1941, in seinem Feldhauptquartier hinter der Ostfront. Man kann durchaus annehmen, dass er ihr sagte, wohin er ging, bevor er die Invasion startete, und warum er so viel Zeit dort verbringen werde. Auf jeden Fall informierte er seine jungen Sekretärinnen, was die spätere Behauptung Lügen straft, dass er mit Frauen nie über Politik sprach. Hitlers Besuche auf dem Berghof waren nun weniger häufig, wenngleich sie, wenn die militärische Lage es zuließ, jeweils Wochen oder sogar Monate dauern konnten. Die Stimmung wurde gedrückter, als die deutschen Armeen Anfang 1943 die katastrophale Niederlage von Stalingrad erlitten und alliierte Bomber bald darauf anfingen, deutsche Städte zu verwüsten, darunter auch München. Mit Hitlers zunehmendem Rückzug aus der Öffentlichkeit wurde Evas Rolle bedeutungsvoller, und am 25. Juni 1943 erwähnte Propagandaminister Joseph Goebbels sie zum ersten Mal in kriecherisch herzlichen und bewundernden Worten auf den Seiten seiner voluminösen Tagebücher, die inzwischen hauptsächlich für eine Veröffentlichung nach dem Krieg bestimmt waren.

Hitlers Aufenthalt auf dem Berghof von Februar bis Juli 1944 war sein letzter. Er verließ den Obersalzberg erst, als Gerüchte über einen bevorstehenden Attentatsversuch ihn zurück nach Berlin zogen. Vor seiner Abreise traf er mit Eva Vorkehrungen für den Fall seines Todes, sie habe darauf ihre Selbstmordabsicht für diesen Fall angekündigt, wie er Goebbels sagte. Angesichts der Tatsache, dass sie das schon zweimal versucht hatte und ihr der Gedanke also nicht fremd war, und wohl wissend, dass ihre Feinde, zu denen inzwischen auch der zunehmend machthungrige Bormann zählte, sie aus dem Haus jagen würden, wenn Hitler nicht mehr wäre, war das wenig überraschend. Aber es war gewiss auch Ausdruck einer echten emotionalen Identifikation. Nach dem versuchten Attentat am 20. Juli 1944 – mit Oberst von Stauffenbergs Bombe in Hitlers Feldhauptquartier –, versuchte Eva in den darauffolgenden Stunden der Ungewissheit wiederholt, Hitler telefonisch zu erreichen, und sagte ihm, als sie schließlich durchkam: „Ich liebe dich, Gott schütze dich."

Beunruhigt durch Berichte über Hitlers zunehmend gebrechliche Gesundheit, machte Eva im Oktober 1944 ihr Testament. Ihre gesamte Habe der Familie und Freunden vermachend, stellte der Letzte Wille einmal mehr indirekt klar, dass sie ebenfalls zu sterben gedachte, sollte Hitler, wodurch auch immer, umkommen. Als dieser im November wieder nach Berlin umzog, stieß Eva in der Wohnung in der Alten Reichskanzlei zu ihm. Weil das ständige Bombardement durch feindliche Flugzeuge und Geschütze ein Leben über der Erde zu gefährlich machte, siedelten sie später in den unterirdischen Bunker um, wo sie ihr Leben beschließen sollten. Hier stand Eva Braun rückhaltlos hinter Hitlers fanatischer Entschlossenheit, bis zum Ende kämpfen zu lassen, in der Hoffnung auf den Sieg trotz überwältigender Anzeichen, dass es nur noch Wochen waren bis zur totalen Niederlage. Als Hitler seinen Arzt Karl Brandt verhaften und zum Tode verurteilen ließ, weil der es gewagt hatte, ihm einen Bericht zu schicken, der ausführlich die katastrophale Lage der medizinischen Versorgung im Reich beschrieb, stand Eva ungeachtet ihrer früheren Freundschaft mit Brandt zu ihm und bezeichnete das Verhalten des Arztes als verrückt und schändlich. (Brandt gelang es, im Chaos der letzten Wochen seinem Schicksal zu entgehen, nur um nach dem Krieg von den Alliierten wegen Medizinverbrechen hingerichtet zu werden.)

Nach einem kurzen Abschiedsbesuch bei ihrer Familie in München kehrte sie am 7. März 1945 in den Bunker zurück. Ein paar Wochen später schrieb sie einer Freundin, sie sei „sehr glücklich, gerade jetzt in *seiner* Nähe zu sein". Sie wies alle Bestrebungen zurück, Hitler mit ihrer Hilfe zu überreden, Berlin zu verlassen. Nicht nur wahrte sie selbst den Schein, sie bestand auch darauf, dass Hitler es tat, und bestärkte ihn im Glauben, dass sich die Situation noch wenden könnte. Indem sie dieses Bild eines ungebrochenen Kampfeswillens vermittelte, trug Eva Braun zweifellos zu Hunderttausenden von Toten in den letzten Kriegswochen bei.

Auch wenn sie dabei gelegentlich die Geduld verlor, hörte Eva Braun sich viele der politischen Monologe Hitlers an, von denen Bormann zahlreiche für die Nachwelt niedergeschrieben hat. Und als seine glühende Bewunderin und mit den kaum ausgeformten Ansichten einer Jugendlichen akzeptierte sie zweifellos seinen Rassismus, seinen Antisemitismus, seinen mörderischen Hass auf seine Gegner und seinen größenwahnsinnigen Glauben an Deutschlands Mission, die Welt zu beherrschen. Allerdings akzeptierten dies auch viele von Hitlers Freunden und Komplizen mit einer weit höheren Bildung und Reife. Heike Görtemakers akribisch recherchierte Biografie räumt ein für alle Mal mit den späteren und oftmals eigensüchtigen Behauptungen von Hitlers Komplizen auf, dass sein Privatleben einschließlich der Beziehung zu seiner Gefährtin vollkommen getrennt gewesen sei von der größeren Welt der NS-Politik und -Ideologie. Dadurch leistet sie einen wichtigen Beitrag zu unserem Verständnis der intimen Welt des Diktators und seiner Entourage und schärft darüber hinaus unser Urteilsvermögen in Bezug auf viele Nachkriegserinnerungen zu allgemeinen Themen wie zu Details.

Wirkt Hitler weniger böse, wenn er sich nach dieser Darstellung als ein Mensch mit normalen menschlichen Wünschen nach häuslichem Glück und sexueller Erfüllung entpuppt? Müssen wir aus irgendeinem Grund glauben, dass Leute, die böse Taten begehen, in ihrem Leben in jeder Hinsicht böse sind? Ist es für uns aus irgendeinem Grund tröstlicher zu denken, dass ein Mensch, der absichtlich den Tod von Millionen Unschuldiger, oft unter den entsetzlichsten Umständen, herbeiführt, irgendwie nicht wirklich menschlich ist?

Eines der vertrauten Stereotypen in der Literatur über den Nationalsozialismus ist der KZ-Kommandant, der auf der Violine Bach spielt, wenn er nach einem Tag des Mordens nach Hause kommt, oder sich zur Entspannung auf dem Grammofon Mozart anhört. Solche Gegensätze gab es auch in Hitlers Leben. Die meisten Hitler-Biografen haben ihn als einen Menschen ohne menschlichen Charakter skizziert. Für sie war er eine Art schwarzes Loch im Zentrum des Nationalsozialismus, durch seine gewalttätige und entfremdende Erziehung abgeschnitten von normalen menschlichen Regungen, im Erwachsenenalter unfähig zu irgendwelchen echten Gefühlen außer Hass und Ehrgeiz. *Eva Braun. Leben mit Hitler* zeigt, dass man es sich mit dieser Sichtweise zu einfach macht, und genau deshalb ist das Buch eine zutiefst beunruhigende Lektüre. Denn wenn ein Mensch wie Hitler fähig war, normale menschliche Liebe für einen anderen Menschen zu empfinden, was sagt das dann über die Liebe aus?

Teil III:
Die NS-Wirtschaft

11. Wirtschaftliche Erholung

In den Jahrzehnten seit dem Ende des Kalten Krieges hat das Leben in einer von den USA dominierten Welt den wissenschaftlichen Blick auf die Geschichte Europas im 20. Jahrhundert verändert. Für jemanden Ende 30 – wie den britischen Historiker Adam Tooze zum Zeitpunkt der Veröffentlichung von *Ökonomie der Zerstörung. Die Geschichte der Wirtschaft im Nationalsozialismus* (München 2008; engl. 2006) – ist der Aufstieg Amerikas zur Supermacht ein fundamentales Faktum und eine Konstante zu Lebzeiten. Doch schon im Jahrzehnt von 1924 bis 1935 war das Volkseinkommen der USA im Schnitt dreimal so hoch wie das Großbritanniens, viermal so hoch wie das Deutschlands und fünfmal so hoch wie das Frankreichs oder der Sowjetunion. Während desselben Zeitraums belief sich das britische Pro-Kopf-Bruttoinlandsprodukt auf 89 Prozent des vergleichbaren US-Werts, das französische auf 72, das deutsche auf 63 und das sowjetische auf 25 Prozent.

Den europäischen Zeitgenossen waren diese Zahlen sehr wohl bewusst und keinem mehr als Adolf Hitler. Schon in seinem unveröffentlichten „Zweiten Buch", geschrieben 1928, erklärte er, „daß der Europäer als Maßstab für sein eigenes Leben, ohne sich dessen oft bewußt zu werden, die Verhältnisse des amerikanischen Lebens anlegt". Für Hitler, der in seiner Kindheit und Jugend die Wildwestromane von Karl May las, schien es auf der Hand zu liegen, dass Amerika seinen industriellen Vorsprung und hohen Lebensstandard durch die Eroberung des Westens und die Ausrottung der indianischen Bevölkerung erreicht hatte. Wenn Deutschland als die führende Macht Europas nicht etwas Ähnliches unternehme, würde die „drohende […] Welthegemonie des nordamerikanischen Kontinents" sämtliche europäischen Mächte auf das Niveau der „Schweiz und Holland[s]" herabstufen. Keineswegs inspiriert durch das Beispiel der Deutschordensritter mit ihrem mittelalterlichen Eroberungstraum, basierte Hitlers Drang zur Unterwerfung Osteuropas auf einem sehr modernen Modell, einem Modell der Kolonisierung, Versklavung und Ausrottung, das seine Parallelen in der Schaffung europäischer Imperien in Afrika und Australien oder in der russischen Eroberung Zentralasiens und Sibiriens im 19. Jahrhundert hatte.

Hier lag für Hitler der Schlüssel zur deutschen Vorherrschaft über Europa. „Nordamerika wird in der Zukunft nur der Staat die Stirne zu bieten vermögen“, schrieb er, „der es verstanden hat, durch das Wesen seines inneren Lebens sowohl als durch den Sinn seiner äußeren Politik den Wert seines Volkstums rassisch zu heben und staatlich in die hierfür zweckmäßigste Form zu bringen.“ Mit dieser Staatsform meinte er natürlich die Diktatur des „Dritten Reiches“, und sobald Hitler an die Macht kam, brach er die am Ende des Ersten Weltkriegs geschlossenen Friedensvereinbarungen, die Deutschlands Armee auf maximal 100 000 Mann begrenzt und den Bau von Panzern, Flugzeugen, Schlachtschiffen und anderen unerlässlichen Instrumenten moderner Kriegführung verboten hatten.

Adam Tooze zog für dieses Werk umfangreiche wirtschaftliche Daten heran, um schlüssig nachzuweisen, dass die Wiederaufrüstung von Beginn des „Dritten Reiches“ an der Antrieb zur wirtschaftlichen Erholung Deutschlands war. Die Weltwirtschaftskrise hatte mehr als ein Drittel der Erwerbsbevölkerung arbeitslos gemacht, und die Nationalsozialisten machten viel Wind um sogenannte Arbeitsbeschaffungsprogramme wie den Bau der neuen Autobahnen. In Wirklichkeit aber dienten auch diese letztlich militärischen Zwecken, nämlich Truppen und Ausrüstung schnell zu befördern, und die Zahl der Arbeitsplätze, die dabei tatsächlich entstanden, war sehr klein. Die Arbeitslosigkeit blieb auf einem hohen Stand, bis die Einführung der allgemeinen Wehrpflicht ab 1935 ganze Generationen junger Männer absorbierte.

Wirtschaftshistorikern ist seit Langem bekannt, auch wenn Tooze von seinem Beweismaterial für die im Spätsommer 1932, sechs Monate vor Hitlers Machtantritt einsetzende Erholung behauptet, es widerspreche „allen späteren Darstellungen der Volkswirtschaft im Nationalsozialismus“, dass die Nationalsozialisten einfach einen günstigen Zeitpunkt erwischten und die Kontrolle über die deutsche Wirtschaft just in dem Moment übernahmen, als diese die Weltwirtschaftskrise allmählich überwand. Immerhin bietet sein Buch eine Fülle von Belegen, die diese Thesen endlich unstreitig machen. Hitlers Wiederaufrüstungsdrang war so obsessiv, so größenwahnsinnig, dass er bereit war, dafür fast alles zu opfern. Vor allem die Konsumenten litten, da Ressourcen und Devisen für Rüstungsausgaben abgezweigt wurden. Baumwollimporte beispielsweise waren schwer betroffen, und die Leute fingen an, sich über die schlechte Qualität der Kleidung aus Kunstfaser zu beklagen, die zu tragen sie gezwungen waren. Tooze widerlegt hier vollständig die Behauptung des deutschen Historikers Götz Aly, dass das NS-Regime die Zivilbevölkerung bewusst weich bettete, aus Angst, es sich mit ihr zu verscherzen. Im Gegensatz zu Alys Behauptungen weist Tooze auch darauf hin, dass auf Deutschlands Bevölkerung europaweit die höchste Steuer lastete.

Im Wettbewerb zwischen Kanonen und Butter siegten immer zunächst die Ersteren. Butter zählte sogar zu den Lebensmitteln, die ab Mitte der 1930er-Jahre rationiert werden mussten, als die Rüstungsindustrie anfing, Arbeiter von den Bauernhöfen weg in Deutschlands Großstädte zu locken. Auch war der rückständige Kleinbauernsektor den an ihn gestellten Anforderungen, das Land bei der Versorgung mit Lebensmitteln autark zu machen, nicht gewachsen. Hitler war sich der Tatsache nur allzu bewusst, dass während des Ersten Weltkriegs als Folge der alliierten Blockade 600 000 deutsche Zivilisten an Unterernährung und damit verbundenen Krankheiten gestorben waren, was er für die Zukunft um jeden Preis und vor allem deshalb ausschließen wollte, weil er meinte, dass die Demoralisierung durch Hunger ein für die Niederlage Deutschlands wesentlicher Faktor gewesen sei, weil sie daheim dem (fiktiven) „Dolchstoß" der Revolutionäre den Boden bereitet hätte.

Weil ihm die überseeischen Kolonien und transatlantischen Verbindungen Großbritanniens und Frankreichs ebenso fehlten wie die Ressourcen des riesigen eurasischen Imperiums der Sowjetunion, war Deutschland, wie Hitler glaubte, gezwungen, so weit wie möglich auf seine eigenen Ressourcen zurückzugreifen, bis es die Ölfelder des Kaukasus und die Kornspeicher der Ukraine für den eigenen Gebrauch nutzbar machen konnte. Dies wäre dann der Moment, wo das Opfer des deutschen Volks mit einem nie gekannten Überfluss belohnt würde. Um dieses Ziel zu erreichen, sei, wie er von den frühen 1930er-Jahren an bei zahlreichen Gelegenheiten ausführte, die Eroberung des Ostens erforderlich, der heftige und entscheidende Schläge gegen Deutschlands Feinde im Westen, in erster Linie Frankreich, vorausgehen müssten. Daher die Notwendigkeit einer gewaltigen Armee, unterstützt von einer Luftwaffe, die größer wäre als jede andere in Europa.

So extensiv war Hitlers Wiederaufrüstungsdrang, dass er am Vorabend des Krieges mehr als ein Fünftel der deutschen Staatsausgaben band. So viele Rohstoffe mussten importiert werden, um den Rüstungsmoloch zu füttern, dass ernsthafte Devisenkrisen das Land 1934 und abermals 1939 trafen und einschneidende Kürzungen bei den Rüstungsausgaben erzwangen. Zu den originellsten Beiträgen von Tooze zählt sein Nachweis, dass diese wohlbekannten Probleme ihren Ursprung in der Weigerung Hitlers hatten, die Reichsmark abzuwerten, obwohl zahlreiche Wirtschaftsexperten darauf drängten. Allerdings erklärt er nicht so richtig, warum Hitler nicht zu diesem Schritt bereit war. So akut war die Knappheit an harter Währung, dass das Regime sogar seine eigene Politik unterlief, indem es Deutschlands Juden, die zur Auswanderung gezwungen werden sollten, verbot, ihre Vermögenswerte und Ersparnisse mitzunehmen. Dies führte vorübergehend zu einem Rückgang der Auswanderung, bis die gewaltsamen Ausschreitungen des Novemberpogroms 1938 und die Zwangsenteignung der noch in Deutschland verbliebenen Juden die Zahl wieder nach oben schnellen ließen.

Die Stahlknappheit – vor allem mangels Importen von geeignetem Eisenerz – führte Hitlers irrational ehrgeiziges Ziel ad absurdum, zu Beginn des kommenden europäischen Krieges eine aus 21 000 Flugzeugen bestehende Luftwaffe zum Einsatz zu bringen. Heer und Marine waren ebenfalls außerstande, die Rohstoffe aufzutreiben, um sich richtig auszurüsten. SA-Trupps durchstreiften das Land und rissen in Parks, auf Friedhöfen und sogar in privaten Gärten eiserne Geländer ab, damit sie für Waffen und Munition eingeschmolzen werden konnten. Die Chemiker der I.G. Farben arbeiteten rund um die Uhr, um synthetische Ersatzstoffe für Gummi und Benzin zu entwickeln, aber alles war vergeblich. Weil ihm diese Probleme sehr klar waren und er sich spätestens Mitte 1939 bewusst war, dass Großbritannien und Frankreich rasch aufrüsteten, entschloss sich Hitler, den ersten Schlag zu führen, solange Deutschlands Rüstung jener seiner potenziellen Gegner noch überlegen war. Die Rüstungskrise war nicht, wie Timothy W. Mason behauptet hat, eine allgemeine Krise der gesamten Wirtschaft, die zu wachsender Unruhe unter den Arbeitern führte, aber sie war gleichwohl ernst genug, um Hitler zu veranlassen, wie er Mussolini im März 1940 sagte, „sofort zur Abwehr anzutreten, auch auf die Gefahr hin, damit den vom Westen beabsichtigten Krieg 2 oder 3 Jahre früher auszulösen", als er sich immer vorgestellt hatte.

Tooze nutzt effektiv die Arbeiten, die Militärhistoriker im Laufe der letzten Jahre vorgelegt haben, wenn er zeigt, dass die berühmte „Blitzkrieg-Strategie" der kurzen, entscheidenden Schläge durch schnell vorstoßende Panzerkolonnen gegen einen durch schwere Luftschläge zermürbten Gegner, das Ergebnis von Improvisation war, nicht von sorgfältiger Planung, in der Absicht, die Kriegslast für Deutschlands Zivilbevölkerung auf ein Minimum zu reduzieren. Ursprünglich hatten die deutschen Pläne für die Invasion Frankreichs durchaus eine direkte und vermutlich langwierige Konfrontation der Hauptarmeen vorgesehen. Erst die zufällige Entdeckung der Pläne durch die Alliierten hatte zur Aufgabe dieses Vorhabens und stattdessen den gefeierten, obschon äußerst riskanten Vorstoß durch die dicht bewaldeten Ardennen und den anschließenden „Sichelschnitt" erzwungen, der die alliierten Armeen in Frankreich und Belgien 1940 innerhalb von wenigen Wochen erledigte. Wie unsicher eine solche „Blitzkrieg"-Strategie war, zeigte nicht zuletzt die Invasion der Sowjetunion im darauffolgenden Jahr. Sie gründete auf der rassistischen Annahme, dass ein angeblich von slawischen Untermenschen bewohntes Land mit einer politischen Führung, die den Nationalsozialisten zufolge aus „jüdisch-bolschewistischen" Ausbeutern bestand, schon nach der ersten Niederlage zusammenbrechen würde. Das „Dritte Reich" brauche dann nur noch die Situation zu normalisieren. Als dieses Szenario nicht eintrat sahen sich die Nationalsozialisten plötzlich in einen Krieg verwickelt, den zu gewinnen sie nicht hoffen konnten.

Aus ökonomischer Perspektive betrachtet, hatten die Deutschen allerdings von Anfang an schlechte Karten. Vielleicht betont Tooze diesen Punkt zu sehr, wenn er Deutschland wiederholt als einen „mittelgroßen europäischen Staat [...]" bezeichnet, denn selbst seinen eigenen Zahlen zufolge übertraf Deutschland an Wirtschaftskraft alle anderen europäischen Staaten mit Ausnahme Großbritanniens und der Sowjetunion bei Weitem. Doch entscheidend war, dass es sich Ende 1941 der vereinten Macht nicht nur dieser beiden Länder im Verbund mit Großbritannien – damals ein Weltreich – gegenübersah, sondern auch den Vereinigten Staaten. Um darauf zu reagieren, gab Hitler den Bau kostspieliger und meist wirkungsloser Schlachtschiffe auf und pumpte Ressourcen in den U-Boot-Krieg, mit dem er hoffte, den britischen Nachschub von jenseits des Atlantiks abzuschneiden und einen Separatfrieden zu erzwingen. Doch es gab zu wenig U-Boote, als dass sie hätten Wirkung zeigen können, insbesondere gegen einen Feind, der ein effektives Konvoisystem organisierte und dank der „Ultra"-Entschlüsselungen in der Lage war, deutsche Funksprüche im Vorfeld militärischer Operationen zu dechiffrieren. Einmal mehr fehlten schlicht die Rohstoffe, die erforderlich waren, um eine U-Boot-Flotte zu bauen und mit Treibstoff zu versorgen, die groß genug gewesen wäre, um diese Hindernisse zu überwinden.

Tooze verweist auf ein ähnliches Problem bei der geplanten Invasion Großbritanniens im Sommer und Herbst 1940. Egal, ob Hitler tatsächlich zu diesem Kurs entschlossen war, ihm fehlten einfach die Mittel, um die Luftüberlegenheit herzustellen, welche die *Conditio sine qua non* für die erfolgreiche Überquerung des Ärmelkanals war. Ein Drittel der deutschen Luftwaffe war beim Westfeldzug im Frühjahr verloren gegangen, sodass es den Deutschen an erforderlichen ausgebildeten Piloten, wirkungsvollen Kampfflugzeugen und schweren Bombern fehlte. Überdies erlitt das deutsche Bestreben, die Kontrolle über den ölreichen Mittleren Osten zu erlangen und ferner die britische Herrschaft über die wichtige Verkehrsader des Sueskanals zu gefährden, einen erheblichen Dämpfer, als Großbritannien einen von den Deutschen finanzierten Aufstand in Irak niederschlug und den Vichy-Franzosen Syrien entriss.

Natürlich standen Deutschland die Ressourcen der eroberten Länder in Europa zur Verfügung, von Frankreich im Westen bis Weißrussland im Osten. Die Nationalsozialisten hatten keine Gewissensbisse, die besiegten Völker rücksichtslos auszubeuten. Tooze vermerkt, dass die Deutschen den Franzosen bis 1944 fast vier Millionen Granaten, über 5000 Geschütze und mehr als 2000 Panzer abgenommen hatten. Fast die Hälfte aller deutschen Artilleriegeschütze war im März 1944 nicht deutscher Herkunft. Nach den Siegen im Westen wurden genug Zinn und Nickel beschlagnahmt, um den deutschen Bedarf für ein Jahr zu decken, und genug Kupfer für acht Monate. Frankreich wurde fast seiner gesamten Benzinvorräte beraubt. Doch trug solche Ausbeutung zum Zusammenbruch der französischen Wirtschaft 1940 bei, und die konfiszierten Ressourcen hielten nicht sehr lange vor. Dies war ein weiterer Grund dafür, dass Hitler jede weitere Verzögerung vermied, als er die Invasion der Sowjetunion vorantrieb.

Als deutsche Armeen im Juni 1941 in den sowjetisch kontrollierten Teil Polens und dann in die Ukraine einmarschierten, errangen sie bald eine Reihe von überwältigenden Siegen, bei denen sie Millionen Soldaten der Rotem Armee einkesselten und töteten oder gefangen nahmen. Auch hier wirkten sich Treibstoff- und Munitionsknappheit rasch auf die deutschen Armeen aus, als ihr schneller Vormarsch die Nachschublinien bis zum Zerreisen spannte. Noch ernster war die Ernährungslage, woran auch die Beschlagnahmung der ukrainischen Kolchosen nichts änderte, gab es doch kein Benzin für die Traktoren und Mähdrescher. Millionen deutscher Soldaten mussten verpflegt werden, und noch mehr Ressourcen wurden benötigt, um die Zivilbevölkerung in der Heimat zu ernähren, ganz zu schweigen von Fremdarbeitern, die zu Millionen zwangsrekrutiert und nach Deutschland verschleppt wurden, um das Angebot an Arbeitskräften zu erhöhen.

Die Nationalsozialisten und das deutsche Militär entschieden, ihr Versorgungsproblem durch die planmäßige Aushungerung der einheimischen Bevölkerung in den besetzten Gebieten Osteuropas zu lösen. Mindestens 3,3 Millionen sowjetische Kriegsgefangene wurden in deutscher Gefangenschaft vorsätzlich ermordet. Man ließ sie an Hunger und Krankheiten zugrunde gehen oder erschoss sie einfach. Mit der deutschen Belagerung von Leningrad wurde der Tod von ca. 1,1 Millionen Menschen billigend in Kauf genommen. Deutsche Pläne für die Region rechneten sogar mit dem Tod von bis zu 30 Millionen ziviler Einwohner im Laufe der folgenden Jahre, während deren Ortschaften, Städte und Herrenhäuser von umgesiedelten Deutschen bevölkert wurden. Dies war ein Massenmord in historisch beispiellosem Ausmaß.

Im Jahr 1941 erhielt der nationalsozialistische Antisemitismus neue Nahrung durch Hitlers wachsende Besessenheit von Franklin D. Roosevelt, der amerikanische Versorgungsgüter in immer größeren Mengen nach Großbritannien und bald auch in die Sowjetunion lenkte. Als er im Dezember 1941 in der Annahme, Amerika sei nach dem Angriff auf Pearl Harbor mit den Japanern beschäftigt, den USA den Krieg erklärte, hatte er bereits – überzeugt von der Existenz finsterer jüdischen Mächte, die Stalin, Churchill und Roosevelt manipulierten und zu einer Achse verbanden – mit dem Massenmord an Juden in Europa begonnen. Doch auch hier gab es Widersprüche.

Millionen körperlich gesunder Juden zu töten stand im Widerspruch zum immer extremeren Arbeitskräftemangel der deutschen Wirtschaft. Tooze erläutert, der Gedanke einer „Vernichtung durch Arbeit" sei ein Kompromiss zwischen der SS, die alle Juden töten wollte, und den Führungskräften aus Wirtschaft und Politik gewesen, die Nutzen aus denjenigen ziehen wollten, die als arbeitsfähig galten. In der Praxis waren Letztere natürlich ein sehr kleiner Teil der Gesamtheit. Tooze behauptet, dass auf der Wannsee-Konferenz im Januar 1942, die anberaumt worden war, um die „Endlösung der europäischen Judenfrage", wie die Nationalsozialisten sich euphemistisch ausdrückten, zu koordinieren, Himmlers Stellvertreter Reinhard Heydrich, der den Vorsitz führte, „weder von Vergasung noch von anderen Tötungsmethoden gesprochen [habe], mit denen man sich der Juden […] entledigen wollte. Sein Vorschlag lautete vielmehr: ‚Unter entsprechender Leitung sollen sie […] in geeigneter Weise im Osten zum Arbeitseinsatz kommen. In großen Arbeitskolonnen, unter Trennung der Geschlechter, werden die arbeitsfähigen Juden straßenbauend in diese Gebiete geführt.'" Allerdings bezeichnete das Besprechungsprotokoll die etwa zweieinhalb Millionen Juden, die in den nicht ins Reich eingegliederten besetzten zentralpolnischen Gebieten, dem sogenannten „Generalgouvernement" lebten, als in der „Mehrzahl der Fälle arbeitsunfähig". Keiner der bei der Konferenz Anwesenden wurde im Zweifel darüber gelassen, dass sie getötet werden sollten. Goebbels notierte in seinem Tagebuch, dass etwa 40 Prozent der Juden bei Bauprojekten eingesetzt werden sollten. Doch sie wurden von Anfang an auf unzureichende Rationen gesetzt, misshandelt, in äußerst unhygienischen Verhältnissen untergebracht und galten allgemein als überflüssig, genauso wie – nur in etwas geringerem Maße – die Fremdarbeiter, die inzwischen in wachsender Zahl in der deutschen Wirtschaft zum Einsatz kamen.

Im Gegensatz zu einigen deutschen Historikern ist sich Tooze der Bedeutung der Ideologie und der Rolle Hitlers bei der Leitung des Vernichtungsprogramms bewusst. Dennoch kann hier leicht der Eindruck entstehen, die Judenvernichtung habe in erster Linie instrumentellen Charakter gehabt. Wenn beispielsweise erst die Lebensmittelknappheit im April und Mai 1942 die NS-Führung dazu veranlasste, die noch lebenden Juden aus Polen und dem besetzten Osteuropa zu töten, wie wäre dann die Tatsache zu erklären, dass westeuropäische Juden zu dieser Zeit bereits in die Vernichtungslager abtransportiert wurden? Im Frühjahr 1942 lief der Krieg für Hitler noch relativ gut. Zugleich war die Widerstandskraft der Sowjetunion so beunruhigend wie unerwartet. Größtenteils unabhängig von US-Hilfe, übertrafen Stalins Industrien, die gut geschützt weit hinter der Kampfzone lagen, ihre deutschen Pendants und produzierten erheblich größere Mengen an Waffen, Munition und Ausrüstung. Im Jahr 1942 schaffte es die Sowjetunion, für jeden deutschen Panzer vier eigene zu bauen, für jedes deutsche Geschütz drei und zwei Kampfflugzeuge für jedes deutsche. Die Sowjets richteten ihre Anstrengung erfolgreich darauf, eine kleine Palette an Rüstungsgütern in riesigen Fabriken zu produzieren. Laut Albert Speer, Hitlers persönlichem Architekten, der Anfang Februar 1942 auch das Amt des Reichsministers für Bewaffnung und Munition übernahm, vergeudete die deutsche Kriegsproduktion hingegen ihre Ressourcen für viel zu viele verschiedene Erzeugnisse, war chaotisch und schlecht organisiert. Nach dem Krieg behauptete Speer, er habe den Prozess beim Schopf gepackt und die deutsche Kriegsproduktion angekurbelt, einfach indem er sie richtig organisierte. Sich selbst als unpolitischen Technokraten darstellend, empfand er einen perversen Stolz auf seine Leistungen, die er herausstellte, wobei er behauptete, von der völkermörderischen Politik, die sein Herr und Meister Hitler verfolgte, weder Kenntnis gehabt noch sich an ihr beteiligt zu haben.

Tooze entzaubert den von Albert Speer so sorgfältig konstruierten Mythos gründlich, einen Mythos, dem Generationen von Historikern und Journalisten erlagen, von Joachim Fest bis Gitta Sereny. Natürlich ist er nicht der Erste, der versucht, Speers zweifelhafte Behauptungen zu widerlegen, aber wieder einmal liefert er so viele Informationen und tut das so überzeugend, dass er keinen Raum mehr für Zweifel lässt. Er weist nach, dass Speer nicht nur die Statistik frisierte, damit es so aussah, als habe er mehr erreicht, es beanspruchte außerdem Verbesserungen in der Produktion für sich, die bereits in Planung waren, als er das Amt übernahm. Andere Wirtschaftsführer, vor allem Erhard Milch von der Luftwaffe und Hans Kehrl aus dem Reichswirtschaftsministerium, hatten dabei eine wichtige Rolle gespielt, die Speer in seinen Aussagen nach dem Krieg erfolgreich verschleierte. So war er nie der Rüstungs-Oberboss gewesen, wie er später behauptete. Zwar stieg die Rüstungsproduktion in den Jahren 1943 und 1944 tatsächlich, was aber zum großen Teil der Entsendung von Zwangsarbeitern, einschließlich Juden und KZ-Insassen, in die Waffenfabriken geschuldet war, wo entsetzliche Lebensbedingungen für hohe Sterblichkeitsraten sorgten und die trivialsten Vergehen mit Erschießen oder Enthaupten geahndet wurden. Außerdem wurde die Qualität der Quantität geopfert, wobei Ressourcen in die Massenproduktion minderwertiger Panzer und Flugzeuge umgeleitet wurden, die denen aus britischer, amerikanischer und sowjetischer Herstellung in keiner Hinsicht gewachsen waren.

Natürlich war eine Reihe neuer, technisch weit ausgereifter Waffen in Entwicklung, darunter Düsenjäger, Raketen, U-Boote, die für ausgedehnte Zeiträume unter Wasser bleiben konnten, und vor allem die Atombombe. Aber die Forschung an solchen „Wunderwaffen“ und ihre Entwicklung dauerten naturgemäß Jahre, und Deutschland hatte nicht Jahre zur Verfügung. Die Entwicklung wurde meist überstürzt und verpfuscht, und diese Waffen änderten den Kriegsverlauf nicht grundsätzlich. Selbst die V2-Raketen, die in der Endphase des Krieges auf London herabregneten, vermochten Sprengköpfe, wie sie für einen anderen Ausgang des Konflikts vonnöten gewesen wären, nicht zu tragen. Ohnehin war es zu diesem Zeitpunkt viel dringlicher, Deutschland gegen die alliierten Luftangriffe aus dem Westen und den Vormarsch der Roten Armee aus dem Osten zu verteidigen. Erstere zerstörten die Rüstungsfabriken und Militäreinrichtungen in schwerindustriellen Ballungsräumen wie dem Ruhrgebiet nachhaltig und untergruben die Moral der deutschen Zivilbevölkerung so weit, bis die Leute anfingen, das Vertrauen in Hitler zu verlieren. Dieser reagierte, indem er in den letzten Monaten des Krieges den Terror und die Repression gegen sein eigenes Volk verschärfte. Die Lebensumstände in Deutschlands Städten und Großstädten verschlechterten sich rapide, wobei die Inflation einen stetig wachsenden Schwarzmarkt hervorbrachte und der Lebensstandard fiel.

Tooze schenkt der Behauptung des deutschen Historikers Götz Aly, dass das Regime bis zu diesem Punkt sein Bestes getan hatte, die Zivilbevölkerung gegen die Folgen des Krieges abzuschirmen, nicht viel Glauben. Aber wie er selbst eingesteht, zögerte es, die Steuern auf private Einkommen zu erhöhen, und zog es vor, die Last stattdessen Unternehmen aufzubürden. Dass das Regime Frauen nicht zur Arbeit in den schwer unter Druck stehenden Rüstungsbetrieben einsetzte, hat das starke Interesse feministischer Historikerinnen geweckt. Tooze übergeht diesen Punkt, indem er darauf hinweist, dass der weibliche Anteil an der Erwerbsbevölkerung in Deutschland bereits sehr hoch war und somit der Spielraum für weitere Erhöhungen begrenzt. Dazu ist sicherlich einiges hinzuzufügen. Die NS-Ideologie erlaubte keine Kampagnen zur Anwerbung einer deutschen Entsprechung von *Rosie the Riveter*, „Rosie, der Nieterin", der muskulösen jungen Frau, die auf amerikanischen Plakaten abgebildet war. Hitler wollte Unzufriedenheit an der Heimatfront unbedingt vermeiden, indem er den Ehefrauen von Soldaten Beihilfen zur Verfügung stellte, die großzügig genug waren, sie von der Stellensuche abzubringen. Trotzdem konnte das Regime, so sehr es sich auch bemühte, die Menschen nicht vor Bombardierung, Lebensmittelrationierung und steigender wirtschaftlicher Not schützen. Aly hat gewiss unrecht mit seiner Behauptung, dass es dem deutschen Volk selbst während des Krieges besser ging denn je.

Ideologie war es auch, wie Tooze nachweist, was hinter Speers Bemühungen stand. Realistischere Wirtschaftsführer waren schon 1942 zu dem Schluss gekommen, dass der Krieg nicht zu gewinnen war. Doch Speer schien durch den „Triumph des Willens" alles möglich. Von all den führenden Fanatikern des Regimes, die unnachgiebig darauf bestanden, dass der Krieg bis zum bitteren Ende geführt werden müsse, war Speer einer der vernehmbarsten und hartnäckigsten.

Mit seinem Fokus auf der wirtschaftlichen Seite der Rüstung vernachlässigt Tooze vielleicht andere Aspekte der NS-Wirtschaft, wie etwa die Rolle großer Konzerne, die „Arisierung“ jüdischer Unternehmen und die Lebensstandards von Angehörigen des Militärs und der Zivilbevölkerung. Natürlich wird all das erwähnt, aber man wünscht sich, er hätte mehr darüber zu sagen. Dennoch nimmt *Ökonomie der Zerstörung* international seinen Platz als die maßgebliche Darstellung der Wirtschaftsgeschichte des nationalsozialistischen Deutschlands ein. Wenn Toozes Ansatz den Eindruck erweckt, der Ausgang des Krieges sei allzu vorherbestimmt gewesen, so ist das zumindest ein nützliches Korrektiv zu all jenen Darstellungen, die wenig oder gar nichts über die „Mittel zur Kriegführung“ zu sagen haben, ohne die keine Schlacht hätte geschlagen und kein Sieg hätte errungen werden können.

12. Der Volkswagen

Als ich in den frühen 1970er-Jahren zum ersten Mal nach Deutschland kam, wimmelte es auf den Straßen von den gedrungenen, unförmigen kleinen Biestern. Mit geräuschvollen, luftgekühlten Motoren, gewölbten Dächern, die sich zu einem Punkt am Heck verjüngten, und mit zum Teil so winzigen ovalen Heckfenstern, dass ich mich fragte, wie der Fahrer überhaupt irgendetwas im Rückspiegel sehen konnte, wuselten sie auf den Straßen der Städte herum oder ratterten über die Autobahnen. Doch die Hässlichkeit ihrer äußeren Erscheinung war nichts im Vergleich zum grauenhaften Erlebnis, tatsächlich in einem mitgenommen zu werden, wie ich so oft, wenn ich mit Freunden unterwegs war: Auf der Rückbank unter dem niedrigen Dach kauernd, lastete ein klaustrophobisches Gefühl auf mir, während ich vom lauten Rattern und Dröhnen des Motors Kopfschmerzen bekam, die in den Wintermonaten durch den widerlichen Geruch der Heizung noch schlimmer wurden. Kurven schnell zu nehmen – zumindest so schnell, wie das Vehikel es zuließ –, war ein Albtraum, da der Wagen schwankte und schlingerte, dass sich mir der Magen umdrehte.

Da lobte ich mir den hellblauen Morris Minor meines Vaters mit seiner hohen Bauweise, dem geräumigen Inneren und dem geräuscharmen Frontmotor. Außerdem hatte das britische Auto den zusätzlichen Charme der urigen, signalartigen linken und rechten Blinker, die aus der Karosserie herausklappten und vorstanden wie winzige, leuchtende bernsteinfarbene Arme (die allerdings ständig abzubrechen drohten, wenn man die Vordertür öffnete). Wer würde sich angesichts dieses praktischen und doch irgendwie eleganten Fahrzeugs einen VW Käfer kaufen wollen?

Doch der Käfer war das erfolgreichste Auto seiner Zeit, er verkaufte sich besser als jeder andere Wagen, wie Bernhard Rieger in *The People's Car. A Global History of the Volkswagen Beetle* (2013), seiner unterhaltsamen, erhellenden und elegant geschriebenen Studie über die Geschichte des Fahrzeugs, feststellt. Während im Laufe der Jahrzehnte insgesamt mehr als 1,3 Millionen Morris Minor verkauft wurden, überstiegen die Käfer-Verkäufe in den späten 1960ern und frühen 1970ern alljährlich die Million-Marke. Bald war jedes dritte Auto auf westdeutschen Straßen ein Volkswagen, und im Jahr 1972 übertraf sein Gesamtabsatz sogar den des bis dahin populärsten Personenkraftwagens des Jahrhunderts, Henry Fords Model T.

Wie andere populäre Kleinwagen wurde der Morris Minor natürlich exportiert und in Lizenz im Ausland gebaut, aber er war so entschieden englisch in Stil und Konzept, dass seine Beliebtheit sich größtenteils auf die Länder des Britischen Empire und des Commonwealth beschränkte, wie etwa Neuseeland, wo die letzten Modelle 1974 vom Band rollten und viele von ihnen noch auf den Straßen zu sehen waren, als ich das Land Mitte der 1980er-Jahre zum ersten Mal besuchte (heutzutage scheinen alle Autos dort Japaner zu sein). Im Gegensatz dazu war der Käfer ein wahrhaft globales Gefährt, das in den Vereinigten Staaten in Unmengen verkauft und in Mexiko noch nach der Jahrtausendwende bis 2003 gebaut wurde.

Was war das Geheimnis seiner außerordentlichen Popularität? Seine Herkunft war kaum verheißungsvoll, denn obwohl die meisten Leute es nach dem Krieg vorzogen, diese Tatsache zu ignorieren, entstand der Volkswagen Käfer in den 1930er-Jahren. Als Hitler an die Macht kam, war er entschlossen, Deutschland auf den modernen Standard von hochentwickelten Volkswirtschaften wie der britischen oder der US-amerikanischen zu bringen. (Riegers Darstellung widerlegt somit die alte Interpretation des Nationalsozialismus als rückwärtsgewandte, atavistische gesellschaftspolitische Kraft.) Beispielsweise besaßen nur relativ wenig Leute ein Rundfunkgerät, also führte Hitlers Propagandaminister Joseph Goebbels den „Volksempfänger" ein, ein für damalige Verhältnisse billiges und schnuckeliges kleines Radio, das fest eingestellt auf Kurzwelle war, sodass Hörer keine ausländischen Sender empfangen konnten. Noch seltener waren Kühlschränke, also führte die NS-Regierung den „Volkskühlschrank" ein. Bald gab es noch viele andere Produkte mit ähnlichen Namen, die ähnliche Absichten verfolgten, und der „Volkswagen" gehörte in dieses Umfeld. Obwohl er meist so genannt wurde, lautete sein offizieller Name eigentlich „KdF-Wagen", was seine Verbindung mit dem „Kraft durch Freude"-Programm der Deutschen Arbeitsfont (DAF) zu erkennen gibt, wenngleich niemand, der je in einem Käfer gesessen hat, sein Erlebnis mit den Ausdrücken Kraft und Freude beschrieben haben dürfte.

Hitler war von Anfang an entschlossen, Deutschlands Straßen zu modernisieren. In den frühen 1930er-Jahren war Deutschland eines der am wenigsten motorisierten Länder Westeuropas. Dies lag zum Teil daran, dass seine öffentlichen Verkehrsmittel damals unübertroffen waren – reibungslos funktionierend, schnell, allgegenwärtig und flächendeckend. Die meisten Deutschen fanden, sie bräuchten eigentlich kein Auto, und hätten es sich ohnehin nicht leisten können. Die wirtschaftlichen Katastrophen der Weimarer Republik hatten die Binnennachfrage geschwächt. So leer waren deutsche Straßen, dass Berlin, die lebhafte Metropole der Weimarer Republik, es tatsächlich bis 1924 nicht für nötig hielt, Ampeln zu installieren.

Drei Viertel der Bevölkerung Deutschlands waren Arbeiter, Handwerker, Landarbeiter und Bauern, die außerstande waren, sich die teuren Erzeugnisse von Daimler-Benz oder von irgendeinem der 27 unabhängigen Autohersteller anzuschaffen, deren ineffiziente Produktionsmethoden und geringe Stückzahlen zu Modellen führten, die nur das zeitweise wohlhabende Bürgertum kaufen konnte. Um beim Autobesitz das amerikanische Niveau zu erreichen, sagte Hitler auf der Internationalen Automobilausstellung 1934 in Berlin, müsse Deutschland die Zahl der Autos auf seinen Straßen von einer halben Million auf zwölf Millionen erhöhen. Selbst die Briten hatten im Verhältnis zu ihrer Einwohnerzahl sechsmal mehr Autos als die Deutschen. Zum weiteren Missfallen deutscher Nationalisten kamen die erfolgreichsten Massenhersteller von Fahrzeugen in Deutschland beide aus dem Ausland – Ford, der 1931 in Köln eine Fabrik eröffnet hatte, und General Motors, der in Rüsselsheim das Autowerk Opel betrieb. Ende der 1930er-Jahre beherrschten Fahrzeuge von Opel mit 40 Prozent des jährlichen Absatzes den deutschen Markt für Personenkraftwagen.

Hitler verfolgte sein Motorisierungsprojekt auf mehreren Ebenen. Der Bau der berühmten Autobahnen war das eine, wenngleich die laut hinausposaunten Vorteile für die Beschäftigungslage von Goebbels' Propagandamaschine stark übertrieben wurden. Das andere war die ideologisch motivierte Förderung des Autorennsports, wo kräftige staatliche Zuschüsse den von Daimler-Benz und Auto-Union gebauten Flitzern in 19 der 23 von 1934 bis 1937 veranstalteten Grand-Prix-Rennen den Sieg brachten. Mit dem Ziel der nationalen Einheitlichkeit ersetzte die Regierung im Jahr 1934 alle lokalen Regelungen durch eine „Reichs-Straßenverkehrs-Ordnung". Weit davon entfernt, Fahrern ein Regelkorsett aufzuzwingen, wie man hätte erwarten können, setzte die Verkehrsordnung ihr Vertrauen in die Unterordnung des „arischen Individuums" unter die Interessen der „Rassengemeinschaft". Besitzer teurer Autos hatten „Disziplin" und „Ritterlichkeit" an erste Stelle zu setzen und dadurch unzeitgemäße Klassengegensätze auf den Straßen zu überbrücken. Darauf, dass Juden diese Tugenden an den Tag legten, meinte man sich nicht verlassen zu können, sodass ihnen das Führen oder Halten von Kraftfahrzeugen ab 1938 untersagt wurde.

Das Automobil, erklärte Hitler, reagiere auf den individuellen Willen, im Gegensatz zur Eisenbahn, welche die individuelle Freiheit bei der Beförderung beendet habe. Also schaffte die neue Straßenverkehrs-Ordnung sämtliche Geschwindigkeitsbeschränkungen auf deutschen Straßen ab. Die Folgen waren verheerend: In den ersten sechs Jahren des „Dritten Reiches" stieg die jährliche Zahl der Verkehrstoten auf fast 8 000, dazu kamen bis zu 40 000 Schwerverletzte jedes Jahr. Es waren die schlimmsten Unfallzahlen in Europa, schlimmer noch als die Großbritanniens, wo 1933 die Tempolimits ebenfalls im Glauben abgeschafft worden waren, Briten würden sich auf Straßen wie Gentlemen benehmen, was sich als falsch erwies. 1934 wurden in Großbritannien erneut Tempolimits eingeführt, als die Deutschen ihre gerade abschafften, und im Mai 1939 musste auch das NS-Regime die Niederlage einräumen und wieder Geschwindigkeitsbeschränkungen auf allen Straßen mit Ausnahme der Autobahnen einführen, wo es sie selbst heute noch nicht gibt, was sie zu den europaweit schrecklichsten Straßen macht.

Autos, verkündete Hitler, seien in ein „versöhnendes Werkzeug der Klassengegensätze" zu verwandeln. Was gebraucht würde, sei ein in Deutschland gebautes Fahrzeug, das die soziale Spaltung überbrücke und für jedermann verfügbar sei.

Er beauftragte den österreichischen Ingenieur Ferdinand Porsche, ein erschwingliches Auto für normale Leute zu entwickeln (in einem typisch nationalsozialistischen Nachtrag verlangten Beamte von ihm sicherzustellen, dass gegebenenfalls ein Maschinengewehr auf der Kühlerhaube montiert werden könnte). Ehrgeizig und politisch geschickt sicherte sich Porsche Hitlers Unterstützung für eine riesige neue Fabrik, die nach den modernsten Grundsätzen errichtet werden sollte, um durch Rationalisierung der Produktion die Kosten zu senken. Die DAF stellte Porsche ihre enormen Mittel zur Verfügung und schickte ihn auf eine Informationsreise in die Vereinigten Staaten, wo er Autofabriken besichtigte und eine Reihe von Ingenieuren deutscher Abstammung anwarb, die in Deutschland an dem neuen Auto arbeiten sollten. Im Jahr 1938 eröffnete Hitler in der Nähe der Gemeinde Fallersleben im heutigen Niedersachsen das Volkswagenwerk. Eine neue Stadt wurde gegründet, um die Arbeiter zu beherbergen, und alles schien startklar zu sein.

Die DAF startete eine riesige Propagandakampagne, mit der Leute bewogen werden sollten, sich an einem Sparplan für das neue Auto zu beteiligen. Rieger zeigt eine Abbildung des offiziellen Sparbuchs, in das Leute rote Marken zu fünf Reichsmark das Stück einklebten, bis sie die für den Kauf ihres ersten Volkswagens erforderliche Gesamtsumme von 990 Reichsmark beisammenhatten. In weniger als 18 Monaten trugen sich über 250 000 Menschen ein. So eindrucksvoll diese Gesamtzahl wirkte, blieb sie doch weit hinter den Millionen zurück, mit denen das Regime gerechnet hatte. Bei dieser Höhe der Gesamtteilnehmerzahl hätte der Plan niemals auch nur entfernt die Produktionskosten gedeckt. Die meisten der Sparer kamen aus dem Mittelstand, und ein Drittel von ihnen besaß bereits ein eigenes Auto. Die breite Masse der Bevölkerung aber konnte sich ein Sparguthaben in der erforderlichen Höhe schlicht nicht leisten. Darüber hinaus spiegelte, wie Rieger betont, die große Zurückhaltung gegenüber dem Projekt die weitverbreiteten Zukunftssorgen wider, welche die zunehmend aggressive Außenpolitik der Nationalsozialisten schürte. Statt ihre sauer verdienten Reichsmark in etwas zu investieren, das für sie nach wie vor ein relativ teures Auto war, bevorzugte die Arbeiterschaft stattdessen das sehr viel kostengünstigere Motorrad, dessen Absatz von 894 000 im Jahr 1934 auf 1 582 872 im Jahr 1939 stieg. Das Motorrad war das wahre „Volksfahrzeug", obwohl 20 Millionen bescheidene Fahrräder auch seine Beliebtheit am Vorabend des Krieges immer noch in den Schatten stellte: Die meisten Deutschen radelten zur Arbeit und hielten das Kraftfahrzeug allenfalls für ein Freizeitgefährt, wenn sie überhaupt einen Gedanken darauf verschwendeten.

Und die Deutschen standen dem Sparplan zu Recht überwiegend skeptisch gegenüber: Nicht einer von denjenigen, die unterschrieben hatten, bekam jemals einen eigenen Volkswagen, zumindest nicht aus den Mitteln, die er in der NS-Zeit investierte. Die Gelder wie auch die Autofabrik wanderten komplett in die Rüstungsproduktion. Nur 630 Serienmodelle des Käfers wurden vor dem Krieg gebaut, die sich größtenteils führende Funktionäre des Regimes unter den Nagel rissen. Als die Arbeiter des Volkswagenwerks 1939 zur Arbeit an den westlichen Befestigungslinien des Reichs abgezogen wurden, konnte das Regime die Produktion nur am Laufen halten, indem es sich 6 000 Arbeiter aus Mussolinis Italien verschaffte. Sie wurden in hölzernen Barracken untergebracht, da bis September 1939 erst zehn Prozent der geplanten Unterkünfte in der neuen Stadt fertiggestellt waren. Das Produkt, an dem sie arbeiteten, war eine Militärausführung des Käfers, bei der das Fahrgestell als Basis für eine deutsche Version des Jeeps verwendet wurde, den „Kübelwagen", der überall dort zum Einsatz kam, wo deutsche Streitkräfte operierten, von Nordafrika bis zur Ostfront.

Das Volkswagenwerk hatte nicht ganz oben auf der Liste der zu zerstörenden militärischen Anlagen der britischen Bomberkommandos gestanden. Als bei Kriegsende Ivan Hirst, ein Major der Pioniere, aus Großbritannien eintraf, um das Werk zu inspizieren, stellt er daher fest, dass 70 Prozent der Gebäude und 90 Prozent des Maschinenparks noch intakt waren. Die britische Besatzungszone musste mit gerade mal 61 000 Kraftfahrzeugen, von denen fast zwei Drittel als „ausgedient" bezeichnet wurden, dem Transportbedarf von etwa 22 Millionen Einwohnern gerecht werden. Gleisanlagen und rollendes Material, die durchaus auf der Liste des Bomberkommandos gestanden hatten, lagen in Trümmern. Weil das Kommunikationsnetz schnell verbessert werden musste, befahl die britische Militärregierung Hirst deshalb, die Produktion des Käfers wieder in Gang zu bringen.

Im Rückgriff auf britische Erfahrung in afrikanischen Kolonien und dort erprobte Methoden der „Treuhandverwaltung" machte Hirst sich mit der in der Fabrik noch vorhandenen Belegschaft an die Arbeit. Als mehr als 200 leitende Angestellte und technische Experten im Zuge der Entnazifizierung von Spruchkammern entlassen wurden, fand Hirst entweder Ersatz, oder aber er ließ die Urteile aufheben. Dies war ein für die späten 1940er-Jahre im besetzten Deutschland typischer Triumph der Notwendigkeit über Recht und Moral. Außerdem gelang es Hirst bis Ende 1946, 6000 Arbeiter anzuwerben, aber die Wiederauferstehung von Volkswagen erfolgte übereilt: Die Autos hatten von Anfang an ständig mechanische und andere Probleme. Britische Autoingenieure, welche die Fabrik besichtigten, kamen zu dem Ergebnis, der geräuschvolle, stinkende und untermotorisierte Käfer habe keine Zukunft. Auch die Idee, die riesige Fabrik nach Großbritannien zu verlegen, wurde für undurchführbar gehalten, weshalb man sie letztlich den Deutschen übergab.

Heinrich Nordhoff, ein Opel-Ingenieur, der sich enger Kontakte zu den Eigentümern des Unternehmens in Amerika, General Motors, erfreute, rettete die Situation. Obwohl er kein Mitglied der NSDAP gewesen war, hatte Nordhoff durch Leitung des Opel-Lkw-Werkes in Brandenburg/Havel, des größten in Europa, einen Beitrag zur Kriegswirtschaft geleistet und wegen seines extensiven Einsatzes ausländischer Zwangsarbeiter im amerikanischen Sektor Arbeitsverbot erhalten. Die Briten jedoch stießen sich nicht daran. Nordhoff stürzte sich mit Elan auf seine neue Aufgabe und arbeitete 14 Stunden täglich, um den Produktionsprozess zu rationalisieren, die technischen Mängel des Wagens zu beseitigen, das Händlernetz auszuweiten und im Werk eine effektive, hierarchische Führungsstruktur zu etablieren. Der Wagen wurde in leuchtenden Farben, typischen Friedenslackierungen, wie Nordhoff meinte, zum Verkauf angeboten. Die Produktionszahlen begannen zu steigen, und der Absatz verbesserte sich allmählich.

Aber es war nicht so einfach, die nationalsozialistische Vergangenheit von Volkswagen abzuschütteln. Die Fabrikstadt wurde nun Wolfsburg getauft, nach der nahe gelegenen Burg gleichen Namens – obschon sich manche erinnern mochten, dass „Wolf" Hitlers Spitzname bei seinen Kumpanen gewesen war. Als der Wohnungsbau in Gang kam, war Wolfsburg überfüllt mit Flüchtlingen und Vertriebenen aus dem Osten – einige der rund elf Millionen „Volksdeutschen", die am Ende des Krieges aus Polen, der Tschechoslowakei und anderen osteuropäischen Ländern hinausgeworfen wurden. Von Verbitterung und Groll zerfressen, erwiesen sie sich als leichte Beute für ultranationalistische Agitatoren, und im November 1948 gewann die neonazistische Deutsche Konservative Partei – Deutsche Rechts-Partei (DKP-DRP) – ungewöhnlich für Nachkriegsdeutschland – bei den Kommunalwahlen in der britischen Zone fast zwei Drittel der Stimmen und 18 der 25 Sitze im Wolfsburger Stadtrat. Zugleich wurden die Fabrikmauern wiederholt mit Hakenkreuzen beschmiert, und viele Wahlzettel wurden mit den Worten „Wir wollen Adolf Hitler" markiert. Als neuer Stadt fehlten Wolfsburg Politiker mit Erfahrungen darin, dieser Art von extremistischer Nostalgie entgegenzuwirken. Erst nach und nach gelang es den etablierten politischen Parteien, die Neonazis in die Klandestinität zurückzudrängen.

Bei dieser Aufgabe erhielten sie Unterstützung von Heinrich Nordhoff, der beharrlich betonte, die Mühen der Deutschen in den späten 1940er-Jahren seien die Folge eines Krieges, den sie selbst angefangen und verloren hatten. Doch auch dessen ungewöhnliche Unverblümtheit hatte ihre Grenzen: Den Massenmord an Juden oder irgendeines der anderen Verbrechen der Nationalsozialisten erwähnte er nicht. Er fiel sogar, zweifellos unbewusst, in den NS-Sprachgebrauch zurück, wenn er Arbeiter drängte, die Schwierigkeiten, vor denen sie standen, zu überwinden und sich auf die „Leistung" zu konzentrieren, genau wie Hitler 1942 auf einen „Leistungskampf der deutschen Betriebe" in der

Kriegsproduktion gedrängt hatte. Wie auch immer die Resonanz auf diese Phrasen ausfiel, „Leistung" brachten die Arbeiter ganz gewiss. Während die von Kriegsschäden schwer betroffenen Fabriken von Opel und Ford Mühe hatten, die Produktion wieder in Gang zu bringen, produzierte das Volkswagenwerk bereits Käfer in großen Stückzahlen. Mit Nordhoffs Einführung der Vollautomatisierung an den Fließbändern, für die in Detroit der Weg bereitet worden war, verbesserte sich die Effizienz während der 1950er-Jahre stetig. Am 5. August 1955 rollte vor 100 000 Zuschauern der millionste Käfer vom Band, in Goldmetallic lackiert, die Stoßstangen mit Glasperlen besetzt, die Polster mit Brokatstoff bezogen. Zwölf Blaskapellen spielten Melodien von Johann Strauss, eine Truppe aus dem „Moulin Rouge" tanzte den Cancan, ein südafrikanischer Gospel-Chor sang und 32 schottische Tänzerinnen führten zu den Klängen eines Dudelsack-Ensembles den „Highland Fling" auf. Reporter wurden mit einem aufwendigen Unterhaltungsprogramm umworben, während das Ereignis und die Leistung des Volkswagenwerks dem breiteren Publikum in einem 75-minütigen Film nahegebracht wurden.

Der VW Käfer wurde, so Riegers überzeugende These, im Westdeutschland der 1950er-Jahre als typisches Produkt des „Wirtschaftswunders" zur Ikone: Weder protzig noch glamourös, sondern solide, funktional, zuverlässig, günstig in der Anschaffung, billig im Unterhalt und leicht zu warten, war er das Gegenteil dessen, wofür das „Dritte Reich" gestanden hatte. Der Verzicht auf jeglichen Schnickschnack beim Käfer ging so weit, dass er anfänglich nicht einmal eine Tankanzeige besaß: Die Fahrer mussten über den Kilometerstand Buch führen, wollten sie nicht riskieren, dass ihnen unterwegs der Sprit ausging. Im Laufe der 1950er- und 1960er-Jahre wurde der Käfer ständig modifiziert. So erhielt er unter anderem hydraulische Bremsen, ein voll synchronisiertes Getriebe sowie einen größeren und stärkeren Motor, aber sein grundlegender Reiz blieb. Obwohl Nordhoff weiterhin wie besessen kleinere technische Probleme aufspürte und löste, schuf er zugleich ein dichtes Netz aus Autohäusern und Werkstätten, wo die Autos schnell repariert werden konnten, wenn irgendetwas kaputtging. Während Westdeutschland eine „nivellierte Mittelstandsgesellschaft" wurde, wurde der Käfer das nivellierte Mittelstandsauto erster Wahl.

In Ermangelung augenfälliger Symbole nationaler Identifikation entschied sich die Bundesrepublik für den Käfer als nationale Ikone. Autobesitz passte gut zum Rückzug der deutschen Gesellschaft ins Privat- und Familienleben in Reaktion auf die überhitzte und überpolitisierte Öffentlichkeit der NS-Zeit. Die Freiheit, irgendwohin zu fahren, wohin und wann man wollte, wurde von Politikern als zentraler Aspekt westlicher Freiheit in der Ära des Kalten Krieges gefeiert. Die NS-Assoziationen des Käfers wurden in einer „historischen Autowäsche“ vergessen gemacht, wobei sein Ursprung dem individuellen Genie Ferdinand Porsches zugeschrieben wurde. Kriegsveteranen gefiel er, weil er sie an seinen Verwandten, den jeepartigen „Kübelwagen“, erinnerte. Jüngeren Deutschen gefiel er wegen seiner zweckmäßigen Schlichtheit. Für alle Westdeutschen repräsentierte er die „neue Sehnsuchtslandschaft“ der schlichten, konservativen 1950er-Jahre.

Bald jedoch personalisierten Autobesitzer ihre Käfer durch allerlei Zubehör, klebten Chromstreifen auf, spritzten ihn außen in grellen Farben um oder brachten so viele Verzierungen an, dass der Wagen nach den Worten eines Kritikers aussah wie ein „rollender Weihnachtsbaum“. Besonders beliebt waren kleine Vasen im Innenraum, in denen auf Ausflügen gepflückte Blumen steckten. Belustigt nahmen Journalisten zur Kenntnis, dass Besitzer ein Ritual daraus machten, ihren Wagen zu waschen. Dem Waschvorgang werde „ein Maß an Liebe und Sorgfalt“ zuteil, „das unvoreingenommene Beobachter zu der Annahme verleiten könnte, [der Besitzer] flirte mit einer neuen Geliebten“. Besonders gut ist Rieger, wo er die Geschlechterverteilung unter Käfer-Besitzern untersucht. Zu einer Zeit, da weniger als 20 Prozent der Autozulassungen in Westdeutschland auf Frauen entfielen, wurde der Käfer zu einem Vehikel der „automobilen Frauenfeindlichkeit“. Männer taten alles, was in ihren Kräften stand, um Frauen vom Lenkrad fernzuhalten, und Anzeigenkampagnen sprachen mit Werbesprüchen wie „Seine bessere Hälfte“ Autobesitzer als ausschließlich männlich an. So war auf Plakaten tatsächlich die linke Hälfte eines Männergesichts zu sehen, das mit der rechten Hälfte einer Käfer-Front verschmolz. Erst im Laufe der 1960er-Jahre begannen die Frauen langsam sich zu emanzipieren, aber dennoch ist zu behaupten, dass der Käfer immer größtenteils Objekt männlicher Begierde blieb.

Begierden ganz anderer Art artikulierten sich im Innern des Wagens, wenn junge Paare ihn fern von überbelegten Wohnungen und missbilligenden Erwachsenen als Rückzugsraum nutzten. Ein Auto-Handbuch wies feierlich darauf hin, dass Sex in einem Käfer in den Augen des Gesetzes nicht als Sittlichkeitsdelikt angesehen werde, solange der Wagen nicht an einem auffälligen Ort geparkt werde. Dreißig

Jahre nachdem er mit seiner Freundin im Fond eines Käfers Sex gehabt hatte, gestand ein Journalist aus Bremen, dass ihn noch immer jedes Mal, wenn er eines der Autos auf der Straße sehe, eine „seltsam faszinierende Schwäche in der Leistengegend" überkomme. Doch es blieb den Mexikanern vorbehalten, das volle erotische Potenzial des VW Käfer zu entdecken (der dort *vochito*, „Käferchen", heißt). „Es wurden nicht nur viele *vochitos* in Mexiko gemacht", sagte ein Besitzer später, „es wurden auch viele Mexikaner in *vochitos* gemacht."

Die Lizenzherstellung des Käfers in Mexiko begann 1967, und 1980 lief dort das millionste Fahrzeug vom Band. Wie ihr deutsches Pendant hielt auch die wachsende untere Mittelschicht Mexikos den Käfer für eine attraktive Alternative zu den importierten US-amerikanischen Spritfressern einschließlich der falsch benannten „Kompaktwagen". Als die Wirtschaftskrise das Land in den 1980er-Jahren traf, senkten die Hersteller den Preis des Wagens um 20 Prozent und erschlossen damit neue Käuferschichten, sodass der Käfer beispielsweise zum Fahrzeug erster Wahl für Taxifahrer wurde. Der *vochito* appellierte nicht nur an kleinbürgerliche Ideale von Zuverlässigkeit und Schlichtheit, sondern auch an den mexikanischen Nationalstolz. In Mexiko von Mexikanern gebaut, war er im alltäglichen Betrieb anspruchslos und überstand auch härteste Bedingungen, genau wie die Mexikaner selbst. Der *vochito* sei, erklärte ein Fan, wie ein „kleiner Panzer", was als Lob gedacht war.

Schließlich wurde der Käfer auch in Brasilien gebaut, und es ist schade, dass Rieger nichts über sein Image und seine Beliebtheit im größten Land Südamerikas sagt. Präzise schildert er hingegen dessen Attraktivität in den Vereinigten Staaten, wo der *Beetle* für viele Hausbesitzer in den expandierenden Vorstädten der 1950er- und 1960er-Jahre, als die US-Hersteller mit der rasch steigenden Nachfrage nach Fahrzeugen nicht Schritt halten konnten, zum beliebtesten Zweitwagen avancierte. Im Jahr 1968 verschiffte das Unternehmen Volkswagen jedes Jahr mehr als eine halbe Million Käfer über den Atlantik, was 40 Prozent seiner Gesamtproduktion ausmachte. Insgesamt wurde er an nicht weniger als fünf Millionen Amerikaner verkauft. Ganz im Gegensatz zur Situation in Deutschland wurde der Käfer in den USA überwiegend von Frauen gefahren und für praktische Zwecke genutzt, etwa die Fahrt zum Einkaufszentrum. Spätestens in den 1970er-Jahren, als John Muirs Buch *How to Keep Your Volkswagen Alive* (*Es lebe mein Volkswagen*, Hamburg 1978) sich mehr als zwei Millionen Mal verkaufte, war er zu einer Ikone der Gegenkultur geworden. Muir ermunterte seine Leser, mit ihrem Auto zu fühlen, denn sein „Karma" hänge vom Wunsch seines Halters ab, ihn zum Leben zu erwecken und am Leben zu erhalten. Der erstaunliche Höhepunkt dieses Vermenschlichungsprozesses kam 1968 mit dem Disney-Film *The Love Bug (Ein toller Käfer),* wo ein beseelter Käfer seinen Besitzer, einen erfolglosen Rennfahrer, zunächst mit Erfolg und am Ende mit Liebe belohnt. Die Assoziation des Gefährts mit Sex hatte damit sogar ihren Weg auf die Kinoleinwand gefunden.

All dies veranschaulichte die herausragende globale Fähigkeit des robusten und zuverlässigen Käfers, sich an jede Umgebung anzupassen, in der er sich zufällig wiederfand. Der Auslandsabsatz hielt das Unternehmen am Laufen, selbst als die Ära des Käfers in Deutschland im Zuge der Ölkrise von 1973/74 und aufgrund von sich wandelnden Moden, wegen strenger neuer Sicherheitsbestimmungen und des Unvermögens, das Tempo der Automatisierung beizubehalten, vorüber war. Mit dem Ende des „Wirtschaftswunders" kam auch das Ende des Käfers, seines wichtigsten Symbols. Die Westdeutschen verlangten nun Autos, die schneller, geräumiger, komfortabler und eleganter waren. Der neue VW Golf entsprach zusammen mit seiner kleineren, billigeren Version, dem Polo, diesen Anforderungen. Im Jahr 1978 stellte Wolfsburg deshalb die Käfer-Produktion in Deutschland zunächst vollständig ein, doch 20 Jahre später präsentierte Wolfsburg den „New Beetle", der das amerikanische Faible für Retro-Chic aufgriff, aber auch keinen Zweifel daran ließ, dass es sich um ein Fahrzeug handelte, das voll und ganz den Ansprüchen der Kraftfahrer des 21. Jahrhunderts genügte („Weniger Flower – mehr Power", wie es in einer Anzeige hieß). Der „New Beetle" wurde in Mexiko gebaut, und die für den Verkauf in Deutschland bestimmten Modelle wurden nun über den Atlantik importiert. „Es war, als würde ein Film rückwärts laufen", bemerkte ein Journalist beim Anblick der Autos, die an eben dem Kai entladen wurden, von dem aus einst so viele Käfer exportiert worden waren. Der „New Beetle" war ein Symbol nicht nur für postmoderne Ironie, sondern auch für Transnationalismus und Globalisierung.

Die geschwungene Silhouette des „New Beetle" ahmte bewusst die des ursprünglichen Modells nach, doch für Besitzer des alten Käfers ist es nicht dasselbe. Heute kommen sie an Orten überall auf der Welt zu Treffen zusammen, auf denen sie sich in nostalgischer Bewunderung historischer Modelle und fantasievoller individuell gestalteter Exemplare ergehen. Ein solches Treffen findet seit den 1980er-Jahren alljährlich auch auf dem alten Nürnberger Reichsparteitagsgelände statt, vor der Tribüne, von der herab früher Hitler seine Reden hielt. Niemanden scheint das zu kümmern, denn der Käfer ist längst zu einem globalisierten Produkt geworden, für die meisten, wenn nicht alle Menschen vollkommen abgelöst von seinem nationalsozialistischen Ursprung. Als der *New York Times*-Kolumnist Gerald Posner seiner Schwiegermutter, die er als „konservative Jüdin" bezeichnete, erzählte, dass er sich einen „New Beetle" gekauft habe, erwiderte sie: „Gratuliere, mein Lieber. Vielleicht ist der Krieg nun endlich vorbei."

13. Die Waffen von Krupp

Für den Ankläger der überlebenden nationalsozialistischen Führungsfiguren bei den Nürnberger Prozessen war kein anderer Name über Jahrzehnte, wenn nicht gar ein ganzes Jahrhundert lang derart ein Begriff gewesen wie der von Krupp. „Seit über 130 Jahren", hieß es in der Anklageschrift, „bildet diese Familie den Brennpunkt, ist Symbol und Nutznießer der unheilvollen Kräfte, die den Frieden Europas bedrohten." Krupp war ein Familienunternehmen durch und durch: „Vier Generationen der Familie Krupp", vermerkte die Anklageschrift weiter, „besaßen und betrieben die großen Rüstungs- und Munitionsanlagen, welche die Hauptquelle der deutschen Kriegsrüstung sind [sic!]." Chefankläger General Telford Taylor nahm in seinem Plädoyer Bezug auf die Worte von Rudolf Heß, mit denen dieser Gustav Krupp 1940 die „Goldene Fahne" der Deutschen Arbeitsfont für die Leistungen des Unternehmens verliehen hatte: „Die Tradition der Firma Krupp und die ‚sozialpolitische' Haltung, die sie vertrat, paßte genau in die moralische Atmosphäre des Dritten Reiches. Es gab kein Verbrechen, das ein solcher Staat begehen konnte – sei es Krieg, Plünderung oder Sklaverei – an dem sich diese Männer nicht beteiligt haben würden. Lange bevor die Nationalsozialisten zur Macht kamen, war Krupp schon ein ‚nationalsozialistischer Musterbetrieb'."

Beim Nürnberger Tribunal und beim anschließenden Prozess gegen führende Industrielle, der in den Jahren 1947/48 stattfand, stand „Krupp" am Ende weniger für den Nationalsozialismus als für die ökonomische Triebkraft hinter dem Militarismus, den aus der deutschen Politik, Kultur und Gesellschaft auszumerzen die Alliierten ebenfalls fest entschlossen waren. Angesichts des finsteren internationalen Rufs der Firma als jener Waffenproduzent, der Deutschlands militärische Aggression, von den Bismarck'schen Einigungskriegen über zwei Weltkriege hinweg, ermöglicht hatte, ist es nicht überraschend, dass das Unternehmen die Aufmerksamkeit vieler Historiker geweckt hat, die von unterschiedlichsten Standpunkten aus schreiben. Das vielleicht meistgelesene Werk darunter ist *Krupp. 12 Generationen*, ein 1968 erschienenes Tausend-Seiten-Epos. Sein Autor, William Manchester, ist besser bekannt für einen Bericht über die Ermordung seines Freundes aus Kriegszeiten John F. Kennedy, *Der Tod des Präsidenten. 20.–25. Novem-*

ber 1963. Geschrieben in flottem, manchmal reißerischem Stil, strotzt Manchesters ursprünglich auf Englisch erschienenes Buch über Krupp von Pauschalurteilen über Deutschland und die Deutschen, die der Autor, nicht zuletzt aufgrund seiner Kriegserfahrung, eindeutig nicht leiden konnte. Die Krupps wurden von Anfang bis Ende dämonisiert, und Manchesters ganzer Ansatz hatte mehr als einen Anflug von Sensationsjournalismus, sodass das Buch selbst in der Boulevardpresse zwiespältige Aufnahme fand. Die Rezensenten bemängelten seinen sarkastischen Stil und dass es darin, wie das *Time Magazine* schrieb, von Fehlern nur so wimmele. Nichtsdestotrotz hatte Manchester sich mit seiner gewohnten Gründlichkeit in die Geschichte des Unternehmens Krupp eingearbeitet, hatte zahlreiche Archive sowie die Akten des Nürnberger Prozesses und viele weitere Quellen durchforstet und obendrein eine beträchtliche Anzahl von Leuten interviewt. Er förderte eine gewaltige Masse an Material zutage, vieles davon bis dato unbekannt, und in bestimmten Fragen, wie etwa der Haltung Krupps zu Hitler in den Jahren 1932/33, vor der nationalsozialistischen Machtergreifung, hielt er sich zweifellos an das dokumentarische Material und stellte keine darüber hinausgehenden Behauptungen auf.

Manchester war kein Wirtschaftshistoriker, und er interessierte sich mehr für die Krupp-Persönlichkeiten als für das Unternehmen. Vor seiner Veröffentlichung hatte es so gut wie keine historischen Untersuchungen über deutsche Großunternehmen und ihre Rolle im „Dritten Reich" gegeben, und so betrat sein Buch in dieser Hinsicht nicht nur Neuland, sondern dominierte auf dem Feld auch für viele Jahre, bis mit Beginn der 1990er-Jahre nach und nach weitere Studien erschienen. Ein Grund für die Verzögerung war, dass deutsche Unternehmen, Krupp inbegriffen, derart erbost über Manchesters Buch waren, dass sie es Historikern nach seiner Veröffentlichung eine Zeit lang sehr schwer machten, Zugang zu ihren Archiven zu erhalten. Inzwischen sind jedoch seriöse Darstellungen der Firmengeschichte erschienen, darunter eine chronologische Gesamtdarstellung von Harold James, einem britischen Wirtschaftshistoriker, der in Princeton lehrt. Der Unterschied zwischen dem sachlichen Stil von *Krupp. Deutsche Legende und globales Unternehmen* (München 2011) und Manchesters Publikation könnte nicht größer sein, und auch der Fokus auf der Technologie- und Wirtschaftsgeschichte des Unternehmens ist Welten entfernt von Manchesters schonungsloser Aufdeckung persönlicher Eigenheiten und Übertretungen der verschiedenen Firmeneigentümer.

Wie Manchester beginnt auch James mit der Unternehmensgründung, wobei seine Darstellung zeitlich mehr oder weniger ausgewogen ist, während sich Manchester stark auf die NS-Zeit konzentrierte. Wie James vermerkt, hätten die Anfänge des Unternehmens kaum weniger verheißungsvoll sein können. Sein Gründer, Friedrich Krupp, war durch und durch ein Hasardeur, und die meisten seiner industriellen Wagnisse endeten mit einem erbärmlichen Misserfolg. Seine Großmutter, Helene Amalie Krupp, die erste einer ganzen Reihe starker Frauen, die eine Schlüsselrolle in der Geschichte der Dynastie spielen sollten, hinterließ ihm eine Vermögen, das auf klugen Investitionen in Einzelhandel, Gewerbe und Immobilien beruhte. Zu ihren Geschäftsfeldern gehörte eine kleine, aber unrentable Eisenhütte, in der Friedrich einige seiner frühesten Erfahrungen gesammelt hatte, und noch nach ihrem Verkauf verspürte der Enkel den starken Wunsch, Gussstahl und Gussstahlerzeugnisse herzustellen, die Härte und Schmiedbarkeit „nach englischer Manier" verbanden.

Besessen von diesem Ziel, verschleuderte Friedrich das Erbe seiner Großmutter, indem er mit verschiedenen Rohstoffen, verschiedenen Standorten und verschiedenen Techniken experimentierte. Die Schulden häuften sich, und 1824 wurde er aus der offiziellen Liste der „Kaufleute mit Rechten" gestrichen. Zwei Jahre später starb er ausgezehrt und verbraucht im Alter von 39 Jahren. Seine Witwe Therese jedoch hatte weiterhin ungebrochenes Vertrauen in seine Vision und führte das Unternehmen weiter, unterstützt von ihrem 14-jährigen Sohn Alfried, der seinen Namen als Hommage an die damals beherrschende Stellung Englands in Industrie und Technik zu Alfred anglisierte. 1838, 1839 und noch einmal 1843 reiste er allerdings inkognito unter dem Namen „Schropp" nach England und schickte auch in den folgenden Jahren immer wieder Abgesandte dorthin, um „Informationen über das jeweils neueste Industrianlagendesign zu sammeln", sich über aktuelle industrielle Fertigungstechniken zu informieren, neue Kunden zu gewinnen und seinen Ruf im seinerzeit reichsten Land der Welt zu verbreiten.

Alfred war ein Arbeitstier und erinnerte noch später gern daran, dass er in jener Anfangszeit „Procurist, Correspondent, Cassirer, Schmidt, Schmelzer, Coacsklopfer, Nachtwächter beim Cementofen und sonst noch viel dgl. war, wo Ein [sic!] Gaul sämmtliche Transporte gemüthlich besorgte". Der eine unstrittige Erfolg seines Vaters war die Entwicklung eines Gießverfahrens gewesen, mit dem stählerne Stempel für die Münzherstellung produziert wurden. Daran knüpfte Alfred an und lieferte bald schon Prägewalzen an die australische Münze und erweiterte den Geschäftsbereich seiner Firma auf die Produktion von Besteckwalzen aus Gussstahl zur Herstellung von Löffeln und anderen Besteckteilen, die er in Frankreich, Russland, England und sogar Brasilien vertrieb. Sein echter Durchbruch kam mit dem Eisenbahn-Boom der 1840er-Jahre, als Krupp anfing, Achsen und Kurbelwellen an die Preußischen Staatseisenbahnen zu liefern. Ständige technische Neuerungen ermöglichten ihm, zunächst nahtlose Gussstahlringe für Eisenbahn-Radreifen herzustellen – drei versetzt aufeinanderliegende Radreifen sind bis heute das Firmenlogo –, dann Schienen sowie Stahlplatten, Schrauben und Antriebswellen für Dampfschiffe. So erwirtschaftete Krupp die Mittel, um andere Firmen aufzukaufen und Eisenerzgruben zu erwerben, während die Einführung des Bessemer- und des Siemens-Martin-Verfahrens ihm ermöglichte, mehr und größere Stahlerzeugnisse herzustellen. Im Jahr 1874 beschäftigte er auf einem Betriebsgelände in Essen, das mit 35 Hektar dreimal so groß war wie ein Jahrzehnt zuvor, 12 000 Arbeiter.

Alfred Krupp wusste sehr gut, dass unter den Bedingungen schnellen industriellen Wachstums, die damals im Rheinisch-Westfälischen Industriegebiet herrschten, erfahrene und zuverlässige Arbeiter schwer zu bekommen waren. Für bessere Löhne oder Arbeitsbedingungen wechselten sie oft die Stellen. Um das gefährliche Gussstahlverfahren mit der erforderlichen Präzision durchzuführen, brauchte es jedoch ein hohes Maß an Disziplin und Organisation. Krupp wollte daher einen loyalen Arbeiter, „der die Arbeit nicht als eine Last, als eine unangenehme nothwendige Bedingung für den Lohn und Unterhalt betrachtet, sondern ihr mit Lust nachgeht. Wer mit schwerer Arbeit um sein Brod gekämpft hat, der hat sich als tüchtig bewährt […] das ist der Mann." Um solche Arbeiter nicht nur anzuheuern, sondern auch langfristig zu halten, richtete er einen Gesundheits- und Pensionsfonds für seine Beschäftigten ein, baute Wohnsiedlungen, in denen gegen Ende des Jahrhunderts mehr als 25 000 Menschen lebten, eröffnete 55 firmeneigene Läden – die „Kruppschen Konsumanstalten" – und Speisesäle, gründete Schulen und sorgte sogar für ein Krankenhaus, ein Genesungsheim und eine Leihbücherei.

Im Gegenzug für diesen Paternalismus verlangte Alfred allerdings von seinen Arbeitern nicht nur Loyalität und Ordnungssinn, sondern Freiheit von „allen vorurteilshaften Ansichten", und er legte fest, dass eine „Person, von der bekannt ist, daß sie an Unruhestiftung […] beteiligt war […], nie wieder ein Mitglied der Fabrik werden kann". Um Disziplin zu erzwingen, erklärte er 1871: „Ich wünsche […] dieses Photographieren aller Arbeiten für immer einzuführen, und eine viel strengere Kontrolle über die Leute, ihre Vergangenheit, ihr Treiben und Leben. Wir müssen selbst unsere Privatpolizei haben, die besser instruiert ist als die städtische." In der Tat wurde das Medium der Fotografie genutzt, um mit Leuten fertigzuwerden, die James als „Unruhestifter" bezeichnet. Krupp ließ seine Belegschaft nicht im Zweifel darüber, dass er entschlossen war, „ohne Rücksicht auf Entbehrlichkeit den geschicktesten besten Arbeiter oder Meister so rasch wie immer thunlich zu entfernen, der nur Miene macht opponiren zu wollen oder einem derartigen Verbande angehört", womit er eine Gewerkschaft meinte.

Seine Arbeiter hießen „Kruppianer", und Alfred wollte sogar ihr sittliches Verhalten überwachen. „Untreue und Verrat", hieß es im „General-Regulativ für die Firma Fried. Krupp" von 1872, „muß mit aller gesetzlichen Strenge verfolgt werden. Wer Niederträchtigkeiten begeht, muß niemals sich in Sicherheit wiegen, niemals vom Pranger der öffentlichen Schmach befreit werden. Man betrachte das Gute wie das Böse durch ein Vergrößerungsglas, es liegt darin die Wahrheit! Denn wie aus dem Samen die Frucht hervorgeht und je nach seiner Art Nahrung oder Gift, so entspringt dem Geist die Tat – Gutes oder Böses […]." Im Jahr 1877 ließ Krupp im Vorfeld der Reichstagswahlen vom 30. Juni in allen Betrieben und Läden Bekanntmachungen anschlagen, in denen er seine Arbeiter aufforderte, die Politik Leuten zu überlassen, die über ihnen standen: „Genießet, was Euch beschieden ist. […] Höhere Politik erfordert mehr freie Zeit und Einblick in die Verhältnisse, als dem Arbeiter verliehen ist." Nach der Wahl entließ er dreißig Beschäftigte fristlos wegen angeblicher Verbreitung sozialistischer Propaganda. Er verlangte von seinen Arbeitern, dass sie einen Treueid schworen, und wurde von der Idee, „daß alle Kruppianer Uniformen tragen sollten, und zwar mit ‚Insignien' für die Dienstjahre, mit Winkeln für die Vorarbeiter und mit Schulterklappen für die Betriebsleiter", laut Manchester nur durch das Argument abgebracht, dass die rußige Fabrikluft sie schnell ruinieren würde. Seine Werkspolizei war größer als die städtische Polizei in Essen und verhängte Geldstrafen für Zuspätkommen, für Unbotmäßigkeit gegenüber Vorgesetzten und für noch vieles mehr. Seine Polizisten wurden angewiesen, die Mülltonnen vor den „Kruppschen Konsumanstalten" und Siedlungshäusern nach sozialistischer Literatur und „gebrauchtem Toilettenpapier" (alte Zeitungen) mit aufrührerischen Parolen darauf zu durchsuchen. Er legte seinen Beschäftigten sogar nahe, zu heiraten und viele Kinder zu bekommen, um „dem Staat recht viele treue Untertanen [zu] liefern und der Fabrik Arbeiter eigener Race [sic!]". Dieser neofeudale Führungsstil ließ durchaus die spätere Entwicklung zum „nationalsozialistischen Musterbetrieb" mit seinen „Betriebsführern" samt „Gefolgschaft" und mit seiner Kombination der Wohlfahrt mit Autoritarismus erahnen.

James sagt viel zu wenig über diesen Aspekt des Krupp'schen Unternehmens, der von Manchester ausführlich abgehandelt wird; in der Tat finden Arbeiter kaum Erwähnung, und wenn doch, dann lediglich, um den Paternalismus der Firma zu betonen, nicht die beinahe totalitäre Reglementierung ihrer Beschäftigten. James erzählt eindeutig eine Herrschaftsgeschichte des Unternehmens und gibt sich außerdem große Mühe hervorzuheben, dass Rüstungsgüter außer in Kriegszeiten nur einen Teil der Produktion ausmachten. Aber auch wenn Krupp nicht als Waffenproduzent anfing, gab es doch, wie James einräumt, „Synergien zwischen der Produktion von Rüstungsgütern und der Herstellung nicht militärischer Erzeugnisse", welche die rasche Expansion über all die wirtschaftlichen Wechselfälle der kommenden Jahrzehnte hinweg abstützten: Gerade als der Eisenbahn-Aufschwung allmählich nachließ, veranlassten wachsende internationale Spannungen die europäischen Staaten aufzurüsten, und Krupp war gut aufgestellt, um Nutzen aus dieser neuen Entwicklung zu ziehen.

Im Gegensatz zu seinem Vater pries Alfred seine Produkte geschickt an, war er doch als talentierter Verkäufer von der Wirkungsmacht von Werbung überzeugt. Im April 1851 setzte er sämtliche Schmelztiegel der Gussstahlfabrik gleichzeitig ein, um einen 2150 Kilogramm schweren Stahlblock zusammenzugießen, den er auf der Londoner Weltausstellung 1851 zeigte und für den er „eine der begehrten bronzenen Council-Medaillen" gewann. Aber er präsentierte auch eine „auf Hochglanz polierte Kanone" und konterkarierte damit das später im Begleitbuch zur Ausstellung formulierte Fazit: „Der Palast der Industrie war ein Tempel des Friedens." – „Die Engländer sollen Augen machen", schrieb Krupp aus London an sein Direktoren-Kollegium.

Später produzierte die Firma das „Paris-Geschütz", das in den letzten Monaten des Ersten Weltkriegs die französische Hauptstadt mit 94-Kilogramm-Granaten beschoss, die durch ein 34 Meter langes Rohr auf eine Distanz von 120 Kilometern abgefeuert wurden, und im Zweiten Weltkrieg eine 80-cm-Kanone namens „Dora", die auf ein gewaltiges

Eisenbahn-Fahrgestell montiert war. Diese gigantischen Waffen zeigten zwar in militärischer Hinsicht wenig Wirkung, schlugen aber nachhaltig in der öffentlichen Wahrnehmung ein.

In den 1870er-Jahren begann Alfred mit dem Bau einer pompösen Villa knapp 13 Kilometer von der Fabrik entfernt auf einem Hügel mit Blick über das Ruhrtal. Die „Villa Hügel" basierte auf seinen eigenen Plänen, und für ihr Tragwerk und viele andere Elemente, etwa die Geländer, wurden große Mengen Krupp'schen Eisens verwendet. Es war weniger ein Wohnhaus denn ein Ort, an dem sich Kunden oder Würdenträger aufhalten konnten, ohne den technischen Geheimnissen der Fabrik zu nahe zu kommen. „Der Geschützfabrikant", erklärte Alfred, „muss ein Verschwender sein in den Augen der Welt." Um diesen Standpunkt zu unterstreichen, engagierte er sogar den Komponisten Engelbert Humperdinck als Klavierspieler zur Unterhaltung seiner Gäste. Auf der Chicagoer Weltausstellung 1893 gab Krupp 1,5 Millionen Dollar für eine Nachbildung der Villa Hügel mit seinem Namen an der Fassade aus. Drinnen konnten Besucher eine Kanone besichtigen, die Granaten auf ein 20 Kilometer entferntes Ziel abzufeuern vermochte.

Nach Essen kamen Besucher aus aller Welt, China und Japan inbegriffen. Krupp verkaufte sowohl Waffen an die Russen, wobei er von ihren Militärtechnikern vorgeschlagene Neuerungen aufgriff, als auch Eisenbahnausrüstung nach Brasilien. Im Jahr 1879 lud die Firma Vertreter von 18 Staaten zu einem „Internationalen Artillerieschießen" ein und brachte in britischen Parlamentskreisen eine Werbebroschüre für Krupp'sche Erzeugnisse in Umlauf. Krupps Vision umfasste die Lieferung von Eisenbahnausrüstung an die ganze Welt. Im Jahr 1875 prophezeite er, dass Bahnlinien „irgendwann alle die großen Continente von Afrika, Amerika und Asien" durchkreuzen würden. Die dortigen Staaten würden „dann in das Stadium unserer zivilisierten Länder kommen und Verbindungsbahnen, Abzweigungen und dgl. werden die Industrie beleben bis ans Ende der Welt – wenn nicht inzwischen irgendein Windbeutel durch Luftschifffahrt diese Erwartung zerstört".

Doch obwohl sich sein Unternehmen global betätigte, was James wiederholt unterstreicht, band Krupp letztendlich sein Schicksal an den preußischen Staat, zunächst an die boomenden Eisenbahnen, dann an die Armee, die eine entscheidende Rolle in Bismarcks Einigungskriegen von 1864, 1866 und 1870/71 spielte. Krupp machte seinen ganzen Einfluss geltend, um Aufträge für seine Waffenschmiede zu bekommen, und errichtete zwischen 1861 und 1870 vier neue Produktionshallen für

Geschütze, um der rasch wachsenden Nachfrage gerecht zu werden. James bezeichnet Krupp selbst als „unpolitischen Deutschen“, aber der Patriarch pflegte enge Beziehungen zu Kaiser Wilhelm I. und schärfte seinem Sohn Friedrich Alfred ein: „Du musst beim künftigen Kaiser sein, was ich beim jetzigen, dann kann auch kein Schwindler der Fabrik schaden.“ Im Jahr 1871 erklärte Alfred, dass seine Lebensleistung einzig und allein abhängig sei von Preußens Glanz und Gloria und seiner militärischen Vormachtstellung.

Friedrich Alfred, der das Unternehmen beim Tod seines Vaters im Jahr 1887 übernahm, war ein begeisterter Modernisierer, unter dessen Einfluss die Panzerung aus Nickelstahl, elektrische Sprengzünder und noch vieles mehr in Produktion gingen. Er führte in fieberhaftem Tempo Fusionen und Übernahmen durch, und auch unter seiner Ägide wuchs die Fabrik gewaltig. Die Zahl der Beschäftigten stieg von 13 000 im Jahr 1887 auf 25 000 im Jahr 1899. Friedrich Alfred hatte keine Bedenken, die neuen auflagenstarken Zeitungen und die allgemeine politische Mobilisierung zu nutzen, um seine geschäftlichen Interessen zu fördern.

Eine kolossale Gelegenheit ergab sich gegen Ende des Jahrhunderts mit der Entscheidung Kaiser Wilhelms II. zum Aufbau einer schlagkräftigen neuen Marine. Krupp erwarb nicht nur eine große Werft und verdreifachte in wenigen Jahren deren Belegschaft, sondern stellte auch einen Journalisten ein, Victor Schweinburg, der Artikel veröffentlichen sollte, die sein Unternehmen in günstigem Licht erscheinen ließen. Schweinburg gründete den populären „Deutschen Flottenverein“, um öffentlichen Druck für den Bau einer Schlachtflotte zu erzeugen. Nach einem Jahr hatte er fast eine Million Mitglieder. Krupps Verbindungen zu Schweinburg blieben ebenso wenig unbemerkt wie seine eigene Präsenz im Vorstand des Flottenvereins, und beide waren unter starkem politischem Druck gezwungen, aus dem Flottenverein auszuscheiden, und es kam heraus, dass die Firma als einzige Lieferantin der Panzerungen für die neue Flotte sechzig Prozent Gewinn machte. Nicht zuletzt wegen solcher politischer Stürme und wegen seiner anfälligen Gesundheit (als Kind hatte er schwer unter Asthma gelitten), verbrachte Friedrich Alfred immer mehr Zeit auf Capri, wo er sich nebenbei mit Meeresbiologie beschäftigte und für die Inselbewohner den großzügigen Mäzen gab.

Der vernichtende Skandal folgte, als erste Gerüchte über wilde homosexuelle Orgien mit minderjährigen italienischen Knaben Berlin erreichten. Beschuldigungen und Gegenbeschuldigungen gingen in der Presse und im Reichstag hin und her. Der öffentliche Aufruhr spiegelte einen weitverbreiteten Abscheu vor Homosexualität wider, die nach dem Reichsstrafgesetzbuch verboten war. Vor allem von den prüden Sozialdemokraten wurde sie als Beleg für die tiefe moralische Verworfenheit der herrschenden kapitalistischen Elite dargestellt. Friedrich Alfreds Ehe ging unter der Belastung in die Brüche. Er ließ seine Frau in einer Nervenklinik einsperren, und kurz darauf, am 22. November 1902, starb er seinen Ärzten zufolge an einem Gehirnschlag, einem Gerücht zufolge durch eigene Hand.

James tut die Pädophilie-Vorwürfe gegen Friedrich Alfred als das Ergebnis politischen Widerstands gegen ihn auf Capri und als „eine anhaltende und bösartige Kampagne gegen ihn“ in Deutschland ab, „die sich des gesamten Instrumentariums einer neuen Politik aus Skandal und Sensation bediente“. Allerdings legt Manchester sehr viele Indizien vor, darunter Krupps Gewohnheit, bei seinen Aufenthalten im Berliner Hotel Bristol italienische Knaben zu bitten, bei ihm zu wohnen. Manchester hegt keinen Zweifel, dass Krupp Selbstmord beging, und stellt fest, dass es keine offizielle Autopsie gab und dass die Ärzte den Leichnam sofort in einen versiegelten Sarg legten, den nicht einmal Angehörige öffnen durften. Was auch immer in Wahrheit passierte, James taucht die Ereignisse in günstigstes Licht und geht leichthin über die Kontroverse hinweg, indem er jede Schmähung Krupps sozialistischen Widersachern zuschreibt.

Mit dem Tod des letzten männlichen Krupp wurde das Familienunternehmen in eine Aktiengesellschaft umgewandelt, wobei allerdings sämtliche Aktien bis auf vier im Besitz von Friedrich Alfreds 16-jähriger Tochter Bertha waren. Direktoren übernahmen nun die Leitung der Firma, die weitere Neuheiten produzierte und expandierte. Ein besonderer Triumph war die Patentierung einer neuen Stahlsorte Enduro KA-2, die nicht rostete (mit 4500 Platten aus diesem „Nirosta“-Edelstahl wurde 1929 die Kuppel des Chrysler Building in New York verkleidet). Im Jahr 1906 änderte sich die Situation erneut, als Bertha den Diplomaten Gustav von Bohlen und Halbach heiratete. Entzückt erlaubte der Kaiser dem Paar und seinen Nachkommen per königlich-preußischem Erlass, fortan den Namen „Krupp von Bohlen und Halbach“ zu führen, und im Jahr 1909 übernahm Gustav Krupp von Bohlen und Halbach, wie er nun hieß, den Vorsitz des Aufsichtsrates. Im selben Jahr wurde der alldeutsche Geschäftsmann und Medienmogul Alfred Hugenberg, der mit der DNVP 1933 Hitlers wichtigster Koalitionspartner werden sollte, Vorsitzender des Direktoriums der Friedrich Krupp AG. Dieses Team sollte die Firma in den Ersten Weltkrieg führen.

Krupp passte sich der neuen Situation im Jahr 1914 schnell an. Die Werft des Unternehmens ging dazu über, U-Boote zu bauen, und nahm, unterstützt von enormen Zuschüssen aus dem Hindenburg-Programm von 1916, eine drastische Ausweitung der Rüstungsproduktion vor. „Die Firma", stellt James fest, „war praktisch zu einer Abteilung des Deutschen Reiches geworden." Die Belegschaft wuchs bis Mitte 1918 rapide auf fast 170 000, doch inzwischen wuchs auch deren Unzufriedenheit: Da die alliierte Blockade die Lebensmittelversorgung des Landes abschnürte, fingen die Preise rapide zu steigen an, und es entstand ein riesiger Schwarzmarkt; fingen Arbeiter an, Lohnerhöhungen zu fordern, um ihre Familien ernähren zu können; und fing Gustav an, sich um „das Hinabgleiten unserer monarchischen und staatlichen Autorität auf dem schiefen Wege zum Demokratismus" zu sorgen. Bestrebt, den vermeintlichen Niedergang zu stoppen, besuchte der Kaiser die Fabrik und hielt eine seiner typisch hochtrabenden Ansprachen an die Arbeiter. Aber es war zu spät.

Im November 1918 wurde der Kaiser gestürzt und Deutschland Republik. Die neuerdings mächtigen Gewerkschaften handelten Abkommen mit der Firma aus, welche die Einrichtung eines Betriebsrates vorsahen. Eine ausgedünnte Belegschaft fing wieder an, für die Staatsbahnen zu produzieren. In einem Versuch, die Entmilitarisierungsbestimmungen des Versailler Vertrages durchzusetzen, fiel unterdessen eine Gruppe britischer und französischer Offiziere in die Essener Fabrik ein und ordnete die Zerstörung von 10 000 Maschinen an, die zur Herstellung von Wehrmaterial verwendet wurden. Doch Krupp gelang es nicht nur, diesen Kontrollen zu entgehen, vielmehr fing die Firma auch an, mit Unterstützung der Reichswehr und in Zusammenarbeit mit dem schwedischen Waffenproduzenten Bofors insgeheim Waffen herzustellen. Ab 1926 begann sie mit dem Bau von Panzern („Traktoren"), die sie in der Sowjetunion von der Roten Armee testen ließ.

Inzwischen profitierte Krupp zunächst von der Hyperinflation, die Deutschland in den frühen 1920er-Jahren ereilte. So lieh sich die Firma im Sommer 1922 ein Milliarde Mark von den Banken, die 1,14 Milliarden Goldmark wert waren. Als die Summe im Oktober 1923 zurückgezahlt wurde, war ihr Wert auf gerade mal 53 000 Goldmark gesunken. Doch als die Franzosen das Ruhrgebiet besetzten, nachdem Deutschland mit den Reparationszahlungen in Rückstand geraten war, kam die Produktion zum Erliegen. Damit nicht genug, wurde Gustav wegen Organisation von Widerstand gegen die Ruhrbesetzung verhaftet und landete für sieben Monate im Gefängnis. Am Ende der Inflationszeit brach die Wirtschaft beinahe zusammen, und Krupp machte große Verluste. Das Unternehmen musste einen hohen amerikanischen Kredit aushandeln und sich weitere Hilfe von der deutschen Regierung beschaffen.

Die Erholung hatte kaum eingesetzt, als der New Yorker Börsenkrach von 1929 die deutsche Wirtschaft in die Große Depression stürzte. Krupp hatte das Problem der Überkapazität nicht gelöst, das die Firma in den 1920er-Jahren heimgesucht hatte. Löhne und Gehälter wurden wiederholt gekürzt, die Arbeitszeit wurde reduziert, und zwischen 1928 und 1932 wurde die Belegschaft halbiert. In einem Versuch, die Löhne noch weiter zu senken, hatte Krupp sich 1928 den anderen Stahlproduzenten an der Ruhr bei einer grundlosen Aussperrung von Arbeitern angeschlossen. Bezeichnenderweise rückt James, als er über den Ruhreisenstreit berichtet, Gustavs Vorbehalte gegen die Maßnahme in den Mittelpunkt, obwohl er sich in vollem Umfang daran beteiligte und eine Viertelmillion Männer den Verlust ihrer Arbeitsplätze zu einer Zeit hinnehmen mussten, als sie es sich schwerlich leisten konnten.

Trotz seiner neuen Rolle als Präsident des Reichsverbandes der Deutschen Industrie ab 1931 spielte Gustav, wie James betont, kaum eine Rolle bei den komplexen Verhandlungen hinter den Kulissen, die am 30. Januar 1933 zu Hitlers Ernennung zum Reichskanzler führten. Er weigerte sich sogar, Hitler auf Einladung zu treffen, und gab auch kein Geld in seine Wahlschatulle, als er darum gebeten wurde. Zwar stimmt Manchester diesem Befund zu, weist aber darauf hin, dass Gustav grundsätzlich politische Parteien für unfähig hielt, Deutschlands Probleme zu lösen. Vielmehr traute er dies lediglich einer von Hindenburg ernannten Regierung zu. Deshalb unterzeichnete Krupp durchaus eine Petition, die Hindenburg von dem NS-Bankier Kurt von Schröder im November 1932 vorgelegt wurde, in welcher er den Reichspräsidenten gemeinsam mit einer Gruppe von Industriellen drängte, Hitler zum Kanzler zu ernennen. Die auf Hitlers Ernennung folgende Unterdrückung der Gewerkschaften und die Angriffe auf den Kommunismus begrüßte er ausdrücklich.

Krupp beugte sich recht bereitwillig der nationalsozialistischen Forderung, jüdische Beschäftigte zu entlassen, und seine Firma profitierte beinahe augenblicklich vom Wiederaufrüstungsdrang des neuen Regimes. „Die nächsten fünf Jahre in Deutschland", erklärte Hitler am 8. Februar 1933 seinem Kabinett, müssten „der Wiederwehrhaftmachung des deutschen Volkes gewidmet sein" – und entsprechende Aufträge an Krupp ließen nicht auf sich warten. In den Jahren 1934/35 stellte das Unternehmen wieder schwere Geschütze her, seine Werft, die lange Zeit schwer zu kämpfen hatte, ließ 1935 ihr erstes neues Unterseeboot vom Stapel, und der Ausbruch des Zweiten Weltkriegs im September 1939 erhöhte den Druck auf die Rüstungsfirmen noch. James vertritt entschieden die Meinung, Krupp sei – weit davon entfernt, das „Dritte Reich" in den Krieg zu treiben – von einem Regime mitgezogen worden, das so oder so die Führung übernommen hätte. Nichtsdestotrotz bot der NS-Staat Krupp hervorragende Chancen zu expandieren, und die Firma erzielte erhebliche Gewinne aus der Wiederaufrüstung.

Die nationalsozialistischen Vorstellungen von Führerschaft und Erblichkeit passten besser zur ursprünglichen Krupp'schen Tradition einer Unternehmensführung durch ein Familienoberhaupt als zu einem Direktorium. Am 12. November 1943 verfügte daher ein „Erlass des Führers über das Familienunternehmen der Firma Fried. Krupp", die sogenannte „Lex Krupp", die Umwandlung des Unternehmens von einer Kapitalgesellschaft in eine Personengesellschaft: „Der Inhaber des Krupp'schen Familienvermögens wird ermächtigt, mit diesem Vermögen ein Familienunternehmen mit besonders geregelter Nachfolge zu errichten." Vier Wochen später übertrug Bertha die Inhaberschaft vom kränklichen Gustav auf ihren ältesten Sohn Alfried, der einige Jahre zuvor eine leitende Funktion übernommen hatte und seit März 1943 Vorsitzender des Direktoriums der Friedrich Krupp AG gewesen war.

Alfried war 1931 als „Förderndes Mitglied" in die SS eingetreten – ein früher Hinweis auf seine politischen Sympathien – und 1938 in die NSDAP. Er ekelte den Direktor für Verwaltung und Finanzen Ewald Loeser aus dem Unternehmen und widmete sich ganz dem Dienst am Regime (Loeser, ein Nationalist der alten Schule, der unter Oberbürgermeister Carl Goerdeler, einer zentralen Figur des konservativen Widerstands gegen Hitler, Bürgermeister und Stadtkämmerer von Leipzig gewesen war, kündigte im März 1943). Bezeichnenderweise unterstreicht James Alfried Krupps relativen Mangel an Dynamik und Engagement und die wachsende staatliche Einmischung in die Produktion, insbesondere nachdem Albert Speer Rüstungsminister geworden war. Tatsache bleibt aber, dass Alfried Krupp Vorsitzender des Direktoriums und später alleiniger Inhaber war und damit die Hauptverantwortung für die Maßnahmen der Firma trug.

Die im Nachhinein umstrittenste dieser Maßnahmen war der zunehmende Einsatz von Fremdarbeitern durch das Unternehmen. Der Krupp-Konzern blieb in diesem Bereich genauso wenig ein passives Werkzeug der Regierungspolitik wie in jedem anderen auch. Als deutsche Arbeiter von Herbst 1941 an in wachsender Zahl an die Front eingezogen wurden, versuchte die Firma energisch die Zuweisung von Arbeitskräften aus den Kriegsgefangenenlagern des Reiches und seiner Satelliten durchzusetzen. Diese Forderungen waren so übertrieben, dass sie sogar das Regime kritisiert. James behauptet nun, die Firma habe keine andere Möglichkeit gehabt, als auf Zwangsarbeit zurückzugreifen, aber Krupps Forderungen gingen weit über das hinaus, was erforderlich war: „Krupp bestellte die ‚Ausländer' gewissermaßen auf Verdacht", stellt Ulrich Herbert in *Fremdarbeiter. Politik und Praxis des „Ausländer-Einsatzes" in der Kriegswirtschaft des Dritten Reiches* (Berlin/Bonn 1985) fest, „und erhielt sie auch in größerem Umfang als andere vergleichbare Firmen in der Region, vor allem, weil das Essener Unternehmen traditionellerweise über sehr gute Beziehungen zu den Berliner Zentralstellen verfügte."

Unternehmen hatten Verpflegung und Unterkunft für die Zwangsarbeiter zu garantieren, bevor eine Zuweisung erfolgte, aber die von Krupp verlangten Zahlen überschritten bei Weitem die Fähigkeit der Firma, für die Leute zu sorgen. In Holland wählten Krupp'sche Werber durchaus passende Arbeiter aus und auch die französischen wurden gut versorgt, die vielen sowjetischen Arbeitskräfte jedoch wurden hinter Stacheldraht gehalten und erhielten derart kärgliche Rationen, dass sich ihr Gesundheitszustand rapide verschlechterte. Zwar versuchten manche Betriebsleiter vor Ort, die Dinge zu verbessern, um mehr Leistung aus den Männern herauszuholen, aber der zuständige Direktor in der Krupp-Hauptverwaltung erklärte einem, „daß die russischen Kriegsgefangenen nicht an die westeuropäische Beköstigung gewöhnt werden dürften". Und eine Beschwerde des Krupp'schen Direktoriums über „die unzureichenden Ernährungssätze der sowjetischen Arbeitskräfte" konterte die Abteilung Kriegsgefangene im OKW mit einer Klage über die Behandlung der Gefangenen bei Krupp: „Insbesondere würden sie geschlagen, ferner würden sie nicht die ihnen zustehende Verpflegung und Freizeit erhalten, u.a. hätten die Gefangenen seit sechs Wochen keine Kartoffeln mehr bekommen."

James räumt ein, die Firma habe „bemerkenswert wenig“ unternommen, um die schrecklichen Bedingungen für Zwangsarbeiter zu verbessern, aber aus dem Beweismaterial geht hervor, dass es sich um mehr als bloße Unterlassungssünden handelte. Schließlich aber, so James, seien die Rationen erhöht worden, und man habe den Stacheldraht von der Umzäunung der Lager, in denen Ostarbeiter und Kriegsgefangene untergebracht waren, entfernt. Doch Herbert zufolge „blieb in vielen Fällen der Stacheldraht so lange, bis nach Bombenangriffen die Umzäunung sowieso hätte erneuert werden müssen“. Und diese Angriffe machten andererseits jene kleinen Verbesserungsversuche von Krupp-Beamten zunichte, die gefürchtet hatten, dass der Firma andernfalls keine neuen Fremdarbeiter mehr zugeteilt würden. Manche Lager in Essen „entwickelten sich“, so Herbert, „zu Brutstätten von Korruption und Kleinkriminalität“, womit allerdings keine Bagatellen gemeint waren, sondern die Unterschlagung von Lebensmittelrationen, die für die Lagerbewohner bestimmt waren, ebenso wie die sexuelle Ausbeutung der Arbeiterinnen.

Die im Juli 1942 geschaffenen sogenannten „Betriebstrupps“ („B-Trupps“) des „Krupp-Werkschutzes“, die laut Herbert Ende 1942 „etwa 2.000 Mann, ausgerüstet mit Stahlhelmen, weißen Armbinden und Lederknüppeln“, umfassten, misshandelten und verprügelten vor allem Ostarbeiter, die Schwierigkeiten machten, in einem eigens dafür vorgesehenen Raum im Keller des Essener Hauptverwaltungsgebäudes. Ein sowjetischer Kriegsgefangener, der erwischt worden war, wie er einen Laib Brot einstecken wollte, wurde von einem Wachmann erschossen. Der Schütze kam ungeschoren davon. Viele „Ostarbeiter wurden verprügelt, weil sie Ostarbeiter waren und Werkschutzleuten Macht über sie gegeben worden war“ (Herbert). Manchester liefert seitenweise Belege aus den Akten des Nürnberger Prozesses, die dokumentieren, dass der Werkschutz ein brutales Schreckensregiment ausübte. Daher war nach Kriegsende gegen Gustav Krupp von Bohlen und Halbach in Nürnberg Anklage erhoben worden, der aber inzwischen nach mehreren Schlaganfällen senil war, weshalb die Verhandlung gegen ihn eingestellt wurde. Stattdessen wurden Alfried und fast alle Krupp-Direktoren 1947/48 im Industriellenprozess angeklagt. Sie wurden für schuldig befunden, Zwangsarbeiter beschäftigt und das besetzte Europa ausgeplündert zu haben, und zu unterschiedlichen Haftstrafen verurteilt. Krupps Vermögen wurde beschlagnahmt. Man möchte meinen, das sei nur gerecht, James aber entrüstet sich über den Industriellen-Prozess: „Es kam dabei allem Anschein nach zu zahlreichen und wiederholten Verstößen gegen anerkannte strafprozessuale Standards", sagt er. Er ist lediglich bereit zuzugestehen, dass die Firma „in ein dichtes Gespinst ideologisch verbrämter Unmoral eingebunden" war, für welches natürlich das Regime verantwortlich gewesen sei. Wie vorauszusehen, empörten sich auch andere deutsche Industrielle, die selbst ebenso tief in die Verbrechen des Nationalsozialismus verstrickt waren, über den Prozess.

Im Januar 1951, als der Kalte Krieg gerade Fahrt aufnahm, amnestierte der alliierte Hochkommissar John Jay McCloy Alfried Krupp – der, wie er behauptete, „nur sehr wenig Einfluss auf die Führung des Unternehmens genommen" habe – und widerrief die Beschlagnahmung seines Besitzes. Er amnestierte auch die anderen Direktoren, obwohl die Annahme nur recht und billig scheint, dass sie erheblicheren Einfluss auf die Leitung des Unternehmens ausübten. Die Maßnahme war Teil einer umfassenderen amerikanischen Politik des Vergebens und Vergessens vor dem Hintergrund der vermeintlichen Notwendigkeit, angesichts einer kommunistischen Bedrohung aus dem Osten die westdeutsche Moral zu stärken – der Wunsch nach einer raschen wirtschaftlichen Erholung dominierte zunehmend jenen, mit Kriegsverbrechern abzurechnen.

Wie viele andere deutsche Unternehmen passte auch Krupp sich geschmeidig an die neue Wirtschaftswunderwelt der Nachkriegszeit an. Zunächst sollte die Firma als ein Symbol des deutschen Militarismus zerschlagen werden, aber obwohl ein paar Teile abgespalten wurden, blieb das Unternehmen im Wesentlichen intakt. Dem jungen Bankier Berthold Beitz, der nicht zuletzt deswegen zum Generalbevollmächtigten berufen wurde, weil er während des Kriegs als Betriebsleiter der Karpathen-Öl AG in Boryslaw in der heutigen Ukraine mehrere Hundert jüdische Arbeiter gerettet hatte, gelang es, beim Verkauf der Kohle- und Stahlbeteiligungen der Firma einen Aufschub nach dem anderen herauszuholen, während das Unternehmen die Produktion in diesen Bereichen ausweitete und in neue Technologien investierte.

Inzwischen aus der Haft entlassen und wieder am Ruder, begann Alfried an die Zukunft zu denken. Sein Sohn Arndt hatte kein Interesse daran, die Firma zu übernehmen. „Der homosexuelle Arndt" habe es vorgezogen, wie James schreibt, „ein extrovertiertes und hedonistisches Leben zu führen." Im Jahr 1966 löste Alfried sein Erbschaftsproblem, indem er die Firma in eine von einer gemeinnützigen Stiftung kontrollierte Aktiengesellschaft umwandelte. Arndt wurde mit einer jährlichen

Apanage von zwei Millionen Mark zum Verzicht auf sein Erbe bewogen. Dadurch blieb die Firma intakt und geschützt vor Firmenaufkäufern und feindlichen Übernahmen sowie das Familienvermögen geschützt. Letzteres war allerdings kaum noch von Bedeutung, da der Name Krupp, der durch den königlich-preußischen Erlass von 1906 einzig den Nachnamen von Gustav und seinem Erben hinzugefügt worden war, mit dem Tod Alfrieds im Jahr 1967 erlosch. Entsprechend verkündete Beitz: „Es gibt keine Familie Krupp mehr."

Zu gegebener Zeit fusionierte die Firma mit anderen Unternehmen, deren bedeutendstes der Thyssen-Konzern war. Seiner einzigartigen Tradition ist sich Krupp aber auch danach stets bewusst gewesen, und, um eben diese zu feiern, hatte die Stiftung Harold James beauftragt, sein Buch zu schreiben: Es erschien auf Deutsch zuerst im Jahr 2011 anlässlich des 200. Jahrestages der Firma in einem großen Format mit zahlreichen Schwarz-Weiß- und Farbabbildungen. Zweifellos zieren Exemplare dieser deutschen Ausgabe heute Couchtische in der Villa Hügel und werden an geschätzte Kunden und prominente Besucher verschenkt. Obwohl James der Stiftung für ihre finanzielle Unterstützung dankt, versäumt er in seinem im Original auf Englisch erschienenen Vorwort, auf diesen Hintergrund und auf die Existenz einer deutschen Gedenkausgabe hinzuweisen. So verrät sich der wahre Charakter dieses Buches als eine offizielle Geschichte aus feierlichem Anlass nur auf der Impressumsseite, die enthüllt, dass das Urheberrecht nicht beim Autor oder Verlag liegt, sondern bei der Alfried Krupp von Bohlen und Halbach Stiftung. James behauptet zwar beharrlich, dass sämtliche Ansichten und Interpretationen in dem Buch seine eigenen seien, aber an jeder kritischen Stelle leugnet das Buch die dunkle Seite der Firmengeschichte oder geht mit wenigen Worten darüber hinweg. Dadurch verfestigt sich der Eindruck, dass der Autor seinen Auftrag, eine offizielle Geschichte vorzulegen, die in der Villa Hügel für keinerlei Verstimmung sorgen wird, allzu ernst genommen hat.

14. Der Mitläufer

Ich hatte im Oktober 1970 gerade als Doktorand in Oxford angefangen, als an der Universität ein Geschichtsdozent an mich herantrat und mich fragte, ob ich Lust hätte, mich um ein neues Stipendium zu bewerben, das von der Stiftung F. V. S. in Hamburg eingerichtet worden sei. Ich bekam bereits eine Studienbeihilfe vom damaligen Social Science Research Council und brauchte das Geld nicht, aber weil ich ihn nicht kränken wollte, bewarb ich mich und bekam es prompt zuerkannt – es wurden zwei Stipendien angeboten, und es gab nicht viele Mitbewerber.

Der offizielle Name lautete Hanseatic Scholarship for Britons, und das Stipendium beinhaltete einen einjährigen Aufenthalt in Hamburg und ein zweites Jahr an einem weiteren für die jeweilige Forschung relevanten Ort in Deutschland. Der Gründer war ein Mann namens Alfred Toepfer, ein wohlhabender Geschäftsmann, der, wie seine Sekretärin mir beim Begrüßungsessen in seinem Gästehaus in Hamburg ein paar Monate später erklärte, während der Weimarer Republik durch das Beispiel von Cecil Rhodes angeregt worden sei, sein Vermögen in eine Stiftung umzuwandeln. Toepfers Erlebnisse als junger Mensch vor dem Ersten Weltkrieg bei der Jugendbewegung des Wandervogel hätten ihn veranlasst, so sagte sie, sein Leben dem Jugendendaustausch zwischen verschiedenen Nationen zu widmen.

Zu Beginn der Appeasement-Politik zwischen den Kriegen hatte der British Cecil Rhodes Trust die beiden Rhodes-Stipendien für Deutsche wieder eingerichtet, nachdem diese 1914 zunächst aus dem angelsächsischen Klub ausgeschlossen worden waren. Ein zweites Mal waren diese Stipendien für Deutsche 1939 auf Eis gelegt, doch durch einen Staatsbesuch der Queen in der Bundesrepublik 1965 mit der Freundschaft zwischen den beiden Nationen wiederbelebt worden. Beide Male hatte Toepfers Stiftung im Gegenzug zwei Hansische Stipendien eingerichtet, und auch die Höhe des Hanse-Stipendiums orientierte sich am britischen Vorbild. So weit, so bewundernswert.

Aber im Verlauf des Abendessens dämmerte mir bald, dass Toepfers Verständnis von internationaler Freundschaft von dem abwich, was andere in den 1970er-Jahren in der Regel darunter verstanden. Es war die Zeit, als die Regierung der Konservativen Partei von Edward Heath Großbritanniens Beitritt zur Europäischen Gemeinschaft (der späteren

Europäischen Union) sicherstellte, und während Toepfer mich und meine Mit-Stipendiaten in Deutschland willkommen hieß, erklärte er, dies sei ein weiterer Schritt zur Zusammenarbeit zwischen den verschiedenen Nationen der „angelsächsischen Rasse" – und er verwendete tatsächlich diese Begriffen, was heute in Deutschland undenkbar wäre.

Im Besonderen beklagte Toepfer den Umstand, dass solche Zusammenarbeit in der Vergangenheit so schmerzlich gefehlt habe. Wenn doch nur England, wie er es nannte, der Europäischen Gemeinschaft in den 1950er-Jahren beigetreten wäre, zusammen mit den skandinavischen Nationen! Denn das Übergewicht der lateinischen Rasse in der Europäischen Gemeinschaft, sagte er, habe viele Schwierigkeiten verursacht und sei ein großes Hindernis für ihre Entwicklung gewesen. Dies war auch dem britischen Generalkonsul, Mr. Purves, der mittlerweile seinen Kopf in den Händen barg, sichtlich peinlich wie fast jedem der Anwesenden. Ich hielt es für das Beste, nicht darauf hinzuweisen, dass ich als gebürtiger Waliser kein „Angelsachse" sei.

Später fand ich mich mit Harald Mandt, dem Vorsitzenden des Komitees der Hansischen Stipendien und ehemaligen Rhodes-Stipendiaten, in einer lebhaften Diskussion über die Apartheid in Südafrika wieder, die er voll und ganz unterstützte. Anschließend unterhielt ich mich mit Toepfers Stellvertreter, Herrn Riecke, der sagte, er sei nach dem Krieg von den britischen Besatzungsbehörden interniert worden. Ich fragte ihn, wie er heute darüber denke. Er habe seine Schuldigkeit getan, sagte er achselzuckend. Später, als alle gegangen waren, ließ ich meinen Blick über die Bücherwände im Gästehaus der Stiftung schweifen, wo ich übernachtete. Mit einem leicht mulmigen Gefühl bemerkte ich auf den Regalen mehrere Werke, die sich der Leugnung des Holocaust widmeten.

Es kam noch schlimmer. Als ich mich am nächsten Morgen ins Gästebuch eintrug, schwärmte die Haushälterin mir gegenüber von einem anderen Besucher, der kürzlich über Nacht geblieben sei: Albert Speer, Hitlers Freund und während des Kriegs Rüstungsminister, der vor noch nicht allzu langer Zeit aus der 20-jährigen Haft, zu der man ihn bei den Nürnberger Prozessen verurteilt hatte, entlassen worden war. So ein feiner Herr, sagte sie, so perfekte Manieren.

Hieß das, Toepfer war ein Neonazi? Im Jahr 1970 war das nicht so leicht herauszufinden. Westdeutsche Historiker hatten keinerlei Forschungen über Neonazis in ihrer eigenen Gesellschaft betrieben – jahrzehntelang geschah nichts. Das Einzige, worauf man sich stützen konnte, war das in der DDR veröffentlichte *Braunbuch,* das Hunderte von NS-Kriegsverbrechern aufführte, die in den politischen, juristischen und wirtschaftlichen Eliten Westdeutschlands zu finden waren. Toepfers Name war nicht darunter. Überdies versicherten uns seine Mitarbeiter, dass er bis zum Schluss nichts mit dem NS-Regime zu tun gehabt habe, ja dass er sogar eine Zeit lang inhaftiert gewesen sei, weil er sich dem Regime widersetzt habe. Und sein Umgang war im Westdeutschland der damaligen Zeit nichts Ungewöhnliches, wie das *Braunbuch* verriet; in der gesamten Nachkriegswirtschaft wimmelte es von schweren NS-Kriegsverbrechern, unter ihnen Einzelhändler wie Josef Neckermann, der in der NS-Zeit von der „Arisierung" jüdischer Geschäfte profitiert hatte, Unternehmer wie Krupp und Flick, die im Nürnberger Industriellenprozess für schuldig befunden worden waren, Zwangsarbeiter eingesetzt zu haben, führende Manager im I.G. Farben-Mischkonzern wie Fritz ter Meer, der in Auschwitz eine Fabrik errichtet hatte, aus der Arbeiter, die zu wenig leisteten, regelmäßig für die Gaskammern „selektiert" wurden, leitende Beamte der Degussa, in deren Auftrag Zyklon B für die Gaskammern hergestellt und ab 1943 über die Tochterfirma Degesch (Deutsche Gesellschaft für Schädlingsbekämpfung) geliefert wurde, und viele mehr. Toepfer schien nicht zu dieser Gesellschaft zu gehören. Seine Mitarbeiter wiesen sogar darauf hin, dass er im Gegensatz zu vielen anderen Geschäftsleuten nach dem Krieg durch ein Entnazifizierungsverfahren vollkommen entlastet worden sei.

Zwar schien er fast schon Wert darauf zu legen, dass er in seiner Stiftung frühere Nationalsozialisten beschäftigte, doch das machte ihn nicht selbst zum Nazi. Nicht einmal den angesehensten Westdeutschen schien es etwas auszumachen, Umgang mit Ex-Nazis zu haben. So war Hans Globke viele Jahre unter Konrad Adenauer Chef des Bundeskanzleramtes, jener Globke, der in den 1930er-Jahren den Standardkommentar zu den Nürnberger Rassengesetzen verfasst hatte. Es war sogar ein erklärtes Anliegen Adenauers gewesen, Alt-Nazis zu bewegen, sich für die Demokratie zu engagieren, und von Neonazis fernzuhalten, indem er sie fraglos in das westdeutsche Establishment integrierte. Und es gab kein Anzeichen, dass Toepfer irgendwelche neonazistischen Ideen verbreitete. Seine rassistischen Ansichten waren, wie mir später klar wurde, als ich mehr über die geistige und politische Welt Deutschlands vor 1914 erfuhr, unter den deutschen Eliten weit verbreitet und das schon lange vor dem Nationalsozialismus. Darüber hinaus waren die Bücher in Toepfers Bibliothek, in denen der Holocaust geleugnet wurde, ohnehin ungelesen. Toepfer kam mir nicht wie ein belesener oder gebildeter Mann vor; abgesehen vom Geschäftlichen wirkte er in den meisten Dingen sogar ziemlich naiv, wie seine Eröffnungsrede aus Anlass der Vergabe der Hansischen Stipendien hatte erkennen lassen.

Und weder Toepfer noch die Stiftung versuchten uns in unseren politischen oder historischen Ansichten in irgendeiner Weise zu beeinflussen. Die Stiftung schien keine Ahnung zu haben, was sie mit Hanse-Stipendiaten anfangen sollte, und ließ jedenfalls bei der Verwaltung der Stipendien keinerlei politische Absicht erkennen. Es wurde erwartet, dass wir an der Hamburger Universität studierten, aber wir machten uns nicht die Mühe, da es uns als Doktoranden wichtiger war, zu recherchieren und an unseren Doktorarbeiten zu schreiben, als Vorlesungen zu besuchen. Ohne die Stiftung zu informieren, verbrachten wir sehr viel Zeit in Archiven außerhalb der Stadt, und die Stiftung zeigte immer nur dann Interesse an uns, wenn unsere Anwesenheit bei irgendeinem offiziellen Essen gefragt war, was nicht sehr oft vorkam.

In meinem Promotionsprojekt ging es um eine Einschätzung der Mitschuld des liberalen deutschen Bürgertums oder zumindest seiner weiblichen Hälfte am Aufstieg des Nationalsozialismus. Zu diesem Thema hatten mich die Arbeiten von Martin Broszat über die Unterstützung, die Hitler durch die deutschen Eliten erfahren hatte, animiert. Mein Hanse-Mitstipendiat erforschte hingegen die Sexualgewohnheiten bayerischer Bauern im frühen 19. Jahrhundert. Spätere Hanse-Stipendiaten arbeiteten wiederum unbehelligt an anderen kritischen Untersuchungen zur dunkleren Seite der neueren deutschen Geschichte. Die Vorstellung, dass die Stiftung versuchen würde, sich in unsere Forschungsarbeit oder unsere Freizeitaktivitäten einzumischen, war völlig abwegig. Nach Oxford zurückgekehrt, verlor ich den Kontakt zur Stiftung und fühlte mich ihr allenfalls deshalb verpflichtet, weil sie mich mit einigen der anrüchigeren Realitäten des westdeutschen Establishments in den 1970er-Jahren bekannt gemacht hatte.

Die Stiftung setzte ihre Bildungs- und Kulturarbeit unterdessen unvermindert fort. Im Laufe der nachfolgenden Jahrzehnte profitierten mehr als 80 Doktoranden oder Postdoktoranden aus Oxford und später auch aus Cambridge vom Hanseatic Scholarship for Britons. Die Stiftung richtete viele weitere Austausch-Stipendien mit anderen Ländern ein, vor allem in Osteuropa. Sie verlieh Preise für die unterschiedlichsten kulturellen Leistungen, die teils schon in den 1930er-Jahren, teils seit dem Krieg erbracht wurden. Die Liste der Preisträger liest sich wie ein „Who's who" der Stars aus Politik und Kultur des 20. Jahrhunderts. Ihr Shakespeare-Preis für kulturelle Leistungen etwa wurde unter anderem an Ralph Vaughan Williams, Benjamin Britten, Ian McEwan und A. S. Byatt verliehen.

II

Einige Jahre nach jenem denkwürdigen Begrüßungsessen in Hamburg gerieten die von Alfred Toepfer gestifteten Preise erstmals in Schwierigkeiten. Ein besonderes Problem stellte der 1966 von einer weiteren Toepfer-Stiftung, der Stiftung J. W. G. (Johann Wolfgang von Goethe), geschaffene Oberrheinische Kulturpreis dar, der abwechselnd an Persönlichkeiten aus Frankreich, Deutschland und der Schweiz verliehen wurde. Es ging darum, die Idee einer gemeinsamen Kultur über Staatsgrenzen hinweg zu unterstützen. Anschuldigungen wurden laut, wonach diese Unterstützung für grenzüberschreitende kulturelle Verbindungen Teil einer deutschen imperialistischen Tradition aus der Vorkriegszeit sei und letztendlich auf den Anschluss Ostfrankreichs und der nördlichen Schweiz an Deutschland abziele.

Erhoben wurden die Vorwürfe von einem französischen Lehrer, Lionel Boissou, der behauptete, dass der Oberrheinische Kulturpreis von einem „schamlosen Agitator" für die Vergrößerung Deutschlands auf Kosten der Schweiz und des Elsass verliehen werde – nämlich von Alfred Toepfer, einem Mann mit, wie Boissou sagte, „zweifelhafter Vergangenheit". Dies führte dazu, dass der Preis 1996 eingestellt wurde. Drei Jahre später brachte Boissou den französischen Senat dazu, für die Zeremonie zur Verleihung des Robert-Schuman-Preises an einen früheren polnischen Außenminister seine Räumlichkeiten nicht zur Verfügung zu stellen, weil der Preis ebenfalls von der Toepfer-Stiftung finanziert wurde.

Boissou war ein leidenschaftlicher französischer Nationalist, der sich für den obligatorischen Gebrauch von Französisch als Unterrichtssprache an allen französischen Schulen engagierte und der Meinung war, die Kampagnen für Minderheitensprachen in der Bretagne und im französischen Baskenland seien Teil einer deutschen Verschwörung zur Zerstückelung Frankreichs, die an ähnliche Komplotte in der Zwischenkriegszeit erinnerten. Im Jahr 1997 behauptete Boissou, Europa laufe seit den 1990er-Jahren Gefahr, „vollkommen deutscher Vorherrschaft unterworfen" zu werden. Das Beharren des Vertrags von Maastricht auf den Rechten von Minderheitensprachen in einem „Europa der Regionen" befeuerte diese Paranoia noch. Seine Kampagne blieb trotz erzielter Erfolge jedoch eine politische Randerscheinung.

Doch Boissou erhielt Unterstützung von dem deutschen historischen Geografen Michael Fahlbusch, der eine Studie über die „Volksdeutschen Forschungsgemeinschaften" (VFG) in der NS-Zeit veröffentlichte (*Wissenschaft im Dienst der nationalsozialistischen Politik? Die „Volksdeutschen Forschungsgemeinschaften" von 1931–1945*, Baden-Baden 1999). Diese Organisationen förderten ethnische Karten Europas, die später von den Nationalsozialisten bei ethnischen „Säuberungs-" und Massenmord-Operationen in Osteuropa verwendet wurden. Die „Volksdeutschen Forschungsgemeinschaften" hatten enge personelle und finanzielle Verbindungen zu Toepfer und seinen Stiftungen. Aber Fahlbuschs These, dass diese Karten eigens angefertigt worden seien, um den Massenmord zu erleichtern, wurde durch das Beweismaterial nicht gestützt, vielmehr entstanden die völkermörderischen Absichten und Pläne der Nationalsozialisten vollkommen unabhängig davon. Am Ende war es also von Fahlbusch kaum gerechtfertigt, aus all dem die Behauptung abzuleiten, Toepfer habe die wissenschaftliche Unterstützung für den Holocaust finanziert.

Eine weitere Kampagne gegen Toepfer entwickelte sich in Österreich. Als die Stiftung im Jahr 1990 den Grillparzer-Preis für kulturelle Leistungen in Österreich schuf, verbunden mit zwei Reisestipendien für junge Österreicher, startete ein Student der Theaterwissenschaft, Christian Michelides, eine Kampagne gegen das, was für ihn eine „neudeutsche Form der Machtausübung" und ein „unverschämter Akt kultureller Kolonisation" war. Stark kritisiert wurde Michelides dafür von dem österreichischen Journalisten Ulrich Weinzierl, der Michelides' Kampagne mit folgenden Worten kommentierte: „Aus Halbwahrheiten, Übertreibungen und Unterstellungen rührte er einen Brei an, den eine Prise missbrauchter antifaschistischer Parolen noch appetitanregender machen sollte." Die Kampagne sei das „Symptom eines latenten Unbehagens in Österreich angesichts des neuen grossen Deutschland" nach der Wiedervereinigung 1990. Dennoch engagierte der österreichische Romancier Hans Lebert, als er 1992 den Preis erhielt, einen Schauspieler vom Burgtheater, um eine Litanei ähnlicher Unterstellungen von einem deutschen Kulturimperialismus vorzutragen („Zuerst kommen die Missionare und verändern das Weltbild, dann kommen die Kaufleute und korrumpieren die Stammeshäuptlinge durch mehr oder weniger kostbare Geschenke, und schliesslich kommen die Annexionstruppen und hissen die fremde Fahne").[1]

Österreichs Einwohner hatten die deutsche Annexion von 1938 mehrheitlich begrüßt und das Land hatte seit dem Zweiten Weltkrieg Mühe, eine überzeugende nationale Identität zu finden, kein Wunder also, dass die Österreicher für solche Anschuldigungen empfänglich waren. Dabei wurde der Grillparzer-Preis auf Empfehlung der österreichischen Akademie der Wissenschaften verliehen (den Grund für den Spott, den einer seiner Empfänger, der Schriftsteller Thomas Bernhard, über ihn ergoss, erfährt man auf komische Weise in seiner Novelle *Wittgensteins Neffe*). Aber die paranoide Kampagne gegen Toepfer und seine Stiftung ging weiter und kulminierte in der Versendung gefälschter Briefe, die zahlreiche österreichische Autoren darüber informierten, sie hätten den Grillparzer-Preis gewonnen. Wie zu erwarten, hatte die Stiftung zu diesem Zeitpunkt die Nase voll und stellte den Preis ein.

Nach Toepfers Tod im Jahr 1993 gab sie schließlich eine gründliche Untersuchung der Tätigkeit seiner Unternehmen und seiner Stiftung während der NS-Zeit in Auftrag. Zweifellos erwartete die Stiftung, die engagierten deutschen, schweizerischen und französischen Historiker unter Leitung eines führenden Spezialisten für das „Dritte Reich", Hans Mommsen, würden sie entlasteten, aber das taten sie keineswegs. Im Gegenteil, die Ergebnisse ihrer Nachforschungen waren, als sie im Jahr 2000 erschienen, verheerend, zeigten sie doch, dass Toepfer weit stärker in das NS-Regime verstrickt gewesen war, als er zugegeben hatte. Sogar seine Mitarbeiter waren schockiert und brauchten einige Zeit, um die Enthüllungen zu verarbeiten, die erst 2006 in Buchform erschienen. Zwei Jahre später veröffentlichte einer der Beiträger, Jan Zimmermann, eine Toepfer-Biografie, die neue Erkenntnisse enthielt und weiteres Material über die Geschichte der Stiftung nach 1945 ergänzte.

Diese Forschungsergebnisse wurden von Oxford und Cambridge anfangs nicht zur Kenntnis genommen, aber in der April-Ausgabe von *Standpoint*, einer von Daniel Johnson herausgegebenen neokonservativen Monatszeitschrift, wurden sie einer englischsprachigen Leserschaft als Titelstory präsentiert („The Toepfer files – A Nazi shadow over Oxford" – „Die Toepfer-Akten – Ein Nazi-Schatten über Oxford"). Der Politikwissenschaftler Michael Pinto-Duschinsky, der bis dahin über Wahlen und Parteienfinanzierung geschrieben hatte, bezeichnete Toepfer in seinem ausführlichen, mit ein paar zusätzlichen eigenen Entdeckungen gewürzten Beitrag unter der Überschrift „The Prize Lies of a Nazi Tycoon“ (dt.: Die Preis-Lügen eines NS-Tycoons) als „förderndes Mitglied“ der SS, der Hitler enorm hilfreich gewesen sei. In den 1930er-Jahren, so Pinto-Duschinsky, habe Toepfer Geld über seine Stiftungen fließen lassen, um die öffentliche Meinung in Großbritannien und anderswo in Europa zugunsten des „Dritten Reiches“ zu beeinflussen. Außerdem habe er eine wichtige Rolle bei der nationalsozialistischen Unterwanderung in Österreich, im tschechischen Sudetenland, in Elsass-Lothringen und anderswo gespielt.

Darüber hinaus, so sein Vorwurf, „waren seine engsten Handlanger unverbesserliche Nazis, die als Schlüsselfiguren bei der Ermordung Hunderttausender Juden und der Aushungerung unzähliger russischer Kriegsgefangener fungierten“. Seit Toepfers Tod, behauptet Pinto-Duschinsky, habe die Stiftung den Holocaust und die Rolle ihres Gründers bei dem Völkermord beharrlich „graugewaschen“. „Die gegenwärtige Leitung der Stiftung verwendete diese unglückliche Farbmetapher, um jener Realität nicht ins Auge sehen zu müssen, dass, sollte es jemals Verbrechen gegeben haben, die abgrundtief und absolut böse waren, es jene des nationalsozialistischen Deutschlands waren.“ Toepfers Geld sei „schwer beschmutzt“. „Aus Grauwaschen wird Weißwaschen“, sprich: Beschönigen. Die zwangsläufige Schlussfolgerung lautete, dass Oxford und Cambridge ihre Beziehungen zur Stiftung abbrechen und die von der Stiftung finanzierten „beschmutzten Stipendien“ nicht fortgeführt werden sollten.

III

Wer war Alfred Toepfer? Sowohl der Bericht der Historikerkommission als auch die Biografie von Zimmermann präsentieren reichlich Material über den Mann und seine Ansichten, das ein sachkundiges Urteil erlaubt. Geboren 1894 in bescheidenen Verhältnissen (der Vater war Seemann, die Mutter Bauerntochter), verließ Toepfer früh die Schule, um eine kaufmännische Lehre zu absolvieren. Im Ersten Weltkrieg diente er als Infanterist im Heer, erhielt das Eiserne Kreuz 1. Klasse und wurde dreimal leicht verwundet. Vor dem Krieg sei er, wie mir seine Sekretärin sogar erzählte, sehr stark durch seine Mitgliedschaft in der rebellischen Jugendbewegung des Wandervogel inspiriert worden, die junge Heranwachsende in Berge und Wälder führte, damit sie mit der Natur Zwiesprache hielten und am Lagerfeuer patriotische Lieder sangen. Zum einen prägten diese Erlebnisse Toepfers Nationalismus, zum anderen die Lektüre eines Buches, von dem er sein Leben lang meinte, es habe enormen Einfluss auf seine Einstellung gehabt: August Julius Langbehns *Rembrandt als Erzieher,* ein ungemein populäres Buch, das den holländischen Maler Rembrandt als rassisch deutsch behandelte, die Gemeinschaft mit der Natur als den Kern der deutschen Seele begriff und Juden und Slawen als unschöpferisch und nur der Vernichtung würdig verurteilte.

Bei solchen Anschauungen war es nicht weiter überraschend, dass Toepfer sich nach dem Krieg freiwillig zum Freikorps Maercker meldete, dessen irreguläre, bewaffnete Haufen nach der Deutschen Revolution von 1918/19 in einer Anzahl mitteldeutscher Städte die „Ordnung wiederherstellten". Nachdem die Dinge sich beruhigt hatten, stieg er ins Geschäftsleben ein und machte rasch ein Vermögen im Getreidehandel und mit der Lieferung von Rohmaterialien für Bauvorhaben. In der deutschen Inflation der frühen 1920er-Jahre hatte er Glück mit den Wechselkursen. Wie andere deutschnationale Konservative begrüßte er das Kabinett der Hitler-Koalition vom 30. Januar 1933, in dem deutschnationale Konservative immerhin in der Mehrheit waren. Und wie die meisten von ihnen protestierte auch er nicht, als Hitler eine nationalsozialistische Diktatur errichtete. Toepfer betrachtete die Sanierung der deutschen Wirtschaft durch das NS-Regime mit Wohlgefallen, und auch die Organisation und Disziplinierung junger Leute in der Hitler-Jugend fand seine Zustimmung. Die Ordnung, die er entstehen sah, schien ihm eine unverzichtbare Voraussetzung für unternehmerische Expansion zu sein, wobei er die massive Gewalt, mit der sie errichtet wurde, nicht zur Kenntnis nahm. Wie andere Geschäftsleute machte er sich vielmehr daran, nützliche Kontakte mit dem Regime und seinen Handlangern zu schmieden.

War Toepfer ein Antisemit? Das behauptet Pinto-Duschinsky nicht, und in der Tat ist im ganzen Verlauf von Toepfers sehr langem Leben keine auch nur andeutungsweise antisemitische Bemerkung verbürgt. Darin war er nicht untypisch für Hamburgs geschäftliche Führungsschicht, zu der in den Jahren der Weimarer Republik viele Juden gehörten. Erst während der NS-Zeit fingen Geschäftsleute allmählich an, beispielsweise wirtschaftlichen Nutzen aus der „Arisierung" zu ziehen. Von Belang ist in diesem Zusammenhang, dass Toepfer Anfang 1933 zum Entsetzen kompromissloser Nazis sogar offen für die Wahl von

Juden in den Vorstand der Getreidekaufleute bei der Hamburger Börse plädierte. Auch gibt es keinerlei Indizien, die Pinto-Duschinskys Mutmaßung stützen würden, dass die Verleihung von Preisen an Juden wie Martin Buber nach dem Krieg als zynisches Feigenblatt gedacht war, um es leichter zu machen, auch Alt-Nazis auszuzeichnen. So raffiniert war Toepfer einfach nicht, und von allen Botschaften, die *Rembrandt als Erzieher* vermittelt, scheint der Antisemitismus am wenigsten Eindruck auf ihn gemacht zu haben.

Was an Toepfer ungewöhnlich war, sogar sehr ungewöhnlich, war sein Entschluss, sein Vermögen in eine Stiftung umzuwandeln und es zu verwenden, um Kulturpreise und Stipendien zu vergeben. Der Schweizer Historiker Georg Kreis hat dazu Folgendes angemerkt: „Toepfer war ein etwas naiver Idealist, ein ausgesprochener Autodidakt mit der wiederum sonderbaren Mischung zwischen Verehrung von anerkannten Geistesgrössen der aktuellen Kunst- und Wissenschaftswelt und deren Unterwerfung. Diese bestand darin, dass er die Verehrten zu Figuren seines imposanten Stiftungsinventars machte, sie sozusagen in sein persönliches Panoptikum einverleibte."[2] Durch die Arbeit der Stiftung suchte er jene Achtung zu erlangen, die seine bescheidene Herkunft ihm anfangs verweigert hatte. Im Grunde träumte er davon, den Status und die Achtung eines Cecil Rhodes zu erlangen. Doch unter den politischen Verhältnissen des „Dritten Reiches" musste ihn dieser Ehrgeiz beinahe zwangsläufig in Schwierigkeiten bringen.

Nach der raschen „Gleichschaltung" fast aller Organisationen in Deutschland, abgesehen von den Streitkräften und den Kirchen, war die Stiftung F. V. S. Mitte der 1930er-Jahre einzigartig, die einzige derartige Körperschaft in Deutschland. Die Nationalsozialisten fingen an, Toepfer unter Druck zu setzen, ihnen die Stiftung zu vermachen, indem sie Gerüchte über ihn verbreiteten und alles mögliche belastende Material gegen ihn sammelten. Sich auf die Kenntnis seiner komplexen internationalen Finanzgeschäfte stützend, darunter Geldtransfers zwischen der Stiftung F. V. S. und ihrer Schwesterstiftung, der J. W. G., in der Schweiz, verhaftete die Gestapo Toepfer am 14. Juni 1937 wegen angeblicher Devisenvergehen. Pinto-Duschinsky lässt die Behauptung der Nationalsozialisten gelten, dass er in „Steuerhinterziehung" verwickelt war und gegen die Devisenbewirtschaftung verstoßen habe und dass Toepfers Stiftung und ihre Schwesterstiftung in der Schweiz nichts weiter gewesen seien als Steuersparmodelle. Er behauptet, das „Gewicht des Beweismaterials stützt nicht" den Einwand, dass es sich um einen Vorwand handelte, oder dass der wahre Grund für Toepfers Verhaftung ein politischer gewesen sei. Aber er liefert nicht den kleinsten Beleg, um diese Behauptung zu untermauern. Dabei war es eine typische Taktik der Nationalsozialisten, den Vorwurf der Steuerhinterziehung und des Devisenbetrugs gegen Leute zu richten, die ihnen nicht passten. Doch ohnehin blieben diese Vorwürfe nicht hängen: Am 23. Mai 1938 wurde Toepfer wieder auf freien Fuß gesetzt, nachdem sich der Verdacht gegen ihn trotz einer sehr detaillierten staatsanwaltlichen Überprüfung der Bücher seiner Stiftung und seiner Firma nicht hatte erhärten lassen. Ebenso wenig gab es irgendeinen Beweis zur Stützung von Pinto-Duschinskys Behauptung, Toepfer habe durch internationalen Devisenhandel, für einen Kaufmann wie ihn ein Tagesgeschäft, das NS-Regime unterstützt. Viel eher spiegelten die Umstände seiner Verhaftung die Animosität der Nationalsozialisten gegenüber seiner Stiftung wider.

Und wie erreichte Toepfer seine Freilassung? Hier befindet sich Pinto-Duschinsky auf festerem Boden, denn Toepfer verhielt sich nicht anders als viele andere Geschäftsleute im „Dritten Reich". Er bemühte sich, einflussreiche Gönner innerhalb des NS-Regimes zu gewinnen, indem er sich zum Beispiel der guten Dienste von Hermann Göring versicherte und führende SS-Männer auf leitende Positionen in seiner Stiftung berief. Dass er Geld zu Heinrich Himmlers „Freundeskreis Reichsführer SS" beisteuerte, wird ihm ebenfalls nicht geschadet haben (genau das machte ihn, wie viele andere Geschäftsleute, zu einem „fördernden Mitglied" der SS, was jedoch nicht hieß, dass er tatsächlich SS-Offizier oder irgendetwas in der Art war). Im Mai 1938 trat er seine „Gründerrechte" in der Stiftung an Werner Lorenz als Treuhänder ab, einen SS-Obergruppenführer, der die Volksdeutsche Mittelstelle (VoMi) leitete, eine Organisation, zu der Toepfer enge Verbindungen hatte. Dies reichte, um seine Freilassung aus der Untersuchungshaft zu bewirken. Nun sah es zwar so aus, als hätte die SS die Leitung der Stiftung übernommen, aber in Wahrheit hatte Lorenz eingewilligt, die ihm übertragenen Rechte in keiner Weise auszuüben, und 1942 erlangte Toepfer sie wieder. Die ganze Angelegenheit war ein Manöver gewesen, das viel über Toepfers Entschlossenheit verriet, alles zu tun, um die Stiftung am Laufen zu halten, aber wenig über seine eigenen ideologischen Überzeugungen.

Pinto-Duschinsky hat zweifellos recht, wenn er ausführlich auf die Art und Weise eingeht, wie Toepfer seine Landgüter, Hofgut Siggen und

Schloss Kalkhorst, österreichischen und sudetendeutschen Nationalsozialisten zur Verfügung stellte, die ihre Zeit dort damit verbrachten, die Aufnahme ihrer Heimatländer in das „Dritte Reich" auszuhecken. Viele derjenigen, die sich dort aufhielten, taten sich später als Massenmörder hervor, und mehrere wurden nach dem Krieg verurteilt. Einige, wie Konrad Henlein, der Führer der Sudentendeutschen in der Tschechoslowakei, oder führende Figuren in der verbotenen NSDAP Österreichs, waren zu der Zeit, als Toepfer ihnen praktische Unterstützung angedeihen ließ, in Gewalttaten und Terrorismus verwickelt. Toepfer selbst war durch Mitglieder des Stiftungsvorstands in die nationalsozialistische Unterwanderung der Schweiz und Elsass-Lothringens verwickelt. Außerdem finanzierte er einheimische Nationalsozialisten über die von seinem Bruder Ernst geleitete Stiftung J. W. G.

Bei alledem scheint Toepfer auf eigene Initiative und nicht auf Geheiß der NS-Behörden gehandelt zu haben. Wie Pinto-Duschinsky zu behaupten, Toepfer sei „Hitler enorm hilfreich" gewesen, unterstellt jedoch eine persönliche Beziehung zwischen den beiden Männern, die es nicht gab. Vielmehr hielt Toepfer an seiner eigenen deutschnationalen Überzeugung fest, die genau mit der frühen außenpolitischen Linie der Nationalsozialisten übereinstimmte, dass die Deutschsprachigen in Österreich, der Tschechoslowakei, in Elsass-Lothringen und der Schweiz „heim ins Reich" gebracht werden sollten – eine Überzeugung, die damals nicht nur von der großen Mehrzahl der Deutschen jeglicher politischen Couleur geteilt wurde, sondern bis zu einem gewissen Grad auch von Politikern und Staatsmännern außerhalb Deutschlands, wie etwa dem britischen Premierminister Neville Chamberlain, der den „Anschluss" Österreichs akzeptierte und die Abtretung Sudetenlands an Deutschland durch das Münchener Abkommen im September 1938 vermittelte.

Nach dem Wiedereintritt in die „Gründerrechte" seiner Stiftung im Jahr 1942 nutzte Toepfer persönliche Verbindungen, um in die Wehrmacht zur Abwehr einberufen zu werden, wo er „zunächst in der Abteilung für ‚Sabotage und Subversion in Feindstaaten' eingesetzt wurde und dann in einer Abteilung, die auch mit verdeckter Warenbeschaffung für das Deutsche Reich befaßt war".[3] Ob er dabei tatsächlich selbst in irgendeiner Weise aktiv wurde, ist nach wie vor ungeklärt. Die „Abwehr" war eine merkwürdige Organisation, voller Hitler-Gegner, die bei der Verschwörung vom 20. Juli 1944 eine Rolle spielen sollten. Toepfer gehörte gewiss nicht zum Kreis der Attentäter, aber er mag durchaus die

Ansicht seiner Pariser Büros geteilt haben, dass die Erschießung von Geiseln kontraproduktiv sei. Jedenfalls verließ er die Abwehr Mitte 1942, zu einem Zeitpunkt, als die SS die Widerstandsbekämpfung übernahm, um sie deutlich zu verschärfen.

Ab Anfang 1943 hatte Toepfer vom Reichswirtschaftsministerium den Auftrag, durch den heimlichen Verkauf von Waren aus dem besetzten Frankreich, die in Deutschland nicht gebraucht wurden, Devisen für das Reich zu erwirtschaften. Sein erstes Geschäft war der Verkauf von einer halben Million Flaschen Champagner nach Spanien, die von deutschen Truppen bei den Franzosen beschlagnahmt worden waren. Es folgten Transaktionen mit Kraftfahrzeugen, Zigarettenpapier, Rundfunkantennen, Turbinen und zahlreichen anderen beschlagnahmten Gütern. Von den Erlösen wanderte nicht ein Pfennig in Toepfers eigene Tasche, und dennoch leistete er auf diese Weise natürlich einen Beitrag zur Ausbeutung der französischen Wirtschaft – einen ziemlich mickrigen allerdings angesichts des gewaltigen Ausmaßes der nationalsozialistischen Ausbeutung in manchen Wirtschaftszweigen.

Gibt es irgendwelche Belege dafür, dass Toepfer vom Massenmord an den Juden profitierte? Pinto-Duschinsky behauptet, dass eine Tochtergesellschaft von Toepfers Handelsunternehmen gelöschten Kalk an die deutsche Gettoverwaltung in Łódź geliefert habe, und merkte an, gelöschter Kalk werde „unter anderem verwendet, um Kadaver zu bedecken". Allerdings gibt es keinen Beweis, dass Toepfer selbst von irgendeinem Verkauf wusste, und keinen Grund, warum er in die alltägliche Unternehmensführung dieser Tochterfirma hätte involviert sein sollen, obwohl er sicher ihre Niederlassungen in Posen und Krakau besuchte, regelmäßig über ihre geschäftlichen Aktivitäten informiert wurde und dafür sorgte, dass er eine finanzielle Mehrheitsbeteiligung an ihnen behielt. Bei der fraglichen Tochtergesellschaft handelte es sich um eine Baufirma, und gelöschter Kalk wird ebenfalls für Tünche, Mörtel und Verputz verwendet sowie zur Abwasseraufbereitung. Es gibt daher keine Anhaltspunkte für die Annahme, dass der Kalk hier verwendet wurde, um die Leichen ermordeter Juden abzudecken.

Pinto-Duschinsky verschweigt auch, dass gelöschter Kalk nicht das Einzige war, was die Toepfer-Tochtergesellschaft an die Getto-Verwaltung in Łódź lieferte. Sie lieferte auch Zement – ein Indiz für ihre Beteiligung an Bauvorhaben hier und anderswo in Osteuropa – und Nahrungsmittel, wie etwa Mehl und Erbsen. Als Journalisten über den Artikel von Pinto-Duschinsky berichteten, beispielsweise in der Oxforder Studentenzeitung *Cherwell,* wurde durch die Formulierung „die Lieferung von gelöschtem Kalk zur Abdeckung von Leichen im Getto der polnischen Stadt Łódź" aus einer Hypothese eine Tatsache. Überdies ist interessant, dass sich Toepfers Unternehmen, als die Gestapo sämtliche Polen festnahm, die auf einem Stapelplatz beschäftigt waren, den sich seine Firma mit verschiedenen anderen Bauunternehmen in Posen teilte und den der polnische Widerstand niedergebrannt hatte, für sie verwendete und ihre Freilassung erwirkte.

Sicher aber waren Toepfers Betriebe auf ganz andere Weise in politische Aktivitäten verwickelt: Indem sie Baumaterialien für deutsche Siedlungen im besetzten Polen lieferten oder die Lieferung von Lebensmitteln an Deutschland aus der Türkei organisierten, wenn sie beim Bau militärischer Stellungen im polnischen Generalgouvernement halfen oder „Kulturarbeit" in der Region leisteten, unterstützten sie die „Germanisierung" des eroberten Polen und trugen auf allgemeinere Weise zur deutschen Kriegsanstrengung bei. Geschäft und Ideologie gingen bei Toepfer Hand in Hand, aber das taten sie damals auch bei anderen deutschen Unternehmen. Und für Männer wie Toepfer lieferte der deutsche Nationalismus und nicht der Nationalsozialismus den Antrieb. So eng beide auch miteinander verwandt waren und sich überschnitten, identisch waren sie nicht.

IV

Nach dem Krieg wurde Toepfer von den britischen Besatzungsbehörden für zwei Jahre interniert. Am Ende trafen die Briten die recht vernünftige Entscheidung, ihn als „Mitläufer" der Nationalsozialisten einzustufen, bevor sie ihn einem von Deutschen geleiteten Entnazifizierungsausschuss übergaben. Wie viele in derselben Situation hatte Toepfer sich Referenzen von den unterschiedlichsten angesehenen Persönlichkeiten verschafft und behauptete sogar, er sei am Widerstand gegen das NS-Regime beteiligt gewesen, was, gelinde gesagt, übertrieben war, ihm aber den für die Zukunft so hilfreichen „Persilschein" verschaffte.

In den 1950er- und 1960er-Jahren baute Toepfer seine Betriebe wieder auf und häufte ein großes Vermögen an, das er in den Wiederaufbau und die Erweiterung der Stiftung sowie in die Schaffung neuer Preise und Stipendien investierte. Er fügte sich nahtlos ein in die neue Welt des westdeutschen „Wirtschaftswunders" und schloss schnell Freundschaft mit dem christdemokratischen Establishment um Konrad Adenauer und Ludwig Erhard, einem Establishment, das, wie ich angemerkt habe, voller Alt-Nazis mit weit schlimmerer Vergangenheit war.

Pinto-Duschinsky unterstellt, dass Toepfer, während er nach außen hin Begeisterung für die Idee der europäischen Einheit heuchelte, heimlich weiterhin Nazi gewesen sei. Die Verleihung von Preisen an „ein paar versprengte Juden" habe er als Feigenblatt genutzt, um Preise an alle möglichen „Nazi-Kumpanen und eine Reihe antisemitischer, völkischer Schriftsteller und Wissenschaftler" vergeben zu können. Doch für diese Behauptung, Toepfer habe ein „Doppelleben" geführt, existiert kein aussagekräftiges Beweismaterial. Seine Europa-Begeisterung war echt, selbst wenn sie noch erhebliche Kontinuitäten zu den Überzeugungen aufwies, die er vor 1945 gehegt hatte.

Toepfer schien damals geglaubt zu haben, die mit den nationalsozialistischen Siegen von 1940 geschaffene „neue Ordnung" würde einer Ära der europäischen Zusammenarbeit unter deutscher Führung den Weg ebnen. Dass sie die Vernichtung von Millionen Juden und Slawen bedeutete, von der er wie die überwältigende Mehrheit der Deutschen gewusst haben muss, hat ihn dabei offensichtlich nicht beunruhigt. Pinto-Duschinsky zitiert aus einer Veröffentlichung von 1940, in welcher Toepfer den Nationalsozialismus pries, weil er in Deutschland für „soziale Gerechtigkeit" gesorgt, die Arbeitslosigkeit abgeschafft und die Jugend aller Schichten sowohl körperlich als auch geistig erzogen habe. Nach seinen Worten habe der Nationalsozialismus die „völkische" Einheit verwirklicht, womit er offenbar die Heimkehr angeblich germanischer Elemente aus anderen europäischen Ländern ins Reich meinte. Es schien ihn nicht zu kümmern, dass dies auf Kosten zahlloser Menschenleben und unendlichen Leids anderer geschah.

Bis 1943 hatte die rücksichtslose nationalsozialistische Ausbeutung der unterworfenen Länder den Traum von der europäischen Zusammenarbeit unter deutscher Führung selbst auf grobe Weise zunichtegemacht. Nachdem die Schlacht von Stalingrad die Unausweichlichkeit der deutschen Niederlage unmissverständlich klargemacht hatte, setzte Toepfer deshalb offenbar, wie viele andere Befürworter der „neuen Ordnung", seine Hoffnungen auf eine Nachkriegsordnung, welche die europäische Zusammenarbeit in neuer Form wiederbeleben würde. In diese Richtung zu denken, wurde vom Regime geduldet, das sich in der Schlussphase des Krieges als Kämpferin für Europa gegen die Gefahr amerikanischer und sowjetischer Vorherrschaft gerierte. Diese Ideen gingen nach dem Krieg problemlos in leicht modifizierter Form in Toepfers Europa-Begeisterung auf.

Wie tief gingen Toepfers Sympathien mit dem Nationalsozialismus nach 1945? Eine von Pinto-Duschinskys unbestrittenen Entdeckungen ist, dass Toepfers Tochter Gerda im Jahr 1951 Oxford besuchte, um den Shakespeare-Preis 1938 an den Poet Laureate, den offiziellen Hofdichter John Masefield zu überreichen. Während ihres Oxford-Aufenthalts sprach sie mit C. A. Macartney, einem Fellow des All Souls College und führenden Historiker auf dem Feld des neuzeitlichen Ungarns. Macartney wollte drei Deutsche interviewen, die leitende Beamte gewesen waren, als die deutsche Besatzung kurzzeitig die faschistische und antisemitische Pfeilkreuzpartei Hungaristische Bewegung an die Macht gebracht hatte, was unmittelbar zur Ermordung von mehr als 400 000 ungarischen Juden in Auschwitz geführt hatte. Pinto-Duschinsky behauptet, ein anschließender Briefwechsel lasse darauf schließen, Gerda Toepfer habe Macartney veranlassen wollen, seine guten Kontakte in der britischen Regierung zu nutzen, um auf die vorzeitige Entlassung von Edmund Veesenmayer aus dem Gefängnis zu drängen. Veesenmayer war einer jener Beamten und seinerzeit als Reichsbevollmächtigter für Ungarn für die Ermordung der ungarischen Juden verantwortlich. Als Gegenleistung wollte sie Macartney Zugang zu ihm gewähren.

Pinto-Duschinsky hat keine eindeutigen Belege, um diese Behauptung zu stützen. Er hat recht, wenn er sagt, dass Veesenmayer nach seiner Haftentlassung als Mitarbeiter zu Toepfers Stiftung stieß, aber genau genommen fungierte er in den Jahren 1952/53 lediglich als Verbindungsmann zur Teheraner Niederlassung seiner Firma. Und ohnehin feuerte Toepfer ihn nach zwei Jahren. Das kann man schwerlich als „eng verbunden" mit ihm bezeichnen, wie *Cherwell* es tut. Barbara Hacke allerdings, die von 1940 bis 1945 Veesenmayers Privatsekretärin gewesen war, bekleidete nun bei Toepfer dieselbe Stelle. Pinto-Duschinsky führt einen Brief aus dem Jahr 1952 an, in dem, wie er sagt, Hacke „praktisch den Holocaust rechtfertigte", und der Brief verteidigte in der Tat indirekt die deutsch-ungarische Vernichtung der Juden als Teil eines paneuropäischen und nicht eines nationalistischen Unternehmens. Überdies stieß auch Veesenmayers Stellvertreter Kurt Haller zu Toepfers Mitarbeitern: Er wurde 1947 sein Justitiar.

Was Herrn Riecke betrifft, den ich bei jenem Abendessen im Jahr 1971 kennenlernte, so vermerkt Pinto-Duschinsky, dass er SS-Gruppenführer war, außerdem Staatssekretär im Reichsministerium für Ernährung und Landwirtschaft und in führender Position im Reichsministerium für die besetzten Ostgebiete tätig. In diesen Funktionen war er verantwortlich für Pläne zur Aushungerung der einheimischen Bevölkerungen. Außerdem verfasste Toepfer ein Empfehlungsschreiben für einen alten Bekannten, SS-Obergruppenführer Hartmann Lauterbacher, für den Fall, dass es diesem gelingen sollte, aus seinem Versteck zu entkommen, um sich anderen gesuchten Nazis in Argentinien anzuschließen. Und Toepfer half, die Verteidigung des höheren SS-Mannes Werner Lorenz vor einem US-Tribunal in Nürnberg zu finanzieren. Lorenz hatte ihm zuvor geholfen, seine Stiftung zu retten, als er 1937 verhaftet wurde. Toepfer hatte darüber hinaus Verbindungen zum führenden SS-Mann Werner Best und dem nationalsozialistischen Rektor der Hamburger Universität Adolf Rein (der für die Entlassung der Juden aus seinem Lehrkörper verantwortlich gewesen war), und er half dem früheren nationalsozialistischen Ersten Bürgermeister von Hamburg Carl Vincent Krogmann, als der in finanzielle Schwierigkeiten geriet.

Warum unterstützte Toepfer diese Verbrecher? In seinen Erinnerungen vermerkte Riecke, dass Toepfer nach 1945 vier Kategorien von Leuten (die sich nicht unbedingt gegenseitig ausschlossen) Arbeitsplätze verschaffte: geübten Buchhaltern und Kaufleuten; ehemaligen Kriegskameraden aus seiner Zeit im Heer während des Ersten Weltkriegs und im Freikorps unmittelbar danach; Männern, die sich während ihrer Haft nach dem Krieg „anständig“ verhalten hatten; und Männern des „Dritten Reiches“, die harte Zeiten durchlebt hatten, weil sie von den Alliierten ungerecht behandelt worden seien. Riecke und Veesenmayer waren ohne Zweifel erfahren und äußerst qualifiziert in geschäftlichen Dingen, sonst hätte Toepfer sie nicht eingestellt. Aber sie fielen auch unter die letzten beiden der vier von Riecke erwähnten Kategorien, und Toepfer beschäftigte sie, wie der Historiker Christian Gerlach angemerkt hat, offensichtlich aus politischen wie aus geschäftlichen Gründen. Dies geschah jedoch nicht, weil sie Nazis waren. Wie die meisten Konservativen in den 1950er- und 1960er-Jahren unterschied Toepfer zwischen Nazis und Deutschen und nahm die Letzteren von den Verbrechen der Ersteren aus – Verbrechen, die er zwar als solche anerkannte, aber behandelte, als wären sie von einer winzigen Besatzungstruppe aus Banditen ausgeführt worden, die nichts zu tun hätten mit einem „wahren Deutschland“, das aus Männern wie ihm und seinen Angestellten bestand. Wie die große Mehrzahl der Deutschen ärgerte er sich über die Kriegsverbrecherprozesse und die Entnazifizierungsverfahren der Alliierten und hielt Männer wie Best und Riecke für Opfer einer Siegerjustiz. Doch im Gegensatz zu den meisten Deutschen war er auch in der Lage, ihnen zu helfen, was er tat.

V

Was ist nun mit den Hanse-Stipendien? Wie seine Bemerkungen beim Essen erkennen ließen, hielt Toepfer die Wiederbelebung der Hanse-Stipendien im Jahr 1970 für eine Geste der Versöhnung zwischen England und Deutschland. Und obwohl der rassische Hintergrund seiner Initiative jenen, die ihn kannten, klar war, unterschied er sich im Grunde nicht groß von dem der ursprünglichen Rhodes-Stipendien, als sie vor dem Ersten Weltkrieg eingerichtet wurden. Auch deren vorrangiges Ziel war es gewesen, jungen Männern aus der weißen „angelsächsischen" Welt, sprich: aus Ländern wie den USA, Kanada, Australien, Neuseeland, Südafrika und Deutschland, ein Studium in Oxford zu ermöglichen. Doch in den 1970er-Jahren, als auch weibliche und nicht weiße Studenten zu den Rhodes-Stipendiaten zählten, hatten solche Ansichten längst jede Bedeutung für Oxford und Cambridge verloren. Und sie waren auch ohne Belang für die Hanse-Stipendiaten.

Natürlich waren die Hanse-Stipendien, die Mitte der 1930er-Jahre, eingerichtet wurden, eine andere Angelegenheit. Dies war die Welt der Appeasement-Politik, in welcher der symbolische politische Gewinn, den man aus ihrer Einrichtung ziehen wollte, Joachim von Ribbentrop, Hitlers Sonderbotschafter vor seiner Berufung an die Londoner Botschaft im August 1936, klar war. Pinto-Duschinsky hat zweifellos recht, wenn er darauf verweist, dass Ribbentrop die Stipendien förderte. Wie in vielen anderen Initiativen, etwa in der von ihm 1935 gegründeten Deutsch-Englischen Gesellschaft, sah Ribbentrop auch in den Hanse-Stipendien ein Mittel, um das Image des nationalsozialistischen Deutschlands im Vereinigten Königreich zu verbessern. Aber es gibt keine Belege dafür, dass die Stipendien in dieser Hinsicht viel bewirkt hätten. Im Gegenteil, nach einer Reihe von Blamagen als Botschafter begann Ribbentrop die Briten zu hassen und auf einen Krieg gegen sie hinzuarbeiten. Und als die Stipendien im Jahr 1970 wiederbelebt wurden, war der Nationalsozialismus schon lange verschwunden. Obwohl das Geld für die Hanse-Stipendien ausschließlich von der Stiftung bereitgestellt wird, ist die Auswahlkommission, die jedes Jahr zusammentritt, vollkommen unabhängig. Die Stiftung ist darin nicht direkt vertreten und hat kein Vetorecht in Bezug auf die ausgewählten Kandidaten. Toepfers rassische Vision von einer Gemeinschaft der „angelsächsischen" Jugend ist nicht mehr von Bedeutung, in den gegenwärtigen Statuten der Hanseatic Scholarships for Britons heißt es vielmehr: „Sie sollen dazu dienen, die Beziehungen zwischen Deutschen und Briten zu entwickeln und zu stärken, indem sie die europäische Solidarität beflügeln und befördern."

Eines von Pinto-Duschinskys Hauptargumenten, als er die Universität Oxford drängte, das Hanseatic-Scholarship-Programm zu beenden, war, dass „die Art und Weise, wie der Holocaust in Oxford gelehrt – oder, zutreffender, relativ wenig gelehrt – wird, von den Finanzierungsquellen der Universität beeinflusst [wird]". Er behauptet, die „Gefahren" einer „Finanzierung [...] der neueren deutschen Geschichte und Politik" seien „besonders ausgeprägt", weil „die Finanzierungsquelle die Meinungen und die Ergebnisse der Forschung" in diesem Gebiet wie auch in anderen Forschungsfeldern „beeinflusst". In einem unter dem Titel „Holocaust Denial" am 10. Juni 2010 in der *Jewish Chronicle* veröffentlichten Artikel nannte er die von der Historikerkommission der Toepfer-Stiftung vorgelegte Geschichte „apologetisch" und rechnet sie zu den schlagendsten „Musterbeispielen für die Verfälschungen, die einen so großen Teil der jüngeren Holocaust-Geschichtsschreibung verderben". „In Oxford", fügte er hinzu, „sind wissenschaftliche Untersuchungen zur neueren europäischen Geschichte und Politik stark abhängig vom Geld deutscher Unternehmen und Stiftungen, denen sehr viel daran liegt, ihre Vergangenheit weißzuwaschen." Dieses „Weißwaschen", unterstellte er, sei die eigentliche Aufgabe der durch die Stiftung „gesponserten Historiker" gewesen, die „eine selektive Version einer beschmutzten Geschichte" geliefert hätten. Damit, so sein Vorwurf, verbreite sie eine salonfähige Form der Holocaust-Leugnung.

Aber wo sind die Belege, um diese Behauptungen zu stützen? Aus meiner eigenen Erfahrung mit britischen und deutschen staatlich finanzierten Forschungsstipendien der frühen 1970er-Jahre und danach kann ich diese bizarre Unterstellung nicht unterschreiben. Im Gegenteil, obwohl die unterschiedlichsten Finanzierungsgremien, von deutschen Behörden wie dem DAAD oder der Deutschen Forschungsgemeinschaft bis zu privaten Stiftungen wie der Volkswagen Stiftung, seit Jahren Forschungen zur deutschen Geschichte finanzieren, hat keine dieser Institutionen jemals versucht, die Art und Weise, wie diese Forschungen durchgeführt wurden, oder die Ergebnisse, zu denen sie kamen, zu beeinflussen. Nichts hat Historiker an der Aufdeckung der Verbrechen des Nationalsozialismus und der Mittäterschaft vieler deutscher Institutionen und Einzelpersonen hindern können. Seit den Tagen von Alan Bullock, A. J. P. Taylor, Hugh Trevor-Roper und später Timothy W. Mason, Jane Caplan und Nicholas Stargardt ist Oxford immer ein bedeutendes Zentrum für die Erforschung des nationalsozialistischen Deutschlands gewesen, was übrigens im selben Zeitraum auch für Cambridge gilt, wo Historiker von Jonathan Steinberg bis zu mir selbst nicht nur ausgiebig über die Vernichtung der Juden durch die Nationalsozialisten geschrieben und zahlreiche Doktorarbeiten betreut haben, sondern in dieser Zeit auch verschiedenen Entschädigungs- und Wiedergutmachungskommissionen angehörten.

Jane Caplan und Nicholas Stargardt, die in Oxford ein Seminar zum Thema „NS-Deutschland. Eine rassische Ordnung" anbieten, wiesen Pinto-Duschinskys Anschuldigungen wütend zurück. Sie betonten, dass die Themen Antisemitismus und Holocaust in jeder einzelnen Woche ihres achtwöchigen Seminars vorkämen und dass drei Wochen ausschließlich diesem Thema gewidmet seien. Eine 2000-seitige Dokumentensammlung (in englischer Übersetzung) würde die Studenten mit den grauenvollsten Einzelheiten des Themas konfrontieren. Weil es sich um eine akademische Lehrveranstaltung für höhere Semester handele, arbeite man selbstverständlich nicht mit Werken wie Sir Martin Gilberts populärer Dokumentensammlung *The Holocaust* (1966), die sich an den Durchschnittsleser wendeten und lediglich wiederkäuten, was die Studierenden längst gelernt hätten – etwa in den Seminaren zur neueren europäischen Geschichte, die sie bereits in ihrem ersten oder zweiten Studienjahr belegten. Caplan und Stargardt fanden es „wahrlich beunruhigend, dass ein wissenschaftlicher Kollege meint, er habe das Recht, Oxfords Historiker und ihre Lehre mit unverschämten Unterstellungen und haltlosen Behauptungen, sie seien indirekt schuld, auf diese Weise in den Schmutz zu ziehen", und erklärten sich „persönlich und beruflich gekränkt über die Anschuldigung, dass unsere Lehre auch nur die leiseste Verbindung zur Holocaust-Leugnung habe".

Im Laufe einer Reihe von Jahren habe ich direkte Bekanntschaft mit der Holocaust-Leugnung in einer Vielzahl unterschiedlicher Formen gemacht. Zur Jahrhundertwende war ich etwa als Sachverständiger in eine vom Autor David Irving gegen Deborah Lipstadt und ihren Verleger, Penguin Books, angestrengte Verleumdungsklage involviert. Irving wehrte sich gegen ihre Behauptung, er sei ein Holocaust-Leugner, der Beweise für die Vernichtung der europäischen Juden durch die Nationalsozialisten manipuliere und verfälsche. Die intensive Beschäftigung mit der Thematik für den Prozess, der mit einer vollständigen Niederlage Irvings endete, brachte mich mit vielen Spielarten der Holocaust-Leugnung in Berührung, viele davon ekelerregend, alle durchweg ärgerlich und bestürzend. Weder das Werk der unabhängigen Historikerkommission der Alfred Toepfer Stiftung F. V. S. noch die Studie von Jan Zimmermann oder die Website und die Veröffentlichungen der Stiftung selbst und auch nicht Forschung und Lehre zur deutschen Geschichte in Oxford und Cambridge haben irgendetwas mit Holocaust-Leugnung zu tun.

Pinto-Duschinsky hat den Prozess missverstanden, der oftmals widerstrebende deutsche Unternehmen und Stiftungen in den 1990er-Jahren zwang, unabhängige historische Forschungen in Auftrag zu geben, die ihre eigene Rolle im „Dritten Reich" untersuchten. Als der Holocaust vor allem in den USA ins öffentliche Bewusstsein rückte, wirkte sich der Eindruck, Unternehmen würden ihre Rolle während des Nationalsozialismus verschleiern, zunehmend schädlich für ihre internationalen Geschäftsinteressen aus. Überdies war diese Rolle in beinahe jedem Fall, von der Dresdner Bank bis zu Mercedes-Benz, vom Bertelsmann-Verlag bis zu den einzelnen Unternehmen der I. G. Farben, weit herausragender und weit mörderischer als die von Toepfer und seiner Stiftung, die weder beim Massenmord noch bei dessen Finanzierung eine direkte Rolle gespielt hatte.

So weit es die Historikerkommission betraf, richteten sich die Beschwerden von Pinto-Duschinsky hauptsächlich gegen die Einleitung zu ihrem Bericht, der einzige Teil, der ins Englische übersetzt worden ist. So beklagte er etwa, dass Toepfers Beschäftigung von Veesenmayer nach dem Krieg „nur in einer Fußnote" erwähnt werde. In Wahrheit wird sie auf S. 378 behandelt. Des Weiteren beklagte er, dass der gelöschte Kalk in der Einleitung nicht erwähnt werde, sagte aber nicht, dass er an anderer Stelle behandelt wird. Seine Behauptung, dass „wichtige Fakten in „obskuren Teilen einer schwülstigen Schwarte" verborgen seien, ist unsinnig: Die wichtigen Fakten sind für jeden ersichtlich, der Deutsch lesen kann, und der für einen Großteil der deutschen Fachliteratur typische Stil des Buches ist völlig nebensächlich und kein Argument.

War der Bericht der unabhängigen Historikerkommission in gewisser Hinsicht ein „Grauwaschen"? Und war die Kommission überhaupt unabhängig? Einer der Autoren, Christian Gerlach, beschwerte sich nachträglich, es habe „massive Versuche" gegeben, „ihn zu beeinflussen" und seinen „Text (insbesondere durch Kürzungen) harmlos zu machen". Außerdem habe die Stiftung „eine völlig defensive Haltung" gegenüber Interpretationen von Toepfers Rolle im „Dritten Reich" an den Tag gelegt. Und in der Tat war das im Jahr 2000 zweifelsohne der Fall. Aber der Druck auf Gerlach – und möglicherweise auf andere – wurde nicht institutionell durch die Stiftung ausgeübt, sondern persönlich durch ihren Archivar, einen langjährigen Freund Toepfers, der offenbar versuchte, den Forschern Dokumente vorzuenthalten, und wütend verlangte, dass Gerlachs Beitrag zusammengestrichen werde. Rückendeckung erhielt er von einem der älteren Historiker in der Kommission, Arnold Sywottek. Die Unabhängigkeit der Kommission wurde außerdem durch die Anwesenheit von Mitgliedern der Familie Toepfer bei ihren Sitzungen gefährdet.

Doch nachdem er gedroht hatte, sein Kapitel in voller Länge andernorts herauszubringen, erschien es unverändert. Es gibt also keinen Beleg dafür, dass Ergebnisse der Kommission durch die Stiftung zensiert worden wären. Im Gegenteil, sie waren bestürzend sowohl für die Mitarbeiter der Stiftung als auch für Toepfers Familie. Kein Wunder, dass alle Zeit brauchten, sich zu arrangieren, was aber am Ende gelang. Sie setzte die wichtigsten Ergebnisse der Kommission in Englisch, Deutsch und Französisch auf ihre Website und verteilte den Bericht kostenlos an Bibliotheken und interessierte Gruppen, Hanse-Stipendiaten eingeschlossen. Die Stiftung verweist auf die Tatsache, sie habe als Folge der Untersuchungsergebnisse ihre Programme geändert. Sie unterstützt heute aktiv Initiativen für Erinnerung und Toleranz im Hamburger Raum, wozu auch das Einlassen sogenannter „Stolpersteine" vor ehemals in jüdischem Besitz befindlichen Häusern gehört, beschriftet mit den Namen ihrer ermordeten Eigentümer oder Mieter. Auch hat die Stiftung Publikationen über die Verfolgung und Ermordung der Hamburger Juden unter den Nationalsozialisten finanziert. Sie hat jüdische Organisationen unterstützt und Stipendien, darunter auch Hanse-Stipendien, an Studenten vergeben, welche die Geschichte Deutschlands und anderer Länder in der NS-Zeit erforschen. „Pinto-Duschinskys in seinem Leserbrief an die *Frankfurter Allgemeine Zeitung* aufgestellte Behauptung, dass diese Stiftung aus rein kosmetischen

Gründen Alibi-Stipendien an jüdische Organisationen vergebe, ist deshalb", sagt die Stiftung, „so beleidigend und unangebracht wie seine noch absurdere Unterstellung, dass diese Organisation beabsichtige, den Holocaust zu trivialisieren."

Warum aber führt die Stiftung angesichts all dessen dann weiterhin Toepfers Namen in ihrem Titel und auf ihren Schriftstücken? Könnte sie nicht einfach zu „Stiftung F. V. S." zurückkehren, dem Namen, den sie vor dem Tod ihres Gründers im Jahr 1993 trug? Wenn sie das täte, würde sie sich allerdings mit hundertprozentiger Sicherheit den Vorwurf einer Verschleierung einhandeln. Verwendet sie den Namen jedoch, handelt sie sich den Vorwurf ein, dass sie weiterhin jemanden ehre, dem keine Ehre gebührt. Auf der Website der Stiftung heißt es dazu: „Die von der Familie gewünschte Aufnahme des Namens des Stifters in die Bezeichnung der Stiftung wird heute nicht als eine undifferenzierte Respektsbezeugung verstanden, sondern als Akt der Transparenz zur Herkunft des Stiftungsvermögens." Weit davon entfernt, Toepfer zu glorifizieren, wie Pinto-Duschinsky unterstellt, nutzt sie diese Verbindung heute, um einen verantwortungsvollen Umgang mit ihrer Vergangenheit zu signalisieren. Ihre Website bietet sehr viele Informationen – darunter auch der *Standpoint*-Artikel von Pinto-Duschinsky selbst –, die zukünftigen Preisträgern und Stipendiaten helfen, sich eine eigene Meinung zu bilden, und sie informiert Preisträger über die Geschichte der Stiftung, bevor diese entscheiden, ob sie einen Preis von ihr annehmen.

All das scheint bewundernswert. Die finanziellen Mittel, welche die Stiftung bereitstellt, damit junge britische Studierende und Doktoranden in Deutschland studieren können, sind kein „beschmutztes Geld". Sie stammen nicht aus der „Arisierung" jüdischer Unternehmen oder der Lieferung von Giftgas an Auschwitz oder der Beschäftigung von Zwangsarbeitern oder der Ausplünderung besetzter Länder oder dergleichen. Die Stiftung hat die Komplizenschaft ihres Gründers, Alfred Toepfer, mit dem NS-Regime offen eingeräumt, und sie ist absolut transparent, was die Bereitstellung von Informationen betrifft, mit denen jeder sich ein eigenes Urteil darüber bilden kann, wie weit diese ging. Ihre Offenheit ist ein Vorbild, dem andere folgen könnten.

Nachtrag

Dieser Artikel entfachte eine längere Kontroverse mit Michael Pinto-Duschinsky, die in der von Daniel Johnson herausgegebenen neorechten Zeitschrift *Standpoint* zu verfolgen ist. Zum Originalartikel siehe Michael Pinto-Duschinsky: „The Prize Lies of a Nazi Tyconn", Nummer 21 (April 2010), S. 39–43; ebd., „The Holocaust. Excusing the inexcusable", Nummer 34 (Juli/August 2011), S. 34–39; und „An exchange. Toepfer and the Holocaust", Nummer 35 (September 2011), S. 16–18, mit Artikeln von Pinto-Duschinsky und mir selbst. Danach beendete der Herausgeber, vielleicht klugerweise, die Debatte. Allerdings blieben dadurch einige der strittigen Punkte ungeklärt. In seinem abschließenden Beitrag zur Diskussion warf Pinto-Duschinsky mir vor, ich sei „nicht willens, der Trotzhaltung und den Ausflüchten der Toepfer-Stiftung ins Auge zu sehen". Doch die Stiftung hat Reue über das gezeigt, was er zu Recht die „zweifelhafte Vergangenheit" ihres Gründers nennt, und sich ihr mit bewundernswerter Ehrlichkeit gestellt, wenn auch erst in den letzten paar Jahren. Wer ihre Website kennt, kann unmöglich glauben, sie mache Ausflüchte oder zeige eine Trotzhaltung gegenüber Toepfers Kritikern. Und es gibt keinen denkbaren Grund, warum ich nicht bereit sein sollte, sie zu kritisieren, wenn dem so wäre.

Ebenso meint Pinto-Duschinsky, ich hätte eine „zu wohlwollende Auffassung von der deutschen Geschichtsschreibung über den Holocaust". Diese Behauptung entbehrt jeder Grundlage. Wenn er tatsächlich glaubt, die deutsche Historiografie habe sich nicht offen und kritisch mit dem Holocaust auseinandergesetzt, dann muss er Literatur anführen, die diese Behauptung rechtfertigen würde. Faktisch kann er das nicht, weil sich professionelle Historiker aus Deutschland bei der Aufdeckung der Holocaust-Schrecknisse seit vielen Jahren hervortun. Er behauptet, ich hätte mein Urteil über den Bericht der unabhängigen Historikerkommission revidiert, welche die Toepfer-Stiftung zur Erforschung ihrer Beziehung zum Nationalsozialismus eingesetzt hat, weil ich deren Ergebnisse früher als „verheerend" und heute als „zurückhaltend" bezeichnet hätte. Ich habe meine Meinung nicht geändert, und es besteht kein Widerspruch zwischen diesen beiden Aussagen. Wie ich in *Standpoint* angemerkt habe, kamen die Herausgeber in einem Kommentar zu den Ergebnissen der Kommission tatsächlich zu dem meiner Ansicht nach irrigen Schluss, dass Toepfer kein Mitläufer der Nazis gewesen sei. Zweifellos schlossen sie sich damit dem Spruch des deutschen Entnazifizierungsausschusses nach dem Krieg an. Aber ich behaupte weiterhin, dass diese irrige Behauptung durch die einzelnen Kapitel des Kommissionsberichts revidiert wird. Es sind diese Kapitel, welche die verheerenden Befunde enthalten. Und sie waren insofern verheerend, weil bis zu diesem Zeitpunkt die Stiftung und sogar seine eigene Familie Toepfers Behauptung, er habe den Nationalsozialisten nicht nur ferngestanden, sondern sich ihnen sogar widersetzt, geglaubt hatten.

Pinto-Duschinsky nennt den Bericht weiterhin beharrlich eine „offiziöse Geschichte" und seine Verfasser „gesponserte Historiker". Das sind rhetorische Taschenspielertricks. Der Bericht wurde unabhängig recherchiert und zusammengestellt von einer unabhängigen Gruppe professioneller Historiker. Natürlich wurden ihnen von der Stiftung Forschungseinrichtungen zur Verfügung gestellt und Zugang zu den Dokumenten gewährt. Aber das gilt auch für Pinto-Duschinsky, dessen Studie ebenfalls auf der Website der Stiftung erscheint. Macht ihn das zu einem „gesponserten Historiker"? Er bringt weiter den Bericht der Kommission in Verbindung mit dem Bericht einer PR-Agentur, den die Stiftung zuvor in Auftrag gegeben hatte, aber er sollte wissen, dass den Empfehlungen der PR-Agentur nicht gefolgt wurde und dass sie die Arbeit der Kommission nicht beeinflussten.

Pinto-Duschinsky macht viel Aufhebens darum, dass ich eine von ihm erbetene umfassende Überprüfung der Dokumente, Quellen, E-Mails und Briefe, die im Laufe der Untersuchung seiner Vorwürfe gegen die Toepfer-Stiftung durch die Universität Oxford angefallen waren, ablehnte. Ich lehnte jedoch nicht nur ab, weil ich den erheblichen Zeitaufwand scheute, der damit verbunden gewesen wäre, sondern auch, weil er selbst dieses ganze Material in seinem Besitz hat. Vielleicht könnte er verraten, warum er nicht willens oder imstande war, diese Überprüfung selbst vorzunehmen?

Pinto-Duschinsky behauptet, ich hätte mich „auf Zusammenfassungen, die von der Toepfer-Stiftung und ihren gesponserten Wissenschaftlern erstellt wurden, und auf Dokumente auf der Website der Stiftung gestützt". Damit sagt er indirekt, dass ich dieses Material unkritisch benutzt habe. Ich kann ihm versichern, dass dem nicht so war, und tatsächlich präsentiert er auch keinerlei Belege, die das nahelegen würden. Zum fraglichen Material gehört natürlich Christian Gerlachs Kapitel im Kommissionsbericht, auf das sich Pinto-Duschinsky selbst wiederholt stützt (es ist das Einzige, das er durchweg heranzieht). Zu den Dokumenten auf der Website der Stiftung gehören auch Pinto-Duschinskys eigene Artikel, die ich natürlich auch benutzt habe. Er präsentiert weder Belege, um seine Behauptung zu stützen, dass die Materialien auf der Website der Stiftung „irreführend und selektiv" seien, noch dafür, dass der Bericht der Kommission in irgendeiner maßgeblichen Hinsicht „zensiert" wurde.

Um ein Beispiel zu nennen: Pinto-Duschinsky behauptet, dass Gerda Toepfer, Alfreds Tochter, C. A. Macartney, den Spezialisten für ungarische Geschichte, in Oxford aufsuchte, um ihn zu überreden, seine guten Beziehungen zu nutzen, um die Freilassung des Kriegsverbrechers Edmund Veesenmayer zu erwirken. Die Stiftung hat ihre Korrespondenz mit Macartney ausgegraben und zugänglich gemacht, und darin wird diese angebliche Absicht überhaupt nicht erwähnt. Der Briefwechsel stellt im Gegenteil klar, dass Macartney ausschließlich daran interessiert war, Veesenmayer für seine Forschungszwecke zu interviewen. Pinto-Duschinskys Behauptungen erweisen sich nachgerade als völlig haltlos. Wenn er sie beweisen möchte, dann wird er einen echt belastenden Brief vorlegen müssen. Bislang hat er das nicht getan. Meine Schlussfolgerung lautet somit, dass die Stiftung diesbezüglich recht hat. Ich verstehe nicht, wieso das auf eine unkritische Übernahme des Stiftungs-Standpunkts hinausläuft. Nur weil die Stiftung irgendetwas sagt, heißt das nicht, dass es zwingend falsch ist.

Es ist bedauerlich, dass Pinto-Duschinsky sich bei einigen seiner Argumente auf den französischen Ultranationalisten Lionel Boissou stützt. Es ist ebenso schade, dass sich ein seriöser Historiker wie Pierre Ayçoberry von der Universität Straßburg dieser übertriebenen Kritik an der Toepfer-Stiftung letztlich anschließt, die Boissou hinstellt, als sei sie in eine Verschwörung zur Loslösung von Elsass-Lothringen von Frankreich verwickelt (in den 1990ern!). Die Straßburger Universität hätte dem Druck von Boissou nicht nachgeben dürfen. Pinto-Duschinsky behauptet auch, dass die Kommission bewusst einen 1999 erschienenen kritischen Artikel des linken Aktivisten, Doktors der Medizin und Geschichtsforschers Karl-Heinz Roth über die Toepfer-Stiftung ignoriert habe. In Wahrheit wird er im Bericht der Kommission erwähnt, auch in der Einleitung (Anm. 21 und 24, S. 27).

In seiner sorgfältigen und ausgewogenen Analyse der Behauptungen von Pinto-Duschinsky stellt Zimmermann fest, dass dessen – zahlenmäßig sehr überschaubaren – Erkenntnisse dem, was die Kommission und er selbst in seiner Biografie bereits über Toepfer ans Licht gebracht hatten, wenig von Bedeutung hinzufüge. Die Kommission habe die Tatsache, dass die Stiftung nach dem Krieg ehemalige Nazis beschäftigt habe, nicht verdrängt, sondern einfach unbedachterweise versäumt, sie zu untersuchen, was allerdings ihrem Auftrag entsprach, nämlich die Aktivitäten Toepfers und der Stiftung *während* der NS-Zeit zu untersuchen. Zimmermann bietet ausführliche Belege für seine Behauptung in seinem Briefwechsel mit Pinto-Duschinsky und in seiner Analyse des ersten *Standpoint*-Artikels.

Das Ausmaß, in dem Toepfer nach dem Krieg Verbindung zu ehemaligen Nazis, Kriegsverbrechern und Holocaust-Tätern hatte, war nicht größer als bei vielen führenden konservativen Geschäftsleuten, Politikern und Beamten im Deutschland der Adenauerzeit. Die Tatsache, dass Toepfer und seine Stiftung sich so verhielten, wie es für das westdeutsche Establishment nach dem Krieg typisch war, macht ihr Verhalten natürlich nicht weniger verwerflich, aber es widerlegt sehr wohl Pinto-Duschinskys Behauptung, dass Toepfers Praktiken in dieser Hinsicht ihrem Wesen und ihrem Umfang nach in irgendeiner Form bemerkenswert, ungewöhnlich oder extrem waren.

Um seine Behauptung, im Toepfer-Archiv sei aussortiert worden, um belastendes Material zu entfernen, zu stützen, verwies Pinto-Duschinskys in seinem abschließenden *Standpoint*-Beitrag auf eine Aussage von Toepfers Sohn, dass ein Teil von Toepfers eigenen *privaten* Papieren (ausdrücklich Papiere, die seine *privaten* Ansichten über den Nationalsozialismus verrieten) nach 1945 vernichtet worden sei. Wir wissen nicht, wie oder warum sie vernichtet wurden, doch vernichten ist nicht dasselbe wie aussortieren. Es gibt keinen Beweis für irgendeine spätere „Redaktion" des Firmen- oder des Stiftungsarchivs, die beide von den Forschern der Kommission ungehindert genutzt wurden. Wie Zimmermann anmerkt, war das darin lagernde Material vor allem in Bezug auf die Nachkriegszeit belastend genug, um klarzustellen, dass hier nicht aussortiert worden war.

Toepfers Firmen stellen weder Waffen und Munition noch Panzer und Giftgas her. Sie errichteten keine Konzentrationslager oder Gaskammern oder Krematorien. Tatsächlich produzierten sie gar nichts gezielt für den Gebrauch im Krieg oder zur Vernichtung von Juden. Auch beschäftigten sie keine Zwangsarbeiter oder KZ-Häftlinge wie Hunderte anderer deutscher Firmen, etwa Krupp. Im Gegensatz zu vielen deutschen Unternehmen profitierten die im Besitz von Toepfer befindlichen nicht von der „Arisierung" jüdischen Eigentums. Weder beging er Kriegsverbrechen, noch profitierte er von ihnen. Toepfer leitete Bauunternehmen, aber diese waren nicht an militärischen Bauvorhaben, geschweige denn an Arbeiten für die SS beteiligt. Allerhöchstens kann man behaupten, dass sie in einem Teil Polens tätig waren, der nach der Invasion Polens annektiert worden war, zweifellos zur Zufriedenheit von Nationalisten wie Toepfer, weil dieser Teil vor 1918 zu Preußen gehört hatte. Natürlich billigten die Unternehmen, indem sie dort tätig waren, Deutschlands Kriegsziele und unterstützten indirekt die Besatzung, aber ob das Geld, das sie erwirtschafteten, damit unauslöschlich „beschmutzt" wurde, bleibt fraglich. Überdies machte dieses Geld nur einen winzigen Bruchteil von Toepfers Vermögen aus, das größtenteils nach dem Krieg erwirtschaftet wurde und aus dem Getreidehandel stammte.

Und um einen einzelnen, aber entscheidenden Punkt noch einmal zu wiederholen: Gelöschter Kalk ist etwas anderes als ungelöschter Kalk. Gerlach irrt sich, wenn er behauptet, dass Ersterer zum Abdecken und Auflösen von Kadavern verwendet werde, allerdings behauptet er auch gar nicht, dass dies mit dem gelöschten Kalk, den Toepfer an die SS-Verwaltung des Gettos in Łódź lieferte, geschehen sei. Seine fehlerhafte Behauptung bezog sich nur auf die Anwendung der Substanz im Allgemeinen.

Was Edmund Veesenmayer betrifft, der nach dem Krieg für kurze Zeit Firmenangestellter Toepfers in Teheran war, so habe ich ihn nicht in „euphemistischer Weise" beschrieben. Ich habe ihn als „ehemaligen Nazi" und „leitenden deutschen Beamten in Ungarn" bezeichnet (zu einer Zeit, als, wie allgemein bekannt ist, die deutsche Verwaltung mehr als 400 000 ungarische Juden nach Auschwitz deportierte), und ich habe darauf hingewiesen, dass seine ehemalige Sekretärin nach dem Krieg schriftlich und implizit den Holocaust rechtfertigte. Und obwohl Pinto-Duschinsky behauptet, er habe Edmund Veesenmayer nicht als engen Mitarbeiter Toepfers bezeichnet, spricht er in seinem ersten *Standpoint*-Artikel davon, dass drei der engsten Mitarbeiter Toepfers bei Mordtaten mitgeholfen hätten: Edmund Veesenmayer, Kurt Haller und Hans-Joachim Riecke, außerdem seine Privatsekretärin Barbara Hacke. In Wahrheit war Veesenmayers Verbindung zu Toepfer jedoch so schwach, dass Letzterer in der 2002 erschienenen maßgeblichen kritischen Biografie Veesenmayers von Igor-Philip Matic nicht einmal erwähnt wird.

Eine von Pinto-Duschinskys Lieblingstaktiken besteht darin, sozusagen eine Sippenhaft zu verhängen. Er nimmt Bezug auf meine Erinnerung, dass die Bibliothek in Toepfers Hamburger Gästehaus im Jahr 1971 Literatur zur Holocaust-Leugnung enthielt, dass ich in diesem Haus den ehemaligen SS-Gruppenführer Hans-Joachim Riecke traf und dass Albert Speer kurz zuvor Gast der Stiftung gewesen war. Aber obwohl all dies auf mich als jungen britischen Studenten, der zum ersten Mal Bekanntschaft mit Deutschland machte, in der Tat verstörend wirkte, erlag ich selbst damals nicht dem Irrtum, anzunehmen, dies mache Toepfer zwangsläufig zu einem Holocaust-Leugner, einem SS-Mann oder einem Nazi-Freund. Ich versuchte sogar, mehr über ihn in Erfahrung zu bringen, aber die Stiftung versicherte mir, dass Toepfer sich den Nationalsozialisten widersetzt habe und dass Riecke nicht mehr in Diensten der Stiftung stehe. Speer, dessen Erinnerungen kurz davor erschienen waren, galt damals in Deutschland weithin gleichsam als das „akzeptable Gesicht des Nationalsozialismus", und seiner Behauptung, er habe nichts vom Holocaust gewusst, wurde allgemein Glauben geschenkt. Selbst die erfahrene Journalistin und Speer-Biografin Gitta Sereny vermochte seine Maske nicht zu durchdringen. Erst allmählich und viel später wurde klar, wie viele Lügen, Ausflüchte und Halbwahrheiten über seine Rolle im „Dritten Reich" und seine Kenntnis der nationalsozialistischen Verbrechen Speer der Welt aufgetischt hatte. Als ich mithilfe des (ostdeutschen) *Braunbuchs*, in dem prominente ehemalige Nazis mit ihren Dienstgraden aufgeführt waren, in die Vergangenheit des westdeutschen Establishments eintauchte, wurde überdies klar, dass es in so ziemlich jeder Institution in Westdeutschland von ehemaligen Nazis wimmelte. Ungeachtet dessen stand Toepfers Name nicht auf der Liste. Das wirft natürlich eine allgemeinere Frage über historische Forschung und ihre Finanzierung auf.

Hätte ich beispielsweise, wie ich es Mitte der 1980er-Jahre tat, ein Austauschstipendium von der ostdeutschen Regierung annehmen dürfen, um im alten Reichsarchiv in Potsdam und in lokalen und regionalen Archiven in Leipzig und Dresden zu arbeiten, obwohl das Regime für den Tod vieler unglücklicher Bürger verantwortlich war, die versucht hatten, über die Berliner Mauer in die Freiheit zu entkommen? Die Antwort muss auf jeden Fall lauten: Ja. Es war unmöglich, über die deutsche Geschichte zu arbeiten, ohne solche Kompromisse einzugehen, und – das ist der springende Punkt – diese Kompromisse hatten keinen Einfluss darauf, was ich auf der Basis meiner Nachforschungen über das Regime schrieb. Marxisten in den 1960er-Jahren redeten gern von „nützlichen Idioten", Kapitalisten und ihren Mitläufern, die ausgerechnet denjenigen Geld und Ressourcen zur Verfügung stellten, die sie benutzen, um den Kapitalismus zu untergraben. Genau so sahen, *mutatis mutandis,* wir jungen Historiker Instanzen wie das ostdeutsche Regime oder zugegebenermaßen auch die Toepfer-Stiftung und ähnliche Organisationen. Dem Beispiel des deutschen Historikers Martin Broszat in seinem brillanten Buch *Die deutsche Diktatur* folgend, hatten wir uns damals vorgenommen, die wahre Breite und Tiefe der Mittäterschaft deutscher gesellschaftlicher, wirtschaftlicher und politischer Eliten beim Aufstieg und Triumph und bei der Herrschaft der Nationalsozialisten aufzudecken. Diese Aufgabe war unter anderem deshalb so reizvoll, weil wir wussten, dass diese Eliten in Westdeutschland noch immer sehr stark das Sagen hatten, obwohl 1968 und der damit verbundene Generationswechsel ihre Macht und ihren Einfluss allmählich schmälerten. Toepfer und seine Stiftung gehörten direkt in diesen Bezugsrahmen.

Es ist schwer begreiflich, warum Pinto-Duschinsky die Toepfer-Stiftung so obsessiv verfolgt hat. Anfangs behauptete er, Toepfer und seine Stiftung seien „Hitler enorm hilfreich" gewesen und hätten „eine Schlüsselrolle im Dritten Reich" gespielt. In Wahrheit waren weder die Stiftung noch ihr Gründer noch seine Aktivitäten noch die Toepfer'schen Unternehmen während der NS-Zeit besonders herausragend oder wichtig. Sie waren Mitläufer, deren Beitrag zum „Dritten Reich" und zu seinen Verbrechen allenfalls klein und marginal war. Die Alfred Toepfer Stiftung F. V. S. stellt der Universität Oxford auch keine Geldmittel zur Verfügung – das Geld für die Hanse-Stipendien fließt direkt an die Empfänger, und die Auswahlkommission ist vollkommen unabhängig von der Stiftung und der Universität. Bei der Verfolgung der noch verbliebenen ungeklärten Hinterlassenschaften der NS-Vergangenheit ist es wichtig, sich die richtigen Ziele auszusuchen. Trotz ihrer Tolerierung des Nationalsozialismus, seiner Handlanger und seiner Verbrechen gehören Toepfer und seine Stiftung nicht dazu.

Teil IV:
Außenpolitik

15. Hitlers Verbündeter

Silvio Berlusconi, länger als jeder andere Ministerpräsident im Nachkriegsitalien, erzählte der Presse, kurz nachdem er im November 2011 aus dem Amt gedrängt worden war, er verbringe seine Zeit damit, die letzten Briefe des faschistischen Diktators Benito Mussolini an dessen Geliebte Clara Petacci zu lesen. „Ich muss sagen", gestand Berlusconi, „dass ich mich in vielen Aspekten dieser Briefe selbst erkenne." Nach Ansicht des Duce, der das Land von 1922 bis 1943 regierte, sei Italien unregierbar und eine solche Demokratie zweifelhaft gewesen. Als einer der Journalisten Berlusconi darauf hinwies, dass es vielleicht nicht ganz korrekt sei, Mussolinis Italien als Demokratie zu bezeichnen, erwiderte der ehemalige Ministerpräsident: „Nun ja, es war eine Demokratie in kleinem Stil."

Hatten sich die Christdemokraten und die Kommunisten, die stärksten politischen Kräfte im Nachkriegsitalien, als politische Erben des antifaschistischen Widerstands verstanden, so verschmähten die rechten Parteien, die von den 1990er-Jahren an die italienische Politik dominierten, beharrlich dieses Vermächtnis. Diese neue Rechte profitierte von der großen Frustration der Italiener über die chaotische Instabilität und Korruption in ihrem Land und wirkte nicht zuletzt deshalb attraktiv, weil sie erfolgreich vermittelte, dass sie für Gesetz und Ordnung, für Respekt vor der katholischen Kirche und deren Werten und nicht zuletzt für finanzielle Rechtschaffenheit und politische Stabilität stünde – all das unter dem Motto „Italien den Italienern". Neofaschistische und selbst ernannte postfaschistische Gruppierungen haben während der vergangenen zwei Jahrzehnte bei den politischen Winkelzügen und Zusammenschlüssen in Italien stets eine entscheidende Rolle gespielt und dabei ihre Programme und ihre Rhetorik allenfalls aus strategischen Gründen und nicht aus Überzeugung abgemildert.

Vor diesem Hintergrund ist ernsthafte öffentliche Kritik an Mussolini in Italien immer seltener geworden. Seine Herrschaft wird weithin als relativ „gutmütig" dargestellt. „Mussolini", sagte Berlusconi im September 2003 dem *Spectator*, „hat niemanden getötet." Wenn er seine Gegner ins innere Exil verbannt habe, dann sei das bloß eine Art „Zwangsurlaub" gewesen. Politiker, die ihre Karrieren im neofaschistischen *Movimento Sociale Italiano* (MSI) begonnen hatten, erhielten unter Berlusconi problemlos hohe politische Ämter. So war etwa Gianfranco Fini von 2004 bis 2006 italienischer Außenminister, der im Jahr 1992 erklärt hatte, der Faschismus sei „Teil der Geschichte Italiens und Ausdruck bleibender Werte". Alessandra Mussolini, die Enkelin des Diktators, war als Teil von Berlusconis Mitte-Rechts-Bündnis *Casa delle Libertà* Mitglied der Abgeordnetenkammer des italienischen Parlaments, nachdem sie eine prominente und wiederholt provokative Rolle in der neofaschistischen Politik gespielt hatte. Im Jahr 2008 gewann Gianni Alemanno, der ehemalige Sekretär des *Fronte della Gioventù,* der Jugendorganisation des MSI, die Bürgermeisterwahl von Rom mit dem Versprechen, illegale Immigranten aus der Ewigen Stadt zu verbannen. Seine Siegesrede quittierte die jubelnde Menge mit zum faschistischen Gruß emporgereckten Armen und „Duce! Duce!"-Gebrüll.

In Mussolinis Heimatstadt Predappio säumten bis vor Kurzem Souvenirläden die Hauptstraße, die schwarze Hemden, faschistische Banner, Statuen des Duce, verherrlichende Bücher und DVDs und, noch verstörender, *manganelli,* Knüppel mit Inschriften wie *molti nemici, molto onore* („Viel Feind, viel Ehr"), feilboten. Alljährlich zu Mussolinis Geburts- und Todestag sowie zum Jahrestag seines „Marsches auf Rom" 1922 marschieren Tausende von Sympathisanten, viele von ihnen in schwarzen Hemden und mit faschistischen Abzeichen, faschistische Lieder und Parolen grölend, vom Stadtzentrum zu seinem Mausoleum. Dutzende, manchmal Hunderte von Menschen kommen täglich dorthin und hinterlassen Kommentare im Gästebuch, das vor dem Grabmal ausliegt. Was sie zu sagen haben, ist überwiegend positiv, und fast immer richten sich ihre Worte direkt an den Duce: „Du allein hast an ein starkes und freies Italien geglaubt, und Du hast Dein Volk geliebt bis in den Tod" (2007). „Erst unter Deiner weisen Führung wurde Italien tatsächlich eine ‚Nation', eine Nation, die gefürchtet, respektiert und beneidet wurde und die erfolgreich war" (2008). „Wenn Du hier wärst, würden wir nicht in diesem Schlamassel stecken" (2011). Viele dieser Nachrichten haben eine vertrauliche, persönliche Qualität, und auch religiöse Redensarten und Gefühle sind gebräuchlich: „Wenn Du sehen könntest, wie tief unser armes Italien gesunken ist", schrieb ein Besucher 2007, „kehre zurück, wiedergeboren in einem von uns! Jetzt und immerdar."

Es wäre nur schwer vorstellbar, dass Deutsche öffentlich ähnliche Ansichten über Hitler äußern, dass Alt- und Neo-Nazis an einer heutigen Bundesregierung beteiligt sind, dass deutsche Politiker behaupten, Hitler habe niemanden getötet, dass Hitlers Enkelin (hätte er eine gehabt) in den Bundestag gewählt wird, dass ein früherer deutscher Regierungschef unbeschadet zugibt, sich in Hitlers Briefen an Eva Braun wiederzuerkennen, dass deutsche Volksmengen Nazi-Parolen brüllen oder deutsche Andenkenläden offen Nazi-Devotionalien verkaufen. Während die Italiener weithin unzufrieden sind mit ihrem politischen System und noch mehr mit dem Zustand ihrer Wirtschaft, hat es selten ein politisches System gegeben, das sich derart breiter Unterstützung erfreute wie jenes 1949 mit dem Grundgesetz der Bundesrepublik Deutschland geschaffene: Es hat Stabilität und Wohlstand gebracht und in den Deutschen einen spürbaren Hang zu Selbstgefälligkeit und Selbstzufriedenheit gefördert, die manchmal nur schwer zu ertragen sind, wie gerechtfertigt sie auch sein mögen. Die Zerstörung Deutschlands am Ende des Krieges war beinahe total, während sie in Italien nirgendwo auch nur annähernd so umfassend oder schlimm war, trotz der großflächigen Schäden durch die militärischen Konflikte in der Endphase des Krieges, nachdem das Land erst von Deutschen besetzt und dann von den Alliierten befreit worden war. Während die alliierten Besatzungsmächte in Deutschland über Jahre den Ton angaben, währte die Besatzung in Italien nur kurz. Auch blieb Italien territorial mehr oder weniger unversehrt, während Deutschland riesige Gebiete verlor und nach dem Krieg mehr als 40 Jahre lang in zwei einander feindlich gesinnte Staaten geteilt war. Die Mehrheit der Deutschen nahm das Schicksal ihres Landes jedoch als eine direkte Folge von Hitlers größenwahnsinnigen militärischen und politischen Ambitionen hin.

Da eine konsequente Strafverfolgung von italienischen Kriegsverbrechern ausblieb, was sich am deutlichsten in einer im Juli 1946 vom kommunistischen Justizminister Palmiro Togliatti erlassenen Generalamnestie für rechtskräftig verurteilte Faschisten zeigte, blieben faschistische Bürokraten und Verwaltungsbeamte im Amt. Im Jahr 1960 hatten 60 der 64 Regionalpräfekten des Landes und sämtliche 135 Polizeichefs ihre Laufbahnen unter Mussolini begonnen. Der 1957 zum Präsidenten des italienischen Verfassungsgerichts ernannte Richter war beispielsweise Präsident des 1938 eingerichteten Tribunals gewesen, das Streitfragen entscheiden sollte, die sich aus faschistischen Rassengesetzen ergaben. Überlebende Führungsfiguren des Regimes gingen straffrei aus, und es gab weder im In- noch im Ausland eine allgemeine Abrechnung mit den Verbrechen des italienischen Faschismus. All dies stand in scharfem Gegensatz zur Situation in Deutschland, wo immerhin Entnazifizierungsprogramme eingeführt wurden und Kriegsverbrechertribunale mehrere Jahre lang tätig waren und die Untaten des „Dritten Reiches" und seiner Handlanger in erschütternder Weise allgemein bekannt machten.

Die Tatsache, dass in der deutschen Erinnerungskultur wie in vielen Gesellschaften, insbesondere in den USA, der im Nachhinein als „Holocaust" bezeichnete Mord an Millionen von Juden eine zentrale Rolle spielt, hat die rückblickende Beurteilung des „Dritten Reiches" nachhaltig geprägt und eine Kluft zwischen Vergangenheit und Gegenwart geschaffen, die zu überbrücken sich kaum ein Deutscher vorstellen kann. Tatsächlich war dieser Trend international so stark, dass selbst italienische Neofaschisten sich bemüßigt fühlten, sich von der Einführung rassischer und antisemitischer Gesetze durch Mussolini in den späten 1930er-Jahren zu distanzieren. Doch der Umstand, dass Mussolini während des größten Teils seiner Amtszeit Italiens Juden nicht verfolgte und diese erst nach seinem Sturz und nach der deutschen Besetzung Italiens nach Auschwitz deportiert wurden, hat die Erinnerung an sein Regime von der Hauptverantwortung für den Holocaust befreit, die auf Deutschland unleugbar lastet.

Während heute umfangreiches Forschungsmaterial existiert, das Wesen und Ausmaß der Unterstützung gewöhnlicher Deutscher für Hitler während des „Dritten Reiches" dokumentiert, gibt es über das faschistische Italien wenig Vergleichbares. In *Fascist Voices* (2012) füllt Christopher Duggan diese Lücke, indem er ein breites Spektrum von Tagebüchern und die zahlreichen Briefe untersucht, die Mussolini in den zwei Jahrzehnten seiner Herrschaft von privaten Bürgern erhielt. Zum bemerkenswertesten Material zählt die Korrespondenz zwischen Claretta Petacci und Mussolini, eindrücklich ergänzt durch Auszüge aus Clarettas Tagebüchern. Dieses Material drückte oft die gleichen ungezwungen innigen Gefühle gegenüber dem Duce und seinem Regime aus wie die Grußworte an seinem Grab noch heute. Es ermöglicht Duggan nicht bloß, ausführlich die Einstellungen der Bevölkerung zum Regime darzustellen, sondern darüber hinaus eine allgemeine Geschichte des italienischen Faschismus zu erzählen. Erstmals erscheint dieser dabei weder ausschließlich als eine Tyrannei, die normalen italienischen Bürgern keine Möglichkeit gab, sich frei zu äußern, noch als brutale Diktatur einer kapitalistischen Klasse, welche die große Mehrzahl der Bürger des Landes auf einen Opferstatus reduzierte, sondern vielmehr als ein Regime, das tief in den Sehnsüchten und Wünschen des Volkes verwurzelt war.

Allerdings ist gut möglich, dass Duggans sehr spezifisches Material aus Briefen von Anhängern nur bedingt Rückschlüsse auf den allgemeinen Erfolg Mussolinis erlaubt. In *The Fascist Party and Popular Opinion in Mussolini's Italy* (2012) zeichnet jedenfalls Paul Corner ein ganz anderes Bild. Er vertritt die These, dass Korruption und Misswirtschaft den *Partito Nazionale Fascista*, die Faschistische Partei Italiens, bis 1939 zutiefst unpopulär gemacht hatten. Und andere, auch von Duggan benutzte Quellen enthüllen ebenfalls ein weit komplexeres Bild als diese Tagebücher und Briefe.

Darauf, die Gläubigen nicht gegen sich aufzubringen, achtete Mussolini allerdings tunlichst, und die im Februar 1929 zwischen dem Königreich Italien, vertreten durch den Ministerpräsidenten Benito Mussolini, und dem Heiligen Stuhl abgeschlossenen Lateranverträge beendeten die Feindschaft von Kirche und Staat, die mit der Vereinigung Italiens im 19. Jahrhundert begonnen hatte. Sie führten bis heute gültige Regelungen ein und machten den Katholizismus zu einer der wichtigsten Stützen des Regimes. Diese Unterstützung erstreckte sich sogar auf Mussolinis antisemitische Rassengesetze, die führende katholische Zeitschriften rechtfertigten und die der Rektor der Katholischen Universität vom Heiligen Herzen in Mailand, Pater Agostino Gemelli, als die Verkündung des „schrecklichen Urteils" pries, „welches das Volk der Gottesmörder selbst über sich verhängt hat", da „die Folgen des abscheulichen Verbrechens es überallhin und zu allen Zeiten verfolgen". Deshalb würde auch Konversion die Juden vor Strafe nicht schützen, denn ihre „Rasse" trenne sie ewig von Italiens neuer faschistischer Einheit der „Abstammung, der Religion, der Sprache, der Sitten und Gebräuche, der Hoffnungen, der Ideale", wie Gemelli es bezeichnete.

Mussolini wurde bei seinen häufigen öffentlichen Ansprachen wiederholt selbst zum Objekt ekstatischer Vergötterung durch die Massen. Gegenüber Claretta sprach er von „fanatischen Szenen, wahnsinnig, verrückt: Sie weinten, knieten nieder, kreischten mit ausgestreckten Armen [...]". Die Begeisterung, die auch in den Briefen zum Ausdruck kam, die gewöhnliche Leute ihm schickten, ließ keinen Zweifel daran, dass nichts davon vorgetäuscht war.

Aber Duggan verdeutlicht auch das Ausmaß an Überwachung und Repression, mit dem das Regime echte oder potenzielle Abweichler überzog. Bekannte Kritiker des Faschismus wurden ins Visier genommen: In das Haus des liberalen Philosophen Benedetto Croce brachen beispielsweise im November 1926 bewaffnete Schwarzhemden ein, die vor den Augen seiner entsetzten Familie Möbel und Hausrat demolierten. Ein Polizist, der danach ständig vor seinem Haus postiert war, wurde dort weniger zu Croces eigener Sicherheit hingestellt als um die Namen seiner Besucher zu notieren, deren Zahl nun rapide abnahm. Bald waren seine Freunde gezwungen, sich mit ihm „auf menschenleeren Straßen und einsamen Fluren" zu treffen. Noch größere Isolation war das Los derjenigen, die in die entlegeneren ländlichen Gegenden Süditaliens verbannt wurden – insgesamt etwa 13 000 Personen, darunter nicht nur politische Gegner und Kritiker, sondern auch Unruhestifter aller Art sowie Homosexuelle und Kleinkriminelle. Diese „Urlaubsorte", in die sie geschickt wurden, weit weg von ihren Familien und ihren Arbeitsstellen, waren gottverlassen, was selbst ihre Einwohner zugaben (*Christus kam nur bis Eboli*, Carlo Levis berühmter Bericht aus dem Exil, zitiert im Titel eine Redensart aus Süditalien). Ganz in Anspruch genommen vom täglichen Existenzkampf in einer rauen und unerbittlichen ländlichen Umwelt, hatten die Bauern dort kaum Zeit für Intellektuelle, Politiker oder die Obrigkeit, ganz gleich wie diese beschaffen war. Für sie war Rom, wie Levi anmerkte, „die Hauptstadt der Signori, der Mittelpunkt eines fremden und verhängnisvollen Staates".

Die 1926 formierte Politische Polizei (auch *PolPol*) erhielt ein gewaltiges Budget, 50 Millionen Lire, glatt die Hälfte dessen, was für die italienische Polizei insgesamt zur Verfügung stand, und arbeitete über die OVRA (Kurzform für *piovra*, „Tintenfisch") – Duggan spricht von „einer weiteren riesigen krakenhaften Organisation" – eng mit lokalen Kräften zusammen. Die OVRA öffnete und kopierte Briefe politisch Andersdenkender, und ein Sondergeheimdienst hörte nicht nur die Telefone von Regimegegnern, sondern auch von führenden Figuren in der faschistischen Bewegung für den Fall ab, dass Mussolini ihre schäbigen Geheimnisse einmal gegen sie benutzen wollte. Im Jahr 1938 beschäftigte der Geheimdienst 462 Stenografen, nur um die von ihm abgehörten Gespräche niederzuschreiben. OVRA – laut Mussolini „die stärkste Organisation auf der Welt" – beschäftigte eine große Zahl von Spionen, die aus allen sozialen Schichten rekrutiert wurden, oftmals mit der Drohung, deren eigene Laster zu enthüllen. Manche von ihnen waren frühere Sozialisten oder Kommunisten, die sich vom Regime kaufen ließen, um dem sicheren finanziellen Ruin zu entgehen.

Die Folge all dessen war eine alles vergiftende Atmosphäre von Verdacht und Misstrauen, in der sich am Ende sogar Schulkinder, aus deren Tagebüchern Duggan zitiert, hüteten, irgendeine Kritik am Regime zu äußern. Ein Staatsschutzgesetz vom November 1926 verbot Äußerungen, die „aufrührerisch waren oder dem Ansehen der Behörden schadeten", und das Zeigen von „Symbolen gesellschaftlicher Subversion", obwohl offenbar, anders als in Deutschland, die für Diktaturen so typischen politischen Witze in den meisten Fällen ungeahndet blieben. Aber Festnahme und Haft waren keineswegs die einzigen Sanktionen gegen Widerspruch. In der Wirtschaftskrise der späten 1920er- und frühen 1930er-Jahre konnte die Kündigung einer Arbeitsstelle, wie schlecht bezahlt auch immer, den Ruin bedeuten, und vom Mittel der Entlassung wurde häufig Gebrauch gemacht. Wie auch in Deutschland schickten viele Leute Denunziationen an die Polizei, wenn sie Zeugen unbedachter Bemerkungen oder unvorsichtigen Verhaltens wurden, wobei Duggan recht freundlich meint, dies sei hauptsächlich geschehen, weil die Denunzianten fürchteten, sie könnten selbst eine Anklage wegen Komplizenschaft riskieren, falls sie deviantes Verhalten nicht den Behörden meldeten.

Allerdings erstreckte sich die Repression trotz der starken Verbindungen des Regimes zur katholischen Kirche nicht bis in die moralische Sphäre. Im Gegenteil scheint sexueller Libertinismus damals wie in jüngerer Zeit sogar ein hervorstechendes Merkmal des politischen Lebens in Italien gewesen zu sein. Als Silvio Berlusconi erklärte, dass er sich in den Briefen Mussolinis selbst erkenne, könnte er sich auch auf ihren oftmals in hohem Maße sexuellen Inhalt bezogen haben. Die schlecht verhüllte sexuelle Gier des Duce wie auch Berlusconis vermittelte ein Männlichkeitsbild, das viele Italiener äußerst eindrucksvoll finden. Wie es vom über 70-jährigen Berlusconi wiederholt hieß, er habe Orgien mit Scharen junger, manchmal sehr junger Tänzerinnen und Prostituierten veranstaltet, verwendete auch Mussolini ungeheuer viel Zeit auf sein Liebesleben. Seinem offiziellen Image als liebendem und treuem Familienmenschen entsprach ein inoffizielles als Mann mit unbeherrschbaren Trieben.

Frauen, so prahlte er gern, würden sich ihm an den Hals werfen, und er tat noch nicht einmal so, als versuchte er, sie abzuwehren. Einige der 1500 Schreiben privater Bürger, die sein Büro jeden Tag erreichten und aus denen Duggan zitiert, enthielten entsprechend eindeutige Angebote an Mussolini: „So viele Küsse und Liebkosungen würde ich meinem lieben Benito schenken", schrieb eine von ihnen: „Ich würde ihn umklammern, sodass er nicht entkommen könnte!" Mit den meisten dieser Frauen, erzählte er Caretta, würde er nur einmal schlafen und sie nie wiedersehen. Er benutze sie lediglich, sagte er ihr, „zu [s]einer fleischlichen Befriedigung", und um Caretta zu beruhigen, telefonierte er dutzendmal am Tag mit ihr oder schrieb ihr von Beginn ihres Verhältnisses im Jahr 1936 an.

Diese triebhafte Natur der Regimerepräsentanten war der Öffentlichkeit wohl bekannt. Während des katastrophalen Feldzugs in Griechenland im Winter 1940/41 richtete sich etwa Mussolinis Schwiegersohn Galeazzo Ciano mit seiner Entourage in einem großen Hotel in Bari ein, wohin Regierungsbeamte jede Woche an die 20 Mädchen für Orgien brachten, bei denen die Teilnehmer sich in Gruppen aufteilten und gegenseitig die Genitalien mit Wasser aus Sodasiphons bespritzten, während sie mit Scheren auf Kleidungsstücke einhackten. Um nur ja sicherzugehen, dass alle mitbekamen, was vor sich ging, ließ man die Fenster sperrangelweit offen. All das war Welten entfernt vom tugendhaften Getue Hitlers, der selbst seine monogame und absolut konventionelle Beziehung mit Eva Braun vor der Öffentlichkeit geheim hielt, bis beide schließlich am Vorabend ihres Doppelselbstmordes kurz vor Kriegsende heirateten. Als Hitler dahinterkam, dass NS-Propagandaminister Joseph Goebbels eine leidenschaftliche Affäre mit der tschechischen Schauspielerin Lída Baarová hatte, hielt er ihm eine wütende Standpauke und zwang ihn, mit ihr Schluss zu machen.

Mussolinis Ansehen in der italienischen Öffentlichkeit tat all das keinen Abbruch. Die Leute meckerten vielleicht über das eine oder andere, aber wie im nationalsozialistischen Deutschland wurde der „Führer" zu einer erfolgreichen Integrationsfigur, die soziale, regionale und Altersunterschiede überbrückte, um die Nation zusammenzuschweißen. „Wenn das der Führer wüsste" wurde zur stehenden Redensart unter Bürgern des „Dritten Reiches", die sich über die Kavaliersdelikte eines korrupten Gauleiters oder eines Parteibonzen empörten, und der Ausspruch hatte eine exakte Entsprechung im faschistischen Italien, wo es hieß: „Wenn das der Duce wüsste." Mussolini selbst schien sakrosankt zu sein, wie sehr seine Untergebenen auch geschmäht wurden.

Den Höhepunkt seiner Popularität erreichte er mit dem Überfall auf Abessinien (heute Äthiopien) im Oktober 1935, als das Regime wilden Fantasien von imperialem Reichtum nachjagte und seine Entschlossenheit bekundete, Rache zu nehmen für die Niederlage, die dem liberalen Italien 40 Jahre zuvor durch den äthiopischen Kaiser

Menelik II. zugefügt worden war. Entschlossen, eine Wiederholung des katastrophalen Bodenfeldzugs von 1896 zu vermeiden, befahl Mussolini, aus der Luft auf militärische wie auf zivile Ziele Giftgas abzuwerfen. Auch dies fand weithin Unterstützung, denn jegliches Mittel galt als gerechtfertigt, um das „unmenschliche, niederträchtige [...] bestialische abessinische Volk" zu bestrafen, wie ihm eine Gruppe von Studenten mitteilte: „Chemische Waffen sind teuer, das stimmt, aber das italienische Volk ist bereit, die finanziellen Opfer zu bringen, die erforderlich sind, um seine Söhne zu retten." Kritikern in Genf und anderswo hielt man entgegen, die Chemikalien würden den Menschen nur für kurze Zeit das Bewusstsein rauben, während diejenigen, die auf Pressefotos von Senfgas-Opfern hinwiesen, informiert wurden, diese seien an Lepra gestorben.

Duggan zitiert ein paar Tagebuchschreiber, die Zweifel am Verhalten der italienischen Truppen während des Krieges äußerten, in dessen Verlauf beispielsweise der Parteisekretär Achille Starace äthiopische Gefangene als Zielscheiben benutzte, wobei er sie zuerst in die Hoden und dann in die Brust schoss. Aber die überwältigende Mehrzahl der Reaktionen war begeistert. Wie zahlreiche von Duggan zitierte Aussagen zeigen, erreichte Mussolini zu diesem Zeitpunkt den absoluten Gipfel seiner Popularität, als Verkörperung des italienischen Nationalstolzes und des nationalen Erfolgs. „Es ist richtig, dass wir uns nach einem Platz an der Sonne umsehen", notierte ein Tagebuchschreiber: „Heute ist Italien eine Nation, ein Volk, das sich seines Wertes bewusst ist und das weiß, was es will und wie das zu bekommen ist. Das Italien von vor 15 Jahren ist erledigt, tot."

Der Abessinienkrieg stimmte das Regime erneut optimistisch, die Italiener in aggressive, sehr disziplinierte und fanatische Angehörige einer neuen Herrenrasse verwandeln zu können. Unter anderem erfordere dies eine Reform italienischer Umgangsformen, die Abschaffung „bürgerlicher" Gewohnheiten, wie etwa des Handschlags (der für „weich" und „angelsächsisch" erklärt und durch den faschistischen Gruß ersetzt wurde) und der Höflichkeitsanrede *Lei* (die als „ausländischer Import" unterwürfig abgestempelt wurde). Auch Kaffeetrinken sollte als dekadent geächtet werden, was eine noch hoffnungslosere Bemühung war als die anderen Verhaltensreformen. Mussolini verkündete seine Absicht, die Italiener „weniger freundlich" und „verhasster, härter und unerbittlicher, mit anderen Worten: zu Herren" zu machen. Im April 1937 verbot der Duce sexuelle Beziehungen von weißen Italienern mit Schwarzen, eine Reaktion auf die massenhafte sexuelle Ausbeutung äthiopischer Frauen durch italienische Soldaten im Anschluss an die Invasion. Wie der 26-jährige faschistische Journalist Indro Montanelli, der sich als Freiwilliger für den Feldzug im Jahr 1935 gemeldet hatte, schrieb: „Wir werden niemals Beherrscher sein ohne ein starkes Gefühl für unsere vorherbestimmte Überlegenheit. Es gibt kein Fraternisieren mit Negern [...]. Keine Schwächen, keine Liebesaffären [...]. Der Weiße muss gebieten." Dies hielt Montanelli nicht davon ab, für 500 Lire, die er ihrem äthiopischen Vater zahlte, eine zwölfjährige Ehefrau zu erstehen, wenngleich er klug genug war, sie zurückzulassen, als er nach Hause zurückkehrte.

Zusammen mit Mussolinis groß angelegter Einmischung in den Spanischen Bürgerkrieg erlegte die Eroberung Abessiniens dem italienischen Staat untragbare finanzielle Lasten auf, die es unmöglich machten, ernsthaft in militärisches Gerät oder den Ausbau der Streitkräfte zu investieren. Mussolini glaubte, er sei militärisch unbesiegbar, und niemand wagte, ihm etwas anderes zu sagen. In seinen Gesprächen mit Claretta überschüttete er die anderen Völker Europas mit Hohn und Spott: Die Engländer seien „ein widerwärtiges Volk [...]. Sie denken nur mit ihren Ärschen." Sie seien Feiglinge, die Angst hätten, nass zu werden, wenn es regnet: „Leute, die einen Regenschirm tragen, können niemals [...] die moralische Bedeutung des Krieges begreifen." Die Spanier seien „faul, lethargisch" und die Franzosen ein „Sammelsurium von Rassen und Abschaum, ein Paradies für Feiglinge [...], Menschen ohne Rückgrat und Mut", verdorben durch „Alkohol und Syphilis". Nur die Italiener und die Deutschen seien in der Lage, „diese höchste, unerbittliche Gewalt zu lieben, welche die Hauptantriebskraft der Weltgeschichte ist".

Im Jahr 1939 dämmerte ihm schließlich, dass die italienischen Streitkräfte angesichts veralteter Ausrüstung, schlecht ausgebildeter Truppen sowie dramatischer Waffen- und Munitionsknappheit auf einen europäischen Krieg erschreckend unvorbereitet waren. Als dieser dann im September 1939 ausbrach, hatte Mussolini zur Erleichterung der meisten Italiener keine andere Wahl, als Italien für „nicht kriegführend" *(non belligeranza)* zu erklären. Doch als die deutschen Siege nicht abrissen, ärgerte sich Mussolini zunehmend über die offenkundige Abneigung seiner Landsleute gegen einen europäischen Krieg: „Ich muss sagen, sie widern mich an. Sie sind Feiglinge und Schwächlinge [...]. Es ist enttäuschend und geisttötend zu sehen, dass es mir nicht gelungen ist, aus diesen Leuten ein Volk mit stählernem Mut und Schneid zu machen!" Die Reaktion der Bevölkerung auf Italiens Kriegserklärung an Frankreich und Großbritannien am 10. Juni 1940 fiel daher gemischt aus: Manche waren begeistert, andere ängstlich. Die Zweifler sollten recht behalten.

War schon der italienische Angriff auf Frankreich ein Fiasko gewesen, so war die italienische Invasion Griechenlands eine Katastrophe. Statt des erwarteten Blitzsiegs wurden die schlecht vorbereiteten italienischen Streitkräfte von überlegenen griechischen Truppen auf dem Balkan gedemütigt, während die Briten die Italiener in Libyen und Äthiopien schnell vernichtend schlugen. Hitler musste eingreifen, um die Situation zu retten, und die Leichtigkeit, mit der die Deutschen die Briten aus Griechenland vertrieben, im Verein mit den überwältigenden Siegen Rommels in Nordafrika rieb noch Salz in die Wunden der italienischen Faschisten. In den von Duggan zitierten Briefen und Tagebüchern mischten sich unter das patriotische und faschistische Engagement zunehmend Zweifel und Skepsis. Als Mussolini verwundete Soldaten im Lazarett besuchte, wurde er mit „Mörder!"-Rufen empfangen. (Ein zweiter Besuch war propagandawirksamer, weil man die Verwundeten in den Betten vorher durch Polizisten ersetzt hatte.) Die Leute weigerten sich, 50-Cent-Briefmarken mit den Konterfeis von Hitler und Mussolini zu kaufen, weil sie nicht bereit seien, ihnen auch noch „den Hintern zu lecken".

Nachdem die Alliierten 1943 in Sizilien gelandet waren und Mussolini daraufhin vom Großen Faschistischen Rat abgesetzt wurde, kam es überall zu „Ausbrüchen kollektiver Freude", wie Duggan berichtet. Die faschistische Bewegung verschwand nun beinahe über Nacht, doch Corner hat nachgewiesen, dass die alltägliche Erfahrung der faschistischen Herrschaft die meisten Italiener schon lange zuvor verprellt hatte. Der Faschismus hatte es in Italien nie geschafft, über seine Wurzeln in der Kommunal- und Regionalpolitik hinauszuwachsen, und war zum Vehikel der persönlichen und finanziellen Ambitionen lokaler Strippenzieher geworden. So wie der Nationalismus des 19. Jahrhunderts versucht hatte, „Italiener zu machen", so hatte die Diktatur des 20. Jahrhunderts versucht, „Faschisten zu machen" – beide scheiterten letztlich. Die Italiener begrüßten die Kapitulation vor den Alliierten im September 1943 daher zunächst mit großer Erleichterung, nur um rüde eines Besseren belehrt zu werden, als die Deutschen Italien besetzten und die meisten italienischen Soldaten festnahmen. Sie schickten sie zur Zwangsarbeit in Fabriken und auf Feldern des deutschen „Vaterlandes“, und das italienische Regime endete so, wie es angefangen hatte: in ziviler Gewalt. Als Mussolini von den Deutschen aus der Gefangenschaft befreit und im Norden an die Spitze des Marionettenregimes von Salò gestellt wurde, formierte sich eine Partisanen-Widerstandsbewegung, die brutale Vergeltungsmaßnahmen vonseiten der noch verbliebenen loyalen Anhänger Mussolinis und der Deutschen hervorrief. Mehr als 50 000 Menschen wurden auf beiden Seiten getötet, darunter Mussolini und Claretta, die von Partisanen in der Nähe des Comer Sees erschossen wurden, als sie versuchten, nordwärts zu fliehen. Ihre Leichen wurden nach Mailand geschafft und auf der Piazzale Loreto kopfüber am Dach einer Tankstelle aufgehängt, nachdem ein johlender Mob sie beschimpft, bespuckt und auf sie uriniert hatte. Viele von denen, die nun auf den Duce spuckten, hatten ihm höchstwahrscheinlich noch ein paar Jahre zuvor zugejubelt.

16. Auf Kriegskurs

„Mit Hitler und Hitlers Absichten muss jeder Studierende der europäischen Geschichte beginnen", schreibt Zara Steiner am Anfang ihres richtungsweisenden Werkes *The Triumph of the Dark. European International History 1933–1939* (2011). Vom Beginn seiner Reichskanzlerschaft an *agierte* Hitler, die anderen Staatsmänner hingegen *reagierten* bloß.

Seine weitreichenden Absichten standen schon lange fest, bevor er an die Macht kam, denn Hitler war kein herkömmlicher europäischer Staatsmann. Beherrscht vom sozialdarwinistischen Glauben, dass internationale Angelegenheiten nichts anderes seien als ein ständiger Kampf zwischen Rassen um Überleben und Vormachtstellung, teilte Hitler seinen führenden Heeres- und Marineoffizieren wiederholt mit, Deutschland müsse Osteuropa erobern, seine riesigen landwirtschaftlichen Ressourcen für sich selbst beanspruchen und die dort Lebenden beiseiteschieben, um Platz zu schaffen für die Erweiterung des eigenen „Lebensraums". Frankreich wiederum, Deutschlands traditioneller Feind im Westen, sei zu unterwerfen, um Deutschland zu Europas beherrschender Nation zu machen. Diese Überzeugungen knüpften weder an die bisherige deutsche Außenpolitik noch an irgendwelche europäische Traditionen des 19. Jahrhunderts an, wie einige behauptet haben.

Natürlich, räumt Steiner ein, wurde Deutschland nicht von einer monolithischen Instanz beherrscht, die alle politischen Grundsatzentscheidungen traf. Vielmehr verfolgten verschiedene Gruppen und Individuen in den höheren Rängen des Regimes häufig eigene Absichten. Dies war insbesondere der Fall bei Joachim von Ribbentrop, der sich vom Leiter des Amtes für außenpolitische Sonderfragen im Stab des Stellvertreters des Führers über den Botschafterposten in London zum Reichaußenminister hocharbeitete. „Eitel, aggressiv und aufgeblasen", so Steiners Worte, entwickelte Ribbentrop eine fanatische Anglophobie und gab sich alle Mühe, Hitler von der Idee einer deutsch-englischen Allianz abzubringen. Großbritannien, sagte er, sei ihr „gefährlichster Feind". Befeuert von vermeintlichen Kränkungen während seiner Zeit in London, wo ihm seine Taktlosigkeit wiederholt und zunehmend unverblümt Kritik in der Presse eingebracht hatte, gelang es dem Außenminister schließlich, Hitler von dem Bündnisprojekt abzubringen.

Doch der NS-Führer hoffte weiterhin auf britische Neutralität im bevorstehenden Konflikt.

Auch andere, wie Hermann Göring, kochten gelegentlich ihr eigenes Süppchen oder beeinflussten Hitler in die eine oder andere Richtung. Dennoch bestimmte letztlich Hitler – und nicht etwa eine unklare „Polykratie“ – Deutschlands Außenpolitik. „Ob Deutschland von Bismarck, Wilhelm II. oder Hitler geführt wurde, machte einen wesentlichen Unterschied für seine Politik“, stellt Steiner fest. „Deutschland“, hatte Hitler schon in *Mein Kampf* erklärt, „wird entweder Weltmacht oder überhaupt nicht sein.“ Sobald die Hegemonie in Europa verwirklicht sei, kündigte er in seinem „Zweiten Buch“ weiter an, werde Deutschland mit Amerika in einen Machtkampf um die Weltherrschaft eintreten. Um diese zu erreichen, müssten die Deutschen, die Hitler mit einer „arischen Rasse“ gleichsetzte, mit ihren Erzfeinden, den Juden, fertigwerden, die in Hitlers paranoiden politischen Fantasien an einer globalen Verschwörung zur Zersetzung der deutschen Zivilisation beteiligt seien.

Am Ende machte Hitler zunehmend Amerika als das Epizentrum dieser angeblichen Verschwörung aus, wo jüdisches Kapital durch US-Präsident Franklin D. Roosevelt wirke. All dies würde Krieg bedeuten – nicht einen begrenzten Krieg für klar umrissene und rationale Ziele, sondern Krieg in einem unvorstellbaren Ausmaß, zumindest teilweise um seiner selbst willen geführt. „Einstellung der Jugend u. des ganzen Volkes auf den Gedanken, daß nur d. Kampf uns retten kann“, heißt es in den Aufzeichnungen des Generalleutnants Liebmann über Hitlers erste Ansprache vor den Befehlshabern von Heer und Marine im Februar 1933. Die herkömmliche Diplomatie sah in der Konfliktvermeidung und der Beilegung internationaler Streitfragen auf dem Verhandlungswege ihr höchstes Ziel. Doch Hitler spielte nicht nach deren Regeln, wenngleich er dies wiederholt vorgab. Andere europäische Staatsmänner brauchten sehr lange, um das zu erkennen, und mit den daraus resultierenden Fehleinschätzungen beschäftigt sich Steiners wichtiges Buch vornehmlich.

Neville Chamberlain, britischer Premierminister von 1937 bis 1940, hat viele Verteidiger gehabt, Steiner jedoch gehört nicht dazu. Ihre gründliche Kenntnis der deutschen und französischen Literatur und des entsprechenden Quellenmaterials ermöglicht ihr, zu einer sachgemäßen Beurteilung seiner Appeasement-Politik zu kommen, indem sie Chamberlains Versuche, Hitler durch Erfüllung seiner Forderungen zu

„beschwichtigen" *(appease)*, in einen Gesamtzusammenhang einordnet. Chamberlain, so ihre überzeugende These, sei ein Mann von beschränkter Einsicht und Vorstellungskraft gewesen, der immer wieder zu Wunschdenken geneigt habe. Während der München-Krise glaubte er irrigerweise, Hitler wolle lediglich den deutschsprachigen Teil der Tschechoslowakei eingliedern, während dieser es in Wirklichkeit auf die völlige Zerschlagung des Landes abgesehen hatte, die er nur sechs Monate später in Verletzung des Münchener Abkommens auch erreichte.

Außerdem überschätzte Chamberlain seine eigenen Fähigkeiten bei Weitem. Wie Steiner schreibt, waren seine „anmaßenden Ambitionen und sein Selbstbewusstsein außerordentlich", und er weigerte sich hartnäckig, die Realität zu erkennen. Bis ganz zum Schluss sah er in Mussolini einen beruhigenden und zähmenden Einfluss auf Hitler – ein völliges Fehlurteil, meint Steiner, hatte er doch offensichtlich keine Ahnung von Mussolinis Ambitionen im Mittelmeerraum. Es stimmt, dass Chamberlain von 1936 an eine Politik der schnellen Wiederaufrüstung betrieb, aber er tat es lediglich, um Hitler abzuschrecken, nicht um sich auf einen Krieg vorzubereiten. Noch am 23. Juli 1939 sagte er seiner Schwester, Hitler sei zu dem Schluss gekommen, „dass [sie] es ernst mein[t]en und dass die Zeit nicht reif [sei] für den großen Krieg. Darin", schloss er mit unsäglicher Selbstgefälligkeit, „erfüllt er meine Erwartungen […] je länger der Krieg aufgeschoben wird, desto weniger wahrscheinlich ist, dass er überhaupt kommt." Nur knapp zwei Monate später befand sich Großbritannien im Krieg.

Auch Anthony Eden, jener britische Außenminister, der sich später als entschiedener Gegner der Nationalsozialisten und der Appeasement-Politik hinstellte, schneidet in Steiners Darstellung kaum besser ab. Bei der Entwicklung einer Strategie gegen die Deutschen war Eden „unsicher und sich selbst nicht im Klaren" und „ging nicht konsequent mit gutem Beispiel voran", weshalb es kaum überrasche, dass Chamberlain „gehörig verärgert war über seinen Außenminister, der ständig angespornt werden musste, irgendwelche konstruktiven Schritte zu unternehmen". Schwankend und unentschlossen wie er war, schloss sich Eden den Appeasement-Gegnern um Winston Churchill selbst dann nicht an, als er 1938 aus dem Amt geschieden war. Mit Lord Halifax, Edens Nachfolger, kam Chamberlain leichter zurecht, vor allem nachdem der Premierminister die politische Entscheidungsmaschinerie so umstrukturiert hatte, dass ihm die Kontrolle über die auswärtigen Angelegenheiten oblag. Pflichtbewusst jagte Halifax Chamberlains Schimäre einer gesamteuropäischen Regelung nach, zu der Nichtangriffspakte, kollektive Sicherheit und Abrüstung (im Jahr 1938!) gehörten, eine Politik, die Hitler veranlasste, Halifax ins Gesicht zu sagen, die britische Regierung lebe in einer Scheinwelt sonderbarer, wenn auch ehrenwerter Illusionen. Steiner vermerkt, dass Halifax, „obwohl er Hitler und seine Ratgeber von oben herab behandelte, im Umgang mit ihnen eindeutig überfordert war".

Verteidiger von Chamberlain und Halifax haben gelegentlich behauptet, diese hätten mit jenem Frieden, der auf Kosten der Tschechoslowakei ging, Großbritannien und Frankreich Zeit zur Wiederaufrüstung verschafft. Steiner betrachtet in ihrem Werk detailliert die militärische Bereitschaft und die Rüstungsproduktion der europäischen Großmächte zu verschiedenen Phasen im Vorfeld des Krieges, und ihre Zahlen zeigen, dass von diesem einjährigen Frieden, der auf das Münchener Abkommen folgte, in Wirklichkeit Deutschland profitierte. Die Wehrmacht war im September 1938 so schlecht vorbereitet auf einen allgemeinen Krieg, dass führende Generäle sogar erwogen, Hitler zu verhaften und einen Rückzieher zu machen, sollte ein gesamteuropäischer Krieg ernsthaft bevorstehen. Es wird oft vergessen, wie nahe Europa schon damals einem bewaffneten Konflikt kam. Britische Kinder wurden beispielsweise bereits aufs Land evakuiert, und an die Londoner Bürger wurden für den möglichen Fall deutscher Bombenangriffe Gasmasken ausgegeben.

Steiner spekuliert darüber, dass Hitler möglicherweise gezwungen gewesen wäre einzulenken, wenn Chamberlain sich mit den Franzosen verbündet und mit Krieg gedroht hätte, statt Verhandlungen zu eröffnen. Die stark gegen Krieg eingestellte Öffentlichkeit wäre möglicherweise umgeschwenkt und hätte sich hinter die britische und die französische Regierung gestellt. Eine militärische Auseinandersetzung hätte höchstwahrscheinlich zu einer Pattsituation geführt, vor allem wenn die moderne und effiziente tschechische Armee ihre gut präparierte Abwehr gegen einen deutschen Angriff in Stellung gebracht hätte. Aber „wie so viele kontrafaktische Szenarien", räumt Steiner ein, sei dies am Ende wenig überzeugend, und „die Argumente für Krieg im Jahr 1938 scheinen in der Rückschau viel stärker zu sein, als sie es damals waren". Briten und Franzosen hatten keine Stabsgespräche geführt, die zur Koordinierung militärischer Aktionen notwendig gewesen wären, und beide überschätzten die militärische Stärke Deutschlands. Chamberlain glaubte immer noch an die Möglichkeit einer gesamteuropäischen Friedensregelung und hatte es sich zur Aufgabe gemacht, Krieg um beinahe jeden Preis zu vermeiden.

Der führende französische Staatsmann der Zeit, Edouard Daladier, teilte solche Illusionen nicht. Er war sich im Klaren darüber, dass Hitler vorhatte, die Tschechoslowakei zu zerschlagen, und dass auf sein Wort kein Verlass war. „Binnen sechs Monaten", prophezeite er nach dem Münchener Abkommen zutreffend, „würden Frankreich und England mit neuen deutschen Forderungen konfrontiert." Während der gesamten Krise versuchte er, Chamberlain zu überreden, nicht nachzugeben. Ein hoher Beamter im britischen Außenministerium bezeichnete seinen Einwand jedoch als „furchtbaren Unsinn". Weil sie es versäumt hatten, ein funktionsfähiges System von Bündnissen mit den kleineren osteuropäischen Staaten aufzubauen, hatten die Franzosen sich zudem von den Briten abhängig gemacht. Nach dem Münchener Abkommen sagte Daladier seinen Kollegen: „Ich bin nicht stolz." Er hielt das Abkommen für eine klägliche Kapitulation, und er hatte recht.

Auch die sowjetische Führung, als Repräsentantin einer weiteren europäischen Großmacht, die in der zweiten Hälfte der 1930er-Jahre mit Hitlers unermüdlichem Expansionsstreben konfrontiert war, teilte Daladiers Klarsichtigkeit nicht. Josef Stalin suchte sein Land so weit wie möglich aus jedem künftigen Krieg herauszuhalten. Er hatte die Rüstung zwar seit Mitte der 1930er-Jahre in halsbrecherischem Tempo ausgebaut, fühlte sich aber trotzdem unvorbereitet, auch wegen des Schadens, den er selbst den höheren Rängen der militärischen Führung durch die sogenannten „Säuberungen" des Großen Terrors von 1937/38 zugefügt hatte. Er glaubte darüber hinaus, dass die kapitalistischen Mächte in Mittel- und Westeuropa gemeinsame Interessen verbanden, und gewann durch Chamberlains Schwäche angesichts der Hitler'schen Forderungen die Überzeugung, Großbritannien und Deutschland würden irgendwann einen Deal miteinander aushandeln. Der Versuch der britischen Regierung, die Sowjetunion in eine Anti-Hitler-Koalition einzubinden, scheiterte nicht zuletzt an den antikommunistischen Vorurteilen von Chamberlain und Halifax, aber die verständliche Nervosität der kleineren osteuropäischen Staaten spielte ebenfalls eine Rolle.

„Angesichts eines britisch-französisch-sowjetischen Bündnisses wäre ein Angriff Hitlers auf Polen jedem bei gesundem Menschenverstand als Verzweiflungsakt erschienen", schlussfolgert Steiner. Aber gesunder Menschenverstand gehörte nicht zu Hitlers Charaktereigenschaften, der sich selbst als risikofreudige Spielernatur beschrieb, und ein solches Bündnis kam ohnehin nicht zustande. Stalin kam viel mehr zu dem Schluss, dass er am meisten Zeit gewinnen würde, indem er ein Abkommen mit Hitler schloss und die kapitalistischen Mächte die Sache unter sich austragen ließ. In Stalins Denken überwogen pragmatische, defensive Interessen. Dies war nicht der Auftakt zur Weltrevolution. Es gelte viel mehr, beschied er dem Exekutivkomitee der Kommunistischen Internationale, nicht in die Geisteshaltung der Bolschewiki im „Ersten Imperialistischen Krieg“ zu verfallen: „Wir preschten alle vor und machten Fehler! [...] Heute dürfen wir die von den Bolschewiki vertretene Position nicht wiederholen.“ Wenn er Hitler nicht provozierte, glaubte Stalin, werde der Pakt schon halten – alles Illusionen, die, wie Steiner anmerkt, „seinem Land 1941 teuer zu stehen kommen sollten“, als die Deutschen ohne jede Vorwarnung einfielen, weite Landstriche eroberten und dem sowjetischen Volk gewaltige militärische und zivile Verluste zufügten, bevor sie schließlich gestoppt wurden.

In den zwei Jahrzehnten vor dem Hitler-Stalin-Pakt hatte sich das System internationaler Beziehungen vollkommen gewandelt. Nach dem Ersten Weltkrieg hatten die Sieger gehofft, mit dem Ende von Geheimverhandlungen und bilateralen Verträgen sowie mit der Schaffung des Völkerbunds zur Überwachung internationaler Streitigkeiten und zur Beilegung diplomatischer Krisen eine neue Art des Umgangs miteinander etabliert zu haben. Abrüstungsgespräche würden die Welt zu einem sichereren Ort machen und dazu beitragen, einen weiteren zerstörerischen allgemeinen Krieg abzuwenden. Hitlers Machtantritt machte jedoch die Abrüstungsgespräche zunichte: Nachdem das Deutsche Reich die Genfer Abrüstungskonferenz im Oktober 1933 verlassen hatte, war es sinnlos, diese fortzusetzen, und im Juni 1934 wurde sie deshalb auf unbestimmte Zeit vertagt. Zudem schädigte Italiens Überfall auf Äthiopien im Jahr 1935 „den Völkerbund irreparabel“, vermerkt Steiner. Vor 1914 wäre die Invasion als unbedeutendes koloniales Abenteuer abgetan worden, aber die neuen internationalen Verhaltensregeln sorgten dafür, dass sie eine weit größere Bedeutung bekam. Während Staatsmänner rituell ihre moralische Entrüstung bekundeten, billigten Briten und Franzosen, auf deren Zusammenarbeit der Völkerbund letztendlich angewiesen war, nur die Verhängung der allerschwächsten Sanktionen gegen die Italiener, während sie hinter den Kulissen an der Teilung Äthiopiens arbeiteten, wobei ein großes Stück des Landes an Italien gehen sollte. Als diese Pläne zum Hoare-Laval-Pakt der französischen Presse zugespielt wurden, hätte der internationale Proteststurm beinahe die britische Regierung zu Fall gebracht.

Wäre es ihnen ernst damit gewesen, Italien zu stoppen, hätten Briten und Franzosen beispielsweise durch Schließung des Sueskanals den italienischen Nachschub abschneiden können. Doch das Fiasko des Hoare-Laval-Paktes stellte klar, dass der Völkerbund kein effektives internationales Forum zur Lösung von Streitigkeiten oder Durchsetzung von Frieden geworden war. In Anerkennung dieser Realitäten votierte er für das Ende der Sanktionen: Nachdem es Giftgasbomben eingesetzt hatte, um die äthiopische Armee aus der Luft zu vernichten, besetzte Italien ungestraft das ganze Land, woraus Hitler schloss, dass auch er zum gegenwärtigen Zeitpunkt von Briten und Franzosen nichts zu befürchten hatte. Deshalb legte er seine Pläne für die einseitige Remilitarisierung des Rheinlands vor, ein weiterer Nagel im Sarg der Versailler Friedensregelung von 1919. Mussolini seinerseits gewann die Überzeugung, dass sein Wunsch, ein neues Römisches Reich im Mittelmeerraum zu schaffen, nun realisierbar wäre. Allerdings war auch das illusorisch: Italiens Ressourcen erlaubten es einfach nicht, wie später klar werden sollte, als italienische Truppen schmachvoll daran scheiterten, Griechenland, Jugoslawien und Nordafrika zu erobern.

Fortan wurden die internationalen Beziehungen wieder mittels geheimer bilateraler Verhandlungen alter Schule gehandhabt, wie die Versailler Friedensregelung von 1919 sie eigentlich hatte abschaffen wollen. Auch das Ausmaß der nahezu ungehinderten Einmischung Deutschlands, Italiens und der Sowjetunion in den Spanischen Bürgerkrieg unterstrich die Ohnmacht des Völkerbundes. Zwar setzte er Menschenrechts-, Gesundheits- und Wohlfahrtsprogramme fort, aber selbst hier versagte die Organisation, als sie mit der größten Herausforderung der späten 1930er-Jahre konfrontiert wurde: der rasch anwachsenden Flut von Flüchtlingen. Es sei wichtig, merkt Steiner an, in dieser Sache nicht anachronistisch zu urteilen. „Nur wenige Staatsmänner glaubten [damals], dass Menschenrechtsverletzungen die internationale Gemeinschaft etwas angingen." Die drängenden Fragen von Krieg und Frieden verbannten das Flüchtlingsproblem ans Ende der internationalen Agenda.

Doch etwas musste getan werden. Die Aussicht, dass große Kontingente jüdischer Flüchtlinge nicht nur aus Deutschland und nach dem „Anschluss" vom März 1938 vor allem aus Österreich kommen würden, sondern auch aus Ungarn und Rumänien, führte zur Anberaumung einer internationalen Konferenz in Evian für Juli 1938. Sie wurde nicht auf Initiative des Völkerbunds, sondern auf Einladung von Roosevelt einberufen. Die Ergebnisse waren mager: Ein Land nach dem anderen erklärte sich außerstande, Immigranten aufzunehmen oder irgendetwas anderes zu tun. Darüber hinaus bescherten offen antisemitische Reden „der NS-Presse einen großen Tag", schreibt Steiner. Gegen Ende des Jahrs 1938 zentralisierte der Völkerbund seine Politik unter einem Hochkommissar für Flüchtlinge, aber dieses Amt war unterfinanziert und hatte keine Möglichkeit, um mit den Deutschen zu verhandeln. Andere Institutionen, die eine potenzielle Rolle bei der humanitären Hilfe spielten, wie etwa das Papsttum, waren der Meinung, Juden gingen sie nichts an.

Erst mit den landesweiten Pogromen in der Nacht vom 9. auf den 10. November 1938, als in ganz Deutschland Synagogen in Schutt und Asche gelegt, Tausende jüdischer Geschäfte demoliert und 30 000 jüdische Männer ergriffen und in Konzentrationslager verschleppt wurden, aus denen sie erst entlassen wurden, nachdem sie versprochen hatten auszuwandern, änderten sich die Einstellungen allmählich. Diese Ereignisse schockierten zwar die internationale Öffentlichkeit, und Chamberlain bezeichnete sie als „Barbareien", aber es folgte keine konzertierte Aktion, und am allerwenigsten unternahm der Völkerbund. Großbritannien lockerte immerhin die Visa-Beschränkungen, und im Laufe der folgenden Monate brachten Einzelpersonen und Nichtregierungsorganisationen im Vereinigten Königreich und in anderen europäischen Ländern eine Vielzahl von Programmen auf den Weg, um deutsche Juden, vor allem Kinder, in Sicherheit zu bringen. Viele wurden gerettet, aber der Umfang dieser Maßnahmen war nach wie vor äußerst bescheiden. Für Hitler war der Krieg von Anfang an, wie Steiner richtig sagt, ein „rassisch motivierter Krieg" gegen einen Feind, den die NS-Propaganda schon im September 1939 im „internationale[n] und plutokratische[n] Judentum" ausgemacht hatte, was die internationale Öffentlichkeit nie richtig zur Kenntnis nahm.

Wenn der Erste Weltkrieg im August 1914 wohl als Folge von Missverständnissen und Kommunikationsfehlern begonnen haben dürfte, so galt das nicht für den Zweiten Weltkrieg. Doch obwohl Hitler an einem Krieg gelegen war, schreibt Steiner, so war der folgende weder jener, „den er gewollt hatte, noch der Krieg, auf den Deutschland vorbereitet war". Hitler war entschlossen, dass es keine Wiederholung des

Münchener Abkommens geben sollte. Nichts würde ihn davon abhalten, in Polen einzumarschieren und es zu erobern, anders als wenigstens für eine Weile im Falle der Tschechoslowakei. Die britische und die französische Regierung – schlagartig bekehrt durch die Brutalität des Pogroms von 1938 – waren, als die deutschen Armeen im März 1939 in den Rest der Tschechoslowakei stürmten und damit zum ersten Mal Territorium eroberten, dessen Bewohner mehrheitlich nicht Deutsch sprachen, immerhin zu der Erkenntnis gelangt, dass Hitler tatsächlich mehr vorhatte, als lediglich die Bestimmungen der Versailler Friedensregelung von 1919 zu Deutschlands Gunsten zu revidieren. Daladier hatte recht behalten.

Nun, da beide Regierungen erkannten, dass München vergeblich gewesen war, folgten britisch-französische Garantien für Polen und andere osteuropäische Staaten für den Fall eines deutschen Einmarsches. Ernsthafte militärische Pläne wurden geschmiedet, und die Briten gelangten zu einer realistischeren und weniger übertriebenen Einschätzung der militärischen Stärke Deutschlands. Dennoch entschieden Briten und Franzosen, Deutschland nicht von sich aus anzugreifen, sollte Polen überfallen werden, obwohl sie den Polen den Eindruck vermittelten, sie würden ihnen zu Hilfe kommen. Die Franzosen versprachen lediglich, ein paar veraltete Flugzeuge als Militärhilfe herüberzuschicken. Polnische Amtsträger beförderten unwissentlich diese entspannte Vorgehensweise noch, indem sie gegenüber den Briten mit ihrer eigenen militärischen Stärke prahlten, eine Strategie, die Steiner als tollkühn bezeichnet. In Wirklichkeit war Polens Schicksal seit dem Hitler-Stalin-Pakt besiegelt.

In den letzten Wochen vor Ausbruch des Krieges erkannte die Öffentlichkeit in Großbritannien und Frankreich, obschon besorgt, dass Hitler aufgehalten werden musste, doch Chamberlain und Daladier zögerten noch immer. Auch Mussolini widerstrebte es so offensichtlich, sich auf Hitlers Seite zu schlagen – tatsächlich warteten die Italiener noch mehrere Monate damit –, dass er zunächst als möglicher Unterhändler erschien, um den Krieg noch abzuwenden. Einmal mehr, kommentiert Steiner ätzend, missverstanden sowohl Chamberlain als auch Halifax die Absichten Hitlers. Diese Differenzen zwischen Deutschland und Polen würden doch wohl ohne Blutvergießen beizulegen sein, dachten sie und begriffen einfach nicht, dass Hitler genau das wollte: Blutvergießen. Wie Steiner anmerkt, konnte sich Chamberlain, „rational bis zum Gehtnichtmehr, einfach nicht vorstellen, dass irgendjemand, der noch bei klarem Verstand war [...], tatsächlich Krieg wollte. Bis ganz zum Schluss suchte sich dieser hölzerne, beherrschte und eigensinnige Mann einzureden, dass es irgendeine Möglichkeit gäbe, die heraufziehende Katastrophe zu verhindern".

Chamberlain schätzte auch den Stimmungsumschwung des britischen Unterhauses im Jahr 1939 vollkommen falsch ein. Unmittelbar nach dem deutschen Überfall auf Polen erschien er im House of Commons, um in vagen Worten zu verkünden, er habe sich um die guten Dienste Mussolinis bei der Vermittlung bemüht. Er wurde regelrecht niedergeschrien. Das Kabinett trat eilig ohne ihn zusammen und zwang ihn, den Deutschen ein Rückzugsultimatum zu stellen. Die genannte Stunde verstrich, ohne irgendeinen Rückzug, und dementsprechend informierte Chamberlain das britische Volk in einer Rundfunkansprache, deren düstere Töne seine tiefe Enttäuschung verrieten, Vermittlung sei diesmal nicht möglich gewesen, Großbritannien befinde sich nun im Krieg mit Deutschland. „Alles, wofür ich gearbeitet habe, alles, was ich erhofft habe, alles, was ich geglaubt habe während meines öffentlichen Lebens", sagte er dem House of Commons, „ist zertrümmert worden!"

Hitler allerdings wollte auch keinen Krieg, wie er nun eintrat. Bis ganz zum Schluss hoffte er auf britisch-französische Neutralität oder zumindest auf Untätigkeit. Chamberlains und Daladiers Handlungsweise hatte ihn in dieser Auffassung nur bestärkt. Als die Situation sich zuspitzte, kamen ihm zwar Bedenken, und er verschob den Einmarsch in letzter Minute, aber am Ende ging er das Risiko ein. In einem Abnutzungskrieg, warnten Hitlers Berater, wären Großbritannien und Frankreich mit ihren Weltreichen zwangsläufig siegreich, zumal sie stillschweigend von den USA unterstützt wurden, die gerade anfingen, ihre isolationistische Haltung aufzugeben, weil sie erkannten, dass Hitlers langfristige Ziele ihre eigenen Interessen ernsthaft tangierten. Deutschlands Ressourcen könnten auf längere Sicht einfach nicht mit jenen dieser Länder mithalten. Die beste Erfolgschance böte sich jetzt, bevor Deutschlands Feinde vollständig vorbereitet seien. Und so begann der größte Krieg in der Geschichte, ein Krieg, der bis 1945 dauern sollte, ein Krieg, in dem mehr als 50 Millionen Menschen ihr Leben verlieren würden, ein Krieg, der mit der Zerstörung Deutschlands und dem Zusammenbruch der europäischen Überseereiche einschließlich des britischen und französischen enden würde. Diese Folgen hätten nur wenige absehen können, und kaum einer hielt den Krieg damals für vermeidbar.

17. Nationalsozialisten und Diplomaten

Als sich der Berufsdiplomat Curt Prüfer, Jahrgang 1881, am Ende des Zweiten Weltkriegs hinsetzte, um über seine Laufbahn und sein Tun während des „Dritten Reiches“ nachzudenken, konnte er auf fast vier Jahrzehnte eines stetigen Aufstiegs durch die Ränge des deutschen Auswärtigen Amts zurückblicken. Als Arabist und Nachrichtenoffizier hatte er während des Ersten Weltkriegs im Nahen Osten und von 1930 bis 1936 als stellvertretender Leiter der Abteilung Anglo-Amerika und Orient im Auswärtigen Amt in Berlin gedient, bevor er zum Chef der Personalabteilung ernannt und 1939 als Botschafter nach Brasilien geschickt wurde. Als dieses Land dem Lager der Alliierten beitrat, kehrte Prüfer 1942 zunächst nach Berlin zurück, aber sein schlechter Gesundheitszustand, das Alter und die Angst vor Deutschlands baldiger Niederlage bewogen ihn, sich beurlauben zu lassen und mit seiner Familie in die Schweiz zu ziehen, wo er kurz vor Kriegsende die offizielle Bestätigung seines Ruhestands erhielt.[1]

Prüfer blickte weder mit Nostalgie noch mit Befriedigung auf sein Leben zurück. Trotz seiner bescheidenen Herkunft war er aufgrund seiner Beherrschung des Arabischen und seiner entsprechenden kulturellen Kenntnisse schnell Teil jener konservativen Elite geworden, deren Werte und Überzeugungen während der 1920er-Jahre das Auswärtige Amt prägten. Aber während der Hitler-Jahre, so sagte er, sei diese Elite beiseitegeschoben worden von jüngeren Neulingen, die von den Nationalsozialisten mit Nachdruck ins Auswärtige Amt geschleust worden seien. Besonders tonangebend seien sie in der Deutschland-Abteilung gewesen, die unter anderem für die Zusammenarbeit mit der NSDAP und der SS zuständig war. Prüfer fand, diese Abteilung verursache unnötige Verwaltungsarbeit und stehe dem richtigen Funktionieren des diplomatischen Dienstes im Wege. Jene Nationalsozialisten, die Joachim von Ribbentrop ins Auswärtige Amt brachte, nachdem er dort im Februar 1938 als NSDAP-Mann den Konservativen Konstantin von Neurath als Reichsaußenminister abgelöst hatte, waren nach Prüfers Ansicht reine Dilettanten, berufen eher wegen ihrer ideologischen Linientreue als wegen ihres Sachverstands. Männer wie Unterstaatssekretär Martin Luther wüssten nichts über auswärtige Angelegenheiten, und Schaltstellen des Amts wie die Informations- und die Orientabteilung würden von diesen Neulingen ruiniert. Die alte diplomatische Elite, insistierte Prüfer, sei professionell und korrekt geblieben, feindselig und misstrauisch gegen Hitler und seine Abenteuer. Auch das deutsche Volk sei nicht für den Ausbruch des Krieges verantwortlich zu machen, es sei vielmehr von einer Clique nationalsozialistischer Kriegstreiber systematisch auf ihn vorbereitet worden. Hätte man sie weiter ihre Arbeit machen lassen, unterstellte er, wäre es den Diplomaten des Auswärtigen Amtes gelungen, Europas Krise friedlich zu lösen.[2]

Bei seiner Erinnerungsarbeit hatte Prüfer den Riesenvorteil, sich auf Tagebücher stützen zu können, die er zeit seines Lebens geführt hatte, womit er unter den höheren Diplomaten fast allein war, sodass seine privaten Tagebücher als besonders wertvolle Quelle erschienen. Aus vielen der Einträge, die Prüfer bei Kriegsende zur Veröffentlichung vorbereitete, scheint Enttäuschung über das NS-Regime und den Führer durch. Als er am 19. Juli 1943 über den dramatischen Niedergang des deutschen Kriegsglücks berichtete, notierte er beispielsweise in seinem Tagebuch:

> Vielleicht liegt der letzte Grund dieses grausamen Umschwungs darin, dass auch in der Masse des Volkes, das Hitler in gläubiger Verlendung [sic!] gefolgt war, die Götzendämmerung eingesetzt hat. Man hat einge snen [sic!], dass man auf falschem Wege ist, dass man sich hat täuschen lassen, dass man einem Idol Opfer unerhörter Art gebracht hat, denen kein Lohn folgen wird sondern Strafe. Solche Einsicht lässt den Mut erschlaffen, erstickt den Enthusiasmus und gibt allen Zweifeln Raum an der Gerechtigkeit der eigenen Sache.[3]

Äußerst kritisch sah Prüfer auch die nationalsozialistische Politik gegenüber Juden, über die er in seinem Eintrag für den 16. Oktober 1942 sagt, die Geschichten, die er gehört habe, „schienen uns jedoch so ungeheuerlich zu sein, dass wir sie wie so viele andere Nachrichten der gegnerischen Propaganda, die sich als unrichtig erwiesen hatten, für ‚Greuelmärchen' oder zum mindesten für Übertreibungen gehalten hatten".[4] Am 21. November 1942 berichtete er, dass Geschichten über die Vernichtung der Juden Deutschland „unsäglichen Schaden" zufügen würden, „wenn diese Geschichte[n] wirklich den Tatsachen entsprechen".[5] Was die Juden betreffe, „spricht [jeder] mit tiefster Sympathie von ihnen".[6] Bei anderer Gelegenheit notierte er: „Die Verfolgung dieser Unschuldigen, die ausgerottet werden, nur weil ihr Vorhandensein nicht in das ideale Zukunftsbild der nationalsozialistischen ‚Weltanschauung' passt, hat das Gewissen jedes Einzelnen belastet, der darum wusste, und seinen Dienst an einem Vaterlande, an einer Regierung gelähmt, die solche Gräuel bewirkt hat." Bedauerlicherweise hätten „Terror und Treueid" die Leute (ihn selbst und seine Diplomatenkollegen natürlich eingeschlossen) bei der Stange gehalten. Die meisten Deutschen wollten, schrieb er am 19. Juli 1943, dass Hitler beseitigt werde, „solange aber die Gegner nur von bedingungsloser Kapitulation reden und damit Goebbels recht geben, wenn er vor solcher Kapitulation warnt, wird das Volk widerwillig zwar und resigniert durchhalten solange es irgend geht".[7] Dass deutscher Widerstand ausblieb, war also in erster Linie die Schuld der Alliierten …

Leider aber schrieb Prüfer all diese Worte nie in eines seiner Tagebücher, sondern fügte sie erst 1946 nachträglich um seiner späteren Leser willen ein. In der ursprünglichen Fassung des oben zitierten Eintrags für den 19. Juli 1943 schrieb er lediglich: „Der Führer ist ein großer, ein sehr großer Mann, der in einer unglaublich kurzen Siegeslaufbahn unser Land, das vor dem Ruin stand, von 1933–1941 zum mächtigsten Land der Erde gemacht hat." Deutschlands Niedergang sei „furchtbar zu sehen", schrieb er, „weil ich mich zu einigen schönen Grundideen des Nationalsozialismus aufrichtig bekehrt hatte".[8] Jenen angeblichen Eintrag für den 16. Oktober 1942, in dem er seine Skepsis gegenüber der Vernichtung der Juden äußerte, hat es im Original gar nicht gegeben, und der ursprüngliche Eintrag für den 21. November 1942 enthielt kein einziges Wort über Juden.

Prüfer verfälschte seine Tagebücher nicht zuletzt deshalb, um die Tatsache zu verschleiern, dass er selbst zutiefst antisemitisch war. Sein Glaube an eine jüdische Verschwörung zur Unterwanderung Deutschlands hatte sich bereits während des Generalstreiks gezeigt, mit dem 1920 der Kapp-Putsch abgewehrt wurde. Als Prüfer während des Streiks durch Berlin ging, stellte er fest: „Überall auch dort stehen debattierende Gruppen herum. Die Redner sind beinahe ausschließlich Juden, die sich volksfreundlich gebärden. Es ist ekelhaft zu sehen, wie die dummen Deutschen sich von den internationalen Juden einspannen lassen." Sein Antisemitismus war auch persönlich motiviert: Während der NS-Zeit vertuschte Prüfer eilig die Tatsache, dass einer der Vorfahren seiner Frau ein getaufter Jude war, indem er einen Beamten bestach, das Faktum aus den Akten zu löschen. Später hatte er auch keine Skrupel, „arisierten" Grundbesitz in Baden-Baden zu erwerben.[9]

Am 14. April 1943 schrieb er von dem „ganzen abgründigen Haß der Juden gegen alle europäischen Gojim“ und fragte: „Wie soll es je einen Frieden geben, wenn Juden die Berater der Großen unserer Feinde sind?“[10] Seine Tagebuchnotiz am 22. November 1942, dass er vom Massenmord an den Juden im Osten gehört habe („Dies weiß heute jedes Kind in allen Details“), enthielt sich jedes moralischen Urteils und wurde in der überarbeiteten Fassung durch den Ausdruck von Zweifel („Wenn diese Geschichten wirklich den Tatsachen entsprechen“) und die erfundene Geschichte von der Sympathie der Leute für die Opfer ersetzt.[11] Als Experte für arabische Angelegenheiten war eine von Prüfers Hauptaufgaben nach seiner Rückkehr aus Brasilien und während des Krieges, sich um den Großmufti von Jerusalem, Mohammed Amin al-Husseini, zu kümmern, den er gegen die Intrigen seines Rivalen Raschid Ali al-Gailani verteidigte, den irakischen Nationalisten, der nach einem gescheiterten Aufstand gegen die Briten 1941 nach Deutschland geflohen war. Der Mufti, schrieb Prüfer in seinem ursprünglichen Tagebuch am 17. Juli 1943, habe „bockig auf der Abschaffung des jüdischen Heims in Palästina und der Aufzählung der einzelnen arabischen Staaten bestand[en]“[12], womit, wie der Mufti Hitler bei anderer Gelegenheit erklärte, die Vernichtung der dortigen Juden gemeint war. Doch dieser Eintrag wurde einfach aus den überarbeiteten Tagebüchern gestrichen.[13]

Prüfer veröffentlichte seine Tagebücher letztlich nicht. Nachdem er sie überarbeitet hatte, wurde ihm klar, dass sie seinen alten Chef Joachim von Ribbentrop belasten würden, der in Nürnberg wegen Kriegsverbrechen vor Gericht stand. Aber er bewahrte sie auf, und nach seinem Tod im Jahr 1959 gelangten sie in die Hände seines Sohnes, der sie schließlich der wissenschaftlichen Forschung zugänglich machte. Sie sind nicht zuletzt deshalb interessant, weil sie zeigen, wie bewusst Prüfer die historischen Aufzeichnungen verfälschte, um den Anschein zu erwecken, er selbst und die professionelle diplomatische Elite um ihn herum wären während des „Dritten Reiches“ politisch neutral gewesen, hätten Hitler und die führenden Nationalsozialisten verachtet, wenig oder nichts von der Vernichtung der Juden gewusst und auf der Grundlage dessen, was sie doch wussten, die Nationalsozialisten für ihren Antisemitismus verurteilt, den sie, wie die Masse des deutschen Volkes, selbst nicht geteilt hätten. Prüfers Biografie und die Geschichte seiner verfälschten Tagebücher können als drastisches Beispiel dafür dienen, wie Geschichte manipuliert und Legenden fabriziert werden. Prüfer war nicht nur unfähig, aus der Vergangenheit zu lernen, er arbeitete auch aktiv daran, sie zu vertuschen.

II

Wie typisch war Prüfer? Wie sehr vertuschten Berufsdiplomaten alter Schule, die während der NS-Zeit im deutschen Auswärtigen Amt dienten, ihre eigene Verwicklung in die Verbrechen des Nationalsozialismus? Und wie tief waren sie überhaupt verwickelt? Noch Jahrzehnte nach dem Krieg zeigte das Auswärtige Amt wenig oder gar keine Neigung, sich diesen Fragen zu stellen. In Westdeutschland 1951 wieder eingerichtet, beschrieb das Amt seine Geschichte in den Jahren 1933/34 in einer 1979 veröffentlichten Broschüre in drei Sätzen:

> Das Auswärtige Amt leistete den Plänen der NS-Machthaber zähen, hinhaltenden Widerstand, ohne jedoch das Schlimmste verhüten zu können. Das Amt blieb lange eine ‚unpolitische' Behörde und galt den Nationalsozialisten als eine Stätte der Opposition. In der Eingangshalle des neuen Amtes in Bonn befindet sich eine Gedenktafel, die an diejenigen Mitarbeiter des AA erinnert, die im Kampf gegen das Hitler-Regime ihr Leben gaben.[14]

Diese Darstellung wurde mehr oder weniger zum Dogma im Auswärtigen Amt und blieb es bis zum Ende des 20. Jahrhunderts und sogar noch darüber hinaus. Zwar wurde es bei einer Reihe von Anlässen infrage gestellt, aber Versuche, das Auswärtige Amt als Werkzeug des Nationalsozialismus anzuprangern, hatten anscheinend keinen Einfluss auf die kollektive Erinnerung.

Im Jahr 2003 veröffentlichte das deutsche Auswärtige Amt, wie in solchen Fällen üblich, in seinem internen Mitteilungsblatt einen ehrenden Nachruf auf einen kürzlich verstorbenen Berufsdiplomaten. Es handelte sich um Franz Nüßlein, den früheren Generalkonsul in Barcelona. Nach der Lektüre des Nachrufs protestierte die pensionierte Dolmetscherin Marga Henseler beim damaligen deutschen Außenminister, dem Grünen-Politiker und ehemaligen studentischen Aktivisten Joschka Fischer, und beim sozialdemokratischen Kanzler Gerhard Schröder. Sie wies darauf hin, der Nachruf habe die Tatsache zu erwähnen versäumt, dass Nüßlein während des Kriegs als Staatsanwalt im deutsch besetzten Prag gedient habe, wo er unter anderem dafür zuständig gewesen sei, Gnadengesuche von Tschechen, die wegen ihrer Beteiligung am Widerstand zum Tode verurteilt worden waren, zu prüfen. Er habe, führte sie an, mehr als 100 solcher Gesuche abgelehnt. Im Jahr 1948 war Nüßlein von einem tschechischen Gericht zunächst zu 20 Jahren Haft verurteilt worden, bevor er 1955 als „nicht amnestierter Kriegsverbrecher" in die Bundesrepublik Deutschland abgeschoben worden war. Nüßlein hatte behauptet, er sei lediglich „interniert" gewesen, und hatte als „Spätheimkehrer" sogar erfolgreich auf Entschädigung geklagt. Dank seiner persönlichen Beziehungen bekam er beinahe sofort eine Stelle im Auswärtigen Amt, wo er in verschiedenen Funktionen diente und unter anderem mit Entschädigungsforderungen wegen ungerechtfertigter Entlassung befasst war.[15] Obwohl seine braune Vergangenheit in den späten 1950er- und frühen 1960er-Jahren einer breiten Öffentlichkeit bekannt wurde – durch Initiativen der DDR, aber auch unterstützt von einem ehemaligen westdeutschen Diplomaten, dem Nüßlein die Entschädigung für seine Entlassung durch die Nationalsozialisten verweigert hatte –, blieb er bis zu seiner Pensionierung 1974 auf seinem Posten.

Außenminister Fischer war entsetzt, dass ein Mann mit einer solchen Vergangenheit einen ehrenden Nachruf erhalten hatte, einen, der obendrein seine früheren Verbrechen nicht erwähnte, und verbot die Abfassung weiterer Nachrufe auf ehemalige Mitglieder der NSDAP im Auswärtigen Amt. Im Jahr darauf starb ein anderer Diplomat im Ruhestand, Franz Krapf, ehemaliger deutscher Botschafter in Japan und Ständiger Vertreter der Bundesrepublik bei der NATO in Brüssel. Da er nicht nur Mitglied der NSDAP, sondern auch der SS gewesen war, griff Fischers Verbot, und die Hauspostille des Auswärtigen Amts konnte keinen Nachruf veröffentlichen. Die Reaktion unter Diplomaten im Ruhestand fiel heftig aus. Das Verhalten des Ministers sei schändlich, klagte einer. Selbst Angehörige des Widerstands innerhalb des Auswärtigen Amtes, wie etwa Adam von Trott zu Solz, seien NSDAP-Mitglieder gewesen. Wäre ihnen ebenfalls ein Nachruf verwehrt worden, wenn sie überlebt hätten? Krapf selbst, behaupteten sie, sei ein enger Freund eines anderen Beamten gewesen, Erich Kordt, der sein Leben lang gegen Hitler opponiert und nach dem Krieg Krapfs Sympathien mit dem Widerstand gegen den Nationalsozialismus bezeugt habe. Empört über das Verbot, unterzeichneten 128 Beamte im Ruhestand eine ausführliche Nachruf-Anzeige in der konservativen *Frankfurter All-*

gemeinen Zeitung, in welchem sie Krapfs Andenken in respektvollen Worten ehrten.[16]

Dies war ein offener Akt der Rebellion, den zu ignorieren sich der Außenminister nicht leisten konnte. Fischers Reaktion bestand darin, eine unabhängige Gruppe professioneller Historiker damit zu beauftragen, die „Geschichte des Auswärtigen Dienstes in der Zeit des Nationalsozialismus, den Umgang mit dieser Vergangenheit nach der Wiedergründung des Auswärtigen Amts 1951 und die Frage personeller Kontinuität bzw. Diskontinuität nach 1945"[17] zu erforschen. Zu den Mitgliedern der Kommission zählten ursprünglich auch zwei alte Hasen der Zunft, Henry Ashby Turner und Klaus Hildebrand, die jedoch wegen ihres schlechten Gesundheitszustand ausschieden, sodass es den Deutschen Eckart Conze und Norbert Frei, dem Amerikaner Peter Hayes und dem Israeli Moshe Zimmermann überlassen blieb, die Forschungs- und Schreibarbeit zu organisieren. Alle hatten bereits verschiedentlich über die NS-Zeit und die Nachkriegsjahre gearbeitet, allerdings waren alle auch vielbeschäftigt, sodass sie ihrerseits 13 jüngere Kollegen beauftragten. Die Rolle der vier älteren Historiker bei dem Projekt ist daher nicht ganz klar, sie scheint aber in der Praxis recht klein gewesen zu sein, und tatsächlich führen sie mit vorbildlicher Ehrlichkeit ganz am Schluss die eigentlichen Autoren und die Abschnitte auf, für die sie verantwortlich zeichnen. Zugleich jedoch legte der zufällige Rückzug der beiden ältesten und konservativsten Historiker in der ursprünglichen Kommission (Turner und Hildebrand) die Leitung des Projekts in die Hände einer jüngeren Historikergeneration mit recht unterschiedlichen Einstellungen, während die eigentliche Forschungs- und Schreibarbeit von Männern und Frauen durchgeführt wurde, die mehrheitlich einer noch jüngeren Generation angehörten. Dies sollte weitreichende Folgen für die Interpretationen haben, die unter dem Titel *Das Amt und die Vergangenheit. Deutsche Diplomaten im Dritten Reich und in der Bundesrepublik* (München 2010) vorgebracht wurden.

Die rot-grüne Koalition hatte mittlerweile längst einer konservativeren Regierung Platz gemacht, und Fischer war aus dem Amt geschieden, aber bei der Buchpremiere erklärte er triumphierend, dies sei der Nachruf, den jene Diplomaten wirklich verdient hätten. In einem Interview mit dem Nachrichtenmagazin *Der Spiegel* fasste Eckart Conze die Forschungsergebnisse zusammen. „Das Ministerium", sagte er, „hat an den nationalsozialistischen Gewaltverbrechen bis hin zur Ermordung der Juden als Institution mitgewirkt. Insofern kann man sagen: Das

Auswärtige Amt war eine verbrecherische Organisation." Damit wurde es mit der SS gleichgestellt, die bei den Nürnberger Prozessen gegen die Hauptkriegsverbrecher als „verbrecherische Organisation" eingestuft worden war. Conze behauptet weiter, „die meisten [Diplomaten und Beamten] empfanden schon die nationalsozialistische Machtübernahme 1933 als Erlösung".[18] Alles andere als „unpolitisch", seien sie Gegner der Demokratie gewesen und hinreichend antisemitisch, um den nationalsozialistischen antijüdischen Maßnahmen wohlgesonnen gegenüberzustehen. Die Ersetzung Neuraths durch Ribbentrop habe daher keinen großen Unterschied gemacht. Die alte Garde der Berufsdiplomaten sei genauso schlimm gewesen wie die neuen NS-Beamten, und nur ein winziger Prozentsatz von ihnen sei an irgendeiner Form von Widerstand beteiligt gewesen.

Das Buch löste einen gewaltigen Sturm in den Medien aus. Die riesige öffentliche Aufmerksamkeit, für die schon bei der Präsentation des Buches die Anwesenheit von Fischer und anderen Spitzenpolitikern sorgte, half – zusammen mit dem unleugbar klaren und gut lesbaren Stil – *Das Amt* zu einem Bestseller zu machen. Erste Reaktionen in der Presse waren überwiegend positiv,[19] aber schon bald prangerten Kritiker das Buch als Pauschalverurteilung an, bemängelten die unzähligen Fehler in Details und die voreingenommenen und nicht ausreichend belegten Schlussfolgerungen. Die *Spiegel*-Autoren Jan Friedmann und Klaus Wiegrefe beklagten, dass das Buch wiederholt von „den" Diplomaten spreche, als wären alle in gleichem Maße in den Nationalsozialismus verwickelt gewesen, und dass das Buch die Kenntnis des Massenmordes mit dessen Billigung oder gar der Verantwortung dafür gleichsetze.[20]

Das Werk der Kommission, klagte der Historiker und Journalist Rainer Blasius, „verletzt wissenschaftliche Standards und pflegt Vorurteile". Es ignoriere praktisch die Rolle einzelner Diplomaten im Widerstand gegen Hitler und deute ihr Verhalten durchgängig auf die schlimmstmögliche Weise. Es wiederhole alte Propagandageschichten, die von der Deutschen Demokratischen Republik ausgebrütet worden seien, um die Bundesrepublik zu diskreditieren.[21] Andere Kritiker verwiesen darauf, dass die Kommission ihre Forschungsarbeit zwar so darstelle, als habe sie zum ersten Mal eine ganze Reihe von Tabus gebrochen, dass es aber bereits zuvor etliche seriöse wissenschaftliche Untersuchungen zur Verwicklung des Auswärtigen Amts in den Holocaust gegeben habe, insbesondere von Christopher Browning[22] und

Hans-Jürgen Döscher, der ebenfalls wichtige Studien über das Auswärtige Amt in der NS-Zeit und in den Nachkriegsjahren veröffentlichte.[23] Als erhebliches Manko empfanden Kritiker das Fehlen von Verweisen auf andere relevante Werke der Forschungsliteratur.[24] Hans Mommsen und Johannes Hürter kritisierten beide den engen Fokus der Kommission auf den Holocaust unter Vernachlässigung anderer Themen und beklagten einmal mehr die Tendenz des Buchs zu pauschalen und undifferenzierten Urteilen.[25] Mommsen ergänzte, dass keiner der vier Herausgeber Experte für die Geschichte des Holocaust sei, was eine schlicht unfaire Bemerkung ist,[26] da Peter Hayes bedeutende Forschungsarbeiten zur Verwicklung von Unternehmen wie der I.G. Farben und der Degussa veröffentlicht hat und das Norbert Frei einer der wenigen noch übrigen älteren Historiker in Deutschland ist, die ausgiebig über das „Dritte Reich" geschrieben haben, während der titelgebende zweite Teil des Buchs über die Nachkriegszeit, „Das Amt und die Vergangenheit", auf jeden Fall das Expertenwissen eines Historikers wie Eckart Conze erforderte, Autor einer neueren Geschichte Deutschlands seit 1945.[27] Gleichwohl traf Mommsens Einwand auf mehrere der Forscher zu, die das Buch tatsächlich verfasst haben, unter ihnen junge Wissenschaftler, die noch nicht einmal ihre Doktorarbeit abgeschlossen hatten.

Die Tatsache, dass die vier verantwortlichen Historiker das Buch eigentlich nicht geschrieben haben, hat sie nicht davon abgehalten, es zu verteidigen. Moshe Zimmermann warf vor allem Hürter vor, für das konservative Institut für Zeitgeschichte in München zu sprechen, das, unterstellte er, heutzutage ständig versuche, die alte deutsche Elite zu exkulpieren. Es sei abstrus, den Autoren vorzuwerfen, sie hätten sich zu sehr auf den Holocaust konzentriert, sagte Zimmermann. Die Kritiker würden eine politische Kampagne gegen das Buch betreiben, um das Auswärtige Amt der 1950er-Jahre zu rehabilitieren und die Herausgeber als Außenseiter zu diskreditieren.[28]

Während an diesen Vorwürfen durchaus etwas dran gewesen sein könnte, soweit es einige der Kritiker betraf, ist es hingegen nicht überzeugend,[29] Hürter vorzuwerfen, er spreche im Namen des Münchener Instituts für Zeitgeschichte oder er versuche, alte Eliten zu exkulpieren – immerhin ist er Autor einer großen kritischen Studie über das Offizierskorps der Wehrmacht im „Dritten Reich" (*Hitlers Heerführer. Die deutschen Oberbefehlshaber im Krieg gegen die Sowjetunion 1941/42*, München 2007), die alles andere als entlastend oder rechtfertigend ist

– und ohnehin haben andere Kritiker, insbesondere Hans Mommsen, keinerlei Verbindung zum Institut und keine konservative Axt zu schärfen. Den Kritikern des Buches politische Motive zu unterstellen, entkräftet ihre ernsthaften Einwände nicht. Es gilt viel mehr zu fragen, ob ihre Kritik tatsächlich die traditionelle Position des Auswärtigen Amts und die Aufarbeitung seiner Rolle im „Dritten Reich" in den nachfolgenden Jahrzehnten rechtfertigt.

III

Die einleitenden Teile – „Das Auswärtige Amt und die Errichtung der Diktatur" und „Die Jahre bis zum Krieg" – verfasste Lars Lüdicke, damals Doktorand an der Potsdamer Universität und Autor einer kurzen, 2009 erschienenen Studie über die deutsche Außenpolitik von 1933 bis 1945,[30] die augenscheinlich eng verknüpft ist mit seinem längeren Beitrag für *Das Amt*. Lüdicke widmet den internen personellen Strukturen und Verfahrensweisen im Auswärtigen Amt sehr viel Aufmerksamkeit und weist überzeugend nach, dass die in der Weimarer Republik unternommenen Versuche, den Dienst zu modernisieren, fehlgeschlagen waren. Im Jahr 1933 waren insbesondere die höheren Ränge noch immer von Diplomaten bekleidet, die ihr Handwerk unter dem Kaiser gelernt hatten. Viele von ihnen waren Adlige und teilten den Adelsdünkel gegen Demokratie, Egalitarismus, Reform – und gegen Juden. Nur sehr wenige Beamte im Auswärtigen Amt entschlossen sich, aus dem Dienst auszuscheiden, als die Nationalsozialisten an die Macht kamen – Friedrich von Prittwitz und Gaffron, Botschafter in Washington und ein überzeugter Demokrat, war eine einsame Ausnahme in den Spitzenrängen des diplomatischen Dienstes, denn obwohl einige seiner Kollegen ebenfalls erwogen, ihren Abschied zu nehmen, ließ er als Einziger seinen Prinzipien auch Taten folgen. Als verkappte Imperialisten und Expansionisten begrüßte die große Mehrheit das Emporkommen der Nationalsozialisten, die sie weniger als „Parteipolitiker" ansahen, als etwa die Sozialdemokraten. Bei der Identifizierung jüdischer Beamter und der Anwendung des Gesetzes vom 7. April 1933, welches die meisten von ihnen zwang, den Dienst zu verlassen, arbeitete das Auswärtige Amt bereitwillig mit den Nationalsozialisten zusammen. Darüber hinaus war es dem Regime gefällig, indem es auf Berichte in der Auslandspresse über antisemitische Ausschreitungen in Deutschland mit

Gegendarstellungen reagierte, und machte uneingeschränkt mit, als es darum ging, NS-Gegnern wie Albert Einstein nicht nur die Staatsbürgerschaft zu entziehen, sondern auch deren Wirken im Exil scharf zu beobachten.

Doch alle diese Aktivitäten wären als normales Geschäft eines Außenministeriums abzutun, nicht normal war hingegen das Regime, dem sie dienten. Wie bei anderen Schlüsselinstitutionen, wie etwa dem Offizierskorps, der Universitätsprofessorenschaft oder dem Richterstand, scheint es angesichts des ganzen Terrors und Zwangs, die in der ersten Hälfte des Jahres 1933 in Deutschland herrschten, hinreichend gerechtfertigt, den Ausdruck „Selbstgleichschaltung" zu verwenden, um diesen Prozess der mehr oder weniger freiwilligen Anpassung zu beschreiben.[31] Bald schon benutzten auch Beamte den „Deutschen Gruß" und schworen einen persönlichen Treueid auf Hitler. Nichts davon wird allzu sehr verwundern. Der Vergleich mit der Anwaltschaft, wo 4000 Rechtsanwälte 1933 ihre Stelle verloren, oder der Ärzteschaft, wo 2000 entlassen wurden, zeigt lediglich, wie wenig Juden und wie wenig Linke oder Liberale es ins Auswärtige Amt geschafft hatten, im Vergleich zum Rechtswesen oder zur Medizin.[32]

Doch diese Konformität reichte den Nationalsozialisten nicht, am allerwenigsten Joachim von Ribbentrop, dem selbst ernannten außenpolitischen Experten der NSDAP. Von 1933 an wuchs das Auswärtige Amt rapide an, erreichte 1938 eine Stärke von 2665 Mitarbeitern und vier Jahre später von 6458.[33] Die Anzahl der Männer im höheren Dienst stieg von 436 im Jahr 1933 auf 596 im Jahr 1939.[34] Im Zuge dieser Erweiterung stießen viele junge, engagierte Nationalsozialisten hinzu. Die meisten von ihnen saßen auf eher untergeordneten Stellen, doch wie Jan-Erik Schulte, ein Experte für die SS, aus dessen Feder eine ausgezeichnete Monografie über ihr ökonomisches Imperium stammt,[35] im letzten Teil über die Friedensjahre („Alte und neue Diplomaten") nachweist, war Ribbentrop diesen neuen Männern am engsten verbunden.[36] 28 Angehörige der Dienststelle Ribbentrop nahmen in Friedenszeiten den Dienst auf, und auch immer mehr Männer in den oberen Etagen des Dienstes traten in die NSDAP ein, wenngleich dies nicht zwangsläufig bedeutete, dass sie deren zentralen Überzeugungen anhingen. Heinrich Himmler und die SS versuchten Einfluss zu gewinnen, indem sie führende Beamte auf Positionen in der SS beriefen, was diese natürlich verpflichtete, zumindest Lippenbekenntnisse zu deren Ideen und Prinzipien abzulegen.[37] Lüdicke schließt seinen Beitrag mit dem Hinweis, dass trotz dieser Veränderungen die alte Elite die höheren Ebenen des Dienstes, vor allem in den Botschaften und Konsulaten, dominierte. Erst während des Krieges sei die Anzahl der Leute, die aus ideologischen Gründen in höhere Positionen gehievt wurden, merklich gestiegen. Zugleich sei die alte Elite nicht immun geblieben gegen den Einfluss des Nationalsozialismus, und viele altgediente Diplomaten – man könnte das Beispiel von Curt Prüfer anführen – lobten oder billigten die antisemitischen Maßnahmen des Regimes, schwiegen darüber oder rechtfertigten diese im Ausland.

Diese Befunde sind überzeugend und erhellend, obschon alles andere als überraschend. Nichtsdestotrotz weist Lüdickes Teil eine Reihe gravierender Schwächen auf. Erstens übertreibt der Verfasser gelegentlich die Bedeutung des Auswärtigen Amtes in Kernbereichen der NS-Politik. Nachdem er beispielsweise auf die AA-Berichte über anti-nationalsozialistische Pressemeldungen und Aktionen in den USA in den ersten Monaten das Jahres 1933 eingegangen ist, kommt Lüdicke zu dem Schluss, diese hätten den entscheidenden Vorwand für den am 1. April 1933 auf Anweisung von Hitler und Goebbels ins Werk gesetzten antijüdischen Boykott geliefert, ja seien sogar der indirekte Auslöser für die Boykottmaßnahmen gegen jüdische Geschäfte gewesen.[38] Allerdings mussten weder Hitler noch Goebbels Berichte des Auswärtigen Amtes lesen, um zu wissen, was in Amerika vor sich ging: Das war der Tagespresse zu entnehmen. Lüdicke liefert keine direkten Belege, um seine These zu untermauern. Die Idee eines Boykotts hatte mindestens schon seit zwei Jahren im Raum gestanden, und zu dem Zeitpunkt, als die von Lüdicke als entscheidend angeführten Depeschen abgeschickt wurden, vom 26. bis 29. März 1933, waren die Vorbereitungen für den Boykott schon seit 14 Tagen im Gange, das Kabinett debattierte am 24. März darüber, und zwei Tage später fiel die endgültige Entscheidung.[39]

Ebenso weist Lüdicke einen Großteil der Verantwortung für die Einführung der antisemitischen Nürnberger Gesetze im September 1935 dem Auswärtigen Amt zu, wobei er die Äußerung von Staatssekretär Bülow in einer Besprechung am 20. August 1935 hervorhebt, dass spontane antisemitische Aktionen dem Ansehen Deutschlands im Ausland schadeten.[40] Doch es gibt keine direkten Belege für diese Verbindung. In der umfangreichen wissenschaftlichen Literatur, die sich mit der Entstehung der Nürnberger Gesetze befasst, spielt das Auswärtige Amt, wenn überhaupt, nur eine äußerst kleine Rolle. Wenn es eine treibende Kraft innerhalb der zivilen Verwaltung gab, dann war es Reichswirtschaftsminister Schacht, aber die Schlüsselrolle spielte Hitler selbst, der schon am 8. August 1935 bei einzelnen Gewalttaten gegen Juden hart durchgriff und die Gesetze als eine Möglichkeit ansah, die noch verbliebenen „Radikalen" innerhalb der NSDAP zu neutralisieren.[41]

Lüdickes Behandlung dieser beiden Fälle verweist auf eine große Schwäche in seinem Beitrag wie auch in vielen (wenngleich nicht allen) anderen Kapiteln in *Das Amt:* das Versäumnis, die relevante Forschungsliteratur zurate zu ziehen. Die verwendeten Archivmaterialien hätten durch eine systematische Metaanalyse bestehender Forschungsarbeiten zu den relevanten Themen gestützt werden müssen. Besonders unzureichend erfasst ist die englischsprachige Literatur. Die Forschung zum nationalsozialistischen Deutschland ist seit Langem international – und in keinem Bereich ist das offenkundiger als in der Außenpolitik. Doch selbst Standardwerke werden nicht genannt, wo es nötig gewesen wäre, und stärker spezialisierte Untersuchungen fehlen häufig gänzlich. Ein Paradebeispiel sind das Tagebuch und die Biografie von Curt Prüfer. Trotz ihrer offenkundigen Relevanz und Bedeutung tauchen die Tagebücher in den Anmerkungen von *Das Amt* nirgendwo auf und sind seinen Verfassern anscheinend völlig unbekannt. Möglich, dass dies dem knappen Abgabetermin geschuldet ist, mit dem die Forscher konfrontiert waren. Vielleicht ist dieses Versäumnis aber auch eine Folge ihres Forschungsansatzes, der sich einfach darauf beschränkte, im Archiv des Auswärtigen Amtes zu wühlen. Fest steht, dass das Buch in entscheidender Hinsicht nicht den wissenschaftlichen Standards genügt, die man von einem Kommissionsbericht dieser Bedeutung erwarten sollte.

Ein anderer, gleichermaßen problematischer Aspekt von Lüdickes Beitrag ist, dass er sich weder mit Außenpolitik noch mit Diplomatie befasst. Dies ist ein besonderes Defizit bei der Behandlung der Friedensjahre, weil beide eine so zentrale Rolle spielten für die Anklage bei den Nürnberger Kriegsverbrecherprozessen ab 1945. Wie Astrid Eckert in ihrer Darstellung des Prozesses gegen die Hauptkriegsverbrecher in Nürnberg, darunter die beiden NS-Außenminister Neurath und Ribbentrop, feststellt: „Herzstück der Anklage war die Vorstellung einer kriminellen Verschwörung, die einem deutschen Angriffskrieg den Weg bereitet hatte und zur Beherrschung Europas und letztendlich der Welt führen sollte." Die unter ihrer Leitung vom Auswärtigen Amt durchgeführten diplomatischen Manöver waren für sich genommen nicht zwangsläufig verbrecherisch, nahmen aber aufgrund ihrer Einbettung in diese Verschwörung einen verbrecherischen Charakter an. Zwei Jahre später wurden führende Diplomaten im „Wilhelmstraßen-Prozess“ mit derselben Anschuldigung konfrontiert. Inzwischen zog der „Kalte Krieg“ auf, und den Angeklagten – an ihrer Spitze der ehemalige Staatssekretär Ernst von Weizsäcker, gefolgt von vielen weiteren Angehörigen der alten diplomatischen Elite – gelang es, zahlreiche Unterstützer zu mobilisieren, um ihre Unschuld zu bezeugen. Sie sorgten dafür, dass nur drei von ihnen schuldig gesprochen wurden, einen Angriffskrieg ausgelöst zu haben, und zwei dieser Urteile wurden aufgehoben. Den Anklagepunkt der Verschwörung „schloss das Gericht zu Prozessbeginn vollständig aus. [...] Die acht Beschuldigten aus dem ehemaligen Auswärtigen Amt waren in insgesamt 48 Punkten angeklagt, aber nur in 15 Punkten verurteilt worden. [...] Die meisten Verurteilungen erfolgten wegen Menschlichkeits- und Kriegsverbrechen.“[42]

Eckert kritisiert den „Wilhelmstraßen-Prozess“ völlig zu Recht wegen seiner extremen Nachsicht und schlussfolgert, dass sich die Angeklagten zusammen mit anderen höheren Beamten im Ministerium vermutlich tatsächlich in Verletzung des Briand-Kellogg-Pakts, zu dessen Unterzeichnern Deutschland gehörte, zur Auslösung eines Angriffskriegs verschworen hatten. Angesichts einer solchen Schlussfolgerung ist es doch erstaunlich, in den vorherigen Teilen des Buches keine Erwähnung einer Beteiligung des Auswärtigen Amtes an diesen Aktivitäten weder vor September 1939 noch danach zu finden. Selbst wenn man zugesteht, dass an die Autoren des Buches der Auftrag ergangen war, die vom Auswärtigen Amt und seinen Angehörigen begangenen Verbrechen zu erforschen und nicht eine allgemeine Geschichte der Institution zu schreiben, ist es dennoch verwunderlich, dass sie sich nicht mit der Vorbereitung eines verbotenen und verbrecherischen Angriffskrieges befassten, mit dem verglichen jene Themen, auf die Lüdicke so viel Zeit verwendet – die Überwachung von Emigranten und selbst die Entlassung von Beamten, die das Regime für Juden hielt – zu relativer Bedeutungslosigkeit herabsinken. Diese Unterlassung ist, wie Johannes Hürter betont hat, umso verwunderlicher, als das klassische Reich der Diplomatie, die das Herzstück dieser verbrecherischen Aktivität war, nach wie vor von den alten Eliten dominiert wurde.[43]

IV

Der enge Fokus des Buches auf die Verwicklung des Auswärtigen Amtes in die Verfolgung und letztendlich den Massenmord an den Juden Deutschlands und dann Europas wird noch kompromissloser in den Teilen, die sich mit dem Krieg befassen. In seiner Einleitung zu diesem Teil des Kommissionsberichts vermerkt Jochen Böhler, Autor eines wichtigen, wenn auch umstrittenen Buchs über die deutsche Invasion und Besetzung Polens,[44] das Auswärtige Amt sei in die Anforderung von Zwangsarbeitern, in den Diebstahl von Kulturgütern und Kunstwerken sowie in die Vernichtung der Juden verwickelt gewesen,[45] aber bei der Behandlung des Krieges erwähnt er die ersten beiden Punkte kaum. Wie Böhler anmerkt, war das „Sonderkommando Künsberg", das in den Jahren 1941/42 in großem Stil besetzte Gebiete in ganz Ost- und Südosteuropa ausplünderte und sich dabei besonders auf Bibliotheksbücher und Champagnerkisten konzentrierte, direkt dem Auswärtigen Amt unterstellt und führte zahlreiche Aufträge für Ribbentrop aus.[46] Aber die kulturellen Verwüstungen durch deutsche Besatzungstruppen in vielen anderen Ländern, vor allem in Frankreich und Italien, hatten ebenfalls ein enormes Ausmaß, und der Rolle des Auswärtigen Amts bei der wahrscheinlich größten Plünderungsaktion zu Kriegszeiten in der Geschichte wird im Rest des Buches viel zu wenig Platz eingeräumt.

Wie Jochen Böhler und Irith Dublon-Knebel, Herausgeber von *German Foreign Office Documents on the Holocaust in Greece, 1937–44* (2007) anmerken, drangen das Auswärtige Amt und seine Vertreter in Polen auf Mäßigung, weil sie fürchteten, dass die brutale und mörderische Politik der Besatzungstruppen die einheimische Bevölkerung verprellen würde.[47] Aus genau demselben Grund versuchte in Frankreich Botschafter Otto Abetz – kein Angehöriger der traditionellen Elite – die brutale Repressionspolitik der SS gegen die Résistance abzumildern und bei der Anforderung von Zwangsarbeitern behutsam vorzugehen. Wir erfahren jedoch darüber hinaus wenig über die weiterreichenden Aktivitäten der Botschafter in Frankreich, Holland, Belgien, Dänemark oder Norwegen und fast gar nichts über die Verwicklung von AA-Gesandten in die Besetzung Tunesiens und anderer Gebiete Nordafrikas oder über ihre oft im Verein mit Armee-Einheiten, wie etwa der Panzerarmee Afrika, gespielte Rolle im Propagandakrieg und in der politischen Kriegführung. Das Hauptaugenmerk liegt überwiegend auf der Verstrickung des Auswärtigen Amtes in die Deportation der Juden, die allerdings in einer Reihe von Fällen auch durchaus an die aktive Befürwortung des Massenmordes grenzte.

So drängte beispielsweise der „Reichsbevollmächtigte des Auswärtigen Amtes beim Militärbefehlshaber in Serbien“, Felix Benzler, in Berlin wiederholt auf die Deportation der serbischen Juden, wozu ihn die Sorgen der Wehrmacht über den wachsenden militärischen Widerstand gegen die deutsche Besatzung veranlassten – ‚Sorgen‘, die sich in Massenerschießungen von Juden als den angeblichen Urhebern dieses Widerstands äußerten. Als die Deportation als undurchführbar ausgeschlossen wurde, beauftragte Ribbentrop den Leiter des „Judenreferats“ im Auswärtigen Amt, Legationsrat Franz Rademacher, die „Liquidation von Juden in Belgrad“ zu organisieren, wie Rademacher den Grund für seine Dienstreise auf seiner Reisekostenabrechnung formulierte. Sobald er in Serbien angekommen war, drängte Rademacher unnachgiebig auf die vollständige Vernichtung aller Juden vor Ort. Selbst wenn die Wehrmacht, unterstützt und angestiftet von der SS, hier die treibende Kraft war, besteht kein Zweifel daran, wie die Verfasser es ausdrücken, dass „die Grenze zwischen der Behandlung außenpolitischer Aspekte der Judenfrage und der aktiven Beteiligung am Mord [...] verwischt – und [...] überschritten [wurde]“. Im Gegensatz dazu distanzierte sich der „Bevollmächtigte des Reichs für Griechenland“ in Athen, der Diplomat Günther Altenburg, von den gegen die griechischen Juden ergriffenen Maßnahmen und unternahm – eine Zeit lang halbwegs erfolgreiche – Schritte, um die Härte der SS-Maßnahmen gegen die einheimische Bevölkerung abzumildern.[48] Es gab also durchaus Entscheidungs- und Handlungsspielraum.

Doch Reichsaußenminister Ribbentrop selbst war aufgrund seines Charakters und seiner Weltanschauung geneigt, stets die härtesten Maßnahmen gegen die Juden zu ergreifen. Wie bedeutsam ist diese Tatsache? Auf Seite 185 von *Das Amt* finden wir eine außerordentliche Behauptung:

> An der Entscheidung über die „Endlösung“ war die Spitze des Auswärtigen Amtes direkt beteiligt. Das Schicksal der deutschen Juden wurde am 17. September 1941 besiegelt: An diesem Tag fand ein Treffen Hitlers mit Ribbentrop statt. Dem Treffen unmittelbar voraus ging Hitlers Anordnung, die soeben durch den Judenstern gekennzeichneten deutschen Juden in den Osten zu deportieren. Was im Zusammenhang mit dem Mada-

gaskar-Plan bereits erkennbar gewesen war, setzte sich nach dem deutschen Überfall auf die Sowjetunion im Juni 1941 fort: Das Auswärtige Amt ergriff die Initiative zur Lösung der „Judenfrage" auf europäischer Ebene.

Es dürfte kaum nötig sein, darauf hinzuweisen, dass eine gewaltige und schier nicht zu bewältigende Menge an wissenschaftlicher Literatur zu den Fragen existiert, wann, wie und durch wen die Entscheidung getroffen wurde, Europas Juden zu vernichten. Auf diese Literatur wird im Buch weder Bezug genommen, noch wird sie erörtert. Mehr noch, die oben zitierte kühne Behauptung ist nicht einmal mit einer Fußnote versehen. Die gängige Forschungsliteratur zur Verhaftung und Deportation der Juden aus Holland, Belgien, Frankreich und anderen besetzten Ländern wird nicht erwähnt. In der gesamten Literatur und in den meisten wichtigen Gesamtdarstellungen zur Judenvernichtung wird jedoch das Auswärtige Amt zwar oft als beteiligte Instanz erwähnt, aber nie als die treibende Kraft dargestellt.

Wie diese umfangreiche Literatur zeigt, war Ribbentrops Besprechung mit Hitler am 17. September 1941 nur eine aus einer ganzen Reihe von Besprechungen, die sich über mehrere Tage hinzogen und an denen Hitler, der Reichsführer SS Heinrich Himmler und sein Stellvertreter Reinhard Heydrich sowie weitere SS-Funktionäre zusammen mit Botschafter Abetz teilnahmen. Nach Christopher Brownings maßgeblicher Darstellung dieser Besprechungen kam der tatsächliche Impuls zur Deportation der deutschen und französischen und möglicherweise aller europäischen Juden in den Osten vom „Reichsminister für die besetzten Ostgebiete" Alfred Rosenberg (der Vergeltung für die Deportation der Wolgadeutschen durch Stalin wollte), Otto Abetz (der im Verein mit Wehrmachtsführern und SS-Funktionären Vergeltungsmaßnahmen für Widerstandsakte in Frankreich wollte, die sie den Juden zur Last legten) sowie den Gauleitern von Hamburg und Köln (die Juden zur Räumung ihrer Wohnungen zwingen wollten, um Nichtjuden umzuquartieren, die bei Bombenangriffen obdachlos geworden waren). Alle Darstellungen sind sich jedoch darin einig, dass die entscheidende Intervention von Himmler kam. Ribbentrop wurde über die Entscheidung zur Deportation der deutschen Juden nicht einmal informiert, als sie getroffen war, obwohl er, wie Browning feststellt, durchaus „Einfluss auf den Entscheidungsprozess genommen" hatte.[49] Peter Longerichs Darstellung derselben Serie von Besprechungen legt den Schluss nahe, dass Hitler im Prinzip bereits entschieden hatte, mit den Deportationen zu beginnen, selbst wenn er durch die Interventionen von Himmler, Ribbentrop und anderen in seiner Absicht bestätigt wurde.[50] Ihre Nichtbeachtung der Forschungsliteratur verstärkt folglich die Tendenz der Autoren, die Quellen überzuinterpretieren. Wenn sie sich die Mühe gemacht hätten, sie in ihren historiografischen Kontext einzuordnen, wären sie in der Lage gewesen, eine differenziertere und zutreffendere Darstellung der Rolle des Auswärtigen Amtes vorzulegen. Dies hätte sie nicht daran gehindert, Döschers Schlussfolgerung von Mitte der 1980er-Jahre zu wiederholen, dass „die Zusammenarbeit des Auswärtigen Amtes mit dem Reichssicherheitshauptamt bei der ‚Endlösung der Judenfrage' von Anfang an ohne erkennbare Reibungen verlief", und entscheidender: „Die dabei verantwortlich mitwirkenden Beamten des AA waren in ihrer Mehrheit keine alten Nationalsozialisten, sondern Berufsdiplomaten, die überwiegend erst nach 1933 der NSDAP oder einer ihrer Gliederungen beitraten."[51]

Das geschah, wie Irith Dublon-Knebel und Lars Lüdicke feststellen, im Auswärtigen Amt, wo augenscheinlich Pläne zur Deportation der Juden nach Madagaskar ausgearbeitet wurden, die aber in Anbetracht der britischen Beherrschung der Meere im Sande verliefen.[52] Ohnehin ist tatsächlich zu vernichten etwas ganz anderes als das Ausbrüten irrationaler Pläne. Und was die Durchführung der Vernichtungspolitik betraf, war die Rolle des Auswärtigen Amtes denn auch, wie die ausführlichen Darstellungen im Buch selbst zeigen, sehr viel kleiner. Zunächst einmal hatte das Auswärtige Amt in Dänemark und Norwegen wenig Einfluss im Vergleich zur SS und zur NSDAP. Und in Polen sowie in den besetzten Gebieten der Sowjetunion nach dem deutschen Überfall im Juni 1941 wurde es, wie Rosenbergs Ostministerium, von diesen Institutionen und von den Streitkräften kaltgestellt. Größer war der Einfluss des Auswärtigen Amts, wie die Autoren nachweisen, in Ungarn, vor allem als Hitler und Ribbentrop in den Jahren 1943/44 den Druck auf den ungarischen Reichsverweser, Admiral Miklós Horthy, steigerten, sowie in Kroatien und der Slowakei. In Frankreich spielte Botschafter Abetz eine wichtige Rolle bei den Deportationen. In einigen dieser Länder, wie etwa Griechenland oder Ungarn, sprachen sich die Vertreter des Auswärtigen Amtes gegen brutale Vergeltungsmaßnahmen für Widerstandsakte aus, um die einheimische Bevölkerung nicht zu verprellen. Aber wie die Autoren richtig anmerken, erstreckte sich diese Politik der Milde nie auf Juden, es sei denn, es handelte sich um ausländische

Staatsangehörige aus nicht kämpfenden Ländern. In diesem Fall galt es, sie im Interesse guter bilateraler Beziehungen zu beschützen.[53]

Nichts davon deutet darauf hin, dass das Auswärtige Amt eine Brutstätte des Widerstands gegen das Regime und seine Politik war. In einer auffallend kurzen Behandlung des Widerstands stellen die Autoren (Jan-Erik Schulte, Irith Dublon-Knebel und Andrea Wiegeshoff – eine weitere Doktorandin) fest, dass die wenigen Männer innerhalb des Auswärtigen Amts, die zu den militärischen Anführern des Widerstands in seinen verschiedenen Phasen Kontakte hatten, meist junge Beamte in der Informationsabteilung waren, die schnell expandierte und Leute aus Milieus anwarb, die im Vergleich zur Herkunft der etablierten Berufsdiplomaten eher unkonventionell waren. Ein paar hatten Verbindungen zum Kreisauer Kreis, wo vertrauliche Gespräche über die Konturen eines Nachkriegsdeutschlands stattfanden. Einige wenige, darunter der junge Adam von Trott zu Solz, der pensionierte Diplomat Ulrich von Hassell und der Leiter des Russland-Komitees im AA, Friedrich-Werner Graf von der Schulenburg, waren in die Verschwörung zur Ermordung Hitlers verwickelt, die am 20. Juli 1944 ihr Ziel verfehlte.[54]

Den gleichen Status räumen die Autoren anderen Einzelpersonen ein. Zu ihnen gehören etwa Fritz Kolbe, ein weiterer Außenseiter, der Ribbentrop in Fragen der Kriegswirtschaft beriet und regelmäßig geheime Informationen an den amerikanischen Secret Service lieferte, oder Gerhart Feine, ein konventionellerer Diplomat, der dennoch von seinem Büro in Budapest aus unermüdlich der Vernichtung der Juden in Ungarn entgegenwirkte und sein Bestes tat, um so viele wie möglich zu retten. Das Feld so weit abzustecken war sicher sinnvoll. Es hat allerdings zur Folge, dass das Bombenattentat vom 20. Juli nicht mehr ganz so einzigartig dasteht, womit die Darstellung der eigenen Vergangenheit, wie sie im Auswärtigen Amt nach Kriegsende ausgearbeitet wurde, weiter an Glaubwürdigkeit verliert. Hitler und Ribbentrop hatten schon vor dem 20. Juli 1944 angefangen, das Auswärtige Amt von Männern mit „internationalen Verbindungen“ und mit Beziehungen „zu säubern“, die vom Regime als fragwürdig erachtet wurden, etwa zu den Familien des höheren Adels. Etliche wurden entlassen, doch das ist noch kein Beweis dafür, dass das Auswärtige Amt irgendeine bedeutende Rolle im Widerstand gespielt hätte. Im Gegenteil, ein winzige Minderheit größtenteils isolierter Figuren oder Splittergruppen hatte verschiedene Schritte unternommen, um sich vom Regime zu distanzieren, sich ihm zu widersetzen oder, in sehr seltenen Fällen, zu versuchen, es zu stürzen oder seine Politik zu unterlaufen. Sie alle verdienen, dass ihrer gedacht wird, vielleicht ausführlicher, als das hier der Fall ist, aber von ihrem Verhalten und von ihren Einstellungen ist keinesfalls auf das Auswärtige Amt insgesamt zu schließen.

V

Die späteren Kapitel des Buches widmen sich gemäß des Auftrags von Bundesaußenminister Fischer der Frage, wie das Auswärtige Amt nach 1945 mit seiner Rolle in der NS-Zeit umging und wie viel Kontinuität es von dieser Ära bis zu den Jahren ab 1951 gab, als das Ministerium in der Bundesrepublik Deutschland neu gegründet wurde. Wie Katrin Paehler zeigt – eine deutsche Wissenschaftlerin, die über die Belagerung von Leningrad und ihre Rolle in der Erinnerungskultur gearbeitet hat und heute in den USA lehrt –, wurde das Auswärtige Amt als Institution 1945 schnell aufgelöst, seine Beamte in alle Winde verstreut, manche landeten in sowjetischen Gefängnissen (vor allem wenn sie SA-Männer waren), manche in Verhörzentren, manche wurden verhaftet und wegen Kriegsverbrechen vor Gericht gestellt. Ein paar beteiligten sich an der massiven Selbstmordwelle, die in der ersten Jahreshälfte über die Beamtenwelt in Deutschland hinwegrollte.[55] Viele starteten neue Karrieren in der Industrie, in der akademischen Welt, im Rechtswesen, im öffentlichen Dienst, in der Kommunalverwaltung und sogar in der Kirche. Ihre hohe soziale Herkunft, ihre Bildung und ihre Fähigkeiten kamen ihnen dabei zustatten. Das Ergebnis des Entnazifizierungsprozesses war laut Thomas Maulucci, einem amerikanischen Professor, der über US-Politik im Kalten Krieg arbeitet, dass 108 höhere Beamte im Auswärtigen Amt als „entlastet", 70 als „nicht betroffen" und 15 als „Mitläufer" eingestuft und fünf amnestiert wurden; 39 blieben von dem Prozess gänzlich unberührt. Dennoch beklagten sich ehemalige Diplomaten, wenn sie miteinander korrespondierten, weiterhin über das, was sie für das abwegige Vorurteil der Besatzungsmächte gegen ehemalige deutsche Diplomaten hielten.[56]

Wie bereits bemerkt, bearbeitete Astrid Eckert den „Wilhelmstraßen-Prozess" gegen mutmaßliche NS-Kriegsverbrecher im Auswärtigen Amt (1947–49). Auch sie lehrt als deutsche Historikerin an einer amerikanischen Universität und ist Autorin einer hilfreichen Studie über die Rückgabe erbeuteter deutscher Akten an die Bundesrepublik. Eckert berichtet in allen Einzelheiten über das Verfahren und weist zweifelsfrei nach, dass der Prozess sich auf die oberste Beamtenschicht konzentrierte, insbesondere die Staatssekretäre und Unterstaatssekretäre, in denen die amerikanischen Ankläger die Verantwortlichen für die Verbrechen des Auswärtigen Amtes sahen, sodass viele Beamte in den mittleren Rängen wie Rademacher, die direkt in Verbrechen verwickelt gewesen waren, etwa in die Ermordung der Juden Europas, durch die Maschen des Netzes schlüpften. Der Einzige, der unmittelbar in die Morde verwickelt gewesen war und nun auf der Anklagebank saß, war Edmund Veesenmayer. Der „fliegende" Gesandte Ribbentrops in Jugoslawien und der Slowakei und „Bevollmächtigte des Großdeutschen Reichs" in Ungarn in der entscheidenden Phase 1944 hatte zahlreiche Juden in den Tod geschickt und sogar Methoden zur Verbesserung ihres Abtransports in die Gaskammern vorgeschlagen. Veesenmayer war unter anderem verantwortlich für das Unterwandern von Ländern, in welche die Wehrmacht demnächst einmarschieren würde, und hatte seine Finger bei der Einsetzung der völkermörderischen Marionettenregierungen in Kroatien und der Slowakei im Spiel. Trotz Drucks vonseiten derjenigen, die wollten, dass diese Verbrechen in den Mittelpunkt gerückt wurden, lag das Gewicht sehr stark auf dem Punkt Verschwörung zum Angriffskrieg.[57] Wie Annette Weinke, Autorin mehrerer Studien über die strafrechtliche Verfolgung deutscher Kriegsverbrecher, in ihrer ausgezeichneten Erörterung zum Mythos vom Auswärtigen Amt als Widerstandszelle zeigt, erlaubte diese einseitige Fokussierung ehemaligen Beamten, die einmal mehr ihre informellen gesellschaftlichen und beruflichen Beziehungen in Anspruch nahmen, eine koordinierte Verteidigung zu organisieren, die sich besonders auf die Schlüsselfigur des früheren Staatssekretärs Ernst von Weizsäcker konzentrierte, dessen Familie bei alledem eine bedeutsame Rolle spielte.[58]

Das Bild, das diese Männer zusammenfügten, entsprach mehr oder weniger jenem, das Curt Prüfer in seinen frisierten Tagebüchern unmittelbar nach dem Krieg von sich zeichnete. Sie instrumentalisierten Randfiguren, die sich am aktiven Widerstand gegen Hitler beteiligt hatten, für das Auswärtige Amt insgesamt, schilderten die isolierten und weit verstreuten Widerständler, als hätten sie in einer koordinierten Gruppe zusammengearbeitet, deren Mittelpunkt Weizsäcker bildete. Und sie unterschieden diese von „Verrätern", die den Amerikanern oder den Sowjets Informationen zugespielt hatten. Unterstützt von einflussreichen Journalisten, wie etwa Marion Gräfin Dönhoff und Margret

Boveri, überzeugten sie das Nürnberger Tribunal und die Öffentlichkeit davon, dass die überwältigende Mehrheit der Diplomaten einzig und allein auf ihrem Posten geblieben und nicht aus dem Amt geschieden sei, um die extreme Politik der Nationalsozialisten abzumildern. Es seien die neuen, von der NS-Ideologie durchdrungenen Männer gewesen, die dazugeholt wurden, nachdem Neurath Platz für Ribbentrop gemacht hatte, die sich über die fortwährenden Skrupel der alten Hasen hinweggesetzt und Letztere gezwungen hätten, belastende Dokumente zu unterzeichnen, um sich selbst vor Schaden zu bewahren. Sie behaupteten weiter, das Außenministerium habe nach dem gescheiterten Attentat vom 20. Juli von allen Ministerien die höchste Hinrichtungsrate von Beamten erlitten. Sie verschafften sich unzählige Leumundszeugnisse – im Volksmund „Persilscheine" genannt, weil sie, wie das gleichnamige Waschmittel, „weißer als weiß" wuschen – von ehemaligen jüdischen Beamten und aus Kreisen des militärischen und adligen Widerstands, die ihnen Opposition gegen das Regime bescheinigten. Sie bemühten sich nach Kräften, oftmals auf die skrupelloseste Weise, Robert Kempner, den Stellvertreter des amerikanischen Chefanklägers Robert H. Jackson, zu verunglimpfen. Kempner war ein erfahrener deutsch-jüdischer Anwalt, der von den Nationalsozialisten verhaftet und ins Exil gezwungen worden war. Am Ende führten sie die ganze Anklage, genau wie die Anklagen gegen Industrielle und Wehrmachtsoffiziere, auf einen Versuch egalitärer Amerikaner zurück, Deutschlands traditionelle aristokratische Eliten zu diskreditieren.

Weizsäckers Sohn Richard, eine Schlüsselfigur des Verteidigungsteams und später Präsident der Bundesrepublik Deutschland (1985–1995), ist hoch anzurechnen, dass er solche Verleumdungstaktiken für kontraproduktiv hielt und einzudämmen versuchte. Aber inzwischen war ohnehin der Kalte Krieg in vollem Gange, und die Amerikaner ließen zunehmend Nachsicht walten, um die Westdeutschen nicht mit dem Anschein von Rachsucht und Unversöhnlichkeit zu verstimmen. Ernst von Weizsäcker, zu sieben Jahren Haft verurteilt, die 1949 auf fünf reduziert wurden, wurde 1951 vorzeitig aus der Haft entlassen, nur um kurz danach an einem Schlaganfall zu sterben. Wie der amerikanische Historiker William Glenn Gray, Autor von *Germany's cold war. The global campaign to isolate East Germany, 1949–1969* (2003) feststellt, galten auch die im „Wilhelmstraßen-Prozess" gefällten milden Urteile bald schon als zu hart, und eine Untersuchungskommission empfahl eine Herabsetzung der Strafmaße. Sogar die Gefängnisstrafe des verabscheuungswürdigen Veesenmayer wurde mit der Begründung halbiert, dass er „Botschafter war und nur Botschafter [...] Es ist klar, dass seine Aufgabe im Wesentlichen darin bestand, die Ansichten der Hitler-Regierung an die ungarische Regierung weiterzuleiten, und Berichte [nach Berlin] zu erstatten", wie es jeder Gesandte tun würde. Sein einziges Verbrechen sei die Mitgliedschaft in einer verbotenen Organisation – der SS – gewesen. Veesenmayers wahre Aktivitäten fielen jetzt praktischerweise unter den Tisch.[59]

Die Bundesrepublik Deutschland erhielt wie erwartet von den alliierten Besatzungsmächten die Erlaubnis, zunächst einen konsularischen Dienst und dann, im Jahr 1951, wieder ein richtiges Außenministerium einzurichten. Wie in anderen Bereichen stellte Westdeutschland auch hier fest, dass es Männer mit professionellem Sachverstand brauchte, welche Rolle auch immer sie vor 1945 gespielt hatten. Zur Vertretung der entstehenden Bundesrepublik Deutschland im Ausland wurden Leute mit Fach- und Sprachkompetenz gebraucht, die darüber hinaus Erfahrung mit Diplomatie und ihren oftmals obskuren Regeln und Konventionen hatten. Wie Weinke zeigt, wollte Bundeskanzler Konrad Adenauer zwar unbedingt jede Wiederauferstehung der alten Wilhelmstraße vermeiden, aber in der Praxis fehlten ihm die detaillierten Informationen über das Personal, um das zu verhindern. Eine Schlüsselfigur war hier der Leiter der Politischen Abteilung des Auswärtigen Amtes, Herbert Blankenhorn, der es nach Kriegsende irgendwie geschafft hatte, seine amerikanischen Vernehmungsoffiziere davon zu überzeugen, er sei Mitglied des Widerstands gewesen. Er gewann auch Adenauers Vertrauen so weit, dass er 1949 Persönlicher Referent des Bundeskanzlers wurde, bevor er 1951 ins Auswärtige Amt wechselte, wo Blankenhorn über Mittel und Wege verfügte, Leute aus dem alten Auswärtigen Amt zurück in den diplomatischen und konsularischen Dienst und in die Verwaltung in Bonn zu holen. Einer nach dem anderen wurden sie hingestellt, als hätten sie mit dem Nationalsozialismus nichts zu schaffen gehabt oder seien gar am Bombenattentat vom 20. Juli 1944 beteiligt gewesen.[60]

Bemerkenswerterweise erregte dies, wie Weinke zeigt, vor allem die Kritik einer Gruppe ehemaliger Männer vom SD (Sicherheitsdienst), die von Herausgeber Rudolf Augstein bewusst für den *Spiegel* angeworben worden waren. Eine 16-teilige Serie über das neue Auswärtige Amt von Horst Mahnke, der in der Abteilung VII „Weltanschauliche Forschung" des Reichsicherheits-Hauptamtes gearbeitet hatte und die

Männer des 20. Juli 1944 für Verräter hielt, tat die Behauptungen der Diplomaten, sie seien in den Widerstand eingebunden gewesen, verächtlich ab. Aber es gab auch noch andere kritische Stimmen, von eher linken Zeitungen wie der *Frankfurter Rundschau* bis zum Propagandaapparat der Deutschen Demokratischen Republik, der niemals müde wurde, höhergestellte Alt-Nazis im Westen zu entlarven. Ein Höhepunkt dieser Aktivitäten war die Veröffentlichung von Albert Nordens *Braunbuch. Kriegs- und Naziverbrecher in der Bundesrepublik. Staat, Wirtschaft, Armee, Verwaltung, Justiz, Wissenschaft* im Jahr 1965 durch den „Nationalrat der Nationalen Front des demokratischen Deutschland" und das Dokumentationszentrum der Staatlichen Archivverwaltung der DDR. Nachdem die westdeutschen Behörden es nicht hatten verbieten können, taten sie das *Braunbuch* als ein Gespinst aus Lügen und Erfindungen ab, am Ende stellte es sich jedoch als größtenteils zutreffend heraus.

Nichtsdestotrotz konnte das Auswärtige Amt all diese Angriffe abwehren. Im Jahr 1953 beispielsweise stellte es Otto Bräutigam wieder ein, einen Berufsdiplomaten, der zu Beginn des Krieges als Verbindungsmann zum Auswärtigen Amt bei der Haupttreuhandstelle Ost im besetzten Polen an der Beschlagnahme polnischen Eigentums mitgewirkt hatte – „eine der radikalsten Räubereien der Weltgeschichte und ein Hohn auf das Völkerrecht", wie er selbst sie in seinen Erinnerungen mit bemerkenswerter Offenheit charakterisierte.[61] Im Mai 1941 zur „Dienststelle Rosenberg" abkommandiert und im November 1941 zum Leiter der Abteilung „Allgemeine Politik" im Reichsministerium für die besetzten Ostgebiete ernannt, war Bräutigam ein energischer Vertreter der Auffassung des Ostministeriums geworden, dass es Deutschland langfristig mehr nützen würde, die slawische Bevölkerung der besetzten Gebiete nicht schlecht zu behandeln, eine Auffassung, die allerdings kaum Einfluss auf den tatsächlichen Gang der Ereignisse hatte. Bei den Juden sah die Sache anders aus. Während des Krieges hatte Bräutigam auf die Deportation der Juden als Vergeltung für die schlechte Behandlung der Wolgadeutschen durch Stalin gedrungen, an einer Besprechung über den Einsatz von Gaswagen für den Massenmord teilgenommen und ein nach der Wannsee-Konferenz anberaumtes Arbeitstreffen geleitet, das sich mit der Definition und der Behandlung von Juden und Halbjuden im Osten befasste und bei dem Rosenbergs Ministerium erklärt hatte, die Letzteren seien „rassisch ebenso unerwünscht wie Volljuden".[62] Gleichwohl hatte das Landgericht Nürnberg-Fürth Bräutigam im Jahr 1950 von dem Vorwurf freigesprochen, dass er an der Vernichtung beteiligt gewesen sei. Aber nach und nach drangen Beweise für seine Rolle an die Öffentlichkeit, vor allem durch das bahnbrechende Werk über den Holocaust von Gerald Reitlinger.[63] Im Auswärtigen Amt wurden heftige Anstrengungen unternommen, Bräutigams Namen zusammen mit anderem abträglichem Beweismaterial aus der deutschen Ausgabe von Reitlingers Buch zu tilgen, aber der Presserummel führte dazu, dass eine beabsichtigte Entsendung Bräutigams nach São Paulo in Brasilien, „wo er sich nach Adenauers Vorstellung mit sowjetischen Umtrieben in Südamerika befassen sollte", im Herbst 1955 am Einspruch des Bundeskabinetts scheiterte. Obwohl die Ostdeutschen das größtmögliche politische Kapital aus der Affäre schlugen und im britischen Unterhaus Fragen über seine Vergangenheit laut wurden, wurde Bräutigam 1957 mit der Begründung wieder eingestellt, dass er versucht habe, die schlimmsten Exzesse der völkermörderischen Politik des Nationalsozialismus zu verhindern, und er beendete seine Karriere als Generalkonsul in der britischen Kronkolonie Hongkong.[64]

In Wahrheit war die Wahrscheinlichkeit, im neuen Auswärtigen Amt Diplomaten und Beamten aus der alten Wilhelmstraße zu begegnen, wie Andrea Wiegeshoff bezeugt, umso höher, je weiter oben in der Hierarchie man nach ihnen Ausschau hielt. Ein Viertel bis ein Drittel der Botschafter und Konsuln gehörte in diese Kategorie, und beim raschen Ausbau des Auswärtigen Amtes während dieser Jahre (1 000 Mitarbeiter im Jahr 1951, mehr als 4 500 im Jahr 1955) tummelten sich im neuen Auswärtigen Amt tatsächlich bald mehr frühere NSDAP-Mitglieder, als im alten vor 1945 tätig gewesen waren. Einige von ihnen gaben sogar Kurse für junge Beamte über die Länder, in denen sie während des „Dritten Reiches" stationiert gewesen waren. So hielt beispielsweise Werner von Bargen, der die Kriegsjahre in Belgien verbracht hatte, Vorträge über die Benelux-Staaten, während Werner von Grundherr einen Kurs über Skandinavien anbot. Letzterer hatte während des Kriegs die Skandinavien-Abteilung des Auswärtigen Amts geleitet und war in die Finanzierung des norwegischen Marionetten-Regimes von Vidkun Quisling und den erfolglosen Versuch, die Juden Dänemarks zu deportieren, verwickelt gewesen. Herbert Müller-Roschach, während der NS-Zeit in der Deutschland-Abteilung des Auswärtigen Amtes für „Jüdische Fragen" zuständig, erteilte plötzlich Unterricht über europäische Integration. Von daher besteht letztendlich kein Zweifel daran, dass viele engagierte ehemalige Nationalsozialisten, die ernstlich in die Verfolgung und Vernichtung der Juden oder in andere Verbrechen der NS-Zeit verwickelt gewesen waren, nach 1951 im Auswärtigen Amt in verantwortlichen Positionen wiederbeschäftigt wurden.[65]

All das ist den Seiten von *Das Amt und die Vergangenheit* im Detail nicht immer leicht zu entnehmen. Eines der gravierendsten Probleme in diesen Darstellungen für den Leser und ein Symptom für den nachlässigen redaktionellen Umgang, der sich im ganzen Buch feststellen lässt, liegt in der Tatsache, dass viele der in den Nachkriegsabschnitten erwähnten Personen in den Vorkriegskapiteln gar nicht oder nur äußerst flüchtig auftauchen. Somit vermittelt es einen nur geringen oder gar keinen Eindruck von den Kontinuitäten, und es ist schwer, eine klare Vorstellung davon zu bekommen, wie wichtig diese Leute in den 1930er- und frühen 1940er-Jahren tatsächlich waren. Der Name Werner Blankenhorn etwa taucht bis in die Nachkriegsjahre hinein überhaupt nicht auf, und dasselbe gilt für Müller-Roschach und viele andere. Dabei wäre es recht einfach gewesen, sicherzustellen, dass Personen, die in den Abschnitten des Buches, welche die Zeit nach 1945 behandeln, eine wichtige Rolle spielen, entsprechend auch in den Abschnitten über die Zeit vor 1945 abgehandelt werden. Das aber haben die Herausgeber versäumt.

VI

Mit der Zeit gingen Anteil und Einfluss der alten Garde innerhalb des Auswärtigen Amtes zurück. Doch zugleich gelang es ihr in mancher Hinsicht, Nachfolgern ihre Ansichten aufzudrücken. Folglich blieb die Art und Weise, wie das Auswärtige Amt mit seiner Vergangenheit umging, noch lange nach dem Ausscheiden dieser Generation aus dem Dienst höchst problematisch. Annette Weinke weist nach, dass die alten Hasen aus der Wilhelmstraße wie Curt Prüfer nun ihre Erinnerungen schönten, wobei sie beträchtlichen Rechercheaufwand für die Geschichte des Widerstands und der wenigen Kollegen betrieben, die sich tatsächlich daran beteiligt hatten, während sie jene Beamten, die wegen ihrer politischen Überzeugungen oder ihrer „Rasse“ entlassen oder verfolgt worden waren, stillschweigend übergingen, und solche, die wie Fritz Kolbe mit „dem Feind“ zusammengearbeitet hatten, als Verräter brandmarkten.[66] Astrid Eckert hat ein paar erschütternde Geschichten darüber zu erzählen, wie solchen verunglimpften oder übergangenen ehemaligen Beamten oder ihren Witwen die Anerkennung oder Entschädigung für ihre Entlassung oder Hinrichtung durch die Nationalsozialisten verweigert worden ist, was besonders dann der Fall war, wenn diese Männer Verbindungen zur sogenannten Roten Kapelle gehabt hatten, einem locker organisierten Netz von Widerständlern unterschiedlicher ideologischer Überzeugungen, indem jetzt ein sowjetischer Spionagering gesehen wurde.[67]

Hatte das Vorhandensein eines Netzwerks früherer Nationalsozialisten im Auswärtigen Amt irgendeine Auswirkung darauf, wie die aktuelle Außenpolitik gehandhabt wurde? Auf jeden Fall war es etwa für die Beziehungen zu Israel oder für die gesetzliche Verpflichtung des Auswärtigen Amts, deutschen Staatsbürgern, die sich im Ausland vor Gericht verantworten mussten (wie etwa Adolf Eichmann in Israel), Beistand anzubieten. Es spielte weiterhin eine Rolle, als das Auswärtige Amt die Zentrale des Goethe-Instituts anwies, eine vom Institut mit Geldern des Auswärtigen Amtes finanzierte Vortragsreise des Historikers Fritz Fischer durch die USA wegen knapper Mittel abzusagen. In einem Telefonat mit dem Leiter des Politischen Archivs im Auswärtigen Amt hatte der konservative Historiker Theodor Schieder Fischers Buch über die Kriegsziele des kaiserlichen Deutschland im Ersten Weltkrieg als „nationale Katastrophe“[68] bezeichnet. Eckarts Darstellung der internen Debatten im Auswärtigen Amt über die Einladung vermittelt ein faszinierendes Bild der Institution in einer Phase des Übergangs. Obwohl die Konservativen sich am Ende durchsetzten, lieferte der weithin publik gemachte Protest führender amerikanischer Historiker wie Gordon A. Craig, Fritz Stern, Klaus Epstein und Hans Rosenberg, die dafür sorgten, dass das Geld für die Fortsetzung der Vortragsreise aufgebracht wurde, genau die Art von schlechter Publicity, welche die alten Hasen im Auswärtigen zu vermeiden gehofft hatten.

Doch wie wichtig war all das wirklich? Die ehemaligen Nationalsozialisten im Auswärtigen Amt ließen weder nationalsozialistische Ideen noch die nationalsozialistische Politik wiederaufleben. Der Kalte Krieg ermöglichte ihnen, ihren nationalsozialistischen Antikommunismus problemlos in eine angesehene bundesrepublikanische Politik zu integrieren. Sie verschworen sich weder gegen die Demokratie, noch versuchten sie, die Friedensregelung zu revidieren. Wenn eines der Ziele Adenauers darin bestand, ehemalige Nationalsozialisten in das westdeutsche Establishment zu reintegrieren und sie zu neuen Denkweisen zu bekehren, die stärker im Einklang mit der Nachkriegswelt waren, dann deuten die Belege aus dem Auswärtigen Amt auf seinen Erfolg hin. Doch zugleich hatte die Gegenwart vieler ehemaliger Beamter und Diplomaten aus den NS-Jahren im Auswärtigen Amt und die Tatsache, dass es ihnen relativ erfolgreich gelang, ihre Vergangenheit und die ihrer Institution zu verschleiern, ernsthafte Folgen für die westdeutsche Außenpolitik. Die Erinnerung an den Nationalsozialismus und seine vielen Verbrechen blieb außerhalb Deutschlands überaus lebendig, wie sehr sie auch innerhalb des Landes vernebelt oder manipuliert werden mochte, und prägte weiterhin – und tut es sogar heute noch – die Einstellungen der Welt zur Bundesrepublik. Für Deutschlands Ruf ist es nach wie vor entscheidend, ob das Land vor einer kritischen Weltöffentlichkeit seine nationalsozialistische Vergangenheit offen und ehrlich bewältigt. Die Tatsache, dass im Auswärtigen Amt derart lange Männer saßen, die in die Verbrechen des Nationalsozialismus verstrickt waren, und dass sich bei der Vergangenheitsbewältigung im Amt beharrlich eine Kultur der Exkulpation behauptete, war diesem Ziel nicht zuträglich.

Hat nun das Buch *Das Amt* zu solch einer kritischen Vergangenheitsbewältigung beigetragen? Es handelt sich nicht, wie seine Herausgeber behaupten, um „eine aus den Quellen und der verstreuten Forschungsliteratur gearbeitete systematische und integrierende Gesamtdarstellung“[69] der Geschichte des deutschen Auswärtigen Amts von 1933 bis zum Ende des 20. Jahrhunderts. Sowohl der unmittelbare Hintergrund für die Einrichtung der Kommission durch Außenminister Fischer als auch die Worte, mit denen er ihre Aufgabe umriss, räumten den Fragen Priorität ein, inwieweit das Auswärtige Amt und seine Beamten in die Verbrechen des Nationalsozialismus verwickelt oder für sie verantwortlich waren, inwieweit jene, die verantwortlich waren, wieder auftauchten, um in den 1950er-Jahren und danach im Auswärtigen Amt zu dienen, und wie das Auswärtige Amt zu seiner Verstrickung in die nationalsozialistische Vergangenheit stand. Somit ist der Ansatz der Forscher und Autoren nicht nur zwangsläufig äußerst einseitig und selektiv, er folgt auch moralischen Kategorien der Gegenwart und nicht nur historisch-wissenschaftlichen. Die moralische Verantwortung, die Fischers ursprüngliche Kommission trug, fand unweigerlich ihren Weg in die Forschungsarbeit und die Abfassung des Buches. Was seine *politischen* Auswirkungen betrifft, die beträchtlich waren, mag dies am Ende gar nicht so schlecht gewesen sein. Allerdings besteht kein Zweifel daran, dass dieses Buch als Werk der Forschung äußerst mangelhaft ist. Die wissenschaftlichen Studien sind nicht ordentlich in den Kontext der Forschungsliteratur eingebettet, und die Nichtbeachtung des aktuellen Wissensstandes bei einigen der untersuchten Themen führt zu Irrtümern und Fehlinterpretationen. So gibt es eine omnipräsente Tendenz, die aktive Beteiligung des Auswärtigen Amtes an etlichen der verbrecherischen Aktivitäten der Nationalsozialisten zu übertreiben. Gleichzeitig ist das Blickfeld zu eng, sodass Kriegshetze, ein zentraler Aspekt der Nürnberger Anklagen, beinahe vollständig außen vor bleibt, obwohl sie auch in der Gegenwart sicherlich von unmittelbarer Bedeutung ist. Andere Verbrechen, wie etwa Raub und Plünderung in Kriegszeiten, rücken ebenfalls in den Hintergrund. Die beinahe ausschließliche Konzentration auf den Holocaust mag die Art und Weise widerspiegeln, wie die jüngere Historikergeneration und die Öffentlichkeit im frühen 21. Jahrhundert das NS-Regime sehen, aber diese Sichtweise trägt nicht zu einem umfassenderen Verständnis des Nationalsozialismus, seiner Taten und seiner Funktionsweise bei.

Zweifellos war dieses Buch dringend nötig. Frühere Arbeiten von Browning, Döscher, McKale und anderen rührten an die Probleme, die es behandelt, und untersuchten einige Teilaspekte mit vorbildlicher Gründlichkeit, aber diese Bücher richteten sich größtenteils an eine akademische Leserschaft und hatten kaum größere Resonanz. Dieses Defizit ist nun durch *Das Amt und die Vergangenheit* behoben worden. Trotz seiner Unausgewogenheit und seiner Unzulänglichkeiten ist es diesem Buch fraglos gelungen, ganz unzweifelhaft nachzuweisen, dass das Auswärtige Amt ein wesentlicher Teil der Regierungsmaschinerie des „Dritten Reiches“ war; dass es die ideologiegesteuerte Politik des Nationalsozialismus, die Verfolgung und Vernichtung der Juden eingeschlossen, billigte und durchführte, soweit sie in ihren Kompetenzbereich fiel, was in bestimmten Momenten und an bestimmten Orten der Fall war; dass seine altgedienten Diplomaten und Beamten in ihrer überwältigenden Mehrheit an diese Politik glaubten und sie mit Freuden umsetzten; und dass nach dem Krieg genau diese Diplomaten und Beamten sich alle Mühe gaben, zu verschleiern, was sie und das Auswärtige Amt in den Jahren der nationalsozialistischen Herrschaft getan hatten. Der Mythos vom Widerstand des Auswärtigen Amtes ist durch dieses Buch in aller Öffentlichkeit zerstört worden.

Umso bedauerlicher ist es daher, dass die Defizite und Übertreibungen des Buches jenen in die Hände spielen, die nach wie vor an diesen

Mythos glauben und die es deshalb diskreditieren wollen. Die wichtigen Themen, die es behandelt, hätten etwas Besseres verdient. Schuld daran tragen voll und ganz die Herausgeber. Wenn sie Doktoranden als Forscher beschäftigen, dann ist es die Pflicht der älteren und erfahreneren Historiker, deren Arbeiten sorgfältig durchzusehen, um sicherzustellen, dass sie auf angemessene Weise die Forschungsliteratur berücksichtigen, dass sie Überinterpretation vermeiden und ihren Gegenstand ausgewogen behandeln. Diese Pflicht haben die Herausgeber vernachlässigt. In jüngerer Zeit wurden weitere ressortspezifische Geschichten in Auftrag gegeben, vor allem eine Geschichte des Finanzministeriums und eine des Bundesnachrichtendienstes. Hoffen wir, dass diesmal bei Recherche und Darstellung mehr Sorgfalt obwaltet und dass diese Werke einige der Schwächen und Mängel des vorliegenden Bandes über das Auswärtige Amt vermeiden.

Denn bei der Durchführung derartiger Forschungsvorhaben müssen Historiker sowohl unvoreingenommen als auch genau sein. Es liegt ein Hauch von Hexenjagd über diesem Buch, als ob die Autoren es als ihre Aufgabe angesehen hätten, auf Biegen oder Brechen die Mittäterschaft von Diplomaten und Beamten beim Holocaust nachzuweisen und die möglichst schlimmsten Anschuldigungen zu erheben. Doch selbst angesichts des Auftrags, den sie auszuführen hatten, hätten sie daran denken sollen, dass der Historiker kein Staatsanwalt und die Geschichte kein Gerichtssaal ist. Und selbst wenn sie ein Gerichtssaal wäre, gälte es noch, zu differenzieren, genau zu sein und Pauschalurteile zu vermeiden. Wie einer der bedeutendsten Historiker des Nationalsozialismus einmal schrieb:

> Auf die Präzision der Identifizierung kommt es an. […] Obwohl Systeme der Beherrschung und Ausbeutung nicht so dargestellt werden können wie individuelle Akteure, kann nachgewiesen werden, dass sie Barbarei hervorbringen. Der Nachweis, wie genau sie das getan haben, ist oftmals komplex, aber komplexe historische Argumente sind moralischen Fragen gegenüber nicht gleichgültig, nur weil sie komplex sind. Wenn Historiker tatsächlich eine öffentliche Verantwortung tragen, wenn Hassen Teil ihrer Methode und Warnen Teil ihrer Aufgabe ist, dann ist es notwendig, dass sie präzise hassen.[70]

Anmerkung

Zwei der Herausgeber von *Das Amt und die Vergangenheit*, Peter Hayes und Norbert Frei, veröffentlichten im *Bulletin of the German Historical Institute, Washington*, Bd. 49 (Herbst 2011), S. 55, eine kühne Erwiderung auf diese und andere Besprechungen, zusammen mit Beiträgen von Johannes Hürter, Christopher R. Browning, Holger Nehring und Volker Ullrich („Forum: The German Foreign Office and the Nazi Past", S. 53–112). Getreu schlechter akademischer Gepflogenheit versuchten Frei und Hayes die Kritiker des Buches durch Hinweise auf kleinere Irrtümer und Flüchtigkeitsfehler zu diskreditieren, wenngleich sie im Falle des obigen Artikels nur einen einzigen finden konnten (ein falscher Vorname bei Blankenhorn). Allerdings treffen sie bei der Verteidigung des Buches drei Aussagen, die es wert sind, kommentiert zu werden.

Zunächst behaupten sie, dass Curt Prüfer keine bedeutsame Figur war und deshalb in ihrem Buch keine Erwähnung verdient habe. Aber natürlich geht es weder darum, dass er irrelevant war, noch, was gravierender ist, dass er bei der Mythenbildung über das Auswärtige Amt nach dem Krieg keine Rolle spielte. Entscheidend ist, dass seine Haltung zur Vergangenheit typisch war für die des gesamten diplomatischen Dienstes in Deutschland nach dem Krieg. Und die nachweisbaren und offenkundigen Fälschungen, die Prüfer in seinen Tagebüchern vornahm, liefern ein Beispiel für diese Haltung, das in seiner Klarheit unübertroffen ist, weil es den direkten Beweis für die Manipulation der NS-Vergangenheit durch einen früheren Diplomaten darstellt, der zu wertvoll ist, um ihn zu übersehen. Die Tatsache, dass Prüfer nach 1951 nicht im westdeutschen Auswärtigen Amt tätig war, ist für diesen grundlegenden Punkt irrelevant. *Das Amt* erwähnt in der Bibliografie durchaus McKales zwei Bücher über Prüfer, aber es führt sie nirgendwo in den Fußnoten an, geschweige denn, dass sie im Text genutzt würden. Ein bloßer Eintrag ist kein Beweis dafür, dass Bücher tatsächlich gelesen wurden. Also ist mein Vorwurf nicht „fadenscheinig", wie die Herausgeber behaupten, sondern absolut gerechtfertigt.

In dem interessanten Kapitel „Nachwort und Dank" schildern die Herausgeber unter anderem den Prozess, wie der Band zustande kam. Sie verweisen darauf, dass jeder von ihnen die Verantwortung für einen bestimmten Teilabschnitt des Buches übernahm und dass einige der Oral-History-Interviews von ihnen oder unter ihrer Beteiligung geführt wurden. Sie verweisen in sehr allgemeinen Wendungen auf „eine[] zu jedem Zeitpunkt konstruktive[] Zusammenarbeit zwischen den Mitgliedern der Kommission und ihren Mitarbeiterinnen und Mitarbeitern“ und listen anschließend auf, wer für welche Seiten im Buch als Autor verantwortlich zeichnet. Keine Rede ist an dieser Stelle davon, dass, wie die Professoren Frei und Hayes später behaupteten, „jedes Kapitel durch einen wiederholten Prozess des Gebens und Nehmens zwischen den dort namentlich genannten Verfassern und dem für die jeweilige Zeitspanne oder das jeweilige Thema hauptsächlich zuständigen Kommissionsmitglied sowie anschließend auf Sitzungen der Kommission zustande kam“. Kein Leser des Buches hätte dies erahnen können. In späteren Interviews behauptete insbesondere Professor Conze, die Herausgeber und ihre Mitarbeiterinnen und Mitarbeiter hätten das Buch gemeinsam geschrieben (http://www.zeitgeschichte-online.de/thema/die-debatte-um-das-amt-und-die-vergangenheit; die Website bietet eine ausgezeichnete Darstellung der Kontroverse und befasst sich sowohl mit sämtlichen kritischen Stimmen wie auch mit den Erwiderungen der Herausgeber). Es ist nach wie vor schwer zu glauben, dass gerade die schwachen Abschnitte über die nationalsozialistische Zeit, vor allem über den Krieg, auf Sitzungen der Kommission ernsthaft diskutiert wurden, oder dass die verantwortlichen Herausgeber, erfahrene Historiker, die sich in der Epoche gut auskennen, die von ihren Mitarbeiterinnen und Mitarbeitern verfassten Ausarbeitungen in gebotener Weise sorgfältig und kritisch lasen, geschweige denn, dass sie sich an der Ausarbeitung beteiligten.

Die Professoren Frei und Hayes beklagen des Weiteren, es sei ungerecht, dem Band und seinen Autoren vorzuwerfen, sie hätten es in ihrer Besessenheit von der Rolle des deutschen Auswärtigen Amtes bei der „Endlösung der jüdischen Frage in Europa“ versäumt, sich mit der Vorbereitung eines verbotenen und verbrecherischen Angriffskrieges zu befassen. Sie nehmen Zuflucht zur Tatsache, dass nur Ribbentrop und Neurath, die beiden nationalsozialistischen Außenminister, nach dem Krieg in diesem Anklagepunkt für schuldig befunden wurden. Sie behaupten doch bestimmt nicht, dass dies die Beamten, die für sie arbeiteten, entlastet? Oder vielleicht „führten sie nur Befehle aus“? Ein solches Argument ist eine unwürdige Verteidigung eines Buches, das in anderen Bereichen sehr ausführlich auf die von den Diplomaten und Verwaltungsbeamten des Auswärtigen Amtes begangenen Verbrechen eingeht, obwohl sie auch hier weiterhin unter dem Befehl des Ministers standen. Tatsache bleibt, dass *Das Amt und die Vergangenheit* sich viel zu sehr auf die Rolle des Amts bei der Ausgestaltung der antisemitischen Politik und ihrer Umsetzung konzentriert. Was seine umfassendere Rolle in anderen Bereichen betrifft, bleibt noch viel zu tun.

Teil V:
Sieg und Niederlage

18. Schicksalhafte Entscheidungen

Einen Krieg, wie er im September 1939 begann, hatte Hitler nicht im Sinn gehabt: Großbritannien trat ein, Italien blieb draußen, und im Westen trat eine Phase der Tatenlosigkeit ein, die als *Drôle de Guerre* oder auch als „Sitzkrieg“ bekannt wurde. Doch nach einer Serie überwältigender militärischer Siege lief spätestens im Frühsommer 1940 alles nach Hitlers Willen, mal abgesehen von einem Frieden mit Großbritannien. Ein Jahr später befand sich Deutschland dann ebenfalls im Krieg mit der Sowjetunion, und bis zum Ende des Jahres 1941 waren auch die Vereinigten Staaten in den Konflikt eingetreten. Binnen eines weiteren Jahres war Deutschland eindeutig dabei, den Konflikt zu verlieren. Inwiefern waren diese Wendepunkte das Ergebnis schicksalhafter Entscheidungen, die Hitler und andere Kriegsführer wie Stalin, Churchill und Roosevelt trafen, oder ergaben sie sich einfach aus dem Strom der Ereignisse?

Diese Frage möchte Ian Kershaw in *Wendepunkte. Schlüsselentscheidungen im Zweiten Weltkrieg* (München 2010) beantworten. Kershaws frühere Arbeiten konzentrierten sich auf die Reaktionen und Einstellungen gewöhnlicher Deutscher zum Nationalsozialismus und wiesen eine enorme Bandbreite populärer Reaktionen auf Adolf Hitler und das NS-Regime nach, die von Widerstand und Opposition über Widerspruch und Gleichgültigkeit bis zu Begeisterung und Lob reichten. Sein Buch *Popular Opinion and Political Dissent in the Third Reich* (1983) attackiert das Klischee vom allgemeinen Gehorsam gegen Hitler. Gemäß dieser Vorstellung waren relativ wenige Deutsche engagierte Nazis. Die meisten ließen sich von der Propaganda und den Errungenschaften des Nationalsozialismus im einen oder anderen Bereich einlullen und fügten sich stillschweigend. Nur wenn das Regime sich direkt in die innersten Werte ihres Alltagslebens einmischte, ganz besonders in Angelegenheiten der religiösen Praxis, erhoben sie – manchmal mit Erfolg – Einwände. All dies warf natürlich die Frage auf, wie es dem Regime gelang, seine Politik umzusetzen. In *Der Hitler-Mythos* (Stuttgart 1999, im Original bereits 1987 erschienen) zeigte Kershaw, wie im Propaganda-Bild des „Führers“ fast bis Kriegsende die Hoffnungen und Sehnsüchte der Menschen kulminierten, wie es einen Großteil ihres Unmuts auf seine Untergebenen umlenkte und erwarten ließ, dass er am Ende schon einen Ausweg finden würde. Die Leute widersetzten sich der Erkenntnis, dass Hitler in Wirklichkeit ein Mensch war, der von fanatischem Judenhass, einem grenzenlosen Eroberungsdrang und, genau besehen, einer tiefen Verachtung für die Masse der gewöhnlichen Deutschen getrieben war.

Kershaws bahnbrechende Studie über das Hitler-Image schien selbstredend auf den nächsten Schritt hinzudeuten, auf eine Biografie des Mannes selbst. Nach einem Jahrzehnt Forschungsarbeit folgten tatsächlich zwei Bände – *Hitler 1889–1936* (Stuttgart 1998) und *Hitler 1936–1945* (Stuttgart 2000), die sich unmittelbar nach Erscheinen als Standardbiografien über den deutschen Diktator etablierten. Zu ihren vielen Vorzügen zählen ihre kompromisslose Gelehrsamkeit, die akribische Trennung von Realität und Mythos und nicht zuletzt Kershaws neuer, lockerer Schreibstil, zeigte er darin doch ein zuvor unvermutetes Talent für straffes Erzählen, packende Schilderungen und die atmosphärische Vergegenwärtigung vergangener Ereignisse und Situationen.

Kershaw kam, wie er damals gestand, aus der „falschen Richtung" zur Biografie: nicht von der Geschichte der hohen Politik und Entscheidungsfindung, sondern von der Geschichte des Alltagslebens und der Meinungen im nationalsozialistischen Deutschland. Das Ergebnis ist ein Buch, das Hitler zum ersten Mal überzeugend in seinem historischen Kontext zeigt, ebenso sehr als Geschöpf seiner Zeit wie als Menschen, der individuell auf sie reagierte. In der Tat eilt die Biografie ungeduldig durch Hitlers obskures und unbedeutendes frühes Leben, verwirft Spekulationen über seine Motive (seine angeblichen Ängste vor jüdischer Abstammung, die mutmaßliche Homosexualität, das frühe Scheitern als Maler etc.) und widmet den wenigen Episoden in seinem Privatleben in der Folgezeit, von denen wir wissen, nur minimale und widerwillige Aufmerksamkeit.

In Kershaws Darstellung erscheint Hitler in vielerlei Hinsicht als eine Art Projektionsfläche für die Ambitionen und Sehnsüchte der Deutschen oder vielmehr entscheidender Gruppen der deutschen Bevölkerung. Als er im Laufe der Zeit schließlich an seinen eigenen Mythos glaubte, der größtenteils von anderen für ihn gestaltet wurde, habe Hitler eine maßgeblichere – und letztendlich katastrophale – Rolle bei der Formulierung politischer Leitlinien gespielt, vor allem im Hinblick auf den Krieg. Diese strukturalistische Herangehensweise an die Rolle des Diktators im „Dritten Reich" hat zu dem Vorwurf geführt, wie ihn zuletzt Christopher Browning in *Die Entfesselung der Endlösung* (2003) erhoben hat, dass Kershaw Hitler im tatsächlichen Entscheidungsprozess über die antijüdische Politik, wie auch in anderen Bereichen, lediglich eine passive Rolle zubillige, in welcher der deutsche Diktator sich dem Druck anderer gebeugt und deren Vorschlägen zugestimmt habe.

Von daher ist es vielleicht nicht überraschend, dass Kershaw in seinem neuesten Buch zum Thema Entscheidungsfindung zurückkehrt, diesmal sehr viel umfassender. In *Wendepunkte* schildert und analysiert er zehn Entscheidungen, die jeweils weitere nach sich zogen, darunter Großbritanniens Entscheidung, im Frühjahr 1940 weiterzukämpfen, und Hitlers Entscheidung, die Sowjetunion zu überfallen, weiter Japans Entscheidungen, sich mit Deutschland und Italien zu verbünden und dann Pearl Harbor anzugreifen, bis zu der etwas verspäteten Entscheidung des italienischen faschistischen Führers Benito Mussolini, in den Krieg einzutreten, den Entscheidungen von US-Präsident Franklin Delano Roosevelt, die Briten zu unterstützen und diese Hilfe dann zu einem unerklärten Krieg gegen Deutschland auszuweiten, und schließlich Hitlers Entscheidungen, den Vereinigten Staaten den Krieg zu erklären und die Vernichtung der Juden Europas zu voranzutreiben. Wie aufgrund von Kershaws früheren Werken zu erwarten war, vertieft er sich nicht allzu sehr in die Psychologie der führenden Regierungschefs der Welt, deren Handlungen in den Jahren 1940 und 1941 den Verlauf des Zweiten Weltkriegs und damit die Rahmenbedingungen der Nachkriegsordnung prägten. Wie Hitler in Kershaws zweibändiger Biografie bleiben sie auffallend farblos und schwer fassbar. Manchmal verschwinden sie sogar vollständig als individuelle Akteure. So kommt Kershaw beispielsweise zu folgendem Schluss „Dass sowohl Deutschland als auch Japan bereit waren, derart gewaltige Risiken auf sich zu nehmen, hatte seinen Grund letztlich in der Vorstellung der maßgeblichen Kreise beider Länder, dass eine Expansion unerlässlich sei, um ein Kolonialreich zu gewinnen und die Stellung einer vermeintlichen ‚Habenichtsnation' zu überwinden." – Es geht um Machteliten, nicht um einzelne Staatenführer.

An den Staatenführern persönlich interessieren Kershaw am meisten individuelle und allgemeine Zwänge, unter denen sie agierten. So verwarf Hitler 1940 den Rat seiner militärischen Oberbefehlshaber, nach den überwältigenden Siegen über Frankreich und die anderen westeuropäischen Länder nun Nordafrika und dem Mittelmeerraum Priorität einzuräumen, zwar einerseits wegen des ideologischen Gewichts, das er stets auf die Eroberung der Sowjetunion gelegt hatte. Doch andererseits wurde ihm, behauptet Kershaw überzeugend, „die

Entscheidung für den Angriff auf die Sowjetunion – ein Unternehmen, das er aus ideologischen Gründen wollte – strategisch aufgezwungen. Er musste im Osten den Sieg erringen, bevor Stalin seine Verteidigung aufbauen konnte und die Amerikaner in den Krieg eintraten."

Solche Entschlüsse, betont Kershaw, hingen nicht zuletzt von vorangegangenen Entscheidungen ab, die Leute in unterschiedlichen verantwortlichen Stellungen getroffen hatten, wobei einige weniger den äußeren Umständen geschuldet waren als andere. Die Entscheidung, mit der er das Buch eröffnet, ist ein typisches Beispiel. Ende Mai 1940, als sich abzeichnete, dass Frankreich unterliegen würde, und es so aussah, als ob die Soldaten des britischen Expeditionskorps, das den Franzosen zu Hilfe geschickt worden war, entweder getötet oder gefangen genommen würden, bevor sie vom Kontinent evakuiert werden konnten, erhoben sich im britischen Kabinett nach und nach einflussreiche Stimmen, angeführt von Außenminister Lord Halifax, zugunsten einer anzustrebenden Vermittlung durch die Italiener, zuerst über Roosevelt, im Falle eines Scheiterns dann in einer direkten anglo-französischen Annäherung an Mussolini. Der frisch ernannte Premierminister Winston Churchill musste all seine ihm zu Gebote stehende rhetorische Kraft aufbieten, um diesem Gedanken eine Absage zu erteilen:

> „Wenn Signor Mussolini als Vermittler ins Spiel käme", erklärte er, „würde er uns das Fell über die Ohren ziehen." Es sei nicht vorstellbar, „dass Herr Hitler so dumm wäre, uns mit unserem Rüstungsprogramm weitermachen zu lassen. Tatsächlich würden uns seine Bedingungen ihm auf Gedeih und Verderb ausliefern. Wenn wir den Kampf fortsetzten, würden wir, selbst dann, wenn wir geschlagen würden, keine schlechteren Bedingungen bekommen als jene, die uns jetzt angeboten würden."

Wenn Großbritannien um Frieden bäte, sagte er, würde es gezwungen, abzurüsten und „zu einem Staat von Sklaven" werden, unter einer Marionettenregierung, die vom britischen Faschistenführer Sir Oswald Mosley „oder irgend so einer Person" geführt würde. Am Ende beschlossen die Franzosen, im Alleingang zu handeln. Ihre Friedensfühler wurden von Mussolini rüde zurückgewiesen, der ihnen in der Tat „das Fell über die Ohren ziehen" wollte. Fast 225 000 britische Soldaten wurden bei Dünkirchen evakuiert, ein Ereignis, das Churchills rhetorisch geschickt von einer katastrophalen Niederlage in einen Sieg ummünzte. Und Großbritannien kämpfte weiter.

Was wäre passiert, wenn Halifax und seine Mitstreiter sich im Kabinett durchgesetzt hätten? Kershaw folgt hier Churchills Beispiel und wagt einige faszinierende Spekulationen. Gewiss hätte Hitler, so mutmaßt er, im Falle eines Friedens zwischen Großbritannien und Deutschland im Mai oder Juni 1940 die Entlassung der Churchill-Regierung verlangt. Aber als Nachfolger wäre ein weithin bewunderter Politiker wahrscheinlicher gewesen als der unpopuläre und diskreditierte Mosley, etwa David Lloyd George, Großbritanniens Premierminister im Ersten Weltkrieg und ein selbst erklärter Bewunderer Hitlers. Lloyd George fasste in der Tat eine derartige Rolle ins Auge, möglicherweise unter einem wieder inthronisierten König Edward VIII., dessen Sympathien mit dem nationalsozialistischen Deutschland und dessen Glaube an die Notwendigkeit eines Separatfriedens mit Deutschland ebenfalls verbrieft sind. Eine solche Regierung wäre vergleichbar gewesen mit dem Regime, das 1940 in Frankreich unter Marschall Philippe Pétain installiert wurde, dem französischen Armee-Helden des Ersten Weltkriegs, obschon anfangs zumindest ohne deren faschistische Tendenzen. Eine Gegenregierung hätte sich möglicherweise unter Churchill in Kanada gebildet. Doch da Großbritannien dann auf Deutschlands Seite gestanden hätte, wäre die anschwellende Flut amerikanischer Hilfslieferungen gestoppt worden, und Hitler hätte sämtliche Streitkräfte nach Belieben für die lang ersehnte Invasion der Sowjetunion zusammenziehen können. Sicher hätte er auch nicht lange gewartet, bevor er mit der Zerstückelung des britischen Weltreichs begonnen hätte, entgegen des von einigen späteren Historikern, wie etwa Maurice Cowling, Alan Clark und John Charmley, geäußerten Widerspruchs, ein Separatfrieden mit Deutschland im Jahr 1940 wäre der beste Weg gewesen, das Empire zu bewahren.

Wie legitim sind solche Spekulationen? Kershaw hütet sich, die Sache zu weit zu treiben, im Grunde geht er nicht sehr weit über Szenarien hinaus, die Churchill selbst entwarf. Kershaw geht es dabei nicht um wildes Fabulieren an sich, sondern um eine Einschätzung der Alternativen, die den Entscheidungsträgern tatsächlich offenstanden. So belässt er es auch bei der Andeutung, dass ein Frieden mit Großbritannien im Jahr 1940 Hitlers Chancen vergrößert hätte, die Sowjetunion zu besiegen. Diese Chancen waren aber in Wirklichkeit nie besonders groß. Wenngleich Deutschland in einem solchen Fall „die materiellen Ressourcen des gesamten Kontinents zur Verfügung“ gestanden hätten, war die Ausbeutung des besiegten Frankreich und anderer Volkswirtschaften durch die Nationalsozialisten derart rücksichtslos, dass diese auf lange Sicht relativ wenig zählten. Die Sowjetunion war daher die entscheidende Kraft bei der Niederlage Deutschlands.

Hitlers Entschluss, in Russland einzumarschieren, fiel im Sommer und Herbst 1940. Dahinter stand, wie Kershaw behauptet, nicht zuletzt das Wissen des deutschen Diktators, dass die gewaltigen Ressourcen der US-Wirtschaft bald mehr und mehr in die britischen Kriegsanstrengungen fließen würden. Kershaw spekuliert weiter, dass die unheilvolle Konfrontation mit der Sowjetunion vielleicht auf unbestimmte Zeit hätte hinausgezögert werden können, wenn sich die deutschen Generäle mit ihren Ratschlägen durchgesetzt hätten und die deutschen Kriegsanstrengungen sich auf die Eroberung Nordafrikas und des Nahen Osten gerichtet hätten. Dadurch wäre das „Dritte Reich“ in den Besitz riesiger und dringend benötigter Ölreserven gekommen, und die wichtigste britische Nachschubroute durch den Sueskanal wäre abgeschnitten worden. Das Eintreten eines solchen Szenarios ist denkbar, aber unwahrscheinlich.

Ohnehin tat Hitler das eine und ließ das andere nicht. Was Mussolinis Entscheidung betrifft, nach Frankreichs völliger Niederlage an Deutschlands Seite in den Krieg einzutreten, ist für Kershaw klar, dass es den italienischen Eliten ausschließlich um ihren Anteil an der Beute ging. Wäre Italien neutral geblieben, hätte es mit seinen schwachen Ressourcen auf traditionelle Art haushalten können, indem es eine Seite gegen die andere ausspielte. Vielleicht hätte Mussolini sich der sarkastischen Bemerkung eines russischen Unterhändlers auf einer Friedenskonferenz des späten 19. Jahrhunderts entsinnen sollen. Der äußerte, als die Italiener einen Gebietszuwachs verlangten, die Vermutung, dass sie damit offenbar noch eine Schlacht verloren hätten. Enttäuscht über Hitlers Weigerung, seinen Forderungen im Westen zuzustimmen, traf Mussolini die schicksalhafte Entscheidung, in Griechenland einzumarschieren. Binnen Kurzem lockten die militärischen Fehlschläge der Italiener dort und in Nordafrika die Deutschen auf einen Kriegsschauplatz, auf dem sie eigentlich nicht hatten kämpfen wollen. Hitler sollte sich später beklagen, diese Umleitung deutscher Ressourcen und die daraus resultierende Verzögerung der als „Unternehmen Barbarossa“ bekannten Invasion Russlands hätten ihn den Krieg gekostet. Wenn die Invasion früher stattgefunden hätte, behauptete er, hätten die Deutschen die Rote Armee besiegen können, bevor die Regenfälle im Herbst den deutschen Vormarsch ins Stocken brachten. Aber wie Kershaw betont, hätte schlechtes Wetter im Mai und Anfang Juni die Invasion ohnehin verzögert. Dazu kommt noch, dass Hitler in den ersten Wochen des Russlandfeldzugs den Sieg weit vor dem Herbst erwartete. Damals wurden Hunderttausende sowjetischer Soldaten in riesigen Umfassungsmanövern, die von schnell vorstoßenden deutschen Panzertruppen bei vollständiger deutscher Luftüberlegenheit vorangetrieben wurden, eingekesselt, getötet oder gefangen genommen. Der Zusammenbruch des Sowjetregimes schien unmittelbar bevorzustehen.

Die Verantwortung für die Beinahe-Niederlage der Russen, behauptet Kershaw, liege wohl in erster Linie beim sowjetischen Diktator Josef Stalin. Dessen Entscheidung, die zahlreichen Warnungen von Geheimagenten vor einem drohenden deutschen Überfall im Juni 1941 zu ignorieren, ist das Thema eines eigenen Kapitels. Welche Alternativen standen Stalin jedoch offen? Eine, die ihm im Vormonat von führenden Generälen nahegelegt worden war, lautete, einen Präventivschlag zu führen. Dokumentierte Spuren dieses Vorschlags waren Wasser auf die Mühlen derjenigen, die behaupteten, Hitler sei nur einmarschiert, um einem Angriff der Roten Armee zuvorzukommen. Aber Kershaw weist diese „weitgehende Interpretation“ überzeugend zurück: Das „Unternehmen Barbarossa“ sei bereits viele Monate in Vorbereitung gewesen, bevor die Idee eines Präventivschlags durch die Rote Armee zum ersten Mal erwogen wurde, der letztlich immer der Selbstverteidigung dienen sollte.

Nach dem Krieg räumte mit General Georgi Schukow einer seiner wichtigsten Befürworter ein, dass der Präventivschlag wahrscheinlich ohnehin zu einem kläglichen Misserfolg geführt hätte. Die Rote Armee und ihre Führung waren wegen Stalins Säuberungen in den späten 1930er-Jahren handlungsunfähig. Auch das 1939 aufgelegte hektische Rüstungsprogramm war noch nicht sehr weit gediehen, und Stalin glaubte nicht, dass das sowjetische Militär vor 1942 in der Lage wäre, die Deutschen erfolgreich zu bekämpfen. Er verwarf die Idee kurzerhand. „Sind Sie verrückt geworden?“, explodierte er: „Wollen Sie die Deutschen provozieren?“ Stalin wusste, wie schlecht vorbereitet seine Streitkräfte waren, und er spielte verzweifelt auf Zeit, setzte sogar bis sechs Tage vor dem Überfall die Lieferung von Gütern und Rohstoffen gemäß dem 1939 unterzeichneten deutsch-Sowjetischen Nichtangriffspakt fort.

Ideologisch borniert wie er war, duldete der sowjetische Diktator partout keine von seiner eigenen selbstgefälligen Einschätzung der Lage abweichende Meinung. Kershaw sagt nicht, welches Stalins ideologische Vorurteile waren, aber als guter Marxist-Leninist war Stalin überzeugt davon, dass Hitlers Regime ein Werkzeug des deutschen Monopolkapitalismus war, sodass es keinen unmittelbaren Grund gäbe, einzumarschieren, solange er alles zur Verfügung stellte, was deutsche Unternehmen wollten. Außerdem hielt er es für unvorstellbar, dass Hitler eine Invasion starten würde, solange der Krieg mit Großbritannien noch im Gange war. Dem deutschen Diktator war der Aberwitz eines Zweifrontenkrieges doch bestimmt bewusst? Aber Hitlers Verachtung für die Sowjetunion war grenzenlos. Ein Stoß, dachte er, und das ganze Gebäude des Kommunismus würde krachend einstürzen.

Das tat es nicht: Ende 1941 war der Vorstoß der deutschen Armeen vor Moskau zum Stehen gebracht worden, und obwohl sie 1942 weitere große Geländegewinne machten, kam nun zunehmend jener Faktor ins Spiel, den Hitler am meisten fürchtete: die wachsende US-Hilfe für Großbritannien und in geringerem Ausmaß auch für die Sowjetunion. Kershaw widmet den von Roosevelt getroffenen Entscheidungen zwei Kapitel. Am 30. Oktober versprach der US-Präsident amerikanischen Müttern und Vätern: „Ihre Jungs werden nicht in einen ausländischen Krieg geschickt werden." Allerdings war er damals schon lange und zu Recht überzeugt davon, dass die deutsche Expansion eine fundamentale Bedrohung der Vereinigten Staaten darstellte.

Wie Kershaw anmerkt, hatte Hitler schon immer einen „Krieg der Kontinente" ins Auge gefasst, in dem ein von Deutschland beherrschtes Europa zum Endkampf um die Weltherrschaft gegen die Vereinigten Staaten antreten würde. Aber Roosevelt wusste, dass er niemals die Unterstützung des Kongresses für eine Kriegserklärung an Deutschland bekommen würde.

Also ging er behutsam vor, Schritt für Schritt, um zuerst die britischen und dann die sowjetischen Kriegsanstrengungen zu unterstützen. „Ich glaube nicht, dass wir uns irgendwelche Sorgen über die Möglichkeit einer russischen Vorherrschaft machen müssen", erklärte er, kurz nachdem „Unternehmen Barbarossa" in Gang gesetzt worden war. Auf das Leih- und Pachtgesetz („Lend-Lease Act"), nach dem Großbritannien und später Russland gewaltige Mengen an Kriegsmaterial zur Verfügung gestellt wurden, folgte die Atlantik-Charta, welche die Vereinigten Staaten stillschweigend mit Großbritannien verband, wobei sie die gemeinsamen demokratischen Prinzipien betonte, die beide hochhalten wollten, derweil ein Zusammenstoß zwischen einem deutschen U-Boot und einem US-Zerstörer den Kongress davon überzeugte, dem Schutz alliierter Handelsschiffe und Geleitzüge durch US-Kriegsschiffe in der amerikanischen Hälfte des Atlantiks im Interesse der „Freiheit der Meere“ zuzustimmen.

Roosevelts Entschluss, einen unerklärten Krieg gegen Deutschland zu führen, beeinflusste zwei äußerst wichtige Entscheidungen von Hitler. Die erste war die deutsche Kriegserklärung an die Vereinigten Staaten am 11. Dezember 1941. Die Einführung von Lend-Lease hatte Hitler bereits davon überzeugt, dass die Sowjetunion rasch besiegt werden musste, bevor die alliierte Seite amerikanische Ressourcen in die Waagschale warf. Je stärker US-Seestreitkräfte intervenierten, um die britische Schifffahrt zu schützen, desto mehr fürchtete Hitler, dass sein Versuch, die Britischen Inseln vom lebenswichtigen Nachschub an Nahrungsmitteln, Rüstungsgütern und Rohstoffen abzuschneiden, scheitern würde und die „Atlantikschlacht“ verloren wäre, wenn es nicht gelänge, sämtliche Kräfte der deutschen Unterseebootflotte gegen sie zu entfesseln. Doch er zögerte weiter, bis die Japaner am 7. Dezember 1941 den Stützpunkt der US-Pazifikflotte in Pearl Harbor bombardierten. Dies sei, sagte Hitler, eine „Erlösung“ gewesen. „Wir können den Krieg gar nicht verlieren“, lautete seine Reaktion. Am 11. Dezember erfolgte die offizielle Kriegserklärung an die Vereinigten Staaten.

Die deutsche Kriegserklärung befreite wiederum Roosevelt aus seinem Dilemma: Jetzt konnten die Vereinigten Staaten offen und ohne jeden Vorbehalt in den Konflikt eintreten. Kershaw fragt, ob dies aufseiten Hitlers „ein grandioser Augenblick größenwahnsinnigen Irrsinns“ war. Nein, lautet seine Antwort: Der Krieg mit den Vereinigten Staaten sei unvermeidlich gewesen, und die japanische Aggression würde amerikanische Ressourcen im Pazifik binden und damit Deutschland ermöglichen, den Krieg in Europa zu gewinnen, bevor die volle Stärke des US-Militärs auf anglo-sowjetischer Seite zum Tragen käme. Auch wenn Hitler seine Kriegserklärung nicht ausgesprochen hätte, hätte der eskalierende U-Boot-Krieg im Atlantik Amerika früher oder später zum Kriegseintritt bewogen. Hitlers Entscheidung sei daher im Grunde nicht schicksalhaft gewesen – Kershaws Urteil überzeugt, spricht allerdings gegen die Aufnahme dieser Entscheidung in sein Buch, das im Original *Fateful Choices* („schicksalhafte Entscheidungen“) heißt.

Die zweite Entscheidung, veranlasst zumindest bis zu einem gewissen Grad durch Amerikas zunehmende Verwicklung in den Krieg, führte jedoch zweifelsfrei zu einem Wendepunkt: Hitlers Entscheidung zur

Vernichtung der Juden Europas. Genau genommen, sagt Kershaw, gab es allerdings keine solche Entscheidung, der ein „einzelner, an einem bestimmten Tag erteilter Befehl" zugrunde lag. Erhalten sind immerhin ausdrückliche Anweisungen Hitlers, in denen er die massenhafte Ermordung polnischer Intellektueller und antijüdische „Säuberungen" in polnischen Gebieten befiehlt, die nach dem Überfall vom September 1939 Deutschland einverleibten worden waren. Im Jahr 1941 waren Hitlers Befehle weniger ausdrücklich, aber laut Kershaw waren die SS-Chef Heinrich Himmler erteilten umfassenden Vollmachten zur „Befriedung" der frisch eroberten Gebiete und zur Ermordung sowjetischer Politkommissare und Juden, die eine Sicherheitsbedrohung darstellten, eindeutig. Anfang August 1941 ermordeten „Einsatzgruppen" der Sicherheitspolizei und des Sicherheitsdienstes (SD) der SS und Polizeibataillone willkürlich massenhaft jüdische Männer, Frauen und Kinder, worüber Hitler genau auf dem Laufenden gehalten wurde.

Im Oktober 1941 begannen die NS-Behörden mit der Deportation von Juden aus Berlin, Prag, Wien und anderen mitteleuropäischen Städten nach Osten. Sie schickten sie in Gettos, in die bereits sehr viele polnische und osteuropäische Juden verschleppt worden waren, die dort unter sich rapide verschlechternden Bedingungen lebten. Die Erschießungen von Juden durch Einsatzgruppen und Polizeibataillone erreichten unterdessen neue Höhepunkte. Himmler versuchte erstmals, durch den Einsatz von Giftgas noch schneller größere Zahlen von Menschen zu töten: zunächst in mobilen Gaswagen, dann durch den Bau stationärer Einrichtungen in Konzentrationslagern, wobei im November 1941 Belzec den Anfang machte. Insoweit zwang das Tempo der Ereignisse die NS-Führung zu einer Grundsatzentscheidung, um das Tötungsprogramm geordnet zu koordinieren – von daher der Entschluss, im November 1941 eine Konferenz der führenden beteiligten Verwaltungsbehörden in dem Berliner Ortsteil Wannsee einzuberufen, die wegen der Kriegserklärung an die Vereinigten Staaten auf Januar 1942 verschoben wurde.

Am Tag nach der Kriegserklärung an die USA äußerte sich Hitler am 12. Dezember in der Reichskanzlei vor Parteiführern vertraulich über die Kriegslage und stellte klar, wie Propagandaminister Joseph Goebbels notierte: „Der Weltkrieg ist da, die Vernichtung des Judentums muss die notwendige Folge sein." Als Hans Frank, Generalgouverneur im besetzten Polen, ein paar Tage später seine Untergebenen von der Rede unterrichtete, wurde er brutal deutlich: „Wir müssen die Juden vernichten, wo immer wir sie treffen und wo es irgend möglich ist.“ Allein in seinem eigenen Herrschaftsgebiet gebe es 3,5 Millionen Juden. „Diese 3,5 Millionen Juden können wir nicht erschießen, wir können sie nicht vergiften, werden aber trotzdem Eingriffe vornehmen können, die irgendwie zu einem Vernichtungserfolg führen.“ Die Entscheidung war zweifelsohne getroffen worden, und zwar von Hitler.

Angesichts seines Ansatzes ist es überraschend, dass Kershaw bei der Erklärung von Hitlers Überfall auf Russland Roosevelts Entschluss zum De-facto-Kriegseintritt der Vereinigten Staaten, nicht stärker herausstellt. Den ganzen Sommer und Herbst 1941 hindurch sprach Hitler von dem, was er für eine niederträchtige jüdische Weltverschwörung hielt, die Roosevelt in eine unheilige Allianz mit Churchill und Stalin treibe, um die Vernichtung Deutschlands zuwege zu bringen. Seiner Ansicht nach standen alle drei Staatsmänner unter jüdischem Einfluss. Und seine privaten Äußerungen wurden unterstützt durch anti-amerikanische Propaganda aus Goebbels' Propagandaministerium in Berlin. Aus dieser Verbindung hätte Kershaw mehr machen können.

Es zeigt sich, dass nicht alle in diesem Buch analysierten Entscheidungen schicksalhaft waren, einige waren nicht einmal Entscheidungen im engeren Sinne. Aber sie hingen alle auf die eine oder andere Weise zusammen, und es besteht kein Zweifel daran, dass sie alle gemeinsam den Kriegsverlauf bestimmten. Natürlich könnte man sich alternativ zu den zehn in diesem Buch analysierten Entscheidungen leicht andere aussuchen, von der Kriegserklärung des britischen Premierministers Neville Chamberlain an Deutschland im September 1939 bis zu Hitlers Weigerung, der 6. deutschen Armee Ende 1942 den Rückzug aus Stalingrad zu erlauben, von Churchills Befehl zur Bombardierung deutscher Städte im darauf folgenden Jahr bis hin zu verschiedenen Entscheidungen, welche die Hauptverschwörer des 20. Juli 1944 fällten, und so weiter. Am Ende macht Kershaw sich nicht wirklich die Mühe, Argumente für die grundlegende Bedeutung des Zeitraums von Mai 1940 bis November 1941 für den Kriegsverlauf anzuführen. Er weiß durchaus, dass Geschichte so einfach nicht ist. Ihm stünde sogar die Möglichkeit offen, eine oder vielleicht auch zwei Fortsetzungen zu diesem Buch zu schreiben, welche die Jahre 1942/43 und 1944/45 behandeln. Sie wären sicher lesenswert.

Solche Bücher, die sich auf die Entscheidungsfindung von Kriegsführern konzentrieren, scheinen auf den ersten Blick weit entfernt von der Sozialgeschichte, mit der Kershaw seine Karriere begann. Aber in gewisser Weise ist dieser Kontrast irreführend. Kershaw deutet zwar auf das Individuum in der Geschichte: Die „schicksalhaften Entscheidungen" von Mussolini, Churchill, Hitler, Stalin und den übrigen, sagt er, „waren direkt davon bestimmt, wer sie waren. Gleichzeitig wurden sie freilich", fährt er fort, „nicht in einem luftleeren Raum als willkürliche persönliche Launen getroffen. Es waren Entscheidungen, die unter Bedingungen und äußeren Einschränkungen gefällt wurden." Man kann sich jedoch des Eindrucks nicht erwehren, dass die Persönlichkeiten, welche die Entscheidungen trafen, Kershaw eigentlich nicht sonderlich interessieren. Letztendlich geht es in seinem Buch somit weniger um die schicksalhaften Entscheidungen, die diese Männer trafen, als um jene Faktoren, die ihre Entscheidungsspielräume einschränkten. Und genau damit verlässt Kershaws Studie die ausgefahrenen Gleise der gewöhnlichen Militär- und Diplomatiegeschichte und gewinnt eine ganz eigene Qualität.

19. Ingenieure des Sieges

Historiker unterschiedlicher Fachgebiete tendieren dazu, auch unterschiedliche Gründe für den Sieg der Alliierten über die Achsenmächte im Zweiten Weltkrieg anzuführen. Eher traditionell orientierte Militärhistoriker betonen besonders die unterschiedlichen Führungsqualitäten auf beiden Seiten, die Intuition etwa eines Churchill und Roosevelt oder, auf ganz andere Art, eines Stalin, die in starkem Gegensatz zur Entrücktheit Hirohitos oder der Willkür und dem zunehmenden Rückzug Hitlers aus dem öffentlichen Leben während des Krieges stand. Auch der Feldherrnkunst misst diese Sichtweise viel Bedeutung bei – da werden brillante deutsche Militärstrategen wie Rommel, Guderian oder Manstein gelähmt durch Hitlers ständiges Einmischen und stures Beharren auf klarem Sieg oder totaler Niederlage und ausmanövriert durch Leute wie Schukow, Montgomery oder Patton, die freie Hand hatten bei der Beurteilung der militärischen Lage und der nötigen Taktik.

Wirtschaftshistoriker verweisen natürlich auf die gewaltige Ungleichheit der Ressourcen auf beiden Seiten. Während die Alliierten bei der Produktion von Waffen und Munition die Achsenmächte um ein Vielfaches übertrafen, gingen Japan die Nahrungsmittel und Deutschland der Treibstoff aus. Und als die Unterlagen der Geheimdienste aus dem Zweiten Weltkrieg zugänglich wurden, behaupteten „Spionagehistoriker", das Blatt habe sich durch entscheidende Durchbrüche bei der Informationsbeschaffung, der Entzifferung feindlicher Geheimcodes und durch ausgeklügelte Täuschungs- und Verschleierungsmanöver gewendet. Viele Historiker haben versucht, entscheidende „Wendepunkte" in dem Konflikt zu identifizieren, etwa Ian Kershaw mit Blick auf „schicksalhafte Entscheidungen", die von den Führern der Kriegsparteien getroffen wurden, oder Philip Bell mit *Twelve Turning Points oft the Second World War* (2011). Auf breiterer Basis untersuchte Richard Overy, dessen Schriften sowohl militär- als auch wirtschaftsgeschichtliche Studien umfassen, die unterschiedlichsten Gründe, „warum die Alliierten gewannen", um den Titel seines Buches von 1995 zu zitieren (dt. 2002), und kam zu dem Schluss: „Die Alliierten gewannen den Zweiten Weltkrieg, weil sie es verstanden, ihre wirtschaftliche Stärke in eine effiziente Kampfkraft und die moralischen Energien ihrer Völker in einen effektiven Siegeswillen zu verwandeln."

Wie Overy ist auch Paul Kennedy ein Historiker, der stets versucht hat, Krieg und internationale Beziehungen als ein Ganzes zu sehen. Sein Buch *Die Casablanca-Strategie. Wie die Alliierten den Zweiten Weltkrieg gewannen. Januar 1943 bis Juni 1944* (München 2014; Originalausgabe ein Jahr zuvor) ist skeptisch in Bezug auf einige der übertriebeneren Behauptungen, die von Verfechtern des einen oder anderen Ansatzes aufgestellt wurden. Der Gedanke, dass „Aufklärungsdurchbrüche" den Kriegsverlauf änderten, bleibe so lange unbewiesen, meint er, bis diese in einem umfassenderen Kontext bewertet würden. Er verweist darauf, wie lang die Liste der „Aufklärungsfehler" im Krieg sei, von der französischen Unkenntnis über den deutschen Vorstoß durch die Ardennen 1940 bis zur amerikanischen Blindheit angesichts des geplanten japanischen Angriffs auf Pearl Harbor. Darüber hinaus weigerten sich Oberbefehlshaber manchmal, Berichten der Geheimdienste Glauben zu schenken; Stalin ließ bekanntlich einen deutschen Soldaten und ehemaligen Kommunisten, als dieser in der Nacht vor dem „Unternehmen Barbarossa" die Linien überquerte, um den sowjetischen Diktator vor der bevorstehenden Invasion zu warnen, wegen des Verbreitens falscher Gerüchte erschießen.

Kennedy hätte noch hinzufügen können, dass die „Ultra"-Entschlüsselungen, mit der britische Nachrichtenoffiziere in der Abhörzentrale des Secret Intelligence Service (SIS) in Bletchley Park in der Lage waren, den deutschen Funkverkehr zu überwachen und die Truppen vor Ort darüber aufzuklären, woher der nächste Angriff käme, oftmals wegen der Angst wirkungslos blieben, dass eine zu offensichtliche Truppenverlegung die Deutschen auf die erfolgreiche Entschlüsselung aufmerksam machen könnte. So wurde dem Befehlshaber der britischen Truppen auf Kreta im Mai 1941 verboten, seine Männer zu verlegen, obwohl Bletchley Park ihn darüber informiert hatte, wo die bevorstehende deutsche Luftlandeoperation zur Eroberung der Insel („Unternehmen Merkur") stattfinden würde, damit die Deutschen nicht Lunte rochen, wodurch jeder Vorteil durch die Geheimdienstinformationen zunichte war. „Dagegen sind", behauptet Kennedy, „die Aufklärungserfolge, d.h. die Durchbrüche, die beweisbar zu Siegen führten und den Krieg verkürzten […] relativ überschaubar." Der offensichtlichste erfolgte bei der Schlacht von Midway, als die Aufklärung feindliche Flugzeugträger ortete und es gelang, den Standort der US-Streitkräfte zu verschleiern. Möglicherweise wäre die Vernichtung der italienischen Flotte im Mittelmeer durch die Royal Navy ebenfalls aufzuführen und vielleicht auch die Versenkung des deutschen Schlachtkreuzers *Scharnhorst* im Dezember 1943. Ansonsten sei die Funkaufklärung, behauptet Kennedy, nur ein Faktor unter vielen gewesen und allgemein nicht der wichtigste, obwohl Kennedy noch viele andere wichtige Beiträge der geheimdienstlichen Aufklärung erwähnt und damit seine eigene These an vielen Stellen untergräbt.

Was aber machte dann den wesentlichen Unterschied? Kennedy verweist auf eine Reihe allgemeiner Faktoren, die den Kriegsverlauf beeinflussten. Der augenscheinlichste war die Ungleichheit der Ressourcenverteilung und der Produktionskapazität zwischen den Achsenmächten und den Alliierten. Dieser Unterschied war womöglich noch größer, als Kennedy einräumt: So wäre bereits im Jahr 1940, noch vor Kriegseintritt der USA, von einer „produktiven Überlegenheit der Alliierten" zu sprechen und nicht erst ab 1943/44. Im Jahr 1940 produzierten die Sowjets beispielsweise 21 000 Kampfflugzeuge und die Briten 15 000 gegenüber 10 000 auf deutscher Seite. Im Jahr 1941 produzierten Großbritannien und die USA zusammen mehr als doppelt so viele Kampfflugzeuge wie Deutschland und Japan gemeinsam. Allerdings war es bei Weitem nicht so, dass nur die Alliierten aus ihren Fehlern lernten und ihre Waffensysteme und Produktionsmethoden verbesserten, sondern es waren viel mehr die Deutschen, denen dies am eindrucksvollsten gelang, als Albert Speer, auf den Fundamenten seiner Vorgänger aufbauend, die militärische Fertigung derart ankurbelte, dass sie 1944 mit neuen Produkten wie den Panzern Tiger und Panther ihren Höchststand erreichte. Doch am Ende war das nicht mehr entscheidend.

Die Ungleichheit der Ressourcenverteilung erkannten vernünftige Generäle wie Fritz Todt, der Hitler gegenüber bereits Anfang 1942 den Krieg als verloren bezeichnete, schon früh. „Der Krieg in Nordafrika", klagte auch General Erwin Rommel nach seiner Niederlage, „wurde durch die Fülle angloamerikanischen Materials entschieden." Und es mangelte der Achse nicht nur an Produktionskapazität. Immer wieder wurden ihre Streitkräfte aus Treibstoffmangel besiegt: So hätte sich Paulus, um eines von vielen Beispielen zu nennen, in Stalingrad gar nicht aus dem Kessel der Roten Armee befreien können, selbst wenn er sich Hitlers Befehl widersetzt hätte, weil seinen Panzern und Lastwagen zuvor der Sprit ausgegangen wäre. Während des gesamten Krieges verfügte Deutschland nie über mehr als eine Million Tonnen an Ölreserven, während Großbritannien im Jahr 1942 zehn Millionen und zwei

Jahre später mehr als 20 Millionen Tonnen hatte. Deutsche Versuche, die Ölfelder des kaukasischen Raums und des Mittleren Ostens zu erobern, waren ebenso vergeblich wie die massiven Investitionen der I.G. Farben in die Produktion von synthetischem Treibstoff.

Allerdings kritisiert Kennedy eine „ökonomisch-deterministische Erklärung des Kriegsausgangs" zu Recht. Deutschland, Italien und Japan vergeudeten allesamt ihre Ressourcen, indem sie an zu vielen Fronten gleichzeitig kämpften (Paradebeispiele für Kennedys Begriff der imperialen „Überdehnung", den er bereits Ende der 1980er-Jahre in seiner klassischen Studie *Aufstieg und Fall der großen Mächte: ökonomischer Wandel und militärischer Konflikt von 1500 bis 2000* entwickelte). Doch während sich die Sowjetunion beinahe ausschließlich auf die Bekämpfung des nationalsozialistischen Eindringlings konzentrieren konnte, standen auch die Briten und Amerikaner vor den Problemen eines Vielfrontenkriegs. Kennedy meint, dass den Briten dabei ihre Erfahrungen als koloniale Großmacht gut zustatten kamen, aber vor allem habe die britische Führung gewusst, „dass sie überdehnt war", besonders nachdem ihre Streitkräfte in den Jahren 1941/42 in Griechenland und auf Kreta, in Tobruk, Singapur und in der „Atlantikschlacht" trotz der Beteiligung von Truppen aus vielen verschiedenen Teilen des Empire Niederlagen erlitten hatten, die für sie einen militärischen Tiefpunkt markierten. Daher unternahmen sie jede Anstrengung, um diese Rückschläge zu kompensieren und durch die Entwicklung neuer Technologien die Verluste zu reduzieren.

Diese Technologien und ihre Entwicklung bilden den Schwerpunkt von Kennedys fesselndem Buch. Er gliedert sein Material in fünf Kapitel. Das erste, „Wie schickt man Geleitzüge sicher über den Atlantik?", beginnt im Jahr 1942, als alliierte Handelsflotten, die Nachschub nach Großbritannien brachten, 7,8 Millionen Schiffsraum Tonnen verloren, größtenteils versenkt von deutschen U-Booten. Alliierte Techniker überwanden diese schwierige Situation, indem sie einerseits Langstreckenbomber entwickelten, welche die Schiffskonvois über den Atlantik begleiten konnten; andererseits nutzten sie Radar im Zentimeterwellenbereich, um U-Boote zu orten, die nicht lange abtauchen konnten, weil ihnen die dafür erforderliche Klimaanlage zur Lufterneuerung fehlte; darüber hinaus entwickelten sie den Hedgehog-Granatwerfer, mit dem Konvoi-Eskorten die feindlichen Unterseeboote zerstören konnten sowie ein effektiveres und besser organisiertes Geleit für die Konvois, darunter Träger für kleine Flugzeuge, die den deutschen „Wolfsrudeln" nachstellen und sie ausschalten konnten. Hier wie anderswo spielt Kennedy die Rolle der geheimdienstlichen Aufklärung herunter, aber bei den Verlusten von 1942 hatte die Fähigkeit der Deutschen, alliierte Funksprüche zu entziffern und ihre eigenen zu schützen, eine wichtige Rolle gespielt. Dass es den Alliierten im Dezember 1942 gelang, diese Situation umzukehren, stellte gewiss einen Wendepunkt dar. Künftig konnten die Konvois über eine neue Route fernab der sie verfolgenden Unterseeboote steuern und die U-Boote entweder anhand ihres Funkverkehrs oder an der Wasseroberfläche orten.

Nach dieser wohl bekannten Geschichte wendet sich Kennedy der Frage zu: „Wie erringt man die Luftherrschaft?“. Bis die alliierten Bomber ihre Reichweite vergrößert hatten und ihre Ziele besser als anfänglich orten konnten, schrieb man bereits das Jahr 1943, in dem massive Angriffe auf Hamburg und das Ruhrgebiet nicht nur der deutschen Industrie, sondern auch der deutschen Moral gewaltigen Schaden zufügten. Da war es zunächst ein Fehler, als nächstes Ziel das weit entfernte Berlin zu bestimmen, wo alliierte Navigationshilfen wirkungslos waren, wohin Kurzstrecken-Jagdflieger die Bomber nicht begleiten konnten und wo sie auf eine Luftabwehr stießen, die genug Zeit gehabt hatte, sich zu organisieren. Die Bomber-Besatzungen erlitten schwere Verluste, und der Einsatz wurde heruntergefahren. Die Lösung fand man in der P-51 Mustang, einem Langstrecken-Begleitjäger mit amerikanischem Rumpf und britischem Rolls-Royce-Motor. Die neuen Jäger-Eskorten erwiesen sich als wirkungsvoll beim Schutz der Bomber, deren Reichweite selbst auch größer wurde. Dadurch erlangten die Alliierten die Lufthoheit, und in den letzten 18 Kriegsmonaten kam es zu immer verheerenderen Angriffen, welche die deutsche Industrie lahmlegten und die deutsche Moral weiter senkten. Viele Historiker haben diese Geschichte bereits erzählt, und Kennedy fügt dem wenig Neues hinzu, aber seine Analyse ist gleichwohl klar und überzeugend.

Kennedy lässt auch diese vertraute Geschichte hinter sich und fragt im nächsten Kapitel: „Wie stoppt man einen Blitzkrieg?“, oder, mit anderen Worten: Wie lernten die Alliierten, die deutsche Taktik der Kombination von Flugzeugen, Panzertruppen und Infanterie in einem totalen Angriff zu durchkreuzen? Die Antwort lag darin, tief gestaffelte Verteidigungspositionen aufzustellen, wie es in El Alamein und Kursk geschah. Hier bewegt sich Kennedy auf recht unsicherem Boden, weil er es versäumt hat, Karl-Heinz Friesers bahnbrechende Studien zum „Blitzkrieg“ zurate zu ziehen. Diese gipfeln in einer aufregenden Neuinterpretation der Panzerschlacht von Kursk, bei der Friesers Berechnungen zufolge 760 deutsche Panzer verloren gingen, nicht 1 600, wie Kennedy behauptet, 170 000 und nicht 50 000 Soldaten als vermisst, tot oder verwundet gezählt wurden sowie – entscheidend, aber bei Kennedy unerwähnt – 524 Kampfflugzeuge verloren gingen (*Blitzkrieg-Legende. Der Westfeldzug 1940,* München 1995).

So wichtig es war, dass die Sowjets lernten, der deutschen Taktik entgegenzuwirken und Aufklärung, Lufthoheit, Technologie und Logistik zu nutzen, um das Blatt zu wenden, ausschlaggebend war einmal mehr die Ungleichheit bei der Ressourcenverteilung, denn obwohl die Verluste der Roten Armee weit größer waren als jene der Wehrmacht, konnten sie auch viel leichter wieder ausgeglichen werden.

In Kapitel 4, „Wie erobert man eine feindliche Küste?“, untersucht Kennedy vor allem die Landungen in der Normandie vor dem Hintergrund früherer Katastrophen, wie etwa der Landung auf der türkischen Halbinsel Gallipoli im Ersten Weltkrieg. Die Alliierten lernten, wie wichtig es war, fernab von gut verteidigten Abschnitten zu landen und sich im Voraus die Luftherrschaft zu sichern. Ebenso unerlässlich war es, strikte Geheimhaltung über die Invasionspläne zu wahren, was die Alliierten fatalerweise bis zu den Landungen bei Salerno im September 1943 oder Anzio im Januar 1944 nicht getan hatten. Alle diese Bedingungen waren nun im Juli 1944 für die Landungen in der Normandie gegeben. Dazu kamen raffinierte Täuschungsmaßnahmen, die dazu führten, dass der größte Teil der deutschen Verteidigungskräfte sich anderswo befand, und dafür sorgten, dass die Deutschen die Invasion zu einem anderen Zeitpunkt erwarteten – ein weiterer Triumph der Nachrichtendienste. Der Schlüssel jedoch, sagt Kennedy und folgt damit den meisten anderen D-Day-Historikern, seien akribische Planung und ein reibungslos funktionierendes Befehls- und Kontrollsystem gewesen, dem man abermals eine überwältigende Überlegenheit an Menschen und Material hinzufügen könnte.

In seinem letzten eigenständigen Kapitel widmet sich Kennedy einem weiteren vertrauten Thema, wenn er überlegt „Wie überwindet man die ‚Tyrannei der Distanz‘?“. Wie sich die Japaner mit den unermesslichen Räumen übernahmen, die sie in den Jahren 1941/42 eroberten, so stellten diese Weiten auch für die alliierten Streitkräfte echte Probleme bei dem Versuch dar, die Japaner zurückzuschlagen. China war zu weit entfernt vom amerikanischen Festland, um als Stützpunkt für die Gegenoffensive brauchbar zu sein, und Birma war aus topografischen Gründen ungeeignet. Der einzige Weg verlief über den Pazifik. Die Entwicklung schneller Flugzeugträgergruppen, die Produktion von B-29-Langstreckenbombern, die in über 9000 Meter Höhe flogen, außer Reichweite feindlicher Jäger und Flugabwehrgeschütze, die Entwicklung schneller und wendiger Kampfflugzeuge wie der Hellcat sowie das Geschick und die Erfahrung des US Marine Corps in amphibischer Kriegführung verschafften den US-Streitkräften die Überlegenheit zur See und in der Luft. Sie drängten die Japaner so weit zurück, bis sie in der letzten Kriegsphase anfingen, japanische Ortschaften und Städte zu verwüsten und den Krieg schließlich mit den über Hiroshima und Nagasaki abgeworfenen Atombomben beendeten. Amerikanische Unterseeboote dezimierten die japanische Flotte mit neuen und verbesserten Torpedos, während die großen, schwerfälligen japanischen Unterseeboote leicht ausfindig zu machen und zu zerstören waren und kein wirkungsvoller Versuch unternommen wurde, die japanische Schifffahrt zu schützen, was zu einem katastrophalen Zusammenbruch des Nachschubs für die Bevölkerung auf den japanischen Inseln und japanische Besatzungstruppen überall im Pazifik führte.

Kennedys Behauptung, dass die Alliierten nicht zuletzt deshalb gewannen, weil sie eine „Kultur der Ermutigung“ oder „Kultur der Innovation“ pflegten, ist zentral für seine These. Er liefert Beispiele für die technologischen Verbesserungen und Erfindungen, die den alliierten Kriegsanstrengungen zugute kamen, aber das „Dritte Reich“ war gleichfalls erfolgreich bei der Planung und Entwicklung neuer Waffen, von der V2-Rakete bis zum Düsenjäger, vom schnellen, batteriebetriebenen, mit Klimaanlagen und Luftgeneratoren ausgerüsteten U-Boot bis zur Boden-Luft-Rakete „Wasserfall“. In ihrer Innovationsfähigkeit waren deutsche Wissenschaft und Technologie unübertroffen. Allerdings weist Kennedy völlig richtig darauf hin, dass diese Technologien nicht wirkungsvoll eingesetzt werden konnten, weil Deutschland zu dem Zeitpunkt, als sie serienreif waren, längst die See- und Luftherrschaft verloren hatte, sodass Fabriken und das Transportwesen wiederholt lahmgelegt wurden. Dennoch oblagen am Ende die Alliierten nicht wegen einer größeren Fähigkeit, militärische und logistische Probleme durch Technologie zu lösen, sondern wegen ihres gewaltigen Ressourcenvorteils und vor allem weil sie in der Lage waren, diese dort zu bündeln, wo es darauf ankam.

Die Entscheidungsstrukturen der Deutschen waren hingegen auf ökonomischem Gebiet bekanntermaßen chaotisch und ineffektiv. Wie bei so vielen anderen Aspekten der Verwaltung, bestand Hitlers bevorzugte Methode darin, verschiedene Leute damit zu beauftragen, dasselbe zu tun, im Glauben, dass sich in einer Art Darwin'schem Kampf um institutionelle Vorherrschaft die skrupelloseste und leistungsfähigste Person durchsetzen würde. Dies erwies sich als schwerer Nachteil während des Krieges, als nicht einmal Speer die Produktion entscheidender Waffen erfolgreich zentralisieren konnte. So arbeiteten rivalisierende Teams an verschiedenen Arten von Raketen und sogar an verschiedenen Arten von Atombomben, und Ressourcen wurden für eine ganze Reihe von Projekten vergeudet, viele davon ohne echte Zukunft, statt sie auf ein oder zwei aussichtsreiche Projekte zu konzentrieren. Dass Hitler ständig hin und her schwankte und Prioritäten änderte, machte alles nur noch schlimmer. So war beispielsweise die Messerschmitt Me-262, ein zweimotoriges Kampfflugzeug, im Juli 1943 produktionsreif, aber zuerst widersetzte sich Hitler der Bitte seiner Berater, sie als Jäger auszurüsten, obwohl sie alliierten Bombern über Deutschland schweren Schaden hätte zufügen können. Stattdessen befahl er, sie als Bomber zu bauen, wo sie kaum wirklich etwas hätte ausrichten können, und untersagte schließlich jede Diskussion darüber, weil er die Versuche anderer, ihn umzustimmen, als Herausforderungen seiner Autorität verstand.

Dies weist erneut auf die Rolle von Führerschaft während des Krieges hin. Natürlich bestreitet Kennedy nicht, dass „es auch auf die Männer an der Spitze [ankam]". Hitlers Anspruch, der „größte Feldherr aller Zeiten" zu sein (was einige seiner Untergebenen ironisch zu „Gröfaz" abkürzten), wurde nach seinem anfänglichen Triumph über herkömmliche militärische Strategie und Taktik beim Sieg über Frankreich 1940 von vielen akzeptiert, im Laufe der Zeit aber von vielen seiner Generäle infrage gestellt. So war es insbesondere Hitler, der die deutschen Streitkräfte an der Ostfront im Spätherbst 1941 aufteilte, Truppen vom Angriff auf Moskau abzog und die Stoßkraft der Invasion in den Kaukasus umleitete. Aber dies war keinesfalls, wie Kennedy andeutet, eine Torheit: Hitler hielt es für vorrangig, die Getreideanbaugebiete der Ukraine zu besetzen und Zugriff auf die Krim zu bekommen, um die Sowjets daran zu hindern, die Halbinsel als Stützpunkt für Luftangriffe auf die rumänischen Ölfelder zu benutzen, von denen Deutschland in so hohem Maße abhing, und diese Sichtweise hatte durchaus etwas für sich.

Kennedy behauptet fälschlicherweise, dass „die Wehrmachtsführung [...] vergessen hatte[], wie sehr Clausewitz betonte, sich auf die Schwerpunkte des Gegners zu konzentrieren", als sie dieser Entscheidung zustimmte: Der Oberbefehlshaber der Heeresgruppe Mitte, Fedor von Bock, war entschieden gegen die Aufteilung der deutschen Streitkräfte und bemerkte gegenüber dem Generalstabschef des Heeres, Franz Halder: „Das Abdrehen nach Süden ist eine – wenn auch noch so große – Nebenoperation." – „Ich will gar nicht Moskau nehmen!", protestierte er in Anbetracht der ständigen Weisungen Hitlers für die Kriegführung, und wies darauf hin, dass die Einnahme Moskaus nicht vordringlich sei: „Ich will das feindliche Heer zerschlagen und die Masse dieses Heeres steht vor meiner Front!!" Die Schwächung seiner Streitkräfte durch Verlegung starker Kontingente nach Süden bedeute, dass „die Ausführung der Hauptoperation, nämlich das Zerschlagen der russischen Wehrmacht noch vor dem Winter, in Frage gestellt" werde.

Keiner der beiden Männer war besonders rational in seinen Überlegungen, denn beide schienen davon auszugehen, dass die Sowjetunion schnell in Anarchie und Chaos versinken würde: Bock, weil die preußische Militärdoktrin ihn gelehrt hatte, dass ein Feind durch einen einzigen vernichtenden Schlag besiegt werden könne, Hitler, weil er in der Sowjetunion einen maroden Staat sah, der nur durch den Terror einer jüdisch-bolschewistischen Clique zusammenhielt. Tatsächlich verlegte Hitler nach einer Reihe überwältigender Siege im Süden große Mengen an Männern und Material zurück zur Heeresgruppe Mitte, sodass Bock im Oktober 1941 einen weiteren Angriff startete, etwa 673 000 Gefangene machte und weiter auf Moskau vorrückte. Doch die Sowjetunion brach nicht zusammen, denn ihre Ressourcen waren so stark, dass ein einziger vernichtender Schlag schlicht unmöglich war. Und auch die sowjetische Militärführung hatte ihre Taktik überdacht, Stalin war es gelungen, den Widerstandswillen zu wecken, und der Sowjetspion Richard Sorge in Tokio hatte ihn überzeugt, dass die Japaner Russland nicht angreifen würden, was ihm ermöglichte, 400 000 erfahrene Soldaten an die Moskauer Front zu verlegen. Und Bocks Armee wurde vor den Toren Moskaus gestoppt und in eine Verteidigungsstellung zurückgedrängt, wo viele der Männer erfroren, weil in Erwartung eines Sieges lang vor Wintereinbruch nur Sommeruniformen ausgegeben worden waren.

Die Debatte im deutschen Generalstab zog die Rationalität der gesamten Kriegsanstrengungen der Achse in Zweifel. Denn am Ende sind Erfolg und Scheitern in jedem Krieg an den gesetzten Zielen der Kontrahenten zu messen, und diese Ziele müssen, um irgendeine Erfolgsaussicht zu haben, realistisch sein. Japans anfängliche Ziele waren, obschon ehrgeizig, noch relativ begrenzt: Es ging um die Errichtung einer „Großasiatischen Wohlstandssphäre“ oder, mit anderen Worten, eines japanischen Wirtschaftsimperiums, das sich in einer Situation, wo der Nachschub an Öl und anderen Versorgungsgütern durch das im Juli 1941 verhängte US-Embargo abgeschnitten war, die Ressourcen eines großen Teils Ostasiens und des pazifischen Raums zunutze machen würde. Es wäre vielleicht möglich gewesen, dieses Imperium vor Vergeltung vonseiten des bereits überdehnten britischen Empire zu schützen, dessen rasche Niederlage ein Vorbote seiner späteren Auflösung nach dem Krieg war. Aber es war völlig unrealistisch zu glauben, dass die USA nach Pearl Harbor widerstandslos klein beigeben und einer Friedensregelung zustimmen würden, die den Großteil der „Wohlstandssphäre“ in japanischen Händen beließe. Darüber hinaus verurteilte das brutale und sadistische Verhalten der japanischen Eroberer in den besetzten Gebieten von Anfang an jede Idee einer gemeinsamen „Wohlstandssphäre“ zum Scheitern. Durch ihr Verhalten forderten die Japaner den totalen Krieg heraus, und sie bekamen ihn. Es war ein Krieg, den zu gewinnen, sie niemals hoffen konnten.

Hitlers Kriegsziele waren grenzenlos, und in ihnen drückte sich ein noch größeres Ausmaß an Illusion über die Fähigkeit seines Landes aus als im Falle der japanischen Ambitionen. Die Nationalsozialisten glaubten vor allem an die Überlegenheit der Willenskraft. Dank ihr würde auf den Triumph über Deutschland ein ähnlicher über die kraftlosen und degenerierten Nationen des Westens und die primitiven und rückständigen slawischen Gesellschaften des Ostens folgen. Auf diesen Sieg würde eine rassische Neuordnung Europas folgen, der 30 bis 45 Millionen Slawen zum Opfer fallen würden, um Platz für deutsche Bauern zu machen. Anschließend würden die Ressourcen eines von den Nationalsozialisten beherrschten Europas für eine neue Konfrontation mit den USA mobilisiert. Auch hier sorgte jedoch das rücksichtslose und ausbeuterische Verhalten der Deutschen in den besetzten Ländern dafür, dass die europäischen Ressourcen schnell dahinschwanden, während die unterworfenen Volkswirtschaften rapide der Erschöpfung und dem Zusammenbruch entgegentaumelten.

Es ist also sinnlos, wie Kennedy im Zusammenhang mit der „brutale[n] Behandlung der Ukrainer und anderer ethnischer Gruppen in Stalins verhasstem Imperium durch die Wehrmacht“ von „dumme[r] Kriegführung“ zu sprechen – eine solche Behandlung war den Kriegszielen der Nationalsozialisten immanent. Ebenso ginge es an der Sache vorbei, die Umlenkung deutscher Ressourcen in die Vernichtung der Juden zu beklagen. Dies hier war ein Rassenkrieg, in dem die Vernichtung von sechs Millionen europäischen Juden, mit der sich Kennedys Buch überhaupt nicht beschäftigt, weil sie anscheinend nicht zu den normalen Militärstrategien gehörten, ein Hauptkriegsziel war, das letztendlich von Europa auf Amerika ausgedehnt werden sollte, von wo aus nach Hitlers Vorstellung die Weltverschwörung gegen Deutschland organisiert wurde.

Kampf, Konflikt, Aggression und Gewalt hatten zentralen Stellenwert in der NS-Ideologie, in der endloser Krieg als einziger Weg vorgesehen war, um die Überlegenheit der „arischen" Rasse zu bewahren. Angesichts dieser irrationalen Ordnung geht es ziemlich an der Sache vorbei, wie Kennedy zu suggerieren, dass die Deutschen den Krieg unter gewissen Umständen hätten gewinnen können, oder zu behaupten, dass ohne den Beitrag dieser oder jener logistischen, organisatorischen oder technologischen Innovation „der Sieg unerreichbar geblieben" wäre. Die Niederlage für die Achse war allein schon durch den Charakter ihrer Kriegsziele vorprogrammiert, nicht bloß durch die Mittel, mit denen die Achsenmächte sie zu erreichen suchten. Wie jedes Buch, das den Zweiten Weltkrieg insgesamt behandelt wie einen rationalen Konflikt nach dem Vorbild des Siebenjährigen Krieges, des Deutsch-Französischen Kriegs oder des Amerikanischen Bürgerkrieges, die von beiden Seiten für klar definierte Ziele geführt wurden, ist Kennedys *Die Casablanca-Strategie* schon im Ansatz falsch.

Seinen anfänglichen Behauptungen zum Trotz geht es in diesem Buch eigentlich gar nicht um Technologien, vielmehr geht es seine Themen auf einer viel breiteren Basis an. In letzter Zeit sind eine Menge ausgezeichneter Bücher über den Zweiten Weltkrieg erschienen, die sich aber mehrheitlich auf das Kriegserlebnis konzentrieren, darauf, wie es war, Soldat in Stalingrad, Matrose in Midway, Zivilist im „Blitz" zu sein. Dieses Buch sticht hervor, weil es im Gegensatz zu anderen Weltkriegsbüchern jüngeren Datums versucht, die Geschichte des Krieges gründlich zu durchdenken, große Fragen zu beantworten und wohl abgewogene und sorgfältig begründete Aussagen über seinen Verlauf und sein Ergebnis zu treffen. Leider hat es dabei sehr wenig Neues zu sagen, und die ausführlichen Fallstudien, die es bietet, sind schon in vielen anderen Büchern über den Krieg behandelt worden.

20. Kampf um Nahrung

Die vier apokalyptischen Reiter – Pest, Krieg, Hungersnot und Tod – reiten stets gemeinsam. Seit Angedenken brachte Krieg nicht nur in der Schlacht den Tod, sondern auch durch Hunger und Krankheit. In vorindustriellen Konflikten zertrampelten Heere die Ernten, beschlagnahmten Nahrungsvorräte, verschleppten junge Landarbeiter von den Feldern weg zum Militärdienst und hungerten belagerte Städte aus. Große Gruppen von Soldaten, die über gewaltige Entfernungen unterwegs waren und dicht beieinander unter behelfsmäßigen und unhygienischen Bedingungen hausten, verbreiteten zudem Epidemien, die weiteres Leid verursachten.

Im Dreißigjährigen Krieg von 1618 bis 1648 starb schätzungsweise knapp die Hälfte der Bevölkerung Deutschlands an dieser tödlichen Ursachenkombination. Der Erste Weltkrieg war der erste internationale Konflikt, in dem mehr Soldaten durch Feindeinwirkung starben als durch Krankheit. Im selben Krieg starben allerdings über eine halbe Million Deutsche an Unterernährung als Folge einer alliierten Blockade von Deutschlands überseeischer Lebensmittelversorgung. Während Epidemien selten strategisch eingesetzt wurden, nicht zuletzt weil sie sich gewöhnlich rücksichtslos unter allen Konfliktparteien ausbreiten, diente der Hunger schon immer als Kriegswaffe.

Die kämpfenden Nationen des Ersten Weltkriegs lernten durch logistische Fehler und schreckliches Leid, wie wichtig es war, in einem längeren bewaffneten Konflikt eine ausreichende Lebensmittelversorgung sicherzustellen. Lizzie Collingham zeigt in ihrer hervorragenden Studie *The Taste of War* (2012), dass sie nicht zuletzt deshalb erhebliche Anstrengungen unternahmen, damit ihre Armeen und ihre Zivilbevölkerungen während des Zweiten Weltkriegs am Leben und wohlgenährt blieben. Für Deutschland und insbesondere seinen Führer war die Erinnerung an massenhafte Unterernährung und Hunger während des vorausgegangenen Konflikts ein stets präsentes Trauma. Seit den Anfängen seines politischen Lebens wollte Hitler „Lebensraum“ für Deutschland in Osteuropa erobern und zur Ernährung der deutschen Streitkräfte auf die riesigen Getreide-Ressourcen der Ukraine zurückgreifen. Auch hatten die Nationalsozialisten nicht die Absicht, den Fehler des Ersten Weltkriegs zu wiederholen, als die Rationierung zu spät eingeführt wurde, um die Situation noch zu retten. Daher wurde die Rationierung, anders als Collingham behauptet, in Deutschland nicht erst im August 1939 eingeführt, sondern bereits zwei Jahre früher. Schon Mitte der 1930er-Jahre hatten Einberufungen zum Militär, Dienstverpflichtungen für die Rüstungsindustrie, die Beschlagnahme großer landwirtschaftlicher Nutzflächen für militärische Zwecke und die Verhängung von Devisenkontrollen, um Nahrungsimporte einzudämmen, zu einem dramatischen Rückgang der Nahrungsmittelerzeugung und einem gleichzeitigen Anstieg der Lebensmittelpreise geführt. Im Jahr 1936 wurden deshalb zunächst die Preise eingefroren, und am 1. Januar 1937 folgte die Rationierung für Butter, Margarine und Fett, Anfang 1939 jene für Kaffee und Zitrusfrüchte. Die deutsche Wirtschaft befand sich also im Kriegszustand, lange bevor der eigentliche Krieg begann.

Hitler gelang es, dass die Menschen zu Hause in Deutschland bis in die letzten Phasen des Krieges halbwegs wohlgenährt waren. Collingham schätzt, dass etwa 40 Prozent des Brots und Fleisches, das von den Streitkräften und den Zivilisten im Reich verzehrt wurden, in den besetzten Territorien erzeugt wurden oder von Arbeitern, die aus diesen Ländern deportiert wurden, um auf deutschen Bauernhöfen zu arbeiten. Wenn sie allerdings behauptet, dass „in Deutschland die Bevölkerung erst nach dem Mai 1945 Hunger erlebte", dann schenkt sie Erinnerungen aus der Nachkriegszeit zu leichtfertig Glauben, als viele Deutsche den alliierten Besatzungsmächten vorwarfen, sie nicht ausreichend zu ernähren. In Wirklichkeit begann die Lebensmittelversorgung in Deutschland bereits im Herbst 1944 zusammenzubrechen, als die Streitkräfte mit dem Vorrücken der Roten Armee nach Westen die Kontrolle über Osteuropa verloren und das Schienen- und Straßennetz innerhalb Deutschlands durch alliierte Bombardements ernsthaft in Mitleidenschaft gezogen wurde. Das NS-Regime kürzte die einheimischen Brotrationen von 12 450 Gramm für den Monat Mai auf 9 700 für August, 8 900 für Dezember und 3 600 für April 1945. Von dem, was es offiziell zu kaufen gab, konnte niemand mehr leben. Ein riesiger, von geflüchteten Fremdarbeitern geführter Schwarzmarkt entstand, wilde Banden lieferten sich regelmäßig Schießereien mit der Gestapo. Verstärkt durch Unterernährung und Entkräftung, traten Krankheiten wie Tuberkulose im Jahr 1944 sehr viel häufiger auf. Und in der Tat räumt Collingham ein, dass sich schon damals „die Nahrungsknappheit in Deutschlands Städten verschlimmerte, bis das Versorgungssystem in den letzten Monaten vor dem alliierten Sieg zusammenbrach".

Wenn die Nahrungsknappheit in Deutschland schlimm war, so war sie in Osteuropa katastrophal. Wie Collingham feststellt, „exportierte [Deutschland] Kriegshunger in die Länder, die es besetzte". Angefangen mit einem „Hungerplan", den der leitende Beamte im Reichsernährungsministerium, Herbert Backe, ersonnen hatte und der auf Anweisung von SS-Chef Heinrich Himmler zum „Generalplan Ost" erweitert wurde, sah die nationalsozialistische Ernährungspolitik die bewusste Aushungerung von 30 bis 45 Millionen Slawen vor (Collinghams Behauptung von 100 Millionen scheint übertrieben). Deren Folgen sollten noch dadurch beschleunigt werden, dass den Betroffenen der Zugang zu ärztlicher Versorgung verweigert wurde. Als Deutschland im Juni 1941 die Sowjetunion überfiel, blieben durch Luftangriffe und Häuserkämpfe zerbombt und verwüstet Städte wie Charkow ohne grundlegende Infrastruktur, etwa eine funktionierende Kanalisation, und ohne Versorgung mit Wasser, Gas, Strom zurück. Die zurückweichenden sowjetischen Streitkräfte hatten bereits eine Taktik der verbrannten Erde angewandt, um den einfallenden Deutschen Nahrungsmittel vorzuenthalten, indem sämtliche Lagerhäuser mit Vorräten an Getreide, Mehl und Gemüse angezündet oder zerstört wurden. Die deutschen Besatzungstruppen verboten nun aber den Zivilisten, die Stadt zu betreten oder zu verlassen. „Es gibt keine Vorratslager", schrieb daher ein in der Stadt gefangener Zeitgenosse, „keine Märkte, keine Läden jeglicher Art. […] Die Stadt ist bar alles Essbaren, wie eine Wüste." Am Ende des Jahres 1942 war ein Drittel der verbliebenen 450 000 Einwohner tot, die meisten von ihnen waren verhungert. Auch in Leningrad (dem heutigen Sankt Petersburg), das mehr als zwei Jahre von deutschen Streitkräften belagert und ausgehungert wurde, starben mindestens eine Million Menschen Hungers, und es gab weitverbreitete Berichte über Menschen, die in ihrer Verzweiflung Leichen aßen, um am Leben zu bleiben.

Die massenhafte Ermordung „nutzloser Esser" begann bereits im September 1939, als die eindringenden Deutschen die polnischen Juden in unhygienische und überfüllte Gettos pferchten, wo sie gezwungen waren, buchstäblich von Hungerrationen zu leben. Im Warschauer Getto sah ein Beobachter nur „albtraumhafte Gestalten, Gespenster früherer menschlicher Wesen", die an „Auszehrung und Kränklichkeit" litten. Die verzweifelten Bewohner kämpften noch um Essensabfälle und verloren jede menschliche Würde. Woche für Woche starben Tausende. Insgesamt verhungerten laut Collingham mindestens 100 000, obwohl tatsächlich viele Krankheiten wie Typhus erlagen, die eher eine Folge mangelnder öffentlicher Hygiene als mangelnder Nahrung waren. Aber es sollte noch schlimmer kommen: Auf den deutschen Einmarsch in die Sowjetunion folgten gewaltige Siege und die Gefangennahme von Millionen sowjetischer Soldaten, die in provisorische Einfriedungen auf freiem Feld getrieben wurden, wo man sie verhungern ließ. Auch von dort wurden Fälle von Kannibalismus gemeldet. Collingham schreibt, dass 2,35 Millionen russische Kriegsgefangene starben, aber das ist eine zu niedrige Schätzung: Die allgemein akzeptierte Zahl beträgt mindestens 3,3 Millionen.

Die Invasion und der Krieg im Allgemeinen hatten enorme Auswirkungen auf die Sowjetunion. Collingham schätzt, dass ein Drittel aller weltweiten Kriegsopfer aus der Sowjetunion stammte: Gut 15 Prozent der Sowjetbevölkerung überlebten den Krieg nicht – auf jeden toten Briten oder Amerikaner kamen 85 tote Sowjetbürger. Etwa neun Millionen Kämpfer der Roten Armee wurden getötet, worin sich nicht zuletzt Stalins kaltschnäuzige Missachtung von Menschenleben widerspiegelt, wenn er seine Generäle immer wieder zwang, ihre Truppen ins Gefecht zu werfen. In Moskau hieß es im Jahr 1942, nachdem der deutsche Angriff zurückgeschlagen worden war, dass „der Anblick von Männern und Frauen, die auf der Straße vor Hunger tot umfallen, zu alltäglich geworden ist, um noch Publikum anzulocken". Die durch die deutsche Invasion verursachte Unterbrechung der Kommunikationswege bedeutete, dass die Truppenverpflegung – schon zu besten Zeiten mager – tagelang ausblieb. Rotarmisten wurden zu geschickten Plünderern, gruben Feldfrüchte aus, stahlen Honig und Kartoffeln von den Bauern, requirierten Tiere und töteten sie, um zu essen. Manche bereiteten sich einen Sud aus gekochten Brennnesseln oder Kiefernnadeln, um Skorbut vorzubeugen.

Nicht nur Bauern, auch Stadtbewohner litten. Die gesamte Wirtschaft wurde rücksichtslos auf Kriegsproduktion umgestellt, und die zivile Produktion brach praktisch zusammen. Dies geschah nicht zuletzt, weil alles, einschließlich des Anbaus von Feldfrüchten, der Tierhaltung und der Nahrungsmittelverteilung, komplett staatlich gelenkt war. Dennoch drängte das Regime den Agrarsektor dazu, Munitions- und Rüstungsarbeiter und deren Familien – die überwältigende Mehrheit der Bevölkerung – mit Nahrungsmitteln und vor allem mit Brot zu versorgen. Letzteres wurde direkt in den Fabriken und nicht in Verteilungszentren ausgegeben, um sicherzustellen, dass die Arbeiter als Erste zu essen hatten, das Brot somit direkt die kriegsbedingten Produktionsanstrengungen unterstützte. Menschen, die für die Kriegsproduktion nicht so wichtig waren – Alte, Kranke, Behinderte und sehr Junge –, wurde das Existenzminimum verweigert, und sie starben. Insgesamt gingen während des Krieges möglicherweise mindestens drei Millionen Sowjetbürger an Hunger zugrunde, obwohl diese Zahl schwer mit Collinghams Behauptung in Einklang zu bringen ist, dass die Gesamtzahl der zivilen Opfer in der Sowjetunion bei mindestens 20 Millionen lag.

Die Vereinigten Staaten, die in Sorge waren, ob die Sowjets in der Lage wären, unter solchen Bedingungen zu überleben, verschifften auf der Grundlage des Lend-Lease-Abkommens gewaltige Mengen an Nahrungsmitteln. Ein amerikanischer Offizier, der eine der Lieferungen begleitete, war erschüttert über den Anblick von Gruppen „ausgehungerter armer Teufel", die sich auf dem Kai versammelten, wo die Lieferungen gelöscht wurden, um „rohes Fleisch, Essensreste oder dampfende Hühnerinnereien, die mit den Kombüsenabfällen der [amerikanischen] Schiffe über Bord geworfen wurden", an sich zu raffen und auf der Stelle zu verzehren. Aber wie schlimm das Leben unter dem Sowjetregime auch gewesen sein mag, unter deutscher Besatzung war es noch viel schlimmer. Weil auf Soldaten der Roten Armee, die sich ergaben, der sichere Tod wartete, kämpften sie weiter, und der Hunger brach nicht ihre Moral. Die Sowjetunion kämpfte mit letzter Kraft, aber sie kämpfte weiter bis zum Sieg. Der Versuch der deutschen U-Boot-Flotte, zu verhindern, dass der amerikanische Nachschub die nördlichen Häfen der Sowjetunion erreichte, war hin und wieder erfolgreich, aber am Ende scheiterte er am alliierten Konvoi-System, der letztendlichen Überlegenheit der alliierten Spionage und Entschlüsselungsexperten sowie der Unzulänglichkeiten der U-Boot-Flotte. Daher besserte sich die Lage im Osten allmählich: Im Jahr 1943 erhielt die Sowjetunion mehr Nahrungsmittel aus dem Lend-Lease-Abkommen als Großbritannien.

Doch nicht nur die Deutschen setzten Nahrungsentzug als Waffe gegen ihre Feinde ein. Ein Drang nach Autarkie, der durch die Eroberung von Anbaugebieten noch verstärkt wurde, stand auch hinter der japanischen Militärdoktrin. So galt die schon in den 1930er-Jahren besetzte Mandschurei als geeignet für die Besiedlung durch japanische Bauern, weshalb die ansässigen chinesischen und koreanischen Bauern gezwungen wurden, ihr Land billig zu verkaufen. Aber der Besiedlungsplan war kein Erfolg, und als Ende 1941 der Krieg im Fernen Osten begann, konnten die Alliierten Japan leicht von den für sie essenziellen Nahrungsmittelimporten abschneiden, just als auch die Einberufungen und drastische Einbußen in der Tiefseefischerei zu einem Rückgang der japanischen Agrarproduktion führten.

Die japanischen Streitkräfte im Ausland waren fast vollständig auf Lebensmittellieferungen aus den besetzten Gebieten angewiesen. Aber so wie die Strenge der deutschen Besatzungspolitik in Europa die Nahrungsproduzenten verprellte und zu einem Rückgang der Produktion führte, sorgten auch die japanischen Massaker an chinesischen Bauern, vor allem in den Reisanbaugebieten auf der Malaiischen Halbinsel, im Verein mit der Zwangsrekrutierung von Landarbeitern für den Straßen- und Eisenbahnbau und den Reparationsforderungen gegen die chinesische Bevölkerung in Süd-Birma dafür, dass die noch verbliebenen Bauern arbeitsunwillig und entschlossen waren, ihre Erzeugnisse vor den Eroberern zu verstecken.

Verschlimmert wurde die Katastrophe durch den Versuch der Japaner, Autarkie in einer Gegend einzuführen, in der die Lebensmittelversorgung entscheidend vom Handel zwischen den Regionen abhing. Die 1943 eingerichtete amerikanische Blockade versetzte dem asiatischen Reishandel den Todesstoß, als amerikanische U-Boote immer mehr japanischen Schiffsraum versenkten. Auf Mangelernährung folgte Hunger, auf Hunger Tod. In Manila stieg der Preis für Reis zwischen 1941 und Mitte 1943 um das Zehnfache, Ende 1944 war er vierzig Mal höher und bis Mitte 1945 hatte er sich noch einmal vervierfacht. Für diese Situation waren allerdings eher Chaos und Misswirtschaft verantwortlich zu machen als irgendeine bewusste Politik der Aushungerung vonseiten der Japaner. Aber wie die Deutschen räumten auch sie ihrem eigenen Überleben Vorrang ein vor jenem der Besiegten.

Collingham führt aus, dass das japanische Oberkommando den Krieg im Glauben begann, dass die „japanische Armee […] ohne Nahrung weiterkämpfen [könnte], wenn sie eine starke Moral hätte". Aber Hunger untergräbt oft die Moral und schwächt den Kampfgeist, wie die japanischen Truppen noch feststellen sollten. Und auf dem asiatischen Kriegsschauplatz sorgte keine drohende Vernichtung durch den Feind dafür, dass sie weitermachten, wie im Falle der Roten Armee in Europa. Wie Collingham anmerkt: „Im Verlauf des Krieges mit China und Amerika wurde aus den japanischen Streitkräften, die zu den bestgenährten auf der Welt zählten, eine Truppe, in der erbärmlicher Hunger herrschte." Ernährungsexperten hatten im Laufe der Jahrzehnte ein innovatives und höchst effektives Ernährungsmodell entwickelt, das sowohl nicht japanische Nahrungsmittel als auch das Grundnahrungsmittel Reis (vermischt mit Gerste als Vitamin-B-Lieferant) umfasste. Aber die verheerenden Auswirkungen des Krieges mit China und die amerikanische Blockade erzwangen eine Halbierung der Essensrationen beim Militär, die damit allerdings immer noch doppelt so groß waren wie die durchschnittlichen Lebensmittelration für japanische Zivilisten.

Als amerikanische U-Boote die Nachschublinien unterbrachen, waren die japanischen Soldaten auf den Pazifikinseln besonders schwer betroffen, allein auf Guadalcanal verhungerten 15 000. Die Überlebenden waren bei der Kapitulation ausgemergelt, spindeldürr und litten an Skorbut, wie ihr Kommandeur vermerkte. Von den 158 000 japanischen Soldaten auf Neuguinea verhungerten 90 Prozent oder starben an Tropenkrankheiten, und es kursierten Berichte, sie würden einige ihrer Gefangenen töten und essen. Auf den Philippinen verhungerten 400 000 von fast einer halben Million japanischen Soldaten.

Die amerikanische Blockade hatte sich als äußerst wirkungsvolle Waffe erwiesen, weshalb auf der anderen Seite der Erdkugel die Deutschen Hoffnungen hegten, mit ähnlichen Maßnahmen die Briten aushungern zu können. Die Geschichte der „Atlantikschlacht", als deutsche U-Boote versuchten, die Nachschublinien von Nordamerika zum Vereinigten Königreich zu unterbrechen, ist schon viele Male erzählt worden, aber meist aus dem Blickwinkel der Marine. Collingham gibt der Auseinandersetzung ein neues Gesicht, indem sie sich darauf konzentriert, was die Schiffe transportierten, und nicht, wie sie es über den Ozean schafften. Mehr als die Hälfte der Kalorien, die von den Briten verzehrt wurden, stammten aus importierten Nahrungsmitteln, aber administrativer Wirrwarr, eine Vorkriegsdepression in der Werftenindustrie und die Verwendung der schnellsten Handelsschiffe für militärische Zwecke, etwa als Truppentransporter, sorgten binnen zwei Jahren nach Ausbruch des Krieges, wenn nicht schon früher, für gravierende Engpässe bei der Lebensmittelversorgung.

Bis zum Winter 1942/43 hatte die Bedrohung durch die U-Boote die Situation verschlimmert. Allein im November 1942 gingen 860 000 Tonnen Schiffsraum verloren, was neun Prozent der Lebensmittellieferungen an Großbritannien entsprach. Weitere Probleme wurden durch die Umlenkung von Ressourcen zur Versorgung der alliierten Landeoperationen in Nordafrika verursacht. „Dem Land war nie klar, wie nahe uns die U-Boot-Gefahr an die Katastrophe brachte“, schrieb Lord Woolton, britischer Ernährungsminister während des Krieges, in seinen Memoiren. Doch dank Improvisation konnten ausbleibende Lieferungen meist ersetzt werden, und die Briten sind nicht verhungert.

Anders sah die Sache in den weit verstreuten Territorien von Großbritanniens überseeischem Imperium aus. Zwar organisierte das britische Middle East Supply Center (MESC) den Handel und die Landwirtschaft im Nahen und Mittleren Osten erfolgreich neu, um sicherzustellen, dass die Menschen trotz der Ankunft zahlreicher britischer Soldaten weiterhin ernährt wurden, doch andernorts blieben solche Anstrengungen aus. Weil es weder Rationierung noch Preiskontrollen wie in Großbritannien gab, befeuerte die steigende Nachfrage durch britische Truppen dort die Inflation, wodurch in Teilen des Empire viele Lebensmittel für Arme bald unerschwinglich wurden. Auch wurden Lebensmittellieferungen durch Ereignisse auf den verschiedenen Kriegsschauplätzen unterbrochen – einige afrikanische Kolonien etwa waren stark von importiertem Reis aus Birma und anderen britischen Territorien im Fernen Osten abhängig, der jetzt wegen der japanischen Invasion dieser Länder nicht mehr verfügbar war. Eine Dürre in Ostafrika machte alles noch schlimmer, und es folgte eine Hungersnot, die über die britischen Territorien ausgriff und allein in Ruanda 300 000 Menschenleben forderte. Abgeschiedene Inselterritorien und deren Bewohner begannen an schwerer Unterernährung zu leiden.

Am schlimmsten war die Situation in Bengalen. Die selbstgefällige und ineffiziente Kolonialverwaltung in Indien tat nichts, um Inflation, Spekulation und Hortung einzudämmen, selbst dann nicht, als Birma an die Japaner fiel, was den Subkontinent 15 Prozent seines Reisangebots beraubte. Provinzregierungen in Indien reagierten, indem sie den Export von Nahrungsmitteln in andere Provinzen verboten, womit sie den Motor des Nahrungsmittelhandels abwürgten. Ein Lebensmittelkontrolleur nannte die Maßnahme einen Ausbruch „irrsinnigen provinziellen Protektionismus“. Im Winter 1942 kam es wegen eines Pilzbefalls, der sich bei ungewöhnlich warmem und feuchtem Wetter rasch ausbreitete, zudem zu einer Reismissernte. Aus Angst, bei der wirtschaftlichen Führungsschicht, die von der Situation profitierte, politischen Widerspruch zu provozieren, wurden dennoch keine Maßnahmen ergriffen, um zu rationieren oder um Hamsterer zur Herausgabe ihrer Vorräte zu zwingen.

Churchill befahl eine 60-prozentige Kürzung der militärischen und zivilen Transporte in den Indischen Ozean mit der Begründung, dass die Inder keine Lebensmittellieferungen bekommen sollten, für die es im Mutterland Verwendung gebe. Was sowohl Großbritannien als auch Deutschland also in ihr Imperium exportierten, war Nahrungsmittelknappheit. Auch wenn hinter Churchills Maßnahme nicht, wie im Falle von Deutschlands Imperium in Osteuropa, eine bewusste Politik der Aushungerung steckte, war das Ergebnis weitgehend identisch: Hungeropfer strömten im Sommer 1943 nach Kalkutta – ein riesiges, langsames, entmutigtes, geräuschloses Heer apathischer Skelette, wie ein Beobachter sie beschrieb, eine wahre Völkerwanderung quer durch das ganze Land. Mindestens drei Millionen Menschen dürften verhungert oder an Krankheiten, wie etwa Cholera, gestorben sein.

Die Regierung verhängte eine strenge Zensur, um zu verhindern, dass sich die Nachricht von der Hungersnot verbreitete, und erst als im September 1943 Sir Archibald Wavell zum Vizekönig von Indien ernannt wurde, ergriff man entschiedene Maßnahmen. Besorgt um die Moral unter indischen Soldaten, die den Auftrag hatten, Birma zurückzuerobern, setzte Wavell sich über die Politik des regionalen Protektionismus hinweg und führte ein effektives Rationierungs- und Verteilungssystem ein. Dennoch musste Wavell beträchtlichen Widerstand vonseiten Churchills und der Regierung in London überwinden. Überraschend ist vielleicht, dass die Erinnerung an diese Hungersnot nach dem Krieg bei der Unabhängigkeitsforderung der indischen Kongresspartei so gut wie keine Rolle spielte. Allerdings saßen die meisten ihrer Führer im Gefängnis und hatten die Schwere der Katastrophe nicht mit eigenen Augen erlebt. Und die indischen Führungsschichten, welche die Unabhängigkeit unterstützten, waren teils selbst für die Hungersnot verantwortlich gewesen, da sie während des Krieges verantwortliche Positionen in Provinzregierungen bekleidet hatten.

Unterdessen wurden andere Teile des Britischen Empire mobilisiert, um die Nahrungsproduktion für die Kriegsanstrengungen zu erhöhen. Australien verdoppelte die Gemüseanbaufläche und lieferte gewaltige Mengen getrockneter Lebensmittel und Konserven an die amerikanischen Streitkräfte im Pazifik. Die Vereinigten Staaten selbst verfügten über derart riesige Lebensmittelüberschüsse, dass sie den Pazifikinseln eine reichhalte Ernährung bieten konnten, als sie diese von den Japanern zurückeroberten. „Wir haben die Japaner ernährt", wie es ein Tuvalu-Insulaner ausdrückte, „und die Amerikaner haben uns ernährt." GIs, Matrosen und Marines strömten auf die Inseln, gaben das Geld mit vollen Händen aus und sorgten für einen raschen Anstieg des Wohlstands. Doch als der Konflikt abflaute, herrschte erneut überall Hunger, vor allem in den besiegten Staaten. In Gesamteuropa war die Nahrungsproduktion bis Kriegsende sogar auf 36 Prozent des Vorkriegsniveaus gesunken.

In der Sowjetunion wurde die verzweifelte Lage noch verschlimmert durch die Missernte des Jahres 1946. Ein Jahr später waren etwa zwei Millionen Sowjetbürger verhungert oder an durch Hunger verursachten Krankheiten gestorben. Vielerorts blieb die Rationierung bis weit in die 1950er-Jahre in Kraft. Die Amerikaner betrachteten Mangel und Entbehrungen in Deutschland als eine Strafe für die Verbrechen des Nationalsozialismus und verhinderten, dass Lebensmittelhilfe ins Land gelangte, bis sie erkannten, dass eine unzufriedene und deprimierte Bevölkerung sich nach Hitler zurücksehnen oder der Verlockung des Kommunismus erliegen könnte. Denn Stalin versuchte, selbst auf Kosten des Überlebens seiner eigenen Bevölkerung, Unterstützung in Satellitenstaaten und in der Sowjetzone zu gewinnen, indem er Nahrungsmittel dort hineinpumpte. Erst als sich die Weltwirtschaft allmählich erholte und zu florieren begann, besserte sich die Lage.

Die Rolle ausführlich zu untersuchen, die Nahrung im Zweiten Weltkrieg als dem größten politischen Konflikte spielte, war eine glänzende Idee von Collingham. *The Taste of War* ist in seiner Bandbreite und seinem Umfang atemberaubend, in seiner Behandlung der Thematik global und doch verankert in einschlägiger Forschungsarbeit. Trotz der unvermeidlichen Fehler und Ungenauigkeiten im Detail, die in einer Neuauflage korrigiert werden sollten, kommt niemand, der sich für die Rolle, welche die Lebensmittelkontrolle und -versorgung im Krieg spielte, an diesem Buch vorbei. Ein Großteil des Materials ist neu und fesselnd, und viele der einzelnen Episoden, Anekdoten und Zitate sind in ihrer Darstellung des unermesslichen Leids, das viele Menschen ertragen mussten, herzzerreißend und ergreifend.

Weil die Autorin jedoch überall nach den Auswirkungen des „Kampfes um Nahrung" sucht, hat Collinghams Buch eine immanente Tendenz, andere Aspekte des Konflikts herunterzuspielen. Das führt oft dazu, dass sie sich in einem strittigen Bereich einen Aspekt herausgreift, einfach weil er die These stützt, dass die Versorgung mit Lebensmitteln von entscheidender historischer Bedeutung war. Beispielsweise wurde die starke Beschleunigung des deutschen Massenmords an den Juden im Spätfrühjahr und Frühsommer 1942 von einigen deutschen Beamten mit Hinweis auf die seinerzeit kritische Lage hinsichtlich der Lebensmittelversorgung der Truppe und der Zivilbevölkerung als notwendig gerechtfertigt. Doch es ist möglich, dass die Beamten einfach nur eine vorgeschobene vernünftige Erklärung aus militärischer Sicht für eine ideologisch motivierte Politik lieferten. Schließlich gibt es Belege dafür, dass höhere SS-Offiziere bereits im Herbst 1941 entschieden hatten, Europas Juden in den Osten zu deportieren: Im Oktober und November jenes Jahres wurde mit dem Bau der ersten Massenvergasungseinrichtungen begonnen, und die Wannsee-Konferenz, die im Januar 1942 abgehalten wurde, nachdem sie um mehrere Wochen verschoben worden war, fasste bereits die letztendliche Vernichtung sämtlicher Juden weltweit ins Auge.

Es wäre schade, wenn die Leser aus diesem eindrucksvollen Buch die Überzeugung mitnähmen, nur der Kampf um Nahrung habe „die Geschehnisse des Zweiten Weltkriegs“ geprägt, um das Rezensionsexemplar zu zitieren, oder dass der „Zugang zu Nahrung sowohl das nationalsozialistische Deutschland als auch das kaiserliche Japan zur Besetzung“ getrieben habe. Andere, bedeutsamere Faktoren waren dabei mit im Spiel. *The Taste of War* ist also ein Buch, das in Verbindung mit anderen Geschichten des Krieges zu lesen ist, damit ein schlüssiges Bild entsteht.

21. Ein Sieg wird zur Niederlage

Am 22. Juni 1941 um 3 Uhr 15, kurz vor der Morgendämmerung, überschritt die bisher größte Invasionsstreitmacht von Westen her die Grenze zur Sowjetunion. Damit begann das „Unternehmen Barbarossa", der Feldzug zur Eroberung Osteuropas. Drei Millionen deutsche Soldaten, weitere anderthalb Millionen Soldaten aus verbündeten Ländern, wie etwa Ungarn und Rumänien, 3600 Panzer, 600000 Motorfahrzeuge, 7000 Geschütze und 2700 Kampfflugzeuge eröffneten den Angriff. Während Bomben auf sowjetische Städte und Flugplätze niederregneten, rückten die Deutschen bis zu 50 Kilometer am Tag vor, überrumpelten die Einheiten der Roten Armee und töteten Hunderttausende sowjetischer Soldaten oder nahmen sie gefangen. Völlig überrumpelt brach die Rote Armee beinahe zusammen. Weil die Deutschen Straßen, Eisenbahnlinien und Nachrichtenverbindungen hinter den sowjetischen Linien zerstörten, gestaltete sich der Rückzug schwierig. Am 3. Juli 1941 notierte der Generalstabschef des Heeres, Franz Halder, in seinem Kriegstagebuch: „Es ist wohl nicht zu viel gesagt, wenn ich behaupte, dass der Feldzug gegen Russland innerhalb 14 Tagen gewonnen wurde", eine Sichtweise, die Hitler und seine Entourage triumphierend wiederholten. Bis zum 11. Juli waren deutsche Panzer zu den Außenbezirken von Kiew, der ukrainischen Hauptstadt, durchgebrochen, und die Euphorie in Hitlers Feldhauptquartier war grenzenlos.

Hitler und die NS-Führung hielten die Sowjetunion für ein fragiles, künstliches Gebilde, bestehend aus einer riesigen Masse stumpfsinniger Bauern, die von einer kleinen Clique jüdischer Kommunisten unterdrückt würden. Ein kräftiger Stoß – und das ganze Gebäude würde zusammenbrechen. Wie so viele Aspekte der NS-Ideologie war auch diese Einschätzung so weit von der Realität entfernt, dass gut und gern von einem Hirngespinst zu sprechen ist. Tatsächlich brach die Sowjetunion keineswegs zusammen: Stalin – der ironischerweise selbst zutiefst antisemitisch war – fing sich nach einem anfänglichen Moment der Panik wieder und rief das sowjetische Volk am 3. Juli in einer berühmten Rundfunkansprache zum Widerstand auf. Er verzichtete auf die üblichen sowjetkommunistischen Phrasen und erklärte die Verteidigung der Heimat gegen die Deutschen zum „Großen Vaterländischen Krieg". Weil ihnen einerseits klar war, welches Schicksal sie erwartete, wenn sie sich den Deutschen ergaben, und weil sie beim leisesten Anflug eines Zögerns von der sowjetischen Geheimpolizei erschossen würden, scharten sich Stalins Truppen hinter ihrem Oberbefehlshaber.

Die Plünderung der Lebensmittelvorräte und die Zerstörung sowjetischer Städte und Dörfer gemahnten die sowjetischen Soldaten daran, für das Überleben ihrer Familien zu kämpfen. Auch waren frische Reserven an Männern und Munition in Mengen verfügbar, welche die Deutschen nicht einmal erahnen konnten: Innerhalb weniger Tage nach Beginn der Invasion wurden fünf Millionen Reservisten mobilisiert, und fast zehn Millionen weitere machten sich binnen Kurzem zum Kampf bereit. Kriegsgerät war vorübergehend schwerer zu bekommen, da die kriegswichtigen Betriebe der Sowjetunion wie etwa Waffen- und Munitionsfabriken sowie Hüttenwerke demontiert und in die Sicherheit östlich des Ural-Gebirges verlegt wurden, eine Operation von solchen Ausmaßen und solcher Komplexität, dass sie erst Ende November abgeschlossen werden konnte. Die Reorganisation des Führungsstabs der Roten Armee und die Neuausrichtung der Kampftaktik, die Stalin für notwendig erachtete, würden mehrere Monate in Anspruch nehmen. Dennoch schlug die Rote Armee binnen weniger Wochen zurück.

Bald schon klagten deutsche Offiziere und Soldaten in Tagebüchern und Briefen nach Hause, der Widerstandswille der Russen sei anscheinend nicht gebrochen worden. Nach wochenlangen Gewaltmärschen über riesige Entfernungen und ständigen Gefechten waren die deutschen Truppen erschöpft. Bis Ende Juli beliefen sich ihre Verluste auf über 200 000 Mann. Wegen weiter Kommunikationswege, schlechter Straßen und des Fehlens eines ausreichenden Schienennetzes, um große Mengen an Männern, Treibstoff und Ausrüstung zügig hin und her zu transportieren (die Deutschen waren gezwungen, auf Pferde zu vertrauen, von denen mehr als 600 000 bei dem Feldzug dabei waren), begann sich der Vormarsch zu verlangsamen. Am 30. Juli befahl das Oberkommando des Heeres aus Gründen der Erholung, Neugruppierung und Versorgung einen vorübergehenden Stopp der Invasion.

Die Aufteilung der vorrückenden deutschen Streitkräfte in die drei Heeresgruppen Nord, Mitte und Süd – erzwungen teils durch die Weite des zu durchquerenden Geländes, teils durch die Notwendigkeit, die riesigen und praktisch unpassierbaren Prypjatsümpfe zu umgehen – sowie die schweren Verluste, welche die deutschen Verbände erlitten hatten, machten es immer unwahrscheinlicher, den Feind durch einen einzigen vernichtenden Schlag auszuschalten.

Während der Vormarsch zum Stillstand kam, debattierten Hitler und seine Generäle darüber, was als Nächstes zu tun sei. Es war klar geworden, dass die Zersplitterung der deutschen Truppen den Vorstoß hemmte. Das Hauptgewicht des Feldzugs war daher auf eine der drei Heeresgruppen zu konzentrieren. Die Generäle favorisierten die Stärkung der Heeresgruppe Mitte für einen schnellen Vorstoß auf Moskau, wo sie die Hauptstreitmacht des Feindes vermuteten. Dort, glaubten sie, könnte diese vernichtet werden, was einen sofortigen totalen Sieg à la Clausewitz zur Folge hätte. Aber Hitler lehnte das ab und stärkte stattdessen die Heeresgruppe Süd mit Männern und Ressourcen aus der Heeresgruppe Mitte, um sie für den Angriff auf Kiew bereit zu machen. Weil er nach wie vor die Stabilität der Sowjetunion als Konstrukt bezweifelte, glaubte er nicht, dass der Angriff auf Stalins Hauptstadt höchste militärische Priorität genießen sollte. Deshalb konzentrierte er sich darauf, Zugriff auf die landwirtschaftlichen und industriellen Ressourcen der Ukraine zu bekommen. Danach würde die Heeresgruppe Süd weiter in den kaukasischen Raum mit seinen Ölfeldern vorstoßen, die von den unter Spritmangel leidenden deutschen Panzern, Sturmgeschützen und Transportfahrzeugen so dringend benötigt wurden, während die Heeresgruppe Mitte den Marsch auf Moskau fortsetzen würde. Eingeschüchtert von Hitler, der sie, all ihren erheblichen Zweifeln gegen den Ardennen-Vorstoß zum Trotz, als Urheber der schnellen Eroberung Westeuropas im Jahr zuvor überzeugt hatte, waren die Generäle außerstande, ihrem Oberbefehlshaber zu widersprechen.

Am 21. August 1941 schließlich fiel die Entscheidung, und kurz darauf begannen die deutschen Streitkräfte mit der Einkreisung Kiews. General Heinz Guderians Panzer von der Heeresgruppe Mitte näherten sich aus Nordosten, und Feldmarschall Gerd von Rundstedt verlegte Panzer über den Fluss Dnjepr nach Süden. Am 15. September vereinigten sich die verschiedenen deutschen Truppenverbände, die Stadt war eingeschlossen, und vier sowjetische Armeen waren eingekreist. Der Generalstabschef der Roten Armee, Georgi Schukow, hatte schon lange vor diesem Ereignis auf die Preisgabe der Stadt durch die sowjetischen Truppen gedrungen, um eine Katastrophe abzuwenden. Aber Stalin verwarf den Gedanken und enthob ihn am 19. Juli sogar seines Postens. Der Befehlshaber vor Ort, Marschall Budjonny, unterstützte Schukow und wurde ebenfalls gefeuert und durch den gefügigeren Marschall Timoschenko ersetzt.

Wie Hitler hielt auch Stalin jeden Rückzug für ein Zeichen von

Feigheit oder, schlimmer noch, für Verrat. Und insbesondere Kiew hatte als Hauptstadt Russlands im Mittelalter und als die wichtigste Stadt in der Ukraine eine gewaltige symbolische Bedeutung für ihn. Auch der Parteichef der Ukraine, Nikita Chruschtschow, der nach Stalins Tod Führer der Sowjetunion werden sollte, bestärkte ihn darin, möglicherweise jedoch nur, um ihm zu gefallen. Der Verlust von Kiew, glaubte Stalin, würde die Verteidiger von Leningrad demoralisieren, die im Norden von den Deutschen belagert wurden, und für die Deutschen den Weg nach Moskau freimachen. Außerdem würde er eine falsche Botschaft an die Westalliierten senden, die er zu überreden versuchte, durch eine Invasion Frankreichs eine zweite Front zu eröffnen. Daher befahl er seinen Generälen, die Stadt zu halten. Die Entscheidung war verhängnisvoll. Als Reaktion auf Stalins „Stehen-und-sterben"-Befehl sagte der Chef des Stabes der sowjetischen Südwestfront, Generalleutnant Wassili Tupikow, freiheraus: „Wie Sie wissen, ist das der Anfang der Katastrophe – eine Sache von ein paar Tagen." Stalin tat seine Bemerkungen als „überängstlich" ab.

Der deutsche Vormarsch stieß auf erbitterten Widerstand und wiederholte Gegenangriffe. „Der Russe ist sehr stark u. kämpft verzweifelt", schrieb General Gotthard Heinrici am 20. Juli 1941 an seine Frau: „Überall erscheint plötzlich der Russe u. schießt, überfällt Kolonnen, einzelne Wagen, Meldefahrer u. s. w. Die Verluste bei uns sind erheblich." Ein anderer deutscher Soldat sprach von den Leichen russischer Soldaten als von einem „Teppich", der sich über Kilometer erstrecke. Die sowjetischen Soldaten wussten, dass ihre einzige Überlebenschance darin bestand, die deutschen Linien zu durchbrechen, und warfen sich den vorrückenden Einheiten der Wehrmacht mit erstaunlichem Wagemut entgegen, was zu derartigen Verlusten führte, dass Heinrici sich wiederholt über die „Widerstandskraft" und „Zähigkeit" des Gegners wunderte: „Seine Verbände sind alle halb zerschlagen, er stopft neue Leute herein und sie greifen wieder an. Wie die Russen das fertig kriegen, ist mir unverständlich." Nicht willens, Gefangene zu machen, erschossen sie alle Deutschen, die ihnen in die Hände fielen, wobei sie ihrer Wut, Angst und Frustration oft in schrecklichen Racheakten Luft machten. Die Deutschen reagierten in gleicher Weise. An einem anderen Frontabschnitt stießen deutsche Soldaten auf die Leichen von mehr als einhundert ihrer Kameraden, die an ihren Händen von Bäumen hingen, während ihre Füße mit Benzin übergossen und angezündet worden waren, eine bei den Deutschen als „Stalinsocken" bekannte langsame Tötungsmethode. Nach diesem grausigen Fund wurden 4 000 Gefangene der Roten Armee von deutschen Erschießungskommandos hingerichtet.

Rings um Kiew beschossen deutsche Flugzeuge ununterbrochen sowjetische Stellungen und Verbindungswege, deutsche Panzer und Infanterie kämpften sich unaufhaltsam vorwärts, und die Einheiten der Roten Armee wurden stetig zurückgeworfen, bis die Deutschen schließlich am 19. September 1941 die Zitadelle einnahmen. Das schiere Ausmaß des Sieges war beispiellos: Die Deutschen schätzten, dass sie 665 000 Gefangene gemacht hatten, dazu erbeuteten sie gigantische Mengen an Panzern, Artilleriegeschützen und sonstigem Kriegsmaterial. In seiner detaillierten Schilderung und Einschätzung des Feldzugs, *Kiev 1941. Hitler's Battle for Supremacy in the East* (2012), kommt David Stahel zu dem Schluss, dass dies eine Übertreibung oder gar eine propagandistische „Manipulation der Fakten" sei. An der totalen Niederlage der Roten Armee, deren Moral am Ende doch zusammenbrach, bestand jedoch kein Zweifel. Ein Einheimischer, der eine Gruppe gefangener Rotarmisten beobachtete, berichtete, dass sie sich über Stalin und seine Schergen beklagten: „Sie wollen, dass wir für sie sterben – nein, wir sind nicht so dumm, wie sie glauben." Verlaust, hungrig, verzweifelt, mit Lumpen um ihre Füße anstelle der ruinierten oder abgetragenen Stiefel, waren sie empfänglich für die Schmeicheleien der Deutschen, die Flugblätter abwarfen oder anschlugen oder per Lautsprecher über die Linien hinweg jedem Brot und Zigaretten versprachen, der kapitulierte. So verzweifelt waren die sowjetischen Soldaten, dass sie sich in hellen Scharen ergaben, obwohl allgemein bekannt war, was zuvor mit sehr vielen Rotarmisten passiert war, die den Deutschen als Kriegsgefangene in die Hände gefallen waren.

Sobald die Deutschen sich in der Stadt einquartiert hatten, zündeten sowjetische Geheimpolizisten zahlreiche Bomben, die sie in der Nähe der großen öffentlichen Gebäude und Ämter deponiert hatten. Zweihundert Deutsche, darunter zwei Oberste im Generalstab, wurden getötet, während die Explosionen Brände auslösten, die, angefacht von starken Winden und begünstigt durch heimlich von sowjetischen Agenten geworfene Molotowcocktails, unkontrolliert wüteten. Weil die Wasserversorgung größtenteils ausgefallen war, dauerte es fünf Tage, die Brände unter Kontrolle zu bringen. Empört gaben die deutschen Besatzer, nach Jahren nationalsozialistischer Indoktrination in dem Glauben, dass die Bolschewisten und ihre Agenten Teil einer jüdischen Weltverschwörung zu ihrer Vernichtung seien, den Juden der Stadt die Schuld. Am 29. September trieben sie 34 000 von ihnen zusammen, Männer, Frauen und Kinder, brachten sie zur nahe gelegenen Schlucht von Babi Jar und erschossen sie alle binnen 36 Stunden. Dies war der bis dahin größte einzelne antisemitische Massenmord des Krieges. Doch schon durchkämmten Einsatzgruppen der Sicherheitspolizei und des Sicherheitsdienstes (SD) der SS die ländlichen Gebiete, trieben Zehntausende weiterer Juden zusammen und erschossen auch sie. Binnen weniger Wochen würden die Gaskammern mit der Durchführung dessen anfangen, was die Nationalsozialisten bereits die „Endlösung der jüdischen Frage in Europa" nannten.

Kiew war eine große Stadt mit 815 000 Einwohnern, von denen etwa die Hälfte vor den anrückenden deutschen Armeen geflohen war. Für die Übrigen wurde das Leben unter deutscher Herrschaft zunehmend unmöglich. Die Deutschen verboten umgehend die Anlieferung von Nahrungsmitteln aus dem Umland. „Kiew muss hungern", äußerten Agrarexperten auf vertraulichen Planungsbesprechungen, damit die Ressourcen der Ukraine zur Ernährung deutscher Soldaten und Zivilisten verwendet werden konnten. Binnen Kurzem waren die Menschen gezwungen, Pfannkuchen aus zerriebenen Kartoffelschalen oder aus Tierfutter gebackenes Brot zu essen. Die Menschen waren „ausgemergelt oder aufgedunsen vom Hunger", wie ein Beobachter berichtete, und streunten durch die Straßen auf der Suche nach etwas Essbarem. Kiew war, berichtete Anatoli Kusnezow, Autor des klassischen autobiografischen Romans *Babij Jar. Die Schlucht des Leids* (Berlin 2001), „eine Stadt von Bettlern". Im Oktober 1941 waren nur noch 295 000 Menschen in der Stadt übrig. Hunderttausende waren an Unterernährung und damit verbundenen Krankheiten gestorben. „Die Itzigs haben sie zuerst erledigt", gaben Leute zu Protokoll, „aber uns […] rotten sie jeden Tag dutzendweise aus, sie vernichten uns, indem sie uns einen langsamen Tod sterben lassen." Hitler hatte ursprünglich befohlen, die Stadt dem Erdboden gleichzumachen, und war angeblich wütend, dass man seinen Befehl missachtet hatte. Aber das langsame Sterben Kiews war im Grunde die Zukunft, die er für sämtliche russischen Städte nach ihrer Eroberung vorgesehen hatte, um irgendwann, in nicht allzu ferner Zukunft, Platz zu schaffen für Wellen deutscher Siedler, wenn die „slawische" Bevölkerung ausgestorben wäre.

Vom schieren Ausmaß her zumindest war die Schlacht um Kiew der größte deutsche Sieg des Krieges. Propagandaminister Joseph Goebbels posaunte ihn sogleich als überwältigenden Triumph deutscher Waffen und als Rechtfertigung für Hitlers Strategiewechsel an der Ostfront heraus. Die Stimmung an der Heimatfront, die in den vergangenen Wochen durch den langsamen Fortschritt des deutschen Vormarsches gedämpft worden war, besserte sich beträchtlich, aber nur weil, wie die SS berichtete, viele Leute nun „den endgültigen Zusammenbruch des Sowjet-Regimes" und „die Beendigung des Krieges gegen Rußland" in „vier bis sechs Wochen" erwarteten. „Kiew", pflichtet Stahel bei, „war eindeutig Hitlers Triumph." Vor dem Ereignis hätten sich seine hohen Generäle seiner Strategie erbittert wiedersetzt. Aber er sei unterstützt und begünstigt worden durch Stalins Unnachgiebigkeit, der mit der Entlassung seiner eigenen hohen Generäle und dem Beharren auf Verteidigung um jeden Preis einen wichtigen Beitrag zum deutschen Sieg geleistet habe. Doch die beiden Diktatoren zogen entgegengesetzte Schlüsse aus dem Ausgang der Schlacht. Während Stalin verspätet erkannte, dass es in Zukunft klüger wäre, die Dinge größtenteils seinen Generälen zu überlassen, sah Hitler in seinem Triumph eine Rechtfertigung seines eigenen strategischen Genies, und er schob seine Generäle mit ständig wachsender, kaum verhüllter Verachtung beiseite.

Es war allerdings, wie Stahel feststellt, ein Pyrrhussieg, ein Scheintriumph. Zwar stießen die deutschen Verbände unmittelbar nach der Einnahme Kiews weiter auf Moskau vor, aber es war bereits zu spät. Den ganzen Sommer hindurch hatte die geringe Zahl an Eisenbahnverbindungen in die Kampfzone bedeutet, dass die Deutschen für die meisten ihrer Transporte die staubigen, nicht befestigten russischen Straßen benutzen mussten. Riesige Staubwolken stiegen von den rumpelnden Panzern und Lastwagen und von den Marschkolonnen auf, verstopften Motoren und erschwerten das Atmen. Die Herbstregenfälle setzten im Jahr 1941 zudem früh ein, und die Niederschläge in der Ukraine bis zum 11. September waren die schlimmsten seit 1874. „So ist der Krieg in den Steppen der Ukraine", notierte ein Augenzeuge: „Staub, Morast, Staub, Morast." Die „schwarze Erde" der Ukraine, berichtete Rundstedt, könne sich durch einen zehnminütigen Regen in Morast verwandeln und jede Bewegung stoppen, bis der Schlamm getrocknet sei. Mitte Oktober bemerkte ein anderer Offizier „ein laufendes Band versackter, festgefahrener, kaputter Kraftwagen, die hoffnungslos feststeckten". Der Vorstoß auf Moskau kam für drei Wochen zum Stillstand.

Schukow, der sich nach der Rechtfertigung seiner düsteren Warnungen bezüglich Kiews wieder der Gunst Stalins erfreute, ergriff die

Gelegenheit, um frische Reserven heranzuführen und die Verteidigung Moskaus zu organisieren. Am 11. November machte das Einsetzen des Winters den Boden vorübergehend hart genug, dass die Deutschen ihren Vormarsch fortsetzen konnten, aber schon kurz darauf schneite es. Die deutschen Truppen, an die keine Winterkleidung ausgegeben worden war, weil Hitler und die Generäle davon ausgegangen waren, den Krieg bis zum Herbst zu gewinnen, erlitten bei Temperaturen von bis zu minus 40 Grad Celsius Erfrierungen und manche erlagen der Kälte ganz. Die besser ausgerüstete Rote Armee unternahm Gegenangriffe und brachte den deutschen Vormarsch zum Stehen. Fassungslos über diese Niederlage, erlitten mehrere deutsche Generäle physische Zusammenbrüche. Hitler, der seine Offiziere für das Debakel verantwortlich machte, nutzte die Gelegenheit, das Oberkommando des Heeres umzubilden. Nach dem Krieg konterten die überlebenden Generäle mit der Behauptung, sie hätten Moskau einnehmen können, wären deutsche Verbände nicht nach Kiew umgelenkt worden und hätten damit eine verhängnisvolle mehrwöchige Verzögerung des deutschen Vormarsches verursacht. Aber Schukow verwies nicht zu Unrecht darauf, dass die Anwesenheit mehrerer sowjetischer Armeen im Raum Kiew die deutsche Flanke gefährdet hätte, und er hätte diesen Armeen mit Sicherheit befohlen, die gegen Moskau vorrückenden deutschen Verbände anzugreifen.

Doch das Wetter war nicht das einzige Problem: Jeder deutsche Sieg wurde zu einem Preis erkauft, den die deutschen Armeen sich schwerlich leisten konnten. Vom Beginn der Invasion bis zum 16. September hatten sie fast eine halbe Million Mann verloren. In einigen Divisionen lag die Opferrate bei fast 17 Prozent. Guderians Panzergruppe 2 hatte insgesamt 32 000 Mann verloren. Allein im September, während und unmittelbar nach der Schlacht um Kiew, erlitten die deutschen Streitkräfte im Osten Verluste von mehr als 50 000 Toten. Es brauchte Zeit, um Ersatz auszubilden und heranzuführen, und so hatten die deutschen Kampfverbände schon nicht mehr die volle Stärke, als die Schlacht um Moskau begann. Gezwungenermaßen forderten deshalb die Kommandeure die übrig gebliebenen Soldaten auf, noch härter zu kämpfen und zu marschieren als zuvor. Es überrascht nicht, dass diese des Kämpfens immer überdrüssiger wurden, vergrößerten doch die zunehmenden Angriffe sowjetischer Partisanen aus dem Hinterhalt ihr Leiden noch. Die müden, erschöpften, verlausten, kranken und frierenden Soldaten, die Schukows Truppen im Dezember 1941 vor Moskau gegenüberstanden, unterschieden sich erheblich von den optimistischen, schneidigen Männern, die sechs Monate zuvor in die Sowjetunion einmarschiert waren.

Auch für den deutschen Nachschub waren die kontinuierlichen Gefechte und großen Operationen wie die Schlacht um Kiew eine erhebliche Belastung. Stukas und andere Kampfflugzeuge waren äußerst schlagkräftig, aber die Flugzeuge wurden abgeschossen und Besatzungen getötet oder gefangen genommen. Die Bedingungen auf den Feldflugplätzen im Osten waren darüber hinaus so schlecht, dass, während 246 einmotorige Jagdflugzeuge bei Gefechten an der Ostfront beschädigt wurden, nicht weniger als 813 Maschinen bei nicht kampfbezogenen Aktivitäten zu Schaden kamen. Jeden Monat gingen 14 Prozent der Besatzungen verloren. Die Situation am Boden war womöglich noch schlimmer. General Models 3. Panzerdivision, die zu Beginn der Invasion eine Stärke von knapp 200 Panzern gehabt hatte, verfügte Mitte September nur noch über zehn einsatzbereite Panzer, für Guderian ein Indiz dafür, dass die Truppen dringend eine Ruhepause und Zeit für Instandsetzungsarbeiten benötigten.

Weder die deutsche Kriegsproduktion noch die Rekrutierung konnten mit Verlusten dieser Größenordnung über einen längeren Zeitraum mithalten. Die sowjetische Wirtschaft hingegen übertraf die deutsche in jeder Hinsicht. Sie produzierte die doppelte Zahl an Kampfflugzeugen und die dreifache Zahl an Panzern. Anfang Februar 1942 wies Hitlers Rüstungsminister Fritz Todt warnend darauf hin, dass Deutschland nicht hoffen könne, auch nur mit der Sowjetunion Schritt zu halten, ganz zu schweigen vom britischen Empire und den USA. Jede dieser drei Feindmächte produzierte mehr als Deutschland, und zusammen war ihre Wirtschaftskraft unübertroffen. Dazu kam, dass die menschlichen Ressourcen der Sowjetunion praktisch unerschöpflich waren, vor allem nachdem die Bombardierung von Pearl Harbor und ihre Nachwirkungen dafür gesorgt hatten, dass die Aufmerksamkeit der Japaner sich auf den Krieg mit den USA konzentrierte. Damit war es Stalin möglich, gewaltige Verstärkungen zur Verteidigung Moskaus vom pazifischen Kriegsschauplatz heranzuführen.

Das Jahr 1942 sollte weitere deutsche Siege erleben. Aber sie waren kurzlebig, und der Ausgang des Krieges war im Grunde, wie Stahel behauptet, bereits entschieden, seit „Unternehmen Barbarossa“ zum ersten Mal vorübergehend zum Stehen gebracht worden war. Der ganze Feldzug hing von einem schnellen Sieg ab, der die Sowjetunion – wie im Vorjahr Frankreich, Belgien, Holland, Dänemark und Norwegen – in wenigen Wochen in die Knie zwang. Aber die „Blitzkrieg"-Taktik, die funktioniert hatte, weil Deutschland seine westlichen Feinde bis an die Nordsee und den Ärmelkanal zurückgedrängt hatte, konnte in der grenzenlosen Weite der osteuropäischen Steppe nicht funktionieren. Kleine und mittelgroße westeuropäische Mächte waren eine Sache, die Macht der Sowjetunion zu bezwingen, die zunehmend durch Nachschub unterstützt wurde, den Geleitzüge aus den USA herbeischafften, war ein ganz anderes Unterfangen.

Die Geschichte der Schlacht um Kiew ist schon viele Male erzählt worden, aber selten so detailreich wie in David Stahels Buch. Sich hauptsächlich auf deutsche Quellen stützend, legt er mit den offiziellen Kriegstagebüchern deutscher Divisionen neues Beweismaterial über den Konflikt vor. Zugleich nutzt er veröffentlichte Ausgaben der privaten Feldpostbriefe und Tagebücher deutscher Soldaten aller Dienstgrade. Es handelt sich eindeutig um eine Militärgeschichte, voll gestopft mit komplexen (und nicht immer leicht enträtselbaren) Karten über Truppenbewegungen und Stellungen, Fachausdrücken, Titeln und Abkürzungen und den vollen Bezeichnungen sämtlicher beteiligter Truppeneinheiten. Manches davon erschwert die Lesbarkeit (besonders lästig ist die Verwendung römischer Ziffern, wie etwa beim „XXXXVII Panzerkorps"), aber im Großen und Ganzen vermittelt Stahel extrem komplexe militärische Geschehnisse und Abläufe mit beispielhafter Klarheit.

Im Gegensatz zu traditionelleren Militärhistorikern ist er sich des umfassenderen Kontextes der militärischen Geschehnisse sehr genau bewusst, von Hitlers Gesamtzielen für den Krieg bis zur Bedeutung der Logistik für das Ergebnis; vom mörderischen Rassismus und skrupellosen Pragmatismus, mit dem die deutschen Führer, militärische wie politische, so viele sowjetische Zivilisten zum Verhungern und so viele jüdische Bewohner des Gebiets zu einem schrecklichen Tod verurteilten, bis zu den Nachkriegsdebatten unter Historikern und Generälen im Ruhestand über Hitlers Strategie; von den Bedingungen, denen sich Soldaten im ukrainischen und russischen Winter stellen mussten, bis zum wirtschaftlichen Fundament der deutschen Kriegsanstrengungen, einem Fundament, das, wie er überzeugend, wenn auch nicht ganz originell, behauptet, beinahe von dem Moment an zu bröckeln begann, da „Unternehmen Barbarossa" in Gang gesetzt wurde.

Erfrischenderweise hält sein Realismus ihn davon ab, sich den oftmals zu positiven und grob vereinfachenden Darstellungen „großer“ Generäle und „entscheidender“ Schlachten traditioneller Militärhistoriker anzuschließen. Kiew war, wie er zutreffend anmerkt, lediglich Teil eines viel umfassenderen Konflikts, und der von Hitler und einem Propagandaminister Joseph Goebbels so begeistert vermittelte Eindruck, dass die Schlacht ein entscheidender Schritt zur Eroberung der Sowjetunion gewesen sei, war in Wirklichkeit nicht mehr als eine Illusion. Privat war Goebbels hinsichtlich des Kriegsausgangs weit weniger optimistisch als in den Anweisungen an seine gefügige Presse, die er zu Optimismus vergatterte. Bereits Mitte September 1941, am Vorabend der Einnahme Kiews, notierte er in seinem Tagebuch, dass der Krieg im Osten nicht so schnell enden würde, wie Hitler ursprünglich vermutet hatte. Aus dem „Blitzkrieg“ war ein Krieg der Ressourcen geworden. Goebbels kritisierte die „zu optimistischen Äußerungen des OKW-Berichts während des Ostfeldzugs“ und dessen „illusionistischen Darstellungen der Lage“: „Jedenfalls durften die Dinge nicht so dargestellt werden, als sei der bolschewistische Widerstand im wesentlichen beseitigt und handele es sich von da an nur noch um militärische Expeditionen. Allerdings ist das auch zum großen Teil darauf zurückzuführen, daß wir eben das bolschewistische Potential ganz falsch eingeschätzt haben und aus dieser falschen Einschätzung heraus auch unsere falschen Schlüsse ziehen mußten.“ Für Goebbels kämpfte Deutschland nun mit dem Rücken zur Wand.

22. Zerfall und Untergang

Warum kämpften die Deutschen weiter bis zum bitteren Ende, obwohl doch fast jedem schon lange zuvor klar war, dass der Krieg verloren war? Von der katastrophalen Niederlage der 6. Armee bei Stalingrad Anfang 1943 bis zu den verheerenden alliierten Bombenangriffen auf Hamburg im Sommer 1943 registrierten Spitzel des Sicherheitsdienstes der SS in ihren Berichten zur Volksmeinung eine wachsende Überzeugung, dass Deutschland verlieren würde. Warum also erhoben sich die Deutschen nicht und zwangen das Regime, um Frieden zu bitten? Gegen Ende des Ersten Weltkriegs hatte die Erkenntnis, dass der Krieg verloren war, hohe Generäle an den Verhandlungstisch geführt. Nicht so in den Jahren 1944/45. Warum nicht?

Laut Ian Kershaws Studie *Das Ende. Kampf bis in den Untergang. NS-Deutschland 1944/45* (2013) enden die meisten neuzeitlichen Kriege zwischen Staaten mit einem vereinbarten Frieden, sobald eine Seite die Niederlage eingesteht. Natürlich fallen einem größere Ausnahmen von dieser Regel ein, von Napoleons Frankreich im Jahr 1814 bis zu Saddam Husseins Irak zwei Jahrhunderte später. Manchmal kommt es auch vor dem Friedensschluss zu einem Regimewechsel wie im Deutsch-Französischen Krieg oder im Ersten Weltkrieg. Dennoch verlangt die Entschlossenheit der Deutschen, im Zweiten Weltkrieg kämpfend unterzugehen, nach einer Erklärung – umso mehr, als Tod und Zerstörung in den letzten Kriegsmonaten enorm zunahmen. In *Das Ende* kehrt Kershaw, der seine Karriere als Historiker mit einer bahnbrechenden Arbeit über die deutsche Volksmeinung im „Dritten Reich" begann, zu seinem ursprünglichen Interessenschwerpunkt zurück und versucht mittels einer eingehenden Untersuchung der Volksmeinung in der letzten Phase des Krieges eine Antwort auf die verwirrende Frage zu finden, warum Deutschland nicht kapitulierte.

Der erste und einleuchtendste Grund liegt, so viel ist klar, im Charakter des NS-Regimes selbst. Das „Dritte Reich" war kein normaler Staat, es war nicht einmal eine normale Diktatur, wenn es so etwas denn überhaupt gibt. Von Beginn seiner Laufbahn an war Hitler besessen von einer sozialdarwinistischen Weltsicht, der zufolge Beziehungen zwischen Staaten Ausdruck eines Kampfes um Vorherrschaft zwischen Rassen sei. Er kannte keinen Kompromiss: Deutschland würde entweder globale Hegemonie erreichen, oder es würde untergehen. Seine Kriegsziele waren weder rational noch begrenzt, und als sich die militärische Lage verschlechterte, bestand Hitler nur mit immer größerer Vehemenz darauf, den Kampf fortzusetzen. In den letzten Monaten verlor er zunehmend den Bezug zur Realität, hoffte auf Rettung durch Wunderwaffen, wie etwa die V1 und die V2, spekulierte auf Auseinandersetzungen zwischen den Westalliierten und der Sowjetunion oder auf ein rasches Ende des Krieges nach dem Tod von US-Präsident Roosevelt. Auch ein Porträt Friedrichs des Großen, der das Geschick Preußens nach der Besetzung Berlins durch die Russen gewendet hatte, erfüllte ihn zwischenzeitlich mit Hoffnung.

Hitler wurde verschiedentlich, vor allem von dem amerikanischen Historiker Gerhard L. Weinberg, zugutegehalten, er habe in seinem Oberbefehl über die deutschen Streitkräfte während der Jahre der Niederlagen und des Rückzugs eine gewisse Flexibilität an den Tag gelegt, aber selbst wenn dies der Fall gewesen sein sollte, wich diese Fähigkeit in den letzten Monaten des Regimes wieder einem sturen Beharren darauf, dass Rückzug Verrat sei, taktische Absetzbewegungen militärische Feigheit und Realismus bloß mangelnde Willenskraft. Im Vertrauen auf den Endsieg fuhr er fort, seine Armeen hin und her zu schieben, als aus ihnen längst verzweifelte, desorganisierte und erschöpfte Haufen geworden waren. Gelegentlich fiel die Maske des Glaubens an sich selbst, und er gestand, alles sei verloren. Am Ende verkündete er seinen Vertrauten, er würde sich „eine Kugel durch den Kopf" schießen. „Wir kapitulieren nicht, niemals. Wir können untergehen. Aber wir werden eine Welt mitnehmen." Das deutsche Volk, schloss Hitler, habe es nicht verdient, zu überleben. Es habe die Prüfung der Geschichte nicht bestanden. Am 19. März 1945 erließ er den berüchtigten „Nero-Befehl", der als „Geheime Kommandosache" vom Oberkommando der Wehrmacht verbreitet wurde und die Befehlshaber vor Ort anwies, alles zu zerstören, was dem vorrückenden Feind in die Hände fallen könnte.

Aber Hitlers selbstzerstörerische Ader und seine Verachtung für das deutsche Volk vertiefen in gewisser Weise nur das Rätsel, warum die Deutschen weiterkämpften. Ein Teil der Antwort liegt zweifelsohne in der psychologischen Macht, die er nach wie vor ausübte. Ob Kraft seiner Persönlichkeit oder aus Gewohnheit aufseiten seiner Befehlsempfänger oder als Folge des durch die Jahre des Erfolgs aufgebauten Ansehens, jedenfalls vermochte er weiterhin, seine unmittelbaren Untergebenen zu überreden, ihm in den Abgrund zu folgen. „Noch in den letzten Wochen", merkt Kershaw an, „verabschiedeten sich Besucher, die ihn zunächst demoralisiert und verzweifelt vorfanden, zum Schluss doch mit neuer Begeisterung und Entschlossenheit." Albert Speer beispielsweise, dessen Bemühungen in den letzten drei Jahren des Krieges so viel dazu beigetragen hatten, die Rüstungsproduktion zu steigern und sie angesichts der alliierten Luftangriffe in Gang zu halten, diente Hitler weiter, obwohl er klarer als die meisten erkannte, dass alles verloren war.

Erst ganz am Schluss fielen seine Getreuen offenbar nach und nach von ihm ab: Hitler entließ Göring, weil der angeblich versucht hatte, die Macht zu ergreifen, und Himmler, weil er hinter seinem Rücken mit den Alliierten verhandelte. Doch selbst dann noch entschlossen sich außerordentlich viele, Hitler in einer nahezu beispiellosen Selbstmordwelle in den Tod zu folgen – nicht nur Goebbels und Bormann und später Göring, Himmler und Ley, sondern auch hochrangige Regierungsmitglieder wie Rust (Reichsminister für Wissenschaft, Erziehung und Volksbildung) und Thierack (Reichsjustizminister), zehn Prozent der Generäle des Heeres, 14 Prozent der Luftwaffengeneräle, 20 Prozent der NSDAP-Gauleiter und viele weitere auf den unteren Stufen der Hierarchie. Ihr Selbstmord zeugte sowohl von ihrer Treue zu Hitler als auch von ihrer Überzeugung, dass das Leben ohne ihn und über den Krieg hinaus sinnlos sei. Verhaftung und Gerichtsverfahren würden sie mit ihren Verbrechen konfrontieren und sie der Überzeugung berauben, dass, was sie getan hatten, historisch notwendig gewesen sei. Selbstmord, meinten manche zudem, sei ein ehrenvoller, römischer Ausweg, eine heroische Geste, die den Deutschen als Beispiel für die Zukunft dienen würde. In der Welt der Hirngespinste war Hitler nicht allein.

Unter einem anderen Staatsoberhaupt, etwa Göring oder Himmler, hätte Deutschland lange vor Mai 1945 um Frieden ersuchen können. Aber die Alliierten hatten sich im Januar 1943 in Casablanca darauf geeinigt, von Deutschland nichts Geringeres als die bedingungslose Kapitulation zu verlangen. Sie kamen zu dem Schluss, dass der Waffenstillstand im Ersten Weltkrieg ein kostspieliger Fehler gewesen sei. Er hatte der extremen Rechten und nicht zuletzt den Nationalsozialisten zu behaupten ermöglicht, die deutschen Streitkräfte seien nicht militärisch besiegt worden, sondern von jüdischen Revolutionären in der Heimat hinterrücks erdolcht worden. Dieses Mal durfte nicht der geringste Zweifel an der militärischen Niederlage der Deutschen bestehen.

Nach dem Krieg machten viele höhere deutsche Offiziere diese

Politik der bedingungslosen Kapitulation für die Fortsetzung des Krieges verantwortlich. Diese Forderung, sagte einer von ihnen, habe sie in gewisser Hinsicht an das NS-Regime gefesselt, da ihnen keinerlei Garantien bezüglich ihrer Zukunft geboten worden seien. Diese Behauptung ist jedoch von Historikern als „fadenscheiniger Vorwand“ abgetan worden. Vielmehr blieb die Forderung nach bedingungsloser Kapitulation laut General Walter Warlimont, dem stellvertretenden Generaloberst des Wehrmachtsführungsstabs, „im deutschen Hauptquartier nach aller Erinnerung damals so gut wie unbeachtet“, und es habe keine Diskussion über ihre möglichen militärischen Folgen gegeben. Der Grund, warum die Deutschen weiterkämpften, ist deshalb in Deutschland selbst zu suchen und nicht in Strategien der Alliierten, wie Kershaw richtig sagt.

Natürlich verschaffte die Forderung nach einer bedingungslosen Kapitulation der nationalsozialistischen Propaganda eine nützliche Rechtfertigung zur Fortsetzung ihres sinnlosen Widerstands, denn die von Propagandaminister Goebbels mobilisierte Überredungsmaschinerie funktionierte fast bis zum Ende. Doch längst stießen die marktschreierischen Ankündigungen neuer Wunderwaffen, die bald einsatzbereit sein und das Kriegsglück wenden würden, und das immer schrillere Beharren darauf, dass der Kampfgeist des deutschen Volkes am Ende obsiegen würde, ebenso auf taube Ohren wie der vorgespielte Optimismus und die Ermahnungen, Opfer zu bringen. Die Leute fanden, der Chor der Propagandasendungen, Zeitungsartikel und Wochenschauen aus dem Propagandaministerium klänge wie eine „Kapelle auf einem sinkenden Schiff, die immer noch eifrig spielt“. „Wo man hinkommt“, schrieb ein junger Offizier in seinem Tagebuch, nachdem Köln gefallen war, „nur ein Wort: Schluss mit dem Unsinn.“ Fast alle Quellen stimmen darin überein, dass die Moral spätestens Anfang 1945 zusammengebrochen war. Ende März ergaben Verhöre von Soldaten, die von den Westalliierten gefangen genommen worden waren, dass nur 21 Prozent noch Vertrauen in Hitler hatten, ein starker Rückgang im Vergleich zu den 62 Prozent, die noch im Januar ihre Loyalität bekundet hatten.

Vielleicht war jedoch für viele Wehrmachtsoffiziere der persönliche Treueid auf Hitler wichtiger, den sie hatten ablegen müssen, denn viele nannten später diesen Eid als Grund für ihren fortgesetzten Gehorsam. Tatsächlich kulminierten die militärische Ausbildung und der gewohnheitsmäßige Gehorsam im „Dritten Reich“ in einem Loyalitätsgefühl Hitler als dem Oberbefehlshaber der Streitkräfte gegenüber, sodass es sich hierbei nicht um eine nachträgliche Schutzbehauptung handeln muss. Allerdings hatte weder die alliierte Forderung nach bedingungsloser Kapitulation noch der militärische Treueid eine Gruppe höherer Offiziere des Heeres davon abgehalten, sich im Juli 1944 zum Sturz Hitlers zu verschwören. Aber die Bombe von Oberst Stauffenberg tötete den Diktator nicht, und die Mehrzahl der Militärbefehlshaber hatte es ohnehin abgelehnt, sich der Verschwörung anzuschließen, entweder weil sie ihre Erfolgsaussichten für gering erachteten, weil sie darin einen Verrat an der Nation in einem schwierigen Augenblick sahen, oder weil sie ihr Treueid wirklich hemmte. Sogar der mit der Verteidigung Berlins betraute und relativ vernünftige General Gotthard Heinrici meinte, es wäre Verrat, Hitlers Befehlen den Gehorsam zu verweigern, obwohl er seinem Tagebuch anvertraute, dass diese entweder sinnlos oder irrwitzig seien. Und nach der Verschwörung von 1944 beließen Hitler und Himmler bei ihrer „Säuberung" der Streitkräfte nur unzweifelhaft loyale Offiziere auf ihrem Posten.

Bei Regierungsbeamten, kommunalen Verwaltungsbeamten, Richtern und Staatsanwälten, Lehrern und öffentlichen Angestellten im ganzen Land sorgte ein tief verwurzeltes Pflichtgefühl dafür, dass sie weiter ihre Aufgaben erfüllten. Sie machten weiter, auch als ihre Entscheidungen nicht mehr durchgesetzt werden konnten, erließen Papieranweisungen, die keine Chance hatten, vollzogen zu werden, richteten über Straftäter, die erst durch gesetzliche Maßnahmen der Nationalsozialisten kriminalisiert worden waren, und verurteilten sie, weil das Recht es von ihnen verlangte. Dass das Recht selbst durch den Nationalsozialismus pervertiert worden war, kam ihnen nicht in den Sinn. Sie hatten sich gedankenlos an das „Dritte Reich" angepasst, weil es die Leitung des Staates übernommen hatte, und sie arbeiteten bis zum Schluss für das Regime, weil sie darin ihre Aufgabe sahen. Ein leitender Beamte in einer Reichskanzlei verstand, als er nach dem Krieg gefragt wurde, warum er weitergearbeitet habe, die Bedeutung der Frage gar nicht: „Ich war als alter Beamter zur Treue gegen den Staat verpflichtet", antwortete er bloß achselzuckend.

Typisch für diesen beinahe vollständigen Realitätsverlust war auch eine Forderung nach Kürzungen der Staatsausgaben und nach „Erhöhungen der Post-, Eisenbahn- und Nahverkehrstarife sowie [...] [einer] Anhebung der Tabak und Alkoholsteuer, der Steuern auf Kinobesuche und Hotelübernachtungen, der Radio- und Zeitungsgebühren sowie der Kriegsabgabe für Gas, Wasser und Strom" zur Deckung des wachsenden Haushaltsdefizits, die Finanzminister Graf Schwerin von Krosigk am 23. Februar 1945, gut zwei Monate vor dem Ende, den leitenden Ministern vorlegte. Seine Initiative gipfelte in der hanebüchenen Feststellung, es könne „nicht eingewandt werden, daß damit lebenswichtige Leistungen an die Bevölkerung verteuert [würden]“, denn „ein großer Teil der Bevölkerung [sei] bereits seit vielen Monaten entweder ganz ohne regelmäßigen Bezug von Wasser, Gas und Elektrizität oder nur auf den zeitweisen Bezug angewiesen“. Schwerin arbeitete noch einen Monat später an seinen Vorschlägen, als es kaum noch irgendeinen Teil des Landes gab, der nicht von den Alliierten besetzt war.

Der Staat funktionierte also weiter, auch wenn er in den letzten Monaten auf allen Ebenen immer mehr Macht an die NSDAP abtrat. Dies sei, meinten Parteiaktivisten, eine „Kampfzeit“, wie die alten Zeiten vor 1933. Nach dem Verrat der Offiziere in Stauffenbergs gescheiterter Verschwörung misstrauten Hitler und die Spitzen des Reiches den alten Eliten zutiefst. Hitlers unmittelbare Untergebene, Goebbels, Himmler und Bormann, unternahmen Schritte, um die Partei, ihre Gauleiter und Aktivisten an Positionen zu setzen, die vormals der staatlichen Bürokratie oblag. Neue Gesetze und Verordnungen versahen Parteifunktionäre mit außerordentlich erweiterten Vollmachten über das zivile Leben. Sie zogen Arbeitskräfte ein, organisierten Aufräumarbeiten nach Luftangriffen, koordinierten die Zivilverteidigung und mobilisierten den „Volkssturm“ aus einberufenen Zivilisten, die den allerletzten Widerstand gegen die Invasion des Reichs anführen sollten. Notdürftig ausgerüstet und schlecht ausgebildet, größtenteils auch noch ohne Uniformen, waren sie den kampferprobten Soldaten der Alliierten und der Roten Armee in keiner Hinsicht gewachsen, und in den letzten Kriegsmonaten wurden 175 000 von ihnen getötet. Doch angeführt wurden sie meist von kompromisslosen NS-Aktivisten, und für die Partei waren sie ein weiteres Instrument, um die Masse des deutschen Volks zu kontrollieren. Eine Funktion des „Volkssturms“ bestand nämlich darin, Abtrünnigkeit und Defätismus unter der Bevölkerung zu bestrafen. Erschießungen und informelle Militärgerichte, die „Verräter“ öffentlich zum Tode verurteilten, wurden im Winter 1944/45 in deutschen Städten üblich. Kershaw liefert viele entsetzliche Beispiele für die Schonungslosigkeit, mit der die Partei und ihre Anhänger Abtrünnige bestraften. Leute, die nur Blutvergießen vermeiden wollten, wurden an Laternenmasten aufgeknüpft, mit Schildern um den Hals: „Ich habe mit den Bolschewiken paktiert!“ Und Himmler befahl am 3. April 1945: „Aus einem Haus, aus dem eine weiße Fahne erscheint, sind alle männlichen Personen zu erschießen." Der Gauleiter und Reichsverteidigungskommissar für Franken, Karl Holz, setzte mit einer eigenen, verschärften Version dieses Befehls noch eins drauf: „Jedes Haus, an dem weiße Fahnen hängen, wird gesprengt oder niedergebrannt. Dörfer, die gemeinsam weiße Fahnen hissen, werden niedergebrannt."

Dieser Befehl scheint nicht ausgeführt worden zu sein, aber es gab noch genug rangmittlere und untergeordnete Nationalsozialisten in Machtpositionen, um eine Schreckensherrschaft zu errichten, welche die große Masse der Zivilbevölkerung derart einschüchterte, dass sie sich der sinnlosen Partei-Entschlossenheit fügte. Die zahlreichen Fälle nationalsozialistischer Brutalität in letzter Minute reichen von einem örtlichen NS-Kreisleiter in Heilbronn, der auf seiner Flucht vor den anrückenden Amerikanern in einer Straße zufällig sah, dass aus mehreren Häusern weiße Fahnen zur Begrüßung der US-Truppen hingen, daraufhin den Wagen anhalten ließ und seinen Männern befahl: „Raus, erschießen, alles erschießen!", bis zu einem Standgericht unter Major Erwin Helm, einem „Berserker eigener Qualität", der einen 60-jährigen Bauern festnahm, der sarkastische Bemerkungen über den „Volkssturm" gemacht hatte. Helm überredete die beiden anderen Mitglieder des Gerichts, den Mann zu verurteilen, und hängte ihn „in einem Anfall von Sadismus [...] am Ast eines Birnbaums direkt unter dem Fenster seines Bauernhauses", „während seine von Entsetzen gepackte Frau mit Schmähungen überhäuft wurde".

Solche Fanatiker benahmen sich nicht zuletzt deshalb so, weil sie wussten, dass sie mit ihren Verbrechen jede Zukunft in Deutschland verwirkt hatten, und die NS-Führer nutzten dieses Gefühl aus: Himmler hatte bereits hochrangige Beamte und Generäle in Posen und Sonthofen versammelt, um ihnen ausführlich von der Vernichtung der Juden zu berichten, womit er sie wissentlich zu Komplizen von etwas machte, das die ganze Welt für ein Verbrechen hielt. Auch die Gauleiter taten nichts, was als Schwäche ausgelegt werden konnte. Sie weigerten sich sogar, Gebiete zu evakuieren, die von der Roten Armee bedroht wurden, obgleich sie, wenn es um ihre eigene Sicherheit ging, nicht bereit waren, ihren Worten auch Taten folgen zu lassen. Viele, wie Arthur Greiser, Gauleiter des Warthelands, erließen eindringliche Aufrufe an ihre Leute, bis zum Letzten zu verteidigen, nur um sich selbst aus dem Staub zu machen.

Nicht genug damit, dass die Nationalsozialisten „Drückeberger",

„Defätisten", „Deserteure" und „Feiglinge" erschossen oder aufhängten, evakuierten sie auch Konzentrationslager und Gefängnisse, nur damit die Insassen nicht von den Alliierten befreit werden konnten, und schickten sie auf schlecht organisierte, oftmals ziellose „Todesmärsche", bei denen sie Nachzügler erschossen. Hunderttausende fanden auf diesen Märschen den Tod: Von den 715 000 Lagerinsassen Anfang 1945 war sechs Monate später weniger als die Hälfte noch am Leben. In den noch nicht von den Alliierten befreiten Lagern sorgten die zahllosen hungernden und geschundenen Häftlinge, die aus anderen Lagern eintrafen, bald für unmögliche Zustände, sodass Typhus und andere Krankheiten sich rasch ausbreiteten und Tausende starben.

Auch in den Streitkräften nahm der Terror drastisch zu. Zehntausende Soldaten desertierten – einer Schätzung zufolge lag die Zahl schon vor den letzten chaotischen Monaten bei einer Viertelmillion. Sie flohen im Wissen, dass sie der sichere Tod erwartete, sollten sie von einer der Patrouillen aufgegriffen werden, die auf Deutschlands Straßen, Bahnhöfen und Hauptverkehrsadern warteten, um Leute nach ihren Papieren zu fragen. Mindestens 30 000 Soldaten wurden während des Krieges wegen Fahnenflucht, Defätismus und ähnlicher Vergehen zum Tode verurteilt, etwa 20 000 von ihnen wurden erschossen, im Gegensatz zu 150 während des Ersten Weltkriegs, von denen nur acht hingerichtet wurden. Mittlere und höhere Offiziere betrieben weiter Militärgerichte und verhängten Todesurteile, selbst nachdem der Krieg offiziell vorbei war.

Doch nicht nur die Angst vor dem Regime und seinen Handlangern ließ viele Menschen weitermachen, sondern auch die Furcht vor dem Feind, vor allem vor der Roten Armee, die sich in den letzten Kriegsmonaten vergewaltigend und brandschatzend ihren Weg durch Ost- und Mitteldeutschland kämpfte. Goebbels' Propagandamaschine versuchte aus Vorfällen wie dem Massaker der Roten Armee im ostpreußischen Weiler Nemmersdorf Kapitel zu schlagen. Doch anderswo reagierten gewöhnliche Deutsche laut Sicherheitspolizei, indem sie düster anmerkten, dass Vergewaltigung, Mord und Plünderung das sei, was sie angesichts der von ihren eigenen Soldaten im besetzten Osteuropa begangenen Gräueltaten erwarten könnten. „Haben wir nicht die Juden zu Tausenden hingeschlachtet?", sollen Leute in Stuttgart gefragt haben, wie ein SD-Mann berichtete. „Die Juden sind doch auch Menschen. Damit haben wir den Feinden vorgemacht, was sie im Falle ihres Sieges mit uns machen dürfen." Diese Ängste, die sich als in hohem Maße gerechtfertigt herausstellten, wurden gesteigert durch eine scheinbar weit verbreitete allgemeine Akzeptanz des Goebbels'schen Propaganda-Geredes, wonach die Alliierten – Churchill, Roosevelt, Stalin – von einer Weltverschwörung der Juden manipuliert würden, die nur auf Rache am deutschen Volk sinne. Viele Soldaten und Zivilisten kämpften daher lieber weiter, als auf die Gnade der Russen zu vertrauen.

Dass sich die Leute gegen das Regime erhoben, es stürzten und Frieden mit den Alliierten schlossen, war schlichtweg unmöglich. Gewöhnliche Deutsche, deren Ortschaften und Städte zerbombt und in Schutt und Asche gelegt worden waren, deren Gas-, Strom- und Wasserversorgung nur zeitweise funktionierte, deren Fabriken und Arbeitsplätze zerstört waren, deren Nahrungs- und Treibstoffvorräte schwanden, mussten sich darauf konzentrieren, sich und ihre Familien einfach am Leben zu erhalten. Ohnehin schloss die alles durchdringende Präsenz der Partei und ihrer Instanzen auch in den letzten Kriegsmonaten jede Art von kollektivem Widerstand aus. Was passieren würde, zeigte anschaulich das Schicksal der Banden von Fremdarbeitern, die in den Industriestädten des Rheinlands in Schwarzhandel verwickelt waren und sich inmitten der Trümmer regelrechte Schlachten mit der Polizei geliefert und den Chef der Gestapo in Köln erschossen hatten. Nachdem sie aber hochgenommen und verhaftet worden waren, wurden sie in einer Massenhinrichtung öffentlich gehängt, allen anderen zur Warnung.

Genauso unmöglich war kollektives Handeln nach dem Scheitern von Stauffenbergs Bombenattentat in den höheren Rängen. Innerhalb der NSDAP und der Regierung gab es schon lange keine Institutionen mehr, die fähig gewesen wären, eine gemeinsame, von Hitler abweichende Politik zu formulieren. Das Reichskabinett war seit Jahren nicht mehr zusammengetreten, und nichts glich etwa einem italienischen Großen Faschistischen Rat, der 1943 Mussolini absetzte. Hitler hatte alle institutionelle Macht in seiner Person vereint: Er war Staatsoberhaupt, Regierungschef, Parteichef, Oberster Befehlshaber der Streitkräfte, Oberbefehlshaber des Heeres – kurz, er war „Der Führer". Alle Macht ging von ihm aus, und alle wussten, sie konnten nur vorankommen und überleben, wenn sie seine Wünsche erfüllten und sich seinen ideologischen Diktaten fügten.

Obwohl Hitler sich in seinem unterirdischen Bunker zunehmend isolierte, keine Ansprachen mehr an das Volk hielt und dadurch jene Macht über die Deutschen verlor, die er durch seine sorgfältig inszenierten Rundfunkansprachen und Reden erlangt hatte, beeinflusste sein persönlicher Herrschaftsstil weiter die Handlungen derjenigen, die im nationalsozialistischen Deutschland herrschten. In den letzten Monaten waltete, wie Kershaw schreibt, „eine charismatische Herrschaft ohne Charisma. Hitlers Fähigkeit, die Massen zu begeistern, wirkte schon länger nicht mehr. Gleichwohl blieben die Strukturen und Mentalitäten von Hitlers charismatischer Herrschaft bis zu seinem Tod im Bunker wirksam." Entsprechend zerfiel, sobald er weg war, sobald es keinen Hitler mehr gab, für den es zu kämpfen galt, das ganze Gebäude zu Staub. Trotz aller Bemühungen von Goebbels, eine Partisanenbewegung auf die Beine zu stellen, den sogenannten „Werwolf", um Anschläge auf die alliierten Besatzungstruppen zu verüben, gab es nach Kriegsende keinen nennenswerten Widerstand.

Das Ende stellt die letzten Tage des Hitler-Reichs anschaulich dar, mit einem echten Gespür für die Mentalitäten und Situationen von Menschen, gefangen in einer Katastrophe, die viele nicht überlebten und andere erst Jahre später überwanden. Vielleicht misst das Buch den nationalistischen Gefühlen nicht genug Bedeutung bei, die so viele Deutsche, vor allem im Offizierskorps erfüllten. So war es mehr als eine Ausrede, wenn dessen Angehörige behaupteten, sie kämpften nur für Deutschland, um die deutsche Zivilisation vor den bolschewistischen Horden zu schützen. Und auch die Behauptung von Goebbels, es stehe nicht nur die deutsche, sondern die europäische Zivilisation auf dem Spiel, hätte in ihren Folgen eingehender untersucht werden können. Denn die Angst vor und der Hass auf den Osten begannen nicht erst mit den Nationalsozialisten, und nationalistische Überzeugungen, vermischt mit einer starken Dosis Verachtung für „Slawen", untermauerte nicht nur das ideologische Gebäude nationalsozialistischer Fanatiker, sondern auch jenes ihrer Mitläufer.

Teil VI:
Die Politik des Völkermords

23. Imperium, Rasse und Krieg

Schon als junger Mann war Adolf Hitler ein Verehrer der Musikdramen von Richard Wagner und gab einen Großteil seiner mageren Einkünfte für Eintrittskarten zu Vorstellungen von *Lohengrin* und anderen pseudomittelalterlichen Fantasien aus. Historiker haben sehr viel Energie auf den Versuch verwendet, den Auswirkungen dieser jugendlichen Leidenschaft auf die Ideen und Überzeugungen des späteren Diktators nachzuspüren. Aber Hitler hatte noch eine andere Schwärmerei, die weniger kommentiert worden ist und der nachzugehen billiger war: die Abenteuerromane von Karl May, die im Wilden Westen spielen und in denen Cowboys, meist deutscher Herkunft, vorkommen, wie etwa Old Shatterhand, dessen Name sich auf die Wucht seines Faustschlags bezieht, und Winnetou, ein Indianer, der zum Christentum übertritt. May rückte ins Zentrum eines Skandals der Literaturszene, als herauskam, dass er vorbestraft und niemals in Amerika gewesen war – seine erste und einzige Amerikareise unternahm er erst 1908, vier Jahre vor seinem Tod. Doch tat dies Hitlers Bewunderung keinen Abbruch, vielmehr bestärkte es ihn in seiner Überzeugung, dass es nicht notwendig sei, ein Land zu bereisen, um es kennenzulernen. Selbst während des Zweiten Weltkriegs empfahl er Mays Romane noch seinen Generälen und ordnete den Druck von 200 000 Exemplaren für die Truppen an.

Für May waren die Indianer edle Wilde, eine Sichtweise auf indigene Völker, die Hitler gewiss nicht teilte. Den Romanen liegt jedoch ein impliziter Sozialdarwinismus zugrunde, der Winnetou und seine Kultur zur Zerstörung durch eine überlegene, mächtigere Zivilisation verurteilt – Mays Anleihen bei James Fenimore Coopers *Der letzte Mohikaner* waren hier wie auch in anderen Aspekten seines Werkes offenkundig. Sozialdarwinisten und Rassisten des späten 19. und frühen 20. Jahrhunderts blickten neidisch über den Atlantik auf die Vereinigten Staaten, wo Millionen von europäischen Siedlern nach Westen gezogen waren, um eine neue, wohlhabende, mächtige Gesellschaft aufzubauen. Dabei vertrieben, verdrängten und töteten sie die ursprünglichen Bewohner des Kontinents, bis deren große Mehrheit an Krankheit oder Hunger zugrunde gegangen war. Die europäischen Siedler, glaubten Sozialdarwinisten und Rassisten, seien aufgrund rassischer Überlegenheit zur

Herrschaft ausersehen, so wie sie aus ihrer Sicht rückständige Völker wie die australischen Aborigines zum Untergang verdammten. Wer dagegen protestierte, wurde von den Sozialdarwinisten einfach als unwissenschaftlich und unzeitgemäß abgeschrieben.

Aber wenn eine Rasse ihre Überlegenheit zeigte, indem sie andere bezwang und unterjochte, in welchem Teil der Welt konnten sich die Deutschen dann noch derart beweisen? Zwar waren die Deutschen während des 19. Jahrhunderts massenhaft zu überseeischen Kolonisatoren geworden, aber sie waren in Gebiete gezogen, die Deutschland nicht beherrschte. (Fünf Millionen wanderten auf den amerikanischen Doppelkontinent aus, sie machten 40 Prozent sämtlicher Migranten zwischen den 1840er- und den frühen 1890er-Jahren aus.) Deutschstämmige lebten zu Millionen außerhalb des Reiches, in Österreich, Böhmen, Russland, Rumänien und anderen Gegenden Mittel- und Osteuropas, aber Untertanentreue schuldeten sie anderen Staaten, nicht dem von Bismarck geschaffenen Deutschen Reich. Dass dieses nicht expandierte, empfanden extreme Nationalisten als zutiefst enttäuschend. „Sollte Deutschland nicht eine Königin unter den Völkern sein", fragte ein Kolonialenthusiast schon 1879, „und grenzenlose Gebiete beherrschen wie die Engländer, Amerikaner und Russen?" Deutschlands herrschende Elite vor 1914 war in immer größerer Zahl eindeutig derselben Meinung, und von 1898 an steckte die kaiserliche Regierung gewaltige Ressourcen in den Aufbau einer enormen Schlachtflotte, die den Briten auf hoher See die Stirn bieten und der Schaffung eines gewaltigen globalen Imperiums den Weg ebnen sollte.

Der Erste Weltkrieg machte solche Ambitionen zunichte. Die deutsche Flotte schaffte es nicht, Großbritannien die Seeherrschaft streitig zu machen, und die deutsche Niederlage führte dazu, dass die überseeischen Kolonien des Kaiserreichs der Verwaltung anderer Mächte unterstellt wurden. Aber schon vor dem Krieg hatten manche Nationalisten sich einem naheliegenderen Gebiet zugewandt, in dem die deutsche koloniale Vorherrschaft errichtet werden sollte: Osteuropa. Mark Mazower erzählt in seiner beeindruckenden Untersuchung *Hitlers Imperium. Europa unter der Herrschaft des Nationalsozialismus* (München 2009) zunächst davon, wie im Deutschland und Österreich des ausgehenden 19. Jahrhunderts die Idee entstand, dass der Kampf zwischen Rassen um das Überleben des Stärkeren die Schaffung von „Lebensraum" erfordere, in den die germanische Rasse expandieren könne, um ihre Zukunft zu sichern, etwa wie die europäischen Einwanderer in Amerika. Nationalisten am rechten Rand hielten Polen, Russen und andere Slawen für rückständig und unzivilisiert und daher geradezu für bestimmt, der deutschen Herrenrasse als Heloten zu dienen.

Deutschlands katastrophale Niederlage 1918 sorgte dafür, dass solche Ideen auf lange Sicht politisch mehrheitsfähig wurden, bevor sie nach 1933 zur offiziellen Staatsdoktrin avancierten. Über sämtliche Drehungen und Wendungen der nationalsozialistischen Außenpolitik hinweg, als Hitler das Land in Vorbereitung auf einen großen europäischen Krieg fieberhaft wiederaufrüstete, blieb ein Fernziel unverändert: die Eroberung Osteuropas zur Schaffung von „Lebensraum" für zukünftige Generationen von Deutschen. Hitler und die Nationalsozialisten gaben die Idee, ein überseeisches Kolonialreich zu schaffen, nicht auf, aber zuallererst musste Deutschland eine Weltmacht werden, und der Weg dahin führte über Europa.

Mazowers Buch konzentriert sich daher auf Hitler als Architekt eines Imperiums. Das Thema mag nicht ganz so neuartig oder überraschend sein, wie sein Autor vermutet, aber es erfährt hier seine erste umfassende, systematische, europaweite Behandlung. Was ein nationalsozialistisches Imperium in Osteuropa tatsächlich bedeutet hätte, wurde in den ersten paar Wochen des Krieges brutal deutlich. Wie Mazower im Detail zeigt, brachte die deutsche Eroberung die rücksichtslose Vertreibung Hunderttausender Polen von ihren Höfen und aus ihren Betrieben mit sich, um Platz zu schaffen für volksdeutsche Siedler aus dem Osten, wo Stalins Herrschaft ihnen, davon waren sie überzeugt, keine rosige Zukunft versprach. Die polnische Kultur wurde vernichtet, Tausende Akademiker und Intellektuelle wurden verhaftet, eingesperrt und erschossen, und die große jüdische Bevölkerungsgruppe wurde zusammengetrieben und in überfüllte und unhygienische Gettos gesperrt, solange die nationalsozialistischen Besatzer überlegten, wie mit ihr weiter zu verfahren sei.

Dass auf diese Menschen am Ende der Tod wartete, wurde mit dem Überfall auf die Sowjetunion im Juni 1941 nur allzu deutlich. Hitler geriet ins Schwärmen über die Wohltaten der Zivilisation, welche die deutsche Herrschaft bringen würde. Vor Leben sprühende neue deutsche Städte würden erschaffen, die als Zentren für deutsche bäuerliche Gemeinschaften fungieren würden, die in der östlichen Erde verwurzelt und untereinander durch Hochgeschwindigkeits-Bahntrassen und Autobahnen verbunden wären. Für die früheren Bewohner des Gebiets wäre allerdings kein Platz in dieser schönen neuen Welt. Deren Städte, wie Moskau und Leningrad (Sankt Petersburg), würde man verrotten lassen, während ukrainische und russische Kleinbauern aus dem Land hinausgeworfen würden, so wie es ihren polnischen Schicksalsgenossen widerfahren war. Planer schätzten, dass Millionen an Unterernährung und Krankheit sterben würden. SS-Wissenschaftler fantasierten davon, zig Millionen „rassisch unerwünschter" Slawen nach Sibirien oder gar nach Brasilien zu deportieren. Damit wäre dann endlich Hitlers größtes Ziel erreicht: „Sind wir die Herren in Europa", sagte er im Oktober 1941, „dann haben wir die dominierende Stellung in der Welt." Das neue deutsche Imperium wäre den bestehenden Reichen Großbritanniens und der Vereinigten Staaten mindestens ebenbürtig, und somit stünde der abschließenden Konfrontation um die Weltherrschaft nichts mehr im Wege.

Für einen kurzen Moment im Sommer 1941 schien es der NS-Führung möglich, dass solche Träume Realität werden könnten. Frankreich, Belgien, Holland, Dänemark und Norwegen waren im Jahr zuvor besiegt worden, und siegreiche deutsche Armeen jagten im Osten alles vor sich her und besetzten riesige Gebiete in der Ukraine, den Baltischen Staaten und Weißrussland, während sie in Südeuropa den Balkan unter ihre Kontrolle gebracht hatten. Doch der Eindruck trügte.

Es war nicht nur so, dass sich die Sowjetunion mit ihren gewaltigen Ressourcen an Menschen und Material als unbesiegbar erwies. Wichtiger war die Tatsache, dass die Deutschen keine stimmige Vorstellung davon hatten, wie ihr riesiges neues Imperium für die übergeordneten Zwecke nutzbar gemacht werden sollte, für die es gedacht war. Mazower verweist auf die Vielzahl unterschiedlicher Verwaltungsformen, die etabliert wurden, von kollaborationistischen Regimen wie in der Slowakei und in Vichy-Frankreich über ein Nebeneinander von Militärverwaltung und noch bestehender einheimischer Beamtenschaft wie in Belgien bis zu eigens geschaffenen deutschen Herrschaftsapparaten wie im Reichskommissariat Ukraine oder im Polnischen Generalgouvernement. Manche Gebiete wurden direkt dem Reich einverleibt, darunter große Teile Westpolens, während andere, wie etwa die Niederlande, deren Bevölkerung die Nationalsozialisten als überwiegend „arisch" betrachteten, wahrscheinlich irgendwann eingegliedert würden.

Dieses riesige Imperium besaß keine zentrale Leitung und wurde auf unkoordinierte Art und Weise geführt. So schufen die Deutschen nie irgendein Äquivalent zum Großostasienministerium, das die Eroberungen der Japaner verwaltete. Mazower behauptet, dies habe zum Teil daran gelegen, dass Hitler die Beamtenschaft zugunsten engagierter, fanatischer Nationalsozialisten überging, bei denen er sich darauf verlassen konnte, dass sie das neue Großdeutschland nach rassischen Grundsätzen aufbauten. Infolgedessen erlangten die NSDAP, die von „alten Kämpfern" der Partei geführt wurde, und vor allem die regionalen Führer, die Gauleiter, ihre Macht auf Kosten des Innenministeriums, dessen Beamte darüber zu jammern begannen, dass es keinerlei zentralisierte Verwaltung der neuen Territorien gebe. Hitler seinerseits klagte: „Bei uns versteht man unter Einheitsstaat, daß alles von einer Zentrale aus regiert wird. [...] Total umgekehrt verfahren die Engländer in Indien." – „Es geht nicht an", lautete seine Schlussfolgerung, „dies Riesenreich von Berlin aus in bisher gewohnter Art regieren zu wollen."

Der Kompetenzwirrwarr wurde noch größer durch das unaufhaltsame Wachstum von Himmlers SS, die bei der Verfolgung ihrer offen proklamierten Absicht, die rassische Karte Europas neu zu zeichnen, zivile Behörden und Verwaltungsinstanzen der Partei überging. Deutsche militärische und zivile Verwaltungsbeamte von Holland bis zur Ukraine standen vor der Wahl, wegzusehen, wenn die SS einrückte, um die Juden in ihrer Gewalt zu massakrieren oder zu deportieren, oder ihr beim Völkermord eigene Ressourcen zur Verfügung zu stellen. Unzufrieden mit bestehenden Regelungen und weil sie unbedingt irgendeine zentrale Leitung wollten, wendeten sich manche höhere Beamte, wie etwa Wilhelm Stuckart vom Innenministerium, an Himmler: Sollte es auf lange Sicht eine neue koloniale Elite geben, dann würde diese vielleicht von Himmlers Kohorten aus sehr gut ausgebildeten und effizient organisierten jungen SS-Offizieren gestellt.

Doch die Realität verweigerte sich dem hartnäckig. Mazower übertreibt allerdings, wenn er behauptet, dass das wenige, was im „Dritten Reich" an Verwaltungskompetenz vorhanden war, auf die kolonialen Erfahrungen Deutschlands vor 1914 zurückging. Natürlich spielten ein paar ehemalige Kolonialbeamte eine Rolle, wie etwa Viktor Böttcher, der Regierungspräsident des Regierungsbezirks Posen, der vor 1914 stellvertretender Gouverneur des deutschen Schutzgebiets Kamerun gewesen war, aber angesichts der sehr überschaubaren Größe der deutschen Kolonialverwaltung vor dem Ersten Weltkrieg waren sie zwangsläufig eine verschwindende Minderheit. Verwaltungserfahrung kam überwiegend von der einheimischen Beamtenschaft. Aber sie fand sich zunehmend durch die von Hitler bevorzugten Vertreter der „politischen Führung" kaltgestellt. So blieb das Chaos bestehen, und scharfsichtige

Beobachter klagten weiterhin darüber, dass „sich unser angeblich so straffgeführter Führerstaat langsam in Dutzende von Satrapien und aber Dutzende von kleinen braunen Herzogtümern zu atomisieren begann"; was ihm gänzlich gefehlt habe, sei „Verwaltungseffizienz" gewesen, wie einer von ihnen verzweifelt feststellte.

Auf etwas sichererem Boden bewegt sich Mazower mit der Feststellung, deutsche Rassengesetze in Kolonien wie Namibia hätten eine Grundlage für ähnliche Verordnungen im deutsch beherrschten Europa nach 1939 geliefert. Diese Rassengesetze sorgten dafür, dass Polen und andere Slawen rigoros diskriminiert wurden und ihnen – vor allem wenn sie als Fremdarbeiter zwangsrekrutiert wurden, um im Reich zu arbeiten, wie es Millionen von ihnen widerfuhr – gesetzlich verboten wurde, sexuelle Beziehungen mit Angehörigen der deutschen „Herrenrasse" einzugehen. Dennoch sind Behauptungen einiger jüngerer Historiker, dass der von den deutschen Streitkräften im Zuge der Unterdrückung des Herero- und Nama-Aufstands in Deutsch-Südwestafrika (heute Namibia) in den Jahren 1905/06 geführte Vernichtungskrieg, als zig Tausende Stammesangehöriger in die Wüste getrieben oder auf einer Insel ausgesetzt wurden, wo man sie verhungern ließ, die Vorlage für die nationalsozialistische Politik gegenüber den Juden geliefert habe, nicht überzeugend, weil sich ein direkter Zusammenhang nicht nachweisen lässt.

Es gab sehr viele andere Beispiele rassischer Diskriminierung, auf die Hitler zurückgreifen konnte, darunter die USA, wo Indianer bis 1924 als *nationals* galten, als Angehörige souveräner indianischer Nationen und somit nicht als *citizens* (Staatsbürger), oder beinahe alle afrikanischen Kolonien und Schutzgebiete der Briten, wo Land zur Verteilung an weiße Siedler beschlagnahmt und Afrikaner zu Zwangsarbeitsprogrammen eingezogen wurden. Vor allem in Südafrika herrschte brutale rassische Unterdrückung, und die Rechte angeblich rassisch minderwertiger sozialer Gruppen wurden aufgehoben. Ein großer Unterschied war, dass das NS-Imperium eine solche Politik in Europa selbst anwendete und nicht in überseeischen Kolonialterritorien. Einen weiteren sieht Mazower vor allem darin, dass die imperialen Mächte in den Zwischenkriegsjahren den kolonisierten Völkern generell die Selbstverwaltung in Aussicht stellten, und wenn auch nur in ferner Zukunft, und die Entstehung gebildeter einheimischer Eliten förderten. Für Hitler jedoch hatten unterworfene Völker wie Polen, Tschechen oder Russen keine solche Zukunft: Sie waren der Vernichtung geweiht, um Platz zu machen für die germanische „Herrenrasse", und je schneller das passierte, desto besser.

In seinen Tischmonologen im Führerhauptquartier, die auf Anordnung Martin Bormanns für die Nachwelt aufgezeichnet wurden, kam Hitler wiederholt auf das Beispiel Britisch-Indiens zurück. Man müsse von den Engländern lernen, sagte er: „Die Geburtsstätte des englischen Selbstbewusstseins ist Indien. [...] Die Riesenräume Indiens haben sie gezwungen, mit wenigen Menschen Millionen zu regieren." – „Was für England Indien war", bemerkte er bei anderer Gelegenheit, „wird für uns der Ostraum sein." Er fragte nicht, wie es den Briten gelungen war, ihre Macht über den indischen Subkontinent mit derart begrenzten Kräften, wie sie ihnen zu Gebote standen, zu behaupten. Er ging einfach davon aus, der Machterhalt resultiere aus ihrer rassischen Überlegenheit. Der russische Raum werde das Indien der Deutschen sein, sagte er, und man werde ihn mit einer „Handvoll Leute" regieren. Seiner Ansicht nach war der deutsche Kolonialismus nicht zuletzt deshalb gescheitert, weil er den deutschen Schullehrer in die Kolonien importiert habe: „Den Völkern war dadurch nicht der mindeste Dienst erwiesen; denn die ihnen vermittelten Werte waren für sie keine Werte. Der Pflichtbegriff in unserem Sinne existiert in Rußland nicht. Warum den Russen dazu erziehen wollen." Im besetzten Westeuropa konnte die von den Nationalsozialisten unterstellten Rassenverwandtschaft zu einer Herrschaft führen, die sich bestehende administrative Wege zunutze machte. Aber im neuen osteuropäischen Imperium würde Deutschland ausschließlich gewaltsam herrschen.

Dementsprechend wurde sogar in Ländern wie der Ukraine, wo die sowjetische Herrschaft in den frühen 1930er-Jahren unsägliches Leid und eine Hungersnot verursacht hatte und wo die Einheimischen die einmarschierenden deutschen Truppen mit dem traditionellen Geschenk aus Brot und Salz als Befreier begrüßten, jede Zusammenarbeit mit nationalistischen Gruppen entschieden abgelehnt, obwohl Männer wie der NS-Ideologe Alfred Rosenberg, der das größtenteils machtlose Reichsministerium für die besetzten Ostgebiete leitete, sich dafür aussprachen. Mazower beschäftigt sich ausführlich mit den von Rosenberg und anderen vorgebrachten Alternativvorschlägen zur Beherrschung des Ostens. Als vom Hass auf den Kommunismus getriebener Baltendeutscher sah Rosenberg in den Deutschen die Befreier der unterdrückten Massen vom Fluch des Stalinismus. Er drängte auf die Schaffung unabhängiger, von ihren kommunistischen Verwaltungen gesäuberter

Staaten. Seiner Ansicht nach durfte „das eroberte Territorium als Ganzes […] nicht als Ausbeutungsobjekt behandelt werden". Aber Hitler und noch energischer Himmler wiesen den Gedanken von sich, dass „Untermenschen" wie die Ukrainer irgendeine rassische Verwandtschaft mit den Deutschen haben könnten: Sie waren Slawen, die benutzt und dann ausrangiert wurden, sobald sie ihren Zweck erfüllt hatten. Im Ergebnis sei es den Deutschen gelungen, wie Rosenbergs enger Mitarbeiter Alfred Frauenfeld im Februar 1944 beklagte, „binnen einem Jahr ein absolut deutschfreundliches Volk, das in uns den Befreier bejubelte, als Partisanen in die Wälder und Sümpfe zu treiben und damit den Verlauf der Ereignisse im Osten maßgeblich negativ zu beeinflussen".

Die brutale und mörderische Politik, die ein solches Ergebnis erzielt hatte, stand in scharfem Gegensatz zur relativ gemäßigten Besatzungspolitik in Westeuropa. Nach der Niederlage Frankreichs im Frühsommer 1940 entwickelten NS-Planer die Idee einer „Neuen Ordnung in Europa", in welcher die französische und andere westeuropäische Volkswirtschaften in einer umfassenderen Sphäre wirtschaftlicher Zusammenarbeit mobilisiert würden, um mit den riesigen Wirtschaftsblöcken der USA und des Britischen Empire zu konkurrieren. Nach Hitlers Erklärung, dass eine deutsche Wirtschaft in „Autarkie" nicht überlebensfähig sei, führten Ökonomen und Planer den ganzen Sommer und Herbst 1941 hindurch intensive Gespräche über die wirtschaftliche Integration Europas im Dienste der globalen Ambitionen Deutschlands, während Großkonzerne wie die I.G. Farben die Schaffung paneuropäischer Kartelle als ihren Beitrag zur Verwirklichung dieses Ziels ins Auge fassten. Das Reichswirtschaftsministerium wies im Oktober 1940 eindringlich darauf hin, dass Deutschland nicht allein sei in Europa und eine Volkswirtschaft nicht mit unterjochten Völkern betrieben werden könne.

Vielleicht tut Mazower diese komplizierten Gespräche etwas zu brüsk ab, wenn er anmerkt, dass die nationalsozialistische Vision einer neuen europäischen Ordnung beinahe so schnell wieder in der Versenkung verschwand, wie sie entstanden war. Aber er verweist zu Recht darauf, dass die praktischen Auswirkungen solcher Diskussionen ebenso begrenzt wie kurzlebig waren. Schon lange bevor das Jahr 1940 zu Ende ging, beharrten Hitler und Goebbels darauf, dass Deutschland das Einzige sei, was zähle, und dass der Rest Europas im Interesse der deutschen Kriegsanstrengungen so weit wie möglich auszubeuten sei. Das

Reich mag Frankreich und den anderen besiegten Nationen keine finanziellen Entschädigungen auferlegt haben, aber es brummte ihnen „Besatzungskosten“ auf, feste Wechselkurse, um deutschen Soldaten und Verwaltungsbeamten Kaufkraft zu verschaffen, mit der Franzosen oder Belgier nicht mithalten konnten, und es zerstörte Teile des Transportwesens, indem es Lokomotiven und Waggons nach Deutschland abtransportierte. Dennoch trugen am Ende die wohlhabenden Industrieregionen Westeuropas weit weniger zu den deutschen Kriegsanstrengungen bei, als Berlin gehofft hatte.

Auf einigen seiner interessantesten und originellsten Seiten behauptet Mazower, dass gerade die Skrupellosigkeit und Brutalität des deutschen Imperiums in Europa die Idee diskreditierten, ein Weltreich könnte von selbst ernannten rassischen Oberherren geführt werden, was sich nicht zuletzt auch hier im triumphalen Wiederaufleben nationalistischer Widerstandsbewegungen in der zweiten Kriegshälfte zeigte. Die siegreichen Mächte im Jahr 1945 waren nicht imperialistisch wie 1918, sondern antiimperialistisch: die USA und die Sowjetunion. Und in den imperialen Metropolen wuchsen rasch Zweifel an der Rechtmäßigkeit imperialer Herrschaft. Mazower zitiert George Orwell: „Welche Bedeutung hätte es“, schrieb Orwell, „Hitlers System zu stürzen, um etwas zu stabilisieren, das viel größer und auf andere Art genauso schlimm ist?“

Das Zeitalter des Imperialismus endete 1945, doch die Idee, welche schließlich in Europa triumphierte, war eine modifizierte Version eben jener „Neuen Ordnung“, auf deren Erörterung Ökonomen wie der spätere deutsche Bundeskanzler Ludwig Erhard in den frühen 1940er-Jahren so viel intellektuelle Energie verschwendet hatten. Einige dieser Männer tauchten nach dem Krieg wieder auf, um – meist hinter den Kulissen – erste Bausteine der Europäischen Union aneinanderzufügen. Keine politische Ordnung, schreibt Mazower, entstehe aus dem Nichts, aber die neuen Europäer glaubten, dass wirtschaftliche Zusammenarbeit fürderhin kein propagandistisches Feigenblatt mehr für die ausbeuterischen Absichten einer einzigen Nation sein könne. Ebenso wenig könne die Idee eines paneuropäischen Wirtschaftsraums gegen die Interessen der Vereinigten Staaten verwirklicht werden. Zusammen mit dem Imperialismus war auch die Idee einer Welt, aufgeteilt zwischen großen Wirtschaftsimperien, die untereinander um Fortbestand und Vorherrschaft konkurrierten, vergangen.

Hitlers Imperium verschwand so schnell, wie es geschaffen wurde. Es war die kurzlebigste und die letzte aller imperialen Schöpfungen.

Mark Mazower hat eine packende und zum Nachdenken anregende Darstellung seines Aufstiegs und Niedergangs geschrieben. Indem er Hitlers Reich in den globalen Kontext des Imperialismus einordnet, ermöglicht er uns einen neuen Blick darauf, und das ist eine beachtliche Leistung. Paradoxerweise vielleicht erscheinen uns die älteren europäischen Imperien dabei in einem relativ günstigen Licht. Über Jahrzehnte, gar Jahrhunderte hinweg entstanden, hatten sie nur durch eine komplexe Verknüpfung von Zusammenarbeit, Kompromiss und Entgegenkommen Bestand gehabt. Sie mögen rassistisch gewesen sein, mörderisch manchmal, gelegentlich sogar exterminatorisch, aber keines von ihnen wurde auf der Basis eines derart beschränkten oder ausbeuterischen Nationalismus geschaffen oder unterhalten, wie er hinter dem nationalsozialistische Imperium stand.

24. War die „Endlösung“ einzigartig?

Mit der systematischen Ermordung von etwa sechs Millionen Juden, der von ihm sogenannten „Endlösung der jüdischen Frage in Europa“, unternahm Hitler in den Augen vieler etwas, das in der Geschichte ohne Vorläufer oder Parallele war. So entsetzlich war dieses Verbrechen, dass manche Kommentatoren behauptet haben, es sei unzulässig, es mit irgendetwas anderem zu vergleichen. Aber ohne es mit anderen Ereignissen zu vergleichen, können wir auch seine Singularität, seine Einzigartigkeit, nicht nachweisen. Vergleichen heißt nicht nur, Ähnlichkeiten zu benennen, sondern auch, Unterschiede aufzuzeigen und beide gegeneinander abzuwägen. Außerdem haben wir ein naheliegendes Problem, wenn wir jegliche Vergleichbarkeit eines Ereignisses wie der nationalsozialistischen Vernichtung der Juden in Europa leugnen. Könnte es wirklich mit keinem anderen historischen Prozess oder Ereignis verglichen werden und wäre es in der Tat absolut einzigartig, dann könnte es sich auch niemals in irgendeiner Form wiederholen, und folglich wäre die häufig geäußerte Losung „Nie wieder“ völlig überflüssig. Dann wäre aus der „Endlösung“ auch keine irgendwie geartete Lehre für die Gegenwart zu ziehen, denn sie hätte keine Relevanz für irgendetwas außerhalb von sich selbst. Wer für sie eine derart grundsätzliche Einzigartigkeit postuliert, der verweist die „Endlösung“ meiner Ansicht nach ins Reich der Theologie, doch anders als der Theologe muss sich der Historiker diesem Ereignis in derselben Weise nähern wie jedem anderen weitreichenden historischen Phänomen. Dies wiederum bedeutet, grundlegende, vergleichbare Fragen zu stellen und zu versuchen, sie auf der Ebene weltlicher Rationalität zu beantworten.

Ein augenfälliger und vergleichbarer Ausgangspunkt bietet sich mit der Besetzung Polens im September 1939 an. Sehr schnell begannen die Eroberer, Sprache und Kultur der besiegten Polen systematisch zu unterdrücken. Polnische Bibliotheken und kulturelle Einrichtungen wurden geschlossen, polnische Denkmäler, Gedenkstätten und Straßenschilder wurden zerstört. Eine halbe Million Polen wurde verhaftet und in Arbeitslager und Gefängnisse gesperrt, wo viele von ihnen brutal misshandelt und getötet wurden. Ungefähr 20 000 polnische Offiziere und angebliche Nationalisten wurden erschossen. Bis zu anderthalb Millionen Angehörige der polnischen kulturellen und geistigen Elite wurden inhaftiert, und im Jahr 1940 brachte man sie in ungeheizten Viehtransportern außer Landes. Ein Drittel von ihnen überlebte die Entbehrungen der Reise nicht.

Die gemeinte menschliche Tragödie war nicht die Folge der deutschen Invasion West- und Zentralpolens, sondern das Ergebnis der sowjetischen Eroberung der polnischen Ostprovinzen. Die Parallelen mit der Politik NS-Deutschlands sind offenkundig, und aus dem Blickwinkel der Opfer ist ebenso offenkundig, dass es nicht leicht war, zwischen den beiden Besatzungen zu unterscheiden. Nichtsdestotrotz gab es Unterschiede. Die Sowjetunion verfolgte im besetzten Polen das Ziel, eine soziale Revolution gemäß den von Lenin und Stalin in Russland bereits realisierten Grundsätzen durchzuführen. Der östliche Landesteil wurde auf der Grundlage manipulierter Volksabstimmungen in das Sowjetsystem eingegliedert. Die Besatzungsbehörden verstaatlichten das Eigentum der polnischen Führungsschicht, vor allem natürlich Banken und Industriebetriebe. Sie zerschlugen die größeren Landgüter des polnischen Adels und teilten sie unter den meist nicht polnischen Kleinbauern auf, und sie verleiteten die ukrainischen und weißrussischen Unterschichten, welche in diesem Teil Polens die Bevölkerungsmehrheit stellten, dazu, gewalttätige Aufstände gegen die polnischen Eliten zu inszenieren. Die Polen wurden also nicht nur aus ethnischen Gründen, sondern auch aus Gründen der Klassenzugehörigkeit angegriffen; es gab eindeutige Parallelen zum „roten Terror", der im Jahr 1918 in Russland selbst unmittelbar nach der Oktoberrevolution wütete.

Darüber hinaus wurden diejenigen, die von den sowjetischen Besatzern für Angehörige der bürgerlich-reaktionären nationalistischen Eliten gehalten wurden, nicht an Orte außerhalb des sowjetischen Territoriums deportiert, sondern tief in sein Inneres, ein Hinweis darauf, dass der Zweck der Deportation, wie brutal sie auch durchgeführt wurde, nicht die vollständige Eliminierung einer nationalen Minderheit war, sondern ihre politische Neutralisierung und, wenn möglich, sogar ihre Bekehrung zum Kommunismus – Ziele, die auch bei den anderen von Stalin im späteren Kriegsverlauf durchgeführten Deportationen erkennbar sind. Insofern wurden die deportierten Gruppen tatsächlich nicht vom Rest der sowjetischen Bevölkerung abgesondert, sondern teilten ihr Schicksal und ihr Leiden. In formaler, verfassungsmäßiger Hinsicht ging mit der sowjetischen Eroberung Ostpolens die Einführung gleicher politischer Rechte für alle Erwachsenen ungeachtet ihrer ethnischen Zugehörigkeit einher. Für viele Juden bedeutete dies eine Befreiung von der antisemitischen Diskriminierung, wie sie vom polnischen Obristen-Regime der Vorkriegszeit praktiziert worden war.

Dennoch besteht natürlich kein Zweifel am mörderischen Charakter der sowjetischen Übernahme Ostpolens, und es war nur einer von mehreren auf Stalins Befehl hin ausgeführten Massenmorden und brutalen Umsiedlungsaktionen. Von September 1941 an deportierte die sowjetische Geheimpolizei unter besonders brutalen Bedingungen mehr als 1,2 Millionen Volksdeutsche aus der Ukraine, dem Wolgagebiet und mehreren sowjetischen Städten nach Sibirien, und 175 000 von ihnen überlebten nicht. Eine halbe Million Angehörige verschiedener anderer ethnischer Minderheiten aus dem Kaukasus folgten ihnen ins sibirische Exil. Und als die deutschen Armeen vorrückten, ermordete die sowjetische Geheimpolizei systematisch angebliche Nationalisten und Gegenrevolutionäre, die in sowjetischen Gefängnissen eingesperrt waren. Allein in Gefängnissen in der Westukraine wurden 100 000 Häftlinge erschossen, mit Bajonetten erstochen oder mit Handgranaten in die Luft gesprengt. All dies geschah im Namen der sowjetischen militärischen Sicherheit, denn der argwöhnische Stalin hielt alle diese Menschen für eine Sicherheitsbedrohung.

Bei aller Gewalt, die den unglücklichen Deportierten angetan wurde, handelte es sich dennoch nicht um einen Versuch, ganze Völker auszurotten. In einem Fall allerdings ist behauptet worden, Stalin habe durchaus gezielt ein völkermörderisches Programm gegen eine einzelne ethnische Gruppe durchgeführt. Dies sei der Fall bei der ukrainischen Hungersnot in den frühen 1930er-Jahren gewesen, den einige ukrainische Gruppen heute auf eine Stufe mit dem Holocaust stellen wollen. Am 28. November 2006 verabschiedete das ukrainische Parlament mit den Stimmen der Parteien der „Orangenen Revolution" ein Gesetz „Über den Holodomor in der Ukraine in den Jahren 1932–1933", wonach es verboten ist, zu leugnen, dass die ukrainische Hungersnot ein Völkermord war. Ukrainische Einwandererverbände in Kanada und den USA benutzen heute diesen ukrainischen Begriff *Holodomor*, der „Tötung durch Hunger" bedeutet. In der Ukraine und von ukrainischen Gemeinschaften andernorts wird alljährlich ein Holodomor-Gedenktag veranstaltet, und man hat mit der Errichtung von Museen und Denkmälern begonnen, die der Erinnerung an dieses Ereignis gewidmet sind. Es ist vielfach behauptet worden, unter anderem auch von Wiktor Juschtschenko, Präsident der Ukraine zu der Zeit, als das Gesetz eingebracht wurde, dass sich die Gesamtzahl der Todesopfer auf zehn Millionen belaufe, sie somit die Zahl der von den Nationalsozialisten ermordeten Juden übersteige. Bereits im Herbst 2003 hatte die 58. Vollversammlung der Vereinten Nationen anlässlich des 70-jährigen Gedenkens an die Hungersnot 1932/33 eine Resolution verabschiedet, in der das Hungersterben als „nationale Tragödie des ukrainischen Volkes" bezeichnet und die Zahl der Opfer mit sieben bis zehn Millionen beziffert wurde. Ukrainische Gruppen in Kanada haben sich dafür eingesetzt, dass der Holodomor im neuen Kanadischen Museum für Menschenrechte in Winnipeg den gleichen Status erhält wie der Holocaust. Die Ukrainian Canadian Civil Rights Association verschickte eine Postkarte mit der Abbildung eines Schweins aus George Orwells *Animal Farm* und den Worten: „Alle Galerien sind gleich, aber einige Galerien sind gleicher als andere." Befürworter der Holocaust-Galerie im Museum für Menschenrechte als Schweine zu beschimpfen sollte natürlich besonders jene Juden beleidigen, die zu den Unterstützern der Galerie gehörten. Kritiker der UCCRA verwiesen darauf, dass diese umgekehrt weder die Rolle ukrainischer Nationalisten bei der Bereitstellung von Hilfspersonal für die Verwaltung von Vernichtungslagern wie Treblinka noch die Tatsache erwähnt habe, dass 9000 ukrainische SS-Männer am Ende des Zweiten Weltkriegs nach Kanada emigrierten, was zweifellos Auswirkungen darauf habe, wie ukrainisch-kanadische Organisationen diese heiklen und hochemotionalen Fragen behandelten.

Mit der Zahl von sieben bis zehn Millionen Toten soll der Holodomor eindeutig gewichtiger als der Holocaust eingestuft werden. Doch ist diese Zahl glaubwürdig? Robert Conquest nennt in seinem bahnbrechenden Buch *Ernte des Todes. Stalins Holocaust in der Ukraine 1929–1933* (1988), das die Hungersnot zum ersten Mal ins allgemeine Bewusstsein rückte, die Zahl von fünf Millionen. Bevölkerungshistoriker wie Stephen Wheatcroft schätzen die Zahl der Todesopfer auf drei Millionen. In neuerer Zeit geöffnete sowjetische Archive verzeichnen eine Opferzahl von 1,8 Millionen, aber dazu kamen mehr als eine Million Tote durch Typhus, eine Krankheit, die durch die Menschenlaus übertragen wird und in ärmlichen, unhygienischen und beengten Verhältnissen weit verbreitet ist. Man sollte anmerken, dass es während des Krieges in nationalsozialistischen Konzentrationslagern viele vergleichbare Todesfälle durch Typhus gab, und natürlich schwächt Unterernährung die Widerstandskraft des Menschen gegen solche Epidemien. Es ist äußerst schwierig, eine verlässliche Zahl zu finden, aber die Zahl von drei Millionen scheint die glaubhafteste zu sein. Wurden diese Todesfälle von Stalin bewusst herbeigeführt? Es gibt jede Menge Beweismaterial dafür, dass die sowjetischen Behörden Getreide von den Bauern beschlagnahmten, dass sie sich weigerten, Lebensmittelhilfe für die Verhungernden bereitzustellen, dass sie Leuten verboten, betroffene Gebiete zu verlassen, und manche sogar an Orte deportierten, wo es keine Nahrung gab, obwohl die Ernten der frühen 1930er-Jahre nicht besonders schlecht waren und die Bevölkerung unter normalen Umständen ernährt hätten. Die Hungersnot war somit menschengemacht. Sie war weder zufällig noch natürlich.

War es also ein Völkermord? Ungefähr 80 Prozent der Opfer waren Ukrainer, doch die Hungersnot ist weniger vor dem Hintergrund des russischen Rassismus zu sehen, denn als Teil von Stalins Politik einerseits der Zwangsindustrialisierung, bei der er Nahrungsmittel aus ländlichen Gegenden beschlagnahmte, um sie den neuen Industriestädten zukommen zu lassen, und andererseits der Zwangskollektivierung der Landwirtschaft, die das Ziel verfolgte, die Produktion zu zentralisieren, Ertragssteigerungen und Kostenersparnisse durch Massenproduktion zu erzielen und nicht zuletzt das Erfassen und Requirieren von Nahrungsmitteln zu erleichtern. Die riesigen Mengen, die dafür beansprucht wurden, ließen nicht einmal genug, um das Vieh zu ernähren. Bauern, die sich wehrten, wurden als „Kulaken“, angeblich kapitalistische, marktorientierte Kleinbauern und Feinde der Revolution, massenhaft erschossen oder deportiert. Eine beachtliche Anzahl widersetzte sich dennoch, indem sie ihre Ernten vernichtete und ihr Vieh tötete. Weil sie wussten, dass ihre Ernten requiriert würden, machten die Kleinbauern sich auch nicht die Mühe, für die kommende Ernte auszusäen.

Stalin führte diesen Widerstand nicht nur auf kapitalistische Kulaken zurück, sondern auch auf den ukrainischen Nationalismus. Die Kommunistische Partei der Ukraine wurde deshalb „gesäubert“, und im Jahr 1933 wurde eine Kampagne zur kulturellen Russifizierung gestartet, nicht zuletzt in Reaktion auf die Errichtung der NS-Diktatur in Deutschland, da der deutsche Militarismus den ukrainischen Nationalismus während des Ersten Weltkriegs gefördert hatte und Stalin eine Wiederholung fürchtete. Als diese Maßnahmen eingeführt wurden, gingen allerdings das Requirieren und die Verhaftungen bereits zurück und sowjetische Hilfsaktionen für die Hungernden liefen an. Als sie den Willen der unabhängigen Kleinbauern gebrochen hatte, war das Ziel der wissentlich herbeigeführten Hungersnot im Wesentlichen erreicht.

Bis 1936 waren mehr als 90 Prozent der kleinbäuerlichen Haushalte kollektiviert worden. Eine Viertelmillion Kolchosen hatten 25 Millionen kleine, private Höfe ersetzt. Diese sicherten die Lebensmittelversorgung der Industriestädte, in die zwischen 1926 und 1939 nicht weniger als 25 Millionen Menschen zogen. Letztendlich zielte die Hungersnot also, obwohl zweifellos bewusst herbeigeführt, weder auf die Ukrainer ab, nur weil sie Ukrainer waren, noch stellte sie den Versuch dar, sie alle ausnahmslos zu töten.

Der nationalsozialistische Massenmord war dagegen von Anfang an durch eine rassistische Ideologie begründet, die ihre Opfer nach ethnischen Kategorien bestimmte. Zu diesen Opfern gehörten nicht nur Juden, sondern unter anderem auch Slawen. In den seit September 1939 deutsch besetzten westlichen Gebieten Polens waren bei der Gestaltung der NS-Politik rassische Kriterien ausschlaggebend. Folglich wurde polnisches und jüdisches Eigentum, obwohl es ohne Entschädigung konfisziert wurde, nicht verstaatlicht. Stattdessen wurde es innerhalb eines weiter bestehenden kapitalistischen Wirtschaftssystems neu an deutsche Besitzer verteilt. Nur die westlichen Gebiete der polnischen Republik wurden ins Deutsche Reich eingegliedert. Die dort lebenden Polen und Juden wurden in das für sie vorgesehene Gebiet vertrieben, das sogenannte Generalgouvernement „für die besetzten polnischen Gebiete" (bis Juni 1940), das dem NS-Juristen Hans Frank als Generalgouverneur unterstand. Langfristig sollte auch das Generalgouvernement germanisiert werden, und auch hier fingen die Behörden an, Polen zu enteignen und zu vertreiben und volksdeutsche Siedler ins Land zu holen, die deutsche Landwirtschaft betreiben und dörfliche Gemeinschaften gründen sollten. Mehr als eine Million polnischer Zwangsarbeiter wurden nach Deutschland deportiert, aber aus rein ökonomischen, nicht aus politischen Gründen.

Diese Umsiedlungen sind, wie jene, die nach Juni 1942 auf dem besetzten sowjetischen Territorium durchgeführt wurden, nur im Kontext der weitreichenden Pläne des NS-Regimes zur ethnischen Neuordnung Osteuropas voll und ganz zu verstehen. Diese hatte vor allem SS-Chef Heinrich Himmler in seiner Eigenschaft als „Reichskommissar für die Festigung deutschen Volkstums" entwickelt. Eine halbe Million Volksdeutsche aus Ostpolen, Rumänien, der Sowjetunion und anderen Teilen Osteuropas wurden als Siedler ins deutsch besetzte Polen gebracht, wo sie den Platz von etwa ebenso vielen enteigneten polnischen Bauern einnahmen. Dieser Prozess war bereits einige Monate im Gange, als die SS und ihre Planungsexperten im Jahr 1940 anfingen, den sogenannten „Generalplan Ost“ auszuarbeiten. Dieser sah in seiner endgültigen Form vor, dass bis zu 85 Prozent der polnischen Bevölkerung, 64 Prozent der ukrainischen und 75 Prozent der weißrussischen Bevölkerung zusammen mit 85 Prozent der Esten und 50 Prozent der Letten und Litauer an Hunger und Krankheit sterben sollten, indem man ihnen Nahrung und medizinische Behandlung bewusst vorenthielte. Diesem Plan gemäß würden zwischen 30 und 45 Millionen Slawen aus diesen Gebieten und in Russland selbst umkommen. Daraufhin würde ihre frühere Heimat von Millionen deutscher Bauern besiedelt. Die östliche Grenze des Großdeutschen Reichs würde dafür um etwa tausend Kilometer ausgedehnt. Wäre dieser Plan realisiert worden, wäre es der größte Völkermord in der Geschichte gewesen. Ein Anfang wurde allerdings gemacht, als etwa 3,3 Millionen sowjetische Kriegsgefangene größtenteils getötet wurden, indem man sie wie Millionen weiterer Sowjetbürger – eine Million allein in der Stadt Leningrad – verhungern ließ.

Der „Generalplan Ost“ verdankte seine Existenz Hitlers lange gehegten Traum, deutschen „Lebensraum“ im Osten Europas zu schaffen. Dadurch sollte zumindest das Schicksal Deutschlands im Ersten Weltkrieg abgewendet werden, als wegen der alliierten Blockade und der Unfähigkeit der eigenen Landwirtschaft, die Bevölkerung ohne Lebensmittelimporte zu ernähren, etwa 600 000 Deutsche an Hunger und damit verbundenen Krankheiten gestorben waren. Es gab in der Tat eine enge Verbindung zwischen diesen allgemeinen Vorhaben für einen deutschen Herrschafts- und Siedlungsbereich in Osteuropa und dem konkreteren sogenannten „Hungerplan“, der im Mai 1941 auf einer Besprechung zwischen Vertretern der Wehrmacht und Staatssekretären aus unterschiedlichen Reichsministerien diskutiert wurde. Laut Besprechungsprotokoll würden in den besetzten östlichen Territorien „zweifellos Zigmillionen Menschen verhungern“, damit die deutschen Truppen im Felde und die Zivilisten in der Heimat gut genährt blieben.

Die Vernichtung der europäischen Juden durch das NS-Regime muss daher in diesem umfassenderen Kontext von „rassischer“ Neuordnung und Völkermord verstanden werden. Zugleich wäre es jedoch falsch, ihn auf lediglich eine weitere Facette dieses größeren Prozesses zu reduzieren. Die Juden Polens und Osteuropas waren im Allgemeinen überwiegend arm. Sie hatten kaum Grundbesitz und Vermögenswerte und lebten meist in Städten. Die wirtschaftlichen Vorteile, die sich das

Deutsche Reich durch ihre Verhaftung, ihre Einsperrung in Gettos und schließlich ihre Ermordung verschaffte, waren gering. Die zur Inbesitznahme durch deutsche Siedler vorgesehenen Güter und Immobilien gehörten fast ausschließlich Nichtjuden. Zwar waren unter den Millionen von Menschen, deren Ermordung oder vorsätzlichen Tod durch Hunger und Krankheit der „Generalplan Ost" vorsah, auch Juden, aber die überwältigende Mehrzahl waren nicht jüdische Slawen. Selbstverständlich rechtfertigten Vertreter der Wehrmacht und Bürokraten im Landwirtschaftsministerium die Ermordung von Juden auch mit der Begründung, dass sie Nahrung verbrauchten, ohne für die Kriegswirtschaft zu produzieren, und folglich „nutzlose Esser" seien, um einen von den Nationalsozialisten häufig gebrauchten Ausdruck zu zitieren. Wo man Juden für die deutsche Kriegswirtschaft arbeiten lassen konnte, wie etwa im Getto in Łódź, durften sie weiterleben. Aber hier wurden die Arbeitsbedingungen bewusst so schlecht gestaltet, dass zur selben Zeit ein anderer Ausdruck Eingang in die bürokratische Alltagssprache fand: „Vernichtung durch Arbeit". Rechtfertigungen für den nationalsozialistischen Massenmord, die sich auf Ernährungslage oder die ökonomischen Interessen des Reiches beriefen, spiegelten letztendlich nicht den hauptsächlichen Grund für die Tötungen wider, obwohl es möglich ist, dass das Vernichtungsprogramm im Frühsommer 1942 wegen einer Krise bei der Lebensmittelversorgung für Deutschland und seine Truppen beschleunigt wurde. Doch auch das erklärt nicht, warum die osteuropäischen Juden stets am schlechtesten wegkamen, wenn die Nationalsozialisten die Quoten für die Rationierung, Regeln und Vorschriften für die Arbeit und noch vieles andere mehr festlegten: Sie rangierten stets hinter Russen, Tschechen, Ukrainern, Polen und auch hinter den „Zigeunern".

NS-Propaganda und -Ideologie betrachteten und porträtierten das „Judentum", so der Sammelbegriff für Juden, in Kategorien, die sich vollkommen von denen unterschieden, in denen sie das „Slawentum" darstellten. Slawen – Polen, Tschechen, Russen und so weiter – waren Untermenschen, die als primitiv, rückständig, passiv und dumm dargestellt wurden, aber so lange keine Bedrohung für Deutschland bedeuteten, wie sie nicht von schlauen und skrupellosen Juden geführt würden. An sich galten Slawen als entbehrlich, aber sie stellten die bloße Existenz Deutschlands und der „arischen Rasse" nicht infrage. Noch in der Schlussphase des Krieges, als die NS-Propaganda sich darauf konzentrierte, unter normalen Deutschen die Angst vor der „bolschewistischen Gefahr“ zu schüren, stellte sie Bolschewismus und Stalinismus durchweg als Werkzeuge einer internationalen jüdischen Verschwörung hin. Die Slawen galten letztendlich als ein regionales Hindernis für den Ausbau des deutschen Imperiums in Europa, die Juden aber als eine weltweite Bedrohung für die bloße Existenz der Deutschen. „Der Jude“ sei, wie Goebbels’ Propagandamaschine nicht zu behaupten müde wurde, im Gegensatz zu „dem Russen“ oder „dem Polen“ der „Weltfeind“.

Hier wie in anderen Bereichen schöpften NS-Propagandisten aus ihrer Erfahrung des Ersten Weltkriegs oder vielmehr aus ihrer paranoiden Begründung für die Niederlage Deutschlands. Sie kolportierten die berüchtigte „Dolchstoßlegende“, der zufolge im Deutschland des Jahres 1918 Juden die allgemeine Unzufriedenheit der Deutschen über Hunger, Krankheiten und Nahrungsknappheit ausgenutzt hätten, um eine sozialistische Revolution in der Heimat zu entfachen, welche die bis dahin unbesiegten deutschen Streitkräfte von innen niedergeworfen hätte. In Wirklichkeit waren die deutschen Juden in ihrer Mehrzahl überhaupt keine Revolutionäre, sondern nationalistische Liberale und Konservative, die gut in die deutsche Gesellschaft integriert waren und voll hinter den Kriegsanstrengungen standen.

Dennoch wurden die Deutschen zwischen Januar 1933 und September 1939 unaufhörlich mit dieser antisemitischen Propaganda aus jedem Organ der von den Nationalsozialisten kontrollierten Medien bombardiert, während das Regime die Juden durch eine lange Reihe diskriminierender Gesetze und Verordnungen, Enteignungen und Angriffe unerbittlich aus der deutschen Wirtschaft und Gesellschaft drängte. Ziel war es, Deutschland auf einen neuen europäischen Krieg vorzubereiten, indem die angebliche potenzielle jüdische Bedrohung von innen verringert und möglichst gänzlich beseitigt würde. Bis Kriegsbeginn verließ ungefähr die Hälfte der kleinen jüdischen Bevölkerungsgruppe Deutschlands das Land. Mit der Invasion Polens jedoch wurden deutsche Soldaten zum ersten Mal in größerem Rahmen mit einer armen und geknechteten jüdischen Bevölkerung konfrontiert. In Polen lebten rund zweieinhalb Millionen Juden, die fast alle ihre Religion praktizierten, Jiddisch sprachen, sich anders kleideten als ihre nicht jüdischen Nachbarn und angeblich – wie viele deutsche Soldaten in ihren Feldpostbriefen nicht müde wurden zu betonen – aussahen wie Karikaturen aus dem *Stürmer*, der antisemitischen Zeitung der Nationalsozialisten.

Deutsche Soldaten und Beamte, der Volksdeutsche Selbstschutz und vor allem Angehörige der Einsatzgruppen der Sicherheitspolizei und des SD, die nach Polen entsandt wurden, um für „Sicherheit" zu sorgen, misshandelten Polen, verhafteten sie, enteigneten sie, attackierten sie, deportierten sie in ungeheizten Viehtransportern, steckten sie in Lager, schlugen sie tot, erschossen sie und behandelten sie generell nicht als Menschen, so wie sie später auch mit den Bewohnern der anderen Gebiete Osteuropas verfuhren, die sie eroberten. Aber ihr Verhalten gegenüber den Juden, denen sie begegneten, war noch eine Spur heftiger: Soldaten hielten Juden auf der Straße an, rissen ihnen die Bärte aus oder zündeten sie an, zwangen sie, sich gegenseitig mit Exkrementen zu beschmieren, versammelten sie auf öffentlichen Plätzen und ließen sie Stunde um Stunde mit vorgehaltener Waffe Turnübungen machen, bis sie vor Erschöpfung umfielen. Sie zwangen jüdische Mädchen, mit ihren Blusen öffentliche Toiletten zu reinigen, sie unterzogen Angehörige beider Geschlechter in einer Weise rituellen Demütigungen und öffentlichen Erniedrigungen, wie sie es mit Polen und anderen Slawen nicht machten.

Dieses sadistische Verhalten gegenüber Juden zeigte sich auch in den beiden anderen europäischen Staaten, die sich größtenteils, wenn nicht gänzlich auf eigene Initiative an dem Völkermord beteiligten, nämlich Kroatien und Rumänien. Bis zu 38 000 Juden wurden während des Krieges von rumänischen Streitkräften getötet, unter Umständen, die sogar die deutsche SS missbilligend als „sadistisch" bezeichnete. So wurden sie beispielsweise absichtlich in großer Zahl in die Koppeln eines staatlichen Schweinezuchtbetriebes gepfercht, während die rumänischen Faschisten, die „Eiserne Garde", andere Juden sämtliche Tötungsphasen in einem staatlichen Schlachthaus durchlaufen ließ und ihre Leichen am Ende an Fleischerhaken aufhängte. Im deutschen Marionettenstaat Kroatien wurden von der insgesamt 45 000 Menschen umfassenden jüdischen Bevölkerungsgruppe 30 000 von der Ustascha-Miliz getötet, die auf Anweisung der Regierung handelte. Viele wurden mit Hämmern und Eisenstangen zu Tode geprügelt oder in Konzentrationslager verschleppt, wo man sie vorsätzlich mit Krankheiten infizierte und sie an Unterernährung krepieren ließ.

In Kroatien trieben katholische Priester und vor allem Franziskanermönche die Miliz an, die Ungläubigen zu töten, während in Rumänien der „Staatsführer", Marschall Ion Antonescu, die Tötungen rechtfertigte, indem er Juden als Geschöpfe Satans bezeichnete. Dennoch bedeutet der Rückgriff auf religiöses Gedankengut, das im nationalsozialistischen Antisemitismus fast völlig fehlte, nicht, dass wir es hier mit zwei im Kern unterschiedlichen Spielarten von Antisemitismus zu tun hätten, einer religiösen und einer rassischen. Denn bei aller religiösen Rhetorik war Antonescus Antisemitismus im Grunde prinzipiell rassistisch, hielt er doch Juden für die treibende Kraft hinter dem Kommunismus, definierte Juden vor dem Gesetz nach rassischen Kategorien und verkündete, dass Rumänien seine Juden loswerden müsse, um die „rassische Säuberung" der Gesellschaft zu vollenden. Der Unterschied lag in der Tatsache, dass, für Antonescu, die Juden ein lokales oder höchstens regionales Problem waren und kein „Weltfeind", sodass er viele Tausend Juden über die Grenze zur Ukraine vertrieb, einfach um sie loszuwerden und die „rassische Reinigung" Rumäniens voranzutreiben. Das Regime von Antonescu hatte ausdrücklich nicht die Absicht, Juden zu verfolgen und zu vernichten, wo immer es sie fand.

Ebenso verfolgte auch in Kroatien das faschistische Ustascha-Regime das Ziel, das Land von „rassischen" Minderheiten zu säubern und es im alleinigen Besitz der Kroaten zu belassen: Zusammen mit den Juden wurden 300 000 Serben und viele Tausend „Zigeuner" ermordet (Letzteren widerfuhr in Rumänien das gleiche Schicksal). Sowohl in Kroatien als auch in Rumänien richtete sich der Völkermord daher nach innen. Beide Regime glaubten an das Hirngespinst einer jüdischen Weltverschwörung, die sich des internationalen Kommunismus als Werkzeug bediente, aber keines ging so weit, zu behaupten, dass der Hauptzweck dieser Verschwörung die Zerstörung Kroatiens oder Rumäniens sei. Im Endeffekt waren beide Varianten des Antisemitismus Ausdrucksformen eines extrem aggressiven, autoritären und populistischen Nationalismus, dem Minderheiten jedweder Art zu weichen hatten.

Für die Nationalsozialisten hingegen besaß die Vernichtung der Juden zentrale Bedeutung. Sie war eng verbunden mit den grenzenlosen Kriegszielen des „Dritten Reiches". Hitler glaubte, das Deutschland nur durch die weltumfassende Vernichtung des „Weltfeindes" die Herrschaft über Europa und langfristig über die ganze Welt erringen könne. Rumänien und Kroatien waren natürlich nur Regionalmächte und nicht in der Lage, einen Krieg um die Beherrschung Europas anzufangen. Die Einzigartigkeit des nationalsozialistischen Völkermords an den Juden rührte vor allem daher, dass Deutschland vor dem Ersten Weltkrieg eine aufstrebende Weltmacht gewesen war, die als Folge ihrer Niederlage 1918 eine so tiefe und umfassende Krise seines politischen Systems, seiner Gesellschaft, seiner Wirtschaft und seiner Kultur durchmachte, dass ein nicht unerheblicher Teil der Deutschen glaubte, es gäbe nur eine apokalyptische Antwort auf die Frage, wie Deutschland wieder zur Weltmacht aufsteigen könne. Eine extreme Krise erfordere zu ihrer Lösung extreme Maßnahmen. Natürlich waren diese Leute immer in der Minderheit, aber 1933 kamen sie an die Macht, und 1939 fingen sie an, ihre Ideen zu verwirklichen.

Die reduktionistischen Versuche einiger Historiker, die „Endlösung der jüdischen Frage in Europa" mithilfe von rationalen Kategorien einer Kriegsökonomie darzustellen, schätzen nicht nur die Mittel, die sich das Deutsche Reich durch die Ermordung der Juden verschaffte, zu hoch ein, es gelingt ihnen darüber hinaus auch nicht, die Tiefe und Breite des nationalsozialistischen Antisemitismus zu erfassen. Zum einen wurden Juden aus Ländern wie Frankreich, Belgien, Holland, Norwegen, Italien unmittelbar nach deren Besetzung durch das nationalsozialistische Deutschland enteignet, verhaftet und in Vernichtungslager in Osteuropa deportiert. (Den meisten Juden Dänemarks gelang kurz vor der geplanten Deportation die Flucht über den Öresund, das Kattegat und die dänische Ostseeinsel Bornholm nach Schweden.) Zum anderen drängte Hitler seine Verbündeten, wie Ungarn, ihre jüdische Bevölkerung zur Vernichtung auszuliefern, und Heinrich Himmler, der Chef der SS, begab sich sogar eigens nach Finnland und forderte die Regierung auf, ihre winzige jüdische Gemeinschaft herauszugeben, um sie nach Auschwitz zu deportieren und zu ermorden, was von Finnland abgelehnt wurde. Das Protokoll der im Januar 1942 abgehaltenen Wannsee-Konferenz zur Koordinierung von Maßnahmen zur Ermordung der Juden Europas führte auch andere kleine jüdische Gemeinschaften in Ländern auf, die noch von Deutschland erobert werden sollten, wie etwa Irland oder Island, und merkte auch sie für die spätere Vernichtung vor.

Diese Besessenheit, dieser Wunsch, flächendeckend zu handeln und nirgends eine Ausnahme zu machen, ist ein wesentlicher Faktor, der den Rassenkrieg der Nationalsozialisten von allen anderen Rassenkriegen in der Geschichte unterscheidet. Natürlich hat es sowohl vor als auch seit dem Zweiten Weltkrieg viele ethnische Konflikte in Europa und anderen Teilen der Welt gegeben. Einige wurden zu Recht als völkermörderisch bezeichnet. Einer ist besonders als Präzedenzfall für die nationalsozialistische Ermordung der Juden betrachtet worden: die Vernichtung der Herero in der Kolonie Deutsch-Südwestafrika, dem heutigen Namibia, in den Jahren 1905/06. Nach einem Aufstand der Herero traf eine deutsche Schutztruppe in der offiziell verkündeten Absicht ein, den Stamm zu vernichten, erschoss dessen Angehörige, trieb sie in die Wüste, um sie dort verhungern zu lassen, oder inhaftierte sie unter mörderischen und brutalen Bedingungen in Konzentrationslagern. Von 80 000 Herero starben 65 000. Auch die Herero und die Nama, eine andere ethnische Gruppe, die der völkermörderischen Gewalt der deutschen Truppen ausgesetzt war, wurden von den Deutschen als rassisch minderwertige Wesen betrachtet, die beseitigt werden mussten, um Platz zu schaffen für deutsche Siedler. Doch sie galten keineswegs als globale Gefahr, nicht einmal als ernsthafte Bedrohung der deutschen Herrschaft in Südwestafrika. Wenn es denn eine Parallele zur nationalsozialistischen Rassenpolitik gab, dann zur nationalsozialistischen Politik gegenüber den Slawen, nicht zu jener gegenüber den Juden. In diesem Sinne war der deutsche Rassenkrieg in Osteuropa von 1939 bis 1945 auch ein Kolonialkrieg. In der Tat zog Hitler in seinen Tischmonologen oft Parallelen zwischen der im „Generalplan Ost" vorgesehenen Vernichtung von Millionen Slawen und der Vernichtung der indigenen Bevölkerung durch Europäer in Australien oder Nordamerika. Doch die Vernichtung der Juden kann nicht so verstanden werden.

Für Hitler war der Zweite Weltkrieg von Anfang an ein Rassenkrieg, wie er schon im August 1939 im Gespräch mit führenden Vertretern der Wehrmacht betonte. Er hielt die eugenische Verbesserung der „deutschen Rasse" für einen ebenso wesentlichen Bestandteil dieses Krieges wie die Entfernung der Juden aus Deutschland und auf längere Sicht aus Europa. Es ist bezeichnend, dass er das Ermächtigungsschreiben für den Beginn der lange geplanten Massentötung von Geisteskranken und Behinderten in Deutschland, das er tatsächlich auf einem Privatbriefbogen im Oktober 1939 unterzeichnete, auf den 1. September 1939 rückdatierte, den ersten Tag des Krieges. Noch bezeichnender war die Tatsache, dass er, als er – wie er bei vielen Anlässen während des Krieges – an seine Vorkriegs-„Prophezeiung" erinnerte: „Wenn es dem internationalen Finanzjudentum inner- und außerhalb Europas gelingen sollte, die Völker noch einmal in einen Weltkrieg zu stürzen, dann wird das Ergebnis nicht die Bolschewisierung der Erde und damit der Sieg des Judentums sein, sondern die Vernichtung der jüdischen Rasse in Europa!", diese nicht auf den 30. Januar 1939 datierte, als er sie am Jahrestag seiner Ernennung zum Reichskanzler tatsächlich geäußert hatte, sondern ebenfalls auf den 1. September 1939. Mit anderen Worten, für Hitler standen die radikale Maßnahmen zur rassischen Erneuerung Deutschlands, Europas und der Welt alle im direkten, sogar zeitlichen Zusammenhang mit der Entfesselung des neuen Weltkriegs.

Ein entscheidender Aspekt der Kriegsführung war also für die Nationalsozialisten die Stärkung der sogenannten „arischen Rasse" und die Beseitigung nicht nur von Geisteskranken und Behinderten, sondern auch von angeblichen „Asozialen" und Kriminellen, eigentlich von allen, die als „gemeinschaftsfremd" eingestuft wurden. Die überwiegende Mehrzahl der mindestens 16 000 Todesurteile des „Dritten Reiches" wurde während der Kriegsjahre vollstreckt. Von September 1942 an wurden etwa 20 000 Insassen staatlicher Gefängnisse, die als kleinkriminelle Wiederholungstäter gemäß den früher erlassenen Bestimmungen zur „Sicherungsverwahrung" inhaftiert worden waren, aus den Gefängnissen geholt und in das Konzentrationslager bei Mauthausen geschickt, wo sie der „Vernichtung durch Arbeit" anheimfielen. Bis zum Ende des Jahres waren zwei Drittel von ihnen tot. Die NS-Ideologie stufte Kriminalität als erblich bedingt ein, sodass selbst kleine Ganoven drohten, „rassische Entartung" zu verursachen, wenn man sie am Leben ließ.

Diese Überzeugung erstreckte sich auch auf die Sinti und Roma Deutschlands und Europas, die massenhaft verhaftet, in Konzentrationslager verschleppt und zu Tausenden in die Gaskammern von Auschwitz geschickt wurden. Es war bezeichnend, dass in dem Klassifizierungssystem, das von der SS auf die Lagerinsassen angewandt wurde, Sinti und Roma überwiegend als „asozial" erfasst und gezwungen wurden, den schwarzen Winkel zu tragen, der in erster Linie Vagabunden, Landstreichern, Alkoholikern und anderen Abweichlern von den Verhaltensnormen der Nationalsozialisten vorbehalten war. Mehr als 20 000 dieser als „Untermenschen" geltenden Sinti und Roma starben allein in Auschwitz, drei Viertel an Krankheit und Unterernährung. Die SS-Einsatzgruppen ermordeten Tausende in verschiedenen Teilen Osteuropas, die Wehrmacht erschoss viele weitere in Serbien, und die kroatischen und rumänischen Behörden steckten sie massenhaft in Sammellager oder erschossen sie bei Massenhinrichtungen. Auch hier galten Sinti und Roma überwiegend als Kriminelle oder, wie in Serbien, als Werkzeuge der Juden in Partisanen- und Widerstandsbewegungen. Die Ermordung der Sinti und Roma erfolgte indes weit weniger systematisch als die der Juden. Viele überlebten, vor allem wenn sie in kriegswichtigen Industrien arbeiteten. Zwischen 5 000 und 15 000 blieben bis zum Ende des Krieges in Deutschland, obwohl von diesen etwa 2 500 zwangssterilisiert wurden.

In der Ermordung von Sinti und Roma sahen die Nationalsozialisten eine notwendige Aufgabe, um den Krieg zu gewinnen. Noch vordringlicher schien ihnen allerdings die Vernichtung der Juden. Unmittelbar nach der Invasion der Sowjetunion am 22. Juni 1941 starteten Hitler, Goebbels und der gesamte nationalsozialistische Propaganda-Apparat eine heftige antisemitische Kampagne, die Churchill, Stalin und Roosevelt als Werkzeuge des internationalen Judentums zur Vernichtung der „deutschen Rasse" hinstellte. Diese Propaganda-Offensive dauerte bis zum Ende des Jahres und schuf ein völkermörderisches Klima, in dem Nationalsozialisten auf allen Ebenen und insbesondere in der SS, von Himmler und seinem Stellvertreter Heydrich persönlich ermuntert, miteinander bei der Vernichtung der Juden Osteuropas konkurrierten.

Gleichzeitig war indes auch klar, dass Hitlers „Vernichtung der jüdischen Rasse in Europa" tatsächlich ein paneuropäisches Mordprogramm war. Schon im September 1941 erkannte Himmlers Hauptquartier, das Reichssicherheits-Hauptamt, dass dieses Programm nicht durch Massenerschießungen, wie sie bereits SS-Einsatzgruppen hinter der Ostfront im Rücken der Wehrmacht durchführten, zu realisieren war. Die technischen Experten der sogenannten „Aktion T 4", der Vergasung Tausender Insassen von Heil- und Pflegeanstalten, standen nun mit praktischem Rat zur Seite, da die erste Phase der Aktion, bei der 70 000 geistig und körperlich behinderte Menschen ermordet worden waren, auf öffentlichen Protest des katholischen Bischofs von Münster, Clemens August Graf von Galen, hin beendet worden war. Es wäre falsch, hier einen ursächlichen Zusammenhang zu sehen: Wenn die T-4-Aktion tatsächlich mit der Vergasung in deutschen Heil- und Pflegeanstalten weitergegangen wäre, statt wie jetzt auf weniger auffällige Weise durch tödliche Injektionen und das Aushungern von Patienten fortgesetzt zu werden, hätte dies gewiss nicht den Einsatz der Massenvergasung bei der Ermordung der Juden verhindert.

Ende Dezember 1941 verfügte jede der vier SS-Einsatzgruppen hinter der Ostfront über eine mobile Gaskammer, in der jüdische Männer, Frauen und Kinder mit Kohlenmonoxyd-Auspuffdämpfen ermordet wurden, die in eine abgedichtete Kammer auf der Ladefläche eines Lastwagens geleitet wurden. Im März, Mai beziehungsweise Juli 1942 begann in Belzec, Sobibór und Treblinka, den drei Vernichtungslagern der sogenannten „Aktion Reinhardt", die natürlich schon seit mehreren Monaten im Bau waren, die Massenvernichtung. Hier fanden nun die Bewohner jener Gettos, die Nationalsozialisten in Warschau, Łódź und anderen polnischen Städten eingerichtet hatten, den Tod in abgedichteten Räumen, in die Motorabgase gepumpt wurden. Von März 1942 an ging auch das größte der Vernichtungslager, Auschwitz-Birkenau, in Betrieb. Hier wurde das Schädlingsbekämpfungsmittel Zyklon B eingesetzt, das auf dem Wirkstoff Cyanwasserstoff (Blausäure) basierte und insgesamt mehr als eine Million Juden nicht nur aus dem Osten, sondern auch aus West- und Südeuropa tötete.

Giftgas war bereits in internationalen Konflikten als Kriegswaffe eingesetzt worden: von beiden Seiten im Ersten Weltkrieg, von den Spaniern bei der Niederschlagung eines Aufstands in Spanisch-Marokko und von den Italienern bei der Eroberung Äthiopiens. Aber all diese Fälle betrafen den Einsatz von Giftgas gegen aktive Kämpfer. Sowohl in Deutschland als auch in England war die Angst der Regierung vor Gasbombenabwürfen über Großstädten so groß, dass Millionen Gasmasken hergestellt und an die Bevölkerung ausgegeben wurden. Aber zu solchen Angriffen kam es nie, wahrscheinlich, weil beide Seiten die daraus resultierende Eskalation des Konflikts fürchteten. Für den Einsatz von Giftgas zur Ermordung nicht kämpfender Zivilisten durch die Nationalsozialisten gibt es deshalb keine Parallele.

Doch zugleich wäre es nicht richtig, die Einzigartigkeit der nationalsozialistischen Judenvernichtung darauf zu reduzieren, dass einzig zu deren Durchführung Giftgas gegen Zivilisten zum Einsatz kam. Die Vernichtungslager waren lediglich ein Instrument eines umfassenderen Tötungsprogramms mit einer Vielzahl von Methoden. Als der Krieg zu Ende ging, hatten die Nationalsozialisten und ihre Verbündeten fast sechs Millionen Juden ermordet. Drei Millionen starben in den Gaskammern, 1,3 Millionen wurden von SS-Einsatzgruppen sowie Polizei- und Wehrmachtseinheiten erschossen, 700 000 wurden in mobilen Gaswagen ermordet, und bis zu eine Million starben als Folge bewusster Aushungerung, von Krankheit und Misshandlung in den Lagern, in den von den Nationalsozialisten ab Ende 1939 in Osteuropa eingerichteten Gettos oder auf dem Transport. Bislang fand kein anderer Völkermord in der Geschichte mithilfe eines methodischen Giftgaseinsatzes in eigens konstruierten Einrichtungen statt. Aber um zu bestimmen, was einzigartig war am nationalsozialistischen Völkermord an Juden *im Allgemeinen, als Ganzes,* ist es wichtiger, das Warum zu präzisieren und nicht so sehr das Wie. Charakteristisch und einzigartig ist der Umstand, dass die Nationalsozialisten die Juden Europas und sogar der Welt für eine tödliche, universelle Bedrohung ihrer Existenz und allgemeiner der Existenz Deutschlands hielten, die durch jedes mögliche Mittel ausgeschaltet werden müsse – so schnell wie möglich und so gründlich wie möglich.

Dabei ist die Massenvergasung unzweifelhaft ebenso ein typisches Mittel des modernen Industriezeitalters wie ein anderes einzigartiges Merkmal der nationalsozialistischen Todeslager: die Ausbeutung der toten Körper zu ökonomischen Zwecken, beispielsweise indem das Gold aus Zahnfüllungen gebrochen wurde. Doch es wäre falsch, zu behaupten, dass der Einsatz technisch-industrieller Methoden bedeutete, dass die nationalsozialistische Ermordung der Juden aufgrund des spezifisch Unpersönlichen oder Automatischen eine einzigartige moderne Form des Völkermords gewesen sei. Was die physische, persönliche Gewalt anging, die von einigen Menschen – SS-Männer, Polizisten und deren Helfer – gegen andere, ihre Opfer, geübt wurde, hätten die Festnahmen in den Gettos, die Lebensbedingungen dort und in den Durchgangslagern, die Umstände, unter denen die Opfer transportiert wurden, die Brutalität der Polizisten und SS-Männer, die sie bewachten, schlimmer nicht sein können. Die Tötungsmaschinerie war unkompliziert, behelfsmäßig und fiel angesichts der gewaltigen Zahl an Opfern des Öfteren wegen Überlastung aus, selbst in Auschwitz. Und die ungezügelte Gewalt von SS-Männern und Lagersoldaten gegen die Opfer auf ihrem Weg zur Gaskammer kann schwerlich auch nur einen im Zweifel über sein Schicksal gelassen haben. Weder die Tötungen noch die Motivation der fanatischen Antisemiten, wie Reinhard Heydrich und Adolf Eichmann, die sie organisierten, hatten irgendetwas Klinisches oder Unpersönliches.

Der nationalsozialistische Völkermord an den Juden geschah in der Mitte eines Jahrhunderts, das eine Vielzahl von Völkermorden an einer Vielzahl von Orten erlebte. Im Jahr 1915 setzten die sogenannten Jungtürken, Nationalisten, die im Osmanischen Reich nach dem Verlust von 40 Prozent seines Territoriums während der Balkankriege die Macht übernommen hatten, eine Völkermordkampagne gegen die christliche armenische Minderheit in Anatolien in Gang. Es hatte bereits zuvor Pogrome und Massaker gegeben, insbesondere in den Jahren 1894–96 und noch einmal 1909, aber diesmal war das Ausmaß viel größer und diente den Interessen einer pantürkischen Ideologie, die nicht türkische

Minderheiten für Agenten der feindlichen Macht Russland hielt und als Hindernisse für die revolutionäre Schaffung eines neuen pantürkischen Staates betrachtete, der Gebiete umfassen würde, die damals von anderen Mächten, insbesondere dem zaristischen Russland, kontrolliert wurden. Armenier wurden aus Ostanatolien in die Wüstenregionen des heutigen Nordostsyriens deportiert, viele wurden unterwegs getötet, und viele weitere starben auf dem Weg oder nach ihrer Ankunft vor Durst und Hunger. Offiziell geförderte Todesschwadronen wurden gebildet, um Armenier zu massakrieren, oft begleitet von entsetzlichen Gräueltaten. Ungefähr eine Million Armenier starben, und zwischen 1918 und 1923 noch einmal eine halbe Million, was insgesamt drei Viertel der gesamten armenischen Bevölkerung des Osmanischen Reichs entsprach.

Viele Juden und Armenier waren im Handel und in der Geldwirtschaft tätig, und ein großer Teil von ihnen praktizierte eine andere Religion als ihre Verfolger. Wie die Nationalsozialisten setzten sich auch die Jungtürken die Schaffung eines ethnisch homogenen Staates zum Ziel. Wie die Nationalsozialisten waren sie in einer gewaltsamen Revolution an die Macht gekommen. Wie die Nationalsozialisten behaupteten sie, dass die Minderheit, deren Beseitigung sie anstrebten, Agentin einer ausländischen Macht sei – im deutschen Fall die jüdische Weltverschwörung, angeführt von Amerika, im türkischen Fall die Russen. Wie die Nationalsozialisten hatten auch die Jungtürken vor, in andere Länder einzufallen, um ein neues, mächtiges Imperium zu schaffen. Wie in Deutschland fand der Völkermord inmitten eines Weltkriegs statt. Und die Parallelen endeten hier noch nicht: Die extreme Rechte in der Weimarer Republik, die Nationalsozialisten inbegriffen, sahen die Ermordung der Armenier, von denen sie als „Juden der Türkei" sprach, positiv. Begründet oder nicht, glaubten sie, in ihr zeige sich eine nationalistische, militaristische Regierung, die weit stärker und entschlossener war als die kraftlose Demokratie der Weimarer Republik. Die Ermordung der Armenier erschien ihnen als etwas, das in die deutsche Politik übertragen werden und nachgeahmt statt kritisiert werden sollte.

Doch zugleich gab es erhebliche Unterschiede. Die Armenier konzentrierten sich geografisch in Ostanatolien, in der Nähe der russischen Grenze, während Deutschlands Juden und mehr noch die Juden Europas nicht in einem fest umrissenen Gebiet, sondern weit verstreut lebten. Auch beschuldigten die Jungtürken die Armenier nicht, eine umstürzlerische Stimmung und einen degenerativen Geist unter der

Mehrheitsbevölkerung zu fördern, was die Nationalsozialisten den Juden vorwarfen. Des Weiteren wurden die Armenier überwiegend durch Deportation unter mörderischen Bedingungen getötet, nicht in Todeslagern oder Erschießungsgruben, wenngleich in der Tat Erschießungen in beträchtlichem Umfang stattfanden, und sie galten auch nicht als Agenten einer Weltverschwörung zur Zersetzung der Türkei. Dementsprechend hatten die Türken nicht die Absicht, Armenier außerhalb der Türkei zu vernichten, nicht einmal auf allen Gebieten einer Großtürkei, die sie zu erobern planten. Die Juden waren zumindest in Deutschland nicht, wie in vergleichenden Studien manchmal behauptet worden ist, eine unterprivilegierte Minderheit mit niedrigem Status wie die Armenier, sondern im Gegenteil eine gut etablierte, gut akkulturierte Gruppe, die vielfach wohlhabend war und eine bedeutende Rolle im Leben und in der Kultur des Landes spielte. Tatsächlich war im Jahr 1914 die jüdische Religion in Deutschland im Niedergang begriffen: In einer Stadt wie etwa Hamburg machten Mischehen zwischen gläubigen Juden und Protestanten etwa 50 Prozent aller jüdischen Eheschließungen aus. Die Ermordung der Armenier war nicht Teil eines umfassenderen Programms zur ethnischen Neuordnung und eugenischen Reinigung, wie es die Nationalsozialisten in Angriff nahmen, sondern eine nationalistische Kampagne zur ethnischen Säuberung, die sich gegen eine bestimmte religiöse, soziale und territoriale Minderheit richtete, vergleichbar späteren völkermörderischen Massakern an Juden und „Zigeunern" in Rumänien oder in Kroatien, wobei in Kroatien auch Serben betroffen waren.

Im Jahr 1994 machte im Anschluss an einen kurzen ethnischen Bürgerkrieg, der in einem von Tansania vermittelten fragilen Waffenstillstand endete, die Mehrheit der Hutu-Bewohner des afrikanischen Landes Ruanda mobil, um eigenhändig in einer Orgie mörderischer Gewalt sämtliche Angehörigen der Tutsi-Minderheit, die sie finden konnten, mit Macheten, Schusswaffen, Granaten und Knüppeln zu ermorden. Hutu-Ideologen behaupteten, die Tutsi seien Eindringlinge, die sie seit Jahrhunderten versklavt hätten, Hirten, die nicht in eine sesshafte agrarische Gesellschaft gehörten. Rundfunksendungen während der Gewalttätigkeiten drängten die Hutu sogar dazu, „die Tutsi vom Erdball zu vertilgen" und zu diesem Zweck in Nachbarländer einzufallen. Binnen weniger Wochen wurden mindestens sieben von zehn Tutsi brutal ermordet, und die Opferzahl erreichte mindestens 800 000. Doch trotz ihrer völkermörderischen Ideologie und Zielsetzung war auch dies eine regional begrenzte Aktion. Was den nationalsozialistischen Völkermord an den Juden einzigartig machte, war unter anderem die Tatsache, dass er geografisch und zeitlich unbegrenzt war. Die nationalsozialistische Zukunftsvision sah eine Welt endlosen und fortgesetzten Kampfes vor, Kampf um seiner selbst willen, wo ein Triumph nur zu einem weiteren, größeren Konflikt führen würde. Hitlers letztendliche Vision eines globalen Konflikts zwischen einem deutsch beherrschten Europa und den Vereinigten Staaten deutete sich in seinem „Zweiten Buch" von 1928 (Erstveröffentlichung 1961) bereits an. Von Anfang an hielt er die Juden Amerikas für Deutschlands unversöhnlichen Feind und warnte sie, wie er es sah, erstmals durch den Boykott jüdischer Geschäfte in Deutschland, dann durch seine Reichstagsrede vom 30. Januar 1939 und mit allen seinen späteren Bezugnahmen. Die nationalsozialistische Eroberung Europas sollte daher höchstwahrscheinlich nur ein Sprungbrett für einen Krieg mit Amerika sein, wobei ein nationalsozialistischer Sieg die Vernichtung der Juden Amerikas zur Folge haben sollte. Dazu bestand allerdings nie die geringste Chance.

Dieser Stellenwert des „Weltjudentums" in der NS-Ideologie hatte weder eine Parallele in jungtürkischen Vorstellungen von den Armeniern noch in Hutu-Vorstellungen von den Tutsi. Natürlich gab es in der Neuzeit viele Völkermorde, und jeder Völkermord war anders. Die Vernichtung der nordamerikanischen Indianer oder der australischen Aborigines war nicht weniger ein Völkermord, bloß weil beide hauptsächlich mittels Krankheiten ausgeführt wurden. Worauf es hier ankommt, ist die Ideologie. In der schrecklichen Endphase der nationalsozialistischen Lager und auf den organisierten „Todesmärschen" im Vorfeld der vorrückenden Roten Armee kam mehr als die Hälfte der zu Beginn des Jahres 1945 in den Lagern festgehaltenen 715 000 Häftlinge ums Leben. Die überwiegende Mehrzahl dieser Häftlinge waren keine Juden, aber das heißt nicht, dass die Todesmärsche nicht völkermörderisch waren: Die SS hielt all diese Menschen für rassisch minderwertig und erschoss oder verbrannte sie, ließ sie verhungern oder an Krankheiten zugrunde gehen, im Gegensatz zu den Zehntausenden britischer und anderer Kriegsgefangener, die zur selben Zeit ebenfalls aus ihren Lagern evakuiert, aber keineswegs so behandelt wurden.

Obwohl die nationalsozialistische „Endlösung" also ein Völkermord unter vielen war, besaß sie Merkmale, aufgrund derer sie sich auch von allen anderen Völkermorden abhob. Im Gegensatz zu den anderen Völkermorden war die „Endlösung" weder räumlich noch zeitlich begrenzt.

Sie wurde nicht gegen ein lokales oder regionales Hindernis ins Werk gesetzt, sondern gegen einen „Weltfeind", dem unterstellt wurde, global zu operieren. Und die „Endlösung" war verbunden mit einem noch größeren Plan zur rassischen Neuordnung und Restrukturierung, der weiteres Morden von schier unvorstellbarem Umfang beinhaltete. Dabei galt es, in einer bestimmten Region – Osteuropa – den Weg für einen weiteren Kampf gegen die Juden und jene frei zu machen, die von den Nationalsozialisten für ihre Marionetten gehalten wurden. Die „Endlösung" wurde von Ideologen in Gang gesetzt, welche die Weltgeschichte in rassischen Kategorien verstanden, und teils mit industriellen Methoden ausgeführt. All dies macht die „Endlösung" einzigartig.

Aber ihre Einzigartigkeit in diesem Sinne bedeutet nicht, dass wir nicht aus ihr lernen können. Wir können extreme nationalistische und rassistische Ideologien prüfen und aufgrund der Erfahrung mit der nationalsozialistischen Vernichtung erkennen, wenn es so aussieht, als könnten sie in Völkdermord und Massenmord ausarten. An diesem Punkt haben wir die Möglichkeit, einzuschreiten, um Schlimmeres zu verhindern. Die in Nürnberg geschaffene internationale Strafgerichtsbarkeit wurde nicht ins Leben gerufen, um sich mit der nationalsozialistischen Judenvernichtung zu befassen, aber sie kann, wenn sie stärker wird, ein zunehmend mächtiges Hindernis für Ausbrüche völkermörderischer Gewalt auf der ganzen Welt darstellen, vor allem dort, wo solche Ausbrüche von Staaten unterstützt werden. Menschliche Gesellschaften besitzen offenbar eine unausrottbare Fähigkeit, ethnischen Hass zu erzeugen, aber die Mittel, um zu verhindern, dass dieser Hass in Völkermord umschlägt, sind im 21. Jahrhundert vor allem dank der kulturellen Erinnerung an den nationalsozialistischen Völkermord effektiver geworden.

Anmerkung

Dieser Aufsatz ist aus einem Vortrag hervorgegangen, den ich auf Deutsch in der französischen Botschaft in Berlin zum Auftakt einer internationalen Konferenz über den Einsatz von Giftgas als Mittel des Massenmords in nationalsozialistischen Lagern gehalten habe. Und als Vortrag wurde er nicht mit Anmerkungen versehen. Für die hier vorliegende überarbeitete Fassung ist es vielleicht hilfreich, kurz auf die Literatur zu den verschiedenen behandelten Themen einzugehen.

Ein guter Ausgangspunkt ist die von Alan S. Rosenbaum herausgegebene Aufsatzsammlung *Is the Holocaust Unique. Perspectives on Comparative Genocide* (3. Aufl., Boulder, CO, 2009). Allerdings stören darin das übermäßige Moralisieren und stellenweise Mystifizierungen, einschließlich des Einwands, es sei frevlerisch oder unmoralisch, überhaupt Vergleiche anzustellen. Zu den überzeugendsten Beiträgen gehören Vahakn N. Dadrian, „The Comparative Aspects of the Armenian and Jewish Cases of Genocide. A Sociohistorical Perspective" (S. 139–174); Barbara B. Green, „Stalinist Terror and the Question of Genocide. The Great Famine" (S. 175–200); und Scott Straus, „The Promise and Limits of Comparison. The Holocaust and the 1994 Genocide in Rwanda" (S. 245–257). Für eine hilfreiche allgemeine Einleitung siehe Dan Stone, *Histories of the Holocaust* (Oxford 2010), S. 206–244, das einige der zentralen Themen der modernen Völkermord-Forschung in Bezug auf die nationalsozialistische Judenvernichtung anspricht und sie mit neueren Studien zum kolonialen Massenmord, insbesondere an den Herero und auf andere Weise an den nordamerikanischen Indianern verknüpft.

Zu den in Polen unter Stalin begangenen Massenmorden siehe Jan T. Gross, *Revolution from Abroad. The Soviet Conquest of Poland's Western Ukraine and Western Belorussia* (Princeton, NJ, 1988), und für einen guten Vergleich mit der Politik der Nationalsozialisten im besetzten Teil Polens Mark Mazower, *Hitlers Imperium. Europa unter der Herrschaft des Nationalsozialismus* (München 2009), S. 97–101. Richard J. Evans, *Das Dritte Reich.* Bd. 3: *Krieg* (München 2008), S. 17–142, behandelt den deutsch besetzten Teil des Landes und bietet weitere Quellen- und Literaturhinweise. Robert Conquests Klassiker *Der große Terror. Sowjetunion 1934–1938* (München 1992) stellt zwingend den Ausgangspunkt für jede eingehendere Beschäftigung mit dem stalinistischen Massenmord dar. Dafür, die stalinistischen Umsiedlungen und Massentötungen als Völkermorde zu behandeln, plädieren Steven Rosefielde, *Red Holocaust* (London 2009), und Norman Naimark, *Stalin und der Genozid* (Berlin 2010). Was die ukrainische Hungersnot betrifft, ist Robert Conquest, *Ernte des Todes. Stalins Holocaust in der Ukraine 1929–1933* (München 1988) einschlägig. Stephen G. Wheatcroft, „The Scale and Nature of Stalinist Repression and its Demographic Significance", *Europe-Asia Studies* 52 (2000), S. 1143–1159, und ders., „Towards Explaining the Soviet Famine of 1931–33", in: *Food and Foodways* 12 (2004), S. 107–136, bieten ein paar konkrete und belegte

Zahlen; siehe aber auch Robert Conquest, „Comment on Wheatcroft", *Europe-Asia Studies* 51 (1999), S. 1479–1483. Die beste Möglichkeit, die oftmals scharfe Debatte über das ukrainische Gedenken an die Hungersnot, sowohl in der Ukraine als auch anderswo (insbesondere in Kanada) zu verfolgen, ist der Zugriff auf Artikel im Internet unter „Holodomor". Sie bieten Zusammenfassungen von Zeitungsartikeln und Polemiken, die ursprünglich sowohl auf Ukrainisch als auch auf Englisch veröffentlicht wurden.

Der „Generalplan Ost" der Nationalsozialisten wird erläutert und diskutiert in Götz Aly und Susanne Heim, *Vordenker der Vernichtung. Auschwitz und die deutschen Pläne für eine neue europäische Ordnung* (Hamburg 1991), S. 234–282, und deutsche Neubesiedlungspläne behandelt Robert K. Koehls Klassiker *RKFDV. German Resettlement and Population Policy 1939–1945* (Cambridge, MA, 1957). Die Behandlung der Polen durch die Nationalsozialisten und die vielen während und nach der Invasion verübten Gräueltaten werden thematisiert in Alexander Rossino, *Hitler Strikes Poland* (Lawrence, KS, 2003). Das Standardwerk zur „Endlösung der jüdischen Frage in Europa" ist Saul Friedländers *Das Dritte Reich und die Juden. Die Jahre der Verfolgung 1933–1939; Die Jahre der Vernichtung 1939–1945* (München 2008); Einzelheiten zu antisemitischen Gräueltaten finden sich in Ernst Klee u. a. (Hrsg.), *„Schöne Zeiten". Judenmord aus der Sicht der Täter und Gaffer* (Frankfurt am Main 1988); antisemitische Propaganda wird behandelt von Jeffrey Herf, *The Jewish Enemy* (London, 2006).

Die Völkermorde an den Juden in Kroatien und Rumänien, die durch die deutsche Eroberung Osteuropas erleichtert wurden, aber ihre eigene, unabhängige Dynamik entfalteten, schildert Jozo Tomasevich in *War and Revolution in Yugoslavia 1941–1945* (Stanford, CA, 2001), Edmond Paris, *Genocide in Satellite Croatia 1941–1945* (Chicago 1961) und Dennis Deletants in seiner ausgezeichneten Studie *Hitler's Forgotten Ally. Ion Antonescu and his Regime. Romania 1940–44* (London 2006).

Die These, die nationalsozialistische Judenvernichtung sei ökonomisch motiviert gewesen, vertritt Götz Aly in *Hitlers Volksstaat. Raub, Rassenkrieg und nationaler Sozialismus* (Frankfurt am Main 2005), auf das in Kapitel 8 dieser Aufsatzsammlung ausführlicher eingegangen wird.

Die Vernichtung des Herero-Stamms in Deutsch-Südwestafrika in den Jahren 1905/06 brachte Helmut Bley in der ersten und immer noch besten Behandlung dieses Themas, *Kolonialherrschaft und Sozialstruktur in Deutsch-Südwestafrika. 1894–1914* (Hamburg 1968), ans Licht. Jürgen Zimmerer („Annihilation in Africa“, in: *Bulletin of the German Historical Institute London* 37 [2005], S. 51–57) und Benjamin Madley („From Africa to Auschwitz“, in: *European History Quarterly* 35 [2005], S. 429–464) reden einer direkten Verbindung zur nationalsozialistischen Judenvernichtung das Wort, während sich Robert Gerwarth („Hannah Arendt's Ghosts“, in: *Central European History* 42 [2009], S. 279–300) dagegen ausspricht.

Zur Tötung der (angeblich) geistig Behinderten und Kranken durch die Nationalsozialisten siehe Henry Friedlander, *Der Weg zum NS-Genozid. Von der Euthanasie zur Endlösung* (Berlin 1997), und zur Ermordung von Wiederholungstätern in Gefängnissen siehe Nikolaus Wachsmann, *Gefangen unter Hitler. Justizterror und Strafvollzug im NS-Staat* (München 2006), S. 284–318. Die Vernichtung der Sinti und Roma wird umfassend behandelt in Guenter Lewy, *„Rückkehr nicht erwünscht“. Die Verfolgung der Zigeuner im Dritten Reich* (Berlin 2001). Zur nationalsozialistischen Verfolgung von Homosexuellen gibt es bisher keine gute Untersuchung.

Den neuesten Forschungsstand zur Massentötung durch Giftgas bietet der von Günter Morsch und Bertrand Perz herausgegebene Band *Neue Studien zu nationalsozialistischen Massentötungen durch Giftgas* (Berlin, 2011), in dem auch der vorliegende Aufsatz ursprünglich erschienen ist. Die nützlichste Informationsquelle auf Englisch ist das bewundernswerte *Nizkor Project* (zugänglich über die Website des Projekts, http://www.nizkor.org/). Die „Todesmärsche“, die zur Evakuierung der Lager durchgeführt wurden, werden überzeugend als völkermörderisch dargestellt in Daniel Blatman, *Die Todesmärsche 1944/45. Das letzte Kapitel des nationalsozialistischen Massenmords* (Reinbek bei Hamburg 2011).

Viele jüngere Arbeiten ordnen die nationalsozialistische Judenvernichtung in den umfassenderen Kontext der Völkermorde des 20. Jahrhunderts ein. Zu den brauchbarsten gehören Donald Bloxham und Dirk Moses (Hrsg.), *The Oxford Handbook of Genocide Studies* (Oxford 2010), und Dan Stone (Hrsg.), *The Historiography of Genocide* (London 2008). Eric D. Weitz, *A Century of Genocide* (Princeton, NJ, 2003), ist eine solide Einführung. Donald Bloxham, *The Final Solution. A Genocide* (Oxford University Press 2009), ist repräsentativ für diesen allgemeinen Trend. Neben anderen Völkermorden wird auch der armenische Völkermord in Raymond Kevorkian, *The Armenian Genocide. A Complete History* (London 2011), behandelt. Der Völkermord in Ruanda ist Thema sowohl der dramatischen Schilderung von Philip Gourevitch, *Wir möchten Ihnen mitteilen, daß wir morgen mit unseren Familien umgebracht werden. Berichte aus Ruanda* (Berlin 2008), als auch des Berichts von Linda Melvern, *Ruanda. Der Völkermord und die Beteiligung der westlichen Welt* (Kreuzlingen/München 2004).

25. Europas Schlachtfelder

„Wer redet heute noch von der Vernichtung der Armenier?", fragte Adolf Hitler in einer Ansprache vor den Oberbefehlshabern der Wehrmacht am 22. August 1939 auf dem Obersalzberg, als er sie auf den kommenden Krieg im Osten einschwor: „Herz verschließen gegen Mitleid. Brutales Vorgehen. 80 Mill. Menschen müssen ihr Recht bekommen. Ihre Existenz muß gesichert werden. Der Stärkere hat das Recht. Größte Härte." Es wird oft angenommen, dass Hitler, als er sie an den Völkermord an mindestens einer Million Armeniern durch die osmanischen Türken während des Ersten Weltkriegs erinnerte, seine Absichten mit den Juden Europas kundtat. Aber er meinte nicht die Juden, er meinte die Polen. „So habe ich, einstweilen nur im Osten, meine Totenkopfverbände bereitgestellt", sagte er den Generälen weiter, „mit dem Befehl, unbarmherzig und mitleidslos Mann, Weib und Kind polnischer Abstammung und Sprache in den Tod zu schicken. Nur so gewinnen wir den Lebensraum, den wir brauchen."

Nach und nach haben Historiker das wahre Ausmaß der völkermörderischen Zielsetzungen des Nationalsozialismus in Osteuropa aufgedeckt. Einen Monat vor der Invasion der Sowjetunion im Juni 1941 einigten sich führende Militär-, Wirtschafts- und Landwirtschaftsvertreter auf einen „Hungerplan", der den Abtransport von Nahrungsvorräten aus den in Kürze zu erobernden Gebieten vorsah, um deutsche Soldaten und Zivilisten zu ernähren. Die Bewohner Ostpolens, der Ukraine und Weißrusslands sollten dem Hungertod ausgeliefert werden. Dieses Vorhaben wurde bald übertrumpft von einem noch ehrgeizigeren Plan, den SS-Chef Heinrich Himmler verfolgte und der knapp ein Jahr später verabschiedet wurde. Entsprechend dem „Generalplan Ost" sollten Volksdeutsche in germanisierten Städten angesiedelt und durch Hochgeschwindigkeitsbahnstrecken und Autobahnen mit dem Reich verbunden werden. Zwischen 30 und 45 Millionen Slawen, die in dem Gebiet lebten, wollte man durch den bewussten Entzug von Nahrung und medizinischer Versorgung sterben lassen. Dies wäre Völkermord in ungeheurem, beinahe unvorstellbarem Ausmaß gewesen, und er wurde nur deshalb nie vollständig ausgeführt, weil Deutschland besiegt wurde.

Wie Timothy Snyder uns in seinem Buch *Bloodlands. Europa zwi-*

schen Hitler und Stalin (München 2015; englische Originalausgabe 2010) in Erinnerung rief, machten die Nationalsozialisten bei diesem rassischen Vernichtungsprogramm einen Anfang mit der Blockade von Leningrad, die zum Tod von einer Million Einwohner führte und zur vorsätzlichen Ermordung von mehr als drei Millionen Kriegsgefangenen der Roten Armee durch Hunger und Krankheit. Diese Soldaten waren den Deutschen während der gewaltigen Umfassungsbewegungen, mit denen die Wehrmacht in den ersten Monaten des „Unternehmens Barbarossa" die sowjetischen Streitkräfte besiegte, in die Hände gefallen. Viele weitere Zivilisten kamen in den Städten, Dörfern und ländlichen Gebieten um, in welche die Nationalsozialisten in der zweiten Jahreshälfte 1941 einfielen. Hundertausende Polen waren da bereits aus ihren Heimen vertrieben, versklavt nach Deutschland verschleppt oder getötet worden.

Aber die Nationalsozialisten waren keineswegs die einzigen Architekten des Leids, das die Menschen in diesem Teil Europas während der 1930er- und 1940er-Jahre ertragen mussten. Hitlers Feind im Osten, Josef Stalin, war in seiner Verfolgung eines utopischen Programms genauso mörderisch, so sehr sich der stalinistische Kommunismus auch von der hierarchischen Rassenideologie der Nationalsozialisten unterschieden haben mag. Etwa drei Millionen Ukrainer fielen in den frühen 1930er-Jahren der bolschewistischen Kollektivierung der Landwirtschaft, eine dreiviertel Million Sowjetbürger später Stalins Säuberungen zum Opfer. Während des Krieges, als aus Stalins Idee einer sozialen Revolution die Vision der patriotischen Verteidigung des russischen Vaterlandes wurde, führte dies zur Zwangsdeportation von weiteren Millionen – Polen, Wolgadeutsche, Krimtataren und anderen ethnischen Minderheiten – unter Bedingungen, die so entsetzlich waren, dass Hunderttausende starben.

Insgesamt, schätzt Snyder, kamen in diesem Teil Europas in den 1930er- und 1940er-Jahren ungefähr 14 Millionen Menschen infolge der von den Nationalsozialisten und ihren Verbündeten oder von den sowjetischen Kommunisten und ihren Bundesgenossen verfügten Politik um. Snyder bezeichnet diese Länder – Polen, Weißrussland, die Ukraine, die Baltischen Staaten und die westlichen Ränder Russlands – als Europas „Bloodlands". Es war auch der geografische Raum, in dem die überwiegende Mehrzahl der europäischen Juden lebte, und sie waren die Hauptleidtragenden des völkermörderischen Vorstoßes der nationalsozialistischen Politik. Anfangs, behauptet Snyder, seien sie als nutzlose Verbraucher dringend benötigter Nahrungsmittel getötet worden. Aber sobald „Barbarossa“ einen Monat nach der Invasion der Sowjetunion am 22. Juni 1941 in Schwierigkeiten geraten sei, habe Hitler angefangen, den Massenmord an Juden als Ziel an sich zu sehen, als Akt der Rache für eine eingebildete jüdische Weltverschwörung. Zu diesem Zeitpunkt begannen Himmlers SS-Einsatzgruppen jüdische Frauen und Kinder ebenso zu erschießen wie jüdische Männer. Und als deutsche Streitkräfte im Dezember im Osten ihre ersten schweren Niederlagen erlitten, sei Hitler zu einer hemmungslosen Politik der Vernichtung übergegangen, die in die Errichtung der Todeslager und die Ermordung praktisch der gesamten jüdischen Bevölkerung der „Bloodlands“ mündete.

Sowohl Hitler als auch Stalin, behauptet Snyder, hätten anfangs versucht, nicht realisierbare Visionen zu verwirklichen: die Unterwerfung der Sowjetunion beziehungsweise die Schaffung eines deutsch bewohnten „Lebensraums“ in Osteuropa; und die schnelle Kollektivierung der Landwirtschaft, hauptsächlich in der Ukraine, um eine städtische Bevölkerung zu ernähren, die entstanden war, weil die UdSSR sich Hals über Kopf in die industrielle Moderne gestürzt hatte. Beide Programme scheiterten: Hitlers Armeen wurden im Juli 1941 gebremst und dann im Dezember vor Moskau gestoppt; Stalins Kollektivierung stieß auf massiven Widerstand vonseiten der Kleinbauern und erwies sich in der für sie vorgesehenen Kürze der Zeit als undurchführbar. Beide Diktatoren reagierten, indem sie Sündenböcke für ihr Scheitern verantwortlich machten, Hitler die Juden, Stalin vor allem Ukrainer, Weißrussen und Polen; und beide machten ihrem Ärger Luft, indem sie diese Menschen zu Millionen töteten.

Snyder zieht viele weitere Parallelen zwischen der Motivation und dem Verhalten der beiden Diktatoren in ihrer völker- und massenmörderischen Politik. Sind sie überzeugend? Gewiss spielte die Suche nach Sündenböcken eine Rolle in Stalins Terror, aber das taten auch sein Wunsch, eine neue Elite zu schaffen, indem die alte beseitigt wurde, und seine Entschlossenheit, das Land um jeden Preis zu modernisieren. Diese Politik war nicht auf die Kollektivierungskampagne in der Ukraine beschränkt, sondern richtete sich gegen die gesamte Bevölkerung der Sowjetunion. Snyders Behauptung, es sei weit weniger wahrscheinlich gewesen, dass die Menschen Sowjetrusslands von Stalins Terror betroffen waren als die Bevölkerungen in den „Bloodlands“, hält einer genauen Prüfung nicht stand. Die Hungerpolitik der frühen

1930er-Jahre richtete sich nicht ausdrücklich gegen Ukrainer, sondern gegen Kulaken, angeblich wohlhabende Kleinbauern, zu denen auch viele Bewohner Sowjetrusslands gehörten – und ukrainische Kleinbauern wurden selbst von Stalins politischer Polizei angestiftet, die wohlhabenderen Donkosaken zu Tausenden zu töten.

Auch andere Gruppen, wie etwa die kasachischen Nomaden, wurden massenhaft ausgehungert, und Stalins „Säuberungen" betrafen Millionen von Russen. Daher wird die Todesrate von 10–15 Prozent, die Snyder für die Insassen der Lager des GULag anführt, von Robert Conquest in seiner einschlägigen Studie. *Der große Terror. Sowjetunion 1934–1938* (München 1992, englische Originalausgabe bereits 1968) als Minimum angegeben, das in manchen Jahren um ein Vielfaches übertroffen worden sei. Anne Appelbaum, die offizielle sowjetische Dokumente zitiert, hat geschrieben, dass unter Stalin in den Lagern und Exilsiedlungen insgesamt 2,75 Millionen Menschen starben, was höchstwahrscheinlich ebenfalls eine Untertreibung ist. Die überwiegende Mehrzahl dieser Menschen wie auch der mehr als 28 Millionen Sowjetbürger, die zu Stalins Zeiten Zwangsarbeit leisten mussten, waren Russen. Snyders unablässiger Fokus auf Polen, Weißrussland, die Ukraine und in geringerem Ausmaß auf die Baltischen Staaten und die großen Behauptungen, die er über die brutale Behandlung ihrer Bewohner aufstellt, rücken das Schicksal der Millionen Russen, die durch Stalin starben, in den Hintergrund.

Als Historiker mit Forschungsschwerpunkt auf Ostmitteleuropa hat Snyder die umfangreiche Literatur zu Hitlerdeutschland nicht wirklich durchdrungen. Dies lässt ihn an zahlreichen Stellen irren. So behauptet er etwa fälschlicherweise, dass Hitler seine konservativen Koalitionspartner 1933 durch Anberaumung einer vorgezogenen Reichstagswahl überrascht habe (die Anberaumung von Neuwahlen war Teil der ursprünglichen Koalitionsvereinbarung gewesen, auch wenn die DNVP sich heftig dagegen gewehrt hatte); dass Hitler dann den Reichstag aufgelöst habe (Hindenburg löste als Reichspräsident am 1. Februar den Reichstag auf); dass die „Arisierung" jüdischen Eigentums in Deutschland in beträchtlichem Umfang erst 1938 begonnen habe (sie begann schon 1933); dass die Vernichtungslager der „Aktion Reinhardt" 1944 geschlossen worden seien (wo sie tatsächlich schon im Vorjahr geschlossen wurden, weil sie ihren Zweck erfüllt hatten, nämlich die jüdischen Bewohner der polnischen Gettos zu töten, um Platz zu schaffen für Neuankömmlinge aus dem Westen, und nicht wegen der vorrückenden Roten Armee); dass Menschen zur Haft im Konzentrationslager Bergen-Belsen verurteilt worden seien (wurden sie nicht; nach Bergen-Belsen kamen zunächst Kriegsgefangene und ab April 1942, nach der dortigen Errichtung eines sogenannten „Aufenthaltslagers", ausländische Juden. Traurige Berühmtheit erlangte Bergen-Belsen, als es von Tausenden von Evakuierten aus anderen Lagern überschwemmt wurde).

Sehr viel schwerer wiegt aber, dass Snyders Behauptung, die Entfesselung der „Endlösung der jüdischen Frage in Europa" sei das Ergebnis von Hitlers Wut und Enttäuschung darüber gewesen, dass er den Krieg gegen die Sowjetunion nicht gewinnen konnte, einer genauen Prüfung nicht standhält. Obwohl es Ende Juli sowie im August und September 1941 innerhalb der deutschen Führung leidenschaftliche Debatten darüber gab, wie die Sowjetunion am besten zu besiegen sei, und zwar, weil einige hohe Generäle gemerkt hatten, dass es sich als unerwartet schwierig erwies, war niemand, am allerwenigsten Hitler, der Ansicht, dass der deutsche Vormarsch zum Stillstand gekommen, geschweige denn zunichtegemacht worden sei. Die deutschen Armeen machten weiterhin Hunderttausende Gefangene (und ließen sie verhungern), Großstädte wie Kiew fielen, und Hitler glaubte nach wie vor, dass der Krieg im Osten bald gewonnen wäre. „Noch niemals", erklärte er am 8. November 1941, „ist ein Riesenreich in kürzerer Zeit zertrümmert und niedergeschlagen worden als diesmal Sowjetrussland." An einer Stelle räumt Snyder selbst ein, es sei absolut möglich, dass Hitler sich in einem Moment der Euphorie über das Ausmaß und die Schnelligkeit der deutschen Siege und nicht in einer durch deutsche Fehlschläge hervorgerufenen verzweifelten Stimmung veranlasst sah, den Befehl zur Ermordung der Juden zu geben.

Erst als die Rote Armee die Deutschen vor Moskau zum Stillstand brachte und sie dann zwang, sich auf Verteidigungslinien für den Winter zurückzuziehen, gestand Hitler ein, dass „Barbarossa" gescheitert war, und suchte nach Sündenböcken. Aber er gab seinen Generälen und nicht den Juden die Schuld. Gestützt auf einen Aufsatz des deutschen Historikers Christian Gerlach aus den 1990er-Jahren, behauptet Snyder, dass Hitler in diesem Moment die Entscheidung getroffen habe, Europas Juden zu vernichten, in Erfüllung seiner „Prophezeiung" vom Januar 1939, dass, wenn die Juden einen Weltkrieg anfingen, sie selbst sterben würden. Aber obschon es natürlich Belege dafür gibt, dass er seine Satrapen über die bevorstehende Ermordung von Juden informierte, kommt das nicht einer Entscheidung gleich. In seiner Argumentation, dass die Entscheidung, die Juden zu töten, am 12. Dezember 1941 getroffen worden sei, verwies Gerlach als Auslöser auf den Kriegseintritt der USA am Vortag und nicht etwa darauf, dass die Rote Armee die Wehrmacht erfolgreich vor den Toren Moskaus zurückdrängte, was nämlich erst am 16. Dezember geschah. Ohnehin ließen nur wenige Historiker Gerlachs Behauptung gelten, und er selbst distanzierte sich später davon.

Snyder stellt den nationalsozialistischen Entscheidungsprozess als sehr viel klarer umrissen hin, als er nach Ansicht der meisten heutigen Historiker tatsächlich war. Die Suche nach einem einzelnen Moment, in dem über die „Endlösung" entschieden wurde, ist längst aufgegeben worden zugunsten eines differenzierteren Verständnisses von einem Prozess, der durch ein unaufhörliches Trommelfeuer aus antisemitischer Propaganda, die von Hitler und Goebbels ausging, von oben vorangetrieben wurde. Dieser Prozess begann unmittelbar nach der Invasion der Sowjetunion, ging bis zum Ende des Jahres unvermindert weiter und wurde von Himmler, seinem Stellvertreter Heydrich und deren Vertretern vor Ort auf relativ planlose Weise umgesetzt, die sich jedoch stets am Ziel der totalen Vernichtung orientierte.

Es waren nicht nur Ereignisse im Osten, sondern auch im Westen, die Hitlers Aufmerksamkeit auf seine „Prophezeiung" lenkten und seinen Wunsch verstärkten, sie erfüllt zu sehen. Der Juni 1941 erlebte nicht nur den Beginn des gigantischen Krieges zwischen dem „Dritten Reich" und der Sowjetunion, sondern auch den Beginn des amerikanischen Eintritts in den Konflikt, zunächst mit einem starken Anstieg der Verschiffung militärischer Versorgungsgüter aus den USA nach Großbritannien und dann in die Sowjetunion, gefolgt von der Unterzeichnung der Atlantik-Charta im August. Mitte August erzählte Hitler Goebbels, dass man die Juden Amerikas am Ende zu zahlen zwingen würde wie zuvor die Juden aus Europas Osten, und Anfang Oktober erzählte Heydrich, alle Juden Europas würden in den Osten „evakuiert".

Es war der weitgespannte europäische, gar globale Rahmen der nationalsozialistischen Judenvernichtung, der den Völkermord von anderen Massenvernichtungen der Epoche oder eigentlich jeder Epoche unterscheidet. Indem Snyder sich mit dem nationalsozialistischen Antisemitismus beinahe ausschließlich im Kontext der Pläne Hitlers für Osteuropa beschäftigt und rhetorische Parallelen zu jenen Massenmorden zieht, die auf Stalins Anordnungen hin im selben Gebiet durchgeführt wurden, lenkt er die Aufmerksamkeit von dem ab, was einzigartig war an der Vernichtung der Juden. Diese Einzigartigkeit bestand nicht nur im Ausmaß ihrer Zielsetzung, sondern auch in der Tiefe des Hasses und der Angst, die sie vorantrieb. Das Verlangen der Nationalsozialisten, die Juden nicht bloß zu quälen, zu verstümmeln und zu töten, sondern sie im gewalttätigen Geist der Rache für eingebildete Verbrechen gegen Deutschland, vor allem für den mythischen „Dolchstoß", der angeblich die deutsche Niederlage 1918 herbeigeführt hatte, auch öffentlich zu demütigen, hatte etwas eigentümlich Sadistisches. Die Slawen waren für die Nationalsozialisten letztendlich ein regionales Hindernis, das es aus dem Weg zu räumen galt; die Juden waren ein „Weltfeind", der zu Tode geschunden werden musste.

Durch seine ausschließliche Konzentration auf die von ihm sogenannten „Bloodlands" erniedrigt, trivialisiert oder ignoriert Snyder auch das Leid der vielen anderen Europäer, die das Pech hatten, den Nationalsozialisten in die Hände zu fallen. So stammten die acht Millionen Fremdarbeiter, die in den späteren Phasen des Krieges im Reich arbeiteten, nicht alle „aus dem Osten", wie Snyder behauptet – eineinviertel Millionen von ihnen waren Franzosen, mehr als eine halbe Million waren Italiener, und knapp eine halbe Million waren Belgier oder Holländer. Die Ermordung von bis zu 200 000 geistig behinderten und kranken Deutschen durch NS-Ärzte erhält einen kurzen Abschnitt in *Bloodlands;* auch die Hunderttausende deutscher und westeuropäischer Juden, die ermordet wurden, werden auf etwas mehr als einer Seite abgetan; Stätten des Massenmords, die außerhalb von Snyders „Bloodlands" liegen und wo die Tötungen nicht von Nationalsozialisten oder Sowjets verübt wurden, werden auf ebenso oberflächliche Weise abgehandelt. Die 300 000 von der kroatischen Regierung Abgeschlachteten oder weiter entfernt die Zehntausende spanischer Republikaner, die von Franco-Anhängern hingerichtet, und die Hunderttausende mehr, die nach dem Bürgerkrieg in unmenschlichen Arbeitslagern eingesperrt wurden, oder die nicht nur von Deutschen, sondern auch von Kroaten und Rumänen zahlreich getöteten Sinti und Roma – sie alle werden kaum oder gar nicht erwähnt. Doch auch sie waren Opfer der Massenmorde, von denen „Europa zwischen Hitler und Stalin" heimgesucht wurde.

Diese Auslassungen enthüllen eine weitere gravierende Schwäche von *Bloodlands:* Snyder hat kein Interesse daran, irgendetwas außerhalb dessen, was er die „Bloodlands" nennt, zu untersuchen. Eigentlich will er uns nur vom Leid der Menschen berichten, die in dem Gebiet lebten, über das er am meisten weiß. In der Annahme, wir wüssten rein gar nichts darüber, bombardiert er uns mit Fakten und Zahlen über Gräueltaten und Massenmorde, bis uns von all dem schwindelig wird. Der Stil, in dem er seine Fakten vermittelt, ist nicht sehr hilfreich: Die endlose Abfolge kurzer Sätze trifft uns wie eine Serie von Keulenschlägen, bis das Gehirn irgendwann abschaltet. Dieselben Sätze und Formulierungen werden gebetsmühlenartig wiederholt, als ob Snyder nicht wollte, dass wir kritisch über das nachdenken, was er uns erzählt, als sollten wir bloß die Qualen nachempfinden, die er schildert.

Doch seine ständigen abstrakten rhetorischen Parallelen und Gegenüberstellungen und vor allem seine Besessenheit von Statistiken, wenn er mit unwahrscheinlicher Genauigkeit die unzähligen Deportierten und Toten zählt, erschweren dem Leser diese Anteilnahme. Als spürte er den entmenschlichenden Effekt seines Ansatzes, fügt Snyder an verschiedenen Stellen kurze Schilderungen einiger Individuen ein, die der von den beiden Diktatoren betriebenen mörderischen Politik zum Opfer fielen. Ein paar dieser Schilderungen stehen im Vorwort des Buches, ohne dass dort die Namen der Opfer erwähnt würden, und in einem billigen rhetorischen Trick gibt er ihnen im einleitenden Abschnitt des Schlusskapitels, das mit „Menschlichkeit" überschrieben ist, ihre Identität zurück, indem er uns dort ihre Namen verrät. Aber sie bloß namentlich zu nennen, gibt ihnen nicht ihre Menschlichkeit zurück.

Damit das geschieht, müssten wir viel mehr über sie wissen, als in je einem Abschnitt an beiden Enden des Buches vermittelt werden kann, Abschnitte, die gerade mal fünf individuelle Opfer erfassen. Sie bleiben im Grunde ohne menschliche Konturen, was für all jene gilt, deren Schicksal in diesem Buch Erwähnung findet: nur Namen, nicht mehr. Infolgedessen wirkt die Einfügung ihrer Geschichten in die Erzählung nur überflüssig. „Das NS- und das Sowjetregime machten Menschen zu Zahlen", sagt Snyder am Ende: „Es ist unsere Aufgabe als Humanisten, diese Zahlen wieder zu Menschen zu machen." Aber wegen der ganzen Selbstgefälligkeit, die in dieser gewichtigen Ermahnung und in der Sentimentalität, mit der er die Geschichten einzelner Opfer in wenigen Worten erzählt, zum Ausdruck kommt, scheitert er bei dieser Aufgabe. Um sie zu meistern, hätte er die Lebensgeschichten dieser sinnbildlichen Opfer sehr viel ausführlicher erforschen und dazu Tagebücher, Briefe und andere persönliche Zeugnisse auswerten müssen, nach dem

Vorbild von Saul Friedländers zutiefst bewegender Schilderung in *Das Dritte Reich und die Juden* (2006/07).

Ebenso anonym bleiben die Männer, welche die Gräueltaten planten und ausführten. Snyder zeigt kein Interesse an ihrem Charakter oder ihren Beweggründen, daran, was sie zu Folterern machte, oder daran, was die treibende Kraft des Massenmords im nationalsozialistischen wie im sowjetischen Fall war. Und das Buch vermittelt uns nicht einmal einen Eindruck von den „Bloodlands" als Region. Ihre physischen, sozialen und kulturellen Charakteristika werden nirgends beschrieben, was daran liegt, dass sie ein vollkommen künstliches Konstrukt sind – ein Etikett für den Schauplatz des Massenmords, mehr nicht.

Snyder behauptet, dass er die „Darstellung aller großen Mordkampagnen in ihrem gemeinsamen europäischen Rahmen" deshalb unternommen habe, weil „durch die Beschreibung ihres Ablaufs die europäische Geschichte ihr zentrales Ereignis [erhalte]". Aber er hat nicht sämtliche „großen Mordkampagnen" beschrieben, und sie hatten nicht alle einen „gemeinsamen europäischen Rahmen". Und zu behaupten, dass sie das „zentrale[] Ereignis" in der gesamten europäischen Geschichte waren, ist, gelinde ausgedrückt, ein rhetorischer GAU. Mehrere andere Historiker haben scharfsinniger über genau dieses Thema geschrieben, von Richard Overy in *Die Diktatoren. Hitlers Deutschland, Stalins Rußland* (München 2005) bis zu Robert Gellately in *Lenin, Stalin und Hitler. Drei Diktatoren, die Europa in den Abgrund führten* (Bergisch Gladbach 2009) – manche, wie Norman Davies in *Die große Katastrophe. Europa im Krieg 1939–1945* (München 2009) aus ähnlichem Blickwinkel wie Snyder. Trotz der weitverbreiteten falschen Verwendung von Hitlers Äußerung über die Armenier sind nur wenige der in Snyders Buch vorgebrachten Behauptungen heutzutage weniger plausibel als die nachfolgende: „Außerhalb Polens wird das Ausmaß des polnischen Leidens unterschätzt." In Wirklichkeit wissen wir über die Ereignisse, die Snyder schildert, bereits Bescheid, trotz seiner wiederholten Beteuerungen, dass dem nicht so sei. Niemand muss für uns noch einmal die Fakten über den Massenmord referieren, was wir aber verstehen müssen, ist, warum er stattfand und wie Menschen ihn ausführen konnten, und dabei ist Snyders Buch keine Hilfe. Stattdessen ist es Teil eines Narrativs nach dem Ende des Kalten Krieges, welches die Geschichte des Massenmords homogenisiert, indem es Hitlers Politik mit der Stalins gleichsetzt.

Teil VII: Nachspiel

26. Der andere Schrecken

Am Ende des Zweiten Weltkriegs wurden zwischen zwölf und vierzehn Millionen deutschstämmige Menschen gewaltsam aus Osteuropa vertrieben oder, wenn sie bereits geflohen waren, daran gehindert, in ihre Heimat zurückzukehren. Manche von ihnen wurden einfach auf Viehtransporter gepackt, wie sie zuvor benutzt worden waren, um Europas Juden ihrem Schicksal in den Gaskammern von Auschwitz und Treblinka zuzuführen, und Richtung Westen nach Deutschland geschickt, ohne Nahrung, Wasser oder passende Winterkleidung. Andere wurden unter entsetzlichen Bedingungen wochenlang in Konzentrationslagern interniert, wo sie an Krankheiten, Hunger und Unterernährung litten, bevor sie brutal in den Westen abgeschoben wurden. Lange Kolonnen schleppten sich Richtung Deutschland, wobei die Schwachen an Unterkühlung und Unterernährung zugrunde gingen. Insgesamt kamen wahrscheinlich eine halbe Million und möglicherweise mindestens eine Million Menschen bei der größten „ethnischen Säuberung" in der Geschichte, wie man die Aktion später nannte, ums Leben.

Diese massive Vertreibung und Zwangsmigration ist außerhalb der am stärksten betroffenen Länder nach wie vor weitgehend unbekannt. In den üblichen Geschichten Deutschlands und Europas im 20. Jahrhundert ist das Ereignis kaum mehr als eine Fußnote. Wer es ins öffentliche Bewusstsein rückt, stellt das weitverbreitete allgemeine Verständnis vom Zweiten Weltkrieg als einen durch und durch guten Kampf der Alliierten gegen das Übel des Nationalsozialismus und die deutsche Aggression infrage. Leider ist Geschichte selten so einfach. Bis vor Kurzem machten sich nur wenige Historiker die Mühe, die Vertreibungen eingehend zu untersuchen, und was es an Literatur zum Thema gab, war von einseitigen Schilderungen deutschen Leids oder von polnischen oder tschechischen Selbstrechtfertigungen durchtränkt. Aber seit dem Untergang des Kommunismus und der Öffnung der Archive in diesen Ländern sind nach und nach seriöse und halbwegs objektive historische Forschungsarbeiten einer neuen Generation jüngerer Historiker erschienen, die weniger geprägt sind von nationalen oder ethnischen Vorurteilen als ihre Vorgänger. R. M. Douglas' *„Ordnungsgemäße Überführung". Die Vertreibung der Deutschen nach dem Zweiten Weltkrieg* (München 2013) stützt sich auf diese jüngeren Arbeiten und bezieht

Archivforschungen in Deutschland, Polen und der Tschechischen Republik ebenso ein wie die Akten des Internationalen Komitees vom Roten Kreuz, der Nothilfe- und Wiederaufbauverwaltung der Vereinten Nationen (United Nations Relief and Rehabilitation Administration) und die Unterlagen der britischen und amerikanischen Regierung. Douglas ist ein großer Wurf gelungen, indem er die gesamte Thematik zum ersten Mal auf eine wissenschaftliche Basis stellt. Er weist auch darauf hin, dass die Vertreibungen nicht bloß ein Akt kollektiver Rache waren, durchgeführt von den Völkern Osteuropas, die unter dem Joch der Nationalsozialisten gelitten hatten. Im Gegenteil, sie waren von den Alliierten angeordnet und geplant worden, lange bevor der Krieg zu Ende ging.

Die schlechte Behandlung ethnischer Minderheiten vor und während des Ersten Weltkriegs im Habsburgerreich und im Osmanischen Reich hatte nicht nur zu einer Entschlossenheit in der internationalen Gemeinschaft geführt, deren Rechte zu garantieren, sondern vor allem zu dem Entschluss, das Problem durch die Schaffung zentralistischer Nationalstaaten ein für alle Mal aus der Welt zu schaffen. Als das Zarenreich zerfiel, selbst ein beachtlicher Unterdrücker einzelner Bevölkerungsgruppen wie etwa der Polen, sahen die Westalliierten neuen Sinn im fortdauernden Konflikt und sie verkündeten, eines seiner Ziele sei die Verwirklichung des demokratischen Prinzips der „nationalen Selbstbestimmung".

Auf der Pariser Friedenskonferenz 1919 jedoch scheiterte die scheinbar einfache und naheliegende Idee, dass jede Nation das demokratische Recht haben sollte, ihre eigene Regierung zu wählen, an den hartnäckigen Realitäten eines jahrhundertealten ethnischen und religiösen Flickenteppichs in Ostmitteleuropa und kollidierte mit den Anforderungen an die Sicherheit und die Entwicklungsfähigkeit der neuen Staaten, die aus den Trümmern der alten geschaffen wurden. In fast jedem von ihnen lebten bedeutende nationale Minderheiten. Natürlich bemühten sich die Friedensstifter nach besten Kräften, Garantien für Minderheitenrechte in die Friedensregelung einzubauen, aber es zeigte sich, dass diese unmöglich durchzusetzen waren.

Ein typisches Beispiel war die deutschsprachige Minderheit in der Tschechoslowakei – drei Millionen Menschen, die fast ein Viertel der Gesamtbevölkerung der neuen Republik ausmachten. Die historischen Grenzen des Königsreichs Böhmen schlossen diese Menschen mit ein, und ohne sie hätten dem neuen Staat lebenswichtige Industrien und verteidigungsfähige Grenzen gefehlt. Der tschechische Nationalismus, schon vor 1914 sehr leidenschaftlich, war eine zu starke Kraft, als dass er der deutschen Minderheit gleiche Rechte eingeräumt hätte, wenngleich liberale tschechische Politiker sich nach besten Kräften bemühten, die Diskriminierung in Grenzen zu halten. Und als Edvard Beneš 1935 als Staatspräsident an die Macht kam, war ein neuer, härterer Ton im tschechischen Nationalismus zu vernehmen. Er entfachte einen neuen Radikalismus unter der deutschen Minderheit, die schon bald in Scharen der Sudetendeutschen Partei zuströmte, um sie zu unterstützen. Bis 1937 war Konrad Henleins Partei zu einer nationalsozialistischen Front geworden, die sich der Unterwanderung der Republik verschrieben hatte, um sie der deutschen Invasion und Besetzung zu öffnen.

Während des Krieges drängte Beneš als Chef der tschechoslowakischen Exilregierung die von Wenzel Jaksch geführten sudetendeutschen Sozialdemokraten und dessen Eintreten für einen multinationalen Nachkriegsstaat erfolgreich beiseite. Für Douglas ist Jaksch eine Art Held, obwohl man sagen muss, dass die Unterstützung, die er unter den Sudetendeutschen genoss, bis 1939 auf ein beinahe irreduzibles Minimum geschrumpft war, und es ist fraglich, ob seine Politik selbst später, nach dem Krieg, über viel Rückhalt verfügt hätte.

Beneš überzeugte die Westalliierten, dass die fortgesetzte Anwesenheit einer großen deutschen Minderheit in der Tschechoslowakei den Staat mit einer Million oder mehr „junge[r], unbelehrbare[r] Nazis" belasten würde, die ein bedeutender potenzieller Quell der Destabilisierung wären. „Nationale Minderheiten", erklärte er 1942, „sind immer – und vor allem in Mitteleuropa – ein Pfahl im Fleisch einzelner Nationen. Das gilt besonders für deutsche Minderheiten." Für diesen Standpunkt gewann er nach der Zerstörung der Gemeinde Lidice weitere Zustimmung, bei der die Deutschen im Juni 1942 die meisten Einwohner als Vergeltung für das Attentat auf Reinhard Heydrich ermordeten. Mitte desselben Jahres stimmte die britische Regierung der Umsiedlung deutschsprachiger Minderheiten aus Osteuropa zu, einem Prinzip, das auch die Labour Party, die 1945 an die Macht kam, entschieden unterstützte.

Die große Unzufriedenheit nationaler Minderheiten nutzte Hitler auch in Polen aus, das vor 1918 zwischen Russland, Deutschland und Österreich geteilt gewesen war. Der polnische Staat der Zwischenkriegszeit umfasste einen ukrainischen Bevölkerungsanteil von 14 Prozent der Gesamtbevölkerung sowie eine deutschsprachige Minderheit von 2,3 Prozent, die unter zunehmender Diskriminierung durch das polnisch-nationalistische Regime litt. Auch diese Gruppe war von Hitler als „fünfte Kolonne" von Umstürzlern benutzt worden, deren Unterdrückung – von der NS-Propaganda in zynischer Weise übertrieben – 1939 den Vorwand für die Invasion lieferte. All dies ließ in der rückblickenden Vorstellung alliierter Planer für die europäische Nachkriegsordnung die Anwesenheit aufsässiger nationaler Minderheiten als permanente Gefahr für den Frieden und die Integrität von Nationalstaaten erscheinen.

In Verfolgung der rassischen Idee, die im Slogan „Ein Volk, ein Reich, ein Führer" zum Ausdruck kam, plante Hitler außerdem die Schaffung eines ethnisch homogenen Deutschland. Dazu gehörten die Ausschließung von Juden und die Vertreibung des Großteils der „slawischen" Bevölkerung, um Platz zu schaffen für deutsche Siedler, sowie die Verschiebung der Grenzen des „Dritten Reiches" um tausend Kilometer nach Osten. Schon vor dem Überfall auf die Sowjetunion im Juni 1941 wurden Hunderttausende Polen ohne Entschädigung von ihren Höfen und aus ihren Betrieben geworfen, um Platz zu machen für potenzielle Hunderttausende „Volksdeutscher" aus Osteuropa und den Baltischen Staaten, die gemäß Hitler-Stalin-Pakt vom August 1939 zusammen mit einer weiteren Viertelmillion aus Ungarn und Rumänien „heim ins Reich" geholt wurden.

Weil sie zunehmend Angriffen polnischer und kommunistischer Partisanen ausgesetzt waren, begannen die Siedler in großer Zahl westwärts zu fliehen, als gegen Ende des Krieges sowjetische Truppen vorrückten. Sie folgten damit jenen „Volksdeutschen", die in den Jahren 1943/44 aus der Schwarzmeerregion, der Ukraine, aus Rumänien und Jugoslawien geflohen waren, um der Vergeltung der Roten Armee zu entgehen. Deutsche in den tschechischen Gebieten, die von den Amerikanern erst ganz am Ende des Krieges erobert wurden, hatten keine Zeit zu fliehen, und die meisten sahen ohnehin nicht die Notwendigkeit. Wie Douglas anmerkt, begriffen sie überhaupt nicht, „wie tief die Erfahrung des jahrelangen Lebens in einer Situation ungezügelten Terrors, in der jeder Nichtdeutsche jederzeit und aus jedem Grund inhaftiert, deportiert, gefoltert oder hingerichtet werden konnte, die Gesellschaften traumatisiert hatte, denen sie angehörten".

Das Chaos und die Gewalt, welche frühere Zwangsumsiedlungen des 20. Jahrhunderts, vor allem zwischen Griechenland und der Türkei in den frühen 1920er-Jahren, begleitet hatten, hätten Warnsignale für die alliierten Politiker sein sollen, die sich nun daranmachten, die Entfernung von Deutschstämmigen aus Ostmitteleuropa zu organisieren. Dies war aber nicht der Fall, und Douglas schildert im Detail, wie Politik aus dem Stehgreif gemacht und im Zuge der Verhandlungen über Europas Nachkriegsgrenzen ständig revidiert wurde. Warnungen vor dem Leid, welches die Umsiedlungen mit sich bringen würden, wurden als zu pessimistisch von Politikern beiseitegewischt, die darauf bedacht waren, nur nicht als nachsichtig gegenüber den Deutschen zu erscheinen. Nur ein paar Kommentatoren, wie etwa George Orwell, warnten, man sei im Begriff, ein „gewaltige[s] Verbrechen" zu begehen, das „der Umsiedlung der gesamten Bevölkerung Australiens oder der von Schottland und Irland zusammen" entspreche. Doch niemand hörte ihm zu.

Erst sehr spät, gegen Ende des Jahres 1944, wurde klar, dass Stalin an dem Territorium in Ostpolen festhalten würde, das er 1939 gemäß Hitler-Stalin-Pakt annektiert hatte, und dass es keine Alternative dazu gab, den polnischen Nachkriegsstaat mit den Gebieten im Westen – in Schlesien und bis zu den Flüssen Oder und Neiße, die Jahre, Jahrzehnte oder sogar Jahrhundert zu Preußen und später zu Deutschland gehört hatten – zu entschädigen. Das gesamte Gebiet war von der Rote Armee besetzt, und Stalin hielt somit alle Trümpfe in der Hand. Den Alliierten blieb daher auf der Potsdamer Konferenz nichts anderes übrig, als einen *Fait accompli* zu billigen.

Millionen „Volksdeutsche" waren bereits vor der anstürmenden Roten Armee geflüchtet, deren Soldaten auf ihrem Vormarsch deutsche Zivilisten vergewaltigten, ausraubten und töteten. Die Situation wurde noch verzweifelter, weil Stalin wiederum Polen aus den von der Sowjetunion annektierten Gebieten vertrieb, die in ihrer ethnischen Zusammensetzung nun überwiegend ukrainisch wurden. Gewaltsam nach Westen abgedrängt, konnten die Polen nach Ansicht der neuen polnischen Behörden nirgendwo anders hin ausweichen als in jene Gebiete, die von den noch verbliebenen „Volksdeutschen" bewohnt wurden. Weder die tschechische Exilregierung noch die von Stalin unterstützten polnischen Behörden hatten wirklich Pläne für die Vertreibungen ausgearbeitet, aber im Spätfrühjahr und Sommer 1945 schickten beide Seiten Truppen, Polizei und Bürgermiliz, um einen Prozess einzuleiten, der nach Ansicht von Douglas als eine Serie spontaner Racheakte durch Einheimische missverstanden worden ist, in Wirklichkeit jedoch zentral geplant und inszeniert war.

Gewiss gab es eine kurze Welle der Gewalt vonseiten der Bevölkerung gegen Deutsche, nachdem SS-Einheiten bis zum Kriegsende und teilweise darüber hinaus weitergekämpft hatten – aber selbst diese Gewaltakte wurden in vielen Fällen von Polizei oder Miliz angestiftet, wie im Fall von Brünn (Brno), wo im Mai und Juni 1945 mindestens 300 „Volksdeutsche" im Internierungslager Kaunitz-Kolleg getötet, andere auf einem Sportplatz öffentlich zu Tode gefoltert und 28 000 von ihnen zusammengetrieben und auf einem „Todesmarsch" zur österreichischen Grenze verbracht wurden, wo man sie in mehreren provisorischen Lagern ohne richtige Verpflegung oder sanitäre Einrichtungen ihrem Schicksal überließ. Schockierte Augenzeugen verglichen solche Vorkommnisse mit den Gräueltaten der Nationalsozialisten, und ein paar Politiker drangen auf Zurückhaltung, aber es wurden keine konkreten Schritte unternommen, um die Gewalt einzudämmen.

Obwohl die extremen Gewalttaten von Brünn, wie Douglas anmerkt, eine Ausnahme darstellten, forderten Politiker wie Ludvík Svoboda, Verteidigungsminister in der tschechischen Regierung und von 1968 bis 1975 Staatspräsident der ČSSR, „die völlige Vertreibung aller Deutschen aus der Tschechoslowakei, auch der sogenannten Antifaschisten, um uns vor der Bildung einer neuen Fünften Kolonne zu schützen". Solcherart ermutigt, handelten kommunale Behörden, gelegentlich unterstützt von der Roten Armee oder den tschechoslowakischen Streitkräften, auf eigene Initiative. Deutsche mussten ein weißes Quadrat mit einem *N* für *Němec* (Deutscher) auf der Brust tragen, ein Anklang an den „Judenstern", den zu tragen alle Juden ab einem Alter von sechs Jahren von den Nationalsozialisten seit September 1941 gezwungen worden waren, aber der Prozess ihrer Identifizierung war häufig willkürlich, wobei sich vielfach lokale Rivalitäten und Ressentiments entluden.

Ganze Städte und Dörfer mit überwiegend oder ausschließlich deutscher Einwohnerschaft wurden geleert und ihre Bewohner gezwungen, das Land zu verlassen. In Polen, wo die deutsche Besatzung sehr viel brutaler gewesen war, kamen solche Vergeltungsmaßnahmen weit seltener vor, was überraschen mag, und polnische Soldaten beschützten deutsche Frauen sogar vor der Roten Armee, als diese sich im Land ausbreitete und wahllos, aber bevorzugt deutsche Frauen vergewaltigte. Weit gewalttätiger verlief die Vertreibung der „Volksdeutschen" aus Jugoslawien und Rumänien, wobei die vorherrschende Korruption in Rumänien den Betroffenen ermöglichte, Beamte zu bestechen, damit ein rumänischer Passant an ihrer statt den Platz auf dem Transport einnahm.

In vielen Fällen wurden die Vertriebenen nicht direkt ausgewiesen, sondern verbrachten ein paar Wochen oder Monate in Internierungslagern, wohin sie die staatlichen Behörden schon lange vor Kriegsende brachten. Manche dieser Lager waren behelfsmäßig, andere waren schon von den Nationalsozialisten als Lager genutzt worden. Zu Letzteren gehörten die Konzentrationslager in Majdanek und Theresienstadt und sogar Auschwitz, wo sich bereits zwei Wochen nach der Befreiung durch die Rote Armee die ersten deutschstämmigen Insassen aufhielten. Binnen Kurzem existierte ein riesiges Netz solcher Auffanglager, beispielsweise 69 allein in Jugoslawien. Ungefähr eine Viertelmillion „Volksdeutsche" wurden in tschechoslowakischen Lagern eingesperrt. Oft wurden die Insassen bei Zwangsarbeitsprogrammen eingesetzt, um die durch den Krieg verursachte Zerstörung wiedergutzumachen. Die Zustände in den Lagern waren grauenhaft: Versorgung und Hygiene waren schlecht, dazu kamen sadistische Prügel, Folter, Krankheit, Unterernährung und Mord. Im Lager Łambinowice in Polen waren bis zu dem Zeitpunkt, als es 1946 geschlossen wurde, etwa 6500 Insassen gestorben, viele von ihnen waren auf Befehl des Kommandanten wahllos erschossen worden.

Die Lagerverwaltungen waren total korrupt. Kommandanten verkauften die Arbeitskraft der Insassen an Betriebe in der Nähe oder kassierten Schmiergeld für sicheres Geleit bis zur Grenze. Oft versuchten Lagerkommandanten und Wachen ausdrücklich, die Zustände in den deutschen Lagern nachzuahmen, in denen sie selbst festgehalten worden waren. Doch nicht einmal dort waren sexuelle Ausbeutung und sexuelle Gewalt, Vergewaltigung und der sadistische sexuelle Missbrauch weiblicher Insassen in dem Ausmaß begangen worden, wie es Douglas für tschechische und polnische Lager dokumentiert. Britische und andere alliierte Journalisten und Beamte, die versuchten, diese grässliche Situation publik zu machen, hatten keinen Einfluss auf Politiker, die darauf bedacht waren, nicht als zu nachgiebig gegenüber den Deutschen zu erscheinen. Tschechen und Polen demonstrierten öffentlich massenhaft für die Internierung, und nur eine Handvoll Lagerkommandanten und Wachen wurde jemals zur Rechenschaft gezogen.

Gegen nichts davon rührte sich in irgendeinem Land ernsthafter Widerstand seitens der Deutschen. Die meisten Betroffenen waren alte Leute, Frauen und Kinder, die überwiegende Mehrzahl der jungen erwachsenen Männer war im Krieg gefallen oder in Gefangenschaft geraten. Im Hochsommer 1945 trafen aus der Tschechoslowakei jeden Tag mehr als 5 000 Deutsche in Zügen voll mit Toten und Sterbenden, Kranken und Verhungernden in Berlin ein, allein im Juli mehr als eine halbe Million. Weitere kamen auf der Straße, nachdem man sie unter Schlägen, Flüchen und der Drohung mit dem Tod aus ihren Häusern geworfen und ihrer Besitztümer beraubt hatte. Diese Vertreibungen sowie das Chaos und die Gewalt, die damit einhergingen, verursachten allenthalben Betroffenheit und Empörung unter westlichen Beobachtern in Berlin und trugen dazu bei, die Alliierten auf der Potsdamer Konferenz davon zu überzeugen, weitere Vertreibungen nur unter der Bedingung zu genehmigen, dass sie „geordnet und human" durchgeführt würden.

Am 20. November 1945 wurde vereinbart, dass die sowjetische Besatzungszone in Deutschland 2,75 Millionen Vertriebene aus Polen und der Tschechoslowakei aufnehmen würde, die amerikanische Zone 2,25 Millionen aus der Tschechoslowakei und Ungarn, die britische Zone 1,5 Millionen aus Polen und die französische 150 000 „Sudentendeutsche". Weiter wurde beschlossen, dass die Vertreibungen nach und nach erfolgen und im Juli 1946 abgeschlossen sein sollten. Diese Vereinbarung bremste Beamte des US State Departments aus, welche die Vertreibungen verhindern wollten. Und tatsächlich versprach die Vereinbarung immerhin ein Ende der „wilden Vertreibungen" wie in den Jahren 1944/45 und den Beginn einer zentralisierten, kontrollierten und in dieser Hinsicht vernünftigeren Umsiedlung.

Allerdings machten die Rahmenbedingungen der „sogenannten organisierten Vertreibungen von 1946/47", wie Douglas anmerkt, „von Anfang an die Versuche der beteiligten Länder zunichte, dem Vorgang irgendeine Ordnung zu geben". Wenn Millionen von Menschen im Zeitraum von wenigen Monaten und mit den minimalen Mitteln, die dafür vorgesehen waren, umgesiedelt wurden, war Chaos vorprogrammiert. Trotz dieser Hindernisse erreichte die Combined Repatriation Executive (CXR), eine im Oktober 1945 vom Alliierten Kontrollrat geschaffene Behörde, eine Menge, indem sie Regeln und Vorschriften festsetzte, um eine sichere Durchreise zu gewährleisten, die Ausbreitung von Epidemien zu verhindern und für geeignete Aufnahmeeinrichtungen zu sorgen. Aber die vertreibenden Länder hatten es eilig, unerwünschte Minderheiten loszuwerden, bevor die Alliierten den Deportationen Einhalt geboten, sodass diese Bedingungen häufig missachtet wurden. Die Vertreibungen arteten daher weiterhin zu einem Tohuwabohu aus: Massenhaft kranke, unterernährte und geschwächte ältere Vertriebene trafen ohne ausreichende Kleidung, Nahrung oder Proviant ein, und Züge spuckten Leichen aus oder Leute, die so krank waren, dass sie direkt ins Krankenhaus gebracht werden mussten – zur Empörung vieler der alliierten Beamten, die sie in Empfang nahmen.

Oft war das Gepäck der Deportierten am Abfahrtsort beschlagnahmt oder gestohlen worden, nur um an die nächste Zugladung Deportierter verkauft zu werden. Nur Bestechungsgelder für polnische Beamte sorgten dafür, dass Deportierte unter besseren Bedingungen befördert wurden, sie von Gepäckbeschränkungen ausgenommen wurden oder dass sie an einen Platz ganz vorn in der Schlange vorrücken durften. „Antifaschisten" wurden zusammen mit der angeblich gefährlichen Mehrheit deportiert, und zionistische Gruppen ergriffen die Gelegenheit, um Geld und gefälschte Dokumente bereitzustellen, damit Juden als Deutsche eingestuft und auf ihrem Weg nach Palästina von Polen nach Deutschland geschafft werden konnten. Gesunde junge Männer wurden häufig zum Arbeitsdienst dabehalten, aber sie waren eine kleine Minderheit, und das schiere Ausmaß der Deportationen überforderte die Behörden, nicht zuletzt als Ungarn, obwohl offiziell ein ehemaliger Feindstaat, auf den Vertreibungszug aufsprang.

Gegen Ende 1946 klagten amerikanische Beamte über das Chaos und wiesen eindringlich darauf hin, es sei an der Zeit, damit aufzuhören, „Deutschland als Papierkorb mit unbegrenzter Aufnahmefähigkeit für den unerwünschten Abfall der Welt zu betrachten". Deutschland habe seine eigenen gewaltigen Wiederaufbauprobleme angesichts der durch alliierte Bombardements zerstörten Städte und Großstädte, der unzureichenden Versorgung mit Nahrungsmitteln und Treibstoff, der galoppierenden Inflation unter dem Einfluss eines blühenden Schwarzmarkts sowie weitverbreiteter Unterernährung und hoher Krankheits- und Sterblichkeitsziffern unter der deutschen Bevölkerung, insbesondere während des harten Winters 1946/47. Das Eintreffen der Millionen von Vertriebenen verschlimmerte diese Probleme massiv und band ohnehin knappe Ressourcen zu einem Zeitpunkt, als die Westalliierten sich allmählich über die Anziehungskraft des Kommunismus auf die angeschlagenen Deutschen Sorgen machten und langsam fanden, es sei wichtiger, Deutschlands Wirtschaft und Gesellschaft wiederaufzubauen als seine Einwohner weiter für die Verbrechen des Nationalsozialismus zu bestrafen.

Viele alliierte Beamte waren empört über die schrecklichen Zustände, welche die Deportierten in den Lagern und in den Transitzügen ertragen mussten. Und vor dem Hintergrund der rapiden Zunahme antikommunistischer Einstellungen in den Vereinigten Staaten, als der „Kalte Krieg“ zunehmend Politik und öffentliche Meinung beeinflusste, während sich die Länder Ostmitteleuropas unter sowjetischem Einfluss zu stalinistischen Diktaturen wandelten, sah man in den Vertriebenen fortan nicht mehr potenzielle „Mitläufer der Fünften Kolonne“, sondern „unterdrückte Opfer einer gottlosen Diktatur“, wie John Gibbons, der Leiter der US-Kommission für Displaced Persons in einer Rede vor den ersten „volksdeutschen“ Immigranten in den USA im Oktober 1951 erklärte.

Die Vertreibungen hinterließen ein klaffendes Loch in den Gesellschaften, aus denen viele Millionen so eilig entfernt worden waren. Ackerflächen lagen brach, Häuser blieben unbewohnt, und es gab sogar (wie Godfrey Lias, der Prager Korrespondent der Londoner *Times* auf einer Rundreise durch das Sudetenland im Sommer 1947 berichtete) „ganze Dörfer ohne Bewohner“. In einem tschechischen Bezirk ließ man 22 von insgesamt 29 Dörfern verfallen, und in vielen Gegenden wurde Ackerland aufgeforstet. Die verlassenen Landstriche versanken in Plünderei, Banditentum, Gewalt und Verbrechen. Die tschechische und die polnische Regierung verloren die Kontrolle über die Neuverteilung beschlagnahmter deutscher Immobilien, und oft übernahmen Regierungsmitglieder deutsche Villen selbst, um privat darin zu wohnen. Häufig bereicherten sich dieselben Leute, wie der *Economist* im Juli 1946 anmerkte, indem sie „zuerst den Besitz ermordeter Juden und dann vertriebener Deutscher plünderte[n]“. Soldaten der Roten Armee raubten und plünderten ebenfalls, und es gab Berichte über Schießereien zwischen Einheiten, die sich um herrenloses deutsches Eigentum zankten. Als endlich die ersten Neusiedler eintrafen, merkten sie schnell, wie übertrieben die Versprechungen der Regierung gewesen waren, und die zuvor von „Volksdeutschen“ bewohnten Gegenden wurden zu Inbegriffen für ländliche Armut und industriellen Niedergang.

Erstaunlicherweise jedoch fügten sich die Millionen deutscher Vertriebener, weit davon entfernt, zu einem störenden Element zu werden, binnen weniger Jahre nahtlos in die deutsche Nachkriegsgesellschaft ein. Natürlich waren sie in ihrer überwiegenden Mehrzahl wütend und voller Groll und wollten unbedingt in ihre frühere Heimat zurückkehren, und die von ihnen gegründete Interessengruppe, der „Bund der Heimatvertriebenen und Entrechteten“ begann schon bald, Einfluss auf die westdeutsche Politik zu nehmen. Aber die Bundesregierung unter Kanzler Konrad Adenauer nahm ihnen 1952 geschickt den Wind aus den Segeln, indem sie ein Gesetz über den Lastenausgleich einbrachte, das von Bundestag und Bundesrat verabschiedet wurde und eine sogenannte „Lastenausgleichsabgabe“ auf erhebliche Vermögen und insbesondere Immobilien vorsah, um die Vertriebenen für ihre Verluste zu entschädigen. Darüber hinaus wurde ein eigenes Ministerium für ihre Belange geschaffen, und die Vertriebenen waren fortan zu Leistungen der Sozialversicherungen berechtigt.

In der Außenpolitik verlangte Adenauer lautstark die Rückgabe der von Deutschlands östlichen Nachbarn annektierten Gebiete und bestand auf dem Rückkehrrecht der Vertriebenen. Ihm war klar, dass diese Forderungen unrealistisch waren, aber er verfolgte sie weiter, um sich innenpolitisch die Unterstützung der Vertriebenen zu sichern. Massive Propaganda, die deren Leid unterstrich, half, Mitgefühl bei den Westdeutschen zu erzeugen, und förderte die Integration. Vor allem aber verschaffte ihnen das sogenannte „Wirtschaftswunder“ in Westdeutschland in etwas mehr als einem Jahrzehnt ein viel besseres materielles Leben, als sie es jemals zuvor gehabt hatten. Anfangs in Lagern untergebracht, erfuhren sie Unterstützung durch Kirchen (deren Rolle von Douglas unterschätzt wird) und Staat und profitierten vom großen Häuserbauprogramm. Bis zu den frühen 1960er-Jahren war ihre Arbeitslosenquote auf etwas mehr als die Hälfte des bundesdeutschen Durchschnitts gesunken.

Allerdings hinterließen die Vertreibungen ein Vermächtnis aus Verbitterung und Groll, das bis heute nachwirkt. Douglas weist zu Recht Behauptungen zurück, dass sie human durchgeführt worden oder gerechtfertigt gewesen seien, weil sich die Vertriebenen selbst hätten Gräueltaten gegen die Bevölkerungen Osteuropas während der nationalsozialistischen Besatzung zuschulden kommen lassen. Auch dass die Vertreibungen zwangsläufige Folgen des durch die Brutalität der NS-Herrschaft ausgelösten Hasses breiter Massen auf die Deutschen gewesen seien, lässt er nicht gelten. Denn sie waren im Gegenteil das Ergebnis politischer Machenschaften und staatlicher Politik, die hätten verhindert oder rückgängig gemacht werden können. Ohne auf die umfangreichen und selbstredend tendenziösen Materialien zurückzugreifen, wie sie von Vertriebenenverbänden und sogar von der Adenauer-Regierung vorgelegt wurden, verwendet Douglas polnische, tschechische und alliierte Quellen, um seinen Standpunkt klarzumachen.

„Wenn sie nicht schnell durchgeführt werden“, so sein Fazit in Bezug auf Vertreibungen, „sind sie nicht praktikabel, und wenn sie schnell durchgeführt werden, sind sie nicht human.“

Jüngste Vorschläge für die Schaffung „ethnisch homogener“ Bevölkerungen beispielsweise in Bosnien, Serbien oder Kroatien, sagt Douglas, seien Garanten für eine Wiederholung der Katastrophe, die am Ende des Zweiten Weltkriegs über Mitteleuropa hereinbrach. Und obwohl er es nicht explizit sagt, lautet eine Lektion seines Buches auf jeden Fall, dass das in Versailles 1919 proklamierte Prinzip der nationalen Selbstbestimmung während der folgenden 30 Jahre zu unsäglichem Leid in Europa geführt hat – Leid, welches die Notwendigkeit unterstreicht, dass alle Staaten Toleranz gegen ethnische, religiöse und andere Minderheiten üben, statt zu versuchen, sie zu vertreiben, zu bekehren oder zu unterdrücken. Dieses wichtige, kraftvolle und bewegende Buch sollte auf dem Schreibtisch sowohl jedes internationalen Entscheidungsträgers als auch jedes Historikers für das Europa des 20. Jahrhunderts liegen. Gekennzeichnet durch souveräne Gelehrsamkeit, kühle Objektivität und überzeugende Ausführlichkeit, ist es darüber hinaus ein Plädoyer für Toleranz und Fairness in einer multikulturellen Welt.

27. Stadtutopien

Der Architekt Hans Stosberg entwarf 1941 ehrgeizige Pläne für eine neue, nach den aktuellsten Grundsätzen erbaute Musterstadt, mit monumentalen öffentlichen Gebäuden, die sich um einen zentralen Platz gruppierten, und belaubten Boulevards, die von einer zentralen Prachtstraße abzweigten. Diese wiederum führte zu einem Fabrikkomplex, der dem Großteil einer irgendwann auf 80 000 geschätzten Bevölkerung Arbeit bieten würde. Es sollte zwölf Schulen, sechs Kindergärten, 20 Sportplätze, dazu Schwimmbäder, Büros, Banken, Geschäfte und eine Reihe von Satellitensiedlungen geben, jede ebenfalls um einen zentralen Platz herum angelegt und mit ähnlichen öffentlichen Gebäuden und modernen Annehmlichkeiten ausgestattet. Das ganze Konglomerat sollte eine „Stadtlandschaft" bilden, gegliedert in zellenartige Stadtviertel, die jeweils eine eigene Einheit innerhalb der Gesamtstruktur der Stadt darstellten. Häuser oder „Volkswohnungen", wie sie genannt wurden, sollten mit Zentralheizung, Garagen, Gasherden, Waschmaschinen und Gemüsegärten versehen sein. Die alte Idee einer Stadt als Konzentration dicht bevölkerter Gebäude, hineingezwängt in ein Stadtbild aus schmalen Straßen und verwinkelten Gassen, sollte ersetzt werden durch das moderne Konzept eines weiträumigen Straßen- und Gebäudekomplexes, der nahtlos in den Naturraum überging. Geldmittel vom Staat und von Unternehmen, die um einen bevorzugten Platz in der neuen Stadtlandschaft buhlten, strömten herein, und Stosberg hatte, um den Baubeginn zu feiern, für den Neujahrstag 1942 besondere Grußkarten drucken lassen, die er an Freunde, Kollegen und Bekannte verschickte. Die Worte unter dem Bild verkündeten stolz: „Geburt der neuen Stadt Auschwitz".

Als „Sonderbevollmächtigter für den Bebauungsplan der Stadt Auschwitz" proklamierte Stosberg im Januar 1943 als „Ziel allen Planens, deutschen Menschen einen Boden zu bereiten", der ein Stück Heimaterde für ihre Kinder und sie selbst werden könne. Vor Kurzem in Hitlers Reich eingegliedert, waren Auschwitz und das umliegende Gebiet, bevor Stosberg sein Projekt begann, von einer als lästig empfundenen polnische Bevölkerungsmischung bewohnt gewesen. Etwa 5 000 polnische Juden wurden nun verhaftet und in die Gettos von Sosnowitz und Bendzin deportiert und zweifellos zu gegebener Zeit ermordet. Die

Beschäftigten der I.G. Farben-Chemiefabrik, wo auch die künftigen deutschen Stadtbewohner arbeiten sollten, säumten die Straßen, um sie abziehen zu sehen. Die Polen – 90 Prozent der verbliebenen 7600 Einwohner – wurden untersucht und, falls sie keine körperlichen Merkmale zeigten, die sie als rassisch deutsch auswiesen, wie etwa blonde Haare oder ein länglicher Schädel, enteignet und ebenfalls deportiert. Bis Oktober 1943 war die anfängliche Bevölkerung von 600 Reichsdeutschen um das Zehnfache gewachsen.

Aber die ländliche Stadtidylle, die ihnen versprochen worden war, kam nicht zustande. Die Bauarbeiten schritten nur langsam voran, Wasserversorgung und Abwassersystem funktionierten nicht richtig, die Zustände waren unhygienisch, und außerdem war da das wiederholte Ärgernis des süßlichen Geruchs nach verbranntem Fleisch, der von dem nahe gelegenen Vernichtungslager in Auschwitz-Birkenau herüberwaberte. Aber insgesamt blieben die Beziehungen zwischen den Stadtbewohnern, der stetig expandierenden I.G. Farben-Fabrik und den SS-Kohorten, die das Lager in der Nähe betrieben, herzlich. Im März 1943 luden die SS-Lageroffiziere die Siedler sogar zu einem gemeinsamen Festessen mit nachmittäglichem Unterhaltungsprogramm ein. Während die Zwangsarbeiter des I.G. Farben-Lagers im benachbarten Monowitz und den beiden Lagern in Auschwitz Krankheiten erlagen, die durch Unterernährung verursacht wurden, oder von Läusen übertragenem Flecktyphus oder an Schlägen und Misshandlungen zugrunde gingen, erschossen oder vergast wurden, feierten 200 der neuen deutschen Einwohner den Neujahrstag 1943 im „Ratshof" auf dem Stadtplatz, fraßen sich durch Gänseleber, Karpfen blau in Aspik, Hasenroulade und Pfannkuchen, die sie mit zahlreichen Flaschen Sekt hinunterspülten.

Auschwitz war in vielerlei Hinsicht das Muster dessen, worauf nationalsozialistische Stadtplaner sich in der Nachkriegswelt freuten, vor allem im deutschen Osten: eine neue Stadtlandschaft, bewohnt von Volksdeutschen, die riesige Fabrikkomplexe leiteten, betrieben durch Zwangsarbeit von Slawen und anderen angeblich minderwertigen rassischen Gruppen und umsäumt von Vernichtungsanlagen, die dazu bestimmt waren, sich um die Überflüssigen, die Feindseligen und die rassisch Fremden zu kümmern. Die Gliederung der neuen Stadt in kleine Gemeindezellen geschah zum Teil auch in der Absicht, es dem NS-Regime zu erleichtern, die Bevölkerung durch Funktionäre vor Ort, beispielsweise die sogenannten „Blockwarte", zu kontrollieren, zumindest laut einem späteren Kritiker des Konzepts. Es waren nicht nur die öffentlichen Prachtbauten, die Hitler meinte, wenn er anmerkte: „Zur Stärkung dieser Autorität entstehen unsere Bauten! – Deshalb sollen diese Bauwerke nicht gedacht sein für das Jahr 1940, auch nicht für das Jahr 2000, sondern sie sollen hineinragen gleich den Domen unserer Vergangenheit in die Jahrtausende der Zukunft."

Doch die neue Mustersiedlung Auschwitz bot mehr als Wohnraum und Arbeit für Deutsche und Gelegenheiten zur Durchsetzung von Autorität und Kontrolle für die NSDAP. Ihre weiträumige Anlage bedeutete, dass sie Angriffen aus der Luft weniger schutzlos ausgeliefert wäre als herkömmliche Stadtbilder. Im Jahr 1943 strömten Tausende von Deutschen aus Hamburg, Essen, Köln und anderen durch die strategische Bomberoffensive beschädigten Großstädten in das Gebiet. Schon seit dem Ersten Weltkrieg hatte die weitverbreitete Überzeugung, dass im nächsten größeren europäischen Konflikt Städte durch Luftbombardements völlig ausgelöscht würden, Architekten und Stadtplaner beflügelt, darüber nachzudenken, wie Städte zu konzipieren seien, dass sie weniger anfällig für Angriffe von oben wären. Der Krieg der Zukunft, erklärte ein deutscher Architekt 1934, bedeute das Todesurteil für Städte in ihrer gegenwärtigen Form. Die Antwort liege in der Verzahnung von Städten mit dem umliegenden Land. Der modernistische französische Architekt Le Corbusier äußerte sich ähnlich, wenn er behauptete, dass die „Furcht vor Lufttorpedos" zur „vollständigen Umgestaltung von Städten durch ihre Zerstörung und ihren Wiederaufbau" führen würde. Und ein deutscher Luftschutzoffizier schrieb, dass die Städte im Idealfall von Grund auf neu erbaut werden sollten.

Angesichts der in so vielen Städten Europas angerichteten massiven Zerstörung durch die Bomberoffensiven des Zweiten Weltkriegs sahen viele Stadtplaner ihre Stunde gekommen, ihre Ideen zu verwirklichen. So meinte etwa der deutsche Architekt Konstanty Gutschow im Frühjahr 1944 mit Blick auf die Schäden, die während der „Operation Gomorrha" im Sommer 1943 in Hamburg angerichtet worden waren: „Dem allergrößten Teil der baulichen Zerstörung weinen wir keine Träne nach, nur umso deutlicher und lebendiger [lässt sie] das Bild des zukünftigen Hamburgs, des Neuen Hamburgs, vor unseren Augen entstehen." Es waren nicht nur deutsche Stadtplaner, die sich auf Europas verwüstete Städte stürzten wie Geier auf einen halb aufgefressenen Kadaver. Der Pole Jan Chmielewski drückte nach seiner Flucht aus dem Konzentrationslager Majdanek beim Anblick der Ruinen Warschaus seine „Erleichterung“ aus, nachdem er während der vergangenen Jahrzehnte gezwungen gewesen sei, „chaotisches Wachstum [...] bar jeglicher Planung“ mitanzusehen. Und auch der Stadtarchitekt von Coventry begriff die Zerstörung der Stadt durch deutsche Bomber als „eine Gelegenheit, die man mit beiden Händen ergreifen müsse“. Lewis Mumford, ein führender amerikanischer Kritiker des Urbanismus, beklagte 1942 sogar, dass „die Zerstörung, die durch den Krieg stattfindet, noch nicht weit genug gegangen“ sei, und drängte die Gesellschaft, „auf bewusstere und vernünftigere Art das Werk der Bomben fortzusetzen“.

In *A Blessing in Disguise* („Ein verkappter Segen“), einem üppig bebilderten Begleitband zu einer großen Ausstellung, die im August und September 2013 in Hamburg stattfand, untersucht eine Reihe von Architekturhistorikern das Verhältnis von Luftkrieg und Stadtplanung in Europa während der 1930er- und 1940er-Jahre. Die vielen Karten und Pläne, die im Buch farbig abgedruckt sind und zum Großteil noch nie zuvor veröffentlicht wurden, zeugen von der Begeisterung, mit welcher die Planer sich seinerzeit ans Werk machten. Natürlich standen ihre utopischen Entwürfe in einer langen Tradition solcher Planungen im Gefolge urbaner Katastrophen. Das berühmteste Beispiel sind die Pläne von Sir Christopher Wren für den Wiederaufbau Londons nach dem Großen Brand von 1666. In voller Kenntnis dieser Tradition haben die Herausgeber einen längeren Beitrag über die Stadt Hamburg aufgenommen, Deutschlands zweitgrößte Stadt nach Berlin, die bei ihrem eigenen „großen Brand“ im Jahr 1842 schwer beschädigt wurde, und ordnen den Wiederaufbau nach dem Krieg damit in einen umfassenden historischen Kontext ein. Die Aufgabe des Wiederaufbaus wurde damals einem Engländer anvertraut, der Wrens Pläne sehr gut kannte, dem Ingenieur William Lindley, der Deutsch sprach und damals schon den Bau einer der ersten Eisenbahnstrecken Deutschlands leitete, die in der Nähe der zerstörten Stadt verlief.

Schmale Straßen wurden verbreitert, teils um einem künftigen Feuer weniger Gelegenheit zu geben, sich auszubreiten, und die Überreste vieler alter Gassen wurden mit neuen Straßen durchschnitten. Eine zweite Katastrophe traf Hamburg ein halbes Jahrhundert später in Gestalt einer Cholera-Epidemie, die im Zeitraum von sechs Wochen etwa 10 000 Menschen tötete. Hamburg war die einzige Stadt in Westeuropa, die noch zu einem so späten Zeitpunkt von der Krankheit heimgesucht wurde. Die Epidemie selbst war teilweise durch die Vertreibung von 20 000 Hafenarbeitern und ihrer Familien verursacht worden, die in den 1880er-Jahren neuen Lagerhäusern im Hafenviertel weichen mussten. Im Gegensatz zur Behauptung der Autoren wurden die Betroffenen aber nicht „umgesiedelt", sondern einfach aus ihren Wohnungen geworfen, was anderswo zu massiver Überbelegung führte und die schnelle Ausbreitung der Epidemie begünstigte, als diese 1892 ausbrach. Auf die Epidemie folgte eine „Slumsanierung" in beträchtlichem Umfang, aber diese erfolgte nicht etwa – wie die Autoren behaupten –, weil die fraglichen Häuser und Mietskasernen ungesund waren – woran kein Zweifel besteht –, sondern weil ihre Bewohner 1896 die Führung in einem großen Dockarbeiterstreik übernommen hatten. Vier Jahre später also, und nicht gleich im Anschluss an die Epidemie 1892, begann die Sanierung. Solche „Slumsanierungen" geschehen selten vollkommen uneigennützig, und bei der Entscheidung dafür wiegt politisches Kalkül oft schwer.

Die angeblichen Zentren von Verbrechen und linkem Radikalismus in Hamburgs „Gängevierteln" wurden während der folgenden Jahrzehnte weiter geräumt, um Platz zu schaffen für große und hässliche Büroblocks (der hässlichste von allen ist der viel gepriesene Schandfleck „Chilehaus"). Die Sanierungsmaßnahmen spiegelten einen allgemeineren Wandel der urbanen Raumstrukturen im späten 19. und frühen 20. Jahrhundert wider. Wohnraum verschwand aus den Stadtzentren, die von Gewerbebauten übernommen wurden. Planer wollten sich diesen Prozess zunutze machen, aber Geschäftsinteressen übertrumpften sie. In Deutschland jedoch sahen die Stadtplaner ihre Chance mit dem Aufkommen des „Dritten Reiches". Hamburg sollte abermals umgestaltet werden, diesmal als Tor zur Welt des NS-Staates. Flächenmäßig wuchs die Stadt im Jahr 1937 durch die Eingemeindung von Vorstädten und Dörfern, und sie sollte einige von Hitlers grandiosesten Bauprojekten beherbergen, darunter eine neue regionale Parteizentrale, untergebracht im „Gauhochhaus", in einem Wolkenkratzer höher als das Empire State Building, und eine Hängebrücke über die Elbe, länger als die von Hitler bewunderte Golden Gate Bridge in San Francisco. Ein Paradeplatz, das sogenannte „Gauforum", würde 100 000 Menschen Gelegenheit bieten, sich zu versammeln, um den „Führer" zu hören, und um die gesamte neu gestaltete Stadt würde eine großartige neue Ringautobahn verlaufen.

Das Vorhaben erlangte 1939 Gesetzeskraft, und Gutschow durfte sich ab 1. April 1939 „Architekt des Elbufers" nennen. Aber aus dem ganzen schönen Plan wurde nichts. Der Untergrund war zu weich für den Wolkenkratzer, und die Arbeiten an der Elb-Hochbrücke kamen kriegsbedingt zum Erliegen. Andere, nicht weniger ehrgeizige Pläne für die Stadt sahen die Anlage von neuen Grünflächen vor, denen jene Arbeiterviertel weichen sollten, wo ehemalige Kommunisten und Sozialdemokraten, eingefleischte Gegner des Nationalsozialismus, lebten. Darüber hinaus sollte das Transportsystem rationalisiert und die Bevölkerung in urbanen Zellen von geringer Wohndichte vereinzelt werden. Daran arbeiteten die Stadtplaner noch im Mai 1945 und zogen Linien über ihre Karten, wie Hitler in der letzten, katastrophalen Kriegsphase nicht existierende Armeen auf seinen Karten verschob.

Von Hamburg war zu diesem Zeitpunkt nicht mehr viel übrig. Die Stadt hatte im Juli und August 1943 einige der zerstörerischsten Angriffe des Krieges erlebt. Anschließend mussten 35 Millionen Kubikmeter Schutt weggeräumt werden (in der viel größeren Hauptstadt waren es 55). Planer wie Fritz Schumacher bekräftigten ihre alte Idee einer in halb ländliche Gemeinden parzellierten Stadt. In Marseille war diese Idee sogar während des Krieges zumindest teilweise bereits verwirklicht worden, kurz nachdem die Deutschen im November 1942 in die Freie Zone Frankreichs einmarschiert waren. Die Nationalsozialisten verabscheuten das bunte Völkergemisch, das sie in den engen Gassen und Mietskasernen des Viertels unmittelbar nördlich des Alten Hafens vorfanden. Es sei ein „Saustall“, und Anfang 1943 wurde ein Großteil des Vieux-Port-Viertels auf Anordnung Heinrich Himmlers von Truppen der Wehrmacht und der Waffen-SS gesprengt. 4000 Juden wurden nach Auschwitz deportiert und die anderen Bewohner des Viertels vertrieben. Um diese drastische Maßnahme zu rechtfertigen, behaupteten die Deutschen, sie hielten sich an einen von dem französischen Architekten Eugène Beaudovin entworfenen Vorkriegsplan. In diesem Fall erwies sich die Zerstörung aus der Luft als nicht notwendig. Neue Boulevards, Schnellstraßen und moderne Gebäude traten an die Stelle der malerischen Ärmlichkeit einer historischen Altstadt, sehr zum späteren Bedauern derjenigen, die irgendwann wieder einzogen. Ein bis dahin vor Leben sprühendes Viertel hatte seine Seele verloren.

So etwas wäre zweifellos in vielen europäischen Städten passiert, hätten die Stadtplaner ihren Willen bekommen. Doch für die meisten hatte nach dem Krieg die Schaffung von Wohnraum für die durch die Bombenangriffe obdachlos gewordenen Menschen Vorrang. Wenn möglich, wurden Ruinen zusammengeflickt, wo sie standen. Billiger Wohnraum wurde zu schnell hochgezogen, als dass man Rücksicht auf langfristige Planung hätte nehmen können. Häufig verhinderten Eigentumsrechte die Umgestaltung von Straßen und Plätzen. Schwerer ins Gewicht fiel jedoch, dass viele Europäer das Bedürfnis verspürten, die Normalität wiederherzustellen, indem sie die Städte so wiederaufbauten, wie sie vor dem Krieg gewesen waren. „Wir können uns mit der Zerstörung unseres architektonischen Erbes nicht aussöhnen", erklärte ein höherer Warschauer Beamter 1946: „Wir werden es von Grund auf wieder aufbauen, um es an spätere Generationen weiterzugeben." Der historische Stadtkern von Frankfurt am Main wurde so wieder aufgebaut, wie er gewesen war, einschließlich neuer Fachwerkhäuser auf dem Römerberg, denen man das Aussehen ihrer Vorgänger gab, die durch die Bomben zerstört worden waren. Einige Städte, wie Rotterdam, wurden nach einem neuen Plan wieder aufgebaut, aber wo planerische Utopien umgesetzt wurden, stießen die Ergebnisse nicht immer auf allgemeine Zustimmung. Das Town Centre (Einkaufszentrum) der Planstadt Cumbernauld in der Nähe von Glasgow wurde 2005 zum „meistgehassten Gebäude Großbritanniens" gewählt, und die Einwohner der Stadt drückten den starken Wunsch aus, es abgerissen zu sehen. In dem Buch sind viele der seelenlosen Planungsraster der Nachkriegszeit abgebildet, mit kastenartigen, in ordentlichen Reihen zu beiden Seiten breiter Autostraßen angeordneten Behausungen, getrennt durch „windumtoste Piazzas", wie diese Orte später von Mrs Thatcher abschätzig genannt wurden.

Besondere Tiefen wurden von der Sowjetunion ausgelotet, wo zerstörte Städte wie Stalingrad (später in Wolgograd umbenannt) mit gewaltigen neoklassizistischen öffentlichen Gebäuden ausgestattet wurden, die sich um einen zentralen Platz gruppierten und den Heldenmut der Roten Armee und des sowjetischen Volkes während des Krieges feierten, während die große Masse der Bevölkerung am Stadtrand in Holzbaracken, verputzten Gebäuden oder Plattenbauten untergebracht wurde. Für den Wiederaufbau verantwortliche Funktionäre sahen die Schaffung von einer halben Million Quadratmeter Wohnfläche jährlich vor, von denen weniger als ein Drittel mit fließend Wasser oder Einrichtungen zur Abwasserentsorgung ausgestattet werden sollte und von denen nur 30 Prozent in Zimmer aufgeteilt wurden. Sämtliche Entwürfe wurden nach Maßgabe der „vereinigten staatlichen Architekturverwaltung" standardisiert. Diese Standardisierung senkte vielleicht die Kosten, aber sie ermöglichte nicht mehr als die Bereitstellung des elementarsten Wohnraums. Die Ergebnisse kann man noch heute überall in Ostmitteleuropa sehen, an Bauten wie den scheußlichen Wohnblocks, welche die Außenbezirke von Bratislava verunstalten, oder den billig gebauten Wohnungen, die in Städten der ehemaligen DDR, wie etwa Leipzig oder Dresden, so hastig hochgezogen wurden.

In der Stadt Königsberg, der Hauptstadt von Ostpreußen, entfachten Luftangriffe der britischen Royal Air Force Ende August 1944 einen Feuersturm, der einen Großteil der Stadt in Brand setzte. Eine lang andauernde Belagerung durch die Rote Armee vollendete die Zerstörung, und am Ende des Krieges standen von hundert Gebäuden der Stadt noch weniger als zwölf. Von den Einwohnern Königsbergs waren 42 000 getötet worden, und die Übrigen waren größtenteils geflohen oder evakuiert worden. Das siegreiche Sowjetregime deportierte die noch verbliebenen Deutschen, machte die meisten der noch erhaltenen Gebäude dem Erdboden gleich und taufte die Stadt in Kaliningrad um (nach dem sowjetischen Staatsoberhaupt), vereinigte sie mit der UdSSR und russifizierte sie vollkommen. Allmählich entstand eine neue sowjetische Stadt, beherrscht von einem 30-stöckigen „Haus der Sowjets", das von breiten Chausseen umgeben war, die von weit auseinanderstehenden mehrstöckigen Gebäuden gesäumt wurden. Stadtplanung sollte hier nicht zuletzt alle Spuren der preußischen Vergangenheit Königsbergs tilgen, aber das Ergebnis war etwas, das „den ‚Träumen' von Kriegs- und Vorkriegsarchitekten sehr viel mehr ähnelte als die meisten wiederaufgebauten Städte Westeuropas". Im Zentrum, wo es früher Straßen mit Kopfsteinpflaster und malerische alte Häuser gegeben hatte, standen nun fast gar keine Gebäude mehr, was eine befremdliche, anomische Wirkung hatte.

In Westeuropa sollten Ungetüme wie der Tour Montparnasse in Paris nach den Katastrophen des Krieges einen neuen optimistischen und progressiven Geist ausdrücken. Ein ähnlich bemühter Optimismus beseelte die 150 zwischen 1939 und 1952 veröffentlichten Berichte, die darauf abzielten, auf den Trümmern zerbombter Ortschaften und Städte im Vereinigten Königreich die „City of Tomorrow", die „Stadt von Morgen", zu errichten. Ein Neues Jerusalem, so wurde verkündet, würde aus der Asche zerstörter Städte entstehen. Der „Blitz", wie Julian Huxley anmerkte, sei der „Glücksfall eines Planers". Ernö Goldfinger und E. J. Carter erklärten in ihren Plänen für London, ihr Ziel sei es, der Hauptstadt „Ordnung und Effizienz, Schönheit und Weiträumigkeit" zu geben. Dies würde unweigerlich weitere Zerstörung erfordern: „Der ‚Blitz' hat manche Stellen geräumt, und wir müssen noch weitere räumen", warnten sie vor.

Aber es war, wie Raymond Postgate und G. D. H. Cole, zwei Labour-Intellektuelle, 1946 beklagten, bereits klar geworden, dass alles, was Enteignung erforderte, auf den „heftigen Widerstand von Kapitalinteressen“ stoßen würde. Ambitionierte Planungen für Plymouth, die mit dem Straßengewirr der beschädigten Stadt aufräumen und es durch ordentliche geometrische Muster ersetzen wollten, verliefen ebenso im Sande. Diese hatten vorgesehen, bekannte Bauwerke aus dem Stadtzentrum umzusetzen, weil „bei einem Projekt dieser Größenordnung [...] einige der wichtigen Gebäude die Vorschläge störend beeinflussen“. Aber die Planer trafen auf die öffentliche Gegenmeinung und hielten ihr nicht stand, wollten die Leute doch, dass die alten Gebäude dort blieben, wo sie waren. „Die altbekannte englische Fähigkeit zum Kompromiss wird triumphieren“, prophezeite ein Planer düster, „und wir werden eine moderne Stadt in ‚mittelalterlicher‘ Aufmachung bekommen: eine Stadt mit einem modernisierten Straßensystem, unpassenderweise gesäumt von unechten ‚mittelalterlichen‘ Fassaden. Es kann kein Zweifel daran bestehen“, räumte er abschließend ein, „dass dies die Art von zukünftiger Stadt ist, die sich viele Bürger vorstellen.“

Doch solche Kompromisse mussten oft nicht bloß Kapitalinteressen weichen, sondern auch der Raffgier des Nachkriegskapitalismus. In Deutschland führte der Materialismus des Wirtschaftswunders zur krebsartigen Vermehrung klobiger Kaufhäuser, jedes einzelne nach genau denselben Grundzügen gebaut, egal in welcher Klein- oder Großstadt sie auftauchten, sodass eine mehrstöckige Horten-Filiale immer sofort an ihrer silbergrauen Gitterwerk-Fassade erkennbar war, während ihre Konkurrentinnen Karstadt oder Kaufhof ebenfalls an ihrem eigenen unverwechselbaren Markendesign zu erkennen waren. Und diese Klötze wurden nicht nur auf zerbombten Brachen hochgezogen: Das mittelalterliche Stadtzentrum von Konstanz beispielsweise, das keinerlei Bombenschäden aufwies, weil der Bürgermeister, so die Legende, während des Krieges die Lichter brennen ließ, sodass die Bomberbesatzungen glaubten, die Stadt läge ein paar Hundert Meter entfernt jenseits der Grenze in der neutralen Schweiz, wurde durch ein riesiges Warenhaus mitten in der historischen Altstadt verunstaltet. In London, Frankfurt am Main und anderen Geschäftszentren konnten Stadtplaner sich gegen die vom globalen Kapitalismus vorangetriebene „Manhattisierung“ der Stadtbilder nicht wehren. Nur an sehr wenigen Orten, wo es keine bestehende Stadt gab, wie in Patrick Geddes’ Tel Aviv, konnte Stadtplanung als Erfolg betrachtet werden, wo aber bestehende Städte wieder aufgebaut werden mussten, wurden die Planer am Ende von stärkeren Kräften an den Rand gedrängt.

Entgegen den allerbesten stadtplanerischen Absichten erwies es sich als unmöglich, das Auto innerhalb städtischer Grenzen zu bändigen, doch gegen Ende des Jahrhunderts begann die Stadtbevölkerung wieder auf öffentliche Verkehrsmittel umzusteigen. In Großbritannien zeigte sich im Nachhinein, dass die massenhafte Stilllegung von Bahnstrecken im Gefolge der Beeching Reports in den 1960er-Jahren ein kolossaler Fehler gewesen war. Denkmalschutz-Bewegungen sorgten für die Erhaltung älterer Bauwerke, wie etwa des Bahnhofs St Pancras in London, nachdem sein naher viktorianischer Nachbar in Euston abgerissen und durch den trostlosen, tristen Betonschuppen von heute ersetzt worden war.

Außer bei den politischen Eliten waren stadtplanerische Utopien noch nie populär. Peter Willmott und Michael Young zeichneten in ihrem 1957 erschienenen Buch *Family and Kinship in East London* ein düsteres Bild davon, wie an die Stelle der sozialen Wärme im alten East End, in der neuen Stadt, in welche ausgebombte Familien gezwungen waren, umzuziehen, Anomie und Entfremdung traten. Letztendlich erwies sich die Zerstörung europäischer Städte im Krieg nicht als „verkappter Segen". Die Stadtplaner mochten über die „Unordnung der Städte" mit ihrem „großen Durcheinander an Häusern und Fabriken" klagen und Politiker „gegen Provinzialismus, gegen die Anbetung des Alten" polemisieren, aber den meisten Menschen gefiel es so.

Die Stadtplaner, deren Arbeit in *A Blessing in Disguise* analysiert wird, waren Utopisten, Männer, die den Radikalismus und die revolutionären Ideale des modernistischen Zeitalters teilten. Aber sie waren in mancher Hinsicht auch Teil einer größeren anti-urbanen Bewegung, die in Klaus Bergmanns 1970 erschienenem Buch *Agrarromantik und Großstadtfeindschaft* erstmals gründlich dokumentiert wird. Viele dieser Utopisten wollten die Stadt dem Land wieder anverwandeln, und hätte man ihnen ihren Willen gelassen, hätten sie weit mehr Schaden angerichtet als jene Bomber von Sir Arthur Harris in den Ortschaften und Städten Deutschlands.

Die „nachhaltige Stadt", die heutige Stadtplanung im Sinn hat, weist eine gewisse Ähnlichkeit mit jener „Stadtlandschaft" auf, von der Planer in den 1930er- und 1940er-Jahren träumten, doch ihre Ziele sind bescheidener und realistischer. Und grundsätzlich ist Planung notwendig, und sei es nur, um ungezügelte und unkontrollierte Stadtentwicklung zu stoppen. Eine Stadt wie Istanbul, wo Wachstum ungehindert anhält, hat ihren Einwohnern kaum ein grünes Fleckchen zu bieten, außer auf einem schmalen Streifen entlang der Bosporus-Ufer. Kein Wunder, dass die Menschen dort gegen den Verlust des ihres letzten Parks protestierten.

Alles in allem könnte dieses Buch daher als Kritik an utopischen modernistischen Planern wie Le Corbusier oder Fritz Schumacher gelesen werden, wobei die Argumentation im Buch keineswegs sonderlich schlüssig ist und das ungelenke Englisch der Autoren sowie wiederholte grobe sprachliche und inhaltliche Fehler den Genuss schmälern. Das ist deshalb sehr misslich, weil die Herausgeber und Autoren einen höchst lehrreichen Band mit einigen faszinierenden zeitgenössischen Zitaten und einer sehr großen Zahl wunderbar reproduzierter Abbildungen zusammengestellt haben. Vielleicht wäre es das Beste, sich nur das Bildmaterial anzuschauen und den Text beiseitezulassen.

28. Kunst in Kriegszeiten

Der Raub von Kunstwerken und Kulturgütern in Zeiten von Krieg und gewaltsamer politischer Umwälzung weckt auch im 21. Jahrhundert weiter internationale Besorgnis. Die Plünderung der Grabungsstätten in Ägypten während des „Arabischen Frühlings", nachdem die Archäologenteams sie verlassen mussten, ist nur das jüngste Beispiel. Auch in Afghanistan und Irak folgte im frühen 21. Jahrhundert auf Krieg die massive Plünderung von Museen und anderen Stätten, und es dauerte nicht lange, bis geraubte Objekte nach und nach ihren Weg in westliche Sammlungen fanden.

Was ist gegen den Handel mit Beutekunst zu tun? Wie ist die Gesellschaft in der Vergangenheit damit umgegangen, und wie sollte sie heute damit umgehen? Die Geschichte der Beutekunst reicht in der Tat weit zurück, sie beginnt vielleicht schon mit Jason und den Argonauten, die das Goldene Vlies raubten, und sie setzte sich in den Gepflogenheit der Römer fort, Kunst aus eroberten Städten zu rauben, um sie beim Triumph, dem feierlichen Einzug des siegreichen Feldherrn, in den Straßen Roms zu zeigen, bevor sie auf dem Forum ausgestellt wurde. Der Raub von Kulturgütern in großem Stil und die Zurschaustellung der gestohlenen Objekte in der Hauptstadt des Eroberers war in der antiken Welt ein Staatsakt, der die Überlegenheit des Siegers kundtat und die Schmach des Besiegten unterstrich. Hier, so die Botschaft, war eine Großmacht, deren Generäle reiche und gut ausgestattete rivalisierende Mächte zu schlagen vermochten. Den eigenen Bürgern des siegreichen Staats taten sie kund, welche Belohnungen die militärische Eroberung versprach, und dem Rest der Welt zeigten sie an, dass es nicht ratsam sei, mit einem derart mächtigen und großartigen Staat in Konflikt zu geraten.

In Konstantinopel wurde das Hippodrom mit Beutekunst geschmückt, und während des Vierten Kreuzzugs im Jahr 1204 wurde die Stadt ihrerseits von den Kreuzfahrern geplündert, die große Mengen an kulturellem Beutegut mit zurück nach Venedig nahmen, wo es die Basilica di San Marco schmückte – am bemerkenswertesten sind natürlich die „Pferde von San Marco" aus vergoldeter Bronze an der Fassade.

Während des Dreißigjährigen Krieges plünderten schwedische Truppen Büchersammlungen in ganz Europa, um die Universitätsbibliothek in Uppsala auszustatten. In anderen Fällen, wie etwa der Plünderung Magdeburgs, als 1631 das katholisch-kaiserliche Heer des Heiligen Römischen Reiches die Einwohner der aufständischen protestantischen Stadt massakrierte, kam es sowohl zu mutwilliger Zerstörung als auch zum Diebstahl von Besitztümern durch einzelne Soldaten zu ihrer persönlichen Bereicherung. Diese Ereignisse von Magdeburg lösten in ganz Europa Empörung und Bestürzung aus: Während frühneuzeitliche Juristen wie Grotius einräumten, dass in einem Krieg für eine gerechte Sache jedes dem Feind entrissene Eigentum zum Eigentum der erobernden Person oder des Staates werde, drangen sie zugleich auf Mäßigung und bestanden darauf, dass Soldaten der ausdrücklichen Erlaubnis ihres befehlshabenden Offiziers bedurften, bevor sie sich an jedweder Art von Plünderung beteiligten.

Tatsächlich ging privater Raub stets Hand in Hand mit staatlich geförderter Plünderung, aber er hat auch mehr Missfallen erregt. Am berüchtigsten von allen war Thomas Bruce, 7. Earl of Elgin, britischer Gesandter am osmanischen Hof. Er erhielt vom Sultan die Erlaubnis, den schmückenden Steinfries vom Parthenon in Athen zu entfernen, das damals unter türkischer Herrschaft stand, was er und seine Gefährten mit solcher Begeisterung und Achtlosigkeit taten (sie zerbrachen dabei einige Skulpturen), dass mehrere Schiffsladungen mit diesen sogenannten „Elgin Marbles" nach Großbritannien zurückkehrten, wo der Earl sie zur Ausgestaltung seines Hauses verwenden wollte.

Dies sind nur die bekanntesten einer ganze Reihe von „Erwerbungen" antiker archäologischer Überreste im 19. Jahrhundert, die vielfach mittels Kauf oder Vereinbarung mit den osmanischen Behörden, wobei häufig Bestechung im Spiel war, aus Gebieten fortgeschafft wurden, die vom Osmanischen Reich besetzt waren. Schon damals stieß Elgins Handeln auf weitverbreitete Kritik sowohl in England als auch vonseiten der aufkommenden griechischen Unabhängigkeitsbewegung – unterstützt von Lord Byron mit einigen seiner beißendsten satirischen Verse. Verteidiger solcher Erwerbungen argumentierten vor allem, dass die Kunstobjekte nicht sicher wären, wenn sie an Ort und Stelle blieben, da die Einheimischen bereits viele dieser Stätten nach Baumaterialien durchsuchten. Kritiker hielten dagegen, dass die Überreste sehr viel schwerer beschädigt würden durch jene, die sie in Stücke zerlegten, um die wertvollsten Teile mitzunehmen.

Elgins Handlungsweise spiegelt seine Überzeugung wider, dass gebildete Engländer die wahren Erben der klassischen Kultur seien, eine

Überzeugung, die in den Köpfen gebildeter Eliten überall in Europa herumspukte. Nirgendwo war dieser Einfluss größer als im revolutionären Frankreich, wo Napoleons siegreiche Armeen anfingen, eine Reihe von Verträgen mit unterworfenen Staaten in ganz Europa zu schließen – darunter vor allem der 1797 vom Papst unterzeichnete Vertrag von Tolentino mit der Römischen Kurie –, die ihnen erlaubten, sich Kunstwerke anzueignen, um den 1793 gegründeten Pariser Louvre auszustatten. Zu dem aus ganz Italien nach Paris abtransportierten Beutegut gehörten auch die „Vier Pferde von San Marco" ebenso wie jede Menge griechischer Statuen, die in Paris auf einem Triumphzug in römischem Stil präsentiert wurden, begleitet von Transparenten, auf denen stand: „Griechenland trat sie ab, Rom verlor sie, ihr Los hat sich zweimal geändert, es wird sich nie wieder ändern." Beim Umzug waren sie begleitet von Renaissance-Gemälden, lebenden Kamelen und Löwen sowie vom gesamten päpstlichen Archiv. All dies unterstrich den Anspruch von Paris als das neue Rom. Nur die Franzosen, so lautete die Botschaft, seien zivilisiert genug, solche Schätze zu würdigen. Während der französischen Invasion Ägyptens im Jahr 1798 wurden große Mengen an Altertümern von einem Team aus 167 Wissenschaftlern, Gelehrten und Künstlern gesammelt, die von Napoleon nach Afrika geschickt worden waren. Als er besiegt war, beanspruchten die Briten die Sammlung – in der sich auch der berühmte Stein von Rosette befand – ihrerseits als Beute, was durch den Vertrag von Alexandria bestätigt wurde, und übergaben sie anschließend dem British Museum, wo sie sich heute noch befindet. Niemand scheint bisher Einwände erhoben zu haben.

Die Beute ging auch künftig an den Sieger, dem auch die Entscheidung oblag, was mit ihr geschehen sollte, und nach Napoleons Niederlage bei Waterloo schafften die Preußen jene Kunstwerke und Kulturgüter zurück, die er ihnen mit Gewalt genommen hatte. Allerdings begannen sich um diese Zeit die Einstellungen bereits zu ändern. Der Herzog von Wellington, Oberbefehlshaber der Koalitionstruppen, entschied, sich den Bitten vonseiten des britischen Prinzregenten zu widersetzen, einige der schöneren Stücke für die königliche Sammlung zu erwerben, und sorgte dafür, dass auch die übrigen Länder zurückbekamen, was ihnen, wie er schrieb, „entgegen der Praxis zivilisierter Kriegführung während der katastrophalen Zeit der Französischen Revolution und der Tyrannei Bonapartes entrissen worden war" – „Dieselben Empfindungen, die im Volk von Frankreich den Wunsch auslösen, die Bilder und Statuen anderer Nationen zu behalten“, fügte er hinzu, „würden natürlich in anderen Nationen den Wunsch auslösen, jetzt wo der Erfolg auf ihrer Seite ist, dass das Eigentum seinen rechtmäßigen Besitzern zurückerstattet wird.“ Außerdem, merkte er an, würde ihre Rückgabe den Franzosen das Ausmaß und die Endgültigkeit ihrer Niederlage nachdrücklich deutlich machen, während ihr Verbleib in Paris sie in dem Glauben bestärken könnte, sie seien noch immer die rechtmäßigen Herren Europas.

Schließlich wurde nur knapp über die Hälfte der geraubten Objekte zurückgegeben, denn der Rest war ohne Wissen der Besatzungsarmeen an Provinzmuseen in Frankreich verschickt worden. Diese Ereignisse entfachten in ganz Europa eine breite Debatte und führte paradoxerweise zu einer neuen Entschlossenheit bei den europäischen Staaten, Museen zu gründen oder zu erweitern und Expeditionen auszusenden, um antike kulturelle Artefakte zu erwerben, womit sie dem Beispiel Napoleons und nicht dem Wellingtons folgten. Diese neue Entwicklung führte unter anderem zum Erwerb der „Elgin Marbles“ durch das British Museum im Jahr 1816. Nichtsdestotrotz fand Wellingtons Missbilligung militärischer Plünderung im weiteren Verlauf des 19. Jahrhunderts eine wachsende Zahl von Befürwortern. Der Herzog selbst glaubte, dass Plünderung die Truppen von den bevorstehenden militärischen Operationen ablenkte und die einheimische Bevölkerung verprellte, die man, wie seine Erfahrung bei der Vertreibung der Truppen Napoleons aus Spanien gezeigt hatte, unbedingt auf seiner Seite haben musste. Wellington hatte damals die Einheimischen freundlich gestimmt, indem er die Disziplin unter seinen Soldaten wahrte, sodass schließlich *guerrilleros* an der Seite der Briten und Portugiesen kämpften.

Diese letztere Erwägung spielte eine bedeutsame Rolle im Amerikanischen Bürgerkrieg, in dem die Union dauerhafte Schäden an Universitäten, Museen und ihren Sammlungen im Süden vermeiden wollte und deshalb anordnete, dass „sowohl klassische Kunstwerke, Bibliotheken, wissenschaftliche Sammlungen oder kostbare Instrumente, wie etwa astronomische Teleskope, als auch Hospitäler gegen jede vermeidbare Beschädigung gesichert werden müssen, selbst wenn sie sich innerhalb befestigte Plätze befinden, während diese belagert oder bombardiert werden“. Dies war die erste offizielle Bestätigung, dass kulturelles Eigentum sich von anderen Arten des Eigentums unterschied, und sie bildete die Grundlage für spätere internationale Erklärungen zu diesem Thema.

Mit dem Aufstieg des Nationalstaates ging ein wachsendes Bewusstsein für die Notwendigkeit einher, das nationale Erbe zu bewahren. Der Gedanke, dass der Raub von Kulturgütern in Kriegszeiten geächtet werden sollte, gewann demzufolge immer mehr Anhänger. Die europäischen Staaten begannen ihre eigenen Artefakte und Wertgegenstände zu katalogisieren und zu schützen, und ergriffen Maßnahmen zur Bewahrung dessen, was zunehmend als das gemeinsame kulturelle Erbe Europas betrachtet wurde, vor allem in Griechenland und Italien. Selbst die Zerstörung und Plünderung des Sommerpalastes des chinesischen Kaisers im Zweiten Opiumkrieg 1860 erregte in Europa allenthalben Kritik. Im Jahr 1874 ächtete die Brüsseler Deklaration zu den Gesetzen und Gebräuchen des Krieges die Zerstörung feindlichen Eigentums, soweit es nicht militärisch requiriert wurde. Diese Prinzipien wurden auf der ersten Haager Konferenz 1899 ausgearbeitet und in der Haager Konvention „betreffend die Gesetze und Gebräuche des Landkriegs" von 1907 verankert, zu deren Unterzeichnern auch Deutschland gehörte, was in Anbetracht späterer Ereignisse im 20. Jahrhundert wichtig ist.

Die Haager Konvention verbot ausdrücklich, was sie als „Plünderung" bezeichnete, und erklärte in Artikel 46: „Die Ehre und die Rechte der Familie, das Leben der Bürger und das Privateigentum sowie die religiösen Überzeugungen und gottesdienstlichen Handlungen sollen geachtet werden. Das Privateigentum darf nicht eingezogen werden." Das Problem war jedoch, dass der moderne Artilleriekrieg, hochexplosive Granaten sowie die schiere Masse und das Gewicht des damals verfügbaren militärischen Materials das wahllose Bombardement von Ortschaften und Städten sehr viel wahrscheinlicher machten als jemals zuvor. Unterdessen hatte das Aufkommen von Demokratie und Nationalismus angefangen, das Wesen der Kriegsführung zu verwandeln. Krieg wurde zu einem Konflikt nicht zwischen Berufsarmeen, sondern zwischen ganzen Nationen und Völkern, indem der Angriff auf die Zivilbevölkerung mittels Wirtschaftsblockade oder sogar Bombardement vom Boden oder aus der Luft stillschweigend akzeptiert wurde, obwohl es beim Stand der damaligen Militärtechnik mehr oder weniger unmöglich war, Ziele präzise zu lokalisieren, um Schäden an Kulturdenkmälern zu vermeiden: Im Ersten Weltkrieg bombardierten Zeppeline London, und deutsches und österreichisch-ungarisches Granatfeuer zerstörte das serbische Nationalmuseum in Belgrad. Es erwies sich als unmöglich, die Zerstörung der Bibliothek der Katholischen Universität Leiden und allerlei andere, weniger berühmte Baudenkmäler durch die deutsche Armee im Jahr 1914 zu verhindern. Andererseits kam es im Ersten Weltkrieg nur in recht begrenztem Umfang zu tatsächlichen Plünderungen und vor allem wenig zu Diebstahl oder zur Entfernung von Kunstwerken, zumindest im Vergleich zu den späteren Vorkommnissen. Die Pattsituation an der Westfront sorgte dafür, dass sich den deutschen Besatzern kaum Gelegenheit bot, sich Kunstwerke unrechtmäßig anzueignen – Paris beispielsweise lag weit jenseits der deutschen Zone –, und von der beweglicheren Ostfront scheinen nur wenige Fälle von Diebstahl bekannt zu sein. Offenbar erheischte die erst kurz zuvor unterzeichnete Haager Konvention damals noch einen gewissen Respekt, was jedoch nicht lange währen sollte.

Der Zweite Weltkrieg erlebte Plünderung, Raub und Zerstörung von Kulturgütern in Europa in einem Ausmaß, das alles, selbst das Zeitalter der Französischen Revolution und Napoleons in den Schatten stellte. Es mag im Ersten Weltkrieg keinen staatlich unterstützten Diebstahl gegeben haben, aber die Umwälzungen des Konflikts führten zu neuartigen Enteignungen in großem Stil. So folgte auf die Oktoberrevolution in Russland die umfassende Beschlagnahme von Privateigentum, und in Deutschland glaubten die Nationalsozialisten, sie hätten das Recht, sich ohne Entschädigung zu nehmen, was ihre Gegner – vor allem die Gewerkschaften und die Sozialisten – besaßen. Nachdem sie sich an diesen bereichert hatten, machten sie sich an die stufenweise Enteignung der deutschen Juden. Im Kampf von jedem gegen jeden, den der Sozialdarwinismus nationalsozialistischer Prägung predigte, bedeutete Macht auch Recht, und so hatten Besiegte weder ein Recht auf Eigentum noch letztendlich auf ihr Leben.

In der Praxis legitimierten solche Überzeugungen natürlich nicht nur die offizielle Raub- und Enteignungspraktiken der NSDAP und des deutschen Staats, sondern auch willkürliche, aber weitverbreitete Diebstähle und Erpressungen durch gewöhnliche Parteimitglieder, untere Staatsbeamte, rangniedere SA-Männer und, während des Krieges, Angehörige der Streitkräfte. Wie zu erwarten, wurde das „Dritte Reich" bald zum Inbegriff für Korruption. Ein paar führende Nationalsozialisten nutzten ihre frisch erworbenen Vermögen, um nach und nach große private wie institutionelle Kunstsammlungen aufzubauen. Hermann Göring beispielsweise besaß zehn Häuser, Schlösser und Jagdsitze, alle ausgestattet und unterhalten auf Kosten der Steuerzahler. An all diesen Orten und insbesondere an seinem riesigen und stetig wachsenden Hauptjagdsitz Carinhall, benannt nach seiner verstorbenen ersten Frau

Carin, wollte Göring Kunstwerke, Wandteppiche, Gemälde, Skulpturen und noch viel mehr zur Schau stellen, um seinen Status als zweiter Mann im Reich zu unterstreichen.

Im Gegensatz dazu legte der erste Mann im Reich, Adolf Hitler, Wert darauf, die ostentative Zurschaustellung persönlichen Reichtums zu vermeiden, und trug stattdessen lieber eine Kunstsammlung für die Öffentlichkeit zusammen. Hitler hatte seit Langem vor, seine Heimatstadt Linz in Österreich zur kulturellen Hauptstadt des neuen Reiches zu machen, und zeichnete sogar Entwürfe für die neuen öffentlichen Gebäude und Museen, die er dort zu errichten hoffte. Auch Berlin musste Kunstmuseen bekommen, die seinem neuen Status als „Germania", der künftigen Hauptstadt der Welt, gerecht würden. Im Jahr 1939 nahm Hitler die Dienste des Kunsthistorikers Hans Posse in Anspruch, der als „Sonderbeauftragter" und Dresdner Museumsdirektor die Sammlung aufbauen sollte, die Hitler für diesen Zweck benötigte. Posse wurde mit beinahe unbegrenzten Mitteln versehen, und erwarb in den folgenden Jahren Kunstobjekte (zu manipulierten Preisen und unter Missachtung der Gesetze einzelner Länder) aus dem gesamten deutsch besetzten Europa. Als er 1942 starb, hatte er die schier unglaubliche Menge von mehr als 8 000 Objekten zusammengerafft.

Im März 1938 marschierten die Nationalsozialisten in Österreich ein, wo deutsche Soldaten und österreichische Nationalsozialisten in die Häuser von Juden einbrachen und stahlen, was sie wollten, oder jüdische Frauen auf offener Straße anhielten und ihnen auf der Stelle Pelzmäntel und Schmuck abnahmen. SS und Gestapo aber steuerten mit dem Befehl, den Hausrat zu beschlagnahmen, direkt auf die Häuser der prominentesten jüdischen Familien Wiens zu. Ganz oben auf der Liste standen die Rothschilds, deren Sammlungen beschlagnahmt und dann versteigert wurden, um angebliche Steuerschulden zu begleichen – eine gängige Praxis in den 1930er-Jahren, die 1939 noch erleichtert wurde, indem deutschen und österreichischen Juden Sondersteuern und Abgaben auferlegt wurden. Weitere Verordnungen verlangten, dass Juden ihre Vermögenswerte zurückließen, wenn sie emigrierten, zwecks Beschlagnahme durch das Reich. Auch nach der Eroberung Frankreichs 1940 fiel das Eigentum von Bürgern, die aus dem Land geflohen waren, an das Deutsche Reich. Dasselbe galt schließlich für alle Juden, die aus jedem besetzten Land in Europa nach Auschwitz und in andere Vernichtungslager im Osten deportiert wurden.

Plünderung war auch in Ländern weit verbreitet, in denen Menschen lebten, die von den Nationalsozialisten als „Untermenschen“ betrachtet wurden. In den Augen der Nationalsozialisten war die deutsche Kultur an sich allen anderen überlegen, und unterlegene Rassen waren weder fähig, ihr eigenes Erbe zu bewahren, noch die Erzeugnisse anderer Kulturen richtig zu schützen. Folglich mussten deutsche kulturelle Artefakte zurückgeführt werden. Solche Ansichten erinnerten an die französische Sichtweise unter Napoleon, dass nur Frankreich das Recht habe, die europäische Kultur zu schützen, aber natürlich trieben die Nationalsozialisten diese Überzeugung viel weiter, gaben ihr eine rassische Wendung und übertrugen sie in einer fanatischen Wendung nationalistischer Ideologie des 19. Jahrhunderts auf ihr angeblich eigenes Erbe und nicht auf jenes der antiken Welt.

Nach der vollständigen Machtübernahme im tschechischen Staat im März 1939 fingen die Invasoren an, entschädigungslos Objekte aus öffentlichen wie privaten Sammlungen zu beschlagnahmen, darunter nicht nur angebliche deutsche Stücke aus dem tschechischen Nationalmuseum und der Bibliothek der Karlsuniversität in Prag, sondern auch aus den Palästen der Familien Habsburg, Schwarzenberg und Lobkowitz. Allerdings kam die Tschechoslowakei relativ glimpflich davon verglichen mit der Behandlung, die den Polen zuteil wurde, deren Land die Wehrmacht im September 1939 überfiel. Hitler schwor, die polnische Kultur und Identität vom Antlitz der Erde zu tilgen, und die deutschen Invasoren transportierten gewaltige Mengen an kulturellem Beutegut ab. Landhäuser entlang der Invasionsroute wurden geplündert und ihre adligen Bewohner unter Druck gesetzt, den Verbleib verborgener Schätze zu verraten. Am 16. Dezember 1939 ordneten die deutschen Behörden in den ans Reich angegliederten Teilen Polens die Zwangsregistrierung sämtlicher Kunstwerke und Kulturgüter aus der Zeit vor 1850 an, zusammen mit Schmuck, Musikinstrumenten, Münzen, Büchern, Möbeln und weiteren Dingen aus derselben Epoche. Wie erwartet, wurde alles beschlagnahmt, zusammen mit dem größten Teil des polnischen Grundbesitzes in diesen Gebieten. Die geltenden Anordnungen waren für die Deutschen eine Lizenz zum hemmungslosen Raub.

Der nationalsozialistische Rechtsexperte Hans Frank regierte den Rest Polens, schmückte sein Hauptquartier mit gestohlenen Kunstwerken und ließ Trophäen zu seinem Haus in Bayern abtransportieren (als amerikanische Soldaten dort 1945 eintrafen, fanden sie einen Rembrandt, einen Leonardo, eine Madonna des 14. Jahrhunderts aus Krakau sowie geraubte Gewänder und Altarkelche aus polnischen Kirchen). Zum Streit kam es, als Hermann Göring versuchte, Bilder für sich herauszuschlagen, und Hans Frank gegen die Entfernung von Beutefunden aus seinem Hauptquartier protestierte. Tatsächlich hatte Frank aber keine Ahnung, wie er die Alten Meister präsentieren oder erhalten sollte, und wurde einmal von dem nationalsozialistischen Kunsthistoriker Kajetan Mühlmann gemaßregelt, weil er ein Gemälde von Leonardo da Vinci über einen Heizköper gehängt hatte.

Dieser Prozess der Plünderung und Enteignung wiederholte sich in noch größerem Maßstab, als Deutschland am 22. Juni 1941 die Sowjetunion überfiel. Zu den berühmtesten dieser Beutestücke zählt das Bernsteinzimmer, ein Geschenk König Friedrich Wilhelms I. von Preußen an Peter den Großen, das später durch weitere Geschenke seines Nachfolgers ergänzt wurde. Die Sowjets hatten sämtliche Möbel und beweglichen Stücke fortgeschafft, aber die Bernstein-Vertäfelung an ihrem Platz gelassen, und das in den Katharinenpalast in Puschkin (Zarskoje Selo) installierte Zimmer wurde demontiert und nach Königsberg in Ostpreußen zurückgebracht, wo man es ausstellte. Höchstwahrscheinlich wurde es während der Schlacht um Königsberg gegen Kriegsende größtenteils zerstört (sollten noch irgendwelche Teile eingelagert sein, dürften sie inzwischen zu Staub zerfallen sein). Natürlich hatten die Sowjets viele kulturelle Schätze außer Reichweite der einfallenden Armeen gebracht. Große Privatsammlungen gab es in der Sowjetunion nicht mehr, da alle vom kommunistischen Staat beschlagnahmt worden waren. Und den Deutschen gelang es nie, Moskau oder Sankt Petersburg einzunehmen. Aber es gab trotzdem noch viel zu rauben und zu plündern: Aus Charkow, der damals drittgrößten Stadt in der Sowjetunion und die einwohnerstärkste der von den Nationalsozialisten eroberten sowjetischen Städte, wurden 279 Gemälde fortgeschafft. Auch Heinrich Himmler requirierte beträchtliche Mengen, um sein geplantes SS-Hauptquartier in Wewelsburg auszuschmücken und einzurichten. Das Ausmaß der von den Deutschen zwischen 1938 und 1945 praktizierten Plünderung und Enteignung war somit beispiellos und wirkte weit über die nationalsozialistische Niederlage hinaus fort.

Den Bolschewiki, die sich der kommunistischen Ideologie bedient hatten, um die massenhafte Beschlagnahme von Privateigentum nach 1917 zu rechtfertigen, war diese Praxis nicht unvertraut, und die Gräueltaten der Nationalsozialisten lieferten die Gelegenheit oder den Vorwand für ähnliche Plünderungen (offizielle wie individuelle) durch die anrückende Rote Armee in den letzten Phasen des Krieges. Bei ihrem hastigen Rückzug waren die Deutschen gezwungen, zahlreiche Sammlungen zurückzulassen, die, wie andere in ganz Europa zu diesem Zeitpunkt, zur sicheren Verwahrung in Kellern, Bergwerken und anderen Verstecken weit entfernt von der Hitze der Schlacht und der Zerstörungskraft der Bombenangriffe deponiert worden waren. Sowjetische „Trophäenbrigaden", so die offizielle Bezeichnung, durchstreiften die ländlichen Gegenden auf der Suche nach diesen Schätzen, und was sie finden konnten, wurde an geheime Depots in Moskau verbracht. Mit Gründung der Deutschen Demokratischen Republik als Verbündeter oder Klientelstaat der Sowjetunion wurden schließlich zwischen 1949 und 1958 rund 1,5 Millionen Kulturgüter an Ostdeutschland zurückgegeben.

Aber ein Gutteil ging dennoch verloren. Der Bürgermeister von Bremen beispielsweise hatte die Sammlung der Bremer Kunsthalle zur sicheren Aufbewahrung an drei Orte ausgelagert, einen Teil nach Schloss Karnzow in der Mark Brandenburg, wo Soldaten der Roten Armee sie fanden. Als Viktor Baldin, ein zur Roten Armee eingezogener russischer Architekt, eintraf, um die Sammlung in Augenschein zu nehmen, fand er die wertvollen Werke überall auf dem Lande verstreut vor. Er tat sein Bestes, um sie zurückzubekommen, und handelte in einem Fall einem russischen Soldaten für ein Paar Stiefel eine Radierung von Dürer ab. Während Baldin, der 362 von ihm sichergestellte Zeichnungen und zwei Gemälde im Moskauer Museum für russische Architektur deponierte und auf eine Gelegenheit wartete, seinen Schatz an Bremen zurückzugeben, tauchten andere Stücke aus derselben Sammlung in Abständen nach und nach auf dem Kunstmarkt auf. So bot ein Händler einer Berlinerin kurz nach dem Krieg 150 Mark und ein Pfund Kaffee für einen Cranach.

Als Michail Gorbatschow schließlich ein liberaleres Regime in Russland einführte, konnte Baldin die Regierung ersuchen, Verhandlungen über die Rückgabe der Sammlung aufzunehmen. Der Bremer Stadtrat bot unter anderem eine Tafel aus dem Bernsteinzimmer an, die einem deutschen Soldaten abgenommen worden war, doch das war nicht genug, und die Russen fragten, warum sie Raubkunst an Deutschland zurückgeben sollten, wen so viele ihrer eigenen Kulturschätze durch die einfallende nationalsozialistischen Armeen entwendet oder zerstört worden waren. Im Jahr 1998 erklärte die russische Duma sogar sämtliche Beutekunst zu Staatseigentum, sodass für Rückgaben eine Parlamentsentscheidung erforderlich ist. In Russlands politischen Kreisen wütet die Kontroverse weiter, derweil lagert der Großteil der Sammlung in der Eremitage, und schätzungsweise 1 500 Stücke aus der Bremer Kunsthalle sind nach wie vor verschollen.

Im zerstörerischen Chaos der letzten Kriegsmonate gingen viele wertvolle Kulturgüter verloren oder wurden vernichtet. Die Westalliierten waren sich, nicht zuletzt auf Druck besorgter Kunstexperten in Großbritannien und den Vereinigten Staaten, schon vor dem D-Day, der Landung der Alliierten in der Normandie im Juni 1944, der Notwendigkeit sehr bewusst, das kulturelle Erbe Europas in der Schlussphase der Kämpfe zu bewahren. General Eisenhowers Hauptquartier SHAEF (Supreme Headquarters Allied Expeditionary Forces) gründete die Abteilung „Monuments, Fine Arts and Archives“ (MFAA), die den Auftrag hatte, Kulturgüter ausfindig zu machen und zu sichern und Plünderung durch alliierte Truppen zu verhindern. US-Beamte begannen allerorten Listen mit gestohlener Kunst zusammenzustellen, um Nationalsozialisten daran zu hindern, die Werke versteckt zu halten und auf dem Kunstmarkt zu veräußern, sobald die Erinnerung an den Krieg verblasst wäre. MFAA-Einheiten folgten der Armee in befreite Städte, durchkämmten Schlösser und Bergwerke und begannen, Kunstwerke einzulagern, bevor sie sie ihren ursprünglichen Besitzern zurückgaben.

Kunstwerke, die an verborgenen Orten in Deutschland gefunden wurden, wurden in der von der US-Militärregierung in München eingerichteten zentralen Sammelstelle eingelagert. In einer größeren Operation begann man bald darauf mit der Rückgabe der Werke. Lastwagen und Züge transportierten Tausende von Gemälden, Zeichnungen, Skulpturen, Altarwerken und anderen Objekten kreuz und quer durch Europa zurück an ihre Ursprungsorte. Die Sammelpunkte wurden schließlich im Jahr 1951 geschlossen, als die noch verbliebenen Objekte einer westdeutschen Behörde übergeben wurden, die im Laufe der nächsten zehn Jahre eine weitere Million Funde ihren Besitzern zurückgab, von denen drei Viertel außerhalb Deutschlands lebten. Der Rest, etwa 3 500 Posten, wurde anschließend an deutsche Museen und andere Institutionen verteilt, von denen sie nach wie vor unter Vorlage der richtigen Unterlagen eingefordert werden können. Zwangsläufig blieb bei einer großen Zahl von Stücken – einer Schätzung zufolge mindestens 20 000 – der Verbleib ungeklärt. Meist handelte es sich um kleinere Gegenstände – Silber, Schmuck, Geschirr und Ähnliches – oder Gemälde und Zeichnungen von Künstlern, die so unbekannt sind, dass sie der

Aufmerksamkeit von Kunstexperten entgangen sind. Es mag nicht einfach gewesen sein, bekannte Gemälde berühmter Künstler verborgen zu halten, aber Stücke wie die eben genannten waren sehr viel leichter zu verstecken, bis sich die Gelegenheit ergab, sie zum Verkauf zu bringen. Während der 1950er-Jahre kümmerten sich Kunsthändler nicht allzu sehr um die Provenienz der Stücke, die sie zur Versteigerung bringen sollten, und verwandten sehr viel mehr Mühe darauf, ihre Echtheit nachzuweisen. Zahlreiche Kunstwerke wurden von Leuten auf den Markt gebracht, die sie auf allen möglichen dubiosen Wegen während des Krieges erworben hatten und sie dann an Institutionen weiterverkauften, die in vielen Fällen keine Ahnung hatten, woher sie ursprünglich stammten.

Im Anschluss an die Rückgabe von so viel NS-Raubkunst an ihre Besitzer nach dem Krieg ging die Zahl der Restitutionsmaßnahmen und Forderungen während der 1950er-Jahre stark zurück. Zudem galten in fast allen europäischen Ländern Ablauffristen für Rechtsansprüche auf die Rückgabe gestohlener Güter (30 Jahre in Deutschland, 60 in England), die nach wie vor in Kraft sind. Nur zwei Länder in Europa kennen solche Rechtsvorschriften nicht: Polen, wegen des schieren Ausmaßes der Plünderung von polnischen Sammlungen während des Krieges, und Griechenland, wegen der „Elgin Marbles". Insgesamt wurde es aber für die früheren Besitzer immer schwieriger, gegen die Entwendung ihrer Besitztümer während des Zweiten Weltkriegs vorzugehen, weshalb das allgemeine Interesse an Restitution weitgehend erlosch.

Dann jedoch kamen 1989/90 der Fall der Berliner Mauer und der Zusammenbruch des Kommunismus. Als die Zahl der Prozesse um die Restitution von Häusern und Betrieben stieg, die von den Kommunisten von 1949 an beschlagnahmt wurden, wurden auch von ehemaligen Zwangsarbeitern Entschädigungsklagen wegen der durch das NS-Regime verursachten Verluste und Schäden angestrengt. In den Vereinigten Staaten und in gewissem Umfang auch anderswo rückte die historische Erinnerung an die Vernichtung der Juden durch die Nationalsozialisten ins Zentrum der nationalen Kultur: In vielen Städten wurden Museen und Gedenkstätten gegründet, und die Massenmedien widmeten dem Thema verstärkt Aufmerksamkeit, die ihren Höhepunkt vielleicht mit Steven Spielbergs Film *Schindlers Liste* erreichte. In den 1990er-Jahren kam es in einigen Ländern zur Wiederaufnahme der Kriegsverbrecherprozesse (obwohl es nur wenige waren, die nicht alle mit einer Verurteilung endeten). Und die osteuropäischen Archive wurden für Forschungszwecke geöffnet, sodass viele vermisste Werke ausfindig gemacht werden konnten.

Auch der Kunstwelt wurde dadurch das Problem der NS-Raubkunst erneut bewusst, nachdem es über Jahrzehnte für nicht so dringlich erachtet worden war. Den neuen Ton gab im Dezember 1998 die vom US State Department ausgerichtete „Washington Conference on Holocaust-Era Assets" vor (Washingtoner Konferenz über Vermögenswerte aus der Zeit des Holocaust), an der 44 Staaten und zahlreiche Nichtregierungsorganisationen, darunter auch jüdische Opferverbände, sowie der Vatikan teilnahmen. Die Veranstaltung knüpfte an die Erfahrung einer internationalen Konferenz im Vorjahr an, die organisiert worden war, um sich mit dem Problem des Nazi-Goldes zu befassen, wozu auch das Gold aus den Zahnfüllungen der Opfer in den Vernichtungslagern zählte, von dem ein großer Teil bis Kriegsende seinen Weg in die Tresorräume Schweizer Banken gefunden hatte. Die Konferenz von 1998 verlangte aus ethischen Gründen die Identifizierung sämtlicher von den Nationalsozialisten beschlagnahmter Kunst, um sie ihren früheren Besitzern zurückzugeben, selbst wenn diese keinen Rechtsanspruch mehr darauf hatten. Auf die auf der Washingtoner Konferenz eingegangenen Verpflichtungen folgten ähnliche Vereinbarungen zwischen Galeristen und Museumsdirektoren. Ebenso wirkungsvolle Resolutionen sind von internationalen Körperschaften wie dem Europarat verabschiedet worden. In diesem Klima verbesserten sich die Erfolgschancen von Klägern, die Rückgabe von NS-Raubkunst zu erwirken, wieder erheblich.

Angesichts dieser günstigen Bedingungen für die Rückgabe von NS-Raubkunst gingen viele Beobachter davon aus, Museen und Galerien im Vereinigten Königreich und anderswo würden nun mit Forderungen überschwemmt, was sich als unbegründet erwies. In vielen Fällen ist die Spur inzwischen erkaltet, und Beweismaterial ist beinahe *per definitionem* schwer zu beschaffen, da alle eindeutigen Fälle meist unmittelbar nach dem Krieg geklärt wurden. Häufig sind die ursprünglichen Besitzer inzwischen tot, und manchmal waren auch ihre Erben von den Nationalsozialisten ermordet worden. Ganze Familien kamen massenhaft in Auschwitz und anderen Todesfabriken um, und während Institutionen, Museen und Galerien über das Wissen, die finanziellen Mittel und das Beweismaterial verfügten, um Rückgabeklagen erfolgreich einzureichen, galt dies für Einzelpersonen nur in den seltensten Fällen. So hat nur ein kleiner Bruchteil der Kunstwerke, deren Provenienz offiziell als ungewiss zertifiziert worden ist, tatsächlich Ansprüche geweckt. Das im Jahr 2000 vom britischen Ministerium für Kultur, Medien und Sport eingerichtete Spoliation Advisory Panel hat sich seitdem mit kaum mehr als einem Fall pro Jahr befasst, wobei es allerdings nicht danach aussieht, als würde das stetige Rinnsal von Ansprüchen versiegen. Angesichts dieser Entwicklung zögern andere Länder wie etwa die Vereinigten Staaten bislang, dem Beispiel zu folgen und ähnliche Gremien einzurichten.

Welche Zukunft haben also Bewahrung und Restitution? Soweit es um Kunst geht, die ein Land dem anderen weggenommen hat, gilt grundsätzlich, dass offenbar ein Konflikt besteht zwischen dem Bedürfnis jeder Nation, ihr eigenes kulturelles Erbe zu bewahren und zu präsentieren, und dem Bedürfnis der Weltgemeinschaft, durch Museen von Weltgeltung, wie dem Metropolitan Museum of Art oder dem British Museum, andere Kulturen kennenzulernen. Das weitere Vorgehen ist sicherlich, die Berechtigung solcher universeller Museen zu akzeptieren, aber Ausnahmen zu machen, wo ein Objekt erst vor relativ kurzer Zeit gestohlen wurde oder wo es von überragender kultureller und historischer Bedeutung für die Nation oder Region ist, aus der es, ob legal oder verbotenerweise, entfernt worden ist.

Im Zuge der Wiedergutmachung vergangenen Unrechts ist es natürlich nicht möglich, so etwas wie angemessene Restitution im Weltmaßstab zu erreichen. Die Bemühungen zielen daher primär auf Entschädigung für die von Nationalsozialisten begangenen Verbrechen, nicht zuletzt weil die Überlebenden und ihre direkten Erben noch unter uns weilen. Wie Michael Marrus in seiner Studie *Some Measure of Justice* (2009) anmerkte, „entstand die Kampagne zur Holocaust-Restitution unter höchst ungewöhnlichen Umständen, die sich kaum wiederholen und daher auch kaum andere Kampagnen für Gerechtigkeit für historisches Unrecht beeinflussen dürften“. Letztendlich gehe es, wie er sagt,

> bei der Restitution mehr um die Gegenwart als um die Vergangenheit: Sie spricht zu den Überlebenden, die noch unter uns sind [...] zur Gesellschaft in ihrer Gesamtheit, für die solche Themen, das lässt sich sagen, wichtig sind [...] und zur Welt, in der Ungerechtigkeit und Missetaten nach wie vor zu verbreitet sind – aber für die wir zumindest Mechanismen zur Verfügung haben sollten, wenn das Gemetzel endet, um nach einem gewissen Grad an Gerechtigkeit zu streben.

Während es ehrliche und einigermaßen erfolgreiche weltweite Bemühungen gibt, NS-Raubkunst zurückzugeben, ist die internationale Gemeinschaft bislang bemerkenswert erfolglos dabei, Plünderung und Zerstörung während und unmittelbar nach neuen militärischen Konflikten zu verhindern. Obwohl es inzwischen unzählige geltende internationale Rechtsvorschriften gibt, um kulturelle Artefakte in Kriegszeiten zu schützen, ist es nach wie vor sehr schwierig, diese wirksam durchzusetzen. In Konflikten wie den Balkankriegen der 1990er-Jahre ist internationale Intervention augenscheinlich schwer zu organisieren und nur schleppend zu realisieren. Wenn sie dann stattfindet, kann es schon zu spät sein. Nach dem Zusammenbruch Jugoslawiens beschossen serbische Streitkräfte absichtlich die öffentliche Bibliothek in Sarajevo, weil sie das kulturelle und historische Gedächtnis Bosniens auslöschen wollten, während kroatische Artilleristen durch gezielten Beschuss die historische und symbolische Brücke in Mostar zerstörten und serbisch-orthodoxe Kirchen verwüsteten.

In dem Chaos, das auf die Invasion des Irak durch eine „Koalition der Willigen“ unter Führung der USA zu Beginn des 21. Jahrhunderts folgte, war der Beweggrund für Raub, Plünderung und Zerstörung nicht kultureller Völkermord, sondern persönliche Bereicherung, verbunden mit militärischer Gleichgültigkeit. Wie der Reporter Robert Fisk anmerkte:

> Ich war unter den ersten, die das geplünderte archäologische Museum Bagdads betraten, und bahnte mir knirschend einen Weg durch Haufen zerschlagener babylonischer Gefäße und zerbrochener griechischer Statuen. Ich beobachtete, wie die islamische Bibliothek von Bagdad in Flammen aufging – Korane aus dem 14. und 15. Jahrhundert, umschlungen von Flammen so hell, dass mir die Augen schmerzten vom Blick in das Inferno. Und ich habe Tage damit zugebracht, durch die von Plünderern gegrabenen Gruben und Tunnel von Samarien zu stapfen, große ausgegrabene Städte, ihre Überreste aufgeschlagen – Abertausende herrlicher Tonkrüge, die Hälse so anmutig wie ein Reiherhals, alle aufgebrochen wegen Gold oder achtlos zur Seite geschleudert, als die Jäger immer tiefer nach immer älteren Schätzen buddelten.

Und Fisk erläutert weiter: „Von den 4000 bis zum Jahr 2005 aufgespürten Artefakten, die zu jenen 15000 Objekten gehörten, die zwei Jahre zuvor aus dem Bagdader Museum geraubt worden waren, fand man tausend in den Vereinigten Staaten [...] 600 in Italien", viele davon waren auf Anweisung privater Sammler und deren Bevollmächtigter geraubt worden. Die Gier, stellte Fisk fest, sei globalisiert worden. Man kann dem Vergleich mit dem Jahr 1945 nur schwer widerstehen, als die von der MFAA getroffenen sorgfältigen Vorkehrungen dafür sorgten, dass das kulturelle Erbe Europas größtenteils bewahrt und seine geraubten Vermögenswerte ihren rechtmäßigen Besitzern zurückgegeben wurden.

Es ist unerlässlich, die Lektionen des Zweiten Weltkriegs zu lernen und im Vorgriff auf künftige Kämpfe wirksame Regelungen einzuführen, um Kulturgüter zu retten und zurückzugeben sowie Raub und Plünderung zu verhüten. Solche Regelungen wurden im Irak 2003 nicht getroffen, und die Verheerung war immens. Die internationale Gemeinschaft kann Plünderung und Zerstörung im Zuge innerer Unruhen nicht verhindern, aber sie kann Schritte unternehmen, um sie in Fällen zwischenstaatlicher Konflikte zu minimieren. Vor allem muss die Kunst- und Museumswelt den Handel mit Raubgut im Gefolge von Konflikten wie jenen im Irak oder in Afghanistan aufmerksamer beobachten, und die Strafverfolgungsbehörden müssen mit Sanktionen gegen jene einschreiten, die ihn fördern und von ihm profitieren. In einer globalisierten Welt hat jeder Staat, wie die Haager Konvention schon vor mehr als einem Jahrhundert mahnte, die Pflicht, als Treuhänder der Kultur aller Nationen zu handeln, nicht bloß seiner eigenen. Dies ist einer von vielen Gründen, warum die Erinnerung an das nationalsozialistische Deutschland und seine Verbrechen lebendig bleibt und sich daran auch in absehbare Zukunft zu Recht nichts ändern wird.

Verzeichnis der Erstpublikationen

Der Autor dankt Dr. Victoria Harris für ihre Unterstützung bei der Zusammenstellung dieses Bandes. Die darin enthaltenen Aufsätze sind auf Englisch zuerst unter folgenden Titeln erschienen:

1. „Spot and Sink". Rezension von David Stevenson: *With Our Backs to the Wall. Victory and Defeat in 1918* (Penguin/Allen Lane, 2011), in: *London Review of Books* 33/24 (15. Dezember 2011), S. 31–32.
2. „Gruesomeness is my Policy". Rezension von Sebastian Conrad: *Deutsche Kolonialgeschichte* (München 2011), in: *London Review of Books* 34/3 (9. Februar 2012), S. 35–37.
3. „The Scramble for Europe". Review von Shelley Baranowski: *Nazi Empire. German Colonialism and Imperialism from Bismarck to Hitler* (Cambridge University Press, 2010), in: *London Review of Books* 33/4 (3. Februar 2011), S. 17–19.
4. „The Life and Death of a Capital". Rezension von Thomas Friedrich: *Die missbrauchte Hauptstadt. Hitler und Berlin* (Berlin 2007), in: *The Book. An Online Review at The New Republic* (27. September 2012).
5. „Social Outsiders in German History. From the Sixteenth Century to 1933", in: Robert Gellately und Nathan Stoltzfus (Hrsg.): *Social Outsiders in Nazi Germany* (Princeton University Press, 2001), S. 20–44.
6. „Coercion and Consent in Nazi Germany", in: Proceedings of the British Academy 151 (2006), S. 53–81, veröffentlicht von Oxford University Press.
7. „How Willing Were They?". Rezension von Peter Fritzsche: *Life and Death in the Third Reich* (Harvard University Press 2008), in: *New York Review of Books* LV/11 (26. Juni 2008), S. 59–61; „All Hailed. The Meaning of the Hitler Salute". Rezension von Tilman Allert: *Der deutsche Gruß. Geschichte einer unheilvollen Geste* (Frankfurt am Main 2005), in: *The New York Sun* (16. April 2008); „Parasites of Plunder?". Rezension von Götz Aly: *Hitlers Volksstaat. Raub, Rassenkrieg und nationaler Sozialismus* (Frankfurt am Main 2005), in: *The Nation*, 284/2 (8./15. Januar 2007), S. 23–28.
8. „Thank you, Dr Morell". Rezension von Hans-Joachim Neumann und Henrik Eberle: *War Hitler krank? Ein abschließender Befund*

(Bergisch Gladbach 2009), in: *London Review of Books*, 35/4 (21. Februar 2013), S. 37.

9. „Adolf and Eva". Rezension von Heike B. Görtemaker: *Eva Braun. Leben mit Hitler* (München 2010), in: *The National Interest* 115 (Sept./Okt. 2011), S. 76–86.
10. „Prophet in a Tuxedo". Rezension von Shulamit Volkov: *Walther Rathenau. Weimar's Fallen Statesman* (Yale University Press, 2012; dt. *Walther Rathenau. Ein jüdisches Leben in Deutschland*, München 2012), in: *London Review of Books*, 34/22 (22. November 2012), S. 20–22.
11. „Immoral Rearmament". Review of Adam Tooze: *The Wages of Destruction. The Making and Breaking of the Nazi Economy* (Viking, 2006; dt. *Ökonomie der Zerstörung. Die Geschichte der Wirtschaft im Nationalsozialismus*, München 2007), in: *New York Review of Books* LIV/20 (20. Dezember 2007), S. 76–81.
12. „Autoerotisch". Rezension von Bernhard Rieger: *The People's Car. A Global History of the Volkswagen Beetle* (Harvard University Press, 2013), in: *London Review of Books* 35/17 (12. September, 2013), S. 35–37.
13. „Nothing They Wouldn't Do". Rezension von Harold James: *The Arms of Krupp. A History of the Legendary German Firm* (Princeton University Press, 2012; dt. *Krupp. Zwölf Generationen*, München 1968), in: *London Review of Books* 34/12 (21. Juni 2012), S. 21–24.
14. „Tainted Money?", in: *Times Higher Education* (16. März 2011), S. 41–44; siehe auch den Briefwechsel ebd. (14. April 2011), S. 38. „An Exchange: ‚Toepfer and the Holocaust'", in: *Standpoint* 35 (November 2011), S. 16–17; überarbeitet und ergänzt.
15. „Kisses for the Duce". Rezension von Christopher Duggan: *Fascist Voices. An Intimate History of Mussolini's Italy* (Bodley Head, 2012), und Paul Corner: *The Fascist Party and Popular Opinion in Mussolini's Italy* (Oxford University Press, 2012), in: *London Review of Books* 35/3 (7. Februar 2013), S. 6–8.
16. „The Mistakes". Rezension von Zara Steiner: *The Triumph of the Dark. European International History 1933–1939* (Oxford University Press, 2011), in: *The Book. An Online Review at The New Republic* (1. September 2001).
17. „The German Foreign Office and the Nazi Past", in: *Neue Politische Literatur* 56 (2011), S. 165–183.

18. „Why It Happened the Way It Did". Rezension von Ian Kershaw: *Fateful Choices. Ten Decisions That Changed the World, 1940–1941* (Penguin Press, 2007; dt. *Wendepunkte. Schlüsselentscheidungen im Zweiten Weltkrieg*, München 2008), in: *The Nation* 284/22 (4. Juni 2007), S. 29–34.
19. „Engineers of Victory". Rezension von Paul Kennedy: *Engineers of Victory. The Problem Solvers Who Turned the Tide in the Second World War* (Random House, 2013; dt. *Die Casablanca-Strategie. Wie die Alliierten den Zweiten Weltkrieg gewannen*, München 2014), in: *New York Review of Books* LX/19 (5. Dezember 2013), S. 50–54.
20. „Food Fights". Rezension von Lizzie Collingham: *The Taste of War* (Penguin Press, 2012), in: *The Nation* (16. April 2012), S. 27–32.
21. „Defeat Out of Victory". Rezension von David Stahel: *Kiev 1941. Hitler's Battle for Supremacy in the East* (Cambridge University Press, 2012), in: *The Book: An Online Review at the New Republic*, 26. April 2012.
22. „Into Dust". Rezension von Ian Kershaw: *The End. Hitler's Germany 1944–45* (Allen Lane/Penguin, 2011; dt. *Das Ende. Kampf bis in den Untergang. NS-Deutschland 1944/45*, München 2011), in: *London Review of Books* 33/17 (8. September 2011), S. 11–13.
23. „Let's Learn from the English". Rezension von Mark Mazower: *Hitler's Empire* (Penguin/Allen Lane, 2008; dt. *Hitlers Imperium. Europa unter der Herrschaft des Nationalsozialismus*, München 2009), in: *London Review of Books* 30/18 (25. September 2008), S. 25–26.
24. „Wie einzigartig war die Ermordung der Juden durch die Nationalsozialisten?", in: Günter Morsch und Bertrand Perz (Hrsg.): Neue Studien zu nationalsozialistischen Massentötungen durch Giftgas. Historische Bedeutung, technische Entwicklung, revisionistische Leugnung (Metropol Verlag, 2011), S. 1–10, hier Neuübersetzung des überarbeiteten und erweiterten Essays ins Deutsche.
25. „Who remembers the Poles?". Rezension von Timothy Snyder: *Bloodlands. Europe between Hitler and Stalin* (Bodley Head, 2010; dt. *Bloodlands. Europa zwischen Hitler und Stalin*, München 2014), in: *London Review of Books* 32/21 (November 2010), S. 21–22.
26. „The Other Horror." Rezension von R. M. Douglas: *Orderly and Humane. The Expulsion of the Germans After the Second World War* (Yale University Press, 2012; dt. *Ordnungsgemäße Überführung. Die Vertreibung der Deutschen nach dem Zweiten Weltkrieg*,

München 2012), in: *The Book. An Online Review at The New Republic*, 25. Juni 2012.

27. „Disorderly Cities". Rezension von Jörn Düwel and Niels Gutschow (Hrsg.): *A Blessing in Disguise. War and Town Planning in Europe, 1939–45* (DOM, 2013), in: *London Review of Books* 35/23 (5. Dezember 2013), S. 27–29.
28. „Art in Time of War", in: *The National Interest* 113 (Mai/Juni 2011), S. 16–26.

Anmerkungen

Zu 6. Gesellschaftliche Außenseiter

[1] Eine nützliche Übersicht bieten Michael Burleigh und Wolfgang Wippermann: *The Racial State. Germany, 1933–1945*, Cambridge 1991; die allgemeine Herangehensweise der Verfasser an das Thema wird am Schluss dieses Kapitels erörtert. Eine nützliche lokale Sammlung wurde 1986 von der Projektgruppe für die vergessenen Opfer des NS-Regimes vorgelegt: *Verachtet – verfolgt – vernichtet. Zu den „vergessenen" Opfern des NS-Regimes*. Mit Beiträgen von Wolfgang Ayaß …, Redaktion: Klaus Frahm, Hamburg 1986.
[2] Ulrich Herbert: *Geschichte der Ausländerbeschäftigung in Deutschland 1880 bis 1980. Saisonarbeiter, Zwangsarbeiter, Gastarbeiter*, Berlin/Bonn 1986. Dies ist die nützlichste Überblicksdarstellung; die umfassendere Frage deutscher Einstellungen gegenüber den Slawen sprengt den Rahmen des vorliegenden Kapitels.
[3] Richard van Dülmen: „Der infame Mensch. Unehrliche Arbeit und soziale Ausgrenzung in der Frühen Neuzeit", in: Ders. (Hrsg.): *Arbeit, Frömmigkeit und Eigensinn. Studien zur historischen Kulturforschung*, Frankfurt am Main 1990, S. 106–140.
[4] Wolfgang von Hippel: *Armut, Unterschichten, Randgruppen in der Frühen Neuzeit*, München 1995, S. 32–43.
[5] Richard J. Evans: *Rituale der Vergeltung. Die Todesstrafe in der deutschen Geschichte 1532–1987*. Aus dem Engl. übers., Berlin 2001, S. 241–243.
[6] Ebd., S. 87–90; siehe auch Jutta Nowosadtko: *Scharfrichter und Abdecker. Der Alltag zweier „unehrlicher Berufe" in der Frühen Neuzeit*, Paderborn 1994; Gisela Wilbertz: *Scharfrichter und Abdecker im Hochstift Osnabrück. Untersuchungen zur Sozialgeschichte zweier „unehrlicher" Berufe im nordwestdeutschen Raum vom 16. bis zum 19. Jahrhundert*, Osnabrück 1979.
[7] Evans, *Rituale*, S. 183–184; Hippel, *Armut*, S. 96–101; Isabel V. Hull: *Sexuality, State, and Civil Society in Germany, 1700–1815*, Ithaca, NY, 1996, S. 349–350.
[8] Evans, *Rituale*, S. 461–487.
[9] K. Bott-Bodenhausen (Hrsg.): *Sinti in der Grafschaft Lippe. Studien zur Geschichte der „Zigeuner" im 18. Jahrhundert*, München 1988; H. Lemmermann: *Zigeuner und Scherenschleifer im Emsland*, Sögel 1986.
[10] H. C. Erik Midelfort: *Mad Princes of Renaissance Germany*, Charlottesville, VA, 1994, S. 60–70.
[11] Carsten Küther: *Menschen auf der Straße. Vagierende Unterschichten in Bayern, Franken und Schwaben in der zweiten Hälfte des 18. Jahrhunderts*, Göttingen 1983; ders.: *Räuber und Gauner in Deutschland. Das organisierte Bandenwesen im 18. und frühen 19. Jahrhundert*, Göttingen 1976; Uwe Danker: *Räuberbanden im Alten Reich um 1700. Ein Beitrag zur Geschichte von Herrschaft und Kriminalität in der Frühen Neuzeit*, Frankfurt am Main 1988.

[12] Die beste Darstellung dieses Prozesses ist immer noch die von Klaus Saul: „Der Staat und die ‚Mächte des Umsturzes': Ein Beitrag zu den Methoden antisozialistischer Repression und Agitation vom Scheitern des Sozialistengesetzes bis zur Jahrhundertwende", *Archiv für Sozialgeschichte* 12 (1972), S. 293–350; und Alex Hall: „‚By Other Means'. The Legal Struggle against the SPD in Wilhelmine Germany", *Historical Journal* 17 (1974), S. 365–380. Für die Weimarer Jahre siehe die klassische Studie von Heinrich Hannover und Elisabeth Hannover-Druck: *Politische Justiz, 1918–1933*, Frankfurt am Main 1966.

[13] Jürgen Scheffler: „Die Vagabundenfrage. Arbeit statt Almosen. Herbergen zur Heimat, Wanderarbeitsstätten und Arbeiterkolonien", in: Künstlerhaus Bethanien (Hrsg.): *Wohnsitz: Nirgendwo. Vom Leben und Überleben auf der Straße*, Berlin 1982, S. 59–70.

[14] Zu einer kurzen Beschreibung des Elberfelder Systems siehe Richard J. Evans: *Tod in Hamburg. Stadt, Gesellschaft und Politik in den Cholera-Jahren 1830–1910*, Reinbek bei Hamburg 1990, S. 140; zur polizeilichen Strategie gegenüber Zigeunern in dieser Zeit siehe Michael Zimmermann: *Verfolgt, vertrieben, vernichtet. Die nationalsozialistische Vernichtungspolitik gegen Sinti und Roma*, Essen 1989.

[15] Siehe Richard J. Evans: *Szenen aus der deutschen Unterwelt. Verbrechen und Strafe 1800–1914*, Reinbek bei Hamburg 1997, S. 241–302.

[16] Dirk Blasius: *Der verwaltete Wahnsinn. Eine Sozialgeschichte des Irrenhauses*, Frankfurt am Main 1980; siehe auch ders.: *„Einfache Seelenstörung". Geschichte der deutschen Psychiatrie, 1800–1945*, Frankfurt am Main 1994.

[17] Für ein solches Beispiel aus der Zeit kurz vor dem Ersten Weltkrieg siehe Evans, *Rituale*, S. 582–591.

[18] Verein der Freunde eines Schwulen-Museums in Berlin e.V. (Hrsg.): *Eldorado. Homosexuelle Frauen und Männer in Berlin 1850 bis 1950. Geschichte, Alltag und Kultur*, Redaktion: Michael Bollé, Berlin 1984; Magnus Hirschfeld: *Berlins drittes Geschlecht*, Berlin 1905.

[19] H. Stümke: *Homosexuelle in Deutschland. Eine politische Geschichte*, München 1989; Angelika Kopecny: *Fahrende und Vagabunden. Ihre Geschichte, Überlebenskünste, Zeichen, und Straßen*, Berlin 1980.

[20] J. S. Hohmann: *Verfolgte ohne Heimat. Geschichte der Zigeuner in Deutschland*, Frankfurt am Main 1990.

[21] Martin Broszats *Zweihundert Jahre deutsche Polenpolitik* (Frankfurt am Main 1972) ist nach wie vor die beste Überblicksdarstellung zur polnischen Frage. Zur Inhaftierung siehe Evans, *Unterwelt*, insb. S. 90–102.

[22] Michel Foucault: *Überwachen und Strafen. Die Geburt des Gefängnisses*, Frankfurt am Main 1976.

[23] Siehe Daniel Pick: *Faces of Degeneration. A European Disorder, c. 1848–c. 1918*, Cambridge 1989.

[24] Evans, *Tod in Hamburg*, S. 635–638; und Ute Frevert: *Krankheit als politisches Problem. Soziale Unterschichten in Preußen zwischen medizinischer Polizei und staatlicher Sozialversicherung*, Göttingen 1984.

[25] Richard F. Wetzell: „The Medicalization of Criminal Law Reform in Imperial

Germany", in: *Institutions of Confinement. Hospitals, Asylums, and Prisons in Western Europe and North America, 1500–1950,* hrsg. von Norbert Finzsch und Robert Jütte, Cambridge 1996, S. 275–283.

[26] Evans, *Rituale,* S. 533–537.

[27] Henry Friedlander: *Der Weg zum NS-Genozid. Von der Euthanasie zur Endlösung,* Berlin 1997, S. 40; zu Prostituierten siehe Evans, *Unterwelt,* S. 255–261, der Kurt Schneiders *Studien über Persönlichkeit und Schicksal eingeschriebener Prostituierter* (Berlin 1921) zitiert, ein Werk, das auf Forschungen basiert, die vor dem Ersten Weltkrieg durchgeführt wurden.

[28] Detlef Garbe: *Zwischen Widerstand und Martyrium. Die Zeugen Jehovas im „Dritten Reich",* München 1982, S. 45–46.

[29] Hans von Hentig: *Über den Zusammenhang zwischen den kosmischen, biologischen und sozialen Ursachen der Revolution,* Tübingen 1920.

[30] Michael Burleigh: *Death and Deliverance. „Euthanasia" in Germany 1900–1945,* Cambridge 1994, Kap. 1.

[31] Wolfgang Ayaß: *„Asoziale" im Nationalsozialismus,* Stuttgart 1995, S. 13–18. Siehe auch Klaus Scherer: *„Asoziale" im Dritten Reich,* Münster 1990.

[32] Nikolaus Wachsmann: *Gefangen unter Hitler. Justizterror und Strafvollzug im NS-Staat,* München 2006, Kap. 1.

[33] Wolfgang Wippermann: *Rassenwahn und Teufelsglaube,* Berlin 2005, S. 101; Joachim S. Hohmann: *Robert Ritter und die Erben der Kriminalbiologie. „Zigeunerforschung" im Nationalsozialismus und in Westdeutschland im Zeichen des Rassismus,* Bern 1991; Burleigh und Wippermann: *The Racial State,* S. 113–117; Rainer Hehemann: *Die „Bekämpfung des Zigeunerunwesens" im Wilhelminischen Deutschland und in der Weimarer Republik 1871–1933,* Frankfurt am Main 1987.

[34] Günter Grau (Hrsg.): *Homosexualität in der NS-Zeit. Dokumente einer Diskriminierung und Verfolgung,* Frankfurt am Main 1993; Burkhard Jellonnek: *Homosexuelle unter dem Hakenkreuz. Die Verfolgung von Homosexuellen im Dritten Reich,* Paderborn 1990, S. 37–50; Richard Plant: *Rosa Winkel. Der Krieg der Nazis gegen die Homosexuellen,* Frankfurt am Main/New York 1991.

[35] Garbe, *Zwischen Widerstand und Martyrium,* Kap. 1.

[36] Zu Einzelheiten siehe Stümke, *Homosexuelle in Deutschland.*

[37] Künstlerhaus Bethanien (Hrsg.): *Wohnsitz: Nirgendwo. Vom Leben und vom Überleben auf der Straße,* Berlin 1982, S. 179–232.

[38] Burleigh und Wippermann, *The Racial State,* S. 128–130; Sally Marks: „Black Watch on the Rhine. A Study in Propaganda, Prejudice, and Prurience", in: *European Studies Review* 13 (1983), S. 297–334; Gisela Lebeltzer: „Die ‚Schwarze Schmach'. Vorurteile-Propaganda-Mythos", in: *Geschichte und Gesellschaft* 11 (1985), S. 37–58; Reiner Pommerin: *„Sterilisierung der Rheinlandbastarde". Das Schicksal einer farbigen deutschen Minderheit 1918–1937,* Düsseldorf 1979.

[39] Wolfgang Ayaß: „Vagrants and Beggars in Hitler's Reich", in: Richard J. Evans (Hrsg.): *The German Underworld. Deviants and Outcasts in German History,* London 1988, S. 210–237; Detlev Peukert: „The Lost Generation. Youth Un-

employment at the End of the Weimar Republic“, in: Richard J. Evans und Dick Geary (Hrsg.): *The German Unemployed. Experiences and Consequences of Mass Unemployment from the Weimar Republic to the Third Reich,* London 1987, S. 172–93; Eve Rosenhaft: „Organising the ‚Lumpenproletariat'. Cliques and Communists in Berlin during the Weimar Republic“, in: Richard J. Evans (Hrsg.): *The German Working Class, 1888–1933. The Politics of Everyday Life,* London 1982, S. 174–219.

40 Lynn Abrams: „Prostitutes in Imperial Germany, 1870–1918. Working Girls or Social Outcasts?“, in: Evans (Hrsg.), *The German Underworld,* S. 189–209; Pommerin, *Sterilisierung der Rheinlandbastarde;* und für Beispiele zur Willkürlichkeit von Diagnosen Evans, *Rituale,* S. 641–652.

41 Karl Heinz Roth (Hrsg.): *Erfassung zur Vernichtung. Von der Sozialhygiene zum „Gesetz über Sterbehilfe“,* Berlin 1984.

42 „Begründung“ zu einem niemals verkündeten Gesetz von 1944 über die Behandlung von „Gemeinschaftsfremden“, zit. aus Norbert Frei: *Der Führerstaat. Nationalsozialistische Herrschaft, 1933 bis 1945,* München 1987, S. 204–205.

43 Detlev Peukert: „The Genesis of the ‚Final Solution' from the Spirit of Science“, in: Thomas Childers und Jane Caplan (Hrsg.): *Reevaluating the Third Reich,* New York 1993, S. 234–252.

44 Zu den verschiedenen hier kritisierten Thesen siehe Burleigh und Wippermann, *The Racial State,* S. 2.

7. Zwang und Zustimmung

1 Karl Dietrich Bracher: *Die deutsche Diktatur. Entstehung, Struktur, Folgen des Nationalsozialismus,* Köln 1969; Tim Mason: „Intention and Explanation. A Current Controversy about the Interpretation of National Socialism“, in: Gerhard Hirschfeld und Lothar Kettenacker (Hrsg.): *Der „Führerstaat“. Mythos und Realität. Studien zur Struktur und Politik des Dritten Reiches = The „Führer State“. Myth and Reality,* Stuttgart 1981, S. 23–40.

2 Zu den nützlichen historischen Überblicksdarstellungen zählen Ian Kershaw: *Der NS-Staat. Geschichtsinterpretationen und Kontroversen im Überblick,* Reinbek bei Hamburg 1988, sowie John Hiden und John Farquharson: *Explaining Hitler's Germany. Historians and the Third Reich,* 3. Aufl., London 1989; zu den klassischen Studien gehören Franz Neumann: *Behemoth. Struktur und Praxis des Nationalsozialismus 1933–1944,* Frankfurt am Main 1977; Martin Broszat: *Der Staat Hitlers. Grundlegung und Entwicklung seiner inneren Verfassung,* München 1969; ders. u. a. (Hrsg.): *Bayern in der NS-Zeit* (6 Bde., München 1977–1983); Jeremy Noakes: „The Oldenburg Crucifix Struggle of November 1936. A Case Study of Opposition in the Third Reich“, in: Peter D. Stachura (Hrsg.): *The Shaping of the Nazi State,* London 1983, S. 210–233; Timothy W. Mason: *Sozialpolitik im Dritten Reich. Arbeiterklasse und Volksgemeinschaft,* Opladen 1977). Zu den Sopade-Berichten siehe Klaus Behnken (Hrsg.): *Deutschland-Berichte der Sozial-*

demokratischen Partei Deutschlands (Sopade) 1934–1940 (7 Bde., Frankfurt am Main 1980.

[3] Klaus-Michael Mallmann und Gerhard Paul: „Omniscient, Omnipotent, Omnipresent? Gestapo, Society and Resistance", in: David F. Crew (Hrsg.): *Nazism and German Society 1933–1945*, London 1994, S. 166–196, auf S. 174–177; Reinhard Mann: *Protest und Kontrolle im Dritten Reich. Nationalsozialistische Herrschaft im Alltag einer rheinischen Großstadt,* Frankfurt am Main 1987), S. 292; allgemeiner Robert Gellately: „Die Gestapo und die deutsche Gesellschaft. Zur Entstehung einer selbstüberwachenden Gesellschaft", in: Detlef Schmiechen-Ackermann (Hrsg.): *Anpassung, Verweigerung, Widerstand. Soziale Milieus, Politische Kultur und der Widerstand gegen den Nationalsozialismus in Deutschland im regionalen Vergleich,* Berlin 1997, S. 109–121.

[4] Eric A. Johnson und Karl-Heinz Reuband: *What We Knew. Terror, Mass Murder, and Everyday Life in Nazi Germany. An Oral History,* Cambridge, MA, 2005, S. 329–333 und Text des Schutzumschlags; Robert Gellately: *Backing Hitler. Consent and Coercion in Nazi Germany,* Oxford 2001, S. 14–16; Hans-Ulrich Wehler: *Deutsche Gesellschaftsgeschichte.* Bd. IV: *Vom Beginn des Ersten Weltkrieges bis zur Gründung der beiden deutschen Staaten 1914–1949,* München 2003, S. 614.

[5] Götz Aly: *Hitlers Volksstaat. Raub, Rassenkrieg und nationaler Sozialismus.* Durchges. und erw. Ausg., Frankfurt am Main 2006, S. 12, 22, 36.

[6] Wehler, *Gesellschaftsgeschichte,* IV, S. 675–676 (der Abschnitt trägt den Titel „Die Konsensbasis von Führerdiktatur und Bevölkerung").

[7] Bill Niven liefert in *Facing the Nazi Past. United Germany and the Legacy of the Third Reich* (London 2002) eine ausgewogene Einschätzung.

[8] So auch der Titel eines Beitrags von Frank Bajohr: „Die Zustimmungsdiktatur. Grundzüge nationalsozialistischer Herrschaft in Hamburg", in: *Hamburg im „Dritten Reich",* hrsg. von der Forschungsstelle für Zeitgeschichte in Hamburg, Göttingen 2005, S. 69–131. Vgl. auch Robert Gellately: „Social Outsiders and the Consolidation of Hitler's Dictatorship, 1933–1939", in: Neil Gregor (Hrsg.): *Nazism, War and Genocide. Essays in Honour of Jeremy Noakes,* Exeter 2005, S. 56–74, auf S. 58 (auch Wehler, a. a. O., S. 676, zitierend); und ders., *Backing Hitler,* S. 257.

[9] Wehler, *Gesellschaftsgeschichte,* IV, S. 580.

[10] Gellately, „Social Outsiders", S. 58.

[11] Zu diesen Themen siehe Richard J. Evans: *Das Dritte Reich.* Bd. 1: *Aufstieg.* Aus dem Engl. übers., München 2004, S. 452–462; siehe auch Norbert Frei: „Machtergreifung". Anmerkungen zu einem historischen Begriff", *Vierteljahrshefte für Zeitgeschichte* 31 (1983), S. 136–145; und Bracher, *Die deutsche Diktatur,* S. 209–218.

[12] Gellately, „Social Outsiders", S. 58–60; die Ergebnisse der Wahlen vom November 1932 sind zusammengefasst in: Evans, *Das Dritte Reich.* Bd. 1: *Aufstieg,* S. 402–403, und werden zuverlässig analysiert in: Jürgen W. Falter: *Hitlers Wähler,* München 1991), insb. S. 34–38.

[13] Gellately, „Social Outsiders", S. 58 („weit weniger SPD-Mitglieder wurden auf

irgendeine Weise ‚verfolgt'", d.h. im Vergleich zu den Kommunisten); Gellatelys Verwendung einfacher Anführungen, um sich von dem Ausdruck „verfolgt" zu distanzieren, deutet jedenfalls darauf hin, dass die Verfolgung seiner Ansicht nach wohl größtenteils der Fantasie der Opfer entsprang.

14 Diese und viele ähnliche Vorfälle werden ausführlich geschildert in Evans, *Das Dritte Reich.* Bd. 1: *Aufstieg,* S. 452–455, 474–476; für eine gute Regionalstudie siehe Richard Bessel: *Political Violence and the Rise of Nazism. The Storm Troopers in Eastern Germany 1933–1934,* London 1984.

15 Evans, *Das Dritte Reich.* Bd. 1: *Aufstieg,* S. 471–472. Zahlreiche belegte Beispiele für Gewalt gegen Sozialdemokraten und andere (darunter vor allem Juden) lieferte das *Brown Book of the Hitler Terror and the Burning of the Reichstag* (London 1933, hrsg. vom Weltkomitee für die Opfer des Hitler-Faschismus, Ehrenvorsitzender: Albert Einstein). Das *Brown Book* war, was den Reichstagsbrand betraf, nicht zuverlässig.

16 Dick Geary: „Working-Class Identities in the Third Reich", in: Gregor (Hrsg.), *Nazism,* S. 42–55; Rüdiger Hachtmann: „Bürgertum, Revolution, Diktatur – zum vierten Band von Hans-Ulrich Wehlers ‚Gesellschaftsgeschichte'", in: *Sozial. Geschichte* 19 (2004), S. 60–87, auf S. 80; Geoff Eley: „Hitler's Silent Majority? Conformity and Resistance under the Third Reich", in: *Michigan Quarterly Review* 42 (2003), S. 389–425 und 555–559.

17 Einzelheiten in Evans, *Das Dritte Reich.* Bd. 1: *Aufstieg,* S. 479–481; siehe auch Martin Broszat: *Nationalsozialistische Konzentrationslager 1933–1945,* 5. Aufl., München 1989 (*Anatomie des SS-Staates. Gutachten des Instituts für Zeitgeschichte,* Bd. 2); allgemeiner Günther Lewy: *The Catholic Church and Nazi Germany,* New York 1964, S. 45–79.

18 Evans, *Das Dritte Reich.* Bd. 1: *Aufstieg,* S. 482–488. Die beste Darstellung der erzwungenen Auflösung der nicht nationalsozialistischen Parteien und der damit einhergehenden Gewalt ist noch immer die quellengesättigte Sammlung *Das Ende der Parteien 1933. Darstellungen und Dokumente,* hrsg. von Erich Matthias und Rudolf Morsey (Düsseldorf 1960), in welcher Friedrich Freiherr Hiller von Gaertingens Darstellung der Deutschnationalen (DNVP) besonders nützlich ist (ebd., S. 541–642).

19 Richard J. Evans: *Das Dritte Reich.* Bd. 2/I: *Diktatur,* München 2006, S. 41–53. Für eine gut dokumentierte Schilderung der Ereignisse siehe Heinz Höhne: *Mordsache Röhm. Hitlers Durchbruch zur Alleinherrschaft 1933–1934,* Reinbek bei Hamburg 1984.

20 Richard Bessel: „The Nazi Capture of Power", in: *Journal of Contemporary History* 39 (2004), S. 169–188, auf S. 182 (Kursivsetzung von RJE).

21 Wehler, *Gesellschaftsgeschichte,* IV, S. 676; Hachtmann, „Bürgertum", S. 80.

22 Gellately, „Social Outsiders", S. 63–64.

23 Aly, *Hitlers Volksstaat,* S. 27.

24 Johnson und Reuband, *What We Knew,* S. 354.

25 Ernst Fraenkel: *Der Doppelstaat. Recht und Justiz im „Dritten Reich",* Rückübers. aus dem Amerik., Frankfurt am Main 1984.

[26] Ulrich Herbert, Karin Orth und Christoph Dieckmann: „Die nationalsozialistischen Konzentrationslager. Geschichte, Erinnerung, Forschung“, in: Dies. (Hrsg.): *Die nationalsozialistischen Konzentrationslager,* 2 Bde., Frankfurt am Main 2002, I, S. 17–42, auf S. 26.
[27] Evans, *Das Dritte Reich.* Bd. 2/I: *Diktatur,* S. 87–93; Richard J. Evans: *Rituale der Vergeltung. Die Todesstrafe in der deutschen Geschichte 1532–1987,* Berlin 2001, S. 760–782; Nikolaus Wachsmann: *Gefangen unter Hitler. Justizterror und Strafvollzug im NS-Staat,* München 2006, insb. S. 57–104; Gerhard Fieberg (Hrsg.): *Im Namen des deutschen Volkes. Justiz und Nationalsozialismus,* Köln 1989, S. 68. Zu den frühen Lagern siehe Jane Caplan: „Political Detention and the Origin of the Concentration Camps in Nazi Germany, 1933–1935/6“, in: Gregor (Hrsg.), *Nazism,* S. 22–41.
[28] Evans, *Das Dritte Reich* Bd. 2/I: *Diktatur,* S. 98, 108–112.
[29] William Sheridan Allen: *Das haben wir nicht gewollt. Die nationalsozialistische Machtergreifung in einer Kleinstadt 1930–1935.* Aus dem Amerik. übers., Gütersloh 1966, S. 245–259.
[30] Evans, *Das Dritte Reich* Bd. 2/1: *Diktatur,* S. 300–303.
[31] Die einschlägige Studie über Zwang unter den Arbeitern ist Mason, *Sozialpolitik,* S. 271–282.
[32] Detlef Schmiechen-Ackermann: „Der ‚Blockwart‘. Die unteren Parteifunktionäre im nationalsozialistischen Terror- und Überwachungsapparat“, in: *Vierteljahrshefte für Zeitgeschichte* 48 (2000), S. 575–602.
[33] Dieter Nelles: „Organisation des Terrors im Nationalsozialismus“, *Sozialwissenschaftliche Literatur-Rundschau* 25 (2002), S. 5–28; Evans, *Das Dritte Reich* 2/I: *Diktatur,* S. 139–143, 332, 528.
[34] Johnson und Reuband, *What We Knew,* S. 359–360.
[35] Otmar Jung: *Plebiszit und Diktatur. Die Volksabstimmungen der Nationalsozialisten: Die Fälle „Austritt aus dem Völkerbund“ (1933), „Staatsoberhaupt“ (1934) und „Anschluss Österreichs“ (1938),* Tübingen 1995; Theodor Eschenburg: „Streiflichter zur Geschichte der Wahlen im Dritten Reich“, in: *Vierteljahrshefte für Zeitgeschichte* 3 (1955), S. 311–318; Evans, *Das Dritte Reich* 2/I: *Diktatur,* S. 135–139.
[36] Zu detaillierten Nachweisen siehe Evans, *Das Dritte Reich* 2/I: *Diktatur,* S. 135–139.
[37] Johnson und Reuband, *What We Knew,* Text des Schutzumschlags.
[38] Evans, *Das Dritte Reich* Bd. 2/II: *Diktatur,* S. 688.
[39] Johnson und Reuband, *What We Knew,* S. 332, 335.
[40] Ebd., S. 335.
[41] Ebd., S. 325–345.
[42] Claire Hall: „An Army of Spies? The Gestapo Spy Network 1933–45“, in: *Journal of Contemporary History* 44 (2009), S. 247–265.
[43] Bernward Dörner: „NS-Herrschaft und Denunziation. Anmerkungen zu Defiziten in der Denunziationsforschung“, in: *Historical Social Research* 26 (2001), S. 55–69; Werner Röhr: „Über die Initiative zur terroristischen Gewalt der Ge-

stapo – Fragen und Einwände zu Gerhard Paul", in: Werner Röhr und Brigitte Berlekamp (Hrsg.): *Terror, Herrschaft und Alltag im Nationalsozialismus. Probleme der Sozialgeschichte des deutschen Faschismus,* Münster 1995, S. 211–224; Gerhard Hetzer: „Die Industriestadt Augsburg. Eine Sozialgeschichte der Arbeiteropposition", in Broszat u.a. (Hrsg.): *Bayern,* IV, S. 1–234; Gisela Diewald-Kerkmann: *Politische Denunziation im NS-Regime oder die kleine Macht der „Volksgenossen",* Bonn 1995; Evans, *Das Dritte Reich* Bd. 2/I: *Diktatur,* S. 125–142.

[44] Gellately, „Social Outsiders", S. 59.

[45] Allen, *Das haben wir nicht gewollt,* S. 245–259.

[46] Evans, *Das Dritte Reich* Bd. 2/I: *Diktatur,* S. 49.

[47] Ian Kershaw: *Popular Opinion and Political Dissent in the Third Reich. Bavaria, 1933–1945,* Oxford 1983.

[48] Goebbels' Rede vom 15. März 1933 in David Welch (Hrsg.): *The Third Reich. Politics and Propaganda,* 2. Aufl., London 2002, S. 173–174, und in *Deutsche Geschichte in Dokumenten und Bildern* (DGDB), ⟨http://germanhistorydocs.ghi-dc.org/sub_document.cfm?document_id=1579&language=german⟩ (letzter Zugriff im Lektorat, 26. Juni 2016); allgemeiner zu den Auswirken von Propaganda siehe die kluge Einschätzung von Ian Kershaw: „How Effective Was Nazi Propaganda?", in: David Welch (Hrsg.): *Nazi Propaganda. The Power and the Limitations,* London 1983, S. 180–203.

[49] Hetzer, „Die Industriestadt Augsburg", S. 146–510; Schmiechen-Ackermann, „Der ‚Blockwart'"; Evans, *Das Dritte Reich* Bd. 2/I: *Diktatur,* S. 29; Evans, *Das Dritte Reich* Bd. 1: *Aufstieg,* S. 501.

[50] So die Aussagen in Omer Bartov: *The Eastern Front 1941–1945. German Troops and the Barbarization of Warfare,* London 1985; und ders.: *Hitlers Wehrmacht. Soldaten, Fanatismus und die Brutalisierung des Krieges,* Reinbek bei Hamburg 1995, der diese Prozesse vom Überfall auf die Sowjetunion an datiert.

[51] Richard J. Evans: *Das Dritte Reich* Bd. 3: *Krieg,* München 2009, Kapitel 1 zu Einzelheiten.

[52] Dick Geary, „Working-Class Identities in the Third Reich", in: Gregor (Hrsg.), *Nazism,* S. 42–55, auf S. 52.

[53] Peter Longerich: *„Davon haben wir nichts gewusst!". Die Deutschen und die Judenverfolgung 1933–1945,* Berlin 2006, S. 313–329.

[54] Gregor, „Nazism", S. 20.

[55] Mason, „Intention and Explanation", S. 229, zit. aus ebd.

[56] Bessel, „The Nazi Capture of Power", a.a.O., S. 183.

Zu 14. Der Mitläufer

[1] Sämtliche Zitate stammen aus Georg Kreis: „Zweifelhafter Umgang mit ‚zweifelhafter Vergangenheit'. Zum anhaltenden Streit um die Alfred Toepfer Stiftung", in: *Vorgeschichten zur Gegenwart. Ausgewählte Aufsätze,* Bd. 3, Basel 2005 (http://

www.toepfer-stiftung.de/content/uploads/2014/03/Georg_Kreis_2005__Rueck blick_Toepfer.pdf, letzter Zugriff 12. Juli 2016).

2 Ebd.

3 *Alfred Toepfer. Stifter und Kaufmann. Bausteine einer Biographie – Kritische Bestandsaufnahme*, hrsg. von Georg Kreis, Gerd Krumeich, Henri Ménudier, Hans Mommsen, Arnold Sywottek, Hamburg 2000. (http://www.toepfer-stif tung.de/content/uploads/2014/01/Einleitung_AT.pdf, letzter Zugriff 12. Juli 2016).

Zu 17. Nationalsozialisten und Diplomaten

1 Donald M. McKale, *Curt Prüfer. German Diplomat from the Kaiser to Hitler*, Kent, OH, 1987.

2 Ebd., S. 179–187.

3 Curt Prufer Collection, Hoover Institution Archives, copyright Stanford University. Redigiertes Tagebuch 16.10.1942–7.12.1943, Eintrag vom 19.7.1943, maschinenschriftliches Manuskript S. 130 f.

4 Ebd., Eintrag vom 16.10.1942, S. 2.

5 Ebd., Eintrag vom 21.11.1942, S. 28.

6 Ebd.

7 Ebd., Eintrag vom 19.7.1943, S. 132.

8 Curt Prufer Collection, Hoover Institution Archives, copyright Stanford University. Tägliche Notizen I – 11.11.1942–7.1.1944, Eintrag vom 19.7.1943, o.S.

9 Donald M. McKale (Hrsg.): *Rewriting History. The Original and Revised World War II Diaries of Curt Prüfer, Nazi Diplomat*, Kent, OH, 1988, S. 100–101, S. 175 f.

10 Curt Prufer Collection, Hoover Institution Archives, copyright Stanford University. Tägliche Notizen I – 11.11.1942–7.1.1944, Eintrag vom 14.4.1943, o.S.

11 McKale, *Rewriting History*, S. 11, 151.

12 Curt Prufer Collection, Hoover Institution Archives, copyright Stanford University. Tägliche Notizen I – 11.11.1942–7.1.1944, Eintrag vom 17.7.1943, o.S.

13 McKale, *Rewriting History*, S. 113, 225.

14 Auswärtiges Amt (Hrsg.), *Auswärtige Politik heute*, Bonn 1979.

15 Eckart Conze, Norbert Frei, Peter Hayes und Moshe Zimmermann (Hrsg.): *Das Amt und die Vergangenheit. Deutsche Diplomaten im Dritten Reich und in der Bundesrepublik*, München 2010, S. 10, 583–585.

16 Jan Friedmann und Klaus Wiegrefe: „Angriff auf die ‚Mumien'", in: *Der Spiegel* 43 (2010), S. 36–38; „Fischers Gedenkpraxis", in: *Frankfurter Allgemeine Zeitung*, 10. Februar 2005.

17 *Das Amt*, S. 10 f.

18 Jan Friedmann und Klaus Wiegrefe: „Verbrecherische Organisation", in: *Der Spiegel* 43 (2010), S. 40–50.

[19] Siehe die Links in „Pressespiegel zur Debatte um das Auswärtige Amt und seine Vergangenheit: Ausgewählte Artikel und Interviews“, zusammengestellt von Georg Koch/Matthias Speidel/Christian Mentel, ⟨http://www.zeitgeschichte-online.de/thema/pressespiegel-zur-debatte-um-das-auswaertige-amt-und-seine-vergangenheit⟩ [letzter Zugriff 26. Juli 2016].

[20] Friedmann und Wiegrefe, „Angriff“ (Anm. 15), S. 38.

[21] Rainer Blasius, „Schnellbrief und Braunbuch“, in: *Frankfurter Allgemeine Zeitung*, 13. Januar 2011.

[22] Christopher Browning: *Die „Endlösung“ und das Auswärtige Amt. Das Referat D III der Abteilung Deutschland 1940–1943*, Darmstadt 2010.

[23] Hans-Jürgen Döscher: *Das Auswärtige Amt im Dritten Reich. Diplomatie im Schatten der „Endlösung“*, Berlin 1987; ders.: *SS und Auswärtiges Amt im Dritten Reich. Diplomatie im Schatten der „Endlösung“*, Frankfurt am Main und Berlin 1991; ders.: *Verschworene Gesellschaft. Das Auswärtige Amt unter Adenauer zwischen Neubeginn und Kontinuität*, Berlin 1995; ders.: *Seilschaften. Die verdrängte Vergangenheit des Auswärtigen Amts*, Berlin 2005.

[24] Siehe zum Beispiel Stefan Troebst: „Rezension zu: Eckart Conze, Norbert Frei, Peter Hayes und Moshe Zimmermann (Hrsg.): „Das Amt und die Vergangenheit. Deutsche Diplomaten im Dritten Reich und in der Bundesrepublik (München, 2010)“, in: hsozkult, 15. 2. 2011, ⟨http://hsozkult.geschichte.huberlin.de/rezensionen/2011-1-108⟩ [abgerufen am 13. Mai 2011].

[25] Hans Mommsen: „Das ganze Ausmaß der Verstrickung“, in: *Frankfurter Rundschau*, 16. November 2010; ders.: „Vergebene Chancen. ‚Das Amt‘ hat methodische Mängel“, in: *Süddeutsche Zeitung*, 27. Dezember 2010; Johannes Hürter: „Das Auswärtige Amt, die NS-Diktatur und der Holocaust. Kritische Bemerkungen zu einem Kommissionsbericht“, in: *Vierteljahrshefte für Zeitgeschichte* 59 (2011), S. 167–192. Siehe auch Klaus Wiegrefe: „Historiker zerpflückt Bestseller“, in: *Spiegel Online*, 1. April 2011, URL: ⟨http://www.spiegel.de/politik/deutschland/0,1518,754558,00.html⟩ [abgerufen am 12. Mai 2011]. Die Herausgeber haben selbst eine Antwort auf Hürters Rezension veröffentlicht: „Zauberwort Differenzierung“, in: *Frankfurter Rundschau*, 3. Mai 2011.

[26] Mommsen, „Vergebene Chancen“ (Anm. 24); zu Ulrich Herberts Kommentaren zu Mommsens Bemerkung siehe „‚Am Ende nur noch Opfer‘. Interview mit Ulrich Herbert“, in: *taz*, 8. Dezember 2010.

[27] Peter Hayes: *Industry and Ideology. IG Farben in the Nazi Era*, Cambridge 1987; ders.: *Die Degussa im Dritten Reich. Von der Zusammenarbeit zur Mittäterschaft*, München 2004; Norbert Frei, von seinen zahlreichen Publikationen ist vielleicht am wichtigsten: ders.: *Flick. Der Konzern, die Familie, die Macht*, München 2009; Eckart Conze: *Die Suche nach Sicherheit. Eine Geschichte der Bundesrepublik Deutschland von 1949 bis in die Gegenwart*, München 2009. Moshe Zimmermanns Forschungskompetenz liegt im 19. Jahrhundert, wenngleich er Überblicksdarstellungen zur deutsch-jüdischen Geschichte veröffentlicht hat.

[28] Alan Posener: „Das ist eine Kampagne. Das Münchener Institut für Zeitgeschichte greift den Bestseller *Das Amt und die Vergangenheit an*“, in: *Die Welt*,

4. April 2011. Siehe auch die gemeinsame Erklärung der Herausgeber in: *Süddeutsche Zeitung*, 10. Dezember 2010.
[29] Daniel Koerfer, Interview in: *Frankfurter Allgemeine Sonntagszeitung*, 28. November 2010; siehe auch Blasius (Anm. 20). Ulrich Herbert äußert sich zu Koerfer in: „Am Ende nur noch Opfer“ (Anm. 25).
[30] Lars Lüdicke: *Griff nach der Weltherrschaft. Die Außenpolitik des Dritten Reiches 1933–1945*, Berlin 2009.
[31] *Das Amt*, S. 72.
[32] Ebd., S. 51.
[33] Ebd., S. 128.
[34] Ebd., S. 141.
[35] Jan-Erik Schulte: *Zwangsarbeit und Vernichtung. Das Wirtschaftsimperium der SS. Oswald Pohl und das SS-Wirtschaftsverwaltungshauptamt 1933–1945*, Paderborn, 2001.
[36] *Das Amt*, S. 138, 152 f.
[37] Ebd., S. 123.
[38] Ebd., S. 29.
[39] Saul Friedländer: *Das Dritte Reich und die Juden*. Bd. 1: *Die Jahre der Verfolgung*; Bd. 2: *Die Jahre der Vernichtung*, München 2006/2007, S. 19.
[40] *Das Amt*, S. 101.
[41] Ebd., S. 147; Ian Kershaw: *Hitler 1889–1936*, München 2013, S. 562–569 (das Auswärtige Amt wird nur erwähnt, weil es über die Besprechung vom 20. August berichtet).
[42] *Das Amt*, S. 375 f., 400 f.
[43] Hürter, „Das Auswärtige Amt“ (Anm. 24), S. 174–175. Die Rolle der Deutschen Botschaft in Warschau im Vorfeld des Krieges wird kurz angerissen (S. 223), aber nicht viel mehr.
[44] Jochen Böhler: *Auftakt zum Vernichtungskrieg. Die Wehrmacht in Polen 1939*, Frankfurt am Main 2006.
[45] *Das Amt*, S. 161–171.
[46] Ebd., S. 200–220.
[47] Ebd., S. 221–286 und 227–294.
[48] Ebd., S. 254–257.
[49] Christopher Browning: *Die Entfesselung der „Endlösung“. Nationalsozialistische Judenpolitik 1939–1942*, Berlin 2003, S. 469.
[50] Peter Longerich: *Holocaust. The Nazi Persecution and Murder of the Jews*, Oxford 2010, S. 265–266.
[51] Döscher, *Das Auswärtige Amt* (Anm. 22), S. 255.
[52] *Das Amt*, S. 167–199 bzw. 171–185.
[53] Ebd., S. 293.
[54] Ebd., S. 295–316.
[55] Ebd., S. 321–342.
[56] Ebd., S. 342–362.
[57] Astrid Eckert: *Kampf um die Akten. Die Westalliierten und die Rückgabe von*

deutschem Archivgut nach dem Zweiten Weltkrieg, Stuttgart 2004; *Das Amt*, S. 375–401.

58 Darunter Annette Weinke: *Eine Gesellschaft ermittelt gegen sich selbst. Die Geschichte der Zentralen Stelle Ludwigsburg 1958–2008*, Darmstadt 2008; *Die Nürnberger Prozesse*, München 2006); und *Die Verfolgung von NS-Tätern im geteilten Deutschland: Vergangenheitsbewältigungen 1949–1969 oder: Eine deutsch-deutsche Beziehungsgeschichte im Kalten Krieg*, Paderborn 2002; *Das Amt*, S. 401–435.

59 *Das Amt*, S. 431 f., 435–448; Zitat aus dem von dem Ausschuss zur Prüfung der Einzelfälle vorgelegten „Peck-Bericht" (nach dem Vorsitzenden des Gremiums, dem New Yorker Berufungsrichter David S. Peck) auf S. 437.

60 Ebd., S. 448–488.

61 Ebd., S. 201.

62 Browning, *Entfesselung*, S. 590.

63 Gerald Reitlinger: *Die Endlösung. Hitlers Versuch der Ausrottung der Juden Europas 1939–1945*, Berlin 1956.

64 *Das Amt*, S. 588–595.

65 Ebd., S. 489–532.

66 Ebd., S. 533–558.

67 Ebd., S. 558–569.

68 Ebd., S. 616.

69 Ebd., S. 11.

70 Timothy W. Mason: „Intention and Explanation. A Current Controversy about the Interpretation of National Socialism", in: Gerhard Hirschfeld und Lothar Kettenacker (Hrsg.): *Der „Führerstaat". Mythos und Realität. Studien zur Struktur und Politik des Dritten Reiches / The „Führer State". Myth and Reality. Studies on the Structure and Politics of the Third Reich*, Stuttgart 1981, S. 23–40, auf S. 40.

Register